무료 동영상 강의, CBT 모의고사 무료

백발백중 2022

추천도서 전국컴퓨터교육협의회

워드프로세서 필기 총정리 문제집

Vision IT 지음

IT연구회

해당 분야의 IT 전문 컴퓨터학원과 전문가 선생님들이 최선의 책을 출간하고자 만든 집필/감수 전문연구회로서, 수년간의 강의 경험과 노하우를 수험생 여러분에게 전달하고자 최선을 다하고 있습니다. IT연구회에 참여를 원하시는 선생님이나 교육기관은 ccd770@hanmail.net으로 언제든지 연락주십시오. 좋은 교재를 만들기 위해 많은 선생님들의 참여를 부탁드립니다.

구경화_IT 전문강사
김수현_IT 전문강사
김현숙_IT 전문강사
류은순_IT 전문강사
박봉기_IT 전문강사
문현철_IT 전문강사
송기웅_IT 및 SW전문강사
신영진_신영진컴퓨터학원장
이은미_IT 및 SW전문강사
장명희_IT 전문강사
전미정_IT 전문강사
조정례_IT 전문강사
최은영_IT 전문강사
김미애_강릉컴퓨터교육학원장
엄영숙_권선구청 IT 전문강사
조은숙_동안여성회관 IT 전문강사
김경화_IT 전문강사
김 숙_IT 전문강사
남궁명주_IT 전문강사
민지희_IT 전문강사
박상휘_IT 전문강사
백천식_IT 전문강사
송희원_IT 전문강사
윤정아_IT 전문강사
이천직_IT 전문강사
장은경_ITQ 전문강사
조영식_IT 전문강사
차영란_IT 전문강사
황선애_IT 전문강사
은일신_충주열린학교 IT 전문강사
옥향미_인천여성의광장 IT 전문강사
최윤석_용인직업전문교육원장
김선숙_IT 전문강사
김시령_IT 전문강사
노란주_IT 전문강사
문경순_IT 전문강사
박은주_IT 전문강사
변진숙_IT 전문강사
신동수_IT 전문강사
이강용_IT 전문강사
임선자_IT 전문강사
장은주_IT 전문강사
조완희_IT 전문강사
최갑인_IT 전문강사
김건석_교육공학박사
양은숙_경남도립남해대학 IT 전문강사
이은직_인천대학교 IT 전문강사
홍효미_다산직업전문학교

BM (주)도서출판 성안당

도서 A/S 안내

성안당에서 발행하는 모든 도서는 저자와 출판사, 그리고 독자가 함께 만들어 나갑니다.

좋은 책을 펴내기 위해 많은 노력을 기울이고 있습니다. 혹시라도 내용상의 오류나 오탈자 등이 발견되면 "좋은 책은 나라의 보배"로서 우리 모두가 함께 만들어 간다는 마음으로 연락주시기 바랍니다. 수정 보완하여 더 나은 책이 되도록 최선을 다하겠습니다.

성안당은 늘 독자 여러분들의 소중한 의견을 기다리고 있습니다. 좋은 의견을 보내주시는 분께는 성안당 쇼핑몰의 포인트(3,000포인트)를 적립해 드립니다.

잘못 만들어진 책이나 부록 등이 파손된 경우에는 교환해 드립니다.

저자 문의 e-mail : leo45@hanmail.net

본서 기획자 e-mail : coh@cyber.co.kr(최옥현)

홈페이지 : http://www.cyber.co.kr 전화 : 031) 950-6300

머리말

PREFACE

본 수험서의 특징을 보면 ...

❶ 무료 동영상 강의(핵심정리)

과목별 핵심정리에 무료 동영상 강의를 제공하여 쉽고 확실하게 시험을 준비할 수 있도록 하였습니다.

❷ 단계별 학습(과목별 핵심정리+꼭 알아야 할 기출문제 120선+실전모의고사+최신기출문제+CBT 모의고사)

최근 기출문제를 분석하여 출제 비중이 높은 핵심 내용들로만 이론을 정리하였고, 시험을 대비해 꼭 알아야 할 기출문제 120문제를 엄선하여 제공합니다. 여기에 실전모의고사 5회+최신기출문제 16회+CBT 모의고사(무료 쿠폰 제공)로 최선의 학습 시스템을 제공합니다.

❸ 내용 분석

각 핵심정리마다 출제 빈도를 분석하여 중요도를 표시하였고, 특히 중요한 내용마다 별색으로 표시하여 학습의 효율성을 높였습니다.

❹ CBT 모의고사(무료 쿠폰 제공)

상시 시험 대비 CBT 모의고사를 제공하여 실제 시험과 유사한 환경에서 마지막 점검을 할 수 있게 함으로써 시험 전 사전 테스트 및 취약 부분에 대한 보강학습을 유도할 수 있도록 하였습니다.

수험생 여러분! 기회는 시작하는 것에서부터 존재합니다. 또한 부정하면 할 수 있는 것이 없으나, 긍정하면 할 수 있는 일이 수없이 많이 존재합니다. 본 수험서의 첫 장을 넘기는 순간부터 기회는 시작되는 것이며, 본인이 긍정하고 하나하나 익혀 나간다면 합격은 여러분의 눈앞에 쉽게 다가설 것입니다. 이 책을 빌어 수험생 여러분들의 합격을 진심으로 기원합니다.

저자 일동

이 책을 보는 방법 PREVIEW

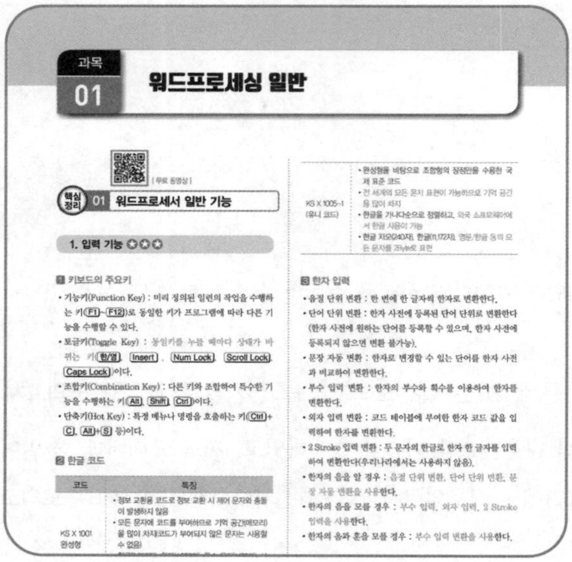

❶ **핵심정리**

전체 내용을 중요 핵심요약별로 정리하였습니다.

❷ **중요도 표시**

핵심정리를 출제 비중별로 중요도를 표시하였습니다.

❸ **무료 동영상 QR**

전체 핵심정리의 내용을 저자 직강 무료 동영상 강의를 통해 학습할 수 있습니다.

❹ **중요 내용 강조**

핵심정리 내용 중에서도 꼭 알아야 할 내용을 별색으로 강조하였습니다.

무료 동영상 강의 학습 및 다운로드

① 스마트폰으로 QR 코드를 찍어 유튜브로 연결하여 학습합니다.

② 성안당 사이트(www.cyber.co.kr)에 접속하여 로그인(아이디/비밀번호 입력)한 후 [자료실]에서 다운로드하여 PC에서 학습합니다.

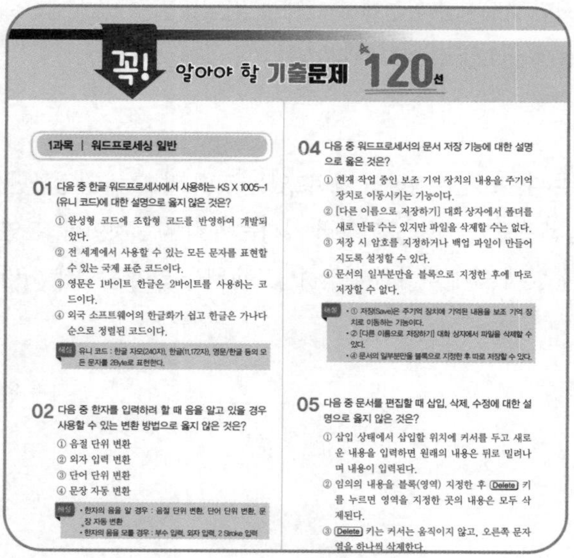

❶ **꼭 알아야 할 기출문제 120선**

본 도서에서 가장 중요한 부분으로 지금까지 출제된 기출문제 중 가장 출제 빈도가 높고 앞으로도 출제될 가능성이 높은 120문제를 엄선하였습니다.

❷ **해설과 정답**

각 문제마다 상세한 해설과 정답을 표시하여 학습의 효율을 높였습니다.

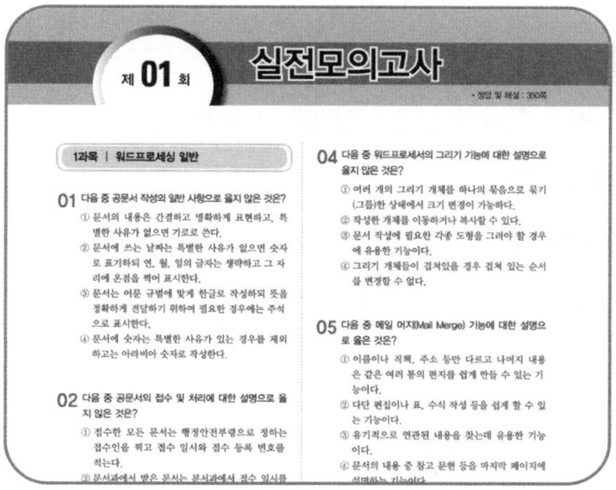

제 01 회 실전모의고사

• 정답 및 해설 : 350쪽

1과목 | 워드프로세싱 일반

01 다음 중 공문서 작성의 일반 사항으로 옳지 않은 것은?

① 문서의 내용은 간결하고 명확하게 표현하고, 특별한 사유가 없으면 가로로 쓴다.
② 문서에 쓰는 날짜는 특별한 사유가 없으면 숫자로 표기하되 연, 월, 일의 글자는 생략하고 그 자리에 온점을 찍어 표시한다.
③ 문서는 어문 규범에 맞게 한글로 작성하되 뜻을 정확하게 전달하기 위하여 필요한 경우에는 주석으로 표시한다.
④ 문서에 숫자는 특별한 사유가 있는 경우를 제외하고는 아라비아 숫자로 작성한다.

02 다음 중 공문서의 접수 및 처리에 대한 설명으로 옳지 않은 것은?

① 접수한 모든 문서는 행정안전부령으로 정하는 접수인을 찍고 접수 일시와 접수 등록 번호를 적는다.

04 다음 중 워드프로세서의 그리기 기능에 대한 설명으로 옳지 않은 것은?

① 여러 개의 그리기 개체를 하나의 묶음으로 묶기(그룹)한 상태에서 크기 변경이 가능하다.
② 작성한 개체를 이동하거나 복사할 수 있다.
③ 문서 작성에 필요한 각종 도형을 그려야 할 경우에 유용한 기능이다.
④ 그리기 개체들이 겹쳐있을 경우 겹쳐 있는 순서를 변경할 수 없다.

05 다음 중 메일 머지(Mail Merge) 기능에 대한 설명으로 옳은 것은?

① 이름이나 직책, 주소 등만 다르고 나머지 내용은 같은 여러 통의 편지를 쉽게 만들 수 있는 기능이다.
② 다단 편집이나 표, 수식 작성 등을 쉽게 할 수 있는 기능이다.
③ 유기적으로 연관된 내용을 찾는데 유용한 기능이다.
④ 문서의 내용 중 참고 문헌 등을 마지막 페이지에

❶ 실전모의고사

시험 직전 최종적으로 실력을 평가할 수 있도록 5회분의 실전모의고사를 수록하였으며, 정답 및 해설은 책의 제일 뒷부분에 수록하였습니다.

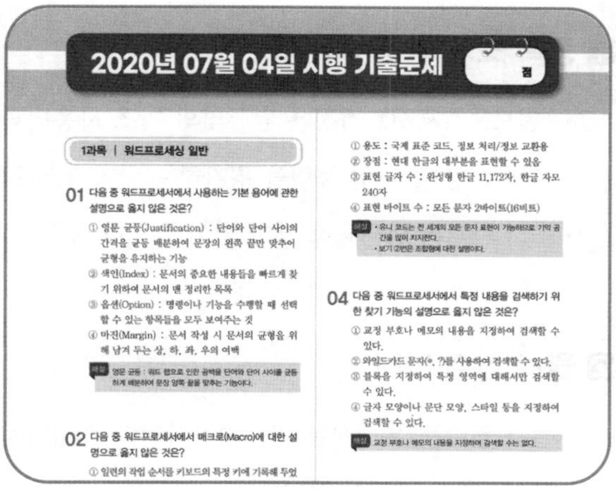

2020년 07월 04일 시행 기출문제

1과목 | 워드프로세싱 일반

01 다음 중 워드프로세서에서 사용하는 기본 용어에 관한 설명으로 옳지 않은 것은?

① 영문 균등(Justification) : 단어와 단어 사이의 간격을 균등 배분하여 문장의 왼쪽 끝만 맞추어 균형을 유지하는 기능
② 색인(Index) : 문서의 중요한 내용들을 빠르게 찾기 위하여 문서의 맨 뒤에 정리한 목록
③ 옵션(Option) : 명령이나 기능을 수행할 때 선택할 수 있는 항목들을 모두 보여주는 것
④ 마진(Margin) : 문서 작성 시 문서의 균형을 위해 남겨 두는 상, 하, 좌, 우의 여백

해설 영문 균등 : 워드 랩으로 인한 공백을 단어와 단어 사이를 균등하게 배분하여 문장 양쪽 끝을 맞추는 기능이다.

02 다음 중 워드프로세서에서 매크로(Macro)에 대한 설명으로 옳지 않은 것은?

① 일련의 작업 순서를 키보드의 특정 키에 기록해 두었

① 용도 : 국제 표준 코드, 정보 처리/정보 교환용
② 장점 : 현대 한글의 대부분을 표현할 수 있음
③ 표현 글자 수 : 완성형 한글 11,172자, 한글 자모 240자
④ 표현 바이트 수 : 모든 문자 2바이트(16비트)

해설 • 유니 코드는 전 세계의 모든 문자 표현이 가능하므로 기억 공간을 많이 차지한다.
• 보기 ②번은 조합형에 대한 설명이다.

04 다음 중 워드프로세서에서 특정 내용을 검색하기 위한 찾기 기능의 설명으로 옳지 않은 것은?

① 교정 부호나 메모의 내용을 지정하여 검색할 수 있다.
② 와일드카드 문자(*, ?)를 사용하여 검색할 수 있다.
③ 블록을 지정하여 특정 영역에 대해서만 검색할 수 있다.
④ 글자 모양이나 문단 모양, 스타일 등을 지정하여 검색할 수 있다.

해설 교정 부호나 메모의 내용을 지정하여 검색할 수는 없다.

❷ 기출문제

최근 기출문제 16회를 수록하여 출제 경향을 파악하고 실력을 점검할 수 있도록 하였습니다.

CBT 무료 응시 쿠폰

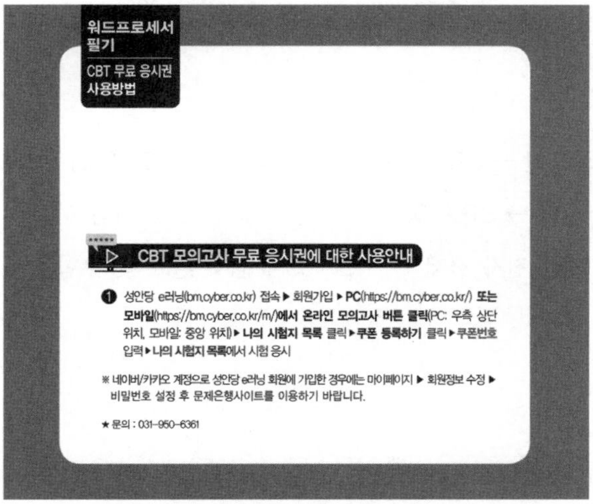

워드프로세서 필기

CBT 무료 응시권 사용방법

CBT 모의고사 무료 응시권에 대한 사용안내

❶ 성안당 e러닝(bm.cyber.co.kr) 접속 ▸ 회원가입 ▸ **PC(https://bm.cyber.co.kr/) 또는 모바일(https://bm.cyber.co.kr/m/)에서 온라인 모의고사 버튼 클릭**(PC: 우측 상단 위치, 모바일: 중앙 위치) ▸ **나의 시험지 목록** 클릭 ▸ **쿠폰 등록하기** 클릭 ▸ 쿠폰번호 입력 ▸ **나의 시험지 목록**에서 시험 응시

※ 네이버/카카오 계정으로 성안당 e러닝 회원에 가입한 경우에는 마이페이지 ▸ 회원정보 수정 ▸ 비밀번호 설정 후 문제은행사이트를 이용하기 바랍니다.

★ 문의 : 031-950-6361

CBT 시험 서비스를 제공하여 상시시험 환경과 유사한 상태에서 최종적으로 실력을 점검할 수 있는 서비스를 제공합니다. 자세한 사용 방법은 쿠폰을 개봉하여 확인할 수 있습니다.

1 종목 소개와 응시 자격

- 〈워드프로세서〉 검정은 컴퓨터의 기초 사용법과 효율적인 문서 작성을 위한 워드프로세서 프로그램 운영 및 편집 능력을 평가하는 국가기술자격 시험입니다.
- 응시 자격은 남녀노소 제한 없이 누구나 응시할 수 있습니다.

2 원서 접수 안내

- 원서 접수를 위해서는 자격평가사업단 홈페이지(http://license.korcham.net/)에 회원가입 후 본인인증이 되어야 합니다.
- 정기검정 원서 접수 기간 마지막일은 18:00에 마감되며, 상시검정은 선착순 마감 또는 시험일 기준 최소 4일전까지 접수를 해야 합니다.
- 정기검정은 1년에 2회 시행하고, 상시검정은 매주 시행합니다.
- 원서 접수는 인터넷 접수를 원칙으로 하며, 인터넷 접수 시 상공회의소를 방문하지 않아도 됩니다(다만, 인터넷 접수 시 검정 수수료 외 인터넷 접수 수수료 1,200원이 별도 부과).
- 해당 원서 접수 기간 중에 시행 상공회의소의 근무 시간에 방문하여 접수도 가능합니다(방문 접수 시 절차는 인터넷 접수 절차와 동일하며, 인터넷 결제 수수료는 부담되지 않음).
- 검정 수수료는 필기의 경우 17,000원이고, 실기의 경우 19,500원입니다.

3 인터넷 접수 절차

STEP 01 | 종목 및 등급 선택 → STEP 02 | 로그인 → STEP 03 | 사진 올리기 → STEP 04 | 원하는 지역 선택 → STEP 05 | 원하는 시험장 선택 → STEP 06 | 원하는 시험 일시 및 시험 시간 선택 → STEP 07 | 선택 내역 확인 → STEP 08 | 전자 결제 → STEP 09 | 접수 완료 및 수험표 출력

4 시험 과목

시험 방법	시험 과목	출제 형태	시험 시간
필기 시험	• 워드프로세싱 일반 • PC 운영 체제 • 컴퓨터와 정보 활용	객관식 60문항	60분
실기 시험	문서 편집 기능	컴퓨터 작업형	30분

5 시험 시작 시간(정기)

- **필기 시험** : 11:40에 시작하며, 11:55 ~ 12:55(60분) 동안 시행합니다.
- **실기 시험** : 12:10에 시작하며, 12:25 ~ 12:55(30분) 동안 시행합니다.
- 반드시 입실 시간(시험 시작 시간)을 준수하여야 하며, 입실 시간 이후에는 입실이 불가능합니다.

6 합격 결정 기준 및 자격증

- **필기** : 매 과목 100점 만점에 과목당 40점 이상이고 평균 60점 이상
- **실기** : 100점 만점에 80점 이상
- **발표** : 합격자는 자격평가사업단 홈페이지(http://license.korcham.net/)에서 확인합니다(합격 여부 확인 시 수검번호, 성명, 주민등록번호 등의 정보가 필요).
- **자격증 발급 수수료** : 인터넷은 3,100원 / 방문은 3,500원 / 우체국 등기 배송료는 2,450원(해당자는 신청자가 별도 부담)
- **자격증 발급 기간 및 수령 방법** : 우편 수령과 방문 수령이 있는데 우편 수령 시에는 우체국 등기 배송 요금 2,450원이 추가되고, 방문 수령 시에는 자격증 신청 후 15일 이후에 상공회의소로 신분증을 지참하여 수령하면 됩니다.

목차 CONTENTS

PART 01

핵심정리

1과목 • 워드프로세싱 일반

2과목 • PC 운영 체제

3과목 • 컴퓨터와 정보 활용

PART 02

꼭! 알아야 할 기출문제 120선

PART 03

실전모의고사

PART 04

최신기출문제

실전모의고사 정답 및 해설

Part 01

Word Processor License

핵심정리

과목 01

워드프로세싱 일반

| 무료 동영상 |

핵심정리 01 워드프로세서 일반 기능

1. 입력 기능 ★★★

1 키보드의 주요키

- 기능키(Function Key) : 미리 정의된 일련의 작업을 수행하는 키(F1~F12)로 동일한 키가 프로그램에 따라 다른 기능을 수행할 수 있다.
- 토글키(Toggle Key) : 동일키를 누를 때마다 상태가 바뀌는 키(한/영, Insert, Num Lock, Scroll Lock, Caps Lock)이다.
- 조합키(Combination Key) : 다른 키와 조합하여 특수한 기능을 수행하는 키(Alt, Shift, Ctrl)이다.
- 단축키(Hot Key) : 특정 메뉴나 명령을 호출하는 키(Ctrl+C, Alt+S 등)이다.

2 한글 코드

코드	특징
KS X 1001 완성형	• 정보 교환용 코드로 정보 교환 시 제어 문자와 충돌이 발생하지 않음 • 모든 문자에 코드를 부여하므로 기억 공간(메모리)을 많이 차지(코드가 부여되지 않은 문자는 사용할 수 없음) • 한글(2,350자), 한자(4,888자), 특수 문자(1,128자), 사용자 정의(188자), 미지정 문자(282자), 한글/한자(2Byte), 영문/숫자/공백(1Byte)을 사용
KS X 1001 조합형	• 정보 처리용 코드로 정보 교환 시 제어 문자와 충돌이 발생 • 모든 글자를 표현하므로 융통성이 있고, 기억 공간을 적게 차지 • 초성(19자), 중성(21자), 종성(27자)을 조합하여 사용 • 한글(11,172자), 한글/한자(2Byte), 영문/숫자/공백(1Byte)을 사용
KS X 1005-1 (유니 코드)	• 완성형을 바탕으로 조합형의 장점만을 수용한 국제 표준 코드 • 전 세계의 모든 문자 표현이 가능하므로 기억 공간을 많이 차지 • 한글을 가나다순으로 정렬하고, 외국 소프트웨어에서 한글 사용이 가능 • 한글 자모(240자), 한글(11,172자), 영문/한글 등의 모든 문자를 2Byte로 표현

3 한자 입력

- 음절 단위 변환 : 한 번에 한 글자씩 한자로 변환한다.
- 단어 단위 변환 : 한자 사전에 등록된 단어 단위로 변환한다(한자 사전에 원하는 단어를 등록할 수 있으며, 한자 사전에 등록되지 않으면 변환 불가능).
- 문장 자동 변환 : 한자로 변경할 수 있는 단어를 한자 사전과 비교하여 변환한다.
- 부수 입력 변환 : 한자의 부수와 획수를 이용하여 한자를 변환한다.
- 외자 입력 변환 : 코드 테이블에 부여한 한자 코드 값을 입력하여 한자를 변환한다.
- 2 Stroke 입력 변환 : 두 문자의 한글로 한자 한 글자를 입력하여 변환한다(우리나라에서는 사용하지 않음).
- 한자의 음을 알 경우 : 음절 단위 변환, 단어 단위 변환, 문장 자동 변환을 사용한다.
- 한자의 음을 모를 경우 : 부수 입력, 외자 입력, 2 Stroke 입력을 사용한다.
- 한자의 음과 훈을 모를 경우 : 부수 입력 변환을 사용한다.

4 금칙 처리

- 행의 맨 앞이나 맨 뒤에 올 수 없는 문자로 문서 작성 시 사용할 수 없는 규칙 사항이다.
- 행두 금칙은 행의 처음에 올 수 없는 기호나 문자로 .. , ' " ; : ? !) }] 」』〉 ℃ ℉ % 등이 있다.
- 행말 금칙은 행의 마지막에 올 수 없는 기호나 문자로 ‘ “ ({ [「『 〈 # $ № ☎ 등이 있다.

5 입력 기능 관련 용어

• 문단(Paragraph) : Enter와 Enter 사이의 내용으로 문단의 라인 수는 일정하지 않다.
• 강제 개행(Hardware Return) : 문단을 구분하기 위해 Enter 키를 눌러 강제로 행을 바꾸는 기능이다(새로운 문단을 시작).
• 자동 개행(Software Return) : 입력 내용이 한 줄을 넘으면 자동으로 다음 줄로 이동하는 기능이다.
• 강제 페이지 분할 : Ctrl+Enter 키를 눌러 강제로 페이지를 나누는 기능이다(페이지 구분).
• 자동 페이지 분할 : 입력 내용이 한 페이지를 넘으면 자동으로 다음 페이지로 이동하는 기능이다.
• 상용구(Glossary) : 자주 사용하는 문자열을 미리 등록하였다가 필요할 때 입력하는 기능으로 정형구 또는 약어 등록이라고도 한다.

2. 저장 기능

1 문서 저장

• 문서 파일을 보호하기 위해 암호(Password)를 지정할 수 있다.
• 편집한 문서를 '다른 이름으로' 변경하여 저장할 수 있다.
• [다른 이름으로 저장하기] 대화 상자에서는 폴더를 새로 만들거나 파일을 삭제할 수 있다.

저장	설명
자동 저장(.asv)	일정 시간이 지나면 자동으로 문서를 저장하여 예기치 않은 사고에 대비하는 기능
다른 이름으로 저장	저장 위치, 파일 이름, 저장 형식 등을 변경하여 기존 문서는 그대로 두고 새로운 이름으로 문서를 하나 더 만드는 기능

2 파일 확장자(Extension)

• 파일의 종류나 형식을 의미하며, 파일 이름 뒤에서 점(.)으로 구분한다.
• 해당 프로그램에 따라 기본적으로 결정되지만 사용자가 다른 형식으로 변경할 수도 있다.
• 특정 워드에서 작성한 파일의 확장자를 바꾸더라도 다음에 해당 워드에서 파일을 읽을 수 있다.

종류	확장자	종류	확장자
실행 파일	COM, EXE, BAT	동영상 파일	MPEG, MOV, AVI
그래픽 파일	BMP, PCX, JPG, GIF, TIF	텍스트 파일	TXT, DOC, HWP
음악(사운드) 파일	MP4, WAV, MIDI	백업 파일	BAK
인터넷 문서 파일	HTML, HTM	압축 파일	ARJ, ZIP, LZH, RAR
RTF(서식 있는 문자열) : 작성한 문서를 다른 응용 프로그램에서도 불러올 수 있는 호환성 높은 파일 형식(텍스트와 그래픽을 포함)으로 특정 워드프로세서로 만든 문서를 다른 워드프로세서에서 읽거나 출력할 때 원래 문서와 가장 가까운 형태로 변환			

3 저장 기능 관련 용어

• 로드(Load) : 보조 기억 장치에 기억된 내용을 주기억 장치로 이동하는 기능이다.
• 저장(Save) : 주기억 장치에 기억된 내용을 보조 기억 장치로 이동하는 기능이다.
• 백업(Backup) : 만일의 사태에 대비하여 중요한 데이터 파일을 하나 더 복사하는 기능이다(백업이 설정된 상태에서 불러오기 한 파일을 편집한 후 저장하면 현재 파일과 편집 전 파일이 같이 저장).
• 캡처(Capture) : 현재 화면에 표시된 내용을 이미지(그림) 파일로 저장하는 기능이다.

3. 표시 기능

1 작업 화면의 구성

• 제목 표시줄 : 현재 문서 파일의 경로와 이름을 표시한다.
• 메뉴 표시줄 : 문서 작업에 필요한 기능을 풀다운 메뉴 형식으로 표시한다.
• 도구 상자 : 자주 사용하는 메뉴를 아이콘 형태로 나타낸 것으로 화면 크기에 영향을 준다.
• 눈금자 : 탭 위치, 오른쪽/왼쪽 여백, 눈금 단위(포인트, 밀리미터, 인치 등), 행 길이, 들여쓰기, 내어쓰기 등을 설정한다.
• 격자 : 세밀한 편집 작업을 할 경우 화면에 가로/세로로 나타나는 기준점이다.
• 스크롤 바(이동 막대) : 화면을 상하좌우로 이동할 때 사용한다.
• 상태 표시줄 : 여러 정보가 표시되는 줄로 커서 위치, 쪽 번호, 삽입/수정 상태 등을 표시한다.

2 커서 이동

- Ctrl+Home, End : 커서를 화면의 맨 처음, 맨 끝으로 이동한다.
- Ctrl+Page Up, Page Down : 커서를 문서의 맨 처음, 맨 끝으로 이동한다.
- Ctrl+방향키 : 커서를 한 단어씩 이동한다.

3 탭(Tab) 키

- 특정 위치로 한번에 이동(8칸)할 때 사용하는 키로 각 행(줄)의 시작 부분 등을 균등하게 맞춘다.
- 기본 탭 간격은 40pt(영문 8자)로 '왼쪽 탭'이 설정되어 있다(사용자 임의로 재설정 및 삭제 가능).
- 여러 문단에 동일한 탭을 설정하기 위해서는 영역을 지정해야 한다.
- 가운데 정렬 탭을 설정하면 해당 위치에 있는 낱말의 가운데 부분을 가지런하게 맞춘다.
- 탭 설정은 문단 단위로 기억되어 특별한 영역 지정 없이 탭 설정을 바꾸면 현재 문단의 탭 지정만 바뀐다(종류 : 왼쪽 탭, 오른쪽 탭, 가운데 탭, 소수점 탭, 점 끌기 탭 등).

4 화면 표시 방식

모드	텍스트(Text) 모드	그래픽(Graphic) 모드
처리 단위	점(Dot)	픽셀(화소, Pixel)
화면 구성	행(Row)×열(Column)	가로 픽셀 수×세로 픽셀 수
특징	• 편집 시 화면 상태와 인쇄 결과가 다를 수 있음(표현 단위 : 글자) • 화면 표시 속도가 빠르며, 기억 공간을 적게 차지 • 글자체가 다양하지 않으며, WYSIWYG 기능을 지원하지 않음	• 인쇄를 하지 않아도 인쇄 결과를 예측할 수 있음(표현 단위 : 문자, 도형, 그림) • 화면 표시 속도가 느리며, 기억 공간을 많이 차지 • 글자체가 다양하며, WYSIWYG 기능을 지원

5 표시 기능 관련 용어

- 스크린 에디터(Screen Editor) : 화면 편집기로 커서를 이용하여 자유롭게 편집할 수 있다.
- 라인 에디터(Line Editor) : 행(줄) 편집기로 커서가 위치한 줄에서만 편집할 수 있다.
- 마진(Margin) : 문서의 전체적인 균형을 위한 페이지 상하좌우의 여백이다.
- 레이아웃(Layout) : 본문, 그림, 표 등을 페이지의 적당한 위치에 배치하는 것이다.
- 미리 보기(Preview) : 작성한 문서를 인쇄하기 전에 화면을 통하여 미리 보는 것이다.
- 소프트 카피(Soft Copy) : 문서 내용을 화면에 출력하거나 디스크에 저장하는 것이다.
- 하드 카피(Hard Copy) : 화면에 표시된 내용을 그대로 프린터에 인쇄하는 것이다(≠소프트 카피).
- 화면 분할(Split Screen) : 각 화면에서 공통적으로 작업할 수 있도록 화면을 분할하는 것이다.
- 위지윅(WYSIWYG) : 그래픽 방식에서 화면으로 확인된 내용을 그대로 출력 결과물로 얻을 수 있는 것이다.

4. 표시 기능 ★★★

1 삽입/수정/삭제

기능	설명
삽입(Insert)	• 문서 중간에 새로운 내용이나 공백, 띄어쓰기 등을 추가 • 삽입 상태에서 SpaceBar 키를 누르면 커서 위치에 공백이 삽입
수정(Overwrite)	• 새로운 내용을 입력하면 기존 내용이 지워지면서 입력(=겹쳐 쓰기) • 수정 상태에서 SpaceBar 키를 누르면 커서 위치의 문자가 삭제
삭제(Delete)	• BackSpace 키를 누르면 커서 왼쪽 문자가 삭제 • Delete 키를 누르면 커서 위치는 변경되지 않고, 오른쪽 문자가 삭제

2 영역(Block) 지정

- 복사, 이동, 정렬, 글자 모양 지정 등은 영역 지정이 필요하지만 삭제, 검색 및 치환, 맞춤법 검사 등은 영역 지정이 필요 없다.
- 영역을 지정한 부분만 별도로 저장이 가능하다(블록 저장).

영역 지정	설명
한 단어	단어 앞에 마우스 포인터를 놓고 더블 클릭
한 줄	줄의 맨 왼쪽에 마우스 포인터를 놓고 화살표 모양으로 바뀌면 클릭
문단 전체	문단의 맨 왼쪽에서 마우스가 화살표 모양으로 바뀌면 더블 클릭
문서 전체	문서의 맨 왼쪽에서 마우스가 화살표 모양으로 바뀌면 세 번 클릭([편집]-[모두 선택], Ctrl+A 키)

3 영역 복사와 이동

기능	설명
영역 복사	• 복사 작업 후에는 문서 분량이 증가 • 단축키 : 영역 지정 → 복사(Ctrl+C) → 붙이기(Ctrl+V) • 마우스 : 해당 영역을 지정하고, Ctrl 키를 누른 상태에서 마우스로 드래그 드롭
영역 이동	• 이동 작업 후에는 문서 분량에 변화가 없음 • 단축키 : 영역 지정 → 오려두기(Ctrl+X) → 붙이기(Ctrl+V) • 마우스 : 해당 영역을 지정하고, 마우스로 드래그 드롭

4 검색(Search)과 치환(Replace)

기능	설명
검색 (찾기)	• 특정 단어의 위치를 찾는 기능으로 한글, 영문, 특수 문자, 문자열 등의 검색이 가능(와일드 카드(*, ?)를 이용) • 영문자의 경우 대소문자를 구분하여 검색(표에서도 가능) • 검색 작업 후 문서 분량에는 아무런 변화가 없음
치환 (바꾸기)	• 문서 내용 중 특정 글자나 문자열을 찾아 다른 글자나 문자열로 바꾸는 기능 • 한자, 영문, 특수 문자뿐만 아니라 크기, 글꼴, 속성, 스타일 등 다양한 모양으로 치환이 가능(한글 단어를 한자 단어나 영문 단어로 치환 가능) • 치환 작업 후 바뀌는 문자열의 길이에 따라 문서 분량이 증가하거나 감소

5 머리말(Header)과 꼬리말(Footer)

기능	설명
머리말 (두문)	• 문서의 각 페이지 상단(위쪽)에 고정적으로 들어가는 문구 • 홀/짝 쪽에 다른 내용의 머리말이 가능
꼬리말 (미문)	• 문서의 각 페이지 하단(아래쪽)에 고정적으로 들어가는 문구 • 홀/짝 쪽에 다른 내용의 꼬리말이 가능(단어, 부제목, 페이지 번호 등을 입력)

6 각주(Footnote)와 미주(Endnote)

기능	설명
각주	• 문서 내용을 설명하거나 인용한 원문의 제목을 알려주는 보충 구절 • 주석, 부가 설명, 참고 내용 등을 달기 위한 기능으로 해당 페이지 하단에 표기 • 본문 영역에 해당되므로 문서 크기에 영향을 줌
미주	• 문서에 나오는 문구에 대한 보충 설명들을 문서 마지막 뒤에 모아서 표기 • 본문 내용과는 상관이 없음

7 들여쓰기(Indent)와 내어쓰기(Outdent)

- 들여쓰기는 문단의 시작 부분을 지정된 위치만큼 안으로 들여쓰는 기능으로 문서 분량이 증가한다.
- 내어쓰기는 문단의 시작 부분을 지정된 위치만큼 밖으로 내어쓰는 기능으로 문서 분량이 감소한다.
- 문단의 시작 위치가 자동으로 지정되어 문자가 입력되는 기능으로 하나 또는 여러 문단에서 동시에 적용할 수 있다.

8 메일 머지(Mail Merge)

- 본문 내용은 같고 수신인이 다양할 때 사용하는 기능으로 직접 인쇄하거나 파일로 만들 수 있다.
- 이름, 직책, 주소 등만 다르고 나머지 내용이 같은 여러 통의 편지를 만들 수 있으므로 안내장, 초청장, 청첩장 등을 작성할 때 이용한다(외부 파일에 존재하는 데이터를 이용할 수 있음).
- 본문(내용문) 파일, 데이터 파일을 작성하되, 반드시 본문 파일에서 메일 머지를 실행시킨다.
- 데이터 파일은 서식 파일에 대입될 개인별 이름이나 주소 등을 담고 있는 파일이다.
- 서식 파일은 메일 머지가 되는 내용에서 공통적으로 들어갈 본문 내용을 기재한 파일이다.

9 매크로(Macro)

- 반복된 작업을 특정 키(바로 가기 키)에 기억 시켜두고 필요할 때 빠르게 수행하는 기능이다.
- 사용자의 입력 순서를 기록해 두었다가 키 조작으로 재생이 가능하다(이름을 붙일 수 있음).
- 대부분의 워드프로세서에서 사용이 가능하며, 별도 파일로 저장하거나 편집할 수 있다.
- 특정 문구의 반복이 가능하기 때문에 복사 및 붙이기 등을 대체하여 사용할 수 있다.
- 동일한 도형을 여러 곳에 사용할 때, 여러 문단에서 동일한 정렬을 사용할 때, 문서의 여러 곳에 동일한 서식을 적용할 때, 동일한 특수 문자를 반복적으로 입력할 때, 여러 개의 표에서 각 표의 첫 번째 줄에 음영을 넣을 때 주로 사용한다.

10 스타일(Style, 유형)

- 문서에서 자주 사용하는 서식을 특정 이름으로 저장하여 필요할 때 사용하는 기능이다.
- 긴 글에 대하여 일관성 있는 문단 모양을 유지하는데 유용하다.
- 스타일 유형을 추가, 삭제, 수정할 수 있으며, 블록 설정으로 한번에 지정할 수 있다.

- 글자 모양, 문단 모양, 문단 번호, 문단 정렬, 들여쓰기, 내어쓰기, 탭, 글머리표 등을 지정한다.

11 맞춤법 검사(Spelling Check)

- 문서에서 잘못 입력된 단어를 찾아 수정하는 기능으로 내장된 단어 사전과 비교하여 검사한다.
- 한글뿐만 아니라 영문도 검사할 수 있지만 수식이나 화학식은 검사할 수 없다.
- 문서의 특정 부분만 검사할 수 있으며, 사전에 없는 단어는 사용자가 직접 추가할 수 있다.
- 맞춤법, 표준말, 띄어쓰기, 대소문자, 기호, 숫자 등 문법적인 오류까지도 검사할 수 있다.

12 목차(차례) 만들기

- 목차나 그림에 조판을 설정한 후 특정 명령을 실행하여 자동으로 차례를 만드는 기능이다.
- 단행본, 보고서, 논문 등을 작성하거나 문서 분량이 많을 때 유용하다.
- 현재 문서에 삽입된 모든 수식에 대하여 목차 만들기를 할 수 있다.
- 목차를 만들기 위해서는 목차에 포함될 항목을 표시하며, 결과는 지정된 파일로 저장한다.
- 종류에는 제목 목차, 표 목차, 그림 목차, 수식 목차 등이 있다.

13 하이퍼텍스트(Hypertext)

- 특정 단어나 문구에 관련된 내용을 계층적으로 연결하여 참조할 수 있는 문서 형식이다.
- HTML 문서와 연결하면 인터넷에 바로 연결된다(주로 웹 페이지나 Windows 도움말에 사용).
- 문서 내의 특정 단어를 선택하면 단어와 연결된 문서 위치로 이동한다.
- 문서 작성 중 다른 응용 프로그램의 내용, 그림, 표 등을 참조할 수는 없다.

14 편집 기능 관련 용어

- 래그드(Ragged) : 문단의 한 쪽 끝이 정렬되지 않은 상태로 각 행 끝에서 Enter 키를 누르면 발생한다.
- 워드 랩(Word Wrap) : 행 끝에서 단어가 잘릴 경우 해당 단어 자체를 다음 행으로 이동시키는 기능으로 주로 영문 입력 시 사용한다(문서의 논리적인 구조에 집중).
- 영문 균등(Justification) : 워드 랩으로 인한 공백을 단어와 단어 사이를 균등하게 배분하여 문장의 양쪽 끝을 맞추는 기능이다.
- 보일러 플레이트(Boiler Plate) : 문서 내에서 머리말, 꼬리말, 주석 등을 표시하기 위한 일정 구역으로 문서 여백을 사용한다.
- 병합(Merge) : 두 개 이상의 문서를 하나로 합치는 것으로 메일 머지와 관계가 있다.
- 색인(Index) : 문서의 중요 내용(단어나 어휘)들을 빠르게 찾기 위하여 문서 맨 뒤에 용어와 기록된 쪽 번호를 오름차순으로 정리한 목록으로 필요 시 내용을 순서대로 발췌한다(목차나 그림 등에 색인을 부여하여 일정 순서를 결정).
- 캡션(Caption) : 문서에 포함된 도표나 그림 등에 제목이나 설명을 삽입하는 기능으로 위치는 사용자가 지정할 수 있다.
- 조판 부호(Control Code) : 편집 화면에 나타나지 않는 숨은 문자로 표, 글상자, 그림, 머리말 등을 기호로 표시한다(인쇄 시 표시되지 않음).
- 옵션(Option) : 어떤 명령이나 기능에 대한 지시를 부여하거나 선택할 수 있는 항목이다.
- 다단(Newspaper Column) : 신문이나 잡지처럼 하나의 편집 화면을 여러 개의 영역으로 나누어 문서를 작성하는 기능이다.
- 소트(Sort) : 문서 내용을 일정 기준에 따라 재배열하는 기능으로 정렬된 내용은 오름차순 혹은 내림차순으로 재배열 할 수 있다(표에서는 특정 열에 대해서만 정렬 가능).
- 문장 정렬(Align) : 문서의 전체 또는 일부분을 재배치하여 정렬하는 기능으로 영역 지정이 필요하지만 하나의 문단을 정렬할 경우에는 영역 지정이 필요 없다(왼쪽/오른쪽/가운데/배분/나눔).
- 센터링(Centering) : 문자열을 지정한 범위의 중앙에 정리하여 맞추는 기능(가운데 정렬)이다.
- 디폴트(Default) : 이미 설정되어 있는 기본 값으로 따로 지정하지 않으면 자동적으로 설정된다.
- 링크(Link) : 하이퍼텍스트에서 다른 페이지로의 연결을 의미하며, 문서 내용의 특정 부분과 관련된 다른 부분을 참조할 수 있다.
- 홈 베이스(Home Base) : 문서 편집 시 특정 위치를 홈(Home)으로 지정하고, 임의의 위치에서 곧바로 커서를 이동시킬 수 있는 기능이다.
- 버퍼(Buffer, 클립보드) : 복사하거나 잘라낸 데이터를 임시로 보관하는 장소로 문자, 그림, 소리 등을 보관하며, 컴퓨터를 끄거나 새로운 내용이 기억되기 전까지 저장 내용이 계속 유지된다.

5. 출력 기능 ★★★

1 글자(문자) 모양

- 문자 크기는 문자의 폭(가로) × 문자의 높이(세로)로 나타낸다.
- 포인트(Point, 호, 급)는 문자의 크기 단위(Inch)로 1 포인트 = 1/72 인치, 0.351mm이다.
- 문자 피치(Character Pitch)는 1인치에 인쇄되는 문자수로 인쇄 시 문자와 문자 사이의 간격을 표시한다(프린터에서는 10, 12, 15 피치 등을 사용).
- 줄(행) 간격은 윗줄과 아랫줄의 간격으로 단위는 줄에서 가장 큰 글자를 기준으로 간격을 조정하는 비례 줄 간격 방식을 디폴트로 제공한다.
- 자간은 글자와 글자 사이의 간격으로 자간을 조절하여 가독성을 높일 수 있다.
- 장평은 글자의 좌우 비율을 늘리거나 줄이는 것으로 글자의 세로 크기와 글꼴은 그대로 유지된다.

종류	설명
전각 문자	문자 높이와 폭의 비율이 1 : 1인 문자(한글, 한자, 도형)
반각 문자	전각 문자 폭의 1/2 크기인 문자(영문, 숫자, 특수 문자)
종배 문자	전각 문자를 세로로 2배 확대한 문자
횡배 문자	전각 문자를 가로로 2배 확대한 문자
양배 문자	문자 폭과 높이가 모두 전각 문자의 2배인 문자
첨자 문자	전각 문자의 1/4 크기인 문자(수학식이나 화학식에 사용)

2 비트맵(Bitmap)

- 점(Dot)의 조합으로 글꼴을 표현하기 때문에 점이 많을수록 글씨가 세밀해 진다.
- 글자를 확대하면 계단 현상이 발생하며, 명조체와 고딕체 등이 해당된다.

3 윤곽선(외곽선, Outline)

- 선과 곡선으로 문자를 표현하기 때문에 외곽선이 매끄럽고 세밀하다.
- 글자를 확대해도 글꼴이 변형되지 않아 고해상도의 출력물을 얻을 수 있다.

종류	특징
트루타입 (Truetype)	애플사와 마이크로소프트사에서 공동으로 개발한 Windows의 기본 글꼴로 외곽선 정보를 사용하고, 위지윅(WYSIWYG)을 지원
벡터 (Vector)	글자를 선분과 곡선으로 처리한 글꼴로 확대/축소 시 매끄럽게 표현
오픈타입 (Opentype)	고도의 압축 기법으로 용량을 줄이고, 통신에서 폰트 전송에 사용
포스트스크립트 (Postscript)	글자의 외곽선 정보를 각종 그래픽 소프트웨어에 제공하며, 위지윅(WYSIWYG)을 지원(그래픽과 텍스트를 종이, 필름, 모니터 등에 인쇄)

4 문서 인쇄

- 문서의 끝 페이지부터 첫 페이지 순으로 인쇄하거나 문서의 특정 부분만 인쇄할 수 있다.
- 문서에서 설정한 용지 크기는 인쇄 시 크기를 변경하여 출력할 수 있다.
- 해상도를 높게 설정하면 고품질의 문서를 인쇄할 수 있으나 출력 속도는 느려진다.
- 여러 개의 프린터가 설치된 경우 특정 프린터를 선택하여 인쇄할 수 있다.
- 모아 찍기 기능을 이용하여 문서 한 장에 여러 페이지를 인쇄할 수 있다.
- 미리 보기 기능을 이용하여 문서의 전체 윤곽을 확인할 수 있다(문서 편집 불가능).
- 문서 내용을 파일(*.prn)로 인쇄할 수 있으며, 작성한 문서를 팩스나 전자 메일로 보낼 수 있다.
- [인쇄] 대화 상자에서 기본 프린터의 드라이버를 추가하거나 수정할 수 있다.

5 연속 용지

- 용지의 연속적인 공급을 위해 용지를 이어 붙여 만든 것이다.
- 도트 매트릭스와 라인 프린터에서 주로 사용한다.
- 한 행에 출력되는 문자수에 따라 80 컬럼과 132 컬럼 용지가 있다.

6 낱장 용지

- 잉크젯이나 레이저 프린터에서 주로 사용하며, 한국공업규격에 따라 A판과 B판으로 나눈다.
- 규격은 전지의 종류와 전지를 분할한 횟수를 사용하여 표시한다.
- 숫자가 클수록 용지 크기는 작아지며, B판 용지가 A판 용지보다 크다.
- 용지의 가로와 세로 배율은 $1 : \sqrt{2}$ 이다.

용지	크기 (가로 × 세로)	용지	크기 (가로 × 세로)
A1	594mm × 841mm	B1	728mm × 1,030mm
A2	420mm × 594mm	B2	515mm × 728mm

A3	297mm × 420mm	B3	364mm × 515mm
A4	210mm × 297mm (공문서 표준)	B4	257mm × 364mm
A5	148mm × 210mm	B5	182mm × 257mm

7 출력 기능 관련 용어

- 라인 피드(Line Feed) : 프린터 용지를 줄(행) 단위로 한 줄씩 밀어 올리는 기능이다.
- 폼 피드(Form Feed) : 프린터에서 다음 페이지의 맨 처음 위치까지 종이를 밀어 올리는 기능이다.
- 프린터 드라이버(Printer Driver) : 워드프로세서의 출력값을 특정 프린터 모델이 요구하는 형태로 번역해 주는 프로그램이다.
- 프린터 버퍼(Printer Buffer) : 처리 결과를 프린터로 출력하기 전에 임시 저장해 두는 기억 장소로 용량을 크게 할수록 출력 속도가 빠르다.
- 포매터(Formatter) : 작성한 문서를 특정 형식으로 보여주거나 원하는 형식으로 출력할 수 있도록 지정해 주는 편집 프로그램이다.
- 트래킹(Tracking) : 글자 간격을 조금씩 조정해 주는 기능이다(자간 보정).
- 스풀(SPOOL) : 고속의 CPU와 저속의 입출력 장치에 대한 속도 차이를 극복하기 위한 기능(인쇄물을 보조 기억 장치에 저장했다가 인쇄하므로 CPU의 효율적인 사용이 가능)으로 인쇄를 하면서 동시에 다른 문서의 작성과 편집이 가능하다(프린터의 종류에 따라서 스풀 기능을 사용하지 않고 인쇄할 수 있도록 설정할 수 있음).

6. 전자 출판의 개념과 장단점 ✪✪✪

1 전자 출판(Electronic Publishing)의 개념

- 전산 시스템을 도입한 출판 시스템으로 탁상 출판(DTP ; Desk Top Publishing)이라고도 한다.
- 출판 문화의 변천은 활자 인쇄 → 사진 식자 → 전자 출판 → 전자 통신 출판의 순이다.

종류	설명
온라인 데이터 베이스형	• 최초의 전자 출판 형태 • 정보 전송로나 단말기를 온라인으로 연결하여 사회 과학, 인문 과학 등을 검색 • CATV, Teletex, Videotex 등
패키지형	• 컴퓨터의 저장 매체인 메모리나 디스크에 출판물을 수록하는 형태 • 문자 외에 소리와 화상 자료를 함께 수록한 멀티미디어 책으로 발전 • CD-ROM 타이틀, CD-I 타이틀, DVD 타이틀 등
컴퓨터 통신형	• 컴퓨터와 통신 기능을 결합한 새로운 개념의 형태 • 출판물 내용을 전용 뷰어를 통해 PC나 e-Book 전용 단말기로 읽음 • 전자 잡지, e-Book, 전자 메일 박스 등

2 전자 출판의 특징

- 전산망을 통한 출판물 공유로 인하여 업무 능률이 향상된다.
- 다양한 폰트 사용이 가능하므로 고품질의 인쇄 장치를 사용한다.
- 통신망을 이용하여 다수의 사용자가 동시에 자료의 사용이 가능하다.
- 디지털로 문자를 기록할 수 있는 매체로 다른 전자 매체에서도 사용이 가능하다.

3 전자 출판의 장점

- 제공자와 사용자간의 상호 대화가 가능한 양방향 매체로 출판 과정의 개인화가 가능하다.
- 원고의 입력부터 출력까지 전 과정을 관리하며, 네트워크를 통해 공간을 극복할 수 있다.
- 지원하는 글꼴 수가 많고 사진, 도표, 그리기 등의 작업을 자유롭게 할 수 있다.
- 문자, 소리, 그림, 동영상, 애니메이션 등의 멀티미디어 표현과 WYSIWYG 기능을 지원한다.
- 출판 내용에 대한 추가 및 수정이 신속하고, 배포가 용이하다.
- 출판물 내용에서 사용자가 원하는 부분만을 선택하여 전송받을 수 있다.
- 미리 보기 기능을 이용하여 최종 결과물의 결과를 미리 확인할 수 있다.

4 전자 출판의 단점

- 전자 출판에 필요한 소프트웨어 기능을 숙지해야 한다.
- 전원이 공급되지 않으면 전자 출판물의 내용을 볼 수 없다.
- 저장 매체가 손상되면 데이터 전체를 사용할 수 없다.
- 제한된 화면으로 종이 출판에 비해 전체적인 내용 비교가 어려워 가독성이 떨어진다.

7. 전자 도서의 개념과 특징 ✪

1 전자 도서(e-Book)의 개념

- 디지털 형태의 출판물로 전용 뷰어(Viewer)를 이용하여 내용을 검색한다.
- 문자, 화상과 같은 정보를 CD-ROM, IC 카드 등의 매체에 기록할 수 있다.

2 전자 도서의 특징

- 동일한 내용을 다양한 형태로 표현할 수 있으며, 대용량의 내용을 빠르게 검색할 수 있다.
- 영구 보존 및 유지 보수가 용이하며, 비용 절감 효과와 신속한 업데이트가 가능하다.

3 전자 도서의 분류

분류	설명
종이책 (Paper Book)	• 종이를 이용한 출판에서 제작 공정을 전산화함 • DTP(탁상 출판) : 일반 책 형태의 출판물 • CTSP(전산 조판 시스템 출판) : 신문, 잡지 등과 같은 형태의 출판물
전자책 (Electronic Book)	• 뉴 미디어를 이용한 전자 출판물 제작 • DBP(디스크 책 출판) : CD-ROM 타이틀, CD-I 타이틀, DVD 타이틀 • SBP(화면 책 출판) : e-Book, 전자 잡지(Webzine), 전자 메일(E-mail) 등과 같은 형태의 출판물

8. 전자 출판 관련 기술 및 용어 ✪✪✪

1 그리기 기능

- 사각형이나 원을 그릴 때 Shift 키를 누른 상태로 드래그하면 정사각형, 정원을 그릴 수 있다.
- 사각형을 그릴 때 마우스 시작 위치가 사각형의 중심이 되게 하려면 Ctrl 키를 이용한다.
- 개체 이동은 개체를 선택하여 드래그하고, 개체 복사는 개체를 선택하고 Ctrl +드래그 한다.
- 개체 묶기(그룹화)를 할 때 연속적으로 선택하려면 Shift 키를 이용한다.
- 그리기 개체를 투명하게 하여 입력된 문자열 뒤로 배치할 수 있다.
- 개체들이 겹쳐 있을 경우 겹쳐 있는 순서를 앞뒤로 변경할 수 있다.
- 여러 개의 조절점(Handle)을 이용하여 각 개체의 크기 조절이 가능하다.
- 여러 개의 그리기 개체를 한 묶음으로 그룹화 한 후 묶음 상태에서 크기 조절과 복사가 가능하다.

2 개체 연결 및 삽입(OLE ; Object Linking and Embedding)

- 응용 프로그램간 자료 교환 방식에 사용되는 것으로 여러 개의 응용 프로그램들이 데이터를 서로 공유하면서 한쪽의 데이터 변화가 데이터 공유 프로그램 모두에 반영되도록 하는 기능이다.
- 다른 응용 프로그램에서 작성한 그림, 표, 소리, 동영상 등을 연결하거나 삽입할 수 있다.

구분	설명
연결(Link)	• 그림을 연결하여 삽입한 경우 그림 내용이 바뀌면 바뀐 내용이 적용 • 문서 내에서 원본 개체를 더블 클릭하면 작성한 프로그램으로 편집 가능
포함(Embed)	현재의 그림에만 변화가 있고, 원본 그림에는 영향을 주지 않음

3 하이퍼링크(Hyperlink)

- 서로 관련 있는 문서와 문서를 연결하는 것으로 양방향성 네트워크 통신을 이용자에게 제공한다.
- 다양성으로 정보 습득 능력이 고조되고, 이용자의 의도된 선택에 따라 이동이 가능하다.
- 필수 구성 요소에는 노드(Node), 링크(Link), 인터페이스(Interface)가 있다.

4 하이퍼미디어(Hypermedia)

- 미디어와 미디어를 연결하여 관련된 정보를 쉽게 찾아보는 방식으로 텍스트와 관련된 사진, 동영상 등이 나타나는 다층화된 텍스트이다.
- 문서 사이의 연결을 참조하는 것으로 주로 인터넷 문서나 Windows 도움말에 사용된다.
- 하이퍼텍스트 구조를 멀티미디어까지 이용 범위를 확장시켜 정보를 활용한다.

5 전자 출판 관련 용어

- 디더링(Dithering) : 제한된 색상에서 조합과 비율을 변화하여 복잡한 색을 구현해 내는 기법이다.
- 렌더링(Rendering) : 3D 그래픽의 마지막 단계에서 채색과 음영을 조절하는 기법이다.

• 필터링(Filtering) : 작성된 그림을 필터 기능을 이용하여 여러 가지 형태의 새로운 이미지로 탈바꿈시켜 주는 기법이다.
• 리딩(Leading) : 한 행의 기준선에서 다음 행 마지막 단계에 채색과 음영을 조절하는 기법이다.
• 커닝(Kerning) : 글자 사이의 간격을 미세하게 조정하는 기능으로 광고에서 많이 사용한다.
• 리터칭(Retouching) : 이미지 변형 작업으로 기존 그림을 다른 형태로 새롭게 변형, 수정한다.
• 모핑(Morphing) : 2개 이상의 이미지를 부드럽게 연결해 변환, 통합하는 기법으로 컴퓨터 그래픽, 영화 등에서 사용된다.
• 스프레드(Spread) : 대상체의 색상이 배경색보다 옅어서 대상체가 보이지 않는 현상이다.
• 오버프린트(Overprint) : 문자 위에 겹쳐서 문자를 중복 인쇄하거나 배경색이 인쇄된 후 다시 인쇄하는 기법으로 특정 개체 주위로 텍스트가 침범하지 않는다.
• 하프톤(Halftone) : 그래픽 이미지에 효과를 넣는 작업이다(미세한 점으로 사진을 나타냄).
• 그레이 스케일(Gray Scale) : 컬러 이미지를 흑백으로 변환하는 작업이다.
• 텍스트 흘리기(Text Runaround) : 특정 개체 주위로 텍스트가 침범하지 못하게 하는 기능이다.
• 셰이딩 보정(Shading Compensation) : 스캐너로 받은 화상의 색 얼룩을 보정하는 기능이다.
• 초크(Choke) : 이미지 변형 작업, 입출력 파일 포맷, 채도, 조명도, 명암 등을 조절하는 기능이다.
• 클립아트(Clip Art) : 문서를 작성하거나 편집할 때 편리하게 이용할 수 있도록 제작된 이미지나 그래픽의 집합이다.
• 워터마크(Watermark) : 그림을 밝고 명암 대비가 작은 그림으로 바꾸는 기능으로 기관의 로고 등을 작성하여 배경을 희미하게 나타낼 때 사용한다.
• 스타일 시트(Style Sheet) : 스타일 정보(폰트, 여백 등)를 파일로 저장하여 DTP에서 문서 설정을 쉽게 할 수 있다.

| 무료 동영상 |

핵심정리 02 문서 작성하기

1. 문서의 기능 및 종류 ✪✪

1 작성 주체에 의한 분류

분류	설명
공문서	행정 기관 또는 공공 기관에서 직무상 필요에 의해 공식적으로 작성한 문서
사문서	공문서 이외에 개인이 권리나 의무(의견), 사실 증명에 관하여 작성한 문서(사문서가 행정 기관에 접수되면 공문서로 간주)

2 유통 대상에 의한 분류

분류	설명
사내문서	기관 내부에서 지시, 명령, 협조, 보고, 통지를 위해 수발하는 문서
사외문서	기관 외의 단체 또는 다른 행정 기관간에 수발하는 문서
전자문서	컴퓨터 등의 정보 처리 능력을 가진 장치에 의해 전자적인 형태로 작성되는 문서

3 처리 단계에 의한 분류

분류	설명
접수문서	외부에서 내부로 접수되는 문서(문서를 주관하는 부서에서 접수)
배포문서	접수받은 문서를 절차에 따라 처리과로 배포하는 문서
기안문서(결재문서)	결재권자의 결재를 받기 위해 의사결정을 요청하는 문서(결재권자의 결재를 받기 위하여 지정된 서식에 따라 작성한 초안 문서)
합의문서	기안문서에 있는 내용과 관련 있는 부서에 협조를 얻어 합의하는 문서
완결문서	결재문서가 시행되면서 사안의 처리가 완결된 문서
시행문서	결재권자의 결재를 받은 문서 또는 결재문서의 시행을 위해 작성한 문서
이첩문서	접수문서 처리를 위한 부서가 해당 부서가 아닌 경우 담당 부서로 이첩하기 위한 문서
공람문서	배포문서를 다른 부서나 사람에게 열람시키는 문서
보관문서	자주 사용하는 문서로 해당 부서에서 보관하고 있는 문서
보존문서	자주 사용하지 않지만 보존 가치가 있어 처리과 등에서 보존중인 문서
폐기문서	문서의 보존 가치가 상실되어 폐기 처분하는 문서

4 문서가 필요한 경우

사무 처리 결과의 증빙 자료로 필요한 경우, 사무 처리 결과를 일정 기간 보존할 경우, 사무 처리 형식이나 체제상 문서 형식이 필요한 경우, 의사소통이 대화로는 불충분한 경우, 내용이 복잡하여 문서 없이 당해 업무 처리가 곤란한 경우 등이 있다.

2. 문서의 작성 원칙 ★★★

1 공문서의 용지

- 용지 색은 특별한 경우를 제외하고는 흰색을 사용한다.
- 공문서의 보존 기간, 활용 빈도, 재활용 여부 등에 기준을 둔다.
- 용지 크기는 A4(210mm × 297mm)를 기준으로 하고, 용지 여백은 위쪽 30mm, 왼쪽 20mm, 오른쪽 15mm, 아래쪽 15mm로 설정한다.

2 공문서의 표기 방법

종류	표기법
글자	• 쉽고 간결하게 작성하되 한글은 맞춤법에 따라 가로로 작성 • 정확한 전달을 위해 필요 시 괄호 안에 한자, 외국어를 쓸 수 있음 • 검은색 또는 푸른색으로 하고, 필요에 따라 다른 색 지정이 가능
숫자	특별한 사유가 있는 경우를 제외하고는 아라비아 숫자로 작성
날짜	년, 월, 일의 글자는 생략하고, 그 자리에 온점(.)을 찍어 표시(예 : 2021. 5. 20)
시간	24시각제에 따라 시, 분은 생략하고, 그 사이에 쌍점(:)을 찍어 표시(예 : 17:45)
금액	아라비아 숫자로 표기하되 변조 방지를 위해 숫자 뒤 괄호 안에 한글로 기재(예 : 금 453,700원(금 사십오만삼천칠백원)

3 공문서의 항목 구분

- 문서 내용을 2 이상으로 구분할 경우 8개의 항목으로 나누어 내용을 기재한다.
- 둘째, 넷째, 여섯째, 여덟째 항목의 경우는 하., 하), (하), ㉻, 이상 더 계속되는 경우 거., 거), (거), {거}, 너., 너), (너), {너}, …로 표시한다.

첫째 항목	1., 2., 3., 4., ……
둘째 항목	가., 나., 다., 라., ……
셋째 항목	1), 2), 3), 4), ……
넷째 항목	가), 나), 다), 라), ……
다섯째 항목	(1), (2), (3), (4), ……
여섯째 항목	(가), (나), (다), (라), ……
일곱째 항목	①, ②, ③, ④, ……
여덟째 항목	㉮, ㉯, ㉰, ㉱, ……

4 공문서의 면 표시

구분	방법
문건별	• 중앙 하단과 위로부터 아래 순으로 표기 • 2장 이상의 문서 중 전후 관계를 명확히 할 경우 해당 문건의 전체 면 수와 그 면의 일련번호를 붙임표(–)로 표기
문서철별	• 우측 하단에 표기 • 동일한 문서철을 2권 이상으로 편철한 경우 2권 이하의 문서철별 면수는 표지와 색인 목록을 제외한 본문부터 표기

5 공문서의 '끝' 표시

- 첨부물 없이 본문이 끝났을 경우 본문이 끝나는 지점에서 한 자(2칸)를 띄우고 "끝" 표시를 한다.
- 첨부물이 있을 경우는 붙임 표시문 끝에 한 자(2칸)를 띄우고 "끝" 표시를 한다.
- 본문이나 붙임 표시문이 오른쪽 한계선에서 끝났을 경우는 다음 줄 왼쪽 기본선에서 한 자(2칸) 띄우고 "끝" 표시를 한다.
- 기재사항이 서식의 마지막 칸까지 작성되는 경우는 서식 칸 밖 다음 줄의 왼쪽 기본선에서 한 자(2칸) 띄우고 "끝" 표시를 한다.
- 기재사항이 서식의 중간에서 끝났을 경우는 마지막 기재사항의 다음 빈칸에 "이하 빈칸"이라 표시한다("끝" 표시는 하지 않음).

6 공문서의 '붙임' 표시

- 본문이 끝난 다음 줄의 왼쪽 기본선에 맞추어 "붙임"이라고 기재한다.
- "붙임" 뒤에 2칸(한 자)을 띄우고 첨부 내용을 입력한다.

7 공문서의 쪽 번호와 발급 번호 표시

- 중요 문서는 전체 쪽수와 해당 쪽의 일련번호를 붙임표(–)로 표시한다.
- 증명서 발급 문서는 왼쪽 하단에 발급 번호를 표시하고, 그 외의 문서는 중앙 하단에 쪽 번호를 표시한다.

8 공문서의 수정 및 삭제

- 일반문서의 경우 글자 중앙에 가로로 선을 두 개 그어 삭제 또는 수정하고, 해당 위치에 서명 또는 날인한다.
- 시행문의 경우 문서 여백에 정정한 글자 수를 표기하고, 관인을 찍는다.

- 전자문서의 경우 규정에 따라 수정할 수 없는 것은 수정한 내용대로 재작성하고 결재를 받는다(수정 전의 전자문서는 기안자/검토자 또는 결재권자가 보존할 필요가 있는 경우 이를 보존)
- 중요 내용을 수정/삭제할 경우 문서 여백에 수정/삭제한 글자 수를 표기하고, 서명 또는 날인한다.

9 문장 맞춤법

맞춤법	설명
된소리	단어에서 된소리는 다음 음절의 첫 소리로 적음(예 : 산뜻하다, 엉뚱하다 등)
거센소리	ㄱ/ㄷ/ㅂ/ㅈ 같은 평음이 'ㅎ'을 만나 ㅋ/ㅌ/ㅍ/ㅊ 같은 거센소리를 냄(예 : 집합, 착하다, 잡히다 등)
모음	'계, 례, 혜'에서 'ㅔ'로 발음되더라도 'ㅖ'로 적음(예 : 계집, 사례, 혜택 등)
'ㄷ' 받침 소리	'ㄷ' 받침 중 'ㄷ'으로 적을 필요가 없는 것은 'ㅅ'으로 적음(예 : 돗자리, 사뭇 등)
겹쳐 나는 소리	단어에서 같거나 비슷한 음절이 겹쳐 나는 부분은 같은 글자로 적음(예 : 눅눅하다, 밋밋하다 등)
구개음화	• 끝소리가 'ㄷ, ㅌ'인 경우 모음 'ㅣ'와 만나면 'ㅈ, ㅊ'이 됨(예 : 굳이→구지 등) • 'ㄷ' 뒤에 '히'가 올 때 'ㅎ'과 결합하여 'ㅌ'이 'ㅊ'이 됨(예 : 닫히다→닫치다 등)
두음법칙	한자 단어의 첫 소리에 'ㄴ'과 'ㄹ'이 오는 것을 꺼려 다른 소리로 바뀜(예 : 녀자→여자, 량심→양심, 로인→노인 등)
연음법칙	자음으로 끝나는 음절에 모음이 이어지면 앞 음절의 끝소리가 뒷 음절의 첫소리가 됨(예 : 책이→채기, 낮에→나제 등)
띄어쓰기	• 조사는 앞의 말에 붙여씀(예 : 꽃이, 어디까지나 등) • 의존 명사나 단위 명사는 띄어씀(예 : 나도 할 수 있다, 한 개 등) • 두 말을 이어주거나 열거할 때 띄어씀(예 : 열 내지 스물 등) • 단음절의 단어가 나타날 때는 붙여씀(예 : 두잎, 그때 등)

3. 다양한 형식의 문서 ★★★

1 사내문서

- 사내에서 지시, 명령, 협조 등을 통해 수신 또는 발신하는 문서이다.
- 두문(수신/발신자명, 문서번호, 발신연월일), 본문(제목, 내용), 결문(담당자명, 직위)으로 구성된다.

종류	특징
지시문서	상급 부서에서 하급 부서로 명령을 전달하는 문서(명령서, 통지서, 기획서 등)
보고문서	추진 업무에 대한 현황이나 결과 등을 보고하는 문서(출장, 조사 보고서 등)
기록문서	증거 자료로 사용하기 위해 기록하는 문서(회의록, 인사록, 전표, 장부 등)
연락문서	부서간 소통을 위해 연락하는 문서(조회, 회답 문서, 통지서 등)

※ 기획서는 결론을 논리적으로 구성하고, 사실에 근거하여 작성하되 구체적이고 측정 가능한 자료를 사용하여 내용을 적음(핵심 내용을 압축하고, 뒷받침하는 내용을 구분하여 강조)

2 사외문서

- 사내 밖에서 상급/하급 기관, 개인/단체 기관에 전달 또는 수발되는 문서이다.
- 두문(수신/발신자명, 문서번호, 발신연월일), 본문(제목, 인사말, 내용, 말문), 부기(담당자명, 직위, 추신, 첨부물)로 구성된다.

종류	특징
거래문서	기업 또는 기관에서 업무의 진행 관계(유무)를 위해 주고받는 문서
법률문서	법률 사항을 조목별로 정리한 문서로 내용증명서, 거래계약서, 입찰서 등이 있음
통지서	어떤 사실이나 정보를 육하원칙에 따라 정확하고 일목요연하게 작성하는 문서로 송금통지서, 거절장 등이 있음(금액, 날짜 등의 숫자 작성에 주의)
의뢰서	어떤 사항에 대해 표제를 붙여 부탁하는 문서로 견적서, 주문서, 청구서 등이 있음
주문서	구매에 필요한 사항들을 작성한 문서로 물품, 수량, 금액, 납기일, 조건 등을 기재
요청서	필요한 내용과 사항들을 요청하기 위해 작성한 문서
승낙서	의뢰나 요청 등에 승낙하는 문서로 제안에 따른 승낙 조건을 기재
항의서	어떤 문제에 대한 항의 내용(대책과 조치)을 작성한 문서
반박서(해명서)	어떤 항의나 요구에 대해 반박 또는 해명하는 문서로 객관적인 자료를 토대로 필요에 따라 내용증명서를 발송
협의문(교섭문)	특정 사안에 대해 양쪽간의 협의 또는 교섭하는 문서로 논리 정연하게 작성
권유문	제품에 대한 권유 사항을 안내 자료를 통해 상대방에게 전달하는 문서
조회문	불분명한 내용이나 의문 사항을 전달하는 문서로 반신용 봉투를 사용할 수 있음
사과문	상대방에게 사과를 위해 전달하는 문서
게시문	여러 사람에게 알리기 위한 문서로 눈에 잘 띄고, 내용을 쉽게 알 수 있도록 작성
독촉장	주어진 의무를 수행하도록 재촉하는 문서

3 의례문서

- 개인 또는 기업(기관)간에 거래 관계의 유지를 위하여 서로 주고받는 문서이다.
- 직접적인 거래 관계에 필요하며, 인사말로 시작하여 예의를 담아 작성한다.

종류	특징
인사장	개인 또는 기업(기관)간 관계 유지를 위해 인사 내용을 적은 문서
안내장	행사나 모임 등에 필요한 사항을 기재하여 안내하는 문서
초대장	행사나 모임 등에 시간(일시)과 장소를 기재하여 사람들을 초대하는 문서(외부 행사의 경우 우천 시 행사 개최 여부에 대해서 기재)
축하장	경사스런 일들에 대하여 축하를 전달하는 문서
위문장(문상장)	갑작스런 사고나 재난 등에 대해 위로(위문)의 내용을 작성하는 문서(두문이나 인사말은 생략)
소개장(추천장)	다른 사람이나 기업(기관)에 특정 상황을 소개 또는 추천하는 문서
감사장	감사의 뜻을 인사로 전달하는 문서
연하장	새해를 축하하기 위하여 글이나 그림을 담아 보내는 문서
부고장	사람의 죽음을 알리는 문서(급한 경우 전화나 전보 등을 먼저 이용)

4. 문서의 구성 ✪✪

1 두문

종류	표기법
행정기관명	문서를 기안한 부서의 행정기관명을 위에 기재하고, 아래에 수신자와 제목을 기재
수신자	• 수신자명 또는 수신자 기호를 먼저 쓰고, 괄호 안에 업무를 처리할 보조기관/보좌기관의 직위를 씀(기관의 직위가 분명하지 아니한 경우는 ○○업무담당과장으로 씀) • 수신 기관이 두 곳 이상일 때 수신란에 '수신처 참조'라 기재하고, 결문 발신명의 아래에 수신처란을 만들어 수신 기관명 또는 수신기관 기호를 표기
경유	경유기관의 장과 수신기관의 장을 순차적으로 기재하고, 경유기관 장은 제목란에 "경유문서의 이송"이라고 표시하여 순차적으로 이송

2 본문

종류	설명
제목	• 문서 내용을 쉽게 알 수 있도록 간단, 명료하게 작성 • 하나의 제목을 기입하며, 필요 시 부제목을 기입할 수 있음
내용	• 제목과 관련된 핵심 내용을 6하 원칙과 항목 구분에 따라 명료하게 작성 • 문서의 표현 의미를 쉬운 말로 작성
붙임	• 본문 내용 외에 참고 문서가 있을 경우 본문 내용이 끝난 다음 줄에 기재 • 첨부물이 두 개 이상일 경우 항목 구분 표시를 입력

3 결문

종류	설명
발신명의	• 행정기관 또는 행정기관 장의 명의를 기재 • 보조기관 또는 보좌기관 상호간 발신 문서는 해당 기관의 명의를 기재
기안자, 검토자, 협조자, 결재권자의 직위/직급	• 직위가 있는 경우 직위를 쓰고, 직위가 없는 경우 직급을 씀 • 기관장과 부기관장의 직위는 간략하게 씀
시행 및 접수 처리과명-일련번호와 일자	• 시행 및 접수 처리과명을 기재하되 처리과가 없는 행정기관은 10자 이내의 행정기관명 약칭을 기재 • 일련번호는 연도별 일련번호를 기재 • 시행일자와 접수일자는 연월일에 각각 온점(.)을 찍어 숫자로 기재
우편번호, 주소, 홈페이지 주소	• 우편번호는 "우"를 입력한 후 한 자(2타) 띄우고 공백 없이 기재 • 도로명 주소를 기재하되 주소가 길면 행정 단위는 생략 • 행정기관의 홈페이지 주소를 기재
전화번호, 전송번호	• 전화번호와 모사전송번호를 기재하되 ( ) 안에는 지역번호를 기재 • 기관 내부 문서의 경우 구내 전화번호를 기재
전자우편주소 및 공개 구분	• 행정기관이 공무원에게 부여한 전자우편주소를 기재 • 공개 구분은 공개/부분공개/비공개로 구분

5. 문서의 논리적 구성 ✪✪

1 연역적 구성

- 중심 문장의 위치가 해당 문단의 처음 부분에 위치한다.
- 일반적인 원리를 제시한 후 그에 따른 구체적인 사실을 이끌어 낸다.
- 예 : 모든 사람은 죽는다. → 소크라테스는 사람이다. → 그러므로 소크라테스는 죽을 것이다.

❷ 귀납적 구성

- 중심 내용이 담긴 문장의 위치가 해당 문단의 마지막 부분에 위치한다.
- 구체적, 개별적 사실들을 바탕으로 공통된 일반적 원리를 이끌어 낸다.
- 강조하고자 하는 내용을 마지막에 담아 더욱 강조할 수 있다는 장점이 있다.
- 예 : 소크라테스는 사람이다. → 소크라테스는 죽었다. → 그러므로 모든 사람은 죽는다.

6. 교정 부호의 종류 및 사용법 ★★★

❶ 교정 부호의 종류

교정 부호	의미	교정 전	교정 후
	행 삽입	백의민족 한국인	백의민족 한국인
	사이 띄우기	세계 속의한국	세계 속의 한국
	붙이기	우리 나라 만세	우리나라 만세
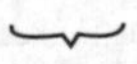	끼워넣기	IT 첨단 강국	첨단 IT 강국
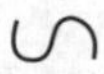	자리 바꾸기	월드컵 카타르	카타르 월드컵
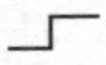	줄 바꾸기	아시아와 유럽	아시아와 유럽
	줄 잇기	북극과 남극	북극과 남극
	들여쓰기	한국의 수도	한국의 수도
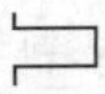	내어쓰기	서울과 부산	서울과 부산
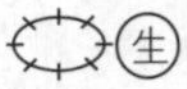	되살리기(교정 취소)	첨단 미래 도시	첨단 미래 도시
	글자 바꾸기(수정)	우수한 앞선 대한민국	우수한 대한민국
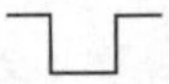	끌어 올리기	아시아의 강국 절대	아시아의 절대 강국
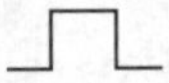	끌어 내리기	첨단 세계 속의 도시	세계 속의 첨단 도시
	지우기	재미있는 추억 여행	재미있는 여행
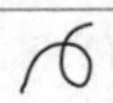	글자 바로 세우기	화이팅	화이팅

❷ 문서 분량에 영향을 주는 교정 부호

- 문서 분량이 증가되는 교정 부호 : 사이 띄우기( ), 삽입( ), 줄 바꾸기( ), 들여쓰기( ), 줄 삽입( )
- 문서 분량이 감소되는 교정 부호 : 붙이기( ), 삭제( ), 줄 잇기( ), 내어쓰기( )
- 문서 분량이 증가 또는 감소되는 교정 부호 : 수정( )
- 줄 단위 이동이 발생하는 교정 부호 : 줄 바꾸기( ), 줄 잇기( ), 줄 삽입( )
- 원래 문장의 글자 수에 변동을 주지 않는 교정 부호 :
- 단어나 글자 변경에 관계없는 교정 부호 :

❸ 서로 상반되는 교정 부호

- 삽입( ) ↔ 삭제( )
- 들여쓰기( ) ↔ 내어쓰기( )
- 사이 띄우기( ) ↔ 붙이기( )
- 줄 바꾸기( ) ↔ 줄 잇기( )
- 끌어올리기( ) ↔ 끌어내리기( )

❹ 교정 부호의 사용법

- 정해진 부호만을 사용하여 정확하게 표시하고, 교정할 글자를 명확하게 지적한다.
- 교정 내용은 복잡하지 않고, 단순 명료해야 한다.
- 교정 부호를 표시하는 색은 눈에 잘 띄게 한다.
- 교정 부호가 겹치지 않도록 주의하되 교정 부호가 서로 겹칠 경우 겹치는 각도를 조절하여 알아볼 수 있도록 한다.
- 한 번 교정된 부분도 다시 교정할 수 있다.
- 쉽게 알아볼 수 있도록 인쇄된 글자의 색깔과는 다른 색을 적용한다.

| 무료 동영상 |

핵심정리 03 문서 관리하기

1. 문서 관리 일반 ★★★

❶ 문서 관리의 기능

- 문서 작성, 보관, 폐기 등을 일정 기준에 따라 처리하는 것으로 문서 활용도를 높이고, 기록된 정보와 공간 활용을 효율적으로 할 수 있다.
- 기록 유산의 안전한 보존과 필요한 문서를 쉽게 찾을 수 있다.

• 문서 관리의 영역에는 문서 관리 책임과 권한 부여, 문서 관리 절차와 지침의 수립/공표, 문서 관리 체계 수립과 실행/관리 등이 있다.

종류	설명
의사 전달 기능	조직의 의사를 내부 또는 외부로 전달시키는 기능
의사 보존 기능	문서의 작성, 보관, 폐기 과정을 통해 기존 자료와 비교하여 보존시키는 기능(일정 기준이나 원칙에 의해 작성하고, 후일 증빙 자료나 역사 자료에 사용)

2 문서 관리의 원칙

• 문서 사무 처리의 절차나 방법 등을 간결하게 하여 시간 절약과 문서 업무 능률을 증진시킨다.
• 문서 처리의 절차나 방법 중 중복되거나 불필요한 것을 없애고, 동일 종류의 문서 사무를 하나로 묶어서 처리한다.
• 문서 사무 처리에 적용할 수 있는 여러 가지 수단과 방법 중 가장 합리적인 것으로 처리한다.

원칙	설명
정확성	6하 원칙에 의해 정확한 문법 구성과 용어를 선택하여 작성(GIGO)하는 것으로 문서 분량이 많은 경우 자동화 사무기기를 이용
신속성	문서 처리를 신속히 수행하는 것으로 문장은 짧게 작성하되 내용이 복잡할 경우 결론을 먼저 작성하고, 그에 대한 이유를 설명
용이성	전문 용어나 한자는 피하고, 알기 쉬운 말을 사용하여 작성하는 것으로 반복된 업무는 유사 관련 자료를 참고
경제성	문서 처리에 관련된 사무 비용을 절감하기 위한 것으로 용지 양식을 표준화하고, 문서 한 건은 한 개에 한정

3 문서 관리의 절차

구분 → 분류 → 편철 → 보관 → 이관 → 보존 → 폐기

• 구분 : 처리가 끝난 문서와 처리중인 문서를 파일링할 수 있도록 준비한다(문서 처리가 완결되지 못한 미결 문서와 문서 처리가 완결된 완결 문서를 분류하여 문서 관리 절차에 문서를 지정).
• 분류 : 구분이 끝난 문서를 문서 분류법(기록관리기준표)에 따라 분류한다.
• 편철 : 분류가 끝난 문서를 문서철에 묶고, 발생 순서나 논리 순서에 따라 관리한다.
• 보관 : 규정(내용 처리가 끝난 날이 속한 연도 말일까지)에 따라 일정 기간 동안 서류함에 보관한다.
• 이관 : 보관할 필요가 있는 문서는 주관 부서로 이관한다.
• 보존 : 문서의 보존 기간 동안 보존 및 관리한다.
• 폐기 : 보존 기간이 지난 문서는 일괄 폐기한다.

4 문서 관리의 표준화

• 문서 양식의 표준화 : 용지 규격, 일반 문서 양식, 장부와 전표 등을 표준화한다.
• 문서 처리의 표준화 : 문서 분류 방법, 분류 번호, 분류 체계, 관리 방법 등을 표준화한다.
• 문서 취급의 표준화 : 문서 발송 및 수신, 접수 방법과 절차 등을 표준화한다.
• 문서 보존 관리의 표준화 : 문서 보존, 이관, 폐기 등을 표준화한다.

2. 문서 파일링 ✪✪

1 파일링 시스템의 특징

• 문서를 체계적으로 관리하기 위해 일정 기준에 따라 파일 형태로 보관/보존하는 시스템이다.
• 효율적인 사무 처리와 체계적 보관이 가능하다.
• 업무상 필요한 문서를 신속하게 분류할 수 있다.

2 파일링 시스템의 목적

• 효율적인 정보 전달과 기록의 보존 및 추가가 용이하다(문서 검색의 용이성 및 신속한 출납).
• 문서의 소재를 명시하고, 공용 파일에 대하여 사물화를 방지한다.
• 시간과 공간의 절약으로 경제적인 관리가 가능하다(사무 공간의 효율적 활용).
• 비용을 절감하고, 업무 능률과 환경을 향상시킨다(장표의 감축과 안전 관리 대책을 확립).
• 문서 관리의 명확화와 정보 전달의 원활화를 이룬다(파일 방법의 표준화).
• 문서에 대한 효율적이고 원활한 검색, 문서에 대한 체계적인 분류, 문서에 대한 표준화된 파일링을 기본 원칙으로 한다.

3 파일링 시스템의 조건

조건	설명
정확성	시간 낭비가 발생하지 않도록 파일링 방법을 정확하게 함
경제성	업무에 따른 많은 경비(비용)를 줄일 수 있도록 함
융통성	조건에 따른 변화의 확장과 축소를 융통성 있게 함
간이성	복잡하지 않게 파일링을 간단하게 함

4 파일링 시스템의 도구

도구	설명
파일 캐비닛	문서를 보관하는 서류함
폴더	문서를 넣을 수 있는 파일철
서랍 라벨	캐비닛의 문서를 알기 쉽도록 서랍에 표시하는 라벨
가이드	• 그룹별로 폴더를 구분하기 위해 앞에 놓는 표지판으로 제1가이드, 제2가이드, 대출가이드 등이 있음 • 가이드와 폴더의 배열 순서 : 제1가이드(대분류, 주제목) – 제2가이드(중분류, 부제목) – 개별 폴더 – 대출가이드 – 잡 폴더

5 문서의 파일링(분류) 방법

- 문서 분류는 문서를 미리 고안된 체계에 따라 구별하는 행위이다.
- 문서 분류의 가장 이상적인 형태는 업무에 기반한 분류이다.
- 문서 관리는 업무 시스템과 하나의 과정으로 통합하는 것이 좋다.

분류	설명
명칭별 (가나다식)	거래처별 사람 이름이나 회사명에 따라 가나다 또는 ABC 순으로 정리하는 방법으로 직접 정리가 가능하며, 배열 방식이 단순함(첫 머리 글자를 기준으로 분류)
주제별	문서 내용을 주제별로 정리하는 방법으로 분류는 어려우나 무한 확장이 가능
지역별	지역 위치, 지역 범위, 국가 등으로 분류하여 가나다 또는 ABC 순으로 정리하는 방법으로 여러 지역이나 나라에 사업장이 있을 경우 유용
번호별	번호순으로 정리하는 방법으로 번호를 참조할 경우 유용(보안이나 기밀 유지에 유용)

3. 전자문서의 관리 ✪✪✪

1 전자문서의 개념

- 컴퓨터 등 정보 처리 능력을 가진 장치에 의해 전자적인 형태로 작성되어 송수신되거나 저장된 문서 형식의 자료로 표준화된 것이다.
- 정보 처리 시스템에 의하여 전자적 형태로 작성, 송신, 수신, 저장된 정보이다.
- 두문, 본문, 결문 및 붙임으로 구성하거나 표제부(두문, 본문의 제목 및 결문)와 본문부(제목, 내용, 붙임)로 구성한다.

2 전자문서의 특징

- 문서 제목은 작성자가 직접 입력하며, 작성 부서를 선택하면 문서 번호가 자동으로 부여된다.
- 수신자는 한 명 또는 여러 명을 지정할 수 있으며, 첨부 파일도 여러 문서를 한번에 보낼 수 있다.
- 전자문서를 수정할 경우 수정 내용을 재작성하여 결재하고, 수정 전의 문서는 보존 가치가 있을 경우에만 보존한다.
- 전자문서의 결재권자는 전자문서를 열람한 후 전자문서의 서명란에 서명한다.
- 문서 등급에 따라 접근자의 범위가 지정되며 검토자, 협조자, 결재권자가 동시에 열람할 수 있다.
- 정보 통신망에서 문서를 처리할 경우 사용자 계정, 비밀번호(개인 비밀번호는 서식으로 등록, 최초 등록 후 즉시 변경, 문서 보호 및 보안을 위해 수시로 변경), 전자이미지서명 등을 등록한다.
- 전자적 방법으로 쪽 번호 또는 발급 번호를 표시할 수 있다.
- 각급 행정 기관에서 전자문서를 사용하기 위하여 전자이미지 관인을 가진다.
- 처리과의 기안자나 문서의 수신 및 발신 업무를 담당하는 사람이 전자이미지 관인을 찍는다.
- 시스템에 따른 버전 관리, 접근 및 수정의 권한 관리, 문서 파일과 종이 문서의 이중 관리 등에 문제가 있다(종이 보관의 이관 시기와 동일하게 전자적으로 이관).

3 전자문서의 분류

분류	설명
일반전자문서	• 한글(hwp), MS-Word(doc), 엑셀(xlsx), 파워포인트(pptx) 등으로 작성한 파일 • 종이 문서를 스캔하거나 디지털 카메라 등을 이용한 이미지 파일 • CAD/CAM을 이용한 도면 파일, 인터넷에서 사용하는 HTML 형식의 파일 • 음악(MP3), 사진(JPG), 동영상(AVI) 등의 멀티미디어 형식의 파일
전자거래문서	• 전자 문서 교환 방식(EDI)을 사용한 문서 • 확장형 표기 언어(XML)를 사용한 문서

4 전자 결재 시스템

- 문서가 네트워크상에서 자유롭게 소통되는 시스템으로 표준서식으로 정해진 문서만 사용한다.
- 종이 문서가 네트워크상에서 사용될 수 있도록 데이터화되고, 도장이나 서명이 전자화로 구성된다.
- 종이 문서의 비효율성을 해결하고, 복잡한 문서를 간소화/자동화하여 업무의 생산성을 높인다.

- 문서 양식의 단순화, 문서 작성과 유통의 표준화, 문서 유통의 투명성, 문서 작성의 실명제, 사무 처리의 신중성 제고 등의 장점이 있다.
- 전자 이미지 서명 등록, 결재 암호 등으로 보안을 유지하는 기능을 갖추고 있다.

5 전자문서 관리 시스템

- 문서의 기안, 검토, 협조, 결재, 등록, 시행, 분류, 편철, 보존, 이관, 접수, 배부, 공람, 검색, 활용 등 문서의 모든 처리 절차가 전자적으로 처리되는 시스템을 말한다.
- 문서 파일의 작성부터 소멸 시기까지의 모든 과정을 관리하며, 문서의 표준화와 함께 다양한 문서를 공유할 수 있다(문서 수발에 따르는 시간과 비용을 절감).
- 문서의 조회나 검색 등이 빠르며, 데이터 중복을 최소화한다.
- 자동화 작업으로 전자문서의 저장, 관리, 조회 등을 지원한다.

6 EDI(Electronic Data Interchange)

- 네트워크를 통한 전자 데이터 교환 시스템으로 문서의 표준화를 전제로 운영하며, 조직간 문서 정보를 표준화된 포맷과 코드 체계를 이용하여 교환한다(최신 데이터 교환이 가능).
- 거래 상호간 합의된 메시지를 교환하여 거래 업무에 따르는 문서 처리 업무를 자동화한다.
- 컴퓨터가 자동으로 판독할 수 있는 일정한 구조를 가진 메시지 형태의 서류를 교환한다.
- EDI에 의한 데이터는 수신한 컴퓨터가 직접 처리하기 때문에 변환과 재입력이 필요 없다.
- 인건비 및 시간 비용 삭감, 거래 시간 단축, 자료 출력과 불확실성 감소, 자료 수정의 용이성, 자료 처리의 신속성, 자료 용지의 무용성 등의 효과가 있다.

7 PDF(Portable Document Format)

- Adobe사에서 개발한 전자 문서 형식의 표준으로 컴퓨터 기종이나 소프트웨어 종류에 관계없이 정보를 공유하고 활용할 수 있다.
- 데이터에서 검색과 인쇄 등을 하려면 Adobe Acrobat Reader 소프트웨어가 필요하다.
- 포스트스크립트(Post Script)를 기반으로 문서의 편집이나 출력이 가능하다.
- 텍스트, 이미지 등의 삽입이 자유롭고, 폰트나 색상을 쉽게 변경할 수 있어 각종 매뉴얼이나 웹진 등에서 많이 사용한다.

4. 공문서의 일반 지식 ✪✪

1 공문서의 개념

- 행정기관 내부나 대외적으로 공무상 시행되는 문서 및 행정기관이 접수한 모든 문서를 의미한다.
- 공무상 작성된 도면, 사진, 디스크, 테이프, 필름, 슬라이드 등의 특수 기록 매체를 포함한다.

2 공문서의 서식 설계

- 행정기관에서 정형화할 수 있는 문서는 특별한 사유를 제외하고 서식으로 지정한다.
- 행정기관의 로고, 마크, 상징 등을 표시하여 이미지를 높일 수 있다.
- 서식을 제정이나 개정할 경우 안전행정부장관의 승인을 받아야 한다.
- 서명이나 날인은 균형 있게 조절하고, 이해하기 쉬운 용어를 사용한다.
- 민원 서식에는 음성 또는 영상 정보 등을 수록한다.

3 공문서의 일련번호

종류	설명
기관번호	행정사무의 표준화를 위하여 행정자치부장관이 규정한 행정전산망 공통행정코드 중 기관별 코드번호
누년 일련번호	연도에 관계없이 처음부터 연속되는 일련번호(예 : 대통령령 35호)
연도별 일련번호	연도별로 구분하여 매년 새롭게 시작되는 일련번호로 연도 표시는 하지 않음(예 : 통계청 관리국 375호)
연도 표시 일련번호	연도 표시와 연도별 일련번호를 붙임표(–)로 이은 번호(예 : 정보통신부 2020–33호)

※ 문서별 번호 표시 : 누년 일련번호(법규문서, 훈령, 예규), 연도별 일련번호(일일 명령, 회보), 연도 표시 일련번호(지시, 고시, 공고)

4 공문서 관리 방법에 따른 분류

종류	설명
현안문서	문서 처리가 진행중이면서 담당자 또는 결재자가 보관하고 있는 문서
보관문서	자주 사용하는 문서로 해당 부서에서 보관하고 있는 문서
보존문서	자주 사용하지 않지만 보존 가치가 있어 처리과 등에서 보존중인 문서

5 공문서 유통 대상에 따른 분류

종류	설명
대외문서	기관 외의 단체 또는 다른 행정기관간에 수발하는 문서
대내문서	기관 내에서 지시, 명령, 협조, 보고, 통지를 위해 수발하는 문서
전자문서	컴퓨터 등의 정보 처리 능력을 가진 장치에 의해 전자적인 형태로 작성되는 문서

5. 공문서의 종류 ★★

1 법규문서

- 법규 사항을 규정한 문서로 헌법, 법률, 대통령령, 총리령, 부령, 조례, 규칙 등에 관한 문서이다.
- 조문 형식으로 작성하고, 누년 일련번호를 사용하여 문서번호를 기재한다.
- 중앙행정기관이 법령으로 서식을 제정 및 개정하고자 하는 경우 국무총리의 승인을 받아야 한다.

2 지시문서

종류	설명
훈령	• 상급기관이 하급기관에 대하여 장기간 권한의 행사를 지시하기 위하여 발하는 명령 • 조문 형식 또는 시행문 형식으로 작성하고, 누년 일련번호를 사용
지시	• 상급기관이 직권 또는 문의에 따라 하급기관에 개별적, 구체적으로 발하는 명령 • 시행문 형식으로 작성하고, 연도 표시 일련번호를 사용
예규	• 행정사무의 통일을 위하여 반복적 처리 기준을 제시하는 법규문서 이외의 문서 • 조문 형식 또는 시행문 형식으로 작성하고, 누년 일련번호를 사용
일일 명령	• 당직, 출장, 시간외 근무, 휴가 등 일일 업무에 관한 명령 • 시행문 또는 회보 형식으로 작성하고, 연도별 일련번호를 사용

3 공고문서

종류	설명
고시	• 법령이 정하는 바에 따라 일정 사항을 일반인에게 알리는 문서 • 변경되지 않는 한 계속 효력이 발생하며, 연도 표시 일련번호를 사용
공고	• 단기적이거나 일시적인 사항을 일반인에게 알리는 문서 • 효력이 단기적이거나 일시적이며, 연도 표시 일련번호를 사용

4 비치문서

- 행정기관이 일정 사항을 기록하여 행정기관 내부에 비치하면서 업무에 활용하는 문서이다.
- 비치 대장, 비치 카드 등의 문서가 있다.

5 민원문서

- 민원인이 행정기관에 대하여 허가, 인가, 기타 처분 등 특정 행위를 요구하는 문서이다.
- 시행문 형식으로 작성한다.

6 비즈니스 문서

- 문장을 객관적 입장에서 짧게 표현하며, 개조식으로 작성한다.
- 의미가 분명한 용어나 표현을 선택하여 내용을 정확하게 작성한다.
- 개인의 감정을 개입하지 않은 객관적 입장에서 문장을 쓴다.

7 일반문서

종류	설명
회보	• 행정기관의 장이 하급 기관에 업무 연락, 통보 등 일정을 알리기 위한 문서 • 회보 형식으로 작성하고, 연도별 일련번호를 사용
보고서	• 특정 사안에 관한 현황, 연구, 검토 결과 등을 보고하거나 건의하는 문서 • 기안문 또는 간이 서식 형식으로 작성하고, 문서번호를 사용
비즈니스 보고서	• 가장 먼저 결론을 제시하는 두괄식으로 작성 • 읽는 사람이 무엇을 알고 싶은가의 관점에서 작성 • 그래프나 표를 삽입하여 시각적으로 독자의 흥미를 유도

6. 공문서의 성립 및 효력 발생 ★★★

1 공문서의 성립

- 법령의 특별 규정이 있는 경우를 제외하고, 당해 문서에 대한 결재가 있음으로써 성립한다.
- 문서는 결재권자가 해당 문서에 서명 방식으로 결재함으로써 성립한다.
- 당해 기관의 권한 내 사항에서 작성하며, 의사 표시를 명확하게 한다.
- 내용적으로 위법 또는 부당하거나 시행 불가능한 사항이 없어야 한다.

2 공문서 성립을 위한 서명

- 전자문서서명 : 전자문서상에 전자적 결합으로 자동 생성된 자기 성명을 전자적인 문자 형태로 표시한다.
- 전자이미지서명 : 기안자, 검토자, 협조자, 결재권자 또는 발신명의인이 전자문서상에 전자적인 이미지 형태로 된 자기 성명을 표시한다.
- 행정전자서명 : 암호 기술을 이용하여 송수신 기관 및 공무원의 신원 인증 등 전자문서의 보안성 확보를 위해 각 기관에 부여되는 디지털 정보이다.

3 공문서의 효력 발생

종류	효력 발생 시기
일반문서	수신자에게 도달된 때 효력이 발생(도달주의 : 우리나라에서 채택하고 있는 문서 효력 발생으로 문서가 수신자에게 도달함으로써 효력이 발생)
공고문서	고시 또는 공고가 있은 후 5일이 경과한 날부터 효력이 발생
전자문서	수신자의 컴퓨터 파일에 등록된 때부터 효력이 발생
민원문서	접수 및 처리가 완료된 시점부터 효력이 발생
법규문서	공포 후 20일이 지난날로부터 효력이 발생

7. 공문서의 처리 및 기안 ✪

1 공문서의 처리 원칙

종류	설명
즉일 처리의 원칙	효율적인 업무 처리를 위하여 즉시 또는 즉일 처리
행정 계통 처리의 원칙	행정기관의 상하 지휘 계통에 따라 문서의 발송 및 접수를 인계
책임 처리의 원칙	각자의 직무에서 책임을 갖고, 관계 규정에 따라 신속, 정확하게 처리
법령 적합 처리의 원칙	법령 규정에 따라 조건을 갖추고, 직무 권한이 있는 사람에 의해 처리

2 공문서의 기안

- 기관의 의사 결정을 위하여 문안을 작성하는 것으로 전자문서로 함을 원칙으로 한다.
- 업무의 성격 및 기타 특별한 사정이 있는 경우에는 기안용지에 기안한다.
- 행정안전부령이 정하는 기안문으로 작성하며, 관계 서식이 있는 경우 내용을 관계 서식에 기입한다.
- 기안자는 기안자란에 서명하고 검토나 협조한 자는 해당란에 직위 또는 직급을 쓰고 서명하되, 다른 의견을 표시할 때는 해당 직위 또는 직급 다음에 "(의견있음)"을 표시하고 서명한다.

종류	설명
전자문서의 일괄 기안	• 전자문서 내용에 관련성이 있을 때 각 안을 동시에 일괄하여 기안 • 특별한 사유를 제외하고, 다른 생산등록번호를 같은 일시에 시행
공동 기안	• 2인 이상 행정기관 장의 결재를 하는 문서로 문서 처리를 주관하는 기관에서 기안하고, 결재 후 행정기관 장의 결재를 받아 공동명의로 시행 • 발신명의는 행정기관 장의 명의를 맨 위에, 관계 행정기관 장의 명의를 바로 아래에 표시
수정 기안	• 수신 문서와 다른 색의 글자로 수정 또는 기입하는 방법으로 기안 • 수신 문서에 간단한 수정과 필요 사항을 추가
서식에 의한 기안	• 서식 문서는 기안문 없이 간이결재인을 찍어 결재함으로써 기안 • 정기 보고, 수시 보고, 허가, 인가, 증명서 교부, 기타 사무에 관한 문서 및 비치 문서는 해당 내용을 관계 서식에 기입

8. 공문서의 간인과 관인 ✪✪✪

1 공문서의 간인

- 두 장 이상으로 작성된 문서의 변조를 막기 위한 것으로 문서 앞장의 뒷면과 뒷장의 앞면에 도장을 찍는다.
- 기안문과 시행문 모두 관인관리자가 관인으로 간인해야 한다.
- 전후 관계를 명백히 할 필요가 있는 문서, 사실 또는 법률 관계 증명에 관계되는 문서, 허가/인가 및 등록 등에 관계되는 문서, 기타 결재권자가 필요하다고 인정하는 문서에 간인을 한다.

2 공문서의 관인

- 행정기관장의 명의로 발신하는 문서의 시행문과 임용장에 속하는 문서에 찍는 직인이다.
- 기관 또는 직위 명칭의 끝 글자가 인영의 중앙(가운데)에 오도록 찍는다.
- 민원 서류를 발급하는 경우 발급기관장 표시의 오른쪽 여백에 찍는다.
- 관인의 글자는 해당 기관 또는 직위의 명칭에 '인' 또는 '의인' 글자를 붙인다.
- 인영은 빨간색으로 하되 문서를 출력, 복사하거나 팩스로 접수할 때는 검정색으로 한다.

종류	설명
전자관인	일반 관인과 동일한 효력을 발생하며, 전자문서의 작성 기관 및 변경 여부를 확인할 수 있도록 비대칭 암호화 방식을 사용
전자이미지 관인	정보 처리 능력을 가진 장치에서 전자적인 이미지 형태로 사용하며, 인영을 전자이미지관인대장에 등록(행정기관의 전자이미지관인은 처리과의 기안자가 찍음)

3 청인과 직인

- 청인은 행정기관의 명의로 발송 또는 교부하는 문서에서 사용한다.
- 직인은 행정기관의 장 또는 보조기관의 명의로 발송 또는 교부하는 문서에서 사용한다.

9. 공문서의 결재/등록/시행/발송/접수 ✪✪

1 공문서의 결재

- 문서는 해당 행정기관장의 결재를 받아야 하며, 결재가 있음으로 문서가 성립된다.
- 결재 시 결재권자란 용어는 표기하지 아니하고, 결재권자의 직위/직급을 쓰고 서명한다(결재권자의 서명란에는 서명 날짜를 함께 표시).
- 위임 전결하는 경우는 전결하는 사람의 서명란에 "전결"을 표시한 후 서명한다.

종류	설명
전결	• 자기권한에 속하는 업무의 일부를 일정한 자격자에게 위임하여 그 위임을 받은 자가 일정 범위의 위임 사항에 관하여 최고 책임자를 대신하여 결제 • 업무 효율을 위하여 결재권의 일부를 보조기관장에게 위임
대결	• 결재권자가 휴가, 출장 등으로 부재중이거나 긴급한 경우 그 직무를 대리하는 자가 행하는 결재 • 최종 결재권자의 직무를 대행할 수 있는 사람이 결재
사후 보고	• 대결한 문서 중 내용이 중요한 문서에 대하여 사후 결재권자에게 보고 • 최종 결재권자가 자리를 비운 동안 직무 대행자가 행한 대결에 대해 최고 결재권자가 돌아오면 다시 결재

2 공문서의 발송

- 문서는 정보통신망으로 발신함을 원칙으로 하며, 중요한 문서는 등기 우편이나 그 밖에 발신 사실을 증명할 수 있는 특수한 방법으로 발신한다.
- 전자문서의 경우에는 처리과의 문서 수발 업무를 담당하는 자 또는 기안자가 전자이미지관인을 찍은 후 처리과에서 발송한다(전자문서시스템 또는 업무관리시스템에서 발송).
- 전자문서는 별도의 시행문을 작성하지 않고, 결재한 문서를 시행문으로 변환하여 시행한다.
- 우편으로 발송하는 문서는 행정안전부장관이 정하는 행정사무용 봉투에 넣어 발송한다.
- 행정기관이 아닌 자에게는 행정기관의 홈 페이지나 행정기관이 부여한 전자 우편 주소를 이용하여 문서를 발신할 수 있다.
- 시행문(결재를 받은 문서 중 발신할 문서에 대해서 수신자별로 작성)은 처리과에서 발송하되 종이 문서인 경우에는 이를 복사하여 발송한다.
- 행정기관의 장은 문서를 수신, 발신하는 경우에 문서의 보안 유지와 위조, 변조, 분실, 훼손 및 도난 방지를 위한 적절한 조치를 마련한다.

3 공문서의 접수 및 처리

- 공문서는 해당 부서에서 결재 받은 문서를 전자기록생산시스템으로 생산등록번호를 부여한다.
- 문서과에서 받은 문서는 기록물배부대장에 기록한 후 접수일시를 전자적으로 표시하거나 기록하고, 지체 없이 처리과에 배부한다.
- 접수된 문서는 행정자치부령이 정하는 문서처리인을 찍고, 접수일자와 번호를 기재한다.
- 종이 문서인 경우에는 접수인만 찍고, 접수일시와 접수등록번호를 기록한다.
- 접수한 모든 문서는 접수일시와 접수등록번호를 전자적으로 표시한다.
- 담당자는 행정안전부령으로 정하는 문서인 경우 공람할 자의 범위를 정하여 해당 문서를 공람한다.
- 모사 전송기(FAX)로 보존기간이 3년 이상인 문서를 수신한 때는 당해 문서를 복사하여 접수하고 수신한 문서는 폐기한다.

10. 공문서의 보고 및 협조 ✪✪

1 보고의 종류

종류	설명
정기 보고	정기적으로 행하여지는 보고
수시 보고	상황의 변동에 따라 수시로 요구하는 보고

2 보고의 기일

- 중앙행정기관 상호간에는 5일이고, 중앙행정기관과 1차 소속기관간에는 7일이다.

• 1차 소속기관과 2차 소속기관간에는 7일이고, 2차 소속기관과 3차 소속기관간에는 5일이다.

3 보고의 독촉

• 보고요구기관의 장은 보고가 기일 내에 도달되지 아니한 때에 보고기관의 장에게 행정자치부령이 정하는 독촉장을 발부한다.
• 독촉장을 발부하는 경우에는 3일 이상의 보고 기일을 부여한다.

종류	설명
1차 독촉장	보고 기일 후 5일이 경과해도 보고가 도달되지 않을 때 발부
2차 독촉장	1차 독촉장에 명시된 보고 기일 후 5일이 경과해도 보고가 도달되지 않을 때 발부
3차 독촉장	2차 독촉장에 명시된 보고 기일 후 5일이 경과해도 보고가 도달되지 않을 때 발부

4 보고의 심사 기준

보고 목적의 타당성, 다른 보고와의 중복 여부, 관계 기관 등과의 사전 협의 여부, 보고 기일 또는 보고 주기의 타당성, 보고 작성 기관의 적정성, 보고 서식의 합리성, 기존 자료 활용의 가능성, 표본 조사의 가능성, 보고 내용의 정확성, 행정 용어 순화 여부 등이 있다.

5 협조 사무의 특징

• 둘 이상의 행정기관이 공동으로 시행하거나 상급기관의 인가, 동의 등을 거쳐 해당 업무를 행하고자 할 때는 당해 업무의 기획, 확정, 공표 또는 시행 전 관계기관의 업무 협조를 받는다.
• 업무 협조 요청을 받은 기관은 정부 업무가 효율적으로 수행되도록 최대한 협조한다.

6 업무 협조문서의 보완

• 업무 협조 요청을 받은 기관이 협조 요청 문서에 문제점을 발견한 때는 접수 날부터 3일 이내에 보완을 요구한다.
• 보완 요구 사항을 구체적으로 명시하여 일괄 요구하며, 5일 이상의 보완 기간을 부여한다.

7 업무 편람

• 행정기관에서 문서 관리 등의 업무를 처리하는데 필요한 지침서 또는 안내서이다.
• 행정기관이 반복적으로 행하는 업무에 대해 업무 처리가 표준화, 전문화될 수 있도록 작성한다.

종류	설명
직무 편람	각 부서별로 소관 업무에 대한 계획과 보존 문서 현황, 관리 업무 현황, 주요 업무 계획, 업무 연혁, 업무 처리 절차(흐름도), 기타 참고 자료 등을 체계적으로 정리하여 활용하는 참고철 또는 현황철
행정 편람	사무 처리 절차 및 기준, 장비 운용 방법, 업무 지도서, 기타 일상 근무 규칙 등에 관하여 각 업무 담당자에게 필요한 참고철 또는 지침철

11. 공문서의 관리 ★

1 공문서의 정리 및 편철

• 처리가 끝난 문서는 문서철에 완결일자순으로 최근 문서가 위에 오도록 묶는다.
• 전자문서는 기능별, 보존기간별로 분류하되 완결일자순으로 최근 문서가 아래 오도록 한다.
• 여러 문서인 경우 해당 내용을 최종적으로 종결한 문서가 위에 오도록 하여 1건으로 묶는다.
• 편철량은 100매 이내로 함을 원칙으로 하며, 양이 많을 경우 2권 이상으로 나눈다.

2 공문서의 보존

• 파일, 광 디스크, 마이크로필름은 2부를 복사하여 당해 문서의 보존 기간까지 보존한다.
• 전자문서는 컴퓨터 파일로 보존하되 준영구 이상은 마이크로필름으로 보존한다.
• 보존기간이 20년 이상인 전자문서는 파일과 장기 보존이 가능한 용지의 출력물을 함께 보존한다.

3 공문서의 보존기간

• 공문서의 보존기간은 영구, 준영구, 30년, 10년, 5년, 3년, 1년의 7종으로 구분한다.
• 보존기간 기산일은 당해 문서를 완결한 날이 속하는 해의 다음 해인 1월 1일을 기준으로 한다.

4 공문서의 폐기

• 공문서(보존기간이 영구인 문서 제외)가 마이크로필름 또는 광 디스크에 수록된 경우 당해 문서의 보존기간에도 불구하고 이를 폐기할 수 있다.
• 보존기간이 20년 이상인 전자문서는 마이크로필름이나 광 디스크에 수록되어 있더라도 보존기간 중에는 이를 폐기할 수 없다.

과목 02

PC 운영 체제

| 무료 동영상 |

핵심정리 04 한글 윈도우 활용하기

1. 한글 Windows의 특징과 기능 ★★★

1 한글 Windows의 특징

- 선점형 멀티태스킹(Preemptive Multitasking) : 응용 프로그램에서 오류가 발생했을 경우 오류가 발생한 응용 프로그램만 강제 종료(Ctrl+Alt+Delete)할 수 있다.
- 그래픽 사용자 인터페이스(GUI ; Graphic User Interface) : 마우스를 이용하여 메뉴나 아이콘을 선택하면 대부분의 작업이 수행되는 사용자 작업 환경이다.
- 플러그 앤 플레이(PnP ; Plug & Play) : 새로운 하드웨어를 설치할 때 이를 자동으로 감지하여 하드웨어 구성 및 충돌을 방지하는 기능으로 장치를 연결하면 필요한 드라이버를 설치하기 때문에 하드웨어 추가가 쉽다(Windows의 전원 옵션과 작동하여 필요한 전원 기능을 관리).
- 개체 연결 및 삽입(OLE ; Object Linking And Embedding) : 여러 응용 프로그램에서 작성된 문자나 그림들을 하나의 문서에 자유롭게 삽입하고, 삽입된 이미지를 수정할 수 있다.

2 한글 Windows의 기능

- 사용자 계정 컨트롤 : 사용자가 불필요한 권한을 사용하지 않도록 막는 기능으로 컴퓨터 설정을 변경하거나 다른 사용자 계정에 영향을 줄 때 사용한다(해커와 악성 소프트웨어로부터 보호).
- BitLocker 드라이브 암호화 : Windows와 데이터가 있는 드라이브를 암호화하여 다른 사람이 드라이브를 볼 수 없게 한다.
- ReadyBoost : USB 드라이브나 플래시 메모리 카드를 이용하여 컴퓨터의 속도를 향상시킨다(최대 8개의 USB 드라이브를 사용하여 256GB까지 사용 가능).
- 빠른 사용자 전환 : 여러 사용자들이 실행중인 프로그램을 서로 전환하면서 마치 자신의 컴퓨터처럼 공유할 수 있다.
- 원격 재생 : 집에 있는 다른 PC, 스테레오 또는 TV에서 미디어를 재생할 수 있다
- 원격 미디어 스트리밍 : 부재중일 때에도 가정용 PC에서 음악이나 비디오를 감상할 수 있다.
- 점프 목록 : 작업 표시줄에서 프로그램 단추를 마우스 오른쪽 버튼으로 클릭하면 최근 작업 문서나 프로그램 작업 등을 보여준다(사진, 음악, 웹 사이트를 빠르고 간편하게 이용).
- 새로운 확장 검색 : [시작] 메뉴 옆에 검색 입력 상자가 포함되어 있어 프로그램, 문서, 그림, 메일, 즐겨찾기 등을 쉽게 검색할 수 있다.
- 라이브 타일 : 내 생활 한 눈에 보기와 엔터테인먼트에서 일정, 메일, 뉴스, 날씨, 스토어 등의 생활 정보가 실시간으로 표시되고, 사용자가 원하는 위치에 앱을 설정할 수 있다.
- 에어로(Aero) : 은은한 애니메이션과 반투명 유리창 등의 다양한 기능을 설정할 수 있다.
  - 에어로 피크(Aero Peek) : 작업 표시줄에서 현재 실행중인 프로그램 아이콘 위에 마우스 포인터를 올려놓으면 해당 프로그램의 축소 창이 나타나고, 이를 클릭하면 활성화됨
  - 에어로 세이크(Aero Shake) : 여러 개의 창이 열려 있을 때 원하는 창의 제목 표시줄을 마우스로 좌우로 흔들면 현재 창을 제외한 모든 창이 최소화됨(다시 흔들면 창이 복원)
  - 에어로 스냅(Aero Snap) : 창의 제목 표시줄을 화면 맨 위로 드래그하면 바탕 화면 크기에 맞게 최대화되고, 화면 맨 왼쪽/오른쪽으로 드래그하면 바탕 화면의 절반 크기로 커짐

3 파일 시스템(File System)

- 디스크의 파일 정보가 저장된 섹터를 찾아볼 수 있도록 정보를 저장하는 특수 영역으로 FAT, FAT32는 Convert 명령을 이용하여 NTFS로 변환이 가능하다.
- NTFS는 FAT, FAT32로 변환이 어려우므로 파티션을 다시 설정하고, 포맷해야 한다.
- NTFS 압축을 사용하면 성능이 저하되며, 개별 파일과 폴더 외에도 NTFS 드라이브 전체를 압축할 수 있다(폴더 내용을 압축하지 않으면서 폴더 압축이 가능).

종류	설명
FAT(16)	파티션 용량은 2GB까지 제한되고, 기타 버전의 운영 체제에서 제한적으로 사용
FAT32	• FAT에 비해 작은 클러스터 크기와 큰 볼륨을 제공하므로 효율적 공간이 가능(4GB) • 공백을 포함하여 최대 255자까지 파일 이름(한글 127자, 영문 255자)을 지원(VFAT)
NTFS	• FAT나 FAT32 보다 대용량(16TB)의 디스크에 적합하고, 안정성과 보안성이 좋음 • 포맷된 하드 디스크 드라이브는 압축하여 디스크 공간을 절약할 수 있음 • 파일 및 폴더 권한, 암호화, 디스크 할당량, 제한된 계정, 압축 등 고급 기능을 제공

2. 한글 Windows의 부팅과 종료 ✪✪

1 한글 Windows의 부팅 과정

㉠ ROM-BIOS(하드웨어를 관리)와 POST(하드웨어를 검사)를 실행한다.

㉡ MBR(Master Boot Record)과 부트 섹터(Boot Sector)를 검색한다.

㉢ Windows의 NTLDR(기본 입출력 관리 파일)을 실행하여 메모리로 로딩한다.

㉣ BOOT.INI를 읽고, 부팅 메뉴를 표시한다.

㉤ NTDETECT.COM을 읽고, 레지스트리를 확인한다.

㉥ NTOSKRNL.EXE를 실행하여 필요한 정보를 읽는다.

㉦ WINLOGON.EXE를 실행하여 로그온 화면을 표시한다.

㉧ USERINIT.EXE와 EXPLORER.EXE를 순차적으로 실행한다.

2 다중(멀티) 부팅

- 두 개 이상의 운영 체제를 설치한 경우 컴퓨터를 시작할 때마다 사용할 운영 체제를 선택한다.
- 여러 개의 운영 체제가 설치되면 다중 부팅 메뉴가 표시되며, 정보는 부팅 구성 데이터(BCD)에 저장된다.
- [제어판]-[시스템]을 선택한 후 '고급 시스템 설정'을 클릭하고, [시스템 속성] 대화 상자의 [고급] 탭에서 '시작 및 복구'에 있는 [설정] 단추를 클릭한다.

3 한글 Windows의 고급 부팅 옵션

- [시작]-[설정]-[업데이트 및 보안]을 선택한 후 [복구]-[고급 시작 옵션]에서 [지금 다시 시작]을 클릭한다.
- 옵션 선택에서 [문제 해결]을 선택한 후 [고급 옵션]-[시작 설정]-[다시 시작]을 클릭한다.

고급 옵션	설명
디버깅 사용	직렬 케이블을 통해 다른 컴퓨터에 디버그 정보를 보내면서 컴퓨터를 부팅(고급 문제 해결 모드로 Windows를 시작)
부팅 로깅 사용	부팅 과정 중 일어나는 로딩 장치 드라이버에 대한 로그 파일(C:₩Windows₩ntbtlog.txt)을 작성
저해상도 비디오 사용	디스플레이 해상도를 저해상도 모드로 사용
안전 모드 사용	컴퓨터가 비정상적으로 작동될 때 Windows를 최소한의 기능으로 부팅하여 시스템의 각종 문제를 진단(CD-ROM, 프린터, 네트워크 카드, 사운드 카드 등은 사용할 수 없음)
안전 모드(네트워킹 사용) 사용	네트워크를 지원하는 안전 모드로 부팅
안전 모드(명령 프롬프트 사용) 사용	명령 입력 프롬프트를 사용할 수 있는 안전 모드로 부팅
드라이버 서명 적용 사용 안 함	부적절한 서명이 포함된 드라이버를 설치할 수 있도록 허용
멜웨어 방지 보호 조기 실행 사용 안 함	멜웨어 차단 시스템을 사용하지 않도록 함
오류 발생 후 자동 다시 시작 사용 안 함	Windows의 시스템 오류 시 다시 시작되지 않도록 함

4 한글 Windows의 종료

- [시작]-[전원]-[시스템 종료]를 선택한다.
- 바탕 화면에서 Alt+F4 키를 누르면 [Windows 종료] 대화 상자가 나타난다.

종류	설명
사용자 전환	• 현재 로그온 한 사용자 계정 상태를 그대로 두고, 다른 사용자 계정으로 전환하여 손쉽게 로그온 함 • 둘 이상의 사용자 계정이 있는 경우 로그오프하거나 프로그램을 닫지 않고도 다른 사용자 계정으로 빠르게 전환
로그아웃	• 모든 프로그램을 종료하고, 새롭게 로그온할 사용자를 선택 • 컴퓨터를 다시 시작하지 않고도 다른 사용자가 로그온할 수 있음
절전	• 모니터와 하드 디스크를 최소 전력으로 두고, 컴퓨터에서 최대 전원 작업을 빠르게 시작할 수 있는 전력 절약 상태 • 최대 절전 모드는 작업 중인 문서와 프로그램을 하드 디스크에 저장하고, 컴퓨터를 절전 상태로 대기(전력이 가장 낮음) • 하이브리드 절전 모드는 전원 오류가 발생할 경우 하드 디스크에서 작업을 복원(모든 내용을 하드 디스크에 저장)
다시 시작	시스템을 종료한 후 자동적으로 다시 부팅

5 Windows 작업 관리자

- 바탕 화면에서 Ctrl+Shift+ESC 키를 누른다.
- 작업 표시줄의 바로 가기 메뉴에서 [작업 관리자]를 선택한다.

탭	설명
[프로세스]	현재 실행 중인 프로세스(앱) 목록을 확인하거나 '작업 끝내기'로 종료
[성능]	CPU와 메모리의 사용 현황 등에 관한 정보를 그래프로 확인
[앱 기록]	설치된 앱별로 CPU 시간, 네트워크, 데이터 통신, 타일 업데이트 등을 표시
[시작프로그램]	컴퓨터 시작 시 실행되는 프로그램의 상태와 영향을 표시
[사용자]	컴퓨터에 로그인한 사용자의 연결을 끊거나 로그오프 할 수 있음
[세부 정보]	앱 이름별로 세부 정보(상태, 사용자 이름, CPU, 메모리 등)를 표시
[서비스]	해당 프로세스와 연결된 서비스를 표시(이름, 설명, 상태, 그룹 등)

3. 마우스 및 키보드 사용 ✪✪

1 바로 가기 키(단축키)

바로 가기 키	설명
F1	Windows 도움말 및 지원
F2	해당 항목(파일 및 폴더)의 이름 바꾸기
F3	검색 결과 창을 표시(파일 또는 폴더 검색)
F4	파일 탐색기에서 주소 표시줄 표시
F5	최신 정보로 새로 고침
F6	창이나 바탕 화면의 요소를 순차적으로 이동
F10	현재 창의 주메뉴를 표시
Ctrl + ESC	[시작] 메뉴 호출
Ctrl + C	복사
Ctrl + X	잘라내기
Ctrl + V	붙여넣기
Ctrl + Z	실행 취소
Ctrl + Y	다시 실행
Ctrl + A	모든 개체 선택
Alt + F4	창을 닫거나 프로그램을 종료
Alt + Tab	실행중인 프로그램 목록으로 창 전환
Alt + ESC	열린 순서대로 항목 전환
Alt + Enter	선택 항목의 속성 대화 상자 표시(=Alt+더블 클릭)
Alt + Print Screen	현재 활성화된 창만 클립보드에 복사
Print Screen	화면 전체를 클립보드에 복사
Alt + SpaceBar	창 조절 메뉴 표시
Delete	선택한 항목을 휴지통으로 삭제
Shift + Delete	휴지통을 거치지 않고 완전히 삭제
Shift + CD 삽입	CD 자동 실행 방지
Shift + F10	선택 항목의 바로 가기 메뉴 표시

2 윈도우 로고 키

로고 키	설명
⊞	[시작] 메뉴 표시
⊞ + E	파일 탐색기 형태의 컴퓨터 열기
⊞ + F	피드백 허브 창 표시
⊞ + G	가젯을 차례로 선택
⊞ + R	[실행] 대화 상자 표시
⊞ + T	작업 표시줄의 최소화된 프로그램을 차례로 선택
⊞ + Tab	작업 표시줄의 단추를 차례로 선택
⊞ + Break	시스템 창 표시
⊞ + D	모든 창을 최소화하거나 이전 크기로 열기
⊞ + M	모든 창을 최소화(복원은 ⊞+Shift+M)
⊞ + L	사용자 전환 표시
⊞ + U	설정 창 표시
⊞ + ↑/↓	창 최대화/최소화(에어로 스냅)
⊞ + Home	선택 창을 제외하고, 모든 창을 최소화(에어로 세이크)

3 클립보드(Clipboard)

- 최근에 복사하거나 잘라내기 한 데이터가 임시로 기억되며, 새로운 데이터를 복사하거나 잘라내기 하면 이전 데이터는 자동으로 삭제된다.
- 가장 최근에 저장한 하나의 내용만 저장되며, 여러 번 사용이 가능하다.
- 문자, 이미지, 소리 등을 기억하며, 서로 다른 응용 프로그램간 데이터를 쉽게 전달할 수 있다.

- 시스템을 재시작하면 클립보드에 저장된 데이터는 삭제된다.
- 저장된 데이터의 파일 확장자는 *.CLP이다.

4. 메뉴 및 창 사용 ✪

1 창의 구성 요소

- 빠른 실행 도구 모음 : 자주 사용하는 기본 명령들을 등록하여 바로 실행할 수 있다.
- 창 조절 단추 : 현재 창의 크기를 최소화(–), 최대화(□), 이전 크기로 복원(⧉), 닫기(×)의 형태로 표시한다.
  - 최소화 : 창을 최소화하여 작업 표시줄에 표시
  - 최대화 : 창의 크기를 최대로 확대하여 표시
  - 이전 크기로 복원 : 창이 최대화된 상태에서 이전 크기로 축소(최대화 되었을 때만 표시)
  - 닫기 : 현재 창을 종료(닫기)
- 메뉴 표시줄 : 현재 열려 있는 창에서 사용할 수 있는 다양한 기능들을 메뉴 형태로 나타난다(창의 기본 기능을 실행할 수 있도록 각종 명령을 모아놓음).
- 뒤로/앞으로 : 현재 창에서 이전 또는 다음 항목으로 이동한다.
- 주소(경로) 표시줄 : 현재 열려 있는 창의 위치 경로와 경로명을 표시한다.
- 탐색 창 : 사용자 시스템에 있는 모든 디스크와 폴더, 파일들을 표시한다.
- 검색란 : 시스템에서 원하는 파일이나 폴더를 다양한 방법으로 검색한다(파일명이나 폴더명으로 원하는 항목을 검색).
- 폴더 내용 표시 창 : 시스템의 탐색한 창에서 선택한 디스크와 폴더의 내용을 표시한다.
- 스크롤바 : 창 내용이 모두 나타나지 않을 때 스크롤 단추를 클릭하거나 드래그한다.
- 상태 표시줄 : 현재 선택한 파일이나 폴더에 대해 다양한 항목과 상세 정보를 표시한다.

2 창의 배열

- 작업 표시줄의 바로 가기 메뉴에서 창 배열 종류(계단식 창 배열, 창 가로 정렬 보기, 창 세로 정렬 보기)를 선택한다.
- 바탕 화면에 있는 창들만 배열할 수 있으며, 작업 표시줄에 표시된 창은 배열할 수 없다.

3 창의 전환

- 작업 표시줄에 표시된 창이나 프로그램 단추를 클릭한다.
- Alt+ESC 키를 누르면서 작업할 창을 선택한다.
- Alt+Tab 키를 눌러 현재 실행중인 창 목록이 나타나면 Tab 키로 작업할 창을 선택한다.

4 대화 상자 사용

- 시트 탭(Sheet Tab) : 대화 상자의 메뉴 항목으로 각 탭에는 관련된 항목들이 포함되어 있다.
- 콤보 상자(Combo Box) : 화살표 단추를 클릭하여 나타난 목록 중 원하는 항목을 선택한다.
- 목록 상자(List Box) : 표시된 여러 가지 목록 중 원하는 사항을 선택한다.
- 확인 상자(Check Box) : 여러 가지 항목 중 필요한 사항을 하나 이상 선택할 수 있다.
- 입력 상자(Text Box) : 사용자가 필요한 내용을 직접 입력할 수 있다.
- 옵션 단추(Option Button) : 여러 개의 항목 중 하나만 선택할 수 있다(=라디오 버튼).
- 명령 단추(Command Button) : 사용자가 설정한 내용을 적용하거나 취소한다.

5. [시작] 메뉴 및 작업 표시줄 ✪✪✪

1 [시작] 메뉴의 특징

- 한글 Windows에 설치된 프로그램이 있는 곳으로 [시작] 단추를 클릭하거나 Ctrl+ESC 키 또는 ⊞ 키를 누른다.
- 한글 Windows에서 사용하는 프로그램은 앱 목록에 추가되는데 해당 목록에는 임의의 프로그램을 등록하거나 제거할 수 있다.
- 컴퓨터에 설치된 모든 앱(프로그램)은 숫자순, 영문순, 한글순으로 정렬되어 나타난다.
- 특정 앱을 시작 화면에 고정시키려면 해당 앱 목록에서 마우스 오른쪽 버튼을 클릭하고, [시작 화면에 고정]을 선택한다.
- 특정 앱을 작업 표시줄에 고정시키려면 해당 앱 목록에서 마우스 오른쪽 버튼을 클릭하고, [자세히]–[작업 표시줄에 고정]을 선택한다.
- 시작 화면/작업 표시줄에 고정된 항목을 제거하려면 해당 앱 항목에서 마우스 오른쪽 버튼을 클릭하고, [시작 화면에서 제거]/[작업 표시줄에서 제거]를 선택한다.

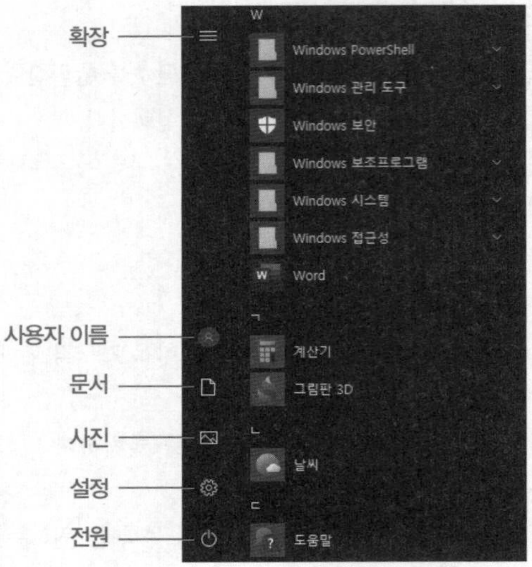

② [시작] 메뉴의 항목

항목	설명
확장	[시작] 메뉴 항목을 확장하거나 축소
사용자 이름	사용자 계정 유형, 이름, 그림 등을 변경할 수 있음
문서	파일 탐색기의 [내 PC]-[문서]로 이동하며, 문서 파일을 저장하거나 문서 폴더를 작성
사진	파일 탐색기의 [내 PC]-[사진]으로 이동하며, 사진(그림) 파일을 저장하거나 그림 폴더를 작성
설정	Windows 설정 창을 호출(시스템, 장치, 전화, 네트워크 및 인터넷, 개인 설정, 앱, 계정, 시간 및 언어, 게임, 접근성, 검색, 개인 정보, 업데이트 및 보안)
전원	절전, 시스템 종료, 다시 시작

③ [시작] 단추의 바로 가기 메뉴

- [시작] 단추에서 마우스 오른쪽 버튼을 클릭하면 다양한 설정 메뉴가 나타난다.
- 앱 및 기능, 전원 옵션, 이벤트 뷰어, 시스템, 장치 관리자, 네트워크 연결, 디스크 관리, 컴퓨터 관리, 작업 관리자, 설정, 파일 탐색기, 검색, 실행, 종료 또는 로그아웃, 데스크톱 등의 메뉴를 선택할 수 있다.

④ 작업 표시줄의 특징

- 현재 실행중인 프로그램을 아이콘으로 표시하며, 알림 영역에는 날짜와 시계를 표시할 수 있다.
- 작업 표시줄의 크기와 위치를 조절하려면 바로 가기 메뉴에서 [모든 작업 표시줄 잠금]의 체크 표시를 해제한다.
- 작업 표시줄 경계선에 마우스 포인터를 위치시킨 후 포인터 모양이 화살표로 변경되면 마우스를 드래그하여 크기를 변경할 수 있다(화면 크기의 상하좌우 1/2까지 조절 가능).
- 위치는 작업 표시줄의 빈 부분을 드래그하여 위쪽, 아래쪽, 왼쪽, 오른쪽에 위치시킬 수 있다.
- 작업 표시줄의 빈 영역을 선택한 후 Alt+Enter 키를 누르면 작업 표시줄 설정 창이 나타난다.

⑤ 작업 표시줄의 구성 요소

구성 요소	설명
[시작] 단추	[시작] 메뉴가 나타남
검색	앱, 문서, 웹, 동영상, 사진, 설정, 음악, 폴더 등을 검색
작업 보기	현재 실행(작업)중인 프로그램 목록을 창별로 확인
빠른 실행 아이콘	자주 사용하는 프로그램을 아이콘 형태로 등록(마우스 클릭으로 바로 실행)
실행중인 프로그램 아이콘	현재 실행(작업)중인 프로그램 등을 아이콘 형태로 등록
알림 영역(Tray)	시스템에 설정된 날짜와 시간, 볼륨, 인쇄 상황 등을 표시(=시스템 표시 영역)
바탕 화면 보기	현재 작업중인 상태에서 ▌단추를 클릭하면 모든 프로그램을 작업 표시줄에 최소화시키고, 바탕 화면을 표시

⑥ 작업 표시줄의 설정

- 작업 표시줄 잠금 : 현재 상태에서 작업 표시줄의 크기와 위치를 변경할 수 없도록 고정한다.
- 데스크톱 모드에서 작업 표시줄 자동 숨기기 : 작업 표시줄을 숨기다가 마우스 포인터를 작업 표시줄 영역에 위치하면 다시 나타난다.
- 작은 작업 표시줄 단추 사용 : 작업 표시줄의 아이콘을 작게 표시한다.
- 작업 표시줄 단추에 배지 표시 : 해당 앱과 관련하여 특정 작업이 발생하는 것을 알려준다('작은 작업 표시줄 단추 사용'을 설정하면 해당 항목은 비활성화됨).
- 화면에서의 작업 표시줄 위치 : 화면에서의 작업 표시줄 위치를 아래쪽, 왼쪽, 오른쪽, 위쪽으로 선택할 수 있다.
- 작업 표시줄 단추 하나로 표시 : '항상, 레이블 숨기기', '작업 표시줄이 꽉 찼을 때'를 선택하여 해당 경우에 단추 하나로 표시한다(단추 하나로 표시 안 함인 경우는 '안 함'을 선택).
- 알림 영역 : 작업 표시줄에 표시할 아이콘을 선택하거나 시스템 아이콘의 켜기/끄기를 선택한다.

- 여러 디스플레이 : 모든 디스플레이 작업 표시줄 표시, 작업 표시줄 단추 표시 위치(모든 작업 표시줄, 주 작업 표시줄 및 창이 열려 있는 작업 표시줄, 창이 열려 있는 작업 표시줄), 다른 작업 표시줄의 단추 하나로 표시(항상, 레이블 숨기기, 작업 표시줄이 꽉 찼을 때, 안 함)를 지정한다.
- 피플 : 작업 표시줄에 연락처 표시와 표시할 연락처 수를 선택한다.

7 작업 표시줄의 바로 가기 메뉴

- 도구 모음, 검색, 작업 보기 단추 표시, 계단식 창 배열, 창 가로 정렬 보기, 창 세로 정렬 보기, 바탕 화면 보기, 작업 관리자, 모든 작업 표시줄 잠금, 작업 표시줄 설정 등으로 구성된다.
- 창 배열 시 작업 중인 창들이 바탕 화면에 열려 있어야 하며, 작업 표시줄에 아이콘으로 등록되어 있으면 창 배열을 할 수 없다.
- [도구 모음]–[주소] : 인터넷 주소를 입력할 수 있는 주소 표시줄을 표시한다.
- [도구 모음]–[링크] : 즐겨찾기의 링크를 이용하여 웹 페이지로 이동할 수 있도록 표시한다.
- [도구 모음]–[바탕 화면] : 현재 바탕 화면의 내용을 확인할 수 있는 도구 모음을 표시한다.
- [도구 모음]–[새 도구 모음] : 사용자가 임의의 도구를 만들어 표시한다.

6. 바탕 화면의 사용 ★★★

1 바탕 화면의 특징

- Windows의 초기 화면으로 삭제는 할 수 없지만 배경색, 배경 사진, 맞춤 등은 변경할 수 있다.
- Windows의 설치 시 기본적으로 휴지통만 표시되지만 필요에 따라 아이콘을 등록할 수 있다.
- 바탕 화면에 아이콘이 많으면 컴퓨터 부팅 속도와 프로그램 실행 속도에 영향을 미친다.
- 자주 사용하는 프로그램, 파일 및 폴더에 대해 바로 가기 아이콘을 추가할 수 있다.
- 인터넷에서 웹 페이지를 바탕 화면에 추가할 수 있다.

2 바탕 화면의 바로 가기 메뉴

메뉴	설명
새 폴더	바탕 화면에 새로운 폴더를 생성
보기	바탕 화면의 아이콘을 큰 아이콘, 보통 아이콘, 작은 아이콘으로 표시(아이콘 자동 정렬, 아이콘을 그리드에 맞춤, 바탕 화면 아이콘 표시)
정렬 기준	바탕 화면의 아이콘을 이름, 크기, 항목 유형, 수정한 날짜로 정렬
새로 고침	바탕 화면의 내용을 최신 정보로 새로 고침
붙여넣기	복사나 잘라내기 한 내용을 바탕 화면에 붙여넣음
바로 가기 붙여넣기	복사나 잘라내기 한 내용을 바탕 화면에 바로 가기 아이콘으로 붙여넣음
삭제 취소	바탕 화면에서 삭제한 내용을 취소
새로 만들기	폴더, 바로 가기, 문서 파일 등을 바탕 화면에 새로 작성
디스플레이 설정	디스플레이 창을 호출하여 색, 배율, 해상도, 방향 등을 설정
개인 설정	개인 설정 창을 호출하여 바탕 화면을 다양하게 꾸밈

3 아이콘(Icon)

- 파일 또는 폴더를 쉽게 구별할 수 있도록 그림 형태로 나타낸 것이다.
- 아이콘을 삭제하면 프로그램에 직접적인 영향을 미칠 수 있으므로 주의해야 한다.

아이콘	이름	아이콘	이름
	로컬 디스크 드라이브		DVD 드라이브
	이동식 드라이브		비어 있는 폴더
	공유 폴더		파일 및 폴더가 있는 폴더

4 바로 가기 아이콘(Shortcut)

- 실제 프로그램이 아니라 응용 프로그램의 경로를 기억하고 있는 아이콘으로 확장자는 'LNK'이다.
- 원본 파일이 있는 위치와 다른 위치에 만들 수 있다(파일이나 폴더의 위치 정보를 기억).
- 일반 아이콘과 같이 더블 클릭하면 링크된 해당 프로그램이 실행된다(연결된 원본 파일이 실행).
- 일반 아이콘과 구분하기 위하여 아이콘 왼쪽 아래에 화살표()가 표시된다.
- 위치는 실제 파일 위치와 다를 수 있으며, 삭제해도 원본 파일에는 전혀 영향을 주지 않는다.
- 해당 아이콘을 다른 곳으로 이동시키더라도 원본 내용은 이동되지 않는다.
- 하나의 원본 파일에 대한 바로 가기 아이콘을 여러 개 만들어 사용할 수 있다.

• 파일, 폴더, 디스크 드라이브, 제어판, 파일 탐색기, 프린터 등 모든 항목에 대해 바로 가기를 작성할 수 있다.

5 바로 가기 아이콘 만들기

• 폴더 창에서 해당 개체를 선택한 후 [홈] 탭의 [새로 만들기] 그룹에서 새 항목(새 항목 ▾) 단추를 클릭하고, [바로 가기]를 선택한다.
• 해당 개체를 선택하고 바로 가기 메뉴의 [보내기]-[바탕 화면에 바로 가기 만들기]를 선택한다.
• 해당 개체의 바로 가기 메뉴에서 [바로 가기 만들기]를 선택한다.
• 바탕 화면의 바로 가기 메뉴에서 [새로 만들기]-[바로 가기]를 선택한다.
• 해당 개체를 선택하고 마우스 오른쪽 버튼으로 드래그한 후 [여기에 바로 가기 만들기]를 선택한다.
• 해당 개체를 선택하고, Alt 키를 누른 상태에서 바탕 화면으로 드래그한다.
• 해당 개체를 선택하고, Ctrl+Shift 키를 누른 상태에서 드래그한다.
• 바로 가기 아이콘을 복사하여 다른 위치에 붙여넣기를 한다.
• 해당 개체를 복사한 후 바탕 화면의 빈 공간에서 바로 가기 메뉴의 [바로 가기 붙여넣기]를 선택한다.

6 바로 가기 아이콘 속성

• 바로 가기 아이콘의 바로 가기 메뉴에서 [속성]을 선택하면 해당 아이콘의 [속성] 대화 상자가 나타난다.
• 원본을 다른 개체로 변경할 수 있으며 대상 형식, 대상 위치 등을 확인할 수 있다.
• 바로 가기 아이콘의 모양을 바꿀 수 있으며, 연결 대상 파일을 지정할 수 있다.
• 바로 가기 아이콘에 연결된 대상 파일의 이름을 바꾸어도 실제 원본 파일에는 영향을 주지 않는다.
• 바로 가기 아이콘의 속성에서는 아이콘의 이름, 연결된 대상 파일의 경로 등이 포함되지만 공유를 설정할 수는 없다.

7. 폴더 옵션 ✪✪

1 [일반] 탭

• 폴더 찾아보기 : 각 폴더의 내용을 같은 창이나 새 창에서 폴더 열기를 할 수 있도록 지정한다.
• 항목을 다음과 같이 클릭 : 마우스를 한 번 또는 두 번 클릭하여 폴더나 바탕 화면의 항목을 열도록 지정한다.
• 개인 정보 보호 : 빠른 실행에서 최근에 사용된 파일 및 폴더를 표시한다.

2 [보기] 탭

• 폴더 보기 : 모든 폴더를 현재 폴더 설정이나 기본 폴더 보기 설정으로 지정한다.
• 고급 설정 : 공유 마법사 사용, 드라이브 문자 표시, 메뉴 항상 표시, 숨김 파일 및 폴더, 시스템 파일, 파일 확장명 숨기기, 제목 표시줄에 전체 경로 표시 여부, 미리 보기 창의 파일 내용 표시 여부, 팝업 설명의 표시 여부 등을 지정한다.

3 [검색] 탭

• 검색 방법 : 파일과 폴더를 검색할 때 검색 결과에 하위 폴더가 포함되거나 부분적으로 일치하는 항목을 선택할 수 있다.
• 색인되지 않은 위치 검색 시 : 시스템 디렉터리나 압축 파일의 포함 유무를 선택할 수 있다.

8. 파일/폴더 만들기와 사용 ✪✪✪

1 파일의 특징

• 파일은 서로 관련성 있는 정보의 집합으로 디스크에 저장되는 기본 단위이다.
• 점(.)을 기준으로 '파일명.확장자'로 구분하고, 확장자는 생략이 가능하다.
• 파일명은 공백을 포함하여 한글은 최대 127자, 영문은 최대 255자까지 사용할 수 있다.
• *, ?, /, ₩, :, ", 〈, 〉, |, : ₩ 등과 같은 특수 문자는 파일명으로 사용할 수 없다.

종류	확장자	종류	확장자
실행 파일	BAT, COM, EXE	압축 파일	ZIP, ARJ, RAR
그림 파일	BMP, JPG, PCX	백업 파일	BAK
문서 파일	HWP,DOC, TXT	사운드 파일	WAV, MP3, MID
동영상 파일	AVI, MOV, MPG	웹 파일	HTM, HTML

※ 아카이브 파일 : Zip 파일과 같이 압축된 파일이나 보관 및 저장 속성을 가진 파일

2 파일 속성

탭	설명
[일반]	파일 이름, 파일 형식, 연결 프로그램, 위치, 크기, 디스크 할당 크기, 만든 날짜, 수정한 날짜, 액세스한 날짜, 특성(읽기 전용, 숨김) 등을 확인
[보안]	개체 이름, 그룹 또는 사용자 이름, 사용 권한, 특정 권한 및 고급 설정 등을 확인
[자세히]	파일 이름, 유형, 폴더 위치, 크기, 만든 날짜, 수정한 날짜, 특성, 소유자, 컴퓨터 등을 확인
[이전 버전]	파일 버전에 따라 이름, 수정한 날짜, 위치를 확인

3 폴더의 특징

- 폴더는 서로 관련 있는 파일들을 체계적으로 보관하는 장소로 DOS의 디렉토리와 동일한 개념이다.
- 하나의 폴더는 여러 개의 하위 폴더를 포함할 수 있지만 같은 폴더 내에 동일한 이름의 폴더는 존재할 수 없다(파일은 폴더를 포함할 수 없음).
- 계층적 구조를 갖기 때문에 상위 폴더를 삭제하면 하위 폴더에 있는 파일들까지 모두 삭제된다.
- 디스크나 프린터 등도 하나의 폴더로 관리할 수 있다.
- [홈] 탭의 [새로 만들기] 그룹에서 새 폴더(새 폴더) 단추를 클릭한다.
- 폴더를 작성할 위치에서 빠른 실행 도구 모음에 있는 새 폴더( ) 단추를 클릭한다.
- 폴더를 작성할 위치에서 마우스 오른쪽 버튼을 클릭하고, [새로 만들기]-[폴더]를 선택한다.

4 폴더 속성

탭	설명
[일반]	폴더 이름, 종류, 위치, 크기, 디스크 할당 크기, 내용, 만든 날짜, 특성(읽기 전용, 숨김) 등을 확인
[공유]	• 다른 사용자와 폴더 내용을 공유하고, 폴더에 액세스 사용 권한을 설정 • 네트워크상에서 공유할 폴더 이름을 표시 • 다른 사람이 공유 폴더에 액세스하려면 사용자 계정과 암호가 필요 • 공유 사용 권한에서 그룹 또는 사용자 이름을 추가 • 동시 사용자 수를 제한할 수 있으며, 최대 20명까지만 가능 • 고급 공유 설정에서 다른 사용자들의 사용 권한을 개별적으로 설정
[보안]	개체 이름, 그룹 또는 사용자 이름, 사용 권한, 특정 권한 및 고급 설정 등을 확인
[이전 버전]	폴더 버전에 따라 이름, 수정한 날짜를 확인
[사용자 지정]	• 새로운 유형을 이용하여 폴더를 최적화 • 폴더에 있는 사진이나 폴더 아이콘을 변경

5 압축 폴더의 사용

- 폴더를 압축하면 디스크 공간을 절약할 수 있으며, 압축한 폴더를 다른 컴퓨터로 빠르게 전송할 수 있다.
- 일부 프로그램은 압축을 풀지 않고, 압축 폴더에서 바로 실행한다.
- 암호를 이용하여 파일을 보호하므로 컴퓨터 성능이 저하되지 않는다.
- 압축 폴더와 파일 또는 그 안에 포함된 파일이나 프로그램을 일반 폴더에서 사용하는 것과 동일하게 사용할 수 있다.
- 압축 폴더를 다른 드라이브나 폴더로 이동시킬 수 있으며, 다른 파일 압축 프로그램을 사용하는 다른 사용자들과 공유할 수 있다.
- 다른 파일에 종속되어 있는 프로그램을 실행할 경우 압축을 해제한 후 실행한다.
- 압축하려는 파일과 폴더를 선택한 후 [공유] 탭의 [보내기] 그룹에서 압축(ZIP)(압축 (ZIP)) 단추를 클릭한다.

6 디스크 속성

탭	설명
[일반]	디스크 이름, 종류, 파일 시스템, 사용 중인 공간, 사용 가능한 공간, 용량 등을 확인하거나 디스크 정리를 수행
[도구]	오류 검사, 조각 모음, 백업 등을 수행
[하드웨어]	모든 디스크 드라이브(이름, 종류)와 장치 속성(제조업체, 위치, 장치 상태)을 확인
[공유]	• 다른 사용자와 디스크 내용을 공유하고, 디스크에 액세스 사용 권한을 설정 • 다른 사람이 공유 폴더에 액세스하려면 사용자 계정과 암호가 필요
[보안]	개체 이름, 그룹 또는 사용자 이름, 사용 권한, 특정 권한 및 고급 설정 등을 확인
[이전 버전]	폴더 버전에 따라 이름, 수정한 날짜를 확인
[할당량]	각 시스템 사용자에게 디스크 사용 할당량에 대한 제한 여부를 지정

7 파일과 폴더의 선택

방법	설명
하나의 파일/폴더 선택	• 선택할 파일/폴더를 마우스로 클릭 • 선택한 파일/폴더의 해제는 ESC 키를 누르거나 마우스로 빈 공간을 클릭
연속된 파일/폴더 선택	• 첫 번째 파일/폴더를 선택하고, Shift 키를 누른 상태에서 다른 파일/폴더를 클릭 • 선택할 파일/폴더가 포함되도록 마우스로 드래그

떨어진 파일/폴더 선택	• Ctrl 키를 누른 상태에서 해당 파일/폴더를 클릭 • 선택한 파일/폴더의 해제는 Ctrl 키를 누른 상태에서 선택한 파일/폴더를 다시 클릭
전체 파일/폴더 선택	• [홈] 탭의 [선택] 그룹에서 모두 선택(모두 선택) 단추를 클릭 • Ctrl+A 키를 누름
특정 폴더 선택	폴더명이 'M'으로 시작하는 폴더가 있을 경우 M 키를 누르면 해당 영문자로 시작하는 첫 번째 폴더를 선택
선택 영역 반전	• 선택된 파일/폴더를 해제하고, 선택되지 않은 다른 파일/폴더를 선택 • 기존 선택에서 제외할 파일/폴더를 클릭한 후 [홈] 탭의 [선택] 그룹에서 선택 영역 반전(선택 영역 반전) 단추를 클릭

8 연결 프로그램

- 파일 종류에 따라 해당 프로그램이 자동 실행되는 프로그램으로 확장자에 따라 연결 프로그램이 결정된다.
- 확장자가 다르더라도 특정 응용 프로그램을 지정하여 실행할 수 있다.
- 확장자가 같은 파일에 대해 다른 연결 프로그램을 지정할 수는 없다.
- 연결 프로그램이 지정된 파일에서 [열기]를 선택하면 자동으로 해당 프로그램이 실행된다.
- 연결 프로그램이 지정되지 않은 파일을 열기 위해서는 어떤 응용 프로그램을 사용할지를 결정한다.
- 응용 프로그램을 설치하면 해당 프로그램에서 사용하는 파일은 연결 프로그램이 자동으로 설정된다.
- 파일을 더블 클릭했을 때 [연결 프로그램] 대화 상자가 나타나면 현재 연결된 프로그램이 없음을 의미한다(파일에 연결된 프로그램은 사용자가 바꿀 수 있음).
- 특정 파일의 바로 가기 메뉴에서 [연결 프로그램]-[다른 앱 선택]을 선택하면 연결 프로그램을 변경할 수 있다.
- [파일 속성] 대화 상자의 [일반] 탭에서 '연결 프로그램'에 있는 [변경] 단추를 클릭해도 연결 프로그램을 변경할 수 있다.

9. 이동, 복사, 삭제, 이름 바꾸기 ★★★

1 파일과 폴더의 이동

방법	설명
메뉴	파일/폴더 선택 → [홈] 탭의 [클립보드] 그룹에서 잘라내기(잘라내기) → [홈] 탭의 [클립보드] 그룹에서 붙여넣기(붙여넣기)
바로 가기 메뉴	파일/폴더 선택 → 바로 가기 메뉴에서 [잘라내기] → 바로 가기 메뉴에서 [붙여넣기]
바로 가기 키	파일/폴더 선택 → Ctrl+X → Ctrl+V
드래그	• 파일/폴더 선택 → 마우스 오른쪽 버튼으로 이동할 폴더로 드래그 → 바로 가기 메뉴에서 [여기로 이동] • 실행 파일의 이동 → 파일을 선택한 후 Shift+드래그

2 파일과 폴더의 복사

방법	설명
메뉴	파일/폴더 선택 → [홈] 탭의 [클립보드] 그룹에서 복사(복사) → [홈] 탭의 [클립보드] 그룹에서 붙여넣기(붙여넣기)
바로 가기 메뉴	파일/폴더 선택 → 바로 가기 메뉴에서 [복사] → 바로 가기 메뉴에서 [붙여넣기]
바로 가기 키	파일/폴더 선택 → Ctrl+C → Ctrl+V
드래그	• 파일/폴더 선택 → 마우스 오른쪽 버튼으로 복사할 폴더로 드래그 → 바로 가기 메뉴에서 [여기에 복사] • 실행 파일의 복사 → 파일을 선택한 후 Ctrl+드래그

※ 파일/폴더 선택 → 바로 가기 메뉴에서 [보내기]를 선택하면 '복사'가 수행

3 같은/다른 드라이브에서 이동/복사

- 같은 드라이브에서 데이터를 이동하려면 드래그한다.
- 같은 드라이브에서 데이터를 복사하려면 Ctrl+드래그한다.
- 다른 드라이브에서 데이터 이동하려면 Shift+드래그한다.
- 다른 드라이브에서 데이터 복사하려면 드래그한다.

4 파일과 폴더의 삭제

방법	설명
메뉴	파일/폴더 선택 → [홈] 탭의 [구성] 그룹에서 삭제(✕)
바로 가기 메뉴	파일/폴더 선택 → 바로 가기 메뉴에서 [삭제]
바로 가기 키	파일/폴더 선택 → Delete 키나 Shift+Delete 키
드래그	파일/폴더 선택 → 휴지통으로 드래그

5 파일과 폴더의 이름 바꾸기

여러 개의 파일/폴더를 선택한 후 이름을 바꾸면 동일한 이름으로 변경되며, 이름 뒤에 (1), (2), (3),…이 붙는다.

방법	설명
메뉴	파일 또는 폴더를 선택한 후 [홈] 탭의 [구성] 그룹에서 이름 바꾸기(이름 바꾸기)
바로 가기 키	파일 또는 폴더를 선택한 후 F2 키를 누름
바로 가기 메뉴	파일 또는 폴더를 선택한 후 바로 가기 메뉴에서 [이름 바꾸기]를 선택
마우스	파일 또는 폴더를 선택한 후 이름 부분을 마우스로 한 번 더 클릭
기타	파일 또는 폴더를 선택한 후 Alt 키를 누른 상태에서 F 와 M 키를 차례로 누름

10. 휴지통 다루기 ★★★

1 휴지통의 특징

- 컴퓨터에서 삭제한 파일이나 폴더를 임시 보관하는 장소로 'Recycled' 폴더에 저장된다.
- 휴지통 크기는 하드 디스크 용량의 10%로 설정되지만 사용자에 따라 최대 100%까지 설정할 수 있다.
- 하드 디스크가 여러 개인 경우 드라이브마다 크기를 동일하게 또는 다르게 설정할 수 있다.
- 휴지통에 있는 파일은 복원하기 전까지 해당 내용을 볼 수가 없다.
- 휴지통 비우기를 실행하면 보관된 파일이 완전히 삭제되므로 하드 디스크 공간이 늘어난다.
- 휴지통 크기를 초과하여 파일을 삭제하면 보관된 파일 중 가장 오래된 파일부터 자동 삭제된다.
- 휴지통이 가득차면 가장 최근에 삭제된 파일이나 폴더가 들어갈 수 있는 공간을 확보하기 위해 휴지통을 자동으로 정리한다.
- 휴지통에 있는 파일은 잘라내기만 수행이 가능하며, 복사는 수행할 수 없다.
- 휴지통 아이콘은 이름 바꾸기를 할 수 있으나 휴지통 자체를 삭제할 수는 없다.
- 휴지통에 있는 파일은 실행이나 이름 변경을 할 수 없고, 내용 유무에 따라 아이콘 모양이 다르다.

2 휴지통 비우기

- 휴지통 아이콘의 바로 가기 메뉴에서 [휴지통 비우기]를 선택한다.
- 휴지통 창에서 [휴지통 도구] 탭의 [관리] 그룹에 있는 휴지통 비우기(휴지통 비우기) 단추를 클릭한다.
- 휴지통에서 파일을 확인하면서 삭제하려면 해당 파일을 선택하고, [홈] 탭의 [구성] 그룹에서 삭제(✕) 단추를 클릭한다.

3 파일 복원하기

- 복원할 파일을 선택한 후 바로 가기 메뉴에서 [복원]을 선택한다.
- 여러 개의 파일을 복원하려면 [휴지통 도구] 탭의 [복원] 그룹에서 선택한 항목 복원(선택한 항목 복원) 단추를 클릭한다.
- 한번에 모든 파일을 복원하려면 [휴지통 도구] 탭의 [복원] 그룹에서 모든 항목 복원(모든 항목 복원) 단추를 클릭한다.
- 다른 위치로 파일을 복원하려면 복원할 파일을 선택한 후 원하는 위치로 드래그한다.

4 휴지통에 보관되지 않고 바로 삭제되는 경우

- DOS, 네트워크, USB, 이동 디스크에서 삭제한 경우이다.
- Shift+Delete 키로 삭제하거나 Shift 키를 누른 상태로 휴지통 아이콘에 끌어놓기를 한 경우이다.
- [휴지통 속성] 대화 상자의 [일반] 탭에서 '파일을 휴지통에 버리지 않고 삭제할 때 바로 제거' 항목을 선택한 경우이다.
- 삭제할 파일 크기보다 휴지통 크기가 작거나 휴지통 크기가 0%로 설정되어 있는 경우이다.

5 [휴지통 속성] 대화 상자

항목	설명
사용자 지정 크기	휴지통의 크기를 사용자가 원하는 크기로 설정
최대 크기	휴지통의 최대 크기(100%)를 설정
파일을 휴지통에 버리지 않고 삭제할 때 바로 제거	파일을 삭제하면 휴지통에 버리지 않고 곧바로 삭제되도록 설정
삭제 확인 대화 상자 표시	파일을 삭제할 때마다 확인 메시지의 표시 유무를 결정

11. 검색 및 실행 ★★★

1 검색 내용

- 앱, 문서, 웹, 동영상, 사진(그림), 설정, 음악, 폴더 등 모든 개체를 쉽게 검색할 수 있다.
- 사용자 및 다른 컴퓨터, 드라이브, 인터넷 등을 검색할 수 있으며, 웹 페이지 검색도 가능하다.

- 파일에 포함되어 있는 단어나 문장을 이용하여 검색할 수 있다.
- 검색 상자에 내용을 입력하면 자동으로 검색이 시작되며, 검색 내용 앞에 '–'를 붙이면 해당 내용이 포함되지 않은 파일/폴더를 검색한다.
- 와일드 카드 문자(?, *)를 이용하여 이름 일부가 포함된 파일 또는 폴더를 검색할 수 있다.

2 검색 방법

- Windows 검색( ) 단추를 클릭하고, 검색 상자에 원하는 내용을 입력하면 파일, 폴더, 제어판, 프로그램, 전자 메일 메시지 등을 검색할 수 있다.
- 검색 내용으로 단어나 일부 문자열을 입력하면 파일 이름, 파일에 포함된 텍스트(내용), 제목, 속성, 태그, 만든 이 등을 기준으로 검색된다.
- 도움말은 기존 운영 체제의 메뉴 방식이 아닌 작업 표시줄의 검색 상자에 원하는 항목을 입력하여 질문에 대한 답으로 확인할 수 있다.

3 검색 설정

- 유해 정보 차단의 경우 웹 미리 보기에서 웹 결과가 자동으로 로드되지 않는다(엄격, 중간, 끔).
- OneDrive 및 Outlook과 같은 클라우드 서비스에서 콘텐츠를 검색한다.
- 로그인한 디바이스의 앱, 설정 및 기타 기록을 사용하여 디바이스의 검색을 개선한다.
- PC의 콘텐츠를 인덱싱하면 파일, 전자 메일 또는 기타 로컬 콘텐츠를 검색할 때 검색 결과를 빠르게 얻을 수 있다.
- 내 파일 찾기에서 '클래식'은 라이브러리와 바탕 화면만 검색하고, '고급'은 라이브러리와 바탕 화면을 포함하여 PC 전체를 검색한다.
- 제외된 특정 폴더를 추가하여 해당 폴더가 검색되지 않도록 할 수 있다.

12. 내 PC 및 파일 탐색기 ✪✪✪

1 내 PC의 특징

- 로컬(하드) 디스크, 이동식 드라이브, DVD/CD–ROM, 네트워크 등을 표시하며, 컴퓨터 설정을 수정할 수 있다.
- 파일을 실행하거나 폴더의 생성/삭제/검색 또는 디스크 포맷, 공유 등의 관리 기능을 제공한다.
- 내 PC의 바로 가기 메뉴에서 [속성]을 선택하면 [제어판]–[시스템]과 동일한 창이 나타난다.
- 내 PC와 파일 탐색기의 공통점은 파일과 폴더의 복사/이동/삭제/이름 변경/속성, 디스크의 이름 변경, 디스크 포맷, 디스크 복사, 프로그램 실행, 보기 형식 변경 및 아이콘 정렬, 네트워크 드라이브 연결/끊기 등이 있다.

2 파일 탐색기의 특징

- 컴퓨터에 있는 파일, 폴더 및 드라이브의 계층적 구조를 표시한다.
- 파일 및 폴더의 복사, 이동, 이름 변경, 검색, 디스크 도구 이용 등의 작업을 수행한다.
- 네트워크 드라이브를 연결하여 원격 컴퓨터의 파일 목록을 표시할 수 있다.
- 왼쪽 창은 폴더의 구조를 보여주고, 오른쪽 창은 선택한 폴더의 해당 내용을 보여준다.
- 왼쪽 창과 오른쪽 창의 크기는 사용자가 임의로 조절할 수 있다.
- [보기] 탭의 [창] 그룹에서 [미리 보기 창]은 파일 내용을 미리 볼 수 있고, [세부 정보 창]은 파일의 세부 정보(수정한/만든 날짜, 크기)를 확인할 수 있다.

3 파일 탐색기의 실행

- [시작]–[Windows 시스템]–[파일 탐색기]를 선택한다.
- [시작] 단추의 바로 가기 메뉴에서 [파일 탐색기]를 선택한다.
- ⊞+E 키를 누른다.
- [시작] 단추의 바로 가기 메뉴에서 [실행]을 선택하고, 입력 상자에 "explorer"를 입력한 후 Enter 키를 누른다.
- Windows 검색 입력란에 "파일 탐색기"를 입력하고, Enter 키를 누른다.

4 파일 탐색기 창의 구조

모양	설명
> 📁	하위 폴더가 숨겨진 상태로 >를 클릭하면 숨겨졌던 하위 폴더를 표시
⌄ 📁	하위 폴더가 표시된 상태로 ⌄를 클릭하면 표시되었던 하위 폴더가 숨겨짐
📁	해당 폴더에 하위 폴더가 없음을 의미

5 파일 탐색기의 바로 가기 키

바로 가기 키	설명
*	선택한 폴더의 모든 하위 폴더를 표시
BackSpace	현재 폴더의 상위 폴더로 이동
→	선택한 폴더가 닫혀 있으면 열고, 열려 있으면 하위 폴더를 선택
←	선택한 폴더가 열려 있으면 닫고, 닫혀 있으면 상위 폴더를 선택

6 파일 탐색기의 아이콘 보기

메뉴	설명
아주 큰 아이콘	아주(가장) 큰 모양의 아이콘으로 표시
큰 아이콘	큰 모양의 아이콘으로 표시
보통 아이콘	보통(일반) 모양의 아이콘으로 표시
작은 아이콘	작은 모양의 아이콘으로 표시
목록	최소한의 아이콘과 파일 및 폴더의 이름만을 표시
자세히	현재 파일과 폴더의 이름, 수정한 날짜, 유형, 크기 등의 세부 정보를 표시
타일	보통 아이콘으로 여러 개가 나란히 표시
내용	파일 내용을 일부 보여 주면서 행 단위로 표시

7 파일 탐색기의 정렬 기준

메뉴	설명
이름	파일의 이름('가나다' 또는 'ABC')순으로 정렬
날짜	파일을 날짜순으로 정렬(만든 날짜, 수정한 날짜, 찍은 날짜로도 정렬)
유형	파일의 종류 또는 형식순으로 정렬
크기	파일의 크기(용량)순으로 정렬
오름차순	파일 이름을 '가나다' 또는 'ABC'의 오름차순으로 정렬
내림차순	파일 이름을 '다나가' 또는 'CBA'의 내림차순으로 정렬

13. 보조프로그램 활용하기 ★★★

1 메모장

- 서식이 필요 없는 간단한 메모나 텍스트 문서를 작성할 수 있다(확장자 : *.TXT).
- 웹 페이지용 HTML 문서 작성과 찾기/바꾸기 기능이 가능하다.
- OLE 기능을 사용할 수 없으므로 그림판에서 작업한 개체 등을 연결할 수 없다.
- 전체 문서에 대해서만 글꼴, 글꼴 스타일, 글꼴 크기를 설정할 수 있다.
- 자동 줄 바꿈 기능을 이용하면 창의 가로 크기에 맞게 텍스트를 편집할 수 있다.
- 페이지 설정 시 머리글과 바닥글에 사용되는 명령 코드를 이용하여 문서를 작성할 수 있다.
- 문서 인쇄 시 용지 크기, 공급 방식, 용지 방향, 여백 등을 설정할 수 있다.
- 문서 첫 행 왼쪽 여백에 ".LOG"를 입력하고, [파일]–[저장]을 선택하면 문서를 열 때마다 현재 시간과 날짜가 문서 끝에 삽입된다(현재 시간과 날짜를 자동으로 추가하려면 [F5] 키를 누름).
- 다양한 문자 집합을 사용하는 문서를 편집할 때 융통성을 높이기 위하여 유니코드, ANSI, UTF-8 또는 big-endian 유니코드로 저장할 수 있다.

머리글과 바닥글 입력 문자 코드	
• &t : 시스템의 현재 시간 삽입	• &d : 시스템의 현재 날짜 삽입
• &p : 페이지 번호 삽입	• &f : 작업중인 파일 이름 삽입
• &l, &c, &r : 입력한 머리글/바닥글을 왼쪽, 가운데, 오른쪽으로 정렬	

2 워드패드

- 서식 있는 텍스트(RTF) 형식의 문서를 작성하는 편집 프로그램으로 문서 크기에 제한이 없다.
- 다양한 글꼴, 글꼴 스타일, 단락 서식 등으로 문서 서식을 적용할 수 있다.
- 들여쓰기/내어쓰기, 글머리 기호, 찾기/바꾸기, OLE, Layout, 전자 메일 보내기 등이 가능하다.
- OLE 기능을 이용하면 소리(.wav) 파일을 워드패드로 작성된 문서에 넣을 수 있다.
- [홈] 탭의 [삽입] 그룹에서 사진, 그림, 날짜 및 시간, 클립아트, 비디오 클립, 사운드 파일 등의 개체를 삽입할 수 있다.

- 제공하는 문서 파일에는 Word for Windows(*.doc), 문서 작성기(*.wri), 서식 있는 문자열(*.rtf), 텍스트 문서(*.txt) 등이 있다.

3 그림판

- 비트맵 형식의 간단한 그림 파일을 작성하거나 편집할 수 있다.
- 기본 형식은 BMP이며 JPEG, PCX, GIF, PNG, TIFF 등의 파일 형식을 편집할 수 있다.
- OLE 기능을 지원하므로 다른 응용 프로그램과 연결이 가능하다.
- 작업한 그림 파일을 배경 화면으로 사용하거나 전자 메일로 보내기를 할 수 있다.
- 그림의 너비와 높이 단위를 '인치, 센티미터, 픽셀'로 설정할 수 있다.
- Shift 키를 이용하면 정사각형, 정원, 45도의 대각선, 수평선/수직선 등을 그릴 수 있다.
- 마우스 오른쪽 단추를 누르고 드래그하면 색2(배경색)로 그림을 그릴 수 있다.
- 스캐너 또는 디지털 카메라를 컴퓨터와 연결하면 그림판에서 이미지 작업을 할 수 있다.
- 전경색(색 1) 단추는 연필, 브러시, 도형 테두리 및 윤곽선에 사용되고, 배경색(색 2) 단추는 지우개, 도형 채우기에 사용된다.

4 캡처 도구

- 화면의 특정 부분이나 창, 전체 화면을 캡처하여 HTML, PNG, GIF, JPG 파일로 저장할 수 있다.
- 캡처한 개체에 주석을 입력하거나 이미지를 저장 및 공유할 수 있다(연결된 전자 메일 프로그램을 이용하여 전송 가능).
- 캡처가 완료되면 해당 개체는 자동으로 클립보드 및 표시 창에 복사된다.
- 자유형 캡처, 사각형 캡처, 창 캡처, 전체 화면 캡처를 선택한 다음 캡처할 화면 영역을 선택한다.
- 캡처된 화면에서 형광펜이나 지우개 도구로 수정이 가능하다.

5 원격 데스크톱 연결

- 하나의 컴퓨터(클라이언트)에서 다른 위치의 여러 원격 컴퓨터(호스트)에 연결한다.
- 원격지의 다른 컴퓨터에 연결하여 원하는 작업을 수행하거나 문서를 인쇄할 수 있다.
- 네트워크에 액세스할 수 있으며, 사용 권한만 있으면 다른 컴퓨터에도 접속할 수 있다.
- 연결을 통해 최적화할 수 있는 연결 속도를 다양하게 지정한다.
- 연결 시 화면 크기를 선택할 수 있으며, 연결이 끊어지면 자동으로 연결을 시도할 수 있다.

6 Windows Media Player

- 오디오 파일(MID, RM 등), 동영상 파일(MPEG, MOV, AVI 등)을 재생한다.
- 디지털 미디어 파일을 재생하거나 구성한다(내용 편집은 불가능).
- 음악 CD의 재생 및 복사, 인터넷 라디오 방송 청취, 휴대용 장치를 이용한 파일 복사(동기화) 기능을 제공한다(자막이나 캡션이 포함된 Windows 미디어 파일과 DVD를 재생).
- 재생 목록 만들기와 편집이 가능하고, 다양한 스킨을 다운받거나 선택할 수 있다(다운로드 한 스킨을 사용하면 창 모양을 변경할 수 있음).
- 미디어 재생기의 업데이트 버전으로 스트리밍(Streaming) 기술을 지원한다.

7 Print 3D

- 모델링 작업을 편리하게 수행할 수 있으며, 컴퓨터에 3D 프린터를 연결하면 출력이 가능하다.
- 3D 콘텐츠의 기능을 제공하며, 웹캠으로 사진을 찍어 3D로 만들 수 있다.
- BMP, JPG, PNG, TGA 등의 파일을 사용한다.

8 문자표

- 글꼴 종류에 따라 사용할 수 있는 다양한 특수 문자를 확인한다.
- 개별 문자 또는 문자 그룹을 클립보드에 복사한 후 해당 문자를 표시할 수 있는 프로그램에 붙여넣기 한다.

9 단계 레코더

- 화면에 녹음을 시작하면서부터 끝날 때까지의 모든 단계와 이벤트 정보를 포함한다.
- 슬라이드 쇼나 추가적인 세부 사항만 볼 수 있도록 링크를 화면에서 제공한다.
- 경로를 지정해 저장하면 .zip 파일이 되고, 녹음한 파일 확장자는 .mht 파일이다.

10 Math Input Panel

- 컴퓨터에서 수학 문제를 풀거나 수학식이 있는 문서 또는 프레젠테이션을 작성한다.

- 기본적인 수학 인식기를 사용하여 손으로 작성된 수학식을 인식하고, 인식된 수학식을 문서 작성이나 계산 프로그램에 삽입할 수 있다.

11 명령 프롬프트

- MS-DOS 명령어를 사용할 수 있는 창으로 키보드를 입력할 수 있는 작업 환경이다.
- Alt+Enter 키를 이용하면 창을 전체 화면으로 확대하거나 원래 크기로 조정할 수 있다.
- 창에 표시된 텍스트를 다른 문서에 복사할 수 있다.
- 창을 종료하려면 커서 위치에서 "exit"를 입력하고 Enter 키를 누른다.

14. 유니버설 앱 활용하기 ★★

1 계산기

- 간단하거나 복잡한 계산이 가능하며, 계산 결과를 복사하여 다른 프로그램에 붙여넣기 할 수 있다.
- 자릿수 구분 단위(천 단위 구분 기호)와 단위 변환, 날짜 계산, 워크시트(주택 담보 대출, 자동차 임대, 연비 계산) 등을 사용할 수 있다.
- 현재 숫자를 저장하려면 [MS] 버튼, 저장된 숫자를 불러오려면 [MR] 버튼, 저장된 숫자를 삭제하려면 [MC] 버튼을 각각 사용한다.
- 표준용은 사칙연산을 이용한 계산을 할 수 있다(단위 변환 가능).
- 공학용은 로그, 삼각함수 등 32자리 유효 숫자까지 계산을 할 수 있다(Degrees, Radians, Grads의 표시 크기 사용).
- 프로그래머용은 2진수, 8진수, 16진수 같은 특별한 숫자 체계의 계산을 할 수 있다.

2 그림판 3D

- 그림판의 최신 버전으로 새로운 도구를 사용하여 3차원 모델링 작업이 가능하다.
- 새로운 3D 기능 외에 그림판의 다양한 클래식 2D 기능을 사용할 수 있다.
- 2D 캔버스 도구는 3D 개체에서 사용할 수 있는 다양한 아트 도구를 제공한다(마커와 연필 같은 대부분의 아트 도구는 스트로크의 두께 및 불투명도 조정이 가능).
- 2D로만 작업을 하려면 [메뉴]-[설정]을 선택한 후 원근감 표시를 '끔'으로 설정한다.

3 비디오 편집기

- 프로젝트 라이브러리에 제작할 영상 파일들을 불러와서 동영상을 만들고 편집할 수 있다.
- 스토리보드에 편집할 영상을 올려놓고, 동영상의 일부를 잘라서 사용할 수 있다(비디오 화질을 선택한 후 [내보내기]를 클릭하면 잘려진 부분만큼 편집되어 만들어짐).
- 동영상 편집 및 이어 붙이기, 제목 카드, 자막 추가, 3D 효과, 속도 조절, 회전, 배경 음악 등의 기능을 제공한다.

4 스티커 메모

- 종이에 쓰듯이 메모를 쓰거나 전화번호를 적는 등의 작업을 수행한다.
- 태블릿 펜 또는 키보드를 사용하며, 바로 가기 메뉴에서 색을 선택하면 메모 색을 변경할 수 있다.
- 텍스트 서식을 지정하거나 글머리 기호를 추가하여 목록을 만들고, 텍스트 크기를 변경할 수 있다.

5 알람 및 시계

- 알람을 설정하거나 위치를 추가하여 세계 시계를 확인할 수 있다.
- 타이머를 이용하여 카운트 다운하거나 스톱워치를 사용할 수 있다.

6 음성 녹음기

- 소리 파일(*.wav)을 녹음, 재생, 편집할 수 있다.
- 마이크로 소리를 녹음하며, 녹음한 파일을 다른 문서에 붙여넣을 수 있다.

7 캡처 및 스케치

- 화면에 나타나는 내용을 캡처 또는 표시하거나 이전 이미지를 공유한다(주석을 달고 저장하거나 공유 가능).
- 화면의 특정 부분을 캡처한 후 볼펜, 연필, 형광펜, 지우개, 눈금자, 이미지 자르기, 확대/축소, 저장, 복사, 공유 등의 기능을 사용할 수 있다.

15. 인쇄 및 프린터 설정 ★★★

1 문서 인쇄

- [공유] 탭의 [보내기] 그룹에서 인쇄(인쇄) 단추를 클릭하면 선택한 파일을 프린터로 보낸다.

• 문서 아이콘을 프린터 아이콘 위로 드래그 앤 드롭하면 인쇄가 가능하다.
• 응용 프로그램에 따라 그림(이미지) 형태로 저장이 가능하다.

2 프린터 폴더

• 현재 시스템에 설치된 프린터 정보, 인쇄 중인 문서, 인쇄 대기 중인 문서를 확인할 수 있다.
• 인쇄 중인 문서를 강제 종료시키거나 인쇄가 시작된 경우 잠시 중지시켰다가 다시 인쇄할 수 있다.
• 여러 출력 파일들의 대기 상태를 확인할 수 있으며, 출력 순서를 임의로 조정할 수 있다.

3 프린터 설치 과정

㉠ [제어판]–[장치 및 프린터]를 선택한 후 장치 및 프린터 창에서 [프린터 추가]를 클릭한다.
㉡ 장치 추가 창에서 '로컬 프린터'인지 '네트워크(무선) 프린터'인지의 여부를 결정한다.
– 로컬 프린터 : 컴퓨터에 직접 케이블로 연결된 프린터로 현재 시스템에서만 사용 가능
– 네트워크 프린터 : 네트워크상에서 다른 컴퓨터와 연결된 프린터로 여러 사용자가 사용 가능
㉢ 프린터에 사용할 포트를 선택한다.
㉣ 프린터 드라이버 설치를 위해 프린터 제조업체 및 모델로 사용할 소프트웨어를 선택한다.
㉤ 기본 프린터로 사용할 것인지를 선택한다.
㉥ 프린터 이름을 지정한 후 프린터를 공유(공유 이름, 위치, 설명)할 것인지를 선택한다.
㉦ 테스트 인쇄 지정 여부를 선택한다.

4 기본 프린터 설정

• 인쇄 시 특정 프린터를 지정하지 않은 경우 자동으로 인쇄 작업이 수행되는 프린터이다.
• 기본 프린터로 설정할 프린터를 클릭한 후 바로 가기 메뉴에서 [기본 프린터로 설정]을 선택한다.
• 컴퓨터에 설치 가능한 프린터의 수는 제한이 없지만 기본 프린터로 사용할 프린터는 한 대만 지정할 수 있다.
• 네트워크를 통하여 다른 컴퓨터에 연결된 프린터도 기본 프린터로 지정할 수 있다.
• 기본 프린터는 해당 프린터 아이콘 하단에 체크 표시가 되어 있다.
• 지정된 기본 프린터를 해제하려면 다른 프린터를 기본 프린터로 설정해야 한다.

5 프린터 속성

• 장치 및 프린터 창에 있는 해당 프린터 아이콘의 바로 가기 메뉴에서 [프린터 속성]을 선택한다.
• 프린터 공유, 포트, 드라이버, 페이지 방향, 스풀 기능, 색 관리, 인쇄 매수, 보안 등을 지정한다.
• 인쇄 해상도를 높게 설정하면 인쇄 품질은 좋지만 인쇄 속도가 느려지고, 잉크 소모가 많이 된다.

탭	설명
[일반]	컴퓨터에 설치된 프린터 모델, 기본 기능, 사용 가능한 용지 등을 확인
[공유]	프린터를 네트워크상에서 공유할지의 여부와 현재 공유된 프린터 드라이버를 설치
[포트]	프린터 포트를 지정하거나 추가/삭제/구성 등의 작업 가능
[고급]	프린터 사용 시간, 프린터 드라이버, 스풀 사용 여부 등을 설정
[색 관리]	컬러 프린터와 색 프로필 연결 방법 등을 설정

6 프린터 삭제

• 장치 및 프린터 창에서 프린터를 선택하고, [장치 제거]를 클릭하거나 바로 가기 메뉴에서 [장치 제거]를 선택한다.
• 삭제한 프린터가 기본 프린터로 지정되어 있다면 다른 프린터가 기본 프린터로 자동 설정된다.

7 인쇄 작업 제어

• 현재 인쇄 중이거나 인쇄 대기 중인 문서의 취소, 중지, 순서 변경 등의 작업을 할 수 있다.
• 인쇄 대기 중인 문서의 용지 방향, 용지 공급, 인쇄 매수 등을 설정할 수 있지만 내용을 변경할 수는 없다.
• 인쇄 중인 문서와 인쇄 대기 중인 문서의 목록을 통해 인쇄 진행 정도를 파악할 수 있다.
• 문서를 인쇄하는 동안 작업 표시줄의 알림 영역(Tray)에 프린터 아이콘이 표시되며, 인쇄 작업이 끝나면 프린터 아이콘은 자동으로 사라진다.

8 인쇄 관리자 창

• 작업 표시줄 알림 영역에서 프린터 아이콘을 더블 클릭한다.
• 장치 및 프린터 창에서 해당 프린터를 선택한 후 도구 모음의 [인쇄 작업 목록 보기]를 클릭한다.
• 프린터의 바로 가기 메뉴에서 [인쇄 작업 목록 보기]를 선택한다.
• 문서 이름의 바로 가기 메뉴에서 인쇄 취소, 일시 중지, 다시 시작 등의 작업을 할 수 있다.

- 인쇄 중인 문서 이름, 상태, 소유자, 페이지 수, 크기, 제출, 포트가 표시된다.

메뉴	설명
인쇄 일시 중지	인쇄 중인 문서를 일시 중지시키고, 다시 인쇄하려면 바로 가기 메뉴에서 [다시 시작]을 선택
모든 문서 취소	대기 중인 인쇄 문서를 취소
공유	해당 프린터의 공유를 설정

9 스풀(SPOOL)

- 저속의 출력 장치와 고속의 중앙 처리 장치 사이의 속도 차이를 해결하여 컴퓨터의 처리 효율을 높이는 기능이다.
- 입력과 출력을 동시에 병행하며, 인쇄가 끝날 때까지 다른 작업을 처리할 수 있다.
- 스풀 기능을 사용하려면 스풀에 사용될 디스크의 추가 용량이 필요하다(인쇄 속도는 느림).
- 프린터 작업을 임시로 하드 디스크에 보내고, 디스크의 출력 파일을 백그라운드 작업으로 보낸다.
- 여러 페이지를 인쇄할 경우 첫 페이지만 스풀에 들어오면 바로 인쇄한다.
- 프린터를 공유하여 여러 페이지를 인쇄할 경우 마지막 페이지까지 스풀에 들어온 후 인쇄한다.

| 무료 동영상 |

핵심정리 05 컴퓨터 시스템 관리하기

1. 제어판의 구성 요소 ★★★

1 프로그램 및 기능

- 프로그램 및 기능 창에는 프로그램 이름, 게시자, 설치 날짜, 크기, 버전 등이 표시된다.
- 특정 응용 프로그램을 완전히 제거하려면 Uninstall하거나 프로그램 및 기능을 이용한다.

항목	설명
프로그램 제거 또는 변경	• 프로그램을 제거하거나 특정 옵션을 이용하여 프로그램 구성을 변경 • 일부 프로그램에는 프로그램 제거뿐만 아니라 프로그램 변경 또는 복구 옵션도 포함(대부분의 경우 제거 옵션만 제공)
설치된 업데이트 보기	컴퓨터에 설치된 업데이트 목록에서 제거 또는 변경할 수 있음
Windows 기능 켜기/끄기	• Windows에 포함된 인터넷 정보 서비스의 일부는 설정된 경우만 사용할 수 있으며, 해당 기능을 사용하지 않는 경우는 해제 • 관리자 암호를 묻거나 확인하는 메시지가 나타나면 암호를 입력하거나 확인을 제공 • 기능을 사용하려면 확인란을 선택하고, 사용하지 않으려면 확인란 선택을 취소 • 흰색 확인란은 설치되지 않음, 흰색 확인란에 체크 표시는 전체 항목이 설치, 검정색이 채워진 확인란은 일부 항목만 설치

2 시스템

- 컴퓨터에 대한 중요한 요약 정보와 기본 하드웨어 정보를 확인할 수 있다.
- Windows 버전, 시스템(프로세서, 메모리, 시스템 종류 등), 컴퓨터 이름, 도메인 및 작업 그룹 설정, Windows 정품 인증 등을 표시한다.
- 설치된 장치에 대해 자동으로 권장 업데이트를 다운로드하고 설치하도록 지정한다.

탭	설명
[컴퓨터 이름]	사용자 컴퓨터에 대한 컴퓨터 설명, 전체 컴퓨터 이름, 작업 그룹 등을 설정
[하드웨어]	설치된 하드웨어 장치를 열거하고, 장치 드라이버와 해당 정보의 다운로드를 설정
[고급]	시각 효과, 프로세서 일정, 메모리 사용 및 가상 메모리를 설정하거나 사용자 프로필, 시스템 시작, 시스템 오류 및 디버깅 정보를 설정(사용자 프로필에는 각 사용자의 기본 설정이 저장되어 로그온 할 때마다 바탕 화면을 구성)
[시스템 보호]	컴퓨터를 이전 복원 지점으로 되돌려 시스템 변경을 취소하거나 복원 설정을 구성하여 디스크 공간을 관리하고, 복원 지점을 삭제
[원격]	다른 컴퓨터에서 해당 컴퓨터를 사용할 수 있도록 원격 지원 연결을 허용

3 장치 관리자

- 하드웨어 장치의 드라이버를 설치 및 업데이트하고, 하드웨어 수정과 문제를 해결한다.
- 시스템에 설치된 하드웨어 정보를 확인하거나 각 장치의 고급 설정 및 속성을 변경한다.
- 하드웨어의 올바른 작동 유무를 확인하고, 이전 드라이버 버전으로 롤백한다.
- 시스템에 설치된 PNP(Plug & Play) 기능을 이용하여 하드웨어 검색이 가능하다.

• 불필요한 하드웨어를 제거하려면 해당 하드웨어의 바로 가기 메뉴에서 [디바이스 제거]를 선택한다.
• 자동으로 인식하지 못하는 하드웨어는 [제어판]-[장치 및 프린터]를 이용하여 설치한다.
• 플러그 앤 플레이(PNP)를 지원하지 않는 하드웨어의 경우 [동작]-[레거시 하드웨어 추가]를 선택([실행]을 선택한 후 "hdwwiz.exe"를 입력하고, [확인] 단추를 클릭).

표시	설명
'↓' 표시	현재 사용되지 않는 장치를 표시
'!' 표시	정상적으로 동작하지 않는 장치(다른 장치와의 충돌)를 표시
'?' 표시	해당 드라이버를 설치하지 않은 장치(알 수 없는 장치)를 표시

4 접근성 센터

• 신체에 장애가 있는 사람들이 컴퓨터를 편리하게 사용할 수 있도록 다양한 옵션을 설정한다.
• 관리 설정을 변경하려면 컴퓨터를 다시 시작해야 한다.

㉠ 디스플레이가 없는 컴퓨터 사용
• 내레이터 켜기 : 내레이터가 화면의 모든 텍스트를 소리 내어 읽어준다.
• 오디오 설명 켜기 : 비디오에서 발생하는 상황에 대한 설명을 들을 수 있다.
• 시간 제한 및 깜박이는 시각 신호 조정 : 필요 없는 애니메이션을 모두 끈다.
• Windows 알림 대화 상자 표시 시간 : 화면에 표시되는 알림 시간을 설정한다.

㉡ 컴퓨터를 보기 쉽게 설정
• 고대비 테마 선택 : 고대비 색 구성표를 설정하여 해당 항목을 뚜렷하고 쉽게 식별할 수 있다.
• Alt+Shift+Print Screen를 누르면 고대비 켬/끔 : 해당 키를 눌러 고대비 테마를 설정하거나 해제할 수 있다.
• 돋보기 켜기 : 돋보기를 설정하면 마우스가 가리키고 있는 화면 부분을 확대한다.
• 포커스 영역을 더 두껍게 만들기 : 현재 선택된 항목의 주변 영역을 두껍게 만들어 쉽게 볼 수 있다.
• 깜박이는 커서의 두께 설정 : 대화 상자 및 프로그램에서 깜박이는 커서를 두껍게 만들 수 있다.

㉢ 마우스 또는 키보드가 없는 컴퓨터 사용
• 화상 키보드 사용 : 표준 키를 모두 갖춘 시각적 키보드를 표시하므로 마우스나 포인팅 장치를 사용하여 키를 선택하거나 표준 키보드 키를 사용할 수 있다.
• 음성 인식 사용 : 음성으로 컴퓨터를 제어할 수 있으므로 마이크를 사용하여 컴퓨터가 이해하고, 응답하는 명령을 말할 수 있다(받아쓰기 가능).

㉣ 마우스를 사용하기 쉽게 설정
• 마우스 포인터 : 마우스 포인터의 색과 크기를 변경할 수 있다.
• 마우스 키 켜기 : 숫자 키패드를 사용하여 화면에서 마우스를 이동한다.
• 마우스로 가리키면 창 활성화 : 마우스로 창을 가리키는 방법으로 창을 쉽게 선택하고, 활성화한다.
• 화면 가장자리로 이동할 때 창이 자동으로 배열되지 않도록 방지 : 창을 화면 가장자리로 이동할 때 창이 자동으로 배열되지 않도록 방지한다(에어로 스냅과 에어로 세이크의 실행 유무 결정).

㉤ 키보드를 사용하기 쉽게 설정
• 고정 키 켜기 : Shift, Ctrl, Alt 키가 기본적으로 눌려 있는 상태로 고정하여 여러 키를 누르는 효과를 준다.
• 토글 키 켜기 : Num Lock, Scroll Lock, Caps Lock 키를 누를 때마다 신호음을 들을 수 있도록 지정한다.
• 필터 키 켜기 : 짧게 입력한 키와 반복된 키 입력을 무시하거나 키의 반복 입력 속도를 느리게 지정한다.
• 바로 가기 키 및 선택키에 밑줄 표시 : 대화 상자의 컨트롤에 선택키를 강조하여 키보드 액세스를 쉽게 할 수 있다.

㉥ 소리 대신 텍스트나 시각적 표시 방법 사용
• 소리에 대한 시각적 알림 켜기 : Windows에 로그온할 때 실행할 경고음(소리를 화면 깜박임과 같은 시각적 신호로 바꾸어 사용자가 듣지 못하는 경우에 시스템 경고를 알 수 있음)을 설정한다.
• 음성 대화에 텍스트 자막 사용 : Windows가 소리 대신 텍스트 자막을 표시하여 컴퓨터에서 수행 중인 작업을 나타낸다.

5 키보드

탭	설명
[속도]	문자 재입력 시간, 키를 누르고 있을 때 반복되는 속도, 커서 깜박임 속도를 조절
[하드웨어]	컴퓨터에 연결된 키보드의 제조업체, 위치, 장치 상태 등을 확인

6 마우스

탭	설명
[단추]	왼손잡이, 오른손잡이에 맞게 단추를 지정하거나 더블 클릭 속도, 클릭 잠금을 설정
[포인터]	마우스 포인터 모양을 사용자 임의로 지정
[포인터 옵션]	마우스 포인터의 이동 속도, 포인터 자국 표시 여부, 입력 시 포인터 숨기기, Ctrl 키를 누르면 포인터 위치 표시 등을 지정
[휠]	휠을 한 번 돌릴 때 스크롤의 정도를 지정하거나 휠을 상하로 이동할 때 스크롤할 문자 수를 지정(한 번에 스크롤 할 줄의 수는 최대 100줄까지 가능)
[하드웨어]	컴퓨터에 연결된 마우스의 제조업체, 위치, 장치 상태 등을 확인

7 기본 프로그램

항목	설명
기본 프로그램 설정	파일 형식 및 프로토콜을 열 때 사용할 기본 프로그램을 설정
파일 형식 또는 프로토콜을 프로그램과 연결	파일 형식 및 프로토콜이 특정 프로그램에서 항상 열리도록 설정
자동 재생 설정 변경	미디어의 유형에 맞게 CD 또는 기타 미디어를 자동으로 재생(미디어나 장치를 삽입할 때 발생하는 동작을 선택)
컴퓨터의 기본 프로그램 설정	특정 프로그램에 대한 액세스를 제어하고, 컴퓨터에 대한 기본값을 설정(웹 브라우징이나 전자 메일과 같은 작업에 사용할 기본 프로그램을 선택)

8 글꼴

- Windows는 다양한 글꼴이 설치된 상태로 모든 글꼴은 C:₩Windows₩Fonts 폴더에 존재한다.
- 새로운 글꼴 설치 시 인터넷에서 다운로드한 후 바로 가기 메뉴에서 [설치]를 선택한다.
- 설치할 글꼴을 해당 폴더에 복사하거나 [제어판]–[글꼴]로 드래그하여 설치할 수도 있다.
- 글꼴 삭제 시 해당 글꼴을 선택한 후 도구 모음에서 [삭제] 단추를 클릭한다.
- 글꼴 파일의 확장자는 FON, TTF, TTC 등이며 윤곽선(트루타입, 오픈타입), 벡터, 래스터 글꼴을 제공한다.
- 글꼴 아이콘을 더블 클릭하면 글꼴 이름, 버전, 글꼴 크기를 확인하고, 인쇄할 수 있다.

9 Windows Defender 방화벽

- 다른 컴퓨터에서 사용자 컴퓨터로 들어오는 정보를 제한하여 보안 위험으로부터 컴퓨터를 보호한다.
- 해커나 악성 소프트웨어가 인터넷 또는 네트워크를 통해 컴퓨터에 액세스하는 것을 방지한다.
- 바이러스 및 웜을 차단할 수 있지만 스팸이나 원하지 않은 메일이 수신되는 것을 차단할 수는 없다.
- 새로운 프로그램을 차단할 때 알림을 표시할 수 있도록 설정할 수 있다.
- 사용자가 원할 경우 기록(로그 보안)을 만들어 성공한 연결 시도와 실패한 연결 시도를 기록한다.
- 인바운드 규칙은 외부에서 내부로 들어오는 움직임을 설정하는 규칙이고, 아웃바운드 규칙은 내부에서 외부로 나가는 움직임을 설정하는 규칙이다.

10 사용자 계정

- 액세스할 수 있는 파일 및 폴더, 컴퓨터에 허용되는 변경 작업 유형 및 바탕 화면 배경, 화면 보호기 등 개인의 기본 설정을 알려준다.
- 각 사용자에 대하여 고유한 계정 이름, 그림, 암호를 지정한다.
- 프로그램을 종료하지 않고, 사용자 계정만 변경하려면 '사용자 전환'을 선택한다.
- 컴퓨터를 여러 사람이 공유하되 각각의 사용자는 고유한 파일 및 설정을 사용할 수 있다.
- 각 사용자는 사용자 이름과 암호를 사용하여 자신의 사용자 계정에 액세스한다.

종류	설명
표준 사용자 계정	• 일상적인 컴퓨터 작업에 사용하며, 자신의 계정 유형을 관리자로 변경할 수 없음 • 시스템 설정을 바꾸거나 컴퓨터에 프로그램을 설치할 수 없음 • 암호 지정, 계정 이름 및 사진 변경, 계정 삭제 등의 기능을 제공
관리자 계정	• 컴퓨터에 대한 제어 권한이 가장 많으며, 필요한 경우에만 사용 • 전체 컴퓨터 설정을 변경하거나 다른 사람의 파일을 사용할 수 있음 • 모든 암호 변경 및 제거, 계정 이름 및 사진 변경, 새로운 계정 등의 기능을 제공 • 유해 프로그램이 컴퓨터 변경을 방지하도록 사용자 계정 컨트롤을 변경
게스트 계정	• 컴퓨터를 임시로 사용하는 사용자들만 사용 • 사용자 정보가 저장되지 않음 • 암호 지정 불가능, 시스템 설치 및 설정 변경 불가능

11 보안 및 유지 관리

- 보안에서는 네트워크 방화벽, 바이러스 방지, 인터넷 보안 설정, 사용자 계정 컨트롤 등을 확인할 수 있다.

- 유지 관리에서는 문제 보고, 자동 유지 관리, 파일 히스토리, 드라이브 상태, 장치 소프트웨어 등을 확인할 수 있다.

항목	설명
보안 및 유지 관리 설정 변경	보안 메시지와 유지 관리 메시지 등의 표시 유무를 선택
사용자 계정 컨트롤 설정 변경	컴퓨터 변경 내용에 대한 알림 조건을 선택(유해한 프로그램이 컴퓨터를 변경하는 것을 방지)
보관된 메시지 보기	컴퓨터 안정성 및 문제 기록 검토

12 인터넷 옵션

탭	설명
[일반]	현재 페이지, 시작 옵션, 검색 기록(임시 파일, 열어본 페이지 목록, 다운로드 기록, 쿠키 및 웹 사이트 데이터 등), 색, 언어, 글꼴, 접근성 등을 관리
[보안]	보안 설정을 보거나 변경할 웹 콘텐츠 영역 선택, 보안 수준 등을 지정
[개인 정보]	인터넷 영역 설정, 쿠키 파일의 저장 여부, 사이트 지우기, 팝업 차단 등을 지정
[내용]	인증서, 자동 완성, 피드 및 웹 조각 등을 지정
[연결]	인터넷 연결, VPN(가상 사설망), 프록시 서버 구성, LAN 환경 등을 지정
[프로그램]	기본 웹 브라우저, 추가 기능 관리, HTML 편집, 인터넷 프로그램, 전자 메일, 파일 연결 등을 지정
[고급]	검색, 링크에 밑줄 표시, 멀티미디어, 보안, 접근성 등을 지정

2. Windows 설정의 구성 요소 ★★★

1 시스템

- 모니터 화면은 밤에 사용자 숙면을 방해하는 청색광을 방출하므로 야간 모드를 설정할 수 있다.
- 텍스트, 앱 및 기타 항목의 크기를 변경할 수 있다(고급 배율 설정 가능).
- 디스플레이 해상도와 방향(가로, 세로, 가로/세로 대칭 이동)을 설정할 수 있다.
- 여러(다중) 디스플레이 설정과 그래픽을 설정할 수 있다(특정 프로그램에 대한 그래픽 성능 설정을 지정, 배터리 사용시간을 절약).
- 하나의 시스템에 여러 대(최대 10대)의 모니터를 연결할 수 있으며, 이런 경우 각 모니터를 개별적으로 설정할 수 있다(연결되어 있는 모니터의 개수를 감지).
- 알림 센터에서 바로 가기를 추가, 제거, 정렬할 수 있으며, 알림과 앱 알림 받기를 설정한다.
- 전원 사용 시 주어진 시간에 화면과 전원의 절전 상태를 설정한다.
- 저장소 센스는 임시 파일이나 휴지통 등에서 불필요한 파일을 제거하여 공간을 확보한다.
- 멀티태스킹 기능으로 여러 창의 맞춤 작업과 타임라인 등의 기능을 선택한다.

2 개인 설정

항목	설명
배경	• 바탕 화면 배경으로 사용할 그림 파일(BMP, GIF, JPG, PNG 등)을 선택(슬라이드 쇼를 만들려면 사진을 두 개 이상 선택) • 사진 위치는 채우기, 맞춤, 확대, 바둑판식 배열, 가운데 중에서 선택 • 고대비에서는 고유색을 사용하여 텍스트와 앱을 보기 쉽게 설정
색	• 제목 표시줄, 창 테두리, 아이콘 간격에 대한 색상, 글꼴, 크기 등을 설정 • 창을 투명하게 설정하거나 색상을 조합하여 표시
잠금 화면	• 배경에 필요한 사진을 선택하거나 로그인 화면에 잠금 화면 배경 그림을 표시 • 컴퓨터를 장시간 사용하지 않을 경우 모니터와 하드 디스크의 전원을 차단 • 지정한 대기 시간(분) 동안 컴퓨터를 작동하지 않으면 화면 보호기가 실행 • 화면 보호기를 멈추려면 마우스를 움직이거나 임의의 키를 누름
테마	• 바탕 화면 배경, 창 색, 소리, 마우스 커서 등으로 구성 • 테마를 변경하거나 다른 이름으로 저장할 수 있음(온라인에서 추가 설치) • 바탕 화면 아이콘 설정은 바탕 화면에 아이콘을 추가/제거하거나 모양을 변경
시작	시작 화면에 더 많은 타일 표시, 시작 메뉴에서 앱 목록 표시, 최근에 추가된 앱 표시, 가장 많이 사용하는 앱 표시, 전체 시작 화면 사용 등을 설정

3 접근성

항목	설명
디스플레이	텍스트 확대, 메인/다른 디스플레이의 앱 및 텍스트 크기 변경, 커서 및 마우스 포인터의 크기 및 색 변경, 밝기 자동 변경 또는 야간 모드 사용, Windows에서 애니메이션 및 투명도 표시, 창에서 자동으로 스크롤 막대 숨기기, 바탕 화면 배경 이미지 표시 등을 설정
커서 및 포인터	포인터 크기 및 색 변경, 커서 두께 변경, 터치 피드백 변경 등을 설정

돋보기	디스플레이 일부를 확대/축소하는 기능으로 전체 화면 또는 별도 창에 실행하거나 마우스 포인터에 따라 움직이는 렌즈로 실행(돋보기 기능 : 마우스 커서, 키보드 포커스, 텍스트 삽입 지점, 내레이터 커서)
내레이터	화면 내용을 설명하는 화면 읽기 기능으로 해당 정보를 사용하여 장치를 탐색하거나 키보드, 터치 및 마우스로 제어(음성 선택, 속도 변경, 피치 변경, 볼륨 변경, 읽고 상호 작용할 때 들리는 내용과 입력할 때 들리는 내용을 변경, 키보드 설정과 내레이터 커서 사용)
선택 자막	오디오를 텍스트로 표시하여 소리 없이 디바이스를 사용하는 기능으로 자막 글꼴에서는 색, 투명도, 스타일, 크기, 효과를 설정하고, 자막 배경에서는 배경색, 배경 투명도를 설정

4 업데이트 및 보안

항목	설명
Windows 업데이트	업데이트의 상태, 시간, 기록을 확인하거나 업데이트 설정을 추가
배달 최적화	Windows 및 MS Store 앱 업데이트와 기타 MS 제품을 안정적으로 제공
Windows 보안	바이러스 및 위협 방지, 계정 보호, 방화벽 및 네트워크 보호, 앱 및 브라우저 컨트롤, 장치 보안, 장치 성능 및 상태 등을 관리
백업	원본이 손실 또는 삭제된 경우 다른 드라이브에 파일을 백업한 후 복원(백업 시 파일을 이동할 클라우드, 외부 저장 장치, 네트워크를 선택)
문제 해결	장치에 문제가 발생하는 경우 문제 해결사를 통해 다양한 문제를 해결
복구	PC 초기화 또는 고급 시작 옵션 등을 이용하여 복구

5 기타 구성 요소

항목	설명
장치	Bluetooth 및 기타 디바이스 장치(프린터, 스캐너, 마우스 등)를 추가(모든 미디어 및 장치에 자동 실행을 사용)
네트워크 및 인터넷	네트워크 상태와 설정 변경, 이더넷, 전화 접속, VPN, 데이터 사용량(데이터 제한), 프록시 등을 확인(어댑터, 고급 공유, 네트워크 및 공유 센터, 네트워크 초기화, Windows 방화벽)
앱	앱 및 기능(검색/정렬/필터링), 기본 앱, 오프라인 지도, 웹 사이트와 앱 연결, 비디오 재생, 시작 프로그램 등을 확인
계정	사용자 정보(로컬 계정), 이메일 및 계정, 로그인 옵션(장치에 로그인하는 방법과 동적 잠금), 회사 및 학교 액세스, 가족 및 다른 사용자, 설정 동기화
검색	유해 정보 차단(엄격, 중간, 끔), 클라우드(OneDrive 및 Outlook) 콘텐츠 검색, 검색 기록, 인덱싱 상태, 내 파일 찾기, 제외된 폴더, 자세한 내용(Windows Search 및 개인 정보) 등을 확인
개인 정보	개인 정보 옵션, 음성 명령, 수동 입력 및 키 입력 개인 설정(사용자 정보 수집), 피드백 및 진단(진단 데이터, 수동 입력 및 타이핑 개선, 맞춤형 환경), 활동 기록, 위치, 카메라, 마이크, 음성 활성화, 알림, 계정 정보, 연락처, 일정, 통화 기록, 메일, 메시지, 라디오, 기타 장치, 백그라운드 앱, 앱 진단, 자동 파일 다운로드, 문서, 사진, 동영상, 파일 시스템 등을 확인

3. 시스템 유지 보수 ★★

1 디스크 포맷

- 하드 디스크나 외장 디스크의 트랙(Track) 및 섹터(Sector)를 초기화하는 작업이다.
- 포맷을 실행하면 디스크의 모든 데이터는 지워진다.
- 디스크 드라이브를 선택한 후 바로 가기 메뉴에서 [포맷]을 선택한다.
- 파일 시스템을 선택할 수 있는 경우는 포맷되지 않은 새 하드 디스크를 설치하는 경우, 기존 볼륨을 포맷하는 경우, 새로이 Windows 운영 체제를 설치하는 경우이다.

포맷 요소	설명
용량	디스크의 용량을 선택
파일 시스템	파일 시스템(FAT, FAT32, NTFS 등)을 선택(NTFS로 설정하면 폴더와 파일을 압축할 수 있도록 포맷할 수 있음)
할당 단위 크기	클러스터 크기나 섹터당 할당 크기를 선택
볼륨 레이블	디스크 이름으로 문자 및 숫자만을 사용하여 최대 11자까지 지정할 수 있으나 NTFS에서는 최대 32자까지 가능
빠른 포맷	불량 섹터를 검사하지 않고, 포맷을 빠르게 수행하는 기능으로 한 번 포맷하여 사용했던 디스크만 가능

2 파티션(Partition)

- 하나의 물리적인 저장 장치를 논리적인 여러 부분으로 분할하는 작업이다.
- 파티션을 나눈 후 하드 디스크를 사용하기 위해서는 포맷을 해야 한다.
- 운영 체제를 설치하기 전에 파티션 작업을 해야 하며, 기본 파티션과 확장 파티션으로 나눈다.
- 한 파티션에는 하나의 파일 시스템만 사용하며, 파티션을 여러 개로 나누면 두 개 이상의 운영 체제를 설치할 수 있다(운영 체제에서는 파티션이 하나의 드라이브로 인식).
- [제어판]-[관리 도구]-[컴퓨터 관리]-[디스크 관리]에서 파티션 디스크 드라이브를 확인한다.

3 시스템 정보

- 로컬 및 원격 컴퓨터의 시스템 구성 정보를 수집하고, 연관된 시스템 항목을 표시한다.
- 운영 체제의 이름과 버전, 시스템의 이름과 종류, 프로세서, 사용자, 메모리, 파일 공간 등을 확인할 수 있다(하드웨어 리소스, 구성 요소, 소프트웨어 환경 등으로 구성).
- 서명한 드라이버를 포함한 하드웨어 구성, 컴퓨터 구성 요소, 소프트웨어에 대한 정보를 포함한다.
- 시스템 데이터를 시스템 정보 파일에 저장할 경우 확장자가 .nfo인 이진 파일로 저장된다.
- [파일]-[내보내기]를 선택하면 시스템 정보를 텍스트 파일(.TXT)로 저장할 수 있다.

4 시스템 복원

- 시스템에 문제가 발생할 경우 데이터 파일의 손실 없이 컴퓨터를 이전 상태로 복원한다.
- 정기적으로 시스템을 점검하여 복원 시점을 만들기 때문에 이전 시스템으로 복구가 가능하다.
- 복원 지점은 시스템에 의해 자동으로 설정되지만 사용자가 임의로 설정할 수 있다.
- 시스템과 응용 프로그램 파일의 변경 사항을 모니터링하고, 복원 지점을 만든다.
- 프로그램을 설치하기 전의 복원 지점으로 복원하면 해당 프로그램이 작동하지 않는다.
- 컴퓨터를 손상시키는 변경 내용 추적, 1주에서 3주간의 복원 지점 저장, 복원 지점의 날짜, 모든 복원의 취소, 여러 유형의 복원 지점 등을 제공한다.

5 작업 스케줄러

- 지정한 시간에 컴퓨터에서 자동으로 수행되는 일반적인 작업을 만들고, 관리할 수 있다.
- 특정 프로그램을 정기적으로 사용하는 경우 선택 일정에 따라 자동으로 프로그램을 실행한다.
- 시스템 성능을 예약할 수 있으므로 최적의 상태를 유지한다.

6 리소스 모니터

- 하드웨어(CPU, 메모리, 디스크, 네트워크) 및 소프트웨어(파일 핸들, 모듈) 리소스 사용에 대한 정보를 실시간으로 확인할 수 있다.
- 모니터링할 특정 프로세스나 서비스에 따라 결과를 필터링할 수 있다.
- 응용 프로그램이 예상대로 응답하지 않을 경우 문제를 해결할 수 있다.

7 백업 및 복원

- 백업은 불의의 사고에 대비하여 중요한 데이터를 보조 기억장치에 복사하는 것이다.
- 마지막 백업 이후 추가되거나 수정된 파일을 추적하여 기존 백업에 업데이트하므로 디스크 공간을 절약할 수 있다(백업 주기를 예약할 수 있으며, 백업 파일의 확장자는 .bkf).
- 사용자 파일만 복원하거나 해당 컴퓨터를 사용하는 모든 사용자의 파일을 복원할 수도 있다.

옵션	설명
시스템 이미지 만들기	• 현재 드라이브 전체를 복사하는 것으로 개별 폴더나 파일을 만들 수 없음 • 파일 시스템이 NTFS인 경우만 가능
시스템 복구 디스크 만들기	• 시스템에 문제가 발생하여 정상적인 부팅이 어려울 때 사용하는 디스크 • 오류 발생 시 Windows를 복구하거나 시스템 이미지를 복원

4. 시스템 최적화 ★★★

1 디스크 오류 검사

- 디스크에서 폴더와 파일의 논리적/물리적 오류를 점검한 후 손상 영역을 복구한다.
- 물리적인 충격과 반복된 프로그램의 실행/삭제 등으로 생긴 파일 시스템 오류를 자동으로 수정한다.
- 손상된 부분을 복구할 때 교차 연결된 파일이 발견되면 제거하거나 백업한다.
- 발견된 오류는 화면에 표시하고, 결과는 'Scandisk.log' 파일에 저장한다.
- 검사 시 모든 파일을 닫아야 하며, 검사 중에는 해당 드라이브에서 다른 작업을 수행할 수 없다.
- 프로그램이 실행되고 있는 도중 디스크 검사 옵션을 모두 선택한 후 시도하면 수행이 불가능하다.
- 해당 디스크의 바로 가기 메뉴에서 [속성]을 선택한 후 [디스크 속성] 대화 상자의 [도구] 탭에서 '오류 검사'에 있는 [검사] 단추를 클릭한다.
- 검사 결과 항목은 총 디스크 크기, 불량 섹터, 폴더 수와 크기, 숨겨진 파일 수와 크기, 사용자 파일 수와 크기, 사용 가능한 공간, 각 할당 단위, 전체 할당 단위, 사용할 수 있는 할당 단위 수이다.

- 디스크 오류 검사를 수행할 수 있는 드라이브는 하드 디스크 드라이브, 압축된 드라이브, 램 드라이브, 메모리 카드이고, 수행할 수 없는 드라이브는 CD-ROM 드라이브, 네트워크 드라이브이다.

옵션	설명
파일 시스템 오류 자동 수정	디스크 검사 중 파일 시스템 오류가 발견되면 사용자에게 오류 수정 여부를 묻지 않고 바로 수정
불량 섹터 검사 및 복구 시도	디스크 검사 중 파일 시스템 오류를 복구하고, 불량 섹터를 찾아 이를 복구할지를 지정(디스크 표면을 검사하여 물리적 오류도 검사하고 복구 진행)

2 디스크 정리

- 시스템에 있는 불필요한 파일이나 프로그램을 삭제하여 디스크의 여유 공간을 확보한다.
- 해당 드라이브를 검색한 후 삭제할 수 있는 파일과 불필요한 프로그램 목록을 표시한다(목록에 표시된 파일들 중 일부 또는 전체를 삭제할 수 있음).
- 삭제할 수 있는 파일에는 다운로드한 프로그램 파일, 임시 인터넷 파일, 오프라인 웹 페이지, 전송 최적화 파일, 휴지통, 설치 로그 파일, 임시 파일, 미리 보기 사진 등이 있다.
- 삭제할 파일 형식과 각 파일이 차지하는 디스크 공간을 표시하며, 삭제된 후 확보할 수 있는 공간의 총 합계를 확인할 수 있다.

3 드라이브 조각 모음 및 최적화

- 디스크 단편화를 제거하여 사용 중인 디스크의 입출력 속도와 디스크 공간을 최적화한다.
- 디스크에 저장된 파일 위치를 재정렬하는 단편화 제거 과정을 통해 디스크의 파일 읽기/쓰기 성능을 향상시킨다.
- 디스크의 파일 공간과 사용하지 않은 공간을 정렬하여 프로그램을 빠르게 실행한다.
- 실행 시간은 볼륨에 있는 파일 수와 크기, 조각난 양, 사용 가능한 로컬 시스템 리소스 등의 다양한 요소에 따라 결정된다.
- 조각난 파일과 폴더가 볼륨에서 각 하나의 인접한 공간을 차지하도록 하드 디스크의 조각난 파일과 폴더를 통합한다.
- 조각 모음 실행 시 다른 작업을 할 수 있지만 모든 작업을 중지하면 보다 효율적이다.
- 요일과 시간을 지정하여 자동으로 수행되도록 예약할 수 있다.
- FAT, FAT32, NTFS 파일 시스템으로 포맷된 볼륨에 대하여 조각 모음을 할 수 있다.
- CD-ROM 드라이브, 네트워크 드라이브, Windows가 지원하지 않는 디스크 압축 프로그램에 의해 압축된 드라이브는 조각 모음을 할 수 없다.

4 레지스트리(Registry)

- 컴퓨터를 구성하는 하드웨어와 소프트웨어에 대한 실행 정보를 관리하는 계층적인 데이터베이스(트리 계층 구조)로 하위 키, 하이브 및 값 항목으로 구성된다.
- Windows 환경에 대한 전반적인 정보(SYSTEM.DAT와 USER.DAT)를 저장하며, 응용 프로그램 작동에 필요한 매개 변수로 구성된다.
- 응용 프로그램을 실행할 때 영향을 주는 INI 파일(SYSTEM.INI, WIN.INI 등)의 정보를 관리한다.
- 각 사용자 프로필과 시스템 하드웨어, 설치된 프로그램 및 속성 설정에 대한 정보가 들어 있다.
- 레지스트리에 저장된 정보는 Windows에 설치된 여러 응용 프로그램을 실행할 때 참조된다.
- 레지스트리 정보는 삭제할 수 있으나 시스템에 이상이 생길 수 있으므로 함부로 삭제하지 않는다.
- 레지스트리 내용은 C:₩Windows₩System32₩config 폴더에 여러 개의 파일로 저장된다(DEFAULT : 레지스트리 기본 파일, SAM : 보안 계정 관리자 파일, SECURITY : 보안 관련 파일, SOFTWARE : 응용 프로그램에 관한 파일, SYSTEM : 시스템에 관한 파일).

5 레지스트리 편집기

- 레지스트리를 잘못 변경하면 시스템을 손상시킬 수 있으므로 중요 정보를 모두 백업한 후 변경한다.
- 컴퓨터 실행 방법에 대한 정보가 있는 시스템 레지스트리 설정을 검색하고, 변경할 수 있다.
- 레지스트리를 편집하려면 [실행] 대화 상자에서 입력란에 "REGEDIT.EXE"를 입력하고, Enter 키를 누른다.
- 시스템 구성 편집기는 부팅 시 필요한 AUTOEXEC.BAT, CONFIG.SYS, WIN.INI, SYSTEM.INI, PROTOCOL.INI 등의 파일을 편집한다.
- 시스템 구성을 편집하려면 [실행] 대화 상자에서 입력란에 "SYSEDIT.EXE"를 입력하고, Enter 키를 누른다.

5. PC의 문제 해결 방법 ✪✪✪

1 전원 및 메인보드 관련 문제

문제	해결 방법
전원이 들어오지 않을 경우	전원 케이블의 접속 상태와 전원 공급 장치의 고장 여부 확인
부팅 시 '삑' 소리가 나는 경우	'삑' 소리가 나면 RAM 문제이고, '삑~삑삑삑' 소리가 나면 그래픽 카드 문제로 고장 여부 확인
부팅이 되지 않는 경우	• 안전 모드로 부팅한 후 문제를 해결하고, 정상 모드로 재부팅 • Windows 시스템 파일이 손상된 경우 복구 콘솔을 사용 • CMOS 배터리의 충전 여부와 하드 디스크의 점퍼 상태 확인 • 전원 장치 및 롬 바이오스의 이상 유무나 바이러스 확인
메모리가 인식되지 않는 경우	RAM 소켓의 올바른 장착 여부 확인

2 CMOS 관련 문제

- CMOS는 부팅 시 필요한 하드웨어 정보를 담고 있는 반도체이다.
- ROM에 파일 형태로 기억되며, 비디오 보드나 하드 디스크를 바꾸면 CMOS 셋업 정보도 바뀐다.
- 날짜와 시간, 하드 디스크 타입, 부팅 시 비밀번호 옵션, 부팅 순서, 전원 관리 모드, 칩셋, Anti-Virus 등을 설정한다.

문제	해결 방법
CMOS 설정이 변경된 경우	백신 프로그램을 이용하여 바이러스 감염 여부 확인
CMOS 설정이 초기화된 경우	메인보드에 장착되어 있는 배터리의 방전 여부 확인
CMOS 셋업 시 비밀번호를 잊어버린 경우	메인보드에 장착되어 있는 배터리를 뽑았다가 다시 장착
CMOS 셋업 정보가 지워져 하드 디스크를 인식하지 못하는 경우	CMOS Setup의 Auto Detector 기능을 이용

3 하드 디스크 관련 문제

문제	해결 방법
디스크가 인식되지 않는 경우	• 케이블의 연결 상태나 하드 디스크의 점퍼 설정을 확인 • 파티션 설정이나 하드 디스크 타입을 확인
읽기 오류가 발생한 경우	디스크 검사 등을 이용하여 하드 디스크의 오류 검사
HDD controller failure인 경우	메인보드와 하드 디스크의 연결 케이블 확인

4 모니터 관련 문제

문제	해결 방법
화면이 나오지 않는 경우	비디오 카드의 장착 상태와 케이블의 연결 상태를 확인
화면이 떨리는 경우	모니터에 맞는 드라이브, 주파수, 해상도 등을 확인

5 프린터 관련 문제

문제	해결 방법
스풀 에러가 발생한 경우	스풀 공간이 부족하므로 하드 디스크의 공간을 확보
인쇄가 되지 않는 경우	• 프린터의 설정 상태나 기종에 맞는 드라이버 설치를 확인 • 프린터의 전원이나 본체 케이블의 연결 상태를 확인
인쇄 속도가 느려진 경우	[프린터 속성] 대화 상자의 [고급] 탭에서 스풀 관련 항목을 확인('바로 인쇄 시작' 옵션을 선택)
글자가 이상하게 인쇄될 경우	시스템을 재부팅한 후 인쇄해 보고, 같은 결과가 나타나면 프린터 드라이버를 다시 설치
인쇄물 상태가 좋지 않은 경우	헤드를 청소하거나 카트리지를 교환

6 기타 관련 문제

문제	해결 방법
디스크 공간이 부족한 경우	• 사용하지 않는 파일을 백업한 후 삭제 • 디스크 정리를 수행하여 Windows 구성 요소나 임시 파일, 다운로드받은 Active X 컨트롤, Java 애플릿 등을 삭제
메모리가 부족한 경우	• 불필요한 프로그램을 모두 종료하고, 필요한 프로그램만 다시 실행 • 휴지통, 임시 파일, 사용하지 않는 프로그램 등을 삭제 • 시작프로그램에 설정된 불필요한 프로그램을 삭제 • [시스템 속성] 대화 상자의 [고급] 탭에서 가상 메모리를 재설정
하드웨어가 충돌하는 경우	• [제어판]-[장치 관리자]에서 설치된 하드웨어를 확인하고, 충돌이 발생한 하드웨어는 삭제한 후 재설치 • 하나의 장치를 여러 하드웨어가 사용할 경우 해당 하드웨어를 삭제한 후 재설치
프로그램이 응답하지 않는 경우	[Windows 작업 관리자] 창의 [프로세스] 탭에서 응답하지 않는 프로그램을 종료

시스템이 갑자기 멈춘 경우	• [Windows 작업 관리자] 창에서 문제가 발생한 프로그램을 종료 • 강제 종료가 수행되지 않을 경우 전체 시스템을 종료
네트워크에 연결이 안 되는 경우	• 방화벽 같은 외부적 요인이나 원격 데스크톱 설정을 확인 • 네트워크 어댑터의 올바른 설치 유무나 충돌 상태를 확인 • 컴퓨터의 프로토콜이나 웹 브라우저 상태를 확인

7 오류 메시지와 해결 방법

- CMOS BATTERY HAS FAILED : CMOS용 배터리 방전이 원인으로 새로운 배터리로 교체한다.
- CMOS CHECKSUM ERROR : CMOS 정보가 잘못 변경되어 체크 섬이 맞지 않을 때 발생하므로 CMOS의 정보를 확인한다.
- DISK DRIVE OR TYPES MISMATCH ERROR : CMOS에 기록된 디스크 드라이버 타입과 시스템에 장착된 것이 다를 때 발생하므로 CMOS 셋업에서 정확한 타입을 설정한다.
- DRIVE FAILURE INVALID CONFIGURATION PRESS 〈F1〉 TO CONTINUE : CMOS 정보나 하드 디스크 타입이 잘못된 경우 발생하므로 F1 키를 눌러 CMOS를 재설정한다.
- NON-SYSTEM DISK OR DISK ERROR : CMOS Setup에서 하드 디스크의 인식 상태를 확인한다(BIOS 설정을 초기화한 후 부팅).

| 무료 동영상 |

핵심정리 06 네트워크 관리하기

1. 네트워크(Network) ✪✪

1 네트워크 어댑터

- 컴퓨터를 물리적으로 네트워크에 연결하는 장치로 [제어판]-[장치 관리자]에서 자동으로 추가한다.
- 드라이버 업데이트와 제거는 [장치 관리자] 창에서 가능하다.
- 현재 연결된 [네트워크 어댑터 속성] 대화 상자에서 연결된 어댑터 장치를 확인할 수 있다.
- 여러 개가 있는 경우 각 어댑터에 대한 로컬 연결 아이콘이 네트워크 연결 창에 표시된다.
- 네트워크의 연결 목적은 컴퓨터 자원, 주변 장치, 프로그램, 데이터 등을 공유하는데 있다.

2 네트워크 및 공유 센터

항목	설명
어댑터 설정 변경	• 네트워크의 연결 상태와 사용 여부, 네트워크 이름 변경 등의 정보를 확인 • 이더넷 네트워크 어댑터에는 로컬 영역 연결이 만들어지고, 무선 네트워크 어댑터에는 무선 네트워크 연결이 작성
고급 공유 설정 변경	• 사용하는 네트워크마다 별도의 네트워크 프로필이 만들어짐 • 개인과 게스트 또는 공용에서는 네트워크 검색과 파일 및 프린터 공유를 설정 • 모든 네트워크에서는 공용 폴더 공유, 미디어 스트리밍, 파일 공유 연결, 암호로 보호된 공유를 설정
미디어 스트리밍 옵션	• 미디어 스트리밍을 사용하면 음악, 사진, 비디오를 네트워크에 있는 다른 컴퓨터 및 장치와 주고받을 수 있음 • 미디어 스트리밍을 켜면 현재 네트워크 프로필 및 방화벽 설정이 수정됨 • 신뢰할 수 있는 네트워크에서만 미디어 스트리밍을 사용
활성 네트워크 보기	네트워크의 종류, 액세스 형식, 연결 상태(이더넷) 등을 표시
네트워크 설정 변경	새 연결 네트워크 설정, 문제 해결 등을 작업

3 네트워크의 위치

위치	설명
홈 네트워크	네트워크상의 모든 컴퓨터가 집에 있는 것으로 파악되는 경우 신뢰할 수 있음
회사 네트워크	네트워크상의 모든 컴퓨터가 회사에 있는 것으로 파악되는 경우 신뢰할 수 있음(네트워크의 다른 컴퓨터와 장치를 볼 수 있음)
공용 네트워크	네트워크상의 모든 컴퓨터가 파악되지 않는 경우 신뢰할 수 없음(예 : 커피숍, 공항, 기타 모바일 광대역)

4 네트워크 설정 변경

항목	설명
새 연결 또는 네트워크 설정	• 광대역, 전화 접속 또는 VPN 연결을 설정하거나 라우터 또는 액세스 지점을 설정 • 연결 옵션(인터넷에 연결, 새 네트워크 설정, 회사에 연결) 중 선택
문제 해결	• 네트워크 문제를 진단 및 해결하거나 문제 해결 정보를 얻음 • 인터넷 연결, 공유 폴더, 네트워크 어댑터, 들어오는 연결 등의 문제를 해결

2. 네트워크 설치 환경 ★★★

1 네트워크 설치 방법

- 네트워크 카드를 설치한 후 [제어판]-[장치 및 프린터]에서 '장치 추가'를 클릭한다.
- 네트워크 카드가 PNP를 지원할 경우 Windows가 자동으로 새 하드웨어를 추가한다.
- [제어판]-[네트워크 및 공유 센터]를 실행한 후 '활성 네트워크 보기'에서 '이더넷'을 선택하고, [일반] 탭에서 [속성] 단추를 클릭한다.
- [이더넷 속성] 대화 상자의 [네트워킹] 탭에서 [설치] 단추를 클릭하면 필요한 구성 요소 항목을 추가할 수 있다.
- 네트워크 연결은 사용자 컴퓨터와 인터넷, 네트워크, 다른 사용자 컴퓨터 사이의 연결을 지원한다.
- 네트워크 어댑터를 설치하면 이더넷 연결이 자동으로 생성된다.
- 이더넷의 연결 상태, 미디어 상태, 시간, 속도, 송수신한 작업 양(바이트) 등을 표시한다.

탭	설명
[네트워킹]	• 네트워크 연결에 사용하는 장치의 어댑터, 동작 상태, 드라이버 등의 구성을 확인 • 클라이언트, 서비스, 프로토콜 등의 네트워크 구성 요소를 설치하거나 제거
[공유]	다른 네트워크 사용자의 인터넷 연결과 공유 인터넷 연결 중지를 허용

2 연결 항목

- Microsoft Networks용 클라이언트 : 사용자 컴퓨터에서 Microsoft 네트워크에 있는 리소스를 액세스할 수 있다.
- Microsoft 네트워크용 파일 및 프린터 공유 : 다른 컴퓨터에서 Microsoft 네트워크를 이용하여 사용자 컴퓨터에 있는 리소스를 액세스할 수 있다.
- QoS 패킷 스케줄러 : 흐름 속도나 우선 순위 지정 서비스를 포함한 네트워크의 소통을 제어한다.
- 인터넷 프로토콜(TCP/IP) : 인터넷과 WAN에 연결할 때 사용하는 프로토콜로 다양하게 연결된 네트워크상에서 통신을 제공한다.

3 네트워크 기능 유형

유형	설명
클라이언트 (Client)	• 다른 네트워크에 있는 공유 파일과 프린터의 액세스를 제공 • 다른 컴퓨터에 공유된 자원을 사용할 수 있음
서비스 (Service)	• 네트워크상에서 파일과 프린터를 다른 사람과 공유 • 다른 컴퓨터의 파일이나 하드웨어를 제공하는 공유 기능
프로토콜 (Protocol)	• 네트워크상에서 다른 컴퓨터간 정보 교환을 가능하게 하는 통신 규약 • 컴퓨터가 서로 정보를 공유하려면 같은 프로토콜을 사용

4 네트워크 드라이브 연결

- 네트워크를 이용하여 다른 컴퓨터의 드라이브를 사용할 경우 연결 컴퓨터에는 반드시 공유 폴더가 존재해야 한다.
- 내 PC나 파일 탐색기에서 네트워크 드라이브로 설정된 개체를 확인할 수 있다.
- 해당 호스트 컴퓨터가 사용 가능할 때만 연결된 드라이브를 사용할 수 있다.
- 해당 드라이브의 연결을 끊은 다음 새 드라이브 문자로 다시 지정하여 컴퓨터나 공유 폴더를 다른 드라이브 문자로 지정할 수 있다.
- 내 PC를 실행한 후 [컴퓨터] 탭의 [네트워크] 그룹에서 [네트워크 드라이브 연결] 단추를 클릭하고, [네트워크 드라이브 연결] 대화 상자에서 '드라이브'와 '폴더'를 지정한다.
- 연결된 네트워크 드라이브를 해제하려면 [네트워크 드라이브 연결]-[네트워크 드라이브 연결 끊기]를 선택한다.

항목	설명
드라이브	네트워크를 연결할 때 Z:에서부터 A:까지의 사용되지 않는 드라이브 문자를 지정(C:, D:, E:는 제외)
폴더	연결할 공유 폴더의 경로를 '₩₩컴퓨터 이름₩폴더 이름' 형태로 지정
로그인할 때 다시 연결	Windows를 시작할 때마다 설정한 네트워크 드라이브로 다시 연결

5 네트워크 관련 명령어

항목	설명
PING	네트워크 연결을 점검하기 위해 상대방 컴퓨터의 동작 여부를 확인(대상 IP 주소의 호스트 이름, 전송 신호의 손실률, 전송 신호의 응답 시간 등을 확인)
IPCONFIG	시스템의 IP 주소, 서브넷 마스크, 기본 게이트웨이를 확인하는 등 IP 주소의 설정(재설정) 상태를 확인
NSLOOK-UP	특정 도메인의 IP 주소를 DNS 서버에서 검색
NETSTAT	컴퓨터에 연결된 다른 PC의 IP 주소와 포트 정보를 확인(바이러스나 해킹 여부를 진단)
WINIPCFG	현재 컴퓨터의 IP 정보나 네트워크 설정 정보 등을 보여줌

TRACERT	접속 호스트의 경로를 추적하고, 사이트 연결이 원활하지 않을 경우 문제를 찾음(IP 라우터가 패킷을 제대로 전송하는지를 확인)
NET VIEW	특정 컴퓨터에 공유된 데이터와 프린터를 표시

3. 공유 설정 ★★

1 공유의 특징

- 프로그램, 프린터, 문서, 그림, 소리, 비디오 등 컴퓨터 자원을 다른 사람들과 같이 사용할 수 있도록 하는 것이다.
- 데이터를 공유하려면 해당 데이터를 공용 폴더로 이동하거나 데이터가 있는 폴더를 공유시킨다.
- 폴더, 프린터, 드라이브에 설정할 수 있지만 파일, 모뎀, 사운드 카드에는 설정할 수 없다.
- 다른 컴퓨터에 있는 파일이나 폴더를 복사할 수 있지만 바이러스 감염 등에 주의해야 한다.
- 다른 사람이 공유 여부를 모르게 하려면 폴더나 드라이브의 공유 이름에 '$' 표시를 한다.
- 공용 폴더는 현재 사용 중인 컴퓨터의 모든 사용자가 접근할 수 있는 폴더이다.
- [C:]-[사용자] 폴더에 포함되지만 ID가 korea일 때 실제 위치는 'C:₩Users₩공용'이 된다.
- 종류에는 공용 다운로드, 공용 문서, 공용 비디오, 공용 사진, 공용 음악 등이 있다.

2 폴더 및 드라이브 공유 설정

- 내 PC 창에서 공유할 폴더나 드라이브를 선택한 후 바로 가기 메뉴에서 [속성]을 선택한다.
- [속성] 대화 상자의 [공유] 탭에서 [공유] 단추를 클릭한다.
- 네트워크 파일 및 폴더 공유, 고급 공유, 암호 보호 등을 지정할 수 있다.
- 공유할 사람 선택, 사용 권한, 선택한 폴더의 공유와 공유 이름 등을 설정할 수 있다.
- 공유 폴더는 파일 탐색기에서 네트워크의 공유 폴더가 있는 컴퓨터를 클릭하여 확인한다.
- 공유 파일과 컴퓨터에 연결된 네트워크 유형에 따라 공유 방법이 달라진다.

3 프린터 공유 설정

- [제어판]-[장치 및 프린터]를 선택한 후 공유할 프린터의 바로 가기 메뉴에서 [프린터 속성]을 선택한다.
- [프린터 속성] 대화 상자의 [공유] 탭에서 '이 프린터 공유'를 선택하고, 네트워크상에서 공유한 프린터를 찾기 위해 공유 이름을 입력한다.
- 프린터의 공유를 해제하려면 [프린터 속성] 대화 상자의 [공유] 탭에서 '이 프린터 공유'의 체크를 해제한다.
- 네트워크 공유 프린터에 연결한 후에는 내 PC에 연결되어 있는 것처럼 사용할 수 있다.
- 기본 프린터로 설정된 프린터를 네트워크상의 다른 컴퓨터에서 사용할 수 있다.
- 네트워크 프린터를 설치할 경우 프린터는 공유가 설정된다.
- 네트워크 프린터의 공유를 설정하는 과정에서 공유할 프린터 이름을 변경할 수 있다.
- 네트워크 프린터에서 공유할 프린터 이름을 입력할 경우 '₩₩컴퓨터 이름₩₩프린터 이름'의 형태로 지정한다.
- 공유 이름은 80자 이내로 한글, 영문, 숫자, 공백을 사용할 수 있지만 /, ₩, ... 등의 특수 문자는 사용할 수 없다.

4 고급 공유 설정

- 네트워크 검색 : 네트워크 검색이 켜져 있으면 해당 컴퓨터에서 다른 네트워크 컴퓨터와 장치를 볼 수 있고, 다른 네트워크 컴퓨터에서 해당 컴퓨터가 표시될 수도 있다.
- 파일 및 프린터 공유 : 파일 및 프린터 공유가 켜져 있으면 네트워크의 다른 사용자는 해당 컴퓨터에서 사용자가 공유한 파일과 프린터에 액세스할 수 있다.
- 공용 폴더 공유 : 공용 폴더 공유가 설정되어 있으면 홈 그룹 구성원을 비롯한 네트워크 사용자가 공용 폴더에 있는 파일에 액세스할 수 있다.
- 미디어 스트리밍 : 미디어 스트링이 켜져 있으면 네트워크에 있는 사용자 및 장치가 해당 컴퓨터에 있는 사진, 음악, 비디오에 액세스할 수 있다(해당 컴퓨터에서도 네트워크의 미디어에 액세스할 수 있음).
- 파일 공유 연결 : Windows에서는 파일 공유 연결의 보안을 위해 128비트 암호화를 사용하며, 이를 지원하지 않는 일부 장치는 40비트나 56비트 암호화를 사용해야 한다.
- 암호로 보호된 공유 : 암호 보호 공유가 켜져 있으면 해당 컴퓨터에 대한 사용자 계정과 암호가 있는 사용자만 공유 파일, 컴퓨터에 연결된 프린터 및 공유 폴더에 액세스할 수 있다(다른 사용자가 액세스하려면 암호 보호 공유를 꺼야 함).

4. 인터넷 연결 설정 ★★★

1 프로토콜(Protocol)의 개념과 종류

- 네트워크상에서 서로 다른 컴퓨터간에 통신을 가능하게 하는 표준 통신 규약이다.
- 통신상 서로에 대한 운영 규정으로 시스템 사이의 정보 교환을 관리한다.

종류	설명
TCP/IP	• 서로 다른 컴퓨터끼리 데이터를 주고받을 수 있는 인터넷 표준 프로토콜 • 다양한 종류의 운영 체제에 대한 네트워킹 기능을 제공
NetBEUI	• Microsoft가 구현한 NetBIOS의 표준으로 Microsoft 네트워킹 고유의 프로토콜 • 토큰 링 소스 라우팅 방식만 사용 가능
IPX/SPX	• 네트워크 설정 시 자신의 작업 그룹끼리 연결하기 위해 설치하는 프로토콜 • Novell NetWare 네트워크에 사용되는 전송 프로토콜로 TCP와 IP의 결합
SNMP	• TCP/IP 네트워크에서 사용되는 프로토콜 • 분산 구조를 사용하여 관리 서비스를 수행 • 중앙 컴퓨터에서 네트워크 호스트의 관리 방법을 제공

2 TCP/IP 프로토콜 설정

- [제어판]-[네트워크 및 공유 센터]를 실행한 후 '이더넷'을 선택하고, [이더넷 상태] 대화 상자에서 [속성] 단추를 클릭한다.
- [이더넷 속성] 대화 상자의 [네트워킹] 탭에서 '인터넷 프로토콜 버전 4(TCP/IPv4)'를 선택하고, [속성] 단추를 클릭한다.
- 수동 IP 설정의 경우 네트워크 관리자에게 문의하여 사용할 IP 주소를 할당받는다.
- IP 주소로 전환시켜 주는 역할을 하는 DNS의 IP 주소를 수동으로 입력할 수 있다.
- TCP/IPv4는 32비트 주소 체계를 사용하며, 8비트씩 4개의 10진수를 온점(.)으로 구분한다(현재 사용하는 IP 주소).
- TCP/IPv6은 128비트 주소 체계를 사용하며, 16비트씩 8개의 16진수를 콜론(:)으로 구분한다(IPv4의 주소 공간을 4배 확장).

항목	설명
자동으로 IP 주소 받기	• DHCP 서버로부터 동적으로 인터넷 프로토콜 주소를 지정 받아 사용 • DHCP는 IP 주소 없이 인터넷에 접속할 때 네트워크 관리자가 중앙에서 IP 주소를 할당하고, 다른 네트워크에 접속되었을 때 자동으로 새로운 IP 주소를 보냄
다음 IP 주소 사용	• IP 주소 : 네트워크 관리자나 인터넷 서비스 공급자가 제공한 주소를 입력 • 서브넷 마스크 : IP 주소와 사용자 컴퓨터가 속한 네트워크를 구별(IPv4 의 네트워크 주소와 호스트 주소를 구별) • 기본 게이트웨이 : 추가할 기본 게이트웨이의 IP 주소를 입력
자동으로 DNS 서버 주소 받기	DNS 서버의 네트워크 주소를 자동으로 가져올 수 있도록 지정
다음 DNS 서버 주소 사용	• 기본 설정 DNS 서버 : 기본 설정 DNS 서버나 주 DNS 서버의 IP 주소를 입력 • 보조 DNS 서버 : 보조 DNS 서버의 IP 주소를 입력

3 IP 주소와 DNS 서버

구분	설명
IP 주소	• 0~255까지의 숫자 4개로 구분하여 표기하는 32비트 정보로 공유는 불가능 • 인터넷에 연결된 호스트 컴퓨터의 고유 주소를 입력 • 네트워크 ID를 구성하는 고유 IP 주소와 고유 호스트 ID가 할당되어야 함(네트워크 주소와 호스트 주소로 구성)
DNS 서버	• 인터넷 사용 시 문자로 된 컴퓨터 주소(도메인 네임)를 숫자로 된 IP 주소로 바꿈 • 자동으로 DNS 서버 주소를 사용하도록 설정 가능 • 여러 개의 DNS 서버 주소를 등록하거나 변경할 수 있음

4 인터넷 연결 공유(ICS)

- 하나의 연결만으로 홈 네트워크 또는 소규모 네트워크에 속한 컴퓨터를 인터넷에 연결한다.
- 하나의 컴퓨터에 연결된 인터넷 선을 이용하여 네트워크의 모든 컴퓨터가 인터넷을 사용할 수 있으며, 컴퓨터 관리자 계정으로 설정한다.
- 네트워크의 모든 컴퓨터가 서로 통신하거나 인터넷에 액세스하면 Internet Explorer 및 Outlook과 같은 프로그램을 인터넷 서비스 공급자(ISP)에 직접 연결된 것처럼 사용한다.
- ICS 호스트 컴퓨터가 다른 컴퓨터와 인터넷 사이에서 네트워크 통신을 관리하는 역할을 한다.
- ICS 호스트 컴퓨터가 네트워크 통신을 컴퓨터와 인터넷 사이로 지정하는 네트워크에 사용된다.
- 인터넷에 직접 연결된 컴퓨터를 호스트 컴퓨터라고 하고, 호스트 컴퓨터를 통해 인터넷을 사용하는 컴퓨터를 클라이언트 컴퓨터라고 한다.
- ICS 클라이언트 컴퓨터는 ICS 호스트 컴퓨터에 연결하여 인터넷을 사용하는 컴퓨터이다.
- 호스트 컴퓨터는 클라이언트 컴퓨터의 게이트웨이 역할을 한다.

과목 03 컴퓨터와 정보 활용

| 무료 동영상 |

핵심정리 07 컴퓨터 시스템의 개요

1. 컴퓨터의 원리와 기능 ✪

1 컴퓨터의 원리

- 입력한 자료(Data)를 주어진 프로그램을 이용하여 정보(Information)의 결과로 출력한다.
- 자료는 원하는 결과를 얻기 위해 입력하는 문자나 수치로 현실 세계에서 관찰과 측정을 통해 수집한 값이고, 정보는 자료를 유용한 형태로 가공하여 사용자에게 제공하는 것이다.
- 0(False) 또는 1(True)의 논리적 원리를 기본으로 2진법의 가장 안정적인 회로를 구현한다.
- 컴퓨터는 EDPS(Electronic Data Processing System) 또는 ADPS(Automatic Data Processing System)라고도 한다.

2 컴퓨터의 특징과 기능

- 컴퓨터는 신속성, 정확성(GIGO), 자동성, 범용성, 호환성, 대용량성의 특징을 갖는다.
- 컴퓨터는 입력 기능, 출력 기능, 제어 기능, 연산 기능, 기억 기능으로 구성된다.

2. 컴퓨터의 역사 ✪✪

1 기계식 계산기

계산기	년도	설명
파스칼(Pascalline)	1642년	• 톱니바퀴 원리를 이용한 최초의 기계식 계산기 • 덧셈과 뺄셈이 가능한 치차식 계산기
라이프니츠(Leibnits)	1673년	• 파스칼의 계산기를 개량하여 사칙 연산이 가능 • 탁상 계산기의 시조
찰스 바베지(C. Babbage)	1823년	• 차분(Difference) 기관 : 수학적인 방법을 이용하여 삼각 함수와 미적분이 가능 • 해석(Analytical) 기관 : 차분 기관을 개선하여 입출력, 기억, 연산, 제어 장치를 도입(현대식 전자계산기의 모체)
홀러리스(H. Hollerith)	1889년	• 천공 카드 시스템(Punched Card System)을 고안 • 일괄 처리 방식의 효시로 국세 조사나 인구 조사 등에 사용
튜링 기계(Turing Machine)	1936년	• 논리적으로 동작하는 추상적인 계산 장치 • 현대 컴퓨터의 논리적(수학적) 모델
에이컨(H. Aiken)/IBM	1944년	• MARK-Ⅰ을 공동으로 개발한 최초의 전기 기계식 계산기 • 해석 기관의 원리를 실현하였으며, 군사용으로 이용

2 전자식 계산기

계산기	년도	설명
에니악(ENIAC)	1946년	• 모클리와 에커트가 개발 • 최초의 전자계산기로 외부 프로그래밍 방식을 사용
에드삭(EDSAC)	1949년	• 모리스와 윌키스가 개발 • 최초로 프로그램 내장 방식을 도입한 전자계산기로 컴퓨터의 원형
유니박-원(UNIVAC-Ⅰ)	1951년	• 모클리와 에커트가 개발 • 최초의 상업용 전자계산기로 미국 인구 통계나 국세 조사에 이용
에드박(EDVAC)	1952년	• 모클리와 에커트가 ENIAC을 개량하여 개발 • 프로그램 내장 방식과 2진법을 채택

3 프로그램 내장 방식

- 1945년 폰 노이만(J. V. Neumann)에 의해 확립되고, 현재 모든 컴퓨터에 적용되는 방식으로 주기억 장치에 저장된 내용은 주소를 이용해서 접근한다.
- 프로그램과 데이터를 주기억 장치에 저장하거나 기억 장치에 계산 순서를 미리 저장한다.
- 서브루틴의 사용이 가능하며, 사용 빈도에 제한이 없다.
- 각 기계어 명령의 실행 단계마다 대부분 자동으로 처리된다.

• 명령 처리는 프로그램 계수기(Program Counter)에 의해 순차적으로 수행된다.

3. 컴퓨터의 세대별 특징 ★★★

1 제1세대(1940년 중반~1950년 후반)

회로 소자	진공관(Tube)
연산 속도	ms(milli second), 10^{-3}
특징	• 사용 언어 : 기계어, 어셈블리어 • 하드웨어 개발에 중점 • 주로 과학 계산용으로 사용하며, 일괄 처리 시스템 도입

2 제2세대(1950년 후반~1960년 중반)

회로 소자	트랜지스터(TR)
연산 속도	μs(micro second), 10^{-6}
특징	• 사용 언어 : FORTRAN, COBOL, ALGOL 등 • 소프트웨어 개발에 중점하여 고급 언어와 운영 체제(OS)가 등장 • 다중 프로그래밍, 온라인 실시간 처리 시스템을 도입

3 제3세대(1960년 중반~1970년 중반)

회로 소자	집적 회로(IC)
연산 속도	ns(nano second), 10^{-9}
특징	• 사용 언어 : PASCAL, LISP, BASIC, PL/I 등 • OMR, OCR, MICR의 입력 장치 개발 • 경영 정보 시스템(MIS), 시분할 처리 시스템, 다중 모드 시스템을 도입

4 제4세대(1970년 중반~1980년 중반)

회로 소자	고밀도 집적 회로(LSI)
연산 속도	ps(pico second), 10^{-12}
특징	• 사용 언어 : C, ADA 등 • 마이크로프로세서(CPU)의 개발로 개인용 컴퓨터(PC)가 등장 • 네트워크 발달, 사무 자동화(OA)와 공장 자동화(FA) 실현, 가상 기억 장치와 분산 처리 시스템을 도입

5 제5세대(1980년 중반~현재)

회로 소자	초고밀도 집적 회로(VLSI)
연산 속도	fs(femto second), 10^{-15}
특징	• 사용 언어 : Visual C, Visual Basic, Java, Delphi 등 • 인공 지능(AI), 신경망, 퍼지 이론, 패턴 인식 • 전문가 시스템, 의사 결정 지원 시스템을 구현

※ 매카시(J. MaCarthy)에 의해 최초로 인공 지능이라는 용어를 사용

4. 컴퓨터의 분류 ★★

1 취급 데이터(자료) 형태에 따른 분류

컴퓨터	설명
디지털 (Digital)	• 문자, 숫자와 같은 데이터를 취급하며, 논리 회로를 사용 • 정밀도가 높으며, 프로그램 보관이 용이(범용성으로 연산 속도 느림)
아날로그 (Analog)	• 전압, 전류, 곡선과 같은 데이터를 취급하며, 증폭 회로를 사용 • 사칙 연산 외에 프로그램을 기억하지 않음(특수성으로 연산 속도 빠름)
하이브리드 (Hybrid)	• 디지털 컴퓨터와 아날로그 컴퓨터의 장점만을 결합(특수 목적용) • AD 변환기와 DA 변환기에 의해 아날로그형이나 디지털형으로 출력

2 처리 능력(규모)에 따른 분류

컴퓨터	설명
초대형 (Super)	• 일기 예보, 항공 우주 같은 높은 정밀도의 3차원 시뮬레이션 등에서 사용 • 수백 배의 연산 속도가 필요(초당 연산 능력이 10~15GFLOPS 이상)
대형 (Mainframe)	• 대기업, 은행, 병원 등에서 사용하며, 온도와 습도 등에 대비 • 처리 속도가 빠르고 기억 용량이 크며, 여러 사용자가 동시에 사용
중형 (Mini)	• 중소 기업, 연구 기관 등에서 사용 • 워크스테이션보다 처리 속도가 빠르며, 기억 용량이 큼
소형 (Micro)	• 마이크로프로세서를 CPU로 사용 • 네트워크상에서 클라이언트 역할을 담당
워크스테이션 (Workstation)	• 고성능의 그래픽, 멀티미디어 제작, 네트워크상에서 서버 역할을 담당 • RISC 마이크로프로세서를 사용하며, 복잡한 계산 처리가 가능
개인용 (Personal)	• 네트워크상에서 클라이언트로 사용되며, CISC 방식을 채택 • 데스크톱(Desktop) 〉 랩톱(Laptop) 〉 노트북(Notebook) 〉 팜톱(PDA)

3 사용 목적(용도)에 따른 분류

컴퓨터	설명
전용(특수용)	• 군사용, 의학용, 항공 산업용, 과학 기술용 등의 특수 목적에 적합 • 산업용 제어 분야에서 업무 처리 능력이 뛰어나지만 호환성이 떨어짐 • 항공기의 궤도 추적 및 생산 설비의 자동 공정 제어 등에 사용
범용(일반용)	• 문서 작성, 사무/통계 처리, 그래픽, 게임, 멀티미디어 등에 적합 • 기억 용량이나 처리 속도의 향상이 쉬움(응용력과 융통성이 뛰어남) • 다양한 종류의 디지털 데이터에서 처리가 용이

5. 자료의 표현과 처리 ✪✪

1 데이터 표현 단위

단위	설명
비트 (Bit)	• 0 또는 1을 나타내는 정보 표현의 최소 단위 • n개의 비트로 2^n개의 데이터를 표현
니블 (Nibble)	• 4개의 비트로 구성 • 하나의 니블로 표현할 수 있는 데이터 수는 16(2^4)
바이트 (Byte)	• 문자 표현의 최소 단위(1Byte=8Bit) • 1Byte로 표현할 수 있는 데이터 수는 256(2^8) • 영어/숫자 : 1Byte, 한글/한자/특수 문자 : 2Byte
워드 (Word)	• 정보 및 연산의 기본 단위로 주기억 장치의 주소를 할당 • 하프(Half) 워드 : 2Byte, 풀(Full) 워드 : 4Byte , 더블(Double) 워드 : 8Byte
필드(항목) (Field)	• 파일을 구성하는 가장 작은 논리적 단위(자료 처리의 최소 단위) • 레코드를 구성하는 항목(예 : 성명, 전화번호, 주소 등)
레코드 (Record)	• 논리 레코드 : 프로그램(자료) 처리의 기본 단위 • 물리 레코드 : 하나 이상의 논리 레코드로 구성된 입출력 단위(=블록, Block)
파일 (File)	• 프로그램 구성의 기본 단위 • 관련된 레코드들의 집합에 해당
데이터베이스 (Database)	• 파일들을 모아놓은 집합체 • 자료 중복을 배제하므로 검색, 추가, 삭제가 용이

2 문자 데이터 표현 방식

코드	설명
BCD 코드 (2진화 10진 코드)	• 6비트로 구성되며, 2^6(64)가지의 문자를 표현 • 영문 소문자 표현이 불가능한 대표적인 가중치 코드(=8421 코드)
ASCII 코드 (미국 표준 코드)	• 7비트로 구성되며, 2^7(128)가지의 문자를 표현 • 실제 사용은 패리티 체크 비트를 포함하여 8비트를 사용 • 데이터 통신을 위한 정보 교환 코드로 PC에서 문자를 표현
EBCDIC 코드 (확장 2진화 10진 코드)	• 8비트로 구성되며, 2^8(256)가지의 문자를 표현 • 범용(대형) 컴퓨터에서 정보 처리 부호용으로 사용
유니 코드 (KS X 1005-1)	• 전 세계 모든 문자를 표현할 수 있는 16비트 완성형 국제 표준 코드 • 완성형에 조합형을 반영하여 현대 한글의 모든 표현이 가능

※ 그레이(Gray) 코드 : 아날로그-디지털 변환 또는 데이터 전송 등에 사용되는 비가중치 코드로 입출력 장치 코드에 유용하며, 연산에는 부적합

3 숫자 데이터 표현 방식

방식	설명
고정 소수점	• 정수 표현 방식으로 구조가 단순하여 수의 표현 범위에 제한 • 연산 처리 속도가 빠르므로 연산 시간이 짧음 • 2진 연산으로 부호와 절대치, 부호와 1의 보수, 부호와 2의 보수가 있음 • 10진 연산으로 팩(Pack) 연산과 언팩(Unpack) 연산이 있음
부동 소수점	• 큰 수와 작은 수를 표현하며, 실수(소수점 포함) 데이터 표현과 연산에 사용 • 연산 처리 속도는 느리지만 수의 표현 범위에 제한이 없음 • 맨 왼쪽 비트는 부호 비트로 양수이면 '0', 음수이면 '1'로 표현 • 부호, 지수부, 가수부(소수부)로 구성

4 오류 검출 및 정정 방식

종류	특징
패리티 비트 (Parity Bit)	• 데이터 전송 중 발생하는 오류를 검사하는 에러 검출용 코드 • 데이터 비트에 1을 추가하여 데이터 오류를 검출(정정은 불가능)
해밍 코드 (Hamming Code)	• 데이터 전송 중 발생하는 오류를 검출하거나 수정하는 코드 • BCD 코드에 3개의 체크 비트를 추가해 7비트로 구성
순환 중복 검사 (CRC)	• 데이터 전송 중 블록 단위로 오류를 검출하거나 수정하는 방식 • 오류가 많이 발생하는 블록합 검사의 단점과 집단 오류를 해결

블록합 검사(BSC)	• 패리티 비트의 단점을 보완하여 오류 발생을 검사하는 방식 • 전송 데이터의 패리티 비트와 데이터 프레임의 블록합 검사 문자를 전송
3초과(Excess-3) 코드	• 8421 코드에 3을 더한 코드(10진수 5는 3초과 코드로 1000에 해당) • 자기 보수 코드로 연산에 용이

6. 중앙 처리 장치 ✪✪✪

1 중앙 처리 장치(CPU)의 구조

- 마이크로프로세서(Microprocessor)라고도 하며 제어 장치, 연산 장치, 레지스터로 구성된다.
- 주기억 장치에 저장되어 있던 데이터가 데이터 버스를 통해 CPU로 전달된다.
- 시스템 전체의 동작을 제어 및 관리(명령 해석과 입출력 장치를 제어)하며, 연산을 빠르게 처리한다(중앙 처리 장치의 클럭 주파수가 높으면 처리 속도가 빠름).
- CPU의 성능 차이를 결정하는 요소에는 레지스터의 수, 파이프라인에서 병렬 처리 방식의 수용 여부, RISC 또는 CISC 방식의 수용 여부 등이 있다.
- 클럭 주파수, 워드 크기, 캐시 메모리, 파이프 라이닝 등이 CPU의 처리 속도에 영향을 준다.

2 중앙 처리 장치의 성능 단위

- MIPS(Million Instruction Per Second) : 초당 실행 가능한 명령어의 개수를 백만 단위로 나타내는 처리 속도 단위이다.
- KIPS(Kilo Instruction Per Second) : 초당 실행되는 명령어 수를 1,000 단위로 나타내는 단위이다.
- LIPS(Logical Inferences Per Second) : 초당 실행할 수 있는 추론 연산의 횟수이다.
- FLOPS(FLoating Operating Per Second) : 초당 실행되는 부동 소수점 연산의 횟수이다.
- 클럭 속도(Clock Speed) : CPU가 초당 발생시키는 주파수 사이클(MHz, GHz)이다.
- 클럭 주파수(Clock Frequency) : CPU가 클럭 주기에 따라 명령을 수행할 때 클럭 값이 높을수록 CPU는 빠르게 일을 처리한다(효율을 두 배로 증가시키는 클럭 더블링 기술 사용).

3 제어 장치(CU ; Control Unit)

- 주기억 장치로부터 받은 프로그램 명령어를 해독하고 처리하는 장치이다.
- 입출력, 기억, 연산 등의 각 장치를 효율적으로 관리하고, 동작을 지시하는 역할을 수행한다.

장치	설명
프로그램 카운터(PC)	다음에 실행될 명령어 주소를 저장하며, 프로그램의 수행 순서를 제어
명령 레지스터(IR)	현재 실행중인 명령어를 해독하기 위해 임시로 보관
명령 해독기(ID)	입력된 명령을 해독하여 올바른 연산을 수행하도록 제어 신호를 전송
번지 해독기(AD)	주소(번지)를 해독하여 주소에 기억된 내용을 데이터 레지스터로 전송
부호기(Encoder)	명령 해독기에서 받은 명령을 실행 가능한 신호로 변환하여 전송
기억 주소 레지스터(MAR)	주기억 장치의 주소나 기억 장치에서 메모리 주소를 기억
기억 버퍼 레지스터(MBR)	기억 장치에서 읽거나 저장할 데이터를 일시적으로 기억

4 연산 장치(ALU ; Arithmetic Logic Unit)

- 제어 장치의 명령에 따라 산술 연산과 논리 연산을 수행하는 장치이다.
- 기억 장치로부터 필요한 데이터를 받아 연산을 수행한다.

장치	설명
누산기(Accumulator)	산술 및 논리 연산의 결과를 일시적으로 기억
가산기(Adder)	사칙 연산과 함께 데이터 레지스터에 저장된 값과 누산기 값을 더함
보수기(Complement)	음수 표현이나 뺄셈 시 입력된 데이터를 보수로 변환
시프터(Shifter)	곱셈, 나눗셈 등 연산의 보조 기능을 수행하는 자리 이동기
데이터(Data) 레지스터	연산에 필요한 데이터를 일시적으로 기억
상태(Status) 레지스터	CPU 상태와 연산 결과(양수, 음수, 자리 올림/넘침 등) 상태를 기억
기억(Storage) 레지스터	기억 장치에 전송할 데이터를 일시적으로 기억
인덱스(Index) 레지스터	주소를 변경하기 위해 사용
주소(Address) 레지스터	기억 장치 내의 주소를 기억

5 마이크로프로세서(Microprocessor)

- CPU 기능을 대규모 집적 회로(LSI)에 탑재한 장치로 산술 연산과 논리 연산의 제어 능력을 갖는다.
- 레지스터, 제어 장치, 연산 장치를 포함하며, 클럭 주파수와 내부 버스의 폭으로 성능을 평가한다.
- 데이터 처리 능력은 버스의 비트 수와 초당 발생하는 클럭 주파수인 헤르츠(Hertz)로 표현한다.

종류	설명
CISC	• 명령어 셋을 갖춘 프로세서로 처리 속도가 느림 • 프로그래머에게 많은 명령어를 제공하므로 프로그래밍이 간단 • 고급 언어에 기계어를 대응시키므로 명령어 집합이 크고, 길이가 가변적(구조 복잡) • 전력 소모가 많고, 생산 가격이 비쌈(레지스터 적음) • Intel 계열의 일반 컴퓨터(PC)에서 주로 사용
RISC	• 실행 속도를 높이기 위해 개발한 프로세서로 SPARC, Alpha 등이 대표적 • 복잡한 연산 수행을 위해 명령어를 반복 수행하므로 프로그래밍이 복잡 • 적은 명령어 집합과 주소 지정 방식을 최소화하여 제어 장치가 간단 • 전력 소모가 적고, 생산 가격이 저렴(레지스터 많음) • 애플사의 Power PC, Power Mac G3, Power Mac G4 등에서도 사용 • 그래픽 응용 분야의 워크스테이션에서 주로 사용

7. 중앙 처리 장치 관련 용어 ★★★

1 레지스터(Register)

- CPU 내부에서 처리할 명령어나 연산의 결과 값을 일시적으로 기억하는 고속의 기억 장치이다.
- ALU(산술/논리 장치)에서 연산된 자료를 일시적으로 저장한다.
- 레지스터의 크기는 컴퓨터가 한 번에 처리할 수 있는 데이터의 크기이다.
- 플립플롭(Flip-Flop)이나 래치(Latch)들을 직렬 또는 병렬로 연결한다.
- 저장 시 수행 시간은 수십 나노 초(ns ; nano second) 이하로 기억 장치 중 가장 빠르다.

2 인터럽트(Interrupt)

- 프로그램 실행 중 응급 사태가 발생한 경우 해당 프로그램을 중지한 후 응급 사태를 처리하고, 다시 중지 시점에서 기존 프로그램을 실행한다.
- 인터럽트 수행을 위한 인터럽트 서비스 루틴 프로그램이 따로 있으며, 인터럽트 서브 루틴이 끝나면 주프로그램으로 돌아간다.
- 여러 장치에서 동시에 인터럽트가 발생할 경우 우선 순위가 높은 인터럽트부터 수행한다.
- 발생 원인은 전원이나 기계적인 문제가 발생한 경우, 기억 영역의 접근과 같은 프로그램에서 문제가 발생한 경우, Supervisor Call이나 데이터 에러가 발생한 경우, 입출력 장치의 외부적인 요인에 의해 발생한 경우, 기억 공간이 아닌 곳에서 자원 접근을 시도한 경우, 어떤 값을 0으로 나누는 등의 불법적인 명령을 사용한 경우, Operator의 의도적 조작에 의해 중단된 경우 등이 있다.
- 우선 순위는 전원 이상(정전) → 기계 착오(기계 고장) → 외부(타이머, 콘솔 조작) → 입출력(I/O) 에러 → 프로그램(프로그램 오류) → SVC(제어 프로그램의 인터럽트 요청) 순으로 진행된다.

종류	설명
외부 인터럽트	전원(정전), 기계 착오, 입출력 장치 등의 외부적인 요인에 의해 발생
내부 인터럽트(=트랩)	오버플로우, 언더플로우 등 잘못된 명령이나 데이터를 사용할 때 발생
소프트웨어 인터럽트	기억 공간의 허용되지 않은 곳에 접근할 경우 발생(예 : SVC 등)

3 DMA(Direct Memory Access)

- 입출력 데이터를 주기억 장치와 주변 장치 사이에 전송하여 CPU의 부담을 최소화한다.
- 데이터를 직접 주고받으므로 입출력의 전송 속도를 높일 수 있다.
- 주기억 장치에 접근하기 위해서 사이클 스틸을 하며, 전송이 끝나면 CPU를 인터럽트 한다.

4 프로그램 상태 워드(PSW ; Program Status Word)

- 프로세스 상태에 대한 여러 가지 정보를 갖는 레지스터로 실행중인 CPU 상태를 포함한다.
- CPU에서 실행될 명령 순서를 제어하거나 특정 프로그램과 관련된 시스템 상태를 유지한다.

5 버스(Bus)

- 중앙 처리 장치, 주기억 장치, 입출력 장치 등의 각 장치 사이에서 데이터 전송을 위한 통로이다.
- 내부 버스는 CPU와 레지스터 사이의 전송 통로로 폭에 따라 16, 32, 64비트로 구분한다.

- 외부 버스는 CPU와 주변 장치 사이의 전송 통로로 데이터 버스, 주소 버스, 제어 버스가 있다.

6 채널(Channel)

- 입출력 장치와 주기억 장치간의 데이터 전송을 담당하며, 두 장치 사이의 속도 차이를 개선한다.
- 주변 장치의 제어 권한을 CPU로부터 넘겨받아 입출력을 관리하며, 작업이 끝나면 CPU에게 인터럽트 신호를 보낸다.
- 입출력이 일어나는 동안 프로세서가 다른 일을 하지 못하는 문제점을 극복한다.
- 해독한 입출력 명령을 각 입출력 장치에 지시하며, 지시된 명령의 실행 상황을 제어한다.
- 셀렉터(Selector), 멀티플렉서(Multiplexer), 블록 멀티플렉서(Block Multiplexer) 등이 있다.

7 교착 상태(Deadlock)

- 둘 이상의 프로세스들이 서로 다른 프로세스가 차지하고 있는 자원을 무한정 기다리고 있어 프로세스의 진행이 중단된 상태이다.
- 두 개 이상의 프로세스들이 자원을 점유한 상태에서는 서로 다른 프로세스가 점유하고 있는 자원을 동시에 사용할 수 없다.

8 명령어 사이클(Instruction Cycle)

- CPU가 어떤 작업을 처리하고 있는지의 상태 즉, 하나의 명령어를 처리하는 과정이다.
- 명령어 처리는 프로그램 카운터의 명령어 주소를 읽음 → 명령어를 기억 장치로부터 가져옴 → 명령어 해독과 실행을 위해 명령어 레지스터로 보냄 → 제어 장치의 해독 과정 후 실행의 순이다.
- 사이클 과정은 명령어 인출 → 명령어 해독 → 데이터 인출 → 명령어 실행 순으로 실행된다.

사이클	설명
인출(Fetch)	기억 장치에서 다음에 실행할 명령을 CPU로 가져오는 단계
간접(Indirect)	유효 주소를 읽기 위해 메모리에 접근하는 단계
실행(Execute)	인출된 명령어를 이용하여 직접 명령을 실행하는 단계
인터럽트(Interrupt)	인터럽트가 발생했을 때 처리하는 단계
기계(Machine)	CPU의 내부 연산을 수행하는데 걸리는 시간 단계

9 주소 명령

주소	설명
0-주소	• 스택 구조(Stack) 방식으로 단항 연산에 적합 • 주소 부분이 필요 없고, 연산 속도가 가장 빠름
1-주소	• 누산기(ACC)를 이용하여 모든 데이터를 처리 • 한 개의 연산자와 한 개의 주소 부분으로 구성
2-주소	• 범용 레지스터가 필요하며, 연산 후 이전 값을 기억하지 못함 • 가장 일반적인 명령 형식으로 레지스터나 메모리 주소를 지정
3-주소	• 범용 레지스터가 필요하며, 연산 후 입력 자료가 보존 • 연산 시 프로그램 길이를 짧게 할 수는 있지만 명령어 길이가 길어짐

8. 주기억 장치 ★★★

1 ROM(Read Only Memory)

- 전원이 꺼져도 기억된 내용이 지워지지 않는 비휘발성 메모리로 읽기만 가능하다.
- 내장 메모리를 체크하거나 주변 장치의 초기화를 수행하기 위한 자료 등을 저장한다.
- 입출력 시스템(BIOS), 자가 진단 프로그램(POST), 한글/한자 코드 등이 수록되어 있으며, 펌웨어(Firmware)로 구성된다.

종류	특징
MASK ROM	제조 과정에서 필요한 정보를 미리 기록
PROM	정보를 한 번만 기록하며, 기록 후에는 변경할 수 없음
EPROM	자외선을 이용하여 정보를 지우고 여러 번 기록할 수 있음
EEPROM	• 전기적인 방법을 이용하여 정보를 지우고 다시 기록할 수 있음 • 제조될 때부터 하나의 칩에 두 개의 메모리를 가짐 • EAROM이라고도 하며, Battery Back-up System에서 많이 사용
Firmware	• 하드웨어와 소프트웨어의 중간 형태로 추가나 삭제가 가능 • 하드웨어 교체 없이 소프트웨어의 업그레이드만으로 시스템 성능을 개선 • ROM(EEPROM)에 저장되는 마이크로컴퓨터 프로그램이 해당 • 하드웨어 동작을 제어하며, 디지털 시스템에서 널리 이용 • 기계어 처리, 데이터 전송, 부동 소수점 연산, 채널 제어 등의 처리 루틴을 가짐

2 RAM(Random Access Memory)

- 전원이 꺼지면 기억된 내용이 지워지는 휘발성 메모리로 읽고 쓰기가 가능하다.
- 부팅 시 시스템 내부에서 가장 먼저 자체 검사가 시작된다.
- EDO RAM은 DRAM의 일종으로 입출력 속도가 빠르다.
- DIP RAM은 일정 개수의 램을 메인보드에 직접 납땜하여 붙인 램이다.
- Shadow RAM은 ROM에서 읽은 BIOS 루틴을 빠르게 액세스하기 위해 특수 영역에 넣은 복사본이다.
- Module RAM은 기판에 일정 규격의 램을 끼워 사용하며, 대부분의 메인보드에서 채택한다.

종류	특징
동적램(DRAM)	• 주기적인 재충전(Refresh)이 필요하며, 주로 주기억 장치에서 사용 • 소비 전력이 낮고, 집적도가 높지만 속도가 느림 • 가격이 저렴하고, 회로가 간단(대용량 시스템 구성이 용이)
정적램(SRAM)	• 재충전이 필요 없으며, 주로 캐시 메모리에서 사용 • 소비 전력이 높고, 집적도가 낮지만 속도가 빠름 • 가격이 비싸고, 회로가 복잡

3 캐시 메모리(Cache Memory)

- CPU와 주기억 장치 사이의 실행 속도를 높이기 위해 사용되는 고속(로컬) 메모리이다.
- 명령어와 데이터를 일시 저장하며, 주소 대신 기억된 정보를 통하여 기억 장치에 접근한다.
- DRAM의 속도 문제를 해결하며, SRAM을 프로세서와 메인 메모리 사이에서 사용한다.
- CPU가 메모리에 접근할 때 가장 먼저 캐시를 조사하며, 성능은 히트율(Hit Ratio)로 표현한다.
- 알고리즘에 따라 적중률이 달라지며, 적중률이 높을 때 시스템 속도가 향상된다.
- 전송할 블록 크기는 1~16워드이고, 워드가 캐시에 존재하면 해당 워드를 주기억 장치로 전송한다.
- L1 캐시는 내부 캐시 기억 장치에 해당하고, L2 캐시는 대용량 외부 캐시 기억 장치에 해당한다.

4 가상 메모리(Virtual Memory)

- 보조 기억 장치의 일부를 주기억 장치처럼 사용하는 메모리로 주기억 장치의 부족한 용량을 보완한다(멀티프로그래밍이 가능).
- 주프로그램은 보조 기억 장치에 저장하고, CPU에서 사용할 부분만 주기억 장치에 적재한다.
- 프로그램이 사용할 수 있는 주소 공간의 크기가 실제 주기억 장치의 기억 공간보다 클 때 사용한다.
- 사용하지 않는 프로그램 전체나 일부분을 하드 디스크로 옮김으로써 실제 메모리 크기를 초월하는 프로그램 실행이 가능하다(주기억 장치 보다 큰 프로그램을 실행할 경우 유용).
- 사용자 프로그램을 분할하여 비연속적으로 주기억 장치에 적재시켜 성능을 향상시킨다.
- 구현 방법에 따라 페이징(Paging) 기법과 세그먼테이션(Segmentation) 기법이 있다.

5 플래시 메모리(Flash Memory)

- EEPROM의 일종으로 전원이 끊어져도 저장된 정보가 지워지지 않는 비휘발성 메모리이다(ROM과 RAM의 기능을 모두 가짐).
- 휴대용 컴퓨터, MP3, 개인용 정보 단말기, 디지털 카메라의 보조 기억 장치로 사용한다.

6 버퍼 메모리(Buffer Memory)

- CPU와 주변 장치 사이의 속도 차이를 줄이기 위한 임시 메모리이다.
- 데이터를 주고받을 때 전송 속도의 차이를 보완하며, 데이터의 전송 효율을 높이기 위해 사용한다.

7 연상 메모리(Associative Memory)

- 내용에 따라 값을 읽거나 변경시키는 메모리로 접근 속도가 빠르다.
- 주소 대신 기억된 정보를 이용하여 기억 장치에 접근하는 장치로 CAM이라고도 한다.

9. 보조 기억 장치 ★★

1 자기 테이프(Magnetic Tape)

- 비휘발성 기억 장치로 대용량의 데이터를 저장할 수 있다.
- 순차 처리 장치로 주로 데이터 백업용과 일괄 처리 방식에서 사용한다.

용어	설명
IRG(Inter Record Gap)	논리 레코드와 논리 레코드 사이의 공백 영역
IBG(Inter Block Gap)	물리 레코드와 물리 레코드 사이의 공백 영역
블록화 인수 (Blocking Factor)	물리 레코드에 포함된 논리 레코드의 개수
BPI(Byte Per Inch)	자기 테이프의 기록 밀도 단위

2 자기 디스크(Magnetic Disk)

- 순차 처리(SASD) 또는 직접 처리(DASD)가 가능한 기억 장치이다.
- 저장 용량이 크고, 입출력 속도가 빠르다.

용어	설명
트랙(Track)	디스크 표면의 동심원으로 데이터를 저장
섹터(Sector)	트랙을 일정하게 나눈 영역으로 실제 데이터가 저장
실린더(Cylinder)	디스크 회전축의 동일 거리에 있는 트랙의 모임(트랙 수 = 실린더 개수)
클러스터(Cluster)	여러 개의 섹터를 하나로 묶은 것으로 실제 데이터를 읽고 쓰는 단위
헤드(Head)	데이터를 읽어 내거나 쓰는 장치
디스크 팩(Disk Pack)	디스크 원판을 여러 장 겹쳐서 하나로 묶은 것
TPI(Tracks Per Inch)	1인치에 기록 가능한 트랙 수(디스크의 기록 밀도 단위)

3 자기 디스크의 처리 시간

- 탐색 시간(Seek Time) : 읽기/쓰기 헤드를 트랙까지 이동하는데 걸리는 시간이다(가장 김).
- 검색 시간(Search Time) : 데이터를 찾기 위해 레코드 위치까지 도달하는데 걸리는 시간이다.
- 회전 대기 시간(Latency Time) : 회전 디스크 위에 헤드가 위치하여 찾고자 하는 데이터 레코드의 기록 부분이 헤드 아래까지 오는데 걸리는 시간이다.
- 데이터 전송 시간(Data Transfer Time) : 주기억 장치와 자기 디스크 사이에서 데이터 전송이 완료되는데 걸리는 시간이다.
- 응답 시간(Turn Around Time) : 명령 지시 후 명령에 대한 결과가 올 때까지 걸리는 시간이다.
- 유휴 시간(Idle Time) : 데이터가 CPU로 돌아올 때까지 CPU가 대기하는데 걸리는 시간이다.
- 접근 시간(Access Time) = 위치 설정 시간(Seek Time) + 회전 대기 시간(Latency Time) + 데이터 전송 시간(Data Transfer Time)이다.

4 하드 디스크(Hard Disk)

- 대용량으로 직접 또는 임의 처리가 가능하며, 자기 테이프에 비해 접근 속도가 빠르다.
- 하드 디스크의 사양은 용량(Capacity), 전송률(Transfer Rate), 버퍼 메모리(Buffer Memory) 등과 관계가 있다.

5 SSD(Solid State Drive)

- HDD와 비슷하게 동작하지만 기계적 장치인 HDD와는 달리 반도체를 이용하여 정보를 저장한다.
- 데이터를 메모리에 저장하므로 불량 섹터가 없고, 외부 충격에 강하다.
- 일반 하드 디스크에 비해 속도가 빠르고, 기계적 지연이나 에러의 확률 및 발열 소음이 적다.
- 소형화, 경량화할 수 있는 하드 디스크의 대체 저장 장치이지만 가격이 비싸다.

6 광 디스크(Optical Disk)

- 레이저빔을 이용하여 데이터를 기록하고, 저장한다.
- 멀티미디어의 저장 매체로 사용되며, 영구 보관이 가능하다(1배속은 1초 동안에 150KB를 전송).

종류	특징
CD-ROM	데이터를 읽을 수만 있는 장치로 한 장에 650~700MB를 저장하며, 한 면만 사용 가능(규격에는 에러 정정 기능과 관련하여 저장 모드 1이 있음)
CD-R	데이터를 한 번만 기록할 수 있는 장치로 WORM CD이라고도 함
CD-RW	데이터를 반복적으로 쓰고 지울 수 있는 장치로 주로 백업용으로 사용
DVD	단면에 4.7GB, 양면에 9.4GB 정도를 저장하는 차세대 저장 매체로 디스크 한 면에 약 135분의 동영상 저장이 가능하며, 최대 8개 국어의 음성을 지원

7 기타 보조 기억 장치

종류	특징
블루레이 디스크(Blu-Ray Disk)	• HD급 고화질 비디오를 저장할 수 있는 차세대 광학 장치 • 디스크 한 장에 25GB 이상을 저장할 수 있음
집 디스크(Zip Disk)	백업용 외장 디스크 드라이브로 100~250MB의 용량을 기록
재즈 디스크(Jazz Disk)	순차 접근 방식(SASD)으로 속도가 느리며, 1~2GB의 용량을 기록

8 단위별 속도와 용량

- 기억 장치의 처리 속도(빠름 → 느림) : 레지스터 → 캐시 메모리 → 주기억 장치(RAM → ROM) → 보조 기억 장치(SSD → 하드 디스크 → 광 디스크 → 플로피 디스크 → 자기 테이프) 순이다.
- 기억 용량 단위(적음 → 많음) : KB(2^{10}byte) → MB(2^{20}byte) → GB(2^{30}byte) → TB(2^{40}byte) → PB(2^{50}byte) → EB(2^{60}byte) 순이다.

• 처리 속도 단위(느림 → 빠름) : ms(10^{-3}sec) → μs(10^{-6}sec) → ns(10^{-9}sec) → ps(10^{-12}sec) → fs(10^{-15}sec) → as(10^{-18}sec) 순이다.

10. 입출력 장치 ✪

1 입력 장치

분류	설명
키보드 (Keyboard)	CUI 방식의 대표적인 장치로 키를 눌러 데이터를 입력
마우스 (Mouse)	GUI 방식의 대표적인 장치로 메뉴, 아이콘 등을 선택
펜 마우스 (Pen Mouse)	태블릿에 문자를 입력하거나 특정 위치를 지정하여 입력
자기 잉크 문자 판독기(MICR)	자성체의 특수 잉크로 기록된 자료(문자, 숫자)를 판독하는 장치로 위조나 변조가 어려워 수표나 어음 등에 사용
광학 문자 판독기(OCR)	빛을 이용하여 광학적 문자를 판독(요금 청구서, 지로 용지 등)
광학 마크 판독기(OMR)	수성 사인펜 등으로 표시된 정보를 판독(시험 답안지 등)
바코드 판독기 (BCR)	POS 시스템을 이용하여 정보를 판독(슈퍼, 백화점, 서점 등)
터치 스크린 (Touch Screen)	스크린 메뉴를 손가락으로 선택(현금 입출금기 등)
터치 패드 (Touch Pad)	패드 위에서 손가락의 움직임을 감지하여 커서를 표시
스캐너 (Scanner)	빛의 반사 작용으로 그림, 사진 등을 그래픽 정보로 바꾸어 입력
디지타이저 (Digitizer)	그림, 차트, 도면 등 좌표 지시기에서 좌표를 검출하여 입력
조이스틱 (Joystick)	손잡이의 움직임을 신호로 변경하여 입력
광전 펜 (Light Pen)	펜 끝의 감광 소자를 신호로 변경하여 메뉴, 아이콘을 선택
트랙 볼 (Track Ball)	볼을 손가락으로 움직여 포인터를 이동

2 표시 장치

• 빛의 3원색인 적색(R), 녹색(G), 청색(B)을 혼합하여 색을 표현하며, 컬러 모니터의 기본 색상을 갖는다(R, G, B를 각각 1바이트로 표현할 경우 색상의 가짓수는 256×256×256=16,777,216).

• 색 모델의 하나인 색상(H), 채도(S), 명도(B)로 색을 표현한다.

• 휘도 신호(Y), 휘도 신호와 청색 성분의 차(U), 휘도 신호와 적색 성분의 차(V)로 색을 표현한다.

• 해상도(Resolution)는 정밀도를 나타내는 화질 평가의 기준으로 점(Pixel)의 개수가 많을수록 고해상도의 선명한 화면이다(비디오 카드의 성능이나 모니터 크기를 결정).

• 픽셀(Pixel)은 화면을 이루는 최소 구성 단위로 그림의 화소를 의미한다.

• PPI(Pixels Per Inch)는 인치당 픽셀 수로 화면에서 선명도를 나타내는 단위이다.

• 점 간격(Dot Pitch)은 픽셀 사이의 공간을 나타내는 것으로 간격이 가까울수록 영상은 선명하다.

• 재생률(Refresh Rate)은 초당 모니터에 빔을 쏘는 횟수로 재생률이 높을수록 깜빡임이 적다.

• 모니터의 크기는 화면의 대각선 길이를 인치(Inch)로 표시한다.

종류	설명
음극선관 (CRT)	• 해상도가 높고, 화면 표시 속도가 빠름 • 화면 떨림 현상과 정전기가 발생, 전력 소모가 많음
액정 디스플레이 (LCD)	• 보는 각도에 따라 선명도가 다르며, 화면 표시 속도가 느림 • 이동이 편리하고, 눈의 부담과 전력 소모가 적음
박막 트랜지스터 LCD (TFT LCD)	• 깜박임 현상(Flickers)이 없고, 어두운 곳에서도 잘 보임 • 선명도가 뛰어나 노트북의 표시 장치로 많이 사용
플라즈마 디스플레이 (PDP)	• 고해상도로 눈의 피로가 적고, 화면 표시 속도가 가장 빠름 • 높은 전력 소모로 많은 열을 방출

3 출력 장치(충격식 프린터)

종류	설명
도트 프린터	• 점(Dot)의 조합으로 인쇄하는 방식 • 소음이 크지만 유지비가 저렴
활자식 프린터	• 활자를 이용해 리본에 충격을 가하여 인쇄하는 방식 • 행 단위 인쇄로 속도는 빠르지만 소음이 큼

4 출력 장치(비충격식 프린터)

종류	설명
열전사 프린터	• 리본을 열로 녹여서 인쇄(가격이 저렴) • 유지비가 많이 들며, 인쇄 속도가 느림

감열 프린터	• 감열 용지에 열을 가하여 인쇄(팩시밀리, 은행 번호표 등에 사용) • 유지비가 많이 들며, 인쇄물의 변색 생김
잉크젯 프린터	• 노즐을 통하여 잉크를 뿌려 인쇄(개인용 프린터로 많이 사용) • 컬러 인쇄가 가능하지만 노즐이 막히거나 잉크가 번질 수 있음
레이저 프린터	• 레이저 광선을 이용하여 인쇄(해상도가 높고, 인쇄 속도가 빠름) • 토너를 사용하므로 유지비가 많이 듦

5 프린터 관련 용어

- CPI(Character Per Inch) : 인치당 인쇄할 수 있는 문자의 수이다.
- DPI(Dot Per Inch) : 인치당 인쇄되는 점의 수이다(인쇄 선명도의 단위).
- CPS(Character Per Second) : 초당 인쇄할 수 있는 문자의 수이다(도트 프린터의 속도 단위).
- LPM(Line Per Minute) : 분당 인쇄할 수 있는 라인의 수이다(라인 프린터의 속도 단위).
- PPM(Page Per Minute) : 분당 인쇄할 수 있는 페이지의 수이다(레이저 프린터의 속도 단위).

11. 기타 관련 장치 ✪✪✪

1 메인보드(Mainboard, 마더보드)

- 각종 주변 기기(CPU, 메모리, 사운드 카드 등)를 하나의 전자 회로 기판에 장착할 수 있다.
- 데이터를 전송하는 역할을 하며, 시스템의 안전성과 호환성을 결정한다.

구성 요소	특징
CPU 소켓 (CPU Socket)	• CPU를 장착하여 연결하는 소켓 • CPU의 형태에 따라 소켓(Socket) 타입과 슬롯(Slot) 타입으로 구분
칩셋 (Chip Set)	• 데이터 송수신, CPU, Memory, System Bus 사이의 데이터 흐름을 제어 • 사우스 브리지와 노스 브리지 칩셋으로 구성 • 기억 장치의 오류 검사 정정(ECC) 지원 여부와 설치할 수 있는 최대 크기를 결정(메인보드의 성능을 결정) • Ultra DMA 33/66/100, SATA 방식 등의 지원 여부를 결정
메모리 소켓 (RAM Socket)	• 낱개로 장착하는 DIMM 소켓과 2개 단위로 장착하는 SIMM 소켓으로 구분 • 모듈 램의 규격에 따라 72핀, 168핀, 184핀, 240핀, 284핀 등이 있음
내장 전지 (Internal Battery)	• 바이오스가 기록된 CMOS SRAM에 전력을 공급 • 니켈 카드뮴 전지를 사용하는 충전식 전지는 컴퓨터를 오래 사용하지 않을 경우 CMOS에 저장된 바이오스 정보가 사라질 수 있음 • RTC(Real Time Clock) 장치에 전원을 공급하여 날짜와 시간을 알림
확장 슬롯 (Expansion Slot)	• 컴퓨터 성능을 높이기 위해 회로 기판에 추가로 장착할 수 있는 슬롯 • 그래픽 카드, 사운드 카드, 랜 카드 등을 장착
연결 포트 (Connection Port)	• 컴퓨터의 각 주변 장치를 연결 • 모니터, 키보드, 마우스, 프린터, 스피커 등을 연결

2 확장 버스/확장 슬롯

종류	설명
ISA 방식	• 호환성이 뛰어나지만 속도가 느려 현재 거의 사용하지 않음 • PC/AT 버스 또는 AT 버스라고도 함
VESA 방식	• 32비트의 데이터 흐름을 지원하며, 고성능의 비디오 카드를 장착 • 펜티엄급에서는 사용하지 않음(ISA 방식도 사용 가능)
PCI 방식	• 64비트 구조의 확장 규격으로 표준화된 클럭 속도와 커넥터를 제공 • CPU와 외부 버스 사이에 데이터 흐름을 정리하는 브리지가 설치됨
PCMCIA 방식	노트북의 접속 장치로 새로운 주변 기기를 연결하여 사용(PC 카드 방식)
AGP 방식	• 3D 그래픽 표현을 빠르게 하는 차세대 규격(PCI보다 2배 이상 빠름) • 주기억 장치를 비디오 카드처럼 사용(기존 그래픽 카드보다 4배 이상 빠름) • CPU와 입출력 장치간의 속도 차이로 인한 충돌을 방지
PCI Express 방식	• AGP 방식을 보완한 고속의 차세대 그래픽 카드 규격 • 성능과 확장성이 향상된 직렬 버스로 핫 플러그인(Hot Plug-In)을 지원

3 연결 포트

종류	설명
직렬 포트 (Serial Port)	• 한번에 한 비트씩 주변 장치로 전송(컴퓨터에 내장된 입출력 포트) • 모뎀 및 마우스를 COM1~COM4 등을 이용하여 연결(통신용으로 사용)

병렬 포트 (Parallel Port)	• 한번에 여러 비트씩 주변 장치로 전송(본체 뒷면의 25핀 포트) • 프린터 및 스캐너 등을 연결할 때 사용
PS/2 포트	• 마우스나 키보드를 PC에 접속하기 위해 IBM이 개발 • 다른 주변 장치가 직렬 포트를 사용할 수 있도록 지원
USB 포트	• 여러 개의 직렬 장치를 하나로 통합한 방식으로 플러그 앤 플레이(PnP)를 지원 • USB를 지원하는 주변 기기에는 별도의 전원이 필요 없음 • 핫 플러깅 기능으로 컴퓨터를 종료하거나 다시 시작하지 않아도 장치를 연결하거나 끊을 수 있음(컴퓨터 사용 중 주변 장치를 연결해도 인식) • USB 1.1은 최대 12Mbps, 2.0은 최대 480Mbps의 전송 속도를 가짐 • 1.5Mbps의 저속 모드는 HID(Human Interface Device)에서 사용 • 주변 기기(키보드, 마우스, 스캐너, 프린터 등)를 최대 127개까지 연결
IEEE 1394	• PC나 각종 AV 기기에서 대량으로 고속 데이터 통신을 실행(=Firewire) • 대용량 멀티미디어 콘텐츠의 빠른 전송을 위해 외부 장비를 연결 • 100Mbps~1Gbps의 전송 속도를 가지며, 핫 플러그인을 지원 • 플러그 앤 플레이 기능으로 각종 디지털 기기의 접속과 단절이 자유로움 • 주변 기기(비디오 카메라, 디지털 카메라 등)를 최대 63개까지 연결
무선 직렬 포트 (IrDA)	• 적외선을 이용하여 주변 장치와 통신을 가능하게 함 • 노트북과 주변 장치 사이의 통신 연결에 사용
HDMI	• 디지털 비디오와 오디오 신호를 통합하여 전송할 수 있는 규격 • 기존 아날로그 단자를 대체하여 DVD 플레이어, HDTV 등에 사용
디스플레이 포트(DP)	• 디스플레이 장치에 영상과 음성을 하나로 통합한 규격 • 여러 개의 기기를 하나로 연결하여 신호를 각각 전송

4 바이오스(BIOS ; Basic Input Output System)

- 펌웨어의 일종으로 컴퓨터의 입출력 장치나 메모리 등 하드웨어 환경을 관리한다.
- ROM에 저장되어 ROM-BIOS라고도 하며, 자체에 기본적인 디바이스 드라이버들을 포함한다.
- PC의 전원을 켜면 바이오스 프로그램이 작동하여 시스템을 초기화하고, POST(Power-On Self Test)를 실시한다.
- Windows를 부팅하는 과정에서 컴퓨터의 자기 진단과 주변 기기 등을 점검한다.
- 구성품의 올바른 동작과 주변 기기간 데이터 전송을 원활하게 한다(인터럽트의 처리 부분이 있음).
- 최근에는 플래시 롬(Flash ROM)에 저장되어 칩 교환 없이 업그레이드할 수 있다.

12. 시스템 소프트웨어 ★★★

1 시스템 소프트웨어의 개념

- 컴퓨터를 효율적으로 사용하기 위해 필요한 소프트웨어로 운영 체제 및 컴파일러, 어셈블러, 라이브러리 등이 포함된다.
- 하드웨어 자원을 효율적으로 관리하여 응용 소프트웨어가 원활하게 실행될 수 있도록 한다.
- 시스템 감시 및 기억 장치를 관리하는 제어 프로그램과 데이터의 처리 및 결과를 출력하는 처리 프로그램으로 구분된다.

2 제어 프로그램(Control Program)

종류	설명
감시 프로그램 (Supervisor Program)	프로그램의 실행 과정과 시스템의 동작 상태 등을 감시
자료 관리 프로그램 (Data Management Program)	프로그램에 관련된 파일과 데이터를 처리할 수 있도록 관리
작업 관리 프로그램 (Job Management Program)	연속적인 작업 처리를 위하여 스케줄 및 입출력 장치 등을 관리

3 처리 프로그램(Processing Program)

종류	설명
언어 번역 프로그램 (Language Translator Program)	사용자가 작성한 원시 프로그램을 기계어로 번역하여 목적 프로그램을 작성하는 것으로 어셈블러(Assembler), 컴파일러(Compiler), 인터프리터(Interpreter) 등이 있음
서비스 프로그램 (Service Program)	프로그램 작성 시간과 노력을 줄이고, 업무 처리 능률의 향상을 목적으로 작성하는 것으로 연계 편집(Linkage Editor), 정렬/병합(Sort/Merge), 유틸리티(Utility), 라이브러리(Library) 등이 있음

4 운영 체제(OS)의 개념과 기능

- 컴퓨터와 사용자 사이에서 시스템을 효율적으로 운영할 수 있도록 인터페이스 역할을 담당한다.
- 사용자가 응용 프로그램을 편리하게 사용하고, 하드웨어의 성능을 최적화할 수 있다.

- 사용자 인터페이스(User Interface)를 제공하며, 기본적인 네트워크 기능을 갖는다.
- 하드웨어를 사용 가능하도록 소프트웨어나 펌웨어로 구현하고, 시스템 메모리를 관리한다.
- 키보드, 모니터, 디스크 드라이브 등의 필수적인 주변 장치들을 관리하는 BIOS를 포함한다.
- 하드웨어의 효과적인 제어와 사용자 프로그램의 실행 환경을 제공한다.
- 프로세스 관리, 기억 장치 관리, 파일 관리, 입출력 관리, 리소스 관리 등의 역할을 한다.
- 운영 체제 계층은 프로세스를 관리하는 커널 → 기억 장치 관리 → 파일 시스템 관리 → 명령어 해석기 순이다.
- 종류에는 DOS, Windows, UNIX, Linux, OS/2 등이 있다.

5 운영 체제의 성능 평가 요인

요인	설명
처리 능력(Throughput) 향상	단위 시간에 처리할 수 있는 작업의 양
응답 시간(Turnaround Time) 단축	요구한 결과를 얻을 수 있을 때까지 소요되는 시간
신뢰도(Reliability) 향상	시스템이 오류 없이 기능을 정확하게 수행할 수 있는 척도
사용 가능도(Availability) 향상	신속하게 시스템 자원을 사용할 수 있도록 지원하는 능력

6 커널(Kernel)

- UNIX의 가장 핵심적인 부분으로 운영 체제에서 기본적인 시스템 기능을 제공한다.
- 하드웨어와 직접 상호 작용하는 모듈로 관리자, 제어 프로그램, 핵 등으로도 불린다.
- 하드웨어를 보호하고, 프로그램과 하드웨어간의 인터페이스 역할을 담당한다.
- 컴퓨터가 부팅될 때 주기억 장치에 상주하면서 기억 장치 관리, 프로세스 관리, 파일 관리, 입출력 관리, CPU 스케줄링, 데이터 전송 및 변환 등의 기능을 담당한다.

7 운영 체제의 운영 방식

- 일괄 처리(Batch Processing) 시스템 : 데이터를 일정량 또는 일정 기간 모아서 한꺼번에 처리하는 시스템이다(예 : 급여 계산, 전기 요금 등).
- 실시간 처리(Real Time Processing) 시스템 : 자료가 수신되는 즉시 처리하여 사용자 입력에 바로 응답할 수 있는 시스템이다(예 : 좌석 예약, 은행 업무 등).
- 시분할 처리(Time Sharing) 시스템 : CPU의 처리 시간을 일정한 시간으로 나누어서 여러 개의 작업을 연속적으로 처리하는 시스템이다(일정 시간 단위로 CPU 사용권을 신속하게 전환하여 각 사용자들이 자신만이 컴퓨터를 사용하고 있는 것처럼 느낌).
- 분산 처리(Distributed Processing) 시스템 : 여러 대의 컴퓨터를 통신망으로 연결하여 작업과 자원을 분산시켜 처리함으로써 컴퓨터의 처리 능력과 효율을 향상시키는 시스템이다.
- 온라인(On Line) 시스템 : 컴퓨터가 통신 회선으로 직접 연결되어 자료를 처리하는 시스템이다.
- 오프라인(Off Line) 시스템 : 컴퓨터가 통신 회선 없이 사람을 통하여 자료를 처리하는 시스템이다.
- 듀얼(Dual) 시스템 : 2개의 CPU가 같은 업무를 동시에 처리하며, 결과를 상호 점검하다가 기계 고장으로 인한 작업 중단에 대비하여 미리 두 대의 컴퓨터를 설치한 후 한 대는 항상 대기 상태에 있도록 한 시스템이다.
- 듀플렉스(Duplex) 시스템 : 시스템의 안정성을 위하여 한쪽의 CPU가 가동 중일 때 다른 한쪽의 CPU가 고장나면 즉시 대기 중인 CPU가 작동되도록 운영하는 시스템이다.
- 임베디드(Embedded) 시스템 : 일반 PC 형태가 아닌 보드(회로 기판) 형태의 반도체 기억 소자에 응용 프로그램을 탑재하여 컴퓨터 기능을 수행하는 시스템으로 하드웨어와 소프트웨어가 하나로 조합되어 2차 저장 장치를 갖지 않는다(Windows CE, 팜 OS, iOS, 안드로이드 등에서 사용).
- 다중 프로그래밍(Multi Programming) : 하나의 CPU에서 동시에 여러 개의 프로그램을 처리하는 방식으로 각 프로그램이 주어진 시간만큼 CPU를 사용하고 반환한다.
- 다중 처리(Multi Processing) : 동시에 프로그램을 수행할 수 있는 CPU를 두 개 이상 두고 업무를 분담하여 처리한다.
- 클러스터링(Clustering) : 두 대 이상의 컴퓨터를 함께 묶어서 단일 시스템처럼 사용한다.

13. 응용 소프트웨어 ★★★

1 응용 소프트웨어의 개념과 종류

- 특정 분야에서 필요한 작업을 수행하기 위하여 사용자 측면에서 개발된 프로그램이다.
- 컴퓨터를 사용하여 특정 작업을 처리할 때 유용하게 사용할 수 있다.

종류	특징
워드프로세서 (Word Processor)	작성한 문서에서 편집, 저장, 인쇄 등을 할 수 있는 프로그램으로 훈글, MS Word, 훈민정음 등이 있음
스프레드시트 (Spreadsheet)	수치 계산, 데이터 관리, 차트, 함수 등을 처리하는 통계 관리 프로그램으로 Excel, Lotus 1-2-3, Quattro Pro 등이 있음
프레젠테이션 (Presentation)	발표회나 기업의 업무 보고 등을 위해 슬라이드 형식의 그래픽 문서를 작성하는 프로그램으로 Power Point, Freelance 등이 있음
데이터베이스 (Database)	대량의 자료를 효율적으로 관리, 분석하는 프로그램으로 Access, dBASE Ⅲ, Oracle, MS SQL 등이 있음
그래픽 프로그램 (Graphic Pro gram)	그림, 사진 등의 이미지를 편집할 수 있는 프로그램으로 Paintbrush, Paint Shop Pro, CorelDraw, Illustrator, Photoshop 등이 있음
그룹웨어 (Groupware)	기업 내에서 특정 그룹의 사용자끼리 공동 작업을 할 수 있는 프로그램으로 Microsoft Outlook 등이 있음
전자 출판 (DTP)	컴퓨터에서 문서를 편집, 조판하여 출판이 가능하도록 하는 프로그램으로 페이지메이커, 퀵익스프레스, 프론트페이지, 인 디자인 등이 있음
CAD/CAM	컴퓨터에서 설계 도면을 작성하는 프로그램으로 Auto CAD 등이 있음
멀티미디어 저작 도구	문자, 소리, 그래픽, 애니메이션, 비디오 등을 서로 다른 형태로 결합하여 새로운 데이터를 만드는 프로그램으로 디렉터, 오소웨어, 툴북 등이 있음
OCR 소프트웨어	스캐너로 받은 이미지 형태의 문서를 이미지 분석 과정을 통해 문자 형태로 바꾸어 주는 소프트웨어(인쇄되거나 손 글씨 등을 스캐닝하여 한 글자씩 분석하고, 데이터 처리가 가능하도록 글자 이미지를 아스키 코드로 번역)

2 응용 소프트웨어의 분류

종류	설명
상용 소프트웨어 (Commercial)	일정 금액을 지불하여 구입한 후 사용하는 소프트웨어
공개 소프트웨어 (Open)	개발자가 소스를 공개하여 자유롭게 사용하고, 수정이나 재배포할 수 있는 소프트웨어
셰어웨어 (Shareware)	일정 기간이나 기능에 제한을 두고 프로그램을 사용한 후 구입 여부를 판단하는 소프트웨어
프리웨어 (Freeware)	사용 기간과 기능에 제한 없이 무료로 사용할 수 있으며, 저작권자의 동의 없이 자유롭게 복사, 배포할 수 있는 소프트웨어
미들웨어 (Middleware)	복잡한 여러 기종의 컴퓨팅 환경에서 응용 프로그램과 운영 체제의 차이를 보완해 주고, 서버와 클라이언트들을 중간에서 연결해 주는 소프트웨어
베타 버전 (Beta Version)	소프트웨어 개발사가 프로그램을 공개하기 전에 테스트를 목적으로 일반인에 공개하는 소프트웨어
데모 버전 (Demo Version)	상용 소프트웨어의 기능을 알리기 위해 사용 기간이나 기능에 제한을 두고, 무료로 배포하는 소프트웨어
테스트 버전 (Test Version)	데모 버전 이전에 프로그램의 문제점들을 찾아내기 위해 무료로 배포하는 소프트웨어
알파 버전 (Alpha Version)	프로그램 오류(결점)를 찾아내기 위해 개발사 내에서 테스트를 목적으로 제작한 소프트웨어
번들 프로그램 (Bundle Program)	컴퓨터나 소프트웨어 구입 시 무료로 배포하는 소프트웨어
패치 프로그램 (Patch Program)	이미 출시된 프로그램에 존재하는 프로그램의 오류 수정 및 기능 향상을 위해 프로그램의 일부 파일을 변경하는 소프트웨어
디바이스 드라이버 (Device Driver)	하드웨어를 추가로 설치할 때 새로운 장치를 인식하기 위한 설치 프로그램
벤치 마크 테스트 (Benchmark Test)	하드웨어나 소프트웨어의 성능을 검사하기 위해 실제 사용되는 조건에서 처리 능력을 테스트 함

※ 사이트(Site) 라이센스 : 기업이나 학교의 일부 또는 전체 컴퓨터에서 특정 소프트웨어를 사용할 수 있도록 권리를 주는 소프트웨어 판매 방식으로 특정 조직이나 부서에 적용되며, 라이센스 수만큼 컴퓨터/터미널에서 사용(유효 기간이 없으며, 비용은 사용자 수나 컴퓨터 수에 따라 다름)

3 데이터베이스 관리 시스템(DBMS)

- 응용 프로그램과 데이터 사이의 중간 역할로 여러 응용 프로그램이 데이터베이스를 공유할 수 있도록 관리하는 시스템이다.
- 다수 사용자의 동시 실행과 중복 데이터를 제어하고, 프로그램과 데이터의 독립성을 유지한다.
- 파일 시스템의 단점인 데이터의 종속성과 중복성 문제를 해결하기 위한 방안이다.
- 필수 기능에는 정의(Definition), 조작(Manipulation), 제어(Control) 기능이 있다.
- 개체-관계(E-R) 모델은 1976년 피터 첸(P. Chen)에 의해 제안되었으며, 개념적 설계에서 가장 많이 사용되는 모델로 개체 타입과 관계 타입을 이용해 현실 세계를 개념적으로 표현한다.

장점	• 데이터 중복(Redundancy)의 최소화 • 데이터의 공유성(Sharing)과 일관성(Consistency) 유지 • 데이터의 무결성(Integrity) 증대와 데이터의 보안(Security) 보장 • 데이터의 표준화(Standardization) 가능

단점	• 컴퓨터의 부담(Overhead)과 비용 증가 • 자료 처리가 복잡하여 처리 속도가 느림 • 시스템의 복잡성(취약성)과 데이터 유실 시 파일 회복이 힘듦 • 예비 조치(Backup)와 회복(복구) 기법(Recovery)의 어려움

4 압축 프로그램

- 파일의 압축 및 해제 기능을 갖춘 프로그램으로 디스크 공간을 효율적으로 활용하며, 데이터 용량을 최소화한다.
- 압축은 텍스트뿐만 아니라 음악, 사진, 동영상 파일 등도 압축할 수 있다.
- 압축할 때 암호를 지정하거나 분할 압축을 할 수 있다.
- 데이터의 이동, 보관, 전송, 백업 등의 작업에 시간과 비용을 절약할 수 있다.
- 이미 압축된 파일을 여러 개 모아 다시 한꺼번에 압축하면 압축률이 좋지 않다.
- RLE(Run Length Encoding)는 연속적으로 반복되는 문자들을 하나의 문자와 길이로 대체하는 방법으로 중복 데이터가 많을 때 유리하다.

14. 프로그래밍 언어 ★★

1 저급 언어(Low Level Language)

종류	설명
기계어 (Machine Language)	컴퓨터가 이해할 수 있는 기본적인 언어로 0과 1의 2진수로 작성하며, 실행 속도가 가장 빠름
어셈블리어 (Assembly Language)	기계어의 프로그램 작성이 용이하도록 연상 기호를 부여한 언어로 고급 언어보다 실행 속도가 빠름

2 고급 언어(High Level Language)

종류	설명
FORTRAN	복잡한 수식 계산을 위해 개발된 과학 기술용 언어(가장 먼저 개발)
COBOL	사무 처리의 응용을 위해 개발된 프로그래밍 언어
PASCAL	다양한 제어 구조와 데이터 형식을 가지는 실무용(교육용) 언어
C	구조적 프로그래밍과 하드웨어 제어가 가능하고, 시스템 프로그램을 작성하는데 유용한 언어(프로그래밍 작업 시 대/소문자를 구별)
C++	C 언어에 객체 지향의 개념을 도입한 언어
BASIC	언어가 간단하고 구현이 용이하여 대화형 프로그램 작성에 적합한 언어
LISP	인공 지능 분야에서 발생하는 문제점을 해결하기 위한 언어
ALGOL	과학 계산용으로 사용되는 논리 연산용 언어

3 프로그래밍 언어의 조건

- 언어의 구조가 단순 명료하면서 해당 언어의 개념이 명확하고 확장성이 좋아야 한다.
- 프로그램의 검증이 용이하면서 해당 프로그램의 이동성, 호환성, 이식성이 좋아야 한다.
- 프로그래밍의 순서는 업무 분석 → 입출력 설계 및 흐름도 작성(업무 처리의 순서) → 코딩(프로그램 언어를 작성) → 번역 및 오류 수정 → 테스트(프로그래밍을 컴파일) → 실행(결과 출력) → 문서화(명확성을 위해 프로그램 개발을 정리)이다.

4 언어 번역 프로그램의 종류

종류	설명
어셈블러 (Assembler)	어셈블리어(기계어와 대응되는 기호나 문자로 작성)로 작성된 원시 프로그램을 기계어로 번역
인터프리터 (Interpreter)	• 고급 언어로 작성된 원시 프로그램을 한 문장씩 읽고, 기계어로 번역(목적 프로그램을 생성하지 않음) • 대화식 처리가 가능하며, 메모리 공간을 적게 차지 • 줄 단위로 번역하므로 번역 속도는 빠르지만 실행 속도가 느림 • BASIC, LISP, APL, SNOBOL 등이 해당
컴파일러 (Compiler)	• 고급 언어로 작성된 원시 프로그램을 기계어나 어셈블리어의 목적 프로그램(코드)으로 번역 • 대화식 처리가 불가능하며, 메모리 공간을 많이 차지 • CPU 종류에 따라 다른 기계어를 생성(자연어에 대한 컴파일러는 없음) • 프로그램 단위로 번역하므로 번역 속도는 느리지만 실행 속도가 빠름 • COBOL, FORTRAN, C, ALGOL, PASCAL 등이 해당
프리프로세서 (Preprocessor)	• 고급 언어로 작성된 프로그램을 다른 고급 언어로 번역 • 매크로 확장, 기호 변환 등의 작업을 수행

5 언어 번역 과정

과정	설명
원시 프로그램	사용자가 고급 언어로 작성한 프로그램

목적 프로그램	언어 번역기를 통해 기계어로 번역한 프로그램
로드 모듈	링커에 의해 실행 가능한 형태로 만들어진 모듈
링커(Linker)	목적 코드를 실행 가능한 로드 모듈로 생성하는 프로그램(=연계 편집 프로그램)
로더(Loader)	• 모듈이 실행되도록 기억 공간을 할당하고, 메모리에 적재시켜 주는 프로그램 • 목적 프로그램을 주기억 장치에 적재하여 실행(주기억 장치에 빈 공간을 할당) • 종속적인 모든 주소를 할당된 주기억 장치 주소와 일치하도록 조정 • 재배치(Relocation), 할당(Allocation), 링킹(Linking)의 기능이 있음

※ 디버깅(Debugging) : 프로그램의 오류를 찾아 수정하는 작업으로 보조 프로그램을 이용하는 경우와 검사용 데이터를 수행시켜 오류를 찾는 경우가 있음

※ 덤프(Dump) : 프로그램의 오류를 체크하기 위해 필요한 데이터 내용을 그대로 출력하는 것

원시 프로그램(Source Program) ➡(컴파일러) 목적 프로그램(Object Program) ➡(링커) 로드 모듈(Load Module) ➡(로더) 실행

15. PC의 유지 보수 ✪✪

1 PC의 안전 장치

종류	설명
자동 전압 조절기(AVR)	PC에 공급되는 전압을 일정하게 유지시켜 주는 장치
무정전 공급 장치(UPS)	예상치 못한 정전에 대비하여 일정 시간 동안 안정적인 전원을 공급해 주는 장치
정전압 정주파수 장치(CVCF)	출력 전압과 주파수를 일정하게 유지시켜 주는 장치
서지 보호기(Surge Protector)	전압/전류의 갑작스런 증가로 시스템의 이상 현상을 막는 장치

2 하드 디스크의 연결 방식

종류	설명
IDE(AT-BUS)	• 하드 디스크 용량을 528MB까지 지원하며, 최대 2개까지 연결 • Master(하드 디스크)/Slave(CD-ROM)의 점퍼를 조정하여 연결
EIDE(ATA)	• 500MB 이상의 하드 디스크를 최대 4개(주변 장치 포함)까지 연결 • IDE를 확장하여 최대 8.4GB까지의 용량을 지원 • Master(하드 디스크)/Slave(CD-ROM)의 점퍼를 조정하여 연결
SCSI	• 버스 폭에 따라 주변 장치를 7개까지 연결 • 속도가 빠르고 데이터 기록 밀도가 높은 인터페이스로 터미네이션과 각 장치의 ID 설정이 필요(서버용 컴퓨터에서 사용) • 하드 디스크 및 CD-ROM 등을 체인식으로 연결
SATA	• 병렬 ATA를 대체하기 위한 직렬 ATA(Serial ATA) 방식 • 메인보드와 보조 기억 장치의 데이터 전송 시 한 번에 한 비트씩 전송 • 데이터 선이 얇아 내부에 통풍이 잘 되며, 데이터의 신뢰성이 높음 • 핫 플러그인 기능으로 시스템 운용 도중 자유롭게 부착이 가능 • 하드 디스크나 광학 드라이브와의 고속 전송을 목적으로 함 • Master(하드 디스크)/Slave(CD-ROM)의 점퍼를 조정하여 연결

3 RAID((Redundant Array of Inexpensive Disks)

• 여러 개의 하드 디스크를 하나의 하드 디스크처럼 보이게 하는 기술로 프로세서와 디스크 드라이브 사이의 속도 차이를 개선한다.
• 서버에서 대용량의 하드 디스크를 이용할 경우 필요하다(백업 정책으로 데이터를 서버에서 사용).
• 동일한 데이터를 여러 디스크에 중복 저장할 수 있어 장애에 강하다.
• 데이터 복구가 용이하고, 안정성이 향상된다(모든 디스크의 스트립을 인터리브 함).
• 하나의 RAID는 논리적 하드 디스크로 인식되며, 스트라이핑 기술로 저장 공간을 파티션 한다.

16. PC의 응급 처치 ✪✪

1 CMOS가 이상인 경우

• 메인보드 배터리가 방전되면 시스템을 켜서 재충전하거나 배터리를 교환한다.
• 에러 메시지가 표시되면 해당 CMOS Setup을 재설정한다.
• CMOS Checksum Error가 발생하는 것은 CMOS 내용이 잘못된 경우로 CMOS를 재설정하거나 배터리를 교체한다.
• CMOS Setup 정보가 지워진 경우 Auto Detector 기능을 이용한다.

2 부팅이 되지 않는 경우

• 롬 바이오스(ROM BIOS)와 하드 디스크 점퍼 설정의 이상 유무를 확인한다.

• 전원 코드의 이상과 바이러스의 감염 여부를 확인한다.
• '삑'하는 신호음이 세 번 울리는 것은 램에 이상이 있는 것이므로 램을 확인하거나 교체한다.

3 메모리가 인식되지 않는 경우

• 램 속도의 변경 여부와 램 소켓의 올바른 장착 여부를 확인한다.
• 서로 다른 제조사 램이 혼용되어 사용되었는지 확인한다.

4 SCSI 장치가 인식되지 않는 경우

• 스카시 어댑터 카드가 제대로 장착되었는지, 다른 장치와 IRQ 충돌은 없는지를 확인한다.
• SCSI 장치의 ID 충돌이나 SCSI 마지막 장치에 터미네이션 점퍼 설정이 되었는지 확인한다.

5 하드 디스크가 인식되지 않는 경우

• 하드 디스크의 연결 상태나 파티션 설정이 올바른지 확인한다.
• BIOS 설정을 초기화한 후 부팅한다.
• CMOS Setup에서 하드 디스크의 설정 상태와 Master/Slave의 점퍼 설정을 확인한다.
• 'Drivers failure invalid...' 메시지가 나타나면 드라이버 설정이 잘못된 것으로 하드 디스크의 구성 정보를 확인하고, 변경한다.

6 화면 표시 없이 '~삐' 경고음이 날 경우

• 램(RAM)과 CPU가 메인보드에 제대로 꽂혀 있는지 확인한다.
• 램에 이물질이 들어가지 않았는지 확인한다.
• 그래픽 카드(VGA)를 제거한 후 부팅하여 그래픽 카드가 원인인지를 확인한다.

7 CD-ROM이 인식되지 않는 경우

• CD-ROM 드라이브의 연결 상태와 Master/Slave의 점퍼 설정을 확인한다.
• CD-ROM 기종에 맞는 설치 드라이버를 확인한다.
• 소리가 나지 않는 경우에는 사운드 카드와의 연결 상태를 확인한다.

17. PC의 업그레이드 ✪

1 중앙 처리 장치(CPU)

• 펜티엄 Ⅳ → 코어 i3 → 코어 i5 → 코어 i7 등으로 교체하며, 시스템 성능을 가장 효과적으로 향상시킬 수 있다.
• CPU를 펜티엄 Ⅳ에서 코어 i5-3세대로 업그레이드하려면 메인보드도 같이 교체한다.
• CPU 클록의 속도 단위인 MHz(GHz) 수치가 클수록 실행 속도가 빠르다.

2 램(RAM)

• PC 메모리의 핀(pin)을 확인(586은 72핀, 128핀, 펜티엄Ⅱ 이후는 168핀, 184핀, 240핀, 288핀만 사용 가능)하여 추가한다.
• 메인보드에 램을 꽂을 자리인 램 뱅크가 있는지 확인한 후 램의 형태, 속도, 용량 등을 고려한다.
• 메인보드에서 제공하는 메모리의 최대 크기와 운영 체제의 지원 여부를 먼저 확인한다.
• 램의 속도 단위인 ns(nano second)의 수치가 작을수록 실행 속도가 빠르다.

3 하드 디스크(Hard Disk)

• 디스크 공간을 확보할 경우 대용량의 하드 디스크를 위해 ROM BIOS를 업그레이드 한다.
• 하드 디스크의 연결 방식(IDE, EIDE, SCSI, SATA)을 확인한다.
• RPM의 수치가 클수록 실행 속도가 빠르며, 밀리 초(ms)가 작을수록 좋다.
• 하드 디스크 용량이 동일해도 RPM(분당 회전 수)이 높으면 접근 속도가 빠르다.

4 CD-ROM

• 전송 속도(1배속 = 150KB/Sec)를 확인하여 KB/Sec 수치가 큰 것으로 교체한다.
• DVD-Writer인 경우 배속의 수치가 클수록 처리 속도가 빠르며 AT-BUS, EIDE, SCSI의 연결 방식을 확인한다.

5 그래픽 카드(Graphic Card)

• 그래픽 카드의 성능은 비디오 램 크기에 따라 결정되므로 비디오 램 용량이 큰 것으로 교체한다.
• 메모리 용량이 클수록 표현 색상과 해상도를 높일 수 있다.

6 소프트웨어 업그레이드

- 시스템에 설치된 해당 드라이버는 향상된 기능을 사용하기 위하여 운영 체제에 맞도록 최신 버전으로 교체한다.
- 드라이버 업그레이드는 해당 하드웨어의 성능을 높이거나 부분적 이상 현상 또는 버그를 해결한다(하드웨어 제조업체에서 통신망을 통해 배포하므로 다운로드하여 설치).

| 무료 동영상 |

핵심정리 08 멀티미디어 활용하기

1. 멀티미디어(Multimedia) ✪✪

1 멀티미디어의 개념

- 멀티(Multi)와 미디어(Media)가 결합된 것으로 선형 콘텐츠와 비선형 콘텐츠로 나눌 수 있다.
- 문자(Text), 그림(Image), 오디오(Audio), 비디오(Video), 애니메이션(Animation) 등의 정보를 통합하여 하나의 정보로 전달된다(초고속 통신망 기술로 대용량의 멀티미디어 정보를 전송).
- 다양한 형태의 데이터를 디지털 데이터로 변환하여 통합 처리한다(데이터는 압축하여 저장).
- 개발 과정은 디자인 → 도구 선택 → 콘텐츠 생성 → 멀티미디어 저작 → 테스팅 순이다.
- 타이틀 제작 과정은 분석 → 계획 → 설계 → 데이터 수집 → 데이터 작성 및 편집 → 저작 → 테스트 순이다.

2 멀티미디어의 특징

- 쌍방향성(Interactive) : 시간과 장소에 관계없이 서로 양방향으로 데이터를 주고받는다.
- 비선형성(Non-Linear) : 문자나 숫자 데이터 외에 소리 등의 데이터를 처리한다.
- 통합성(Integration) : 문자나 그래픽 정보에 오디오, 비디오 등을 하나로 통합한다.
- 디지털화(Digitalization) : 다양한 멀티미디어 데이터를 디지털 데이터로 변환하여 처리한다.

3 멀티미디어의 환경

- 하이퍼텍스트(Hypertext) : 하이퍼링크로 연결된 조직화된 정보로 문서와 문서를 연결하여 관련 정보를 쉽게 찾는 비선형 구조를 가지며, 여러 사용자가 다른 경로를 통해 접근할 수 있다.
- 하이퍼링크(Hyperlink) : 서로 관련 있는 문서와 문서를 연결하는 것으로 웹에서 정보를 효과적으로 나타낸다.
- 하이퍼미디어(Hypermedia) : 하이퍼텍스트에 소리, 동영상, 애니메이션 등의 정보를 결합한다.

4 멀티미디어 관련 용어

- 노드(Node) : 하이퍼텍스트나 하이퍼미디어에 연결된 페이지 또는 하이퍼미디어를 구성하는 각 문서에 연결된 페이지이다.
- 앵커(Anchor) : 다른 노드로 넘어가게 해주는 키워드이다.
- 플러그 인(Plug-In) : 음악, 동영상 등을 웹 사이트에서 보기 위해 해당 기능을 웹 브라우저에 추가하는 프로그램으로 Real Player, Shock Wave & Flash Player, Acrobat Reader 등이 있다.

2. 멀티미디어 하드웨어와 소프트웨어 ✪

1 CD-ROM(Compact Disc-Read Only Memory)

종류	용도
CD-DA	디지털 음악을 저장(규격 : Red Book)
CD-I	TV와 연결하여 스크린 화면을 구현(규격 : Green Book)
CD-R	빈 공간으로 생산되어 단 한 번만 기록(규격 : Orange Book)
CD-RW	패킷 라이팅 방식을 이용하여 여러 번 기록하고, 삭제 가능(규격 : Orange Book)
CD-G	음악과 그래픽 화상을 저장(규격 : Blue Book)
CD-COMBO	CD-ROM, CD-RW, DVD 등의 모든 기능을 통합하여 사용

2 DVD(Digital Versatile Disc)

- MPEG-2의 압축 기술로 대용량을 구현하며, 초당 1,200KB의 전송 속도를 지원한다.
- 최대 8개 국어를 지원하며, 돌비 AC3 서라운드 입체 음향과 멀티 앵글을 제공한다.

3 사운드 카드(Sound Card)

- 8비트와 16비트 웨이브 테이블(Wave Table) 방식이 있으며, 비트 수가 높을수록 원음에 가깝다.
- 재생 방식에 따라 FM과 PCM 방식으로 구분한다.

샘플링(Sampling)	• 선형적 데이터를 비선형적 데이터로 취급할 수 있도록 디지털화하는 것 • 샘플(Sample)은 소리 파형을 일정 시간 간격으로 추출한 것 • 샘플링 율(Sampling Rate)은 소리가 기록될 때 초당 음이 측정되는 횟수로 높으면 원음에 가까움(단위 : Hertz) • 샘플링 주파수(Sampling Frequency)는 초당 샘플링 되는 횟수로 낮을수록 좋음 • 샘플링 비트(Sampling Bit) 수는 음질에 영향을 줌 • 아날로그 오디오 신호를 디지털 오디오 데이터로 변환할 때 파일 크기에 영향을 주는 요소에는 샘플링 비율(헤르츠), 양자화 크기(비트), 지속 시간(초) 등이 있음

4 비디오 카드(Video Card)

- 중앙 처리 장치의 그래픽 정보를 디지털 신호로 변환하여 모니터로 출력한다.
- 비디오 카드의 RAM 용량과 모니터의 성능에 따라 색상과 해상도가 결정된다.
- 버스 구조에 따라 ISA, VESA, PCI, AGP, PCI-Express 등으로 분류된다.

5 영상 보드(Image Board)

종류	설명
MPEG 보드	동화상을 압축하여 화면에서 볼 수 있도록 하는 장치
비디오 오버레이 보드	외부 비디오 신호를 모니터에 맞게 변환하여 화면에 표시하는 장치(TV나 비디오를 보면서 컴퓨터 작업이 가능)
프레임 그래버 보드	동화상을 데이터 파일로 저장, 편집하는 장치
비디오 캡처 보드	동화상 데이터를 컴퓨터가 처리할 수 있는 데이터 파일로 변환하는 장치

6 멀티미디어 제작 도구

- 사용자 입력에 따라 요소의 제어 흐름을 조정하며, 다양한 미디어 파일과 장치를 연결할 수 있다.
- 미디어 파일들간의 동기화 정보를 통하여 요소들을 결합한다.
- 디렉터(Director), 툴북(Toolbook), 프리미어(Adobe Premiere), 베가스 프로(Vegas Pro), 하이퍼 카드(Hyper Card), 오소웨어(Authorware), 칵테일(Cocktail) 등이 있다.

7 애니메이션 제작 도구

종류	설명
셀 애니메이션	셀이라는 투명한 비닐 위에 배경이나 주인공 등을 그려 색칠하는 기법
실루엣 애니메이션	검은 종이를 접거나 오려서 캐릭터와 배경 형태를 만든 후 조명을 비추어 이것의 변화에 따라 순서대로 배열해서 촬영하는 기법
종이 애니메이션	종이에 집적 캐릭터를 그리고 색칠하는 기법
인형 모델 애니메이션	인형에 동작을 주고, 이를 단계적으로 고정시켜 동작 하나하나를 연속적으로 촬영하는 기법
플래시 애니메이션	디지털 애니메이션의 일종으로 컴퓨터를 활용한 고차원적인 기법

3. 멀티미디어 데이터 ★★

1 비트맵(Bitmap)

- 부드러운 이미지를 나타낼 때 사용하며, 점의 최소 단위인 픽셀(Pixel)로 구성한다(래스터 이미지).
- 글자나 그림을 확대하면 매끄럽지 않고 계단 모양처럼 울퉁불퉁하다.
- 사실적 이미지의 고해상도를 표현하는데 적합하며, 기억 공간을 많이 차지한다.
- 비트맵 방식의 그래픽 파일 형식에는 BMP, PCX, PNG, GIF, JPG, TIF 등이 있다.

2 벡터(Vector)

- 그림 크기와 상관없이 원형을 그대로 유지하며, 점들의 좌표값으로 구성한다(직선과 곡선 이용).
- 특정 부분을 확대 또는 축소시켜도 화질의 손상이 없고, 매끄럽게 표현된다.
- 이동과 회전의 변형이 쉽고, 도형 같은 단순한 개체 표현에 적합하다.
- 벡터 방식의 그래픽 파일 형식에는 AI, CDR, CGM, DRW, DXF, WMF 등이 있다.

3 그래픽 데이터 파일

- GIF : 인터넷 표준 그래픽 형식으로 8비트 컬러를 사용하여 최대 256 색상까지 표현할 수 있으며, 애니메이션 구현이 가능하다.
- Animated GIF : 웹에서 살아있는 것처럼 움직이는 그래픽 이미지로 적은 용량으로 애니메이션을 구현한다(대부분의 브라우저에서 지원).
- JPEG(JPG) : 사진과 같이 선명한 정지 영상 압축 기술의 국제 표준으로 인터넷에서 그림 전송 시 사용되며, 다양한 색상(최대 1,600만 색)을 표현한다.

- BMP : Windows의 표준으로 비트맵 정보를 압축하지 않고 저장한다(고해상도의 이미지를 표현하므로 파일 크기가 큼).
- TIFF(TIF) : 응용 프로그램간 그래픽 데이터 교환을 위해 개발된 형식으로 트루컬러가 가능하다.
- PCX : Paintbrush에서 사용되는 파일로 압축 방식이 간단하다(스캐너, 팩스 등에서 지원).
- WMF : Windows에서 기본적으로 사용하는 파일 형식이다.
- PNG : GIF 대신 통신망에서 사용하는 웹 표준 그래픽 형식으로 다양한 특수 효과가 가능하다(선명한 그래픽으로 트루컬러 지원과 투명색 지정이 가능).

4 그래픽 데이터 관련 용어

- 인터레이싱(Interlacing) : 이미지의 대략적인 모습을 먼저 보여준 다음 점차 자세한 모습을 보여주는 기법이다.
- 메조틴트(Mezzotint) : 이미지에 무수히 많은 점을 찍은 듯한 효과를 나타내는 기법이다.
- 솔러리제이션(Solarization) : 필름에 빛이 들어가 나타나는 색채의 반전 효과를 주는 기법이다.
- 디더링(Dithering) : 팔레트에 없는 색상을 컬러 패턴으로 대체하여 가장 유사한 컬러로 표현하는 기법이다.
- 필터링(Filtering) : 이미지에 필터 기능을 이용하여 새로운 이미지로 바꾸는 기법이다.
- 렌더링(Rendering) : 3차원 화면에 색깔과 음영 효과를 주어 입체감과 사실감을 나타내는 기법이다.
- 모델링(Modeling) : 렌더링 작업을 하기 전에 수행되는 기법이다.
- 쉐이딩(Shading) : 3차원 그래픽 화면에서 표시된 물체에 적절한 색깔과 밝기를 표현하여 입체감을 나타내는 기법이다.
- 와핑(Warping) : 이미지를 왜곡할 때 사용하며, 이미지를 유사 형태로 변형하는 기법이다.
- 모핑(Morphing) : 두 이미지를 자연스럽게 연결하고, 어떤 모습을 서서히 다른 형상으로 변화시키는 기법이다.
- 리터칭(Retouching) : 이미지 변형 작업으로 기존의 그림을 다른 형태로 새롭게 변형, 수정한다.
- 안티앨리어싱(Anti-Aliasing) : 화면 해상도가 낮아 사선이나 곡선이 매끄럽게 표현되지 않고, 톱니 모양과 같이 거칠게 표시되는 느낌을 감소시키는 기법이다(샘플링 이론을 기초로 제안).
- 로토스코핑(Rotoscoping) : 실제 장면을 촬영한 후 화면에 등장하는 캐릭터나 물체의 윤곽선을 추적하여 애니메이션의 기본형을 만들고, 여기에 컬러를 입히거나 형태를 변형시키는 기법이다.
- 클레이메이션(Claymation) : 점토, 찰흙 등의 점성이 있는 소재를 이용하여 인형을 만들고, 소재의 점성을 이용하여 조금씩 변형된 형태를 만들어 촬영하는 기법이다.
- 래스터(Raster) : 픽셀 단위로 이미지를 저장하며, 파일 크기는 이미지의 해상도에 비례해서 커진다(스캐너나 디지털 카메라를 이용해서 생성).

5 웨이브(WAVE, WAV)

- PCM 방식으로 소리를 그대로 저장하였다가 사운드 카드를 통해 직접 재생(*.WAV)한다.
- 별도의 압축 과정이 필요하지 않으므로 MIDI보다 용량이 크다.
- 음악, 음성, 효과음 등 다양한 형태의 소리를 저장할 수 있다(샘플링하여 디지털 값으로 저장).
- 파일 크기 계산은 샘플링 주기(Hz) × 샘플링 크기(Byte) × 1(모노) 또는 2(스테레오)로 한다.

6 미디(MIDI)

- 컴퓨터에서 음정과 같은 연주 정보를 교환하기 위한 데이터 전송 규격으로 여러 가지 악기로 동시에 연주가 가능하다(전자 악기간 디지털 신호에 의한 통신 규약).
- 실제 사운드를 녹음하는 것이 아니라 정보만 저장하므로 사람 음성과 같은 자연음(효과음)은 저장할 수 없다(실제 음을 듣기 위해서는 신디사이저가 필요).
- 음악을 악보와 비슷한 하나의 순서(Sequence)로 저장하며, WAV 파일보다 크기가 작다.
- 음의 높이와 길이, 음표, 빠르기 등과 같은 연주 방법에 대한 명령어가 저장되어 있다.

7 MP3

- MPEG-1에서 오디오 압축 기술을 이용하여 만든 오디오 데이터의 디지털 파일 양식이다.
- 음질을 고밀도로 압축하는 기술(MPEG-1 Audio Player-3)이다.
- RA나 WAV 파일보다 음질이 뛰어나고 최대 12:1의 압축을 할 수 있다.
- 사운드 저장 시 디스크 공간의 크기는 샘플링 비율(Hz) × 양자화 크기(비트)/8 × 1(모노) 또는 2(스테레오) × 지속 시간(S)이다.

4. 멀티미디어 압축 규약 ✪✪✪

1 JPEG(Joint Photograph Experts Group)

- 풀 컬러(Full-Color)와 흑백 이미지의 압축을 위해 고안되었다.
- 정지 영상의 디지털 압축 기술로 손실 압축과 무손실 압축이 가능하다.
- 사용자의 요구에 따라 압축 정도를 지정할 수 있다.
- 화질에 따라 파일 크기가 다르며, 24Bit의 트루 컬러를 지원한다.

2 MPEG(Moving Picture Experts Group)

- 동영상 압축 기술에 대한 국제 표준으로 프레임과 프레임 사이의 차이에 중점을 둔다.
- 영상, 음성, 음향을 압축하며, 압축 속도는 느리지만 실시간 재생이 가능하다.
- 압축 시에는 데이터가 손실되지만 사용 목적에는 지장이 없다(중복 제거 기법을 사용).

종류	설명
MPEG-1	비디오 CD, CD-I에서와 같이 CD 매체에 VHS 테이프의 동영상과 음향을 최대 1.5Mbps로 압축 저장하는 기술(고용량 매체에서 동영상을 재생)
MPEG-2	MPEG-Video, MPEG-Audio, MPEG-System으로 구성되며, 고화질과 음질을 지원하므로 차세대 디지털 및 위성 방송, DVD 등에 사용되는 기술(MPEG-1의 화질을 개선)
MPEG-3	고화질 TV의 높은 화질을 얻기 위한 영상 압축 기술
MPEG-4	MPEG-2를 개선한 것으로 동영상 데이터 전송이나 화상 회의 시스템의 양방향 전송에 사용되는 기술(대역폭이 적은 통신에서도 전송이 가능하며, IMT-2000에서 사용)
MPEG-7	동영상 데이터 검색과 전자상거래 등에 적합하며, 멀티미디어의 정보 검색이 가능하도록 메타 데이터를 추가한 기술
MPEG-21	디지털 콘텐츠의 제작, 유통, 보안 등 전 과정을 포괄적으로 관리할 수 있는 기술

3 DVI(Digital Video Interactive)

- 인텔사에서 멀티미디어 분야의 동영상 압축 기술로 발전하였다(디지털 TV가 목적).
- 대용량의 영상 및 음성 데이터를 압축할 수 있으나 재생 속도가 느리다.
- 압축률은 최고 144:1 정도로 딜리 버리 보드와 캡처 보드로 구성된다.

4 DivX(Digital Video Express)

- MPEG-3과 MPEG-4를 재조합한 방식으로 기존 MPEG와는 다르게 비표준 동영상 파일 형식이다.
- 동영상을 압축하는 대용량의 고화질 파일 형식으로 긴 영상도 작은 크기로 압축할 수 있다.
- 코덱을 이용하여 압축하며, 재생을 하려면 재생 프로그램과 압축에 사용된 코덱이 있어야 한다.

5 AVI(Audio Visual Interleaved)

- Windows에서 디지털 동영상을 재생하기 위한 표준 파일 형식이다(RIFF 규격).
- 오디오 정보와 비디오 정보를 디지털 오디오 방식으로 압축하므로 압축 속도가 빠르다.
- 많은 압축 코덱이 존재하므로 다양한 방식으로 파일을 만들 수 있다.

6 ASF(Advanced Streaming Format)

- MS사에서 개발한 통합 멀티미디어 형식으로 파일을 다운로드 하면서 재생이 가능하다.
- 용량이 작고 음질이 뛰어나 주로 스트리밍 서비스를 하는 인터넷 방송국에서 사용된다.
- 인터넷을 통해 오디오, 비디오 및 생방송을 수신한다.

7 퀵타임(QuickTime)

- Apple사가 개발한 동화상 저장 및 재생 기술로 JPEG의 압축 방식을 사용한다(확장자 : qt, mov).
- 특별한 하드웨어의 추가 없이 동영상을 재생할 수 있으며, MP3 음악을 지원한다.
- 아날로그, 디지털 변환을 VC(Video Capture) 보드로 수행한다.

5. 멀티미디어 분야 및 용어 ✪✪

1 멀티미디어 활용 분야

- 화상 회의 시스템(VCS) : 초고속 정보 통신망을 이용하여 원거리에 있는 사람들과 비디오 및 오디오를 통해 회의할 수 있도록 하는 시스템이다.
- 주문형 비디오(VOD) : 뉴스, 영화, 게임 등의 멀티미디어를 구축하여 사용자 요구에 따라 영상 정보를 원하는 시간에 볼 수 있는 양방향 서비스이다.

- 전화 비디오(VDT) : 전화선을 이용하여 홈쇼핑, 교육 등의 영상 정보를 이용할 수 있는 서비스이다.
- 가상 현실(VR) : 그래픽과 시뮬레이션을 이용하여 가상 세계를 현실처럼 체험할 수 있는 기술이다.
- 컴퓨터 이용 교육(CAI) : 컴퓨터를 수업 매체로 활용하여 필요한 지식, 정보, 기술 등을 학습하는 시스템이다(학습 능력에 따라 학습 내용을 통신망으로 교육).
- 의료 영상 정보 시스템(PACS) : 초고속 통신망의 화상을 이용하여 가정에서 환자를 원격으로 진료할 수 있는 의료 시스템이다.
- 키오스크(Kiosk) : 전시장, 백화점 쇼핑 안내, 서적 검색 등에 사용되는 무인 안내 시스템이다.
- 시뮬레이션(Simulation) : 어떠한 현상이나 사건을 컴퓨터로 모형화하여 가상으로 수행시켜 봄으로써 실제 상황에서의 결과를 예측하는 것이다(모의 실험).
- 비디오텍스(Videotex) : 전화, TV를 컴퓨터와 연결하여 다양한 정보를 얻는 쌍방향 미디어이다.
- 텔레텍스트(Teletext) : TV의 방송망을 이용하여 필요한 정보(일기 예보, 프로그램 안내, 교통 안내 등)를 얻을 수 있는 시스템으로 대량의 정보 전송이 가능하다.

2 멀티미디어 관련 용어

- 코덱(CODEC) : 오디오, 비디오 등 아날로그 신호를 PCM을 사용하여 디지털 비트 스트림으로 압축 및 변환하고, 역으로 수신 측에서 디지털 신호를 아날로그 신호로 변환한다.
- 스트리밍(Streaming) : 멀티미디어 데이터 파일의 크기 때문에 생겨난 기술로 멀티미디어 데이터를 다운받을 때까지 기다리지 않고 전송되는 대로 재생시킨다(실시간 처리).
- 비디오 캡처(Video Capture) : 비디오 신호를 그래픽 데이터로 입력받아 저장하는 기술이다.
- 인디오(Indio) : 인텔사가 개발한 영상 처리의 DVI를 발전시킨 새로운 동화상 압축, 복원 기술이다.
- 워터마크(Watermark) : 이미지, 소리, 영상 등의 디지털 콘텐츠에 사람이 식별할 수 없도록 삽입하는 것으로 외부로부터의 손상이나 변형에 강하여 최근 널리 사용되는 콘텐츠 보호 기술이다.
- DirectX : 멀티미디어 프로그램에서 그래픽 이미지와 멀티미디어 효과를 만들고 관리하는데 필요한 인터페이스이다.
- HCI 기술 : 인간과 컴퓨터간 상호 작용에 관한 연구로 컴퓨터 작동 시스템이 인간과 상호 작용할 수 있도록 정보 처리 및 인지 과정을 연구하여 기능적으로 뛰어난 시스템을 디자인하는 기술이다(인간이 컴퓨터에 쉽고 편하게 다가갈 수 있도록 작동 시스템을 디자인하고 평가하는 과정).

| 무료 동영상 |

핵심정리 09 정보 통신과 인터넷 활용

1. 데이터 전송 기술 ★

1 데이터 전송 방식

방식	설명
단방향(Simplex)	한 쪽 방향으로만 정보 전송이 가능한 방식(예 : 라디오, TV 등)
반이중(Half Duplex)	양 쪽 방향으로 정보 전송이 가능하지만 동시에는 전송할 수 없는 방식(예 : 휴대용 무전기 등)
전이중(Full Duplex)	양 쪽 방향으로 동시에 정보 전송이 가능한 방식(예 : 전화기 등)

2 데이터 통신 방식

방식	설명
호스트–터미널(Host–Terminal)	• 데이터 처리를 하는 호스트 컴퓨터와 서비스 요청만을 처리하는 단말기로 구성된 방식(=중앙 집중 방식) • 언제든지 데이터 전송이 가능하며, 유지 보수가 쉬움
피어–투–피어(Peer–to–Peer)	• 고속 LAN을 기반으로 컴퓨터간 1:1로 연결되며, 워크스테이션이나 개인용 컴퓨터를 단말기로 사용(=동배간 처리 방식) • 작은 규모의 네트워크에서 많이 사용하며, 자원 공유를 실현(워크 그룹)
클라이언트–서버(Client–Server)	• 정보를 제공하는 컴퓨터와 자원을 활용하는 다수의 컴퓨터를 연결하여 독자적으로 데이터를 처리(=분산 처리 방식) • 시스템 모델은 2계층(2–Tier) 모델과 3계층(3–Tier) 모델로 분류

2. 정보 통신망의 종류와 특징 ★★

1 근거리 통신망(LAN)

- 건물, 기업, 학교 등 비교적 가까운 거리에 있는 컴퓨터들끼리 연결하는 통신망이다.
- 전송 거리가 짧아 고속 전송이 가능하며, 전송 오류가 적다(블루투스 사용 가능).

• 자원 공유를 목적으로 파일 전송, 전자 우편 등의 데이터를 공유하며, 분산 처리가 가능하다.

2 도시권 정보 통신망(MAN)

• 대도시 근교에서 도시와 도시를 연결한 통신망이다.
• LAN과 WAN의 중간 형태로 도시 전체를 대상으로 구축한다.

3 광대역 통신망(WAN)

• 국가와 국가 또는 전 세계의 컴퓨터가 하나로 연결된 통신망이다.
• 복잡한 네트워크의 효과적인 관리와 원거리의 데이터 전송이 가능하다(에러 발생률이 높음).

4 부가 가치 통신망(VAN)

• 통신 사업자로부터 대용량 회선을 임대하여 망을 구축하고, 새로운 서비스를 제공하는 통신망이다.
• 회선 대여업과 함께 전화 교환, 패킷 교환, 전용 회선의 각 서비스 망을 구축한다.

5 종합 정보 통신망(ISDN)

• 문자, 음성, 이미지, 동영상, 전화, 팩시밀리 등을 하나로 통합한 디지털 통신망이다.
• 회선 모드와 패킷 모드의 전송 방식을 통합하여 새로운 디지털망으로 확장한다.

6 광대역 종합 정보 통신망(B-ISDN)

• 동영상 및 고속 데이터 전송이 가능한 광통신 기술을 기반으로 광범위한 서비스를 제공하는 디지털 공중 통신망이다.
• 패킷 교환 방식과 회선 교환 방식을 통합한 비동기식 전송 방식(ATM)을 사용한다.
• ATM은 멀티미디어 데이터를 빠르게 전송하는 방식으로 패킷 라우팅과 셀 릴레이를 지원한다.

7 비대칭 디지털 가입자 회선(ADSL)

• 전화 회선을 통해 높은 대역폭의 디지털 정보를 1:1로 전송하며, 고속 데이터 통신이 가능하다.
• 전화는 낮은 주파수를, 데이터 통신은 높은 주파수를 이용하며, 다운로드 속도가 업로드 속도보다 빠르다.

8 초고속 디지털 가입자 회선(VDSL)

• 전송 거리가 짧은 구간에서 고속의 데이터를 비대칭으로 전송하는 초고속 디지털 전송 기술이다.
• 양방향 서비스 속도가 비슷하며, 고화질의 영상 회의를 제공한다.

3. 정보 통신망의 유형 및 관련 용어 ★★

1 정보 통신망의 유형

유형	특징
버스(Bus)형	• 하나의 통신 회선에 여러 대의 단말기가 연결된 형태로 CATV 망에 적합 • 노드 하나가 고장 나면 해당 노드에만 영향을 미침(신뢰성과 확장성이 편리) • 동시에 많은 신호를 전송하면 성능이 저하됨(설치가 용이하고, 비용은 저렴)
스타(Star)형	• 중앙의 컴퓨터와 1:1로 연결되는 중앙 집중식 형태로 온라인 시스템에 적합 • 중앙 컴퓨터가 고장 나면 전체 통신망이 마비되지만 유지 보수 및 확장이 용이
트리(Tree)형	• 하나의 회선에 여러 대의 단말기가 연결된 형태로 분산 처리 시스템에 적합 • 중앙 컴퓨터와 단말기를 하나의 통신 회선으로 연결하고, 이웃하는 단말 장치를 중간 단말 장치로 다시 연결(통신 경로가 가장 짧음)
링(Ring)형	• 서로 인접한 노드끼리 둥글게 연결된 형태로 LAN에 적합(기밀 보호 힘듦) • 양방향 전송으로 두 노드 사이의 채널이 고장 나면 전체 네트워크가 손상 • 포인트 투 포인트(Point-to-Point) 방식으로 연결시킴
메시(Mesh)형	• 모든 단말기들이 그물 모양의 회선으로 연결된 형태로 장거리 전송에 적합 • 하나의 통신 회선에 장애가 발생하면 다른 회선에 데이터를 전송 • 많은 양의 통신을 필요로 하는 경우에 사용(응답 시간이 빠름)

2 정보 통신망 관련 용어

• VoIP : 음성 데이터를 인터넷 프로토콜 데이터 패킷으로 변환하여 인터넷 망에서 음성 통화(국제 전화)를 가능하게 하는 기술이다.
• FTTH : 광섬유를 이용하여 100Mbps~1Gbps의 속도로 데이터를 전송하며, 인터넷 전화 및 TV, CATV 등의 서비스를 한번에 전송하는 기술이다.
• WIPI : 이동 통신 업체 사이에서 동일한 플랫폼을 사용하여 국가적 낭비를 줄이는 목적으로 추진된 무선 인터넷 플랫폼이다.
• WAP : 무선 장치들이 전자 우편, 뉴스 그룹, IRC 등을 인터넷 액세스에 사용될 수 있도록 방법을 표준화한다.

- WTP : 무선 인터넷에서 트랜잭션 형태의 데이터 전송 기능을 제공하는 프로토콜이다.
- WLL : 전화국과 가입자 단말 사이의 회선을 무선 시스템으로 구성하여 선로 구축이 용이하다.
- WML : 무선 접속을 통해 PDA나 휴대 전화 같은 이동 단말기에 웹 페이지의 텍스트 부분이 표시될 수 있도록 지원하는 언어이다.

4. 인터넷 장비와 주소 체제 ✪✪

1 인터넷 통신 장비

종류	특징
라우터 (Router)	• 패킷에 의해 네트워크 노드를 결정하는 장치로 최적의 경로를 배정 • 물리 계층에서 신호를 중계하며, 거리 확장이나 상호 접속을 위해 사용 • 서로 다른 프로토콜을 운영하는 통신망에서 정보 전송을 위해 경로 설정
게이트웨이 (Gateway)	• 서로 다른 프로토콜에서 네트워크를 상호 연결하는 장치 • 상위(응용) 계층을 연결하며, 다른 네트워크의 데이터 교환을 위한 출입구 역할 • 네트워크 사이에서 IP 패킷을 라우팅하거나 전달
리피터 (Repeater)	• 광학 전송 매체에서 신호를 수신하여 다음 구간으로 전송하는 장치 • 인터넷 신호를 증폭하여 장거리로 정보를 전달할 때 사용
브리지 (Bridge)	• 동일한 프로토콜을 쓰고 있는 다른 랜과 양방향 접속시키기 위한 장치 • 디지털 회선의 중간에 위치하며, 물리적으로 다른 네트워크를 연결할 때 사용 • 2개 이상의 LAN을 서로 연결하며, 목적지 주소의 선별과 경로를 결정
허브 (Hub)	• LAN에서 여러 컴퓨터나 기기들을 연결하기 위한 장치 • 물리 계층에서 각 노드를 통신 회선으로 연결(통합 회선 관리) • 더미 허브는 LAN에 있는 대역폭을 컴퓨터 수만큼 나누어 제공하므로 불안정 • 스위칭 허브는 패킷을 고속으로 전송하며, 신호 처리와 관리 기능을 가짐

2 인터넷 주소

- 인터넷에서 컴퓨터를 식별하기 위한 주소로 호스트 컴퓨터, 기관 종류, 국가 등으로 구성한다.
- 숫자로 구성된 IP 주소와 문자로 구성된 도메인 이름(Domain Name)으로 나뉜다.
- 인터넷 주소는 각 국의 NIC에서 관리하되 미국과 NIC가 없는 국가는 InterNIC에서, 우리나라는 KRNIC에서 관리한다.
- KRNIC는 IP 주소와 도메인 이름뿐만 아니라 인터넷 주소의 정책 연구, 제도 개선, 인터넷 활성화, 국제 인터넷 주소 기구 협력 등의 업무를 수행한다.

3 IPv4(Internet Protocol version 4)

- 현재 사용하는 IP 주소로 32비트를 8비트씩 4개의 점(.)으로 나누어 표시한다(예 : 179.145.1.22).
- 숫자로 표현된 주소는 점(.)으로 구분되어 4옥텟(Octet)으로 되어 있다(1옥텟 = 8Bit = 1Byte).
- 5개의 클래스로 구성되며, 현재 할당된 주소는 대부분이 C 클래스이다.

클래스	설명
A Class	국가나 대형 통신망에서 사용(최대 16,777,214개의 호스트를 사용)
B Class	중/대규모의 통신망에서 사용(최대 65,534개의 호스트를 사용)
C Class	소규모의 통신망에서 사용(최대 254개의 호스트를 사용)
D Class	멀티캐스팅용에서 사용 / E Class는 실험용

4 IPv6(Internet Protocol version 6)

- IPv4의 주소 공간을 4배 확장한 것으로 128비트를 16비트씩 8개로 나누어 표시하며, IP는 콜론(:)으로 구분한다(IP 주소의 부족 현상을 해소하기 위한 차세대 주소 체계).
- 주소의 한 부분이 0으로만 연속되는 경우 연속된 0은 '::'으로 생략할 수 있다.
- 실시간 흐름 제어로 향상된 멀티미디어 기능과 보안 기능을 지원하며, 전송 속도가 빠르다.
- 인증성, 기밀성, 데이터 무결성의 지원으로 보안 문제를 해결할 수 있다.
- 유니 캐스트(일대일 통신), 멀티 캐스트(일대다 통신), 애니 캐스트(일대일 통신) 주소로 분류된다.

5 도메인 네임(Domain Name)

- 숫자로 구성된 IP 주소를 이해하기 쉽도록 문자로 표기하며, 영문은 대소문자를 구별하지 않는다.
- 하나의 IP 주소는 여러 개의 도메인 네임을 가질 수 있다.
- 도메인 네임을 IP 주소와 대응시키기 위해 DNS라는 계층적 시스템을 사용한다.
- 영문자나 숫자로 시작하며 쉼표(,), 밑줄(_) 등의 특수 문자와 공백은 사용할 수 없다.

• 주소 체제는 점(.)으로 구분하며, 오른쪽으로 갈수록 상위 도메인이다.

www.cyber.co.kr
호스트 이름, 기관 이름, 기관 종류, 국가 도메인

국제 도메인	기관(소속)	국내 도메인
com	일반 기업체, 회사	co
edu	교육 기관, 학교	ac
gov	정부, 공공 기관	go
int	국제 단체	
net	네트워크 관련 기관	ne
org	비영리 단체	or
	연구 기관	re
	개인	pe

6 DNS(Domain Name System)

• 문자로 입력된 도메인 이름을 컴퓨터가 인식하는 IP 주소로 변경하는 시스템이다.
• TCP/IP에서 사용하는 서비스로 URL의 도메인 이름과 호스트 이름을 DNS Server에 등록한다.
• 루트(Root), 최상위 도메인(TLD), 2차 도메인(SLD) 등으로 구성한다.

7 서브넷 마스크(Subnet Mask)

• 호스트 이름으로부터 IP 주소지에 대한 네트워크 이름을 규정하는 것으로 32비트의 크기를 갖는다.
• 0~255까지의 숫자 4개를 점으로 표기하며, IP 주소와 결합하여 네트워크를 식별한다.
• 컴퓨터가 속한 네트워크 식별자를 추출하는 것으로 IP 주소의 공간 낭비에 대한 문제를 해결한다.
• IP 주소를 네트워크 ID 부분과 호스트 ID 부분으로 구별하기 위해서 사용한다.

5. 인터넷 프로토콜 ✪✪✪

1 프로토콜(Protocol)의 개념

• 통신을 원하는 두 개체간에 무엇을, 어떻게, 언제 통신할 것인가에 대해 약속한 규정이다.
• 통신 절차, 에러 검사 및 제어, 흐름 제어(패킷 수 조절), 동기화 등에 관련된 기술이다.
• 전송 데이터 프레임의 구성에 따라 문자 방식, 바이트 방식, 비트 방식 등이 있다.
• 기본 요소는 구문(Syntax), 의미(Semantics), 순서(Timing)가 있다.

2 TCP/IP

• 가장 기본적인 통신 규약으로 다양한 종류의 운영 체제에 대하여 네트워킹을 제공한다.
• 컴퓨터 기종에 관계없이 인터넷 환경에서 정보 교환이 가능하다.

구분	설명
TCP	• OSI 7계층 중 트랜스포트 계층에 해당하며, 전송 데이터의 오류 여부를 검사 • 두 종단간 연결을 설정한 후 데이터를 패킷 단위로 교환
IP	• OSI 7계층 중 네트워크 계층에 해당하며, 신뢰성이 나쁨 • 패킷 주소를 해석하고 경로를 설정하여 다음 호스트로 전송

3 주요 프로토콜

종류	특징
HTTP	• WWW를 이용할 때 서버와 클라이언트간의 정보 교환 프로토콜 • 웹 서버와 클라이언트가 상호 통신을 하기 위해 사용(포트 번호 : 80)
ARP	• IP 주소를 물리적 네트워크 주소로 대응시키기 위해 사용하는 프로토콜 • 컴퓨터의 IP 주소만 알고 MAC 주소를 모르는 경우 IP 주소로부터 MAC 주소를 찾음
RARP	• 네트워크상에서 물리적 네트워크 주소(MAC)를 IP 주소로 대응시키기 위한 프로토콜 • 호스트가 IP 주소를 모르는 경우 이를 서버로부터 요청하기 위해 사용
NNTP	• 뉴스 그룹에 있는 글을 관리하기 위해 사용되는 프로토콜 • 유즈넷 서비스에서 기사 내용을 전달(포트 번호 : 119)
DHCP	• 네트워크에서 IP 주소를 관리하거나 할당할 수 있는 프로토콜 • IP 주소를 자동으로 설정하는 방식을 사용
UDP	• 네트워크에서 컴퓨터간 메시지 교환 시 제한된 서비스만을 제공하는 프로토콜 • TCP의 대안으로 IP를 사용하여 데이터를 전송
ICMP	• 호스트 서버와 게이트웨이 사이에서 메시지를 제어하거나 에러를 알려주는 프로토콜 • 네트워크 계층을 관리하거나 제어하는 등 다양한 기능을 제공
SNMP	• 가장 광범위하게 사용되고 있는 네트워크 관리 시스템 프로토콜 • 네트워크 장치 및 동작을 감시

4 OSI 7계층의 특징

- 국제표준화기구(ISO)에서 정한 네트워크로 기존의 컴퓨터나 다른 종류의 네트워크 접속을 용이하게 하기 위한 프로토콜의 표준이다.
- 효율적이면서 상호 접속이 용이한 컴퓨터 통신망 구축을 목적으로 한다.

계층	특징
응용(Application) 계층	응용 프로그램(사용자)의 정보 활용과 통신 제어
표현(Presentation) 계층	데이터 표준화와 압축, 코드 변환, 구문 검색, 정보의 형식과 암호화 기능을 제공
세션(Session) 계층	프로세서간 대화 설정 및 유지, 종료(송수신측 간 관련성 유지, 동기 제어, 데이터 교환 관리, 대화의 구성 및 동기 제공)
전송(Transport) 계층	투명하고 신뢰성 있는 데이터 전송, 오류 복구와 흐름 제어(장비 : 게이트웨이)
네트워크(Network) 계층	데이터 교환 기능으로 목적지 경로를 설정 또는 종료하고, 패킷 정보를 전송하여 트래픽을 제어(장비 : 라우터)
데이터 링크(Data Link) 계층	물리 계층의 전송 오류를 검출하고 수정, 링크의 확립/유지/단절의 수단을 제공(장비 : 브리지, 스위치)
물리(Physical) 계층	전송 매체의 전기적, 물리적 특징을 규정(장비 : 리피터, 허브)

5 OSI 7계층의 특징

OSI 7계층			TCP/IP 계층	해당 프로토콜
상위층	7	응용	응용 계층	HTTP, FTP, SMTP, SNMP, POP, DHCP, DNS, Telnet
	6	표현		
	5	세션		
	4	전송	전송 계층	TCP, UDP
하위층	3	네트워크	인터넷 계층	IP, ICMP, ARP, RARP
	2	데이터 링크	네트워크 접속 계층	MAC 주소
	1	물리		토큰링, 토큰 버스, 이더넷

6. 웹 브라우저 사용 및 설정 ✪

1 웹 브라우저(Web Browser)

- GUI 환경과 그래픽을 기반으로 하이퍼미디어 형태의 웹 정보와 서비스를 사용할 수 있다(웹 서버와 HTTP 프로토콜로 통신).
- 웹 페이지의 저장 및 인쇄, 자주 방문하는 사이트의 기억 및 관리, 전자 우편 및 HTML 문서 편집 등의 기능을 제공한다.
- 플러그 인 프로그램을 설치하면 동영상, 음성 등 다양한 멀티미디어 정보를 처리(검색)할 수 있다.
- 사용자가 방문했던 웹 사이트 주소들을 순서대로 기억하는 것을 히스토리(History)라고 한다.
- 자주 방문하는 웹 사이트를 쉽게 찾아갈 수 있도록 사이트 주소를 목록 형태로 저장한 것을 즐겨찾기(Bookmark)라고 한다.
- 익스플로러(Explorer), 엣지(Egde), 크롬(Chrome), 모자이크(Mosaic), 핫자바(Hot Java), 사파리(Safari), 오페라(Opera), 파이어폭스(Firefox) 등이 있다.

2 익스플로러 보안 기능

- 보안 등급을 설정하거나 내용 관리자를 지정해서 접속 가능한 웹 사이트를 제한할 수 있다.
- 등급을 사용하여 사용자, 공급자 등을 확인할 수 없으나 볼 수 있는 내용을 제한할 수는 있다.
- 인터넷 쇼핑에서 사용되는 개인정보를 관리할 수 있다.

3 인터넷 팝업 차단 기능

- 인터넷 화면에서 자동으로 실행되는 웹 사이트의 팝업 창을 차단하는 기능으로 필요 없는 광고나 홍보를 자동적으로 차단할 수 있다.
- 익스플로러에서 [도구]-[팝업 차단]을 선택하여 팝업 차단 기능을 선택할 수 있다.
- 특정 웹 사이트에서 차단 메시지가 나타나면 알림줄을 클릭하여 팝업 창의 허용 여부를 지정한다.

7. 인터넷 서비스 ✪✪

1 WWW(World Wide Web) – 포트 번호 : 80

- 텍스트, 사운드, 이미지, 동화상 등이 복합된 HTML 언어와 하이퍼텍스트 기반으로 되어 있는 HTTP 프로토콜을 사용한다(GUI와 멀티미디어 기법을 활용).
- 웹 페이지는 서버에서 정보를 제공하고, 클라이언트에서 정보를 검색하고 제공받는다.

2 URL(Uniform Resource Locator)

- 정보의 위치를 나타내는 표준 주소 체계로 정보에 대한 접근 방법, 위치, 파일명 등을 표시한다.

• 형식은 접근 프로토콜://IP 주소 또는 호스트 도메인 이름[:포트 번호]/파일 위치(경로)/파일 이름 순이다(프로토콜 : 인터넷 서비스 종류, IP 주소 또는 도메인 이름 : 검색 정보가 있는 호스트 주소, 포트 번호 : 서비스를 구분하는 번호, 파일 위치와 파일명 : 저장된 실제 경로와 이름).

3 FTP(File Transfer Protocol) – 포트 번호 : 21

• TCP/IP 프로토콜을 기반으로 인터넷을 통하여 서버와 클라이언트 사이의 파일을 송수신한다.
• FTP 유틸리티 프로그램에서 서버의 IP 주소, 계정, 암호를 입력하면 파일을 업로드 할 수 있다.
• 익명 파일 전송(Anonymous FTP)은 계정 없이도 누구든지 Anonymous 또는 FTP라는 로그인명으로 호스트에 대해 FTP를 실행할 수 있다.

전송 모드	설명
바이너리 모드	그림 파일, 동영상 파일, 압축된 형태의 파일을 전송할 때 사용
아스키 모드	텍스트 파일을 전송할 때 사용

4 원격 접속(Telnet) – 포트 번호 : 23

• 원격지 컴퓨터에 권한을 가진 사용자가 접속하여 프로그램을 실행하거나 시스템을 관리한다.
• 인터넷 사용자는 텔넷을 이용하여 전 세계의 다양한 온라인 서비스를 제공받을 수 있다.
• 사용자가 원격지에 있는 다른 시스템과 마치 직접 접속되어 있는 것처럼 사용할 수 있다.

5 유즈넷(Usenet)

• 특정 주제나 공통 관심사에 대하여 네티즌들이 자유롭게 자신의 의견을 제시하고 토론할 수 있다.
• 인터넷 사용자간에 뉴스의 분배, 조회, 송수신할 수 있는 환경을 제공한다.
• 뉴스 그룹은 분야별로 나눠지고 다시 다른 그룹으로 세분화되는 계층 구조를 이룬다.

6 기타 인터넷 서비스

종류	특징
아키(Archie)	익명의 FTP 사이트에 있는 각종 파일들을 검색(디렉토리 정보를 제공)
인터넷 대화방(IRC)	여러 사람들이 관심 있는 분야별로 대화(채팅)할 수 있는 가상 공간
메일링 리스트	공통의 관심사를 가진 사람들이 의견을 주고받기 위해 만들어 놓은 그룹
고퍼(Gopher)	분산되어 있는 자료를 검색(계층적인 분산 정보를 제공)

7 인터넷 관련 용어

• 인트라넷(Intranet) : 기업 내 네트워크를 정보망에 연결하여 저렴한 비용으로 회사 업무를 구축하는 시스템이다(인터넷 기술을 기업 내 정보 시스템에 적용한 것으로 전자 우편 시스템, 전자 결재 시스템 등을 인터넷 환경으로 통합).
• 엑스트라넷(Extranet) : 인트라넷의 범위를 확대해서 기업대 기업을 대상으로 정보를 공유한다.
• 미러 사이트(Mirror Site) : 다수의 이용자들이 동시에 접속할 경우 액세스 분산화와 네트워크 부하를 방지할 목적으로 같은 내용을 복사한다.
• 데몬(Daemon) : 인터넷상에서 발생하는 서비스를 처리하기 위해 웹 서버에 항상 실행중인 상태로 있는 프로그램이다.
• 쿠키(Cookie) : 웹 사이트의 방문 기록(ID)을 남겨 사용자와 사이트를 매개해 주는 역할을 한다.
• 캐싱(Caching) : 자주 사용하는 사이트를 하드 디스크에 저장하고, 해당 자료에 접근하면 미리 저장한 하드 디스크의 자료를 빠르게 보여준다.
• 전자상거래(E-Commerce) : 컴퓨터에서 거래를 할 수 있는 기능으로 신용카드를 이용할 경우 SET 프로토콜이 필요하다(개인정보의 유출 위험으로 신뢰도 문제가 발생).
• 워터마킹(Watermarking) : 오디오, 비디오, 이미지 등의 디지털 콘텐츠에 육안으로 구별할 수 없는 저작권 정보를 삽입하여 불법 복제를 막는 기술이다.
• 유비쿼터스(Ubiquitous) : 언제 어디서나 자유롭게 네트워크를 통해 컴퓨터에 접속할 수 있는 환경으로 모든 사물에 초소형 칩을 내장시켜 연결하면 사물끼리 통신이 가능하다(대표적인 기술로는 RFID와 USN 등이 있음).
• 블루투스(Bluetooth) : 근거리에 놓여 있는 컴퓨터와 이동단말기를 무선으로 연결하여 쌍방향으로 실시간 통신을 가능하게 해주는 규격 또는 장치이다.
• DMB(Digital Multimedia Broadcasting) : 영상이나 음성을 디지털로 변환하는 기술로 언제 어디서나 다양한 콘텐츠를 접할 수 있다(디지털 멀티미디어 방송).
• 전자 데이터 교환(EDI) : 통신을 이용하여 상거래에 필요한 정보를 다른 조직에 교환하는 규약이다.
• GPS(Global Positioning System) : 위성 항법 장치로 어느 곳에서든지 인공위성을 이용하여 자신의 위치를 확인할 수 있는 시스템이다(증강 현실에 사용).

- GIS(Geographic Information System) : 지리 정보 시스템으로 지리 공간 데이터를 분석 또는 가공하여 교통, 통신 등과 같은 지형 분야에 활용할 수 있는 시스템이다.
- IMT-2000 : 통신의 문제점을 해결하기 위한 차세대 이동 통신으로 지역적 한계와 멀티미디어 통신의 고속 전송이 불가능한 기술적 한계를 극복한다(공통 주파수 확보).

8. 웹 프로그래밍 언어 ✪✪

1 HTML(Hyper Text Markup Language)

- 하이퍼텍스트를 작성하는 언어로 이식성이 높고 사용이 용이하나 복잡한 문서 작성이 어렵다.
- DHTML은 HTML에 비해 애니메이션이 강화되고, 동적인 웹 페이지를 만들 수 있다.

2 SGML(Standard Generalized Markup Language)

- 멀티미디어 문서의 저장과 독립적인 문서를 처리하는 언어로 전자 출판에 이용된다.
- 유연성이 좋고 독립적인 시스템 운용이 가능하나 기능이 복잡하다.

3 XML(eXtensible Markup Language)

- HTML의 단점을 보완하고 웹에서 구조화된 문서를 상호 교환하는 언어로 HTML 태그의 사용자 정의가 가능하다(홈페이지 구축, 검색 기능 등을 향상).
- DTD(Document Type Definition)가 고정되어 있지 않으므로 논리적 구조를 표현할 수 있다.

4 WML(Wireless Markup Language)

- XML에 기초를 둔 언어로 태그를 이용하여 데이터, 텍스트, 이미지 등을 지원한다.
- 휴대폰, PDA 등 무선 단말기에서 텍스트를 기반으로 콘텐츠를 제공한다.

5 UML(Unified Modeling Language)

- 요구 분석, 시스템 설계 및 구현 등 시스템 개발 과정에서 의사소통을 원활하게 하기 위하여 표준화한 통합 모델링 언어이다(다양한 표기법을 사용하므로 표현력이 강함).
- 시스템 개발자가 소프트웨어를 코딩하기 전에 표준화되고, 이해하기 쉬운 방법으로 설계한다.

6 VRML(Virtual Reality Modeling Language)

- 3차원 가상 공간을 표현하기 위한 언어로 웹에서 3차원 입체 이미지를 묘사한다(플러그 인 사용).
- HTML을 기반으로 각종 운영 체제에 독립적이며 가상 쇼핑몰, 3차원 채팅 등에 이용된다.

7 자바(Java)

- 웹상에서 멀티미디어 데이터를 유용하게 처리할 수 있는 객체 지향(Object-oriented) 언어이다.
- 하나의 자바 프로그램이 여러 작업을 할 수 있으며, 멀티쓰레드를 제공한다(보안에 강함).
- 다른 컴퓨터와의 호환성과 이식성이 뛰어나며, 가상 바이트 코드(Byte Code)를 사용한다.
- C++ 언어를 기반으로 플랫폼에 독립적이며, 실시간 정보를 통해 애니메이션을 구현한다.
- 상속성(Inheritance), 캡슐화(Encapsulation), 오버로딩(Overloading), 다형성(Polymorphism) 등을 제공한다.

8 자바 스크립트(JavaScript)

- 웹 문서에 소스 코드를 삽입하고, HTML을 확장하여 이를 편리하게 꾸밀 수 있다.
- 자바 애플릿을 보완하여 웹 브라우저에서 변수 선언 없이 직접 번역되고 실행된다(클래스 없음).
- 컴파일된 언어에 비해 처리 시간이 오래 걸리지만 짧은 프로그램에는 유용하다.

9 CGI(Common Gateway Interface)

- HTTP 서버에서 외부 프로그램을 수행하기 위한 인터페이스로 사용자가 방명록, 카운터, 게시판 등을 HTML 문서와 연동하기 위해 사용한다.
- 프로그램에 사용되는 언어에는 C, C++, Java, Perl, ASP 등이 있다.

10 ASP(Active Server Page)

- CGI의 단점을 보완하기 위해 개발된 웹 문서 언어로 Windows 계열에서만 수행이 가능하다.
- 서버 측 스크립트가 HTML 페이지를 만들어 모든 브라우저에서 사용한다.

11 객체 지향 프로그래밍과 언어

메뉴	설명
객체 지향 프로그래밍	• 동작보다는 객체, 논리보다는 자료를 기준으로 구성 • 소프트웨어 재사용성으로 프로그램 개발 시간을 단축 • 절차적 프로그램 개발에 적합 • Smalltalk, C++, Java 등에서 객체 지향의 개념을 표현
객체 지향 언어	• 객체 내부의 데이터 구조에서 데이터형뿐만 아니라 사용 함수까지 함께 정의한 것을 클래스(Class)라고 함 • 객체가 수행할 수 있는 특정 작업을 메소드(Method)라고 함 • 상속성, 다형성, 캡슐화, 추상화 등의 특징을 가짐 • 객체는 속성과 메소드의 상속뿐만 아니라 재사용이 가능

| 무료 동영상 |

핵심정리 10 정보 사회와 보안 관리

1. 정보 사회와 정보 윤리 ✪

1 정보 사회의 순기능

- 인터넷을 기반으로 멀티미디어 정보가 발달하고, 시간과 공간에 대한 제약이 없다.
- 사이버 공간상의 새로운 인간 관계와 문화가 형성된다.
- 정보 통신망의 발달로 개인 및 집단의 통신 교통량 증폭을 막을 수 있다.
- 기업에서 생산성 증가와 지적 재산권에 대한 사회화와 형식화가 가능하다.
- 정보 공유와 정보 중심의 산업 구조로 자동화를 실현한다.

2 정보 사회의 역기능

- 개인정보의 유출로 사생활 침해와 정보 이용의 불균형 현상이 발생한다.
- 정보 기술에 대한 새로운 범죄가 증가하고, 직업 사회의 파괴와 직업병(VDT 증후군)을 유발한다.
- 가상 공간의 확대로 현실 도피와 비인간화를 촉진한다.
- 중앙 컴퓨터 또는 서버의 장애로 사회적, 경제적 혼란을 초래할 수 있다.
- 컴퓨터 범죄에 대한 기술 개발과 정보 유출에 대한 관련 법규를 마련한다.

3 인터넷의 정보 윤리

- 처방(Prescriptive) 윤리 : 정보 사회에서 행동해야 할 것과 행동해서는 안 되는 것을 분명하게 규정한다.
- 예방(Preventive) 윤리 : IT 기술 발전에 수반될 윤리 문제에 대해 사전에 숙고하고 예방한다.
- 변형(Transformative) 윤리 : 정보화의 역기능으로 인터넷 공간의 무질서와 같은 혼돈에 대하여 인간의 경험, 제도, 정책을 강조한다.
- 세계(Global) 윤리 : 국지적 윤리가 아닌 세계 보편적 윤리를 강조한다.

4 법적인 정보 윤리

- 정보통신윤리위원회 : 불건전 정보의 억제 및 건전한 정보 문화 확산을 목적으로 유해 정보와 음란 정보에 관한 심의 및 감독을 시행한다.
- 방송통신심의위원회 : 방송의 공정성과 통신의 건전한 문화를 유지하여 올바른 환경을 조정한다.
- 정보화촉진기본법 : 정보 통신 산업의 기반을 조성하고, 정보 통신 기반의 고도화를 실현함으로 국민 생활의 질을 향상시킨다.
- 개인정보보호법 : 다른 정보와 결합하여 개인을 식별할 수 있는 정보로 성명, 주민등록번호 등으로 식별이 가능하다.
- 통신비밀보호법 : 통신 및 대화의 비밀과 자유에 대한 제한은 그 대상을 한정하고 엄격한 법적 절차를 거쳐 통신 비밀을 보호하고 통신 자유의 신장을 목적으로 한다.
- 컴퓨터프로그램보호법 : 컴퓨터 프로그램 저작자의 권리 보호와 프로그램의 공정한 이용을 목적으로 하며, 원 프로그램을 개작한 2차적 프로그램은 독자적인 프로그램으로 보호된다.

컴퓨터프로그램보호법의 제정 목적
• 컴퓨터 프로그램을 저작물로 인정하고, 일반 저작권과 같은 권리를 보장 • 창작된 프로그램의 공정한 이용과 유통을 촉진 • 새로운 프로그램의 창작을 유도하여 프로그램 산업과 기술을 진흥 • 프로그램 저작권, 프로그램 등록, 권리 침해에 대한 구제 등을 관리

2. 저작권 보호와 개인정보 보호 ✪✪

1 저작권법의 개념

- 저작권(Copyright)은 창작물을 만든 사람이 자기 저작물에 대해 가지는 배타적인 법적 권리로 여러 국가에서 인정된다.

- 저작자의 권리 보호와 저작물의 공정한 이용을 도모하여 문화 발전 및 관련 산업 발전에 이바지함을 목적으로 한다.
- 원저작물을 번역, 변형, 각색 등의 방법으로 작성한 2차적 창작물은 독자적인 저작물로 보호된다.
- 사람 이름, 단체 명칭, 저작물 제호 등은 저작물에 해당되지 않는다.

2 저작권의 보호 기간

- 저작 재산권은 특별한 규정이 있는 경우를 제외하고는 저작자가 생존하는 동안과 사망한 후 70년간 존속한다.
- 공동 저작물의 저작 재산권은 맨 마지막으로 사망한 저작자가 사망한 후 70년간 존속한다.
- 무명 또는 알려지지 않은 이명이 표시된 저작물의 저작 재산권은 공표된 때부터 70년간 존속한다.
- 업무상 저작물의 저작 재산권은 공표한 때부터 70년간 존속한다. 다만, 창작한 때부터 50년 이내에 공표되지 아니한 경우에는 창작한 때부터 70년간 존속한다.

3 프로그램 저작권

- 프로그램 저작자가 프로그램을 복제, 개작, 번역, 배포, 발행할 권리를 의미한다.
- 지적 재산권이 있는 소프트웨어를 허가 없이 무단으로 판매하였을 경우 컴퓨터프로그램보호법에 저촉되어 처벌을 받는다.
- 프로그램이 창작된 시점부터 발생하여 해당 프로그램이 공표된 다음 연도부터 50년간 유지된다.

4 개인정보의 보호 조치

- 개인정보를 안전하게 취급하기 위한 내부 관리 계획의 수립을 시행한다.
- 개인정보의 불법적인 접근을 차단하기 위해 침입 차단 시스템 등 접근 통제 장치를 설치한다.
- 접속 기록의 위조 또는 변조 방지를 위한 조치를 강구한다.
- 개인정보를 안전하게 저장 및 전송할 수 있는 암호화 기술 등을 이용한다.
- 백신 소프트웨어의 설치 및 운영 등 컴퓨터 바이러스에 의한 침해를 방지한다.

3. 컴퓨터 범죄의 유형과 대책 ✪✪

1 컴퓨터 범죄의 유형

- 다른 사람의 ID와 신상 정보를 도용하여 불법적으로 사용한다.
- 컴퓨터에 바이러스를 전파하여 시스템(H/W, S/W)을 파괴한다.
- 암호 해독 프로그램을 이용하여 금품 횡령이나 위조 카드 등으로 부당 이득을 얻는다.
- 해커의 불법 침입으로 데이터의 저장 매체를 절취 또는 복사한다.
- 전자문서를 불법으로 복사하거나 시스템 해킹으로 중요 정보를 위조 또는 변조한다.
- 증거 인멸 또는 변조가 용이하며, 복잡한 방법으로 추적을 불가능하게 한다.

2 컴퓨터 범죄의 예방과 대책

- 정기적인 비밀번호 변경과 전송 데이터를 보호하기 위해 암호화 기법을 사용한다.
- 복사 방지용 소프트웨어를 개발하여 불법 복제를 예방한다.
- 해킹 방지를 위해 방화벽과 같은 보안 체제와 보호 패스워드를 시스템에 도입한다.
- 보안 관련 프로그램과 함께 지속적인 해킹 감시 및 접근 통제 도구를 개발한다.
- 신분 위장과 메시지 변조에 대해서는 PGP와 같은 공개키 암호 방식을 이용한다.
- 비밀번호는 입력 횟수를 제한하고, 최소 8개의 문자와 숫자가 혼합되도록 한다.

3 컴퓨터 범죄 관련 용어

- 해킹(Hacking) : 컴퓨터 시스템에 불법적으로 침투하여 자료와 시스템을 파괴 또는 변조하거나 불법적으로 데이터를 가져오는 행위이다.
- 해커(Hacker) : 불법적으로 해킹하여 수정 권한이 없는 프로그램을 마음대로 수정하는 사람이다.
- 크래킹(Cracking) : 컴퓨터 시스템에 불법적으로 침투하여 시스템과 자료를 파괴하는 행위이다.
- 크래커(Cracker) : 사용 권한이 없는 시스템에 불법적으로 침입하여 시스템을 파괴하거나 관련 정보를 유출하는 사람이다.
- 워 드라이빙(War Driving) : 차량으로 이동하면서 타인의 무선 정보 통신망에 무단으로 접속하는 행위이다.
- 정보 통신 자율 규제(PICS) : 웹 사이트의 콘텐츠 등급을 매기기 위한 시스템으로 주로 성인용 콘텐츠로부터 아이들을 보호한다.
- 메모리 해킹(Memory Hacking) : PC에 악성 코드를 감염시킨 후 인터넷 뱅킹(보안 카드 앞뒤 2자리)에서 이체할 때 오류 발생을 반복(이체 정보 미전송)한 다음 일정 시간이 경과되면 동일한 보안 카드 번호를 입력하여 범행 계좌로 이체하는 행위이다.

해커 분류	설명
레이머 (Lamer)	• 인터넷에서 해킹 툴을 내려 받아 이용하면서 활용 • 해커가 되고 싶지만 지식이나 경험이 부족
스크립트 키디 (Script Kiddie)	• 기존의 잘 알려진 해킹 툴을 이용해서 공격 • 네트워크나 운영 체제에 대한 약간의 기술적 지식을 가짐
디벨롭트 키디 (Developed Kiddie)	• 취약점을 발견할 때까지 공격을 시도하여 시스템 침투에 성공 • 대부분의 해킹 기법을 알고 있음
세미 엘리트 (Semi Elite)	• 타인이 만든 해킹 프로그램을 수정하여 목표로 하는 작업을 수행 • 컴퓨터와 네트워크에 대한 포괄적인 지식이 있음
엘리트/위저드 (Elite/Wizard)	• 해킹하고자 하는 시스템의 취약점을 찾아내어 해킹을 수행 • 흔적을 완벽하게 지울 수 있기 때문에 추적이 어려움

4. 바이러스의 분류와 예방 ✪✪

1 바이러스(Virus)의 특징

- 자신을 복제하거나 은폐할 수 있으며, 다른 파일과 데이터를 감염시킨다.
- 디스크의 부트 영역이나 프로그램 영역에 숨어 있으며, 주로 인터넷을 통해 감염된다.
- 하드웨어 성능에 큰 영향을 미칠 수 있으며, 전원이 꺼지면 바이러스가 침투할 수 없다.
- 바이러스의 감염 경로에는 바이러스에 감염된 파일을 다운로드한 경우, 공유 네트워크에서 감염된 사용자가 파일을 전송하는 경우, 감염된 E-mail의 첨부 파일을 열어보는 경우, 감염된 외부(이동) 디스크에서 데이터를 복사하는 경우, 불법으로 복사한 소프트웨어에 감염되는 경우 등이 있다.

2 바이러스의 감염 증상

- 컴퓨터가 부팅 되지 않거나 부팅 시간이 오래 걸리는 등 예측 불가능하게 컴퓨터가 재부팅된다.
- CMOS 설정 내용과 BIOS 환경이 변경되거나 파괴된다.
- 프로그램이 실행되지 않거나 속도가 느려진다.
- 하드 디스크를 인식하지 못하거나 모니터에 이상한 메시지가 표시된다.
- 디스크를 포맷하거나 디스크의 볼륨 레이블을 임의로 변경한다.
- 파일의 날짜나 크기 등이 변경되며, 사용 가능한 메모리 공간이 줄어든다(시스템 성능이 저하).

3 바이러스의 분류

분류	설명
부트 바이러스	부트 섹터를 손상시킴(미켈란젤로, 브레인, LBC 등)
파일 바이러스	실행 파일을 손상시키거나 시스템 파일의 코드를 복제하여 다른 파일을 감염시킴(예루살렘, 어둠의 복수자, CIH 등)
부트/파일 바이러스	부트 섹터와 실행 파일을 손상시킴(침입자, 나타스, 테킬라 등)
매크로 바이러스	MS-Word나 엑셀의 매크로 파일을 손상시킴(라록스, 멜리사, 로보캅 등)
은닉 바이러스	메모리에 상주하면서 다른 파일의 변형을 숨기거나 운영 체제로부터 피해 사실을 숨김
클러스터 바이러스	감염된 디스크에서 프로그램이 실행되면 동시에 바이러스가 실행
다형성 바이러스	코드 조합의 다양한 프로그램을 암호형 바이러스에 감염시켜 실행될 때마다 바이러스 코드 자체를 변경하여 식별자로 구분할 수 없게 함

※ 파일 바이러스의 진단법 : 파일 실행 시 속도 검사, 파일 크기의 증가 여부 확인, 파일 속성의 변경 유무 확인

4 바이러스의 종류

종류	특징
예루살렘 (Jerusalem)	13일의 금요일에만 작동하며, 메모리에 상주하여 실행 파일만 감염
체르노빌 (CIH)	매년 4월 26일에 활동하며, BIOS가 있는 플래시 메모리 정보와 하드 디스크 데이터를 완전히 삭제
LBC	기억 장소의 크기를 감소시키거나 하드 디스크를 인식할 수 없음
멜리사 (Melissa)	아웃룩 주소록의 사용자 주소를 통하여 바이러스를 전파
라록스(Laroux)	엑셀의 매크로 기능을 이용하여 엑셀 문서만 파괴
백 오리피스 (Back Orifice)	트로이 목마가 발전된 형태로 다른 컴퓨터에 침입하여 저장된 정보를 파괴하거나 변조
님다 (Nimda)	아웃룩 주소록의 사용자에게 readme.exe 파일을 발송하며, 읽고/쓰기가 지정된 공유 컴퓨터는 네트워크를 통해 감염
폭탄 (Bomb)	디스크에 숨어 있다가 날짜와 시간, 파일 변경, 프로그램의 특정 행동 등 일정 조건을 만족하면 실행
슬래머 (Slammer)	• 2003년 1월 25일에 발견된 바이러스로 시스템 다운 현상이 전 세계적으로 나타남(SQL 서버에 패킷을 전송하여 해당 서버를 다운시킴) • SQL 서버 2000과 데스크톱 엔진 2000의 시스템을 공격하며, 보안이 약한 SQL 서버에 UDP 1434 포트(SQL-Monitor)를 이용하여 감염

5 웜(Worm)

- 네트워크에서 연속적으로 자신을 복제하여 시스템 부하를 높이는 바이러스의 일종이다.

- 시스템을 파괴하거나 작업을 지연 또는 방해하는 악성 프로그램이다.
- **바이러스와는 달리 다른 프로그램을 감염시키지 않지만** E-Mail에 바이러스를 삽입하여 전송한다.
- **주소록을 통해 자동으로 메일을 보내므로** 확산(전파) 속도가 빠르다.

6 바이러스의 예방

- 중요한 프로그램이나 자료는 미리 백업하고, 실행 파일의 속성을 읽기 전용으로 한다.
- 램에 상주하여 부팅 시 바이러스 예방 프로그램이 실행되도록 한다.
- 최신 버전의 백신 프로그램을 이용하여 주기적으로 시스템을 검사한다.
- 네트워크를 통해 감염될 수 있으므로 공유 폴더의 관리를 철저히 한다.
- 다운로드받거나 복사한 파일은 반드시 백신 프로그램으로 검사한다.
- 바이러스 감염이 의심되는 메일은 열지 말고 바이러스 검사를 먼저 한다.
- 백신 프로그램의 시스템 감시 및 인터넷 감시 기능을 이용하여 바이러스를 사전에 검색한다.
- 바이러스 예방 프로그램과 백신(치료) 프로그램을 항상 최신 버전으로 업데이트 한다.
- **램 상주 프로그램은 한 번 실행하면 시스템을 종료할 때까지 램에 상주하여 바이러스를 체크한다.**

5. 정보 보호 및 시스템 보안 ★★★

1 정보 보호의 요건

종류	설명
인증성 (Authentication)	정보를 보내는 사람의 신원을 확인하는 것으로 사용자 접근 권한 및 작업 수행을 조사
접근 제어 (Access Control)	시스템 자원 이용에 대한 불법적인 접근을 방지하는 것으로 크래커의 침입으로부터 보호
기밀성/비밀성 (Confidentiality)	전달 내용을 제3자가 획득하지 못하도록 하는 것으로 시스템 정보와 자원은 인가된 사용자에게만 허용
무결성 (Integrity)	시스템 내 정보는 인가 받은 사용자만 수정할 수 있으며, 정보 전달 도중에는 데이터를 보호하여 올바른 데이터를 유지(위협 요소에는 사용자 데이터 변조, 전송 메시지 변조, 네트워크 구성 정보 유출 등이 있음)
가용성 (Availability)	사용 권한이 부여된 사용자라면 언제든지 시스템을 사용할 수 있음
부인 방지 (Non-repudiation)	송신 여부와 수신 여부를 확인하는 것으로 전자상거래의 신뢰성과 안전성을 확보

2 시스템 보안

- **네트워크 구성 요소에 대한 보안으로 방화벽이나 백신 등을 이용하여 해커의 침입을 방지한다.**
- **사용자 인증의 경우 개인 ID와 Password를 가장 많이 사용한다.**
- **인터넷 개인 식별 번호인 아이핀(i-PIN)은 주민등록번호 대신 사용할 수 있으므로 아이핀 ID와 Password를 사용하면 웹 사이트에서 주민등록번호를 입력하지 않아도 된다.**
- **최근에는 사람의** 생체(홍채, 지문, 음성 등)를 이용한 **인식 장치들이 개발되었다.**
- **생체 인식에서 가장 많이 사용하는 것은** 지문 인식 시스템이고, 보안성이 뛰어나다.
- **NCSC(미국국립컴퓨터보안센터)에서 규정한 보안 등급은 보안 정책, 접근 방식, 인증 정도에 따라 (낮음) D1 → C1 → C2 → B1 → B2 → B3 → A1 (높음)로 구분한다.**
- **KISC(한국정보보호센터)는 정보화촉진기본법에 따라 K1(최저)~K7(최고) 등급까지 구분하며, K4 등급 이상의 보안 수준을 권장한다.**

3 보안 위협 요소

종류	설명
트로이 목마 (Trojan Horse)	자기 복제 기능은 없지만 정상적으로 위장하고 있다가 프로그램이 실행되면 시스템에 손상을 주는 악의적인 루틴(컴퓨터에서 지속적으로 정보를 유출하거나 컴퓨터를 원격 제어)
트랩 도어 (Trap Door)	**프로그램을 개발할 때 코드 중간에 중단 부분을 만들어 악의적인 목적으로 사용**
백 도어 (Back Door)	컴퓨터 시스템의 보안 예방책에 침입하여 시스템에 무단 접근하기 위해 사용되는 일종의 비상구
스니핑 (Sniffing)	네트워크 주변의 모든 패킷을 엿보면서 계정(Account)과 암호(Password)를 알아내기 위한 행위
패킷 스니핑 (Packet Sniffing)	**인터넷 상에서 정보를 송수신할 때 패킷을 엿보는 프로그램을 이용하여 패킷을 가로채는 행위**
스푸핑 (Spoofing)	신뢰성 있는 사람이 네트워크를 통해 데이터를 보낸 것처럼 허가받지 않은 사용자가 네트워크상의 데이터를 변조하여 접속하는 행위
웹 스푸핑 (Web Spoofing)	**사용자가 인터넷상에서 통신하는 정보를 크래커 사이트를 통하도록 하여 비밀번호를 알아내는 방법**

혹스 (Hoax)	실제로는 악성 코드로 작동하지 않으면서 겉으로는 악성 코드인 것처럼 가장하여 행동하는 소프트웨어
스파이웨어 (Spyware)	다른 사람의 컴퓨터에 잠입해 개인 신상 정보 등과 같은 타인의 정보를 사용자 모르게 수집하는 프로그램
드롭퍼 (Dropper)	사용자가 모르는 사이 바이러스나 트로이 목마 프로그램을 사용자의 컴퓨터에 설치하는 프로그램
키 로거 (Key Logger)	사용자의 키보드 움직임을 탐지해 ID나 패스워드, 계좌 번호, 카드 번호 등의 개인정보를 몰래 빼내어 악용하는 수법
분산 서비스 거부 공격 (DDOS)	호스트에 패킷을 범람시킬 수 있는 공격용 프로그램을 분산 설치하여 표적 시스템에 대해 일제히 데이터 패킷을 범람시켜 시스템 성능을 저하시키거나 마비시키는 방법(한 명 또는 다수의 사용자가 시스템 리소스를 독점하거나 파괴함으로써 정상적인 서비스를 할 수 없음)
침입 탐지 시스템(IDS)	인가된 사용자 혹은 외부 침입자에 대해 시스템의 허가되지 않은 사용이나 오용(악용) 같은 침입을 알아내기 위한 시스템
피싱 (Phishing)	불특정 다수에게 메일을 발송해 위장된 홈 페이지로 접속하도록 한 후 이용자들의 금융 정보 등을 빼내는 수법
파밍 (Pharming)	컴퓨터를 악성 코드에 감염시킨 후 접속 시 가짜 사이트로 유도하여 개인정보나 금융 정보 등을 몰래 빼내는 수법
스미싱 (Smishing)	문자 메시지(SMS)와 피싱(Phishing)의 합성어로 무료 쿠폰, 모바일 초대장 등의 메시지를 보낸 후 해당 인터넷 주소를 클릭하면 스마트폰에 악성 코드가 설치되어 개인의 금융 정보를 빼내는 수법

4 보안 침입 형태

종류	설명
가로막기 (Interruption)	데이터의 전달 정보를 가로막는 행위로 가용성을 위협
가로채기 (Interception)	데이터의 전달 정보를 중간에 가로채는 행위로 기밀성을 위협
수정(변조, Modification)	데이터의 전달 정보를 다른 내용으로 바꾸는 행위로 무결성을 위협
위조 (Fabrication)	다른 송신자로 정보를 전송한 것처럼 위조하는 행위로 인증성을 위협

5 방화벽(Firewall)

- 외부의 불법적인 침입으로부터 정보를 보호하기 위한 보안 시스템이다.
- 네트워크에 있는 호스트를 외부로부터 보호하거나 외부의 정보 유출을 막기 위해 사용한다.
- 방화벽을 사용하더라도 내부의 불법적 해킹은 막지 못한다.
- 외부의 침입 시도가 있을 때 네트워크 관리자에게 통보하는 역추적 기능이 있다.
- 외부로부터 허가되지 않은 사용자 접근을 제안하고, 중앙 집중적인 보안 기능을 제공한다.
- 내부 네트워크에서 인터넷으로 나가는 패킷은 그대로 통과시키고, 내부 네트워크로 들어오는 패킷은 내용을 체크하여 인증된 패킷만 통과시킨다.

6. 정보 보안의 종류 ★★★

1 암호화(Encryption)

- 데이터 전송 시 송신자가 지정한 수신자 외에는 해당 내용을 알 수 없도록 데이터를 암호화하여 안전하게 전송하는 보안 기술이다.
- 키값이나 알고리즘 변조를 이용한 데이터 변환 작업으로 도청, 부정 접근 등을 대비한다.
- 데이터를 암호화할 때 사용하는 키(암호키, 공개키)는 공개하고, 복호화할 때의 키(해독키, 비밀키)는 비공개한다.

종류	설명
개인키/비밀키 (Private/Secret Key)	• 대칭형 암호 방식으로 송수신자의 비밀키가 일치하는 것을 이용하여 암호를 해독(암호화 알고리즘 : DES) • 암호키와 복호키가 동일한 방식으로 처리 과정이 빠름 • 송신자의 암호화 키와 복호화 키가 동일(복호화 키의 비밀성을 유지) • 정보 교환 시 사용자는 다수의 키를 유지, 관리해야 함
공개키/이중키 (Public Key)	• 비대칭형 암호 방식으로 송신자가 암호화할 때 사용키와 복호화 키가 서로 다름(암호화 알고리즘 : RSA) • 공개키로 암호화한 것은 비밀키로, 비밀키로 암호화한 것은 공개키로 복호화(암호키와 복호키가 서로 다른 방식으로 처리 과정이 느림) • 공개키만으로는 암호화된 내용을 보호할 수 없음(전자 서명 등에 사용)

2 암호화 알고리즘

종류	설명
대칭키 (DES)	• 알고리즘이 간단하여 실행 속도가 빠르고, 파일 크기가 작아 경제적 • 암호문 작성과 해독 과정에서 개인키를 사용 • 사용자 증가에 따른 키의 수가 많음

공개키 (RSA)	• 알고리즘이 복잡하여 실행 속도가 느리지만 적은 수의 키로 보안 유지가 가능 • 128비트 이상의 키를 사용하므로 비인가된 사용자가 암호를 풀기 어려움 • 데이터 통신 시 암호키를 전송할 필요가 없음(메시지 부인 방지 기능이 있음)

※ Skipjack 알고리즘 : 미국가안보국(NSA)에서 개발한 Clipper 칩이 내장된 블록 알고리즘으로 소프트웨어의 구현을 막고자 Fortezza Card에 칩을 제공(음성을 암호화하는데 사용)

3 전자 우편 보안

종류	설명
PEM	인터넷에서 이용되고 있는 정보 암호화 기술로 특정 키가 있어야만 내용을 확인(비밀키/공개키 암호 방식)
PGP	인터넷에서 사용되는 기술로 PEM의 일부 기능만 수행하므로 보안성은 낮지만 사용은 용이(공개키 암호 방식)

4 웹 보안

종류	설명
SSL	• 웹 브라우저(WWW)와 서버를 위한 보안 방법으로 비대칭형 암호 시스템을 사용 • 세션으로 주고받은 자료를 암호화하고, 전자 사인을 통해 메커니즘을 사용
SET	• 전자상거래를 위한 신용 카드나 금융 거래 안전을 위한 보안 접근 방법 • 전자상거래의 보안 허점을 보완하고자 신용 카드 회사와 IBM, MS사가 기술적인 협력으로 개발(RSA 암호화에 기초를 둠) • 이용 고객, 전자 상점, 금융 기관이 암호화 통신을 사용하므로 고객 신용 정보가 노출되지 않음
SEA	• 전자 서명(메시지 위변조 불가능), 암호 등을 통해 보안을 구현 • W3C에서 개발하였으며, SSL과 S-HTTP의 단점을 보완

| 무료 동영상 |

핵심정리 11 ICT 신기술 활용하기

1. 최신 기술 활용하기 ✪✪✪

1 새로운 ICT 신기술

• 안구 인식(Eye Recognition) : 카메라를 이용하여 모션 인식 기능을 확장한 기술이다.

• 클라우드 컴퓨팅(Cloud Computing) : 하드웨어/소프트웨어의 컴퓨팅 자원을 자신이 필요한 만큼 빌려 쓰고 이에 대한 사용 요금을 지급하는 서비스로 서로 다른 물리적 위치에 존재하는 컴퓨팅 자원을 가상화 기술로 통합한다. → 인터넷 서버를 통해 데이터 저장, 네트워크, 콘텐츠 사용 등 IT 관련 서비스를 사용할 수 있는 컴퓨팅 환경으로 정보가 인터넷 서버에는 영구적으로 저장되고, 데스크톱/노트북/넷북/스마트 폰과 같은 클라이언트에는 일시적으로 보관된다(이용자의 모든 정보를 인터넷 서버에 저장하고, 이를 각종 IT 기기를 통해 언제 어디서든 이용).

• 그리드 컴퓨팅(Grid Computing) : 분산되어 있는 컴퓨팅 자원을 초고속 인터넷 망을 통해 격자 구조로 공유함으로써 하나의 고성능 컴퓨터처럼 사용하는 기술이다(WWW 보다 처리 속도가 빠름).

• 유비쿼터스 컴퓨팅(Ubiquitous Computing) : 가상 공간이 아닌 현실 세계의 어디서나 컴퓨터 사용이 가능한 기술로 모든 사물들이 네트워크에 항상 연결되어 있어야 한다.

• RFID(Radio Frequency IDentification) : 모든 사물에 전자 태그(IC 칩)를 부착하고, 무선 통신 기술을 이용하여 사물의 정보 및 주변 상황 정보를 감지하는 센서 기술이다(식품, 동물, 사물 등 다양한 개체 정보를 관리)

• 스마트 그리드(Smart Grid) : 에너지 효율과 신재생 에너지의 확대를 목적으로 전력 산업, IT, 통신 기술을 하나로 결합하여 높은 효율의 전력망을 구축하는 기술이다.

• 상황 인식(Context Awareness) : 컴퓨터가 주변 상황을 인식하여 스스로 판단한 후 유용한 정보 서비스를 제공하는 기술이다.

• 센싱(Sensing) : 사람의 제스처나 음성, 동작, 눈빛 등을 인식해 기기를 작동시키는 기술이다(사물 인터넷의 필수 기능).

• 트랙백(Trackback) : 블로그에서 사용하는 기능으로 내 블로그에 해당 의견에 대한 댓글을 작성하면 일부 내용이 다른 사람의 글에 댓글로 보이게 하는 기술이다.

• RSS(Really Simple Syndication) : 뉴스나 블로그 등과 같이 콘텐츠가 자주 업데이트 되는 사이트들의 정보를 자동적으로 사용자에게 알려 주는 웹 서비스 기술이다.

• 햅틱(Haptic) : 입력 장치를 통한 피드백을 이용하여 촉각과 운동감 등을 느끼게 하는 기술이다(휴대폰에서 특정 애플리케이션에 맞춰 진동이 울림).

• 증강 현실(AR) : 사용자가 눈으로 보는 현실 화면이나 실제 영상에 문자, 그래픽과 같은 가상의 3차원 정보를 실시간으로 보여주는 기술이다(기기에 내장된 카메라를 이용하여 실제 사물이나 환경에 부가 정보를 표시).

- ALL-IP : 이동 통신 서비스인 LTE, VoIP, IPTV, 유무선 등의 모든 통신망을 하나의 인터넷 프로토콜(IP)망으로 통합한 기술이다.
- NFC(Near Field Communication) : 13.56MHz 주파수 대역을 사용하는 근거리 무선 통신으로 가까운 거리에서 데이터를 전송하며 물품 정보, 결제, 교통, 잠금 장치 등에 활용되는 기술이다.
- 와이파이(Wi-Fi) : 무선 접속 장치(AP)가 설치된 일정 거리 안에서 무선 인터넷을 사용할 수 있는 근거리 통신망 기술이다.
- 비전 시스템(Vision System) : 카메라와 디지타이저 등의 장비를 활용하여 컴퓨터가 사물을 판단할 수 있게 하는 기술이다(입력된 사물의 형태를 디지털 신호로 변환하고, 이미지를 분석하여 사물의 형태를 파악).

2 최신 기술의 활용 분야

- 사물 인터넷(Internet of Things) : 유무선 통신망으로 연결된 기기를 이용하여 사람의 개입 없이 센서를 통해 수집한 다양한 정보를 주고받아 스스로 작업을 처리하는 통신 환경이다.
- 만물 인터넷(Internet of Everything) : 유무선 통신망으로 사물과 사람의 프로세스 등 모든 것을 연결하여 정보를 지능적으로 주고받는 차세대 통신 환경이다(사물 인터넷(IoT)이 확장된 개념).
- 유비쿼터스 센서 네트워크(USN) : 모든 사물에 부착된 RFID 태그 또는 센서를 통해 탐지된 사물의 인식 정보는 물론 주변의 온도, 습도, 위치 정보, 오염 정도 등의 환경 정보를 실시간으로 수집하고 관리하는 네트워크 시스템이다.
- SSO(Single Sign On) : 각 시스템마다 매번 인증 절차를 밟지 않고 한 번의 로그인 과정으로 기업 내의 각종 업무 시스템이나 인터넷 서비스에 접속할 수 있는 보안 응용 솔루션이다.
- 텔레매틱스(Telematics) : 원격 통신(Telecommunication)과 정보 과학(Informatics)의 합성어로 통신과 방송망을 이용하여 자동차 안에서 위치 추적, 인터넷 접속, 차량 진단, 사고 감지, 교통 정보 등을 제공하는 서비스이다.
- 테더링(Tethering) : 휴대폰을 모뎀으로 활용할 수 있는 기능으로 노트북과 같은 IT 기기를 휴대폰에 연결하여 무선 인터넷을 사용할 수 있다.
- 핫스팟(Hot Spot) : 무선으로 초고속 인터넷을 사용할 수 있도록 전파를 중계하는 기지국으로 무선 공유기(AP) 주변의 통신이 가능하다.
- 시멘틱 웹(Semantic Web) : 사용자가 정보를 검색하면 컴퓨터가 정보를 찾아 뜻을 이해하고, 조작까지 하는 차세대 지능형 웹으로 정보 사이의 연관성을 컴퓨터가 이해하고, 처리할 수 있는 에이전트 프로그램을 통해 사용자가 원하는 정보를 제공한다(컴퓨터끼리 정보를 주고받으면서 자체적으로 필요한 일을 처리).
- 빅 데이터(Big Data) : 인터넷 및 스마트 IT의 혁명으로 휴대폰 통화량, 카드 결제, 기상 정보, 소셜 네트워크 서비스(SNS), 도로 교통량 등이 해당된다(막대한 양의 데이터 집합).
- 지그비(Zigbee) : 저속의 전송 속도를 갖는 홈 오토메이션 및 데이터 네트워크를 위한 무선 통신망 규격이다.
- 와이브로(Wibro) : 휴대폰, 노트북, PDA 등을 이용하여 이동하면서 초고속 인터넷에 접속할 수 있는 무선 광대역 서비스이다.
- 초광대역 무선 통신(UWB) : 근거리에서 무선 통신을 이용하여 컴퓨터와 주변 기기 및 가전 제품 등을 연결하는 초고속 통신 방식이다.
- 데이터 글러브(Data Glove) : 손에 끼고 사용하는 멀티미디어용 입력 장치로 가상 시스템과 3차원 모형화 시스템에 널리 사용된다.
- HMD(Head Mounted Display) : 헬멧을 머리에 쓰면 초대형 화면을 보는 듯한 효과를 낼 수 있는 휴대용 디스플레이 장치이다.
- 구글 글래스(Google Glass) : HMD가 장착된 컴퓨터로 핸즈프리 형태로 정보를 보여주고, 자연 언어 음성을 통해 인터넷과 상호 작용한다.
- 웨어러블(Wearable) : 스마트폰이나 태블릿을 무선으로 연결하여 안경, 손목 시계, 밴드형 기기 등에서 사용하는 것으로 신체에 착용할 수 있어 실시간으로 작업이 가능하다.

3 모바일 기기 관련 용어

- 모티즌(Motizen) : 모바일(Mobile)과 네티즌(Netizen)의 합성어로 이동 전화나 PDA 등을 통해 무선 인터넷을 즐기는 사람이다.
- 위치 기반 서비스(LBS) : 이동 통신망이나 위성 항법 장치(GPS) 등을 통해 얻은 위치 정보를 바탕으로 이용자에게 여러 가지 서비스를 제공한다.
- 스마트 워치(Smart Watch) : 향상된 기능을 장착하고 있는 임베디드 시스템 시계로 모바일 앱(App) 또는 모바일 운영체제(OS)로 구동된다.
- 스마트 플러그(Smart Plug) : 인터넷이나 스마트폰으로 제품을 원격 제어하고, 가정이나 사무실의 전기 사용량을 모니터링할 수 있는 장치이다.

- 스마트 서명(Smart Sign) : 스마트폰 웹 브라우저에서 공인인증서를 포함한 전자 서명(진짜 신원을 증명하기 위한 서명)이 가능한 기술이다.
- 스마트 앱(Smart App) : 스마트폰 등에서 다운받아 사용할 수 있는 응용 프로그램이다(=어플).
- 앱 스토어(App Store) : 스마트폰에 설치할 수 있는 다양한 응용 프로그램을 지원 및 판매하는 온라인상의 거래 장터로 플레이 스토어(Play Store)라고도 한다.
- 플로팅 앱(Floating App) : 스마트 기기의 애플리케이션 실행 시 영상 화면을 오버레이의 팝업 창 형태로 분리하는 기능으로 멀티태스킹을 지원하여 다른 애플리케이션을 이용할 수 있다(여러 개의 앱을 한꺼번에 사용할 수 있음).
- 앱 북(App Book) : 스마트폰이나 태블릿 PC 등에서 해당 애플리케이션으로 제공되는 전자책으로 동영상, 애니메이션, 3D 그래픽을 이용한다.
- SNS(Social Networking Service) : 블로그, 페이스북, 트위터 등에서 사람들간의 관계 맺기를 통해 네트워크 망을 형성하는 온라인 서비스이다.
- MHL(Mobile High-definition Link) : 모바일 기기를 TV나 모니터에 연결하여 스마트폰에 저장된 동영상을 볼 수 있는 기술이다.
- 네이티브 광고(Native Advertising) : 해당 웹 사이트에 맞게 고유한 방식으로 기획하거나 제작된 온라인 광고로 웹 콘텐츠 일부로 작동하기 때문에 사용자 관심이 집중된다.
- 풀 브라우징(Full Browsing) : 모바일 단말기에서도 PC상의 웹 사이트를 보는 것처럼 동일하게 문서나 동영상을 볼 수 있는 서비스이다.
- 킬 스위치(Kill Switch) : 스마트폰을 잃어버렸을 때 전화기에 저장된 개인정보를 원격으로 삭제하고, 스마트폰을 사용할 수 없는 상태로 만드는 기술이다.
- 모바일 인터넷 기기(Mobile Internet Device) : 언제 어디서나 인터넷과 TV를 동시에 즐길 수 있는 휴대용 기기로 스마트폰보다 강력한 인터넷 기능을 지원한다.
- 모바일 오피스(Mobile Office) : 스마트폰, 태블릿 PC, 노트북 등으로 장소에 상관없이 네트워크에 접속하여 회사 업무를 처리할 수 있는 시스템이다.
- 모바일 플랫폼(Mobile Platform) : 이동 단말 장치에서 애플리케이션이나 서비스를 이용할 수 있도록 지원하는 환경으로 노키아의 심비안, MS의 윈도우 모바일, 구글의 안드로이드 등이 있다.
- 모프 폰(Morph Phone) : 휴대폰 자체를 휘는 디스플레이 모양으로 구현해 손목에 찰 수 있는 휴대폰이다.

| 무료 동영상 |

핵심정리 12 전자 우편과 개인정보 관리

1. 메일 전송과 관리하기 ★★

1 전자 우편(E-Mail)

- 수신자만 명시하면 내용을 쓰지 않아도 전송되며, 여러 명의 수신자에게 동일한 메일을 한꺼번에 송신할 수 있다.
- 사용자 ID 다음에 '@' 기호를 붙이고 메일 서버의 호스트 주소를 입력한다(leo@hanmail.net).
- 스팸(SPAM)은 수신인이 원하지 않는 메시지나 정보이다(토론 주제와 상관없는 기사 등).
- 스패밍(Spamming)은 수신인이 원하지 않는 메시지나 정보를 일방적으로 보내는 행위이다.

구조	설명
머리부(Header)	To(수신자 주소), From(발신자 주소), Subject(제목), Date(전송 날짜), Cc(참조인 주소), Bcc(숨은 참조인 주소) 등
본문부(Body)	문자(Character), 첨부 파일(Attach), 서명, 로고 등

2 전자 우편 프로토콜

프로토콜	설명
SMTP	전자 우편의 송신을 담당(TCP/IP 호스트의 우편함에 ASCII 문자 메시지를 전송)
POP3	전자 우편의 수신을 담당(제목과 내용을 한번에 다운받음)
IMAP	전자 우편의 수신을 담당(제목과 송신자를 보고 메일의 다운로드를 결정)
MIME	멀티미디어 메일의 송신을 담당(일반 문자열, 이미지, 오디오, 비디오 등을 기호화)

3 전자 우편 기능

- 회신 : 받은 메일에 답장을 작성한 후 다시 전송하는 것이다.
- 전체 회신 : 받은 메일에 답장을 작성하되 모든 참조인들에게 전송하는 것이다.
- 전달 : 받은 메일과 첨부 자료를 다른 사람에게 그대로 전송하는 것이다.
- 첨부 : 문서, 이미지, 동영상 등의 파일을 추가하여 보내는 것이다.

- 서명 : 메일을 보낸 사람의 신원을 증명하기 위하여 내용 마지막에 붙이는 표식이다.
- 참조 : 수신자 외에 따로 메일을 받을 사람을 지정하는 것이다.
- 숨은 참조 : 참조와 비슷한 기능이지만 수신 메일에 참조자 표시가 없다.

4 정크 메일

- 스펨 메일(Spam Mail)의 일종으로 벌크 메일(Bulk Mail)이라고도 한다.
- 정크 메일 필터를 사용하면 스팸으로 처리해야 할 전자 메일을 식별할 수 있다.
- 정크 메일 필터는 발송 시간이나 내용 등을 기준으로 스팸 메일 여부를 결정하는데, 이전 버전에서는 정크 메일 필터를 업데이트할 수 없다(정크 메일 필터로 걸러진 메일을 저장).
- 정크 메일 폴더에는 [받은 편지함] 폴더에 배달되는 메일 중 필터로 걸러진 불필요한 메일이 보관되며, 특정 주소나 도메인에서 보낸 메일을 무조건 [정크 메일] 폴더로 이동하게 설정할 수 있다([임시 보관함]에 있는 메일을 [정크 메일] 폴더로 이동시킬 수 있음).

2. 개인정보 관리하기 ✪✪

1 개인정보보호의 개념

- 개인정보는 살아 있는 개인에 관한 정보로 성명, 주민등록번호 등을 통하여 개인을 알아볼 수 있는 정보(해당 정보만으로는 개인을 알아볼 수 없더라도 다른 정보와 쉽게 결합하여 알아볼 수 있는 것을 포함)를 말한다.
- 정보보호는 정보의 주체가 의도하지 않은 정보의 누출, 변경, 파괴를 방지하는 것으로 우연 또는 허가받지 않은 정보로부터 보호한다.

2 개인정보의 유형 및 종류

구분		내용
일반적 정보	일반 정보	이름, 주민등록번호, 주소, 전화번호, 생년월일, 출생지, 이메일, ID/PW, IP 주소, 가족관계 및 가족 구성원 정보
신체적 정보	신체 정보	얼굴, 지문, 홍채, 음성, 유전자, 키, 몸무게
	의료/건강 정보	건강 상태, 진료 기록, 신체 장애, 장애 등급
정신적 정보	기호/성향 정보	도서, 비디오 대여 기록, 잡지 구독 정보, 여행 활동 내역, 물품 구매 내역, 인터넷 웹 사이트 검색 내역
	신념/사상 정보	종교 및 활동 내역 정당, 노조 가입 여부 및 활동 내역
재산적 정보	개인/금융 정보	소득 정보, 신용카드 번호 및 비밀번호, 계좌번호 및 비밀번호, 동산 및 부동산 내역, 저축 내역
	신용 정보	개인 신용 평가 정보, 대출 또는 담보 설정 내역, 신용 카드 사용 내역
사회적 정보	교육 정보	학력, 성적, 출석, 자격증 내역, 상벌 기록, 생활기록부
	법적 정보	전과/범죄/재판 기록, 과태료 납부 내역
	근로 정보	직장, 고용주, 근무처, 근로 경력, 상벌 기록, 직무 평가 기록
기타 정보	통신 정보	통화 내역, 웹 사이트 접속 내역, 이메일이나 전화 메시지
	위치 정보	IP 주소, GPS 등에 의한 개인 위치 정보
	병역 정보	병역 여부, 군번, 계급, 근무 부대

3 개인정보의 침해 유형 및 원인

개인정보 생명 주기	개인정보 침해 유형
수집	• 이용자의 동의 없이 개인정보 수집(관행적 주민등록번호 수집) • 과도한 개인정보 수집, 민감한 개인정보 수립
저장	개인정보의 기술적/관리적 조치 미비로 인한 개인정보 침해
이용 및 제공	• 고지 및 명시한 범위를 벗어난 개인정보의 목적 외 이용 • 동의 없는 제3자 제공과 개인정보 매매 • 부당한 개인정보 공유(계열사, 자회사, 패밀리 사이트 등) • 개인정보 이용 동의의 철회 및 회원 탈퇴 요구 불응
파기	정당한 이유 없이 개인정보 보유 및 미파기

4 개인정보의 안전한 관리

- 개인정보처리자는 개인정보가 분실, 도난, 유출, 변조 또는 훼손되지 아니하도록 내부 관리 계획 수립, 접속 기록 보관 등 대통령령으로 정하는 바에 따라 안전성 확보에 필요한 기술적/관리적/물리적 조치를 한다.
- 법률, 시행령, 고시에서는 개인정보의 안전성 확보에 필요한 구체적 기준을 명시하고 있으며, 이에 따른 안전 조치 의무 이행을 한다.

- 개인정보의 안전한 관리를 위한 보호 조치는 법적 요건 및 관련 규제 준수를 근간으로 하며, 정보 주체의 개인정보 보호 권리를 보장한다.
- 개인정보의 안전한 관리를 위해 수립한 보호 절차의 이행 및 내부 통제 준수 여부 확인 등을 위한 모니터링 절차를 적용한다.

5 개인정보의 보호 조치

- 개인정보를 안전하게 처리하기 위한 내부 관리 계획의 수립 및 시행
- 개인정보에 대한 불법적인 접근을 차단하기 위한 침입 차단 시스템 등 접근 통제 장치의 설치 및 운영
- 접속 기록의 위조 및 변조 방지를 위한 조치
- 개인정보를 안전하게 저장 및 전송할 수 있는 암호화 기술 등을 이용한 보안 조치
- 백신 소프트웨어의 설치 및 운영 등 컴퓨터 바이러스에 의한 침해 방지 조치
- 그 밖에 개인정보의 안전성 확보를 위하여 필요한 보호 조치

6 개인정보보호 조직 구성 및 역할

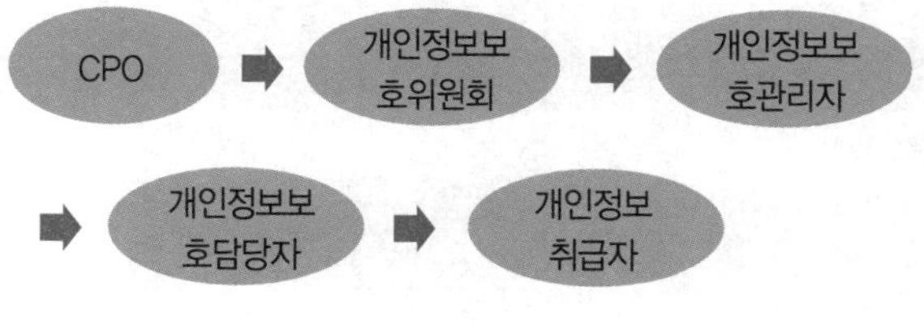

- 개인정보보호책임자(CPO)는 개인정보처리자의 개인정보 처리에 관한 업무를 총괄해서 책임을 지거나 업무 처리를 최종적으로 결정하는 자이다.
- 개인정보보호위원회는 개인정보보호에 관한 사항을 심의 및 의결하는 대통령 소속 행정위원회로 국민의 소중한 개인정보를 보호한다.
- 비즈니스 운영 특성에 따른 중요 개인정보 취급 영역 및 조직 구조 등을 고려하여 개인정보보호책임자를 지정하여 운영한다.
- 임원의 지위에 해당하는 자 또는 개인정보 관리 업무를 담당하는 부서의 장 등을 개인정보보호책임자로 지정한다.
- 개인정보취급자는 개인정보처리자의 지휘 감독을 받아 개인정보를 처리하는 자로서 개인정보를 처리함에 있어서 개인정보가 안전하게 관리될 수 있도록 한다.
- 개인정보취급자는 업무상 또는 서비스 제공을 위해 이용자의 개인정보를 취급(수집, 보관, 처리, 이용, 제공, 관리, 파기 등)하는 역할을 한다.

7 개인정보취급자 및 위탁 관리

- 개인정보처리자는 개인정보를 처리함에 있어서 개인정보가 안전하게 관리될 수 있도록 임직원, 파견 근로자, 시간제 근로자 등 개인정보처리자의 지휘 및 감독을 받아 개인정보를 처리하는 자(이하 "개인정보취급자"라 한다)에 대하여 적절한 관리 및 감독을 수행한다.
- 개인정보처리자는 개인정보의 적정한 취급을 보장하기 위하여 개인정보취급자에게 정기적으로 필요한 교육을 실시한다.
- 이용자의 개인정보를 수집, 보관, 처리, 이용, 제공, 관리 또는 파기 등의 업무를 하는 자를 개인정보취급자로 지정한다.
- 업무를 하는 자가 서비스 제공을 위해 개인정보처리시스템에 접속하여 이용자의 개인정보를 조회할 수 있는 권한만을 갖고 있더라도 개인정보취급자에 포함된다.
- 시스템 운영자와 정보보호담당자 등이 업무 수행을 위해 개인정보를 취급할 경우 개인정보취급자에 포함시켜야 한다.
- 서비스 개발, 개선과 관련된 점검 시 가상 데이터를 사용하는 것이 바람직하나 반드시 실제 데이터가 필요하므로 이용자의 개인정보를 식별할 수 없는 형태로 변환하여 사용하는 경우가 발생할 수 있다(변환 정보를 제공받아 테스트하는 개발자는 개인정보취급자에 포함되지 않으나 개인정보를 변환하여 개발자에게 제공하는 자는 개인정보취급자에 포함).
- 개인정보취급자는 업무 목적상 개인정보 처리가 필요한 최소 인원에게만 처리 권한을 부여한다.
- 개인정보 취급 권한이 부여된 개인정보취급자의 현황을 주기적으로 관리하여 개인정보취급자의 업무 성격에 따라 적정한 권한이 부여 되었는지의 여부를 검토한다.
- 개인정보취급자는 최초 개인정보 처리 업무를 할당받을 때 개인정보보호 서약서의 내용을 숙지한 후 서명한다(보안 서약서에 개인정보보호에 대한 책임 및 법적 처벌 규정이 명시 되었을 경우 보안 서약서로 대체가 가능).

02 Part

Word Processor License

꼭! 알아야 할 기출문제 120선

01과목 ➡ 워드프로세싱 일반

02과목 ➡ PC 운영 체제

03과목 ➡ 컴퓨터와 정보 활용

1과목 | 워드프로세싱 일반

01 다음 중 한글 워드프로세서에서 사용하는 KS X 1005-1(유니 코드)에 대한 설명으로 옳지 않은 것은?

① 완성형 코드에 조합형 코드를 반영하여 개발되었다.
② 전 세계에서 사용할 수 있는 모든 문자를 표현할 수 있는 국제 표준 코드이다.
③ 영문은 1바이트 한글은 2바이트를 사용하는 코드이다.
④ 외국 소프트웨어의 한글화가 쉽고 한글은 가나다순으로 정렬된 코드이다.

해설 유니 코드 : 한글 자모(240자), 한글(11,172자), 영문/한글 등의 모든 문자를 2Byte로 표현한다.

02 다음 중 한자를 입력하려 할 때 음을 알고 있을 경우 사용할 수 있는 변환 방법으로 옳지 않은 것은?

① 음절 단위 변환
② 외자 입력 변환
③ 단어 단위 변환
④ 문장 자동 변환

해설
- 한자의 음을 알 경우 : 음절 단위 변환, 단어 단위 변환, 문장 자동 변환
- 한자의 음을 모를 경우 : 부수 입력, 외자 입력, 2 Stroke 입력

03 다음 중 워드프로세서에서 행말 금칙 문자로만 짝지어진 것으로 옳은 것은?

① ℉ ℃ ?　　② ! ☎ 〉
③ # $ ☎　　④ : ℃ #

해설
- 행두 금칙 : 행의 처음에 올 수 없는 기호나 문자로 . , ' " ; : ? !) }] 」』 〉 ℃ ℉ % 등이 있다.
- 행말 금칙 : 행의 마지막에 올 수 없는 기호나 문자로 ' " ({ [「『 〈 # $ № ☎ 등이 있다.

04 다음 중 워드프로세서의 문서 저장 기능에 대한 설명으로 옳은 것은?

① 현재 작업 중인 보조 기억 장치의 내용을 주기억 장치로 이동시키는 기능이다.
② [다른 이름으로 저장하기] 대화 상자에서 폴더를 새로 만들 수는 있지만 파일을 삭제할 수는 없다.
③ 저장 시 암호를 지정하거나 백업 파일이 만들어지도록 설정할 수 있다.
④ 문서의 일부분만을 블록으로 지정한 후에 따로 저장할 수 없다.

해설
- ① 저장(Save)은 주기억 장치에 기억된 내용을 보조 기억 장치로 이동하는 기능이다.
- ② [다른 이름으로 저장하기] 대화 상자에서 파일을 삭제할 수 있다.
- ④ 문서의 일부분만을 블록으로 지정한 후 따로 저장할 수 있다.

05 다음 중 문서를 편집할 때 삽입, 삭제, 수정에 대한 설명으로 옳지 않은 것은?

① 삽입 상태에서 삽입할 위치에 커서를 두고 새로운 내용을 입력하면 원래의 내용은 뒤로 밀려나며 내용이 입력된다.
② 임의의 내용을 블록(영역) 지정한 후 Delete 키를 누르면 영역을 지정한 곳의 내용은 모두 삭제된다.
③ Delete 키는 커서는 움직이지 않고, 오른쪽 문자열을 하나씩 삭제한다.
④ SpaceBar 키는 삽입 상태에서 커서를 오른쪽으로 이동시키면서 한 문자씩 삭제한다.

해설 SpaceBar 키는 수정 상태에서 커서를 오른쪽으로 이동시키면서 한 문자씩 삭제한다.

정답 01 ③ 02 ② 03 ③ 04 ③ 05 ④

06 다음 중 워드프로세서에서 찾기와 바꾸기 기능에 관한 설명으로 옳지 않은 것은?

① 블록을 지정한 영역에서도 찾기가 가능하며, 커서의 위치를 기준으로 찾을 방향을 지정할 수 있다.
② 사용자가 정의해 놓은 스타일을 적용하여 찾기나 바꾸기를 할 수 있다.
③ 찾기 기능을 수행하면 문서 크기에 영향을 준다.
④ 문서 내에서 특정 문자를 찾기를 하여 크기, 서체, 속성 등을 바꿀 수 있다.

해설 찾기 : 문서 내용 중 특정 단어의 위치를 찾는 기능으로 검색 작업 후 문서 분량에는 아무런 변화가 없다.

07 다음 중 워드프로세서의 메일 머지(Mail Merge) 기능에 대한 설명으로 옳지 않은 것은?

① 동일한 내용의 반복 입력이나 도형, 서식 등을 여러 곳에 반복 적용할 때 사용하는 기능이다.
② 메일 머지 기능은 반드시 본문 파일에서 실행시켜야 한다.
③ 데이터 파일과 본문 파일이 필요하다.
④ 메일 머지 기능을 실행시켜 그 결과를 화면으로 나타나게 할 수 있다.

해설 메일 머지 : 본문 내용은 같고 수신인이 다양할 때 사용하는 기능으로 이름이나 직책, 주소 등만 다르고 나머지 내용이 같은 여러 통의 편지를 쉽게 만들 수 있다.

08 다음 중 워드프로세서의 편집 관련 용어에 관한 설명으로 옳은 것은?

① 홈 베이스(Home Base) : 문서를 편집할 때 특정 위치를 홈(Home)으로 지정하고, 임의의 위치에서 곧바로 홈으로 커서를 이동시킬 수 있는 기능이다.
② 병합(Merge) : 인쇄를 하면서 동시에 다른 문서를 작성하거나 편집하는 기능이다.
③ 정렬(Align) : 작성되어 있는 문서의 내용을 일정한 기준으로 재분류하는 기능이다.
④ 기본값(Default) : 네트워크를 통한 업무의 교환 시스템으로 문서의 표준화를 전제로 운영된다.

해설
• 병합 : 두 개 이상의 문서를 하나로 합치는 것이다.
• 정렬 : 문서의 전체 또는 일부분을 재배치하여 해당 문서를 정렬하는 기능이다.
• 기본값 : 이미 설정되어 있는 기본값으로 사용자가 따로 지정하지 않으면 자동적으로 설정된다.

09 다음 중 워드프로세서의 용어에 대한 설명으로 옳지 않은 것은?

① 상용구(Glossary) : 자주 사용하는 문자열을 미리 약어로 등록하였다가 필요 시 불러다 입력하는 기능
② 매크로(Macro) : 일련의 작업 순서를 등록시켜 놓았다가 필요한 때에 한 번에 실행시키는 기능
③ 영문 균등(Justification) : 문서 작성 시 영어 단어가 너무 길어 단어의 일부가 다음 줄로 넘어갈 경우 단어 전체를 다음 줄로 자동으로 넘겨주는 기능
④ 미주(Endnote) : 문서에 나오는 문구에 대한 보충 설명들을 본문과 상관없이 문서의 맨 마지막에 모아서 표기하는 기능

해설
• 영문 균등(Justification) : 워드 랩으로 인한 공백을 단어와 단어 사이에 균등하게 배분하여 문장의 양쪽 끝을 맞추는 기능이다.
• 보기 ③번은 워드 랩(Word Wrap)에 대한 설명이다.

10 다음 중 워드프로세서 관련 용어에 대한 설명으로 옳지 않은 것은?

① 색인(Index) : 문서에 사용된 단어나 어휘를 빠르게 찾기 위해서 페이지 번호를 표시해 두는 기능이다.
② 옵션(Option) : 명령이나 기능을 수행할 때 선택할 수 있는 항목들을 모두 보여주는 것
③ 소수점 탭(Decimal Tab) : 수치 자료의 경우 소수점을 중심으로 정수와 소수 부분을 정렬하는 기능이다.
④ 래그드(Ragged) : 단어가 줄의 끝에서 잘릴 경우 단어 전체를 다음 줄로 이동시키는 기능이다.

해설
• 래그드(Ragged) : 문단의 한 쪽 끝이 정렬되지 않은 상태로 각 행 끝에서 Enter 키를 누르면 발생한다.
• 보기 ④번은 워드 랩(Word Wrap)에 대한 설명이다.

정답 06 ③ 07 ① 08 ① 09 ③ 10 ④

11 다음 중 글꼴의 표현 방식에 대하여 설명한 것으로 옳지 않은 것은?

① 비트맵(Bitmap) 글꼴은 점으로 글꼴을 표현하는 방식으로 확대하면 테두리가 거칠어지는 현상이 일어난다.
② 아웃라인(Outline) 글꼴은 문자의 외곽선 정보를 이용하여 문자를 표시한다.
③ 트루타입(True Type) 방식의 글꼴은 Windows에서 기본적으로 사용되는 글꼴로 위지윅(WYSI-WYG) 기능을 제공한다.
④ 오픈타입(Open Type) 방식의 글꼴은 고도의 압축 기법을 통해 파일의 용량을 줄인 비트맵 형태의 글꼴로 주로 인쇄용 글꼴로 사용된다.

해설 오픈타입(Open Type) : 아웃라인(Outline) 방식으로 고도의 압축 기법을 통해 용량을 줄이고, 통신에서 폰트 전송에 사용된다.

12 다음 중 인쇄 용지에 대한 설명으로 옳지 않은 것은?

① 낱장 용지는 동일한 숫자일 경우 A판보다 B판이 크다.
② 공문서의 표준 규격은 A4(210mm × 297mm)이다.
③ A판과 B판으로 나눈 용지의 가로 : 세로의 비는 1 : 3이다.
④ 낱장 용지는 규격 번호가 클수록 면적이 작다.

해설 용지의 가로와 세로 배율은 $1:\sqrt{2}$ 이다.

13 다음 중 워드프로세서의 인쇄 기능에 대한 설명으로 옳지 않은 것은?

① 미리 보기 기능을 이용하여 문서의 전체 윤곽을 확인할 수 있다.
② 문서의 일부분만 인쇄할 수 있고, 문서의 내용을 파일로 인쇄할 수 있다.
③ 인쇄 매수를 지정하여 동일한 문서를 여러 번 인쇄할 수 있다.
④ 인쇄할 때 프린터의 해상도를 높게 설정하면 선명하게 인쇄되고 출력 속도도 빨라진다.

해설 인쇄할 때 프린터의 해상도를 높게 설정하면 선명하게 인쇄되지만 출력 속도는 느려진다.

14 다음 중 전자 출판(Electronic Publishing) 용어에 대한 설명으로 옳은 것은?

① 디더링(Dithering) : 2차원의 이미지에 광원, 위치, 색상 등을 첨가하여 사실감을 불어넣어 3차원 화상을 만드는 과정
② 모핑(Morphing) : 그래픽 파일의 효과 넣기로 신문에 난 사진과 같이 미세한 점으로 나타내며 각 점의 명암을 달리하여 영상을 표시한다.
③ 스프레드(Spread) : 대상체의 컬러가 배경색의 컬러보다 짙을 때에 겹쳐서 인쇄하는 방법이다.
④ 초크(Choke) : 이미지 변형 작업으로 채도, 조명도, 명암 등을 조절해 주는 기능이다.

해설
- 디더링 : 제한된 색상을 이용하여 복잡한 색을 구현해 내는 기법이다.
- 모핑 : 2개 이상의 이미지를 부드럽게 연결해 변환, 통합하는 기법이다.
- 스프레드 : 대상체의 색상이 배경색보다 옅어서 대상체가 보이지 않는 현상이다.

15 다음 중 전자 출판에서 기관의 로고 등을 문서의 배경으로 희미하게 표시해 내는 기법으로 옳은 것은?

① 오버프린트(Overprint)
② 워터마크(Watermark)
③ 렌더링(Rendering)
④ 리터칭(Retouching)

해설
- ① 문자 위에 겹쳐서 문자를 중복 인쇄하는 작업이나 배경색이 인쇄된 후 다시 인쇄하는 방법이다.
- ③ 3D 그래픽의 마지막 단계에서 채색과 음영을 조절하는 기법이다.
- ④ 이미지 변형 작업으로 기존의 그림을 다른 형태로 새롭게 변형, 수정한다.

16 다음 설명에 해당하는 용어는 무엇인가?

정답 ▶ 11 ④ 12 ③ 13 ④ 14 ④ 15 ② 16 ②

- 주문서, 납품서, 청구서 등 무역에 필요한 각종 서류를 표준화된 양식을 통해 전자적 신호로 바꿔 컴퓨터 통신망을 이용, 거래처에 전송하는 시스템이다.
- 기존의 서류를 통한 업무 처리와는 달리 컴퓨터를 이용하여 사무실에서 빠르고 간편하게 업무를 처리할 수 있다. 기업 간의 거래 데이터를 교환하기 위한 표준 포맷이다.

① ERP ② EDI
③ EDMS ④ CALS

해설 EDI(Electronic Data Interchange) : 컴퓨터와 통신망을 이용하여 문서를 컴퓨터가 이해할 수 있는 데이터 형태로 직접 전송하는 전자 데이터 교환이다.

17 다음 중 공문서의 내용 표기에 대한 설명으로 옳지 않은 것은?

① 날짜를 표기할 때에는 숫자로 표기하되 연월일의 글자는 생략하고, 그 자리에 온점(.)을 찍어 구분한다.
② 시간을 표기할 때에는 24시각제에 따라 숫자로 표기한다.
③ 금액을 표기할 때에는 한글로 숫자를 표기하고, 괄호 안에 아라비아 숫자로 기재한다.
④ 숫자를 표기할 때에는 특별한 사유가 없으면 아라비아 숫자로 표기한다.

해설 금액을 표기할 때에는 아라비아 숫자로 표기하되 변조 방지를 위해 숫자 뒤 괄호 안에 한글로 기재한다.

18 다음 중 공문서 항목 구분 시 첫째 항목의 항목 구분으로 사용할 수 있는 기호는?

① 가., 나., 다., … ② 1., 2., 3., …
③ (1), (2), (3), … ④ 가), 나), 다), ..

해설 보기 ①번은 둘째 항목, 보기 ③번은 다섯째 항목, 보기 ④번은 넷째 항목에 해당한다.

19 다음 중 공문서의 '끝' 표시에 대한 설명으로 옳지 않은 것은?

① 첨부물 없이 본문이 끝났을 때 : 본문 내용의 마지막 글자에서 한 글자 띄우고 '끝' 표시를 한다.
② 첨부물이 있을 때 : 본문의 내용이 끝난 줄 다음에 '붙임' 표시 및 첨부물의 명칭과 수량을 기재한다.
③ 본문 또는 붙임에 적은 사항이 오른쪽 한계선에서 끝났을 때 : 다음 줄의 왼쪽 한계선에서 한 글자 띄우고 '끝' 표시를 한다.
④ 본문이 표 형식으로 끝났을 때 : 마지막으로 작성된 칸의 다음 칸에 '빈칸' 표시를 한다.

해설 본문이 표 형식으로 끝났을 때 : 표의 마지막 칸까지 작성은 표 아래 왼쪽 한계선에서 한 글자를 띄우고 '끝' 표시를 하고, 표의 중간까지 작성은 마지막으로 작성된 칸의 다음 칸에 '이하 빈칸'을 표시하되 '끝' 표시는 생략한다.

20 다음 사외문서의 구성에 대한 설명 중 두문에 해당하지 않은 것은?

① 제목은 문서 내용을 파악할 수 있도록 본문 내용을 간추려 표시한다.
② 수신자명은 직위와 성명을 표시한다.
③ 발신 연월일은 숫자 뒤에 년, 월, 일을 붙여 표시할 수 있다.
④ 발신자명은 문서 발신자의 성명을 표시한다.

해설 사외문서 : 두문(수신/발신자명, 문서번호, 발신 연월일), 본문(제목, 인사말, 내용, 말문), 부기(담당자명, 직위, 추신, 첨부물)로 구성된다.

21 다음 중 문서의 논리적 구성에서 귀납적 추론에 대한 설명으로 옳지 않은 것은?

① 일반적인 원리를 제시한 다음 구체적인 사실을 이끌어 내는 형식이다.
② 개별적인 사례들에서 공통된 일반적 원리를 이끌어 내는 형식이다.
③ 중심 생각이 담긴 중심 문장의 위치가 해당 문단의 마지막 부분에 위치하여 구성된다.

정답 17 ③ 18 ② 19 ④ 20 ① 21 ①

④ 강조하고자 하는 내용을 마지막에 담아 더욱 강조할 수 있다는 장점이 있다.

해설 보기 ①번은 연역적 추론에 대한 설명이다.

22 다음 중 문서 파일링 시스템의 도입 효과와 관련이 없는 것은?

① 문서 관리의 명확화
② 정보 전달의 원활화
③ 사무 공간의 효율적 활용
④ 기록 활용에 대한 제비용 증가

해설 문서 파일링 시스템은 문서를 체계적으로 관리하기 위해 일정 기준에 따라 파일 형태로 보관/보존하는 시스템으로 업무에 따른 많은 경비(비용)을 줄일 수 있다.

23 다음 중 문서 파일링 방법에 관한 설명으로 옳지 않은 것은?

① 명칭별 분류법은 거래자나 거래 회사명에 따라 첫머리 글자를 기준으로 분류한다.
② 주제별 분류법은 문서의 내용에서 주제를 결정하여 주제를 기준으로 분류한다.
③ 혼합형 분류법은 문자와 번호를 함께 써서 작성한 날짜별로 분류한다.
④ 지역별 분류법은 거래처의 지역 위치나 지역 범위에 따른 기준으로 분류한다.

해설 문서 파일링 방법에는 명칭별, 주제별, 지역별, 번호별이 있다.

24 다음 중 전자문서에 관한 설명으로 옳지 않은 것은?

① 전자문서란 컴퓨터 등 정보 처리 능력을 가진 장치에 의하여 전자적인 형태로 작성되어 송수신 또는 저장된 문서를 말한다.
② 전자문서의 수신 시점은 수신자가 전자문서를 수신할 컴퓨터를 지정한 경우에는 지정된 컴퓨터에 입력된 때이다.
③ 전자문서는 검토자, 협조자 및 결재권자가 동시에 열람할 수는 없다.
④ 전자문서는 종이 보관의 이관 시기와 동일하게 전자적으로 이관한다.

해설 전자문서는 문서 등급에 따라 접근자의 범위가 지정되며 검토자, 협조자, 결재권자가 동시에 열람할 수 있다.

25 다음 중 전자문서 관리 시스템에 대한 설명으로 옳지 않은 것은?

① 표준화된 문서 양식으로 신속하게 문서를 조회 및 검색할 수 있다.
② 사무의 생산성이 향상되고, 데이터를 공유할 수 있다.
③ 전자문서로 작성한 모든 문서는 출력하여 따로 편철하여 보관한다.
④ 문서 수발에 따르는 시간과 비용이 절감된다.

해설 전자문서 관리 시스템은 자동화 작업으로 전자문서의 저장, 관리, 조회 등을 지원한다(모든 문서를 출력하여 따로 보관하지는 않음).

26 다음 중 공문서 관리와 관련된 설명으로 옳지 않은 것은?

① 편철은 분류가 끝난 문서를 문서철에 묶는 과정을 말한다.
② 공공 기록물의 보존 기간은 영구, 준영구, 30년, 10년, 5년, 3년, 1년으로 구분한다.
③ 이관은 지정된 보존 기간에 맞춰 보존 중인 문서를 연장하여 보존하기 위해 해당 부서로 옮기는 것이다.
④ 분류는 보존 기간이 끝난 문서를 평가하여 보존/폐기/보류의 작업을 하는 것이다.

해설 분류 : 구분이 끝난 문서를 문서 분류법(기록관리기준표)에 따라 분류한다.

정답 22 ④ 23 ③ 24 ③ 25 ③ 26 ④

27 다음은 문서의 기능 중 무엇에 대한 설명인가?

> 문서를 일정한 기준이나 원칙에 의해 작성하고 정리, 관리, 보관하여 후일 증빙 자료나 역사 자료로 사용한다.

① 의사 전달의 기능　② 의사 보존의 기능
③ 의사 교환의 기능　④ 의사 협조의 기능

해설 의사 전달 기능 : 조직의 의사를 내부 또는 외부로 전달시키는 기능이다.

28 다음은 문서의 발송에 대한 설명이다. 옳지 않은 것은?

① 문서는 정보통신망을 이용하여 발신함을 원칙으로 한다.
② 전자문서는 행정기관의 홈 페이지 또는 공무원의 공식 전자 우편 주소를 이용하여 발송할 수 있다.
③ 종이문서인 경우에는 이를 복사하여 발송한다.
④ 모든 문서는 비밀 유지를 위해 반드시 암호화하여 발송하여야 한다.

해설 비밀 유지를 위해 암호화를 할 경우 수신자가 암호를 해독하지 못하면 열 수가 없다.

29 다음 중 비즈니스 문서를 작성하는 방법으로 가장 옳지 않은 것은?

① 문장을 짧게 표현하며, 개조식으로 작성한다.
② 의미가 분명한 용어나 표현을 선택하여 내용을 정확하게 작성한다.
③ 동일한 수신인일 경우 여러 사안을 한 문서에 적어 다루기 쉽게 한다.
④ 개인의 감정을 개입하지 않은 객관적 입장에서 문장을 쓰도록 한다.

해설 동일한 수신인일 경우 여러 사안을 한 문서에 적으면 혼동되므로 가급적 한 가지 사안을 한 문서에 적는다.

30 다음 중 행정 업무의 효율적 운영에 관한 규정에서 용어 설명이 옳지 않은 것은?

① 전자이미지서명이란 기안자 · 검토자 · 협조자 · 결재권자 또는 발신명의인이 전자문서상에 전자적인 이미지 형태로 된 자기의 성명을 표시하는 것을 말한다.
② 전자문자서명이란 기안자 · 검토자 · 협조자 · 결재권자 또는 발신명의인이 전자문서상에 자동 생성된 자기의 성명을 전자적인 문자 형태로 표시하는 것을 말한다.
③ 행정전자서명이란 기안자 · 검토자 · 협조자 · 결재권자 또는 발신명의인이 공문서에 자필로 자기의 성명을 다른 사람이 알아볼 수 있도록 한글로 표시하는 것을 말한다.
④ 전자이미지관인이란 관인의 인영(印影)을 컴퓨터 등 정보 처리 능력을 가진 장치에 전자적인 이미지 형태로 입력하여 사용하는 관인을 말한다.

해설 행정전자서명 : 암호 기술을 이용하여 송수신 기관 및 공무원의 신원 인증 등 전자문서의 보안성 확보를 위해 각 기관에 부여되는 디지털 정보이다.

31 다음 중 공문서의 성립 및 효력 발생에 관한 설명으로 옳지 않은 것은?

① 공문서의 효력 발생 시기는 다른 법령에 특별한 규정이 없는 한 수신자에게 도달되는 시점이다.
② 공고문서는 고시, 공고가 있은 후 7일이 경과한 날부터 효력이 발생한다.
③ 문서는 결재권자가 해당 문서에 서명의 방식으로 결재함으로써 성립한다.
④ 전자문서의 효력 발생 시점은 수신자의 컴퓨터에 도달하는 시점을 원칙으로 한다.

해설 공고 문서는 고시 또는 공고가 있은 후 5일이 경과한 날부터 효력이 발생한다.

정답 27 ② 28 ④ 29 ③ 30 ③ 31 ②

32 다음 중 공문서에서 관인을 찍는 위치에 관한 설명으로 옳은 것은?

① 기관 또는 직위 명칭의 첫 자가 인영의 가운데 오도록 찍는다.
② 기관 또는 직위 명칭의 끝자와 그 바로 앞 글자의 가운데 오도록 인영을 찍는다.
③ 기관 또는 직위 명칭의 끝자가 인영의 가운데 오도록 찍는다.
④ 기관 또는 직위 명칭이 끝난 후 옆에 인영을 찍는다.

해설 관인은 행정기관장의 명의로 발신하는 문서의 시행문과 임용장에 속하는 문서에 찍는 직인으로 기관 또는 직위 명칭의 끝 글자가 인영의 중앙(가운데)에 오도록 찍는다.

33 다음 내용에서 ( ) 안에 들어갈 적당한 용어를 순서대로 나열한 것은?

> 관인은 행정기관의 명의로 발신하거나 교부하는 문서에 사용하는 ( )과 행정기관의 장이나 보조 기관의 명의로 발신하거나 교부하는 문서에 사용하는 ( )으로 구분한다.

① 청인, 직인 ② 직인, 청인
③ 인영, 간인 ④ 간인, 직인

해설
- 청인 : 행정기관의 명의로 발송 또는 교부하는 문서에 사용된다.
- 직인 : 행정기관의 장 또는 보조기관의 명의로 발송 또는 교부하는 문서에 사용된다.

34 다음의 보기에서 설명하는 편람으로 옳은 것은?

> 단위 업무에 대한 업무 계획, 업무 현황 및 그 밖의 참고 자료 등을 체계적으로 정리한 업무 자료철

① 행정 편람 ② 직무 편람
③ 공고 편람 ④ 민원 편람

해설 행정 편람 : 사무 처리 절차 및 기준, 장비 운용 방법, 업무 지도서, 기타 일상 근무 규칙 등에 관하여 각 업무 담당자에게 필요한 참고철 또는 지침철이다.

35 다음 중 작성된 문서에 교정 부호를 사용할 때 유의할 점으로 옳지 않은 것은?

① 교정 부호는 정해진 부호를 사용해서 교정한다.
② 교정 부호를 표시하는 색은 인쇄된 글자의 색상과 다르면서 눈에 잘 띄는 색으로 한다.
③ 한 번 교정된 부분은 다시 교정할 수 없다.
④ 교정 부호가 서로 겹칠 경우에는 겹치는 각도를 조절하여 알아볼 수 있도록 한다.

해설 한 번 교정된 부분도 다시 교정할 수 있다.

36 〈보기 1〉의 문장이 〈보기 2〉의 문장으로 수정되기 위해 필요한 교정 부호들로만 올바르게 짝지어진 것은?

〈보기 1〉

> 삶은 언제나 스스로 부딪혀 경험하고 도전하는 모든 사람에게 더 영광을 안겨준다.

〈보기 2〉

> 인생은 언제나 스스로 부딪혀 경험하고 도전하는 사람에게 더 큰 영광을 안겨준다.

해설
- 삶은 언제나 → 인생은 언제나 : 글자 바꾸기(수정)
- 모든 사람에게 → 사람에게 : 지우기(삭제)
- 더 영광을 → 더 큰 영광을 : 끼워넣기(삽입)

37 다음 중 문서의 분량이 증가되는 교정 부호로만 묶여진 것은?

해설
- 문서 분량이 증가하는 교정 부호 : 사이 띄우기, 삽입, 줄 바꾸기, 들여쓰기, 줄 삽입
- 문서 분량이 감소하는 교정 부호 : 붙이기, 삭제, 줄 잇기, 내어쓰기

정답 32 ③ 33 ① 34 ② 35 ③ 36 ② 37 ①

38 다음 중 서로 상반되는 의미의 교정 부호로 짝지어 지지 않은 것은?

> 해설 ④에서 들여쓰기()와 내어쓰기()가 상반되는 교정 부호이다.

39 다음 중 줄 단위의 이동이 발생하는 교정 부호로 가장 옳은 것은?

> 해설 줄 단위 이동이 발생하는 교정 부호 : 줄 바꾸기(), 줄 잇기(), 줄 삽입(>)

40 다음 중 교정 부호를 사용한 후 원래 문장의 글자 수(공백 포함)가 변하지 않는 부호로 옳은 것은?

> 해설 ① 되살리기(교정 취소), ② 지우기, ③ 글자 바꾸기(수정), ④ 사이 띄우기

2과목 | PC 운영 체제

41 다음에서 설명하는 한글 Windows 운영 체제의 특징으로 옳은 것은?

> 한 대의 컴퓨터 시스템에서 운영 체제가 각 작업의 제어권을 행사하여 작업의 중요도와 자원 소모량 등에 따라 우선 순위가 높은 작업에 기회가 가도록 우선 순위가 낮은 작업에 작동 제한을 걸어 특정 자원 응용 프로그램이 제어권을 독점하는 것을 방지하는 안정적인 체제

① 선점형 멀티태스킹
② 그래픽 사용자 인터페이스
③ 보안이 강화된 방화벽
④ 컴퓨터 시스템과 장치 드라이버의 보호

> 해설 선점형 멀티태스킹(Preemptive Multitasking) : 응용 프로그램에서 오류가 발생했을 경우 오류가 발생한 응용 프로그램만 강제 종료(Ctrl+Alt+Delete)할 수 있다.

42 다음 중 한글 Windows에서 부팅 시 고급 옵션에서 지원하는 부팅 모드에 대한 설명으로 옳은 것은?

① 안전 모드 사용 : 기본 드라이버 및 DVD 드라이브, 네트워크 서비스만으로 부팅한다.
② 부팅 로깅 사용 : 화면 모드를 저해상도 디스플레이 모드인 '640×480' 해상도로 설정하여 부팅한다.
③ 디버깅 사용 : 잘못된 서명이 포함된 드라이버를 설치할 수 있도록 설정한다.
④ 드라이버 서명 적용 사용 안 함 : 부적절한 서명이 포함된 드라이버를 설치할 수 있도록 허용한다.

> 해설
> - 안전 모드 사용 : Windows를 최소한의 기능으로 부팅하여 시스템의 각종 문제를 진단한다(CD-ROM, 프린터, 네트워크 카드, 사운드 카드 등은 사용할 수 없음).
> - 부팅 로깅 사용 : 부팅 과정 중 일어나는 로딩 장치 드라이버에 대한 로그 파일을 작성한다.
> - 디버깅 사용 : 직렬 케이블을 통해 다른 컴퓨터에 디버그 정보를 보내면서 컴퓨터를 부팅한다.

43 한글 Windows에서 [Windows 종료] 대화 상자의 각 메뉴에 대한 설명으로 옳지 않은 것은?

① 사용자 전환 : 현재 로그온 한 사용자 계정 작업 상태를 그대로 두고, 다른 사용자의 계정으로 전환하여 컴퓨터에 손쉽게 로그온 할 수 있다.
② 로그아웃 : 모든 프로그램을 종료하고, 새롭게 로그온할 사용자를 선택한다.
③ 절전 : 모니터와 하드 디스크를 최소 전력으로 두고, 컴퓨터에서 최대 전원 작업을 빠르게 시작할 수 있는 전력 절약 상태이다.

정답 38 ④ 39 ② 40 ① 41 ① 42 ④ 43 ④

④ 다시 시작 : 변경된 Windows 설정을 저장하고 메모리에 있는 모든 정보를 이동식 디스크에 저장한 후에 시스템을 다시 시작한다.

해설 다시 시작 : 시스템을 종료한 후 자동적으로 다시 부팅한다.

44 다음 중 한글 Windows에서 [Windows 작업 관리자] 창의 각 탭에서 표시하고 있는 작업으로 옳은 것은?

① [성능] 탭은 실행중인 프로그램의 목록이 표시된다.
② [사용자] 탭은 실행중인 이미지 이름과 CPU 사용량 등을 표시한다.
③ [앱 기록] 탭은 설치된 앱별로 CPU 시간, 네트워크, 데이터 통신, 타일 업데이트 등을 표시한다.
④ [프로세스] 탭은 CPU와 메모리 사용량을 수치와 백분율, 그래프로 각각 표시한다.

해설
- [성능] 탭 : CPU와 메모리의 사용 현황 등에 관한 정보를 그래프로 확인할 수 있다.
- [사용자] 탭 : 컴퓨터에 로그인한 사용자의 연결을 끊거나 로그오프 할 수 있다.
- [프로세스] 탭 : 현재 실행 중인 프로세스(앱) 목록을 확인하거나 '작업 끝내기'로 종료할 수 있다.

45 다음 중 한글 Windows에서 사용되는 Windows 도움말에 관한 설명으로 옳지 않은 것은?

① 도움말은 하이퍼텍스트 방식으로 제공되어 관련 항목의 도움말로 이동이 용이하다.
② 제목별로 검색할 수 있으며, 도움말의 내용을 사용자가 수정할 수 있다.
③ 도움말을 보다가 표시된 응용 프로그램을 실행하거나 인터넷 페이지로 이동할 수 있다.
④ 도움말은 기존 운영 체제의 메뉴 방식이 아닌 작업 표시줄의 검색 상자에 원하는 항목을 입력하여 질문에 대한 답으로 확인할 수 있다.

해설 도움말의 내용을 사용자가 수정하거나 추가할 수는 없다.

46 다음 중 한글 Windows에서 사용하는 바로 가기 키에 대한 설명으로 옳은 것은?

① Ctrl+Enter : [시작] 메뉴 열기
② Ctrl+X : 작업 다시 실행
③ Ctrl+A : 파일이나 폴더의 전체를 선택
④ Ctrl+ESC : 항목을 열린 순서대로 전환

해설
- Ctrl+X : 잘라내기
- Ctrl+ESC : [시작] 메뉴 호출

47 다음 중 한글 Windows에서 [작업 표시줄 설정] 창에 대한 설명으로 옳지 않은 것은?

① 작업 표시줄의 빈 영역을 선택한 후 Alt+Enter 키를 누르면 [작업 표시줄 설정] 창을 열 수 있다.
② 작업 표시줄의 아이콘을 작게 표시할 수 있다.
③ '작업 표시줄 자동 숨기기'를 설정하면 작업 표시줄을 다른 위치로 이동시킬 수 없다.
④ 화면에서 작업 표시줄 위치를 설정할 수 있다.

해설
- 작업 표시줄 자동 숨기기 : 바탕 화면에서 작업 표시줄을 숨기다가 마우스 포인터를 작업 표시줄 영역에 위치하면 다시 나타난다.
- ③ 작업 표시줄을 다른 위치로 이동시킬 수 있다.

48 한글 Windows에서 바탕 화면에 바로 가기 아이콘을 만드는 방법으로 옳지 않은 것은?

① 폴더 창에 있는 파일의 바로 가기 메뉴에서 [보내기]-[바탕 화면에 바로 가기 만들기]를 선택한다.
② 다른 드라이브에 있는 폴더를 바탕 화면으로 드래그 앤 드롭한다.
③ 바탕 화면에 있는 폴더의 바로 가기 메뉴에서 [바로 가기 만들기]를 선택한다.
④ 해당 개체를 선택하고, Alt 키를 누른 상태에서 바탕 화면으로 드래그한다.

해설 보기 ②번의 경우 폴더 복사가 실행된다.

정답 44 ③ 45 ② 46 ③ 47 ③ 48 ②

49 한글 Windows의 [폴더 옵션] 대화 상자에서 지정이 가능한 것으로 옳지 않은 것은?

① 폴더를 찾을 때 같은 창에서 폴더 열기를 지정할 수 있다.
② 폴더 창을 열 때 마우스를 한 번 클릭해서 열기를 지정할 수 있다.
③ 탐색 창에서 모든 폴더를 표시하도록 지정할 수 있다.
④ 폴더 창의 모양과 사용된 글꼴을 지정할 수 있다.

해설 보기 ①, ②번은 [일반] 탭, 보기 ③번은 [보기] 탭에서 가능하다.

50 한글 Windows에서 사용하는 폴더 속성 대화 상자에서 할 수 있는 작업으로 옳지 않은 것은?

① [일반] 탭에서는 해당 폴더의 위치나 크기, 디스크 할당 크기, 만든 날짜 등을 확인할 수 있다.
② [공유] 탭에서는 네트워크상에서 공유 또는 고급 공유 옵션을 설정할 수 있다.
③ [자세히] 탭에서는 해당 폴더에 대한 사용자별 사용 권한을 설정할 수 있다.
④ [사용자 지정] 탭에서는 해당 폴더에 대한 유형, 폴더 사진, 폴더 아이콘 변경을 설정할 수 있다.

해설 폴더 속성 대화 상자에는 [자세히] 탭이 없고, 파일 속성 대화 상자에 있다.

51 다음 중 한글 Windows의 폴더 창에서 파일이나 폴더를 선택하는 방법으로 옳지 않은 것은?

① 비연속적인 파일이나 폴더를 선택하고자 할 때에는 Ctrl 키와 함께 클릭한다.
② 연속적인 파일이나 폴더를 선택하고자 할 때에는 Shift 키와 함께 클릭한다.
③ 여러 개의 파일을 한꺼번에 선택할 경우 마우스를 사용하여 사각형 모양으로 드래그한다.
④ 모든 파일과 하위 폴더를 한꺼번에 선택하려면 Alt+A 키를 사용한다.

해설 모든 파일과 하위 폴더를 한꺼번에 선택하려면 Ctrl+A 키를 사용한다.

52 다음 중 한글 Windows에서 휴지통에 대한 설명으로 옳지 않은 것은?

① USB 드라이브에 있는 파일이나 폴더를 삭제하면 휴지통에 보관되지 않고 영구히 삭제된다.
② 하드 디스크 드라이브마다 휴지통의 크기를 다르게 설정할 수 있다.
③ 휴지통에 있는 특정 폴더를 더블 클릭하면 해당 폴더의 속성 창이 나타난다.
④ 휴지통에 있는 사진 파일을 더블 클릭하면 원본 사진을 미리 보기로 볼 수 있다.

해설 휴지통에 있는 사진 파일을 더블 클릭하면 해당 파일의 속성 대화 상자가 나타난다.

53 한글 Windows에서 [휴지통 속성] 대화 상자에서 할 수 있는 작업으로 옳지 않은 것은?

① 휴지통의 크기를 하드 디스크 드라이브마다 MB 단위로 지정할 수 있다.
② 휴지통의 실제 파일이 저장된 폴더 위치를 지정할 수 있다.
③ 파일이나 폴더가 삭제될 때 휴지통에 버리지 않고, 바로 제거되도록 설정할 수 있다.
④ 파일이나 폴더가 삭제될 때 마다 삭제 확인 대화 상자 표시를 하도록 설정할 수 있다.

해설
- 폴더 위치를 지정할 수 있다. → 폴더 위치를 지정할 수 없다.
- [휴지통 속성] 대화 상자 : 휴지통 최대 크기, 파일을 휴지통에 버리지 않고 삭제할 때 바로 제거, 삭제 확인 대화 상자 표시 등을 설정할 수 있다.

54 다음 중 한글 Windows의 보조프로그램 중에서 메모장에 관한 설명으로 옳은 것은?

① 그림이나 차트 등의 OLE 개체를 삽입할 수 있다.
② 편집하는 문서의 특정 영역(블록)에 대한 글꼴의 종류나 속성, 크기를 변경할 수 있다.
③ 자동 맞춤법과 같은 고급 기능을 제공한다.
④ 서식이 없는 텍스트 형식의 문서만 열거나 저장할 수 있다.

정답 49 ④ 50 ③ 51 ④ 52 ④ 53 ② 54 ④

해설
- ① OLE 기능을 사용할 수 없으므로 그림판에서 작업한 개체 등을 연결할 수 없다.
- ② 전체 문서에 대해서만 글꼴, 글꼴 스타일, 글꼴 크기를 설정할 수 있다.
- ③ 자동 맞춤법과 같은 고급 기능을 제공하지 않는다.

55 다음 중 한글 Windows의 [그림판] 프로그램에서 할 수 없는 작업은?

① 투명도와 마스크(Mask) 기능을 사용한 다중 레이어 작업을 할 수 있다.
② 전자 메일을 사용하여 편집한 이미지를 보낼 수 있다.
③ 작성한 이미지를 바탕 화면의 배경으로 설정할 수 있다.
④ 다른 그래픽 프로그램에서 편집한 이미지의 일부를 복사해서 붙여넣기 할 수 있다.

해설 레이어 작업은 포토샵(Photoshop) 프로그램에서 가능하다.

56 한글 Windows에서 보조프로그램에 있는 캡처 도구에 대한 설명으로 옳지 않은 것은?

① 캡처한 내용을 연결된 전자 메일 프로그램을 이용하여 전송할 수 있다.
② 캡처 유형으로는 자유형 캡처, 사각형 캡처, 창 캡처, 전체 화면 캡처가 있다.
③ 캡처한 내용을 jpeg, gif, png 파일로 저장할 수 있다.
④ 캡처된 그림을 다양한 그래픽 기법으로 수정할 수 있다.

해설 캡처 도구는 화면 개체를 캡처하여 이미지에 주석을 달거나 저장 및 공유하는 것으로 캡처된 그림을 다양한 그래픽 기법으로 수정할 수는 없다.

57 한글 Windows의 유니버설 앱에 있는 계산기 프로그램에 대한 설명으로 옳지 않은 것은?

① 표준용, 공학용, 프로그램용 등의 형태로 사용할 수 있다.
② 표준용 계산기에서 단위 변환이 가능하다.
③ 계산 결과를 복사하여 다른 프로그램에 붙여넣기 할 수 있다.
④ 공학용 계산기에서 2진수, 8진수, 10진수, 16진수간에 상호 변환이 가능하다.

해설 보기 ④번은 프로그래머용 계산기에서 가능하다.

58 다음 중 한글 Windows에서 사용하는 기본 프린터 설정에 관한 설명으로 옳지 않은 것은?

① 기본 프린터로 사용할 프린터를 마우스 오른쪽 단추로 클릭한 다음 [기본 프린터로 설정]을 선택한다.
② 현재 기본 프린터를 해제하려면 다른 프린터를 기본 프린터로 설정하면 된다.
③ 인쇄 시 특정 프린터를 지정하지 않으면 자동으로 인쇄 작업이 기본 프린터로 전달된다.
④ 기본 프린터는 2개 이상 지정이 가능하다.

해설 컴퓨터에 설치 가능한 프린터의 수는 제한이 없지만 기본 프린터로 사용할 프린터는 한 대만 지정할 수 있다.

59 다음 중 한글 Windows에 설치된 기본 프린터의 [인쇄 작업 목록 보기] 창에서 가능한 작업으로 옳지 않은 것은?

① 인쇄 일시 중지
② 설치된 프린터 제거
③ 프린터 속성 지정
④ 인쇄 기본 설정 지정

해설
- 보기 ①, ③, ④는 [인쇄 작업 목록 보기] 창의 [프린터] 메뉴에서 설정이 가능하다.
- 보기 ②는 [제어판]-[장치 및 프린터] 창에서 가능하다.

60 다음 중 한글 Windows에서 문서 인쇄에 대한 설명으로 옳지 않은 것은?

정답 ▶ 55 ① 56 ④ 57 ④ 58 ④ 59 ② 60 ①

① [프린터] 메뉴 중 [모든 문서 취소]는 스풀러에 저장되어 있는 문서 중 오류가 발생한 문서에 대해서만 인쇄 작업을 취소한다.
② 일단 프린터에서 인쇄 작업이 시작된 경우라도 잠시 중지 시켰다가 다시 인쇄할 수 있다.
③ 인쇄 대기 중인 문서를 삭제하거나 출력 대기 순서를 임의로 조정할 수 있다.
④ 인쇄중 문제가 발생한 인쇄 목록을 확인할 수 있다.

해설 [프린터]-[모든 문서 취소]는 대기 중인 인쇄 문서를 취소한다.

61 다음 중 한글 Windows의 [프로그램 및 기능] 창에서 할 수 있는 작업으로 옳지 않은 것은?

① 새로운 Windows의 업데이트를 수행하거나 설치된 업데이트 내용을 제거 및 변경할 수 있다.
② 시스템에 설치된 프로그램의 목록을 확인하거나 제거 또는 변경할 수 있다.
③ 설치된 Windows의 기능에 대해 켜기나 끄기를 지정할 수 있다.
④ 새로운 응용 프로그램의 설치를 할 수 있다.

해설
- 프로그램 및 기능 : 프로그램 제거 또는 변경, 설치된 업데이트 보기, Windows 기능 켜기/끄기 등을 설정한다.
- 새로운 응용 프로그램의 설치는 할 수 없다.

62 다음 중 한글 Windows의 [시스템] 창에서만 확인할 수 있는 내용으로 옳지 않은 것은?

① 현재 사용 중인 Windows의 버전 및 서비스 팩 설치 상황을 확인할 수 있다.
② 현재 사용 중인 Windows의 정품 인증 여부를 확인할 수 있다.
③ 현재 사용 중인 컴퓨터의 프로세서 종류, 설치된 메모리, 시스템 종류 등을 확인할 수 있다.
④ 현재 사용 중인 컴퓨터에 대한 TCP/IPv4 속성을 확인하고 설정할 수 있다.

해설 보기 ④번은 [제어판]-[네트워크 및 공유 센터]를 선택한 후 '이더넷'을 선택하고, [속성] 단추를 클릭하면 설정할 수 있다.

63 다음 중 한글 Windows에서 새로운 하드웨어 추가와 관련된 설명으로 옳지 않은 것은?

① 제어판의 [장치 및 프린터]를 사용하면 컴퓨터에 연결된 장치를 빠르게 확인할 수 있다.
② 플러그 앤 플레이(PNP)를 지원하지 않는 하드웨어의 경우 [동작]-[레거시 하드웨어 추가]를 선택한다.
③ 모든 하드웨어는 Windows Update를 통해 자동으로 설치할 수 있다.
④ 컴퓨터에 연결하기만 하면 대부분의 하드웨어 또는 모바일 장치를 설치할 수 있다.

해설 Windows Update를 통해 자동으로 설치할 수 있는 것은 소프트웨어이다.

64 다음 중 한글 Windows의 [제어판]에 있는 [접근성 센터]를 이용하여 수행할 수 있는 작업에 대한 설명으로 옳지 않은 것은?

① 돋보기 기능을 사용하여 화면의 일부를 확대할 수 있다.
② 내레이터 시작 기능을 사용하면 화면의 텍스트를 소리 내어 읽어 줄 수 있다.
③ 화상 키보드 기능을 사용하여 마우스나 다른 포인팅 장치로 텍스트를 입력할 수 있다.
④ 고대비 설정 기능을 사용하면 시각 장애인을 위하여 마우스 포인터 모양을 변경하거나 스피커의 아이콘을 변경할 수 있다.

해설
- 마우스 포인터 모양을 변경 : [마우스 속성] 대화 상자의 [포인터] 탭에서 가능하다.
- 스피커의 아이콘을 변경 : [소리] 대화 상자의 [재생] 탭에서 가능하다.

65 한글 Windows의 [마우스 속성] 대화 상자에서 설정할 수 있는 기능으로 옳지 않은 것은?

① 마우스 포인터 속도의 변경
② 오른쪽 단추와 왼쪽 단추의 기능 바꾸기
③ 마우스 기종의 변경

정답 61 ④ 62 ④ 63 ③ 64 ④ 65 ③

④ 마우스 포인터 모양의 변경

해설 보기 ①번은 [포인터 옵션] 탭, 보기 ②번은 [단추] 탭, 보기 ④번은 [포인터] 탭에서 설정한다

66 다음 중 한글 Windows에서 [기본 프로그램]에 대한 설명으로 옳지 않은 것은?

① Windows에서 기본적으로 사용할 프로그램을 선택한다.
② 네트워크 연결 및 방화벽을 열 때 사용할 기본 프로그램을 설정한다.
③ 오디오 CD를 넣으면 Windows Media Player가 자동으로 재생되도록 설정할 수 있다.
④ 웹 브라우저나 전자 메일 작업 등에 사용할 기본 프로그램을 선택한다.

해설 기본 프로그램 설정은 파일 형식 및 프로토콜을 열 때 사용할(연결할) 기본 프로그램을 설정한다.

67 다음 중 한글 Windows의 [Windows Defender 방화벽] 창에서 할 수 있는 작업에 대한 설명으로 옳지 않은 것은?

① 네트워크 위치를 선택하여 컴퓨터가 항상 적절한 보안 수준으로 설정되도록 할 수 있다.
② 프로그램이 Windows 방화벽을 통해 통신하도록 설정할 수 있다.
③ 전자 메일을 보내거나 받을 때 알림 표시를 하도록 설정할 수 있다.
④ 인바운드 규칙, 아웃바운드 규칙 등과 같은 고급 보안을 설정할 수 있다.

해설 Windows Defender 방화벽 : 해커나 악성 소프트웨어가 네트워크나 인터넷을 통해 사용자 컴퓨터에 액세스하지 못하도록 방지하는 기능으로 보기 ③번과는 관계가 없다.

68 다음 중 한글 Windows의 [사용자 계정]에 대한 설명으로 옳지 않은 것은?

① 표준 사용자 계정은 자신이 설치한 소프트웨어만 사용할 수 있다.
② 표준 사용자 계정은 자신의 계정 유형을 관리자로 변경할 수 없다.
③ 관리자 계정은 유해한 프로그램이 컴퓨터를 변경하는 것을 방지하도록 사용자 계정 컨트롤 설정을 변경할 수 있다.
④ 관리자 계정은 다른 관리자 계정을 포함하여 모든 계정의 암호를 변경할 수 있다.

해설 표준 사용자 계정은 프로그램, 하드웨어 등을 설치하거나 중요 파일을 삭제할 수 없다.

69 다음 중 한글 Windows의 [시스템]에 있는 [디스플레이] 창에서 설정할 수 있는 기능으로 옳지 않은 것은?

① 사용하는 모니터를 기반으로 화면 해상도, 방향, 고급 설정 등 최상의 디스플레이 설정을 할 수 있다.
② 텍스트, 앱 및 기타 항목의 크기를 변경할 수 있다.
③ 하나의 시스템에 여러 대의 모니터를 연결할 수 있으며, 이런 경우 각 모니터를 개별적으로 설정할 수 있다.
④ 비디오 카드/드라이버 정보를 확인한 후 드라이버를 다시 설정할 수 있다.

해설 보기 ④번은 장치 관리자 창에서 가능하다.

70 다음 중 한글 Windows에서 할 수 있는 디스크 포맷에 관한 설명으로 옳지 않은 것은?

① 디스크를 포맷하면 디스크의 모든 데이터가 지워진다.
② 빠른 포맷은 디스크의 불량 섹터를 검색하지 않고, 디스크에서 파일을 제거한다.
③ 디스크 포맷 창에서 용량, 파일 시스템, 할당 단위 크기, 볼륨 레이블 등의 확인도 가능하다.
④ 로컬 디스크(C:)의 포맷 창에서 MS-DOS 시동 디스크를 만들 수 있다.

정답 66 ② 67 ③ 68 ① 69 ④ 70 ④

해설 최근 컴퓨터는 로컬 디스크(C:)의 포맷 창에서 MS-DOS 시동 디스크를 만들 수 없다.

71 다음 중 한글 Windows에서 디스크 오류 검사에 대한 설명으로 옳지 않은 것은?

① 디스크 오류 검사는 폴더와 파일의 오류를 검사하여 발견된 오류를 복구한다.
② 디스크 오류 검사는 손상된 부분을 복구할 때 교차 연결된 파일이 발견되면 제거하거나 백업한다.
③ '파일 시스템 오류 자동 수정' 옵션을 선택하면 파일과 폴더의 오류가 발견되었을 때 사용자에게 오류 수정 여부를 물어 본 후 수정한다.
④ '불량 섹터 검사 및 복구 시도' 옵션을 선택하면 파일과 폴더의 오류뿐만 아니라 디스크 표면을 검사하여 디스크에 생긴 물리적인 오류도 찾아 준다.

해설 파일 시스템 오류 자동 수정 : 디스크 오류 검사 중 파일 시스템 오류가 발견되면 사용자에게 오류 수정 여부를 묻지 않고 바로 수정한다.

72 다음 중 한글 Windows의 디스크 정리에 대한 설명으로 옳은 것은?

① 디스크 정리를 통해 휴지통, 임시 인터넷 파일, 설치 로그 파일 등을 제거할 수 있다.
② 최근에 복원한 내용을 포함한 모든 파일을 제거하여 디스크 공간을 늘릴 수 있다.
③ C 드라이브에 있는 WINDOWS 폴더를 제거하여 디스크 공간을 늘릴 수 있다.
④ 조각난 파일, 인접한 파일, 이동할 수 없는 파일 등을 삭제하여 디스크 공간을 늘릴 수 있다.

해설
- ② 최근 복원한 내용을 포함한 모든 파일을 디스크 정리로 제거할 수는 없다.
- ③ C 드라이브에 있는 WINDOWS 폴더를 제거할 경우 컴퓨터 사용이 불가능하다.
- ④ 드라이브 조각 모음에 대한 설명이다.

73 다음 중 한글 Windows의 드라이브 조각 모음과 관련된 내용으로 옳지 않은 것은?

① 드라이브 조각 모음이 진행 중인 동안에는 컴퓨터를 사용할 수 없다.
② NTFS, FAT, FAT32 이외의 다른 파일 시스템으로 포맷된 경우와 네트워크 드라이브에 대해서는 드라이브 조각 모음을 실행할 수 없다.
③ 드라이브 조각 모음을 수행하면 디스크 공간의 최적화를 이루어 접근 속도와 안전성이 향상된다.
④ 드라이브 조각 모음을 정해진 요일이나 시간에 자동으로 수행할 수 있도록 예약을 설정할 수 있다.

해설 드라이브 조각 모음이 진행 중인 동안에도 컴퓨터를 사용할 수 있지만 모든 작업을 중지하면 보다 효율적이다.

74 다음 중 한글 Windows에서 레지스트리에 대한 설명으로 옳지 않은 것은?

① 레지스트리를 편집하려면 [실행] 대화 상자에서 'regedit'를 입력하여 실행한다.
② 레지스트리란 Windows 사용자의 정보, 응용 프로그램의 정보, 설정 사항 등 Windows 실행 설정에 대한 정보를 담은 데이터베이스이다.
③ 레지스트리가 손상되면 Windows에 치명적인 손상을 줄 수 있으므로 주의하여 사용해야 한다.
④ 레지스트리는 백업을 받을 수 없으므로 함부로 삭제하거나 실수하는 일이 없도록 신중하게 편집하여야 한다.

해설 레지스트리 정보는 사용자가 백업이 필요한 경우 [파일]-[내보내기]를 선택하여 직접 수행한다.

75 다음 중 한글 Windows에서 문제 해결 방법에 관한 설명으로 옳지 않은 것은?

① 디스크 공간이 부족할 경우에는 불필요한 응용 프로그램들의 실행을 종료한다.
② 메모리가 부족할 경우에는 가상 메모리를 충분히 확보할 수 있도록 휴지통, 임시 파일, 사용하지 않는 프로그램 등을 삭제한다.

정답 ▶ 71 ③ 72 ① 73 ① 74 ④ 75 ①

③ 정상적인 부팅이 안 되는 경우에는 안전 모드로 부팅하여 문제를 해결한 후에 정상 모드로 재부팅한다.
④ 시스템 속도가 저하되는 경우에는 드라이브 조각 모음을 실행하여 하드 디스크의 단편화를 제거한다.

해설 디스크 공간이 부족할 경우 디스크 정리를 실행하여 불필요한 응용 프로그램, 오래된 압축 파일, 임시 인터넷 파일, Windows 구성 요소 등을 삭제한다.

76 한글 Windows의 [네트워크 및 공유 센터] 창에서 할 수 있는 작업으로 옳지 않은 것은?

① 활성 네트워크 보기에서는 연결된 네트워크 종류, 액세스 형식, 연결 상태 등의 정보를 확인할 수 있다.
② 무선, 광대역, 전화 접속 연결 등을 설정하거나 라우터 또는 액세스 지점을 설정할 수 있다.
③ 다른 네트워크 컴퓨터에 있는 파일이나 프린터에 액세스하거나 공유 설정을 변경할 수 있다.
④ 다른 컴퓨터에서 해당 컴퓨터를 사용할 수 있도록 원격 지원 연결을 허용한다.

해설 보기 ④번은 내 PC의 바로 가기 메뉴에서 [속성]을 선택한 후 [시스템] 창에서 가능하다.

77 다음 중 한글 Windows의 [이더넷 속성]에서 TCP/IPv4와 TCP/IPv6 프로토콜에 대한 설명으로 옳지 않은 것은?

① TCP/IPv4는 32비트 주소 체계를 사용하며, 8비트씩 4개의 10진수를 온점(.)으로 구분하여 사용한다.
② TCP/IPv6은 128비트 주소 체계를 사용하며, 16비트씩 8부분의 16진수를 콜론(:)으로 구분하여 사용한다.
③ TCP/IPv4와 TCP/IPv6 모두 기본 게이트웨이 주소를 설정하여야 한다.
④ TCP/IPv4와 TCP/IPv6은 서로 충돌이 생기므로 한 대의 컴퓨터에는 한 가지 방식으로만 IP 주소를 지정해야 한다.

해설 TCP/IPv4와 TCP/IPv6은 한 대의 컴퓨터에서 모두 설정할 수 있다.

78 다음 중 한글 Windows의 [이더넷 속성] 대화 상자에서 네트워크 구성 요소에 대한 설명으로 옳지 않은 것은?

① QoS 패킷 스케줄러 : 네트워크 대역폭을 확인하고자 할 때 사용한다.
② Microsoft Networks용 클라이언트 : 사용자 컴퓨터에서 네트워크에 있는 리소스를 액세스 할 수 있게 한다.
③ Microsoft 네트워크용 파일 및 프린터 공유 : 다른 컴퓨터에서 네트워크를 사용하여 사용자 컴퓨터의 리소스를 액세스할 수 있게 한다.
④ Internet Protocol Version 6(TCP/IPv6) : 다양하게 연결된 네트워크에서 통신을 제공하는 인터넷 프로토콜의 최신 버전이다.

해설 QoS 패킷 스케줄러 : 흐름 속도나 우선 순위 지정 서비스를 포함한 네트워크의 소통을 제어한다.

79 다음 중 한글 Windows에서 인터넷 사용을 위한 TCP/IPv4의 설정에 대한 설명으로 옳지 않은 것은?

① IP 주소는 인터넷에 연결된 호스트 컴퓨터의 유일한 주소로 네트워크 주소와 호스트 주소로 구성되어 있다.
② 서브넷 마스크는 사용자가 속한 네트워크로 IP 주소의 네트워크 주소와 호스트 주소를 구별하기 위하여 IP 수신인에게 허용하는 16비트 주소이다.
③ 게이트웨이는 다른 네트워크와의 데이터 교환을 위한 출입구 역할을 하는 장치이다.
④ DNS 서버 주소는 문자 형태로 된 도메인 네임을 숫자 형태로 된 IP 주소로 변환해 주는 서버의 IP 주소를 지정한다.

해설 서브넷 마스크 : IP 주소와 사용자 컴퓨터가 속한 네트워크를 구별한다(IPv4의 네트워크 주소와 호스트 주소를 구별).

정답 76 ④ 77 ④ 78 ① 79 ②

80 다음 중 한글 Windows에서 공용 폴더에 관한 설명으로 옳지 않은 것은?

① 파일을 공유하려면 공용 폴더로 이동시키거나 해당 파일에 대한 공유를 설정해야 한다.
② 공용 폴더는 현재 사용 중인 컴퓨터의 모든 사용자가 접근할 수 있는 폴더이다.
③ 공용 폴더는 기본적으로 라이브러리에 포함되지만 ID가 sanggong 일 때 실제 위치는 C:₩Users₩공용이다.
④ 공용 폴더의 종류는 공용 문서, 공용 비디오, 공용 사진, 공용 음악 등이 있다.

해설 공용 폴더로 파일을 이동하여 공유할 수 있지만 파일 자체에는 공유 설정을 할 수 없다.

3과목 | 컴퓨터와 정보 활용

81 다음 중 컴퓨터의 발전에 대한 설명으로 옳지 않은 것은?

① ENIAC은 프로그램 내장 방식을 사용한 계산기이다.
② UNIVAC-I는 최초의 상업용 전자계산기이다.
③ 인공 지능 및 퍼지 이론과 관련 있는 주요 소자는 VLSI이다.
④ 시분할 처리와 다중 처리가 개발된 시기는 3세대이다.

해설 ENIAC은 최초의 전자계산기로 외부 프로그래밍 방식을 사용한다.

82 다음 중 컴퓨터의 발전에 대한 세대별 특징을 연결한 것으로 옳지 않은 것은?

① 1세대 – 일괄 처리 시스템, 분산 처리
② 2세대 – 운영 체제 도입, 고급 언어 개발
③ 3세대 – 시분할 처리, MIS 도입
④ 4세대 – 개인용 컴퓨터 개발, 마이크로프로세서 개발

해설 1세대는 주로 과학 계산용으로 사용하며, 일괄 처리 시스템을 도입하였으나 분산 처리는 4세대에 해당한다.

83 다음은 무엇에 대한 설명인가?

- 7비트의 크기 → 128개의 문자 표현 가능
- 자료 처리나 통신 시스템에 사용

① BCD 코드 ② ASCII 코드
③ EBCDIC 코드 ④ GRAY 코드

해설
- ① 6비트로 구성되며, 64가지의 문자를 표현한다(영문 소문자를 표현할 수 없음).
- ③ 8비트로 구성되며, 256가지의 문자를 표현한다(정보 처리 부호용으로 사용).
- ④ 아날로그-디지털 변환 또는 데이터 전송 등에 사용되는 코드로 연산에는 부적합하다.

84 다음 중 보기에서 디지털 컴퓨터의 특징으로만 나열된 것은?

ⓐ 논리 회로 사용 ⓑ 수치, 문자 데이터 사용
ⓒ 프로그램의 불필요 ⓓ 특수 목적용
ⓔ 기억이 용이함 ⓕ 정밀도가 제한적임
ⓖ 연속적인 데이터 계산 ⓗ 사칙 연산

① ⓐ, ⓑ, ⓔ, ⓗ ② ⓑ, ⓓ, ⓕ, ⓗ
③ ⓐ, ⓒ, ⓓ, ⓕ ④ ⓑ, ⓒ, ⓔ, ⓕ

해설 아날로그 컴퓨터의 특징 : ⓒ, ⓓ, ⓕ, ⓖ

85 다음 중 컴퓨터 CPU에 있는 연산 장치의 레지스터에 대한 설명으로 옳은 것은?

① 누산기 : 2개 이상의 수를 입력하여 이들의 합을 출력하는 논리 회로 또는 장치
② 가산기 : 산술 연산 및 논리 연산의 결과를 일시적으로 기억하는 레지스터
③ 데이터 레지스터 : 주기억 장치에서 보낸 데이터를 일시적으로 기억하는 레지스터

정답 80 ① 81 ① 82 ① 83 ② 84 ① 85 ③

④ 상태 레지스터 : 색인 주소 지정에 사용되는 레지스터

해설
- 누산기 : 산술 및 논리 연산의 결과를 일시적으로 기억한다.
- 가산기 : 사칙 연산과 함께 데이터 레지스터에 저장된 값과 누산기 값을 더한다.
- 상태 레지스터 : CPU 상태와 연산 결과(양수, 음수, 자리 올림/넘침 등) 상태를 기억한다.

86 다음 중 주기억 장치에 대한 설명으로 옳은 것은?

① 현재 가장 많이 사용하는 주기억 장치는 SSD(Solid State Drive)이다.
② EEPROM은 BIOS, 글꼴, POST 등이 저장된 대표적인 펌웨어(Firmware) 장치이다.
③ SDRAM은 전원이 공급되지 않아도 지워지지 않는 비휘발성 메모리이다.
④ RDRAM은 가장 속도가 빠른 기억 장치이다.

해설
- SSD는 HDD와 달리 반도체를 이용하여 정보를 저장하는 보조 기억 장치이다.
- SDRAM은 CPU가 사용하는 메인 클록을 직접 받아 동작하고, 파이프라인 모드로 고속 처리가 가능하다.
- 기억 장치 중에서 가장 속도가 빠른 것은 레지스터이다.

87 다음 중 CISC 프로세서에 대한 설명으로 옳지 않은 것은?

① 자주 쓰이지 않는 명령어들은 소프트웨어로 구현하고, 자주 쓰이는 명령어만 간략화 하여 CPU의 성능을 높였다.
② 마이크로 프로그래밍을 통해 고급 언어에 각기 하나씩의 기계어를 대응시켰다.
③ 명령어의 집합이 크고, 구조가 복잡하여 전력 소모가 크다.
④ 주로 쓰이는 명령어는 일부에 불과하다.

해설 CISC : 많은 명령어를 프로그래머에게 제공하므로 프로그래머 작업이 쉽고, 고급 언어에 기계어를 각각 대응시키므로 명령어 집합이 크다.

88 다음 중 DMA(Direct Memory Access)에 관한 설명으로 거리가 먼 것은?

① CPU로부터 입출력 장치의 제어를 넘겨받아 대신 처리하는 입출력 전용 프로세서이다.
② 작업이 끝나면 CPU에게 인터럽트 신호를 보내 작업이 종료되었음을 알린다.
③ DMA 방식을 채택하면 CPU의 효율성이 증가되고 속도가 향상된다.
④ DMA를 사용하려면 메인보드와 하드 디스크 같은 주변 장치가 DMA를 지원해야 한다.

해설 DMA : CPU의 간섭 없이 입출력 데이터를 주기억 장치와 주변 장치 사이에 전송하여 CPU의 부담을 최소화한다(입출력의 전송 속도를 높임).

89 다음 중 컴퓨터에서 사용하는 캐시 메모리에 관한 설명으로 옳은 것은?

① CPU와 주기억 장치의 처리 속도를 향상시키기 위하여 사용한다.
② 보조 기억 장치를 주기억 장치처럼 사용할 수 있는 기능을 제공한다.
③ 주기억 장치를 접근할 때 주소대신 기억된 내용으로 접근하는 기능을 제공한다.
④ EEROM의 일종으로 중요한 정보를 반영구적으로 저장할 수 있다.

해설 캐시 메모리 : CPU와 주기억 장치 사이의 실행 속도를 높이기 위해 사용되는 고속(로컬) 메모리로 명령어와 데이터를 일시 저장하며, 주소 대신 기억된 정보를 통하여 기억 장치에 접근한다.

90 다음 중 보기에서 설명하는 컴퓨터의 그래픽 카드로 옳은 것은?

- 그래픽 카드의 데이터 처리량이 증가하여 AGP로는 감당할 수 없게 되자 AGP 대체용으로 개발된 그래픽 전용 슬롯이다.
- 핫 플러그인(Hot Plug In)을 지원한다.

① SATA　② HDMI
③ PCI-Express　④ SCSI

정답 ▶ 86 ②　87 ①　88 ①　89 ①　90 ③

해설 • SATA : 병렬 ATA를 대체하기 위한 직렬 ATA(Serial ATA) 방식으로 하드 디스크나 광학 드라이브와의 고속 전송을 목적으로 한다.
• HDMI : 디지털 비디오와 오디오 신호를 통합하여 전송할 수 있는 규격이다.
• SCSI : 속도가 빠르고 데이터 기록 밀도가 높은 인터페이스로 터미네이션과 각 장치의 ID 설정이 필요하다(서버용 컴퓨터에서 사용).

91 다음 보기의 내용은 무엇에 대한 설명인가?

• 중요한 데이터를 가지고 있는 서버에 주로 사용된다.
• 동일한 데이터를 여러 대의 디스크에 중복해서 저장한다.
• 스트라이핑(Striping) 기술을 적용하여 저장 공간을 파티션한다.
• 모든 디스크의 스트립은 인터리브 되어 있다.

① DVD ② RAID
③ Juke Box ④ Jaz Drive

해설 RAID : 여러 대의 하드 디스크가 있을 때 동일한 데이터를 다른 위치에 중복해서 저장하는 방법으로 고장에 대비하는 능력이 향상된다.

92 다음 중 멀티미디어의 주요 특징에 대한 설명으로 옳지 않은 것은?

① 디지털화(Digitalization) : 그림, 소리, 비디오와 같은 아날로그 데이터를 디지털 방식으로 변환하여 표현한다.
② 쌍방향성(Interactive) : 사용자가 마우스로 어느 버튼을 누르는 가에 따라 정보 제공자가 제공한 각기 다른 정보를 얻을 수 있다.
③ 통합성(Integration) : 그림, 소리, 비디오 등 여러 매체들이 통합되어 보다 생동 있는 정보를 전달한다.
④ 비선형성(Non-Linear) : 정보의 흐름을 한 방향으로 흐르게 하여 항상 동일한 정보를 얻을 수 있다.

해설 비선형성(Non-Linear) : 문자나 숫자 데이터 외에 소리 등의 데이터를 처리한다.

93 다음 중 멀티미디어 그래픽 데이터의 벡터 방식에 대한 설명으로 옳지 않은 것은?

① 점과 점을 연결하는 직선이나 곡선을 이용하여 이미지를 표현한다.
② 이미지를 확대하여도 테두리가 매끄럽게 표현된다.
③ 좌표 개념을 사용하여 이동 회전 등의 변형이 쉽다.
④ 비트맵 방식과 비교하여 기억 공간을 많이 차지한다.

해설 비트맵 방식과 비교하여 기억 공간을 적게 차지한다.

94 다음 중 멀티미디어 데이터에 관한 설명으로 옳지 않은 것은?

① MOV 파일은 애플사에서 개발한 JPEG 압축 방식을 사용하는 동영상 파일이다.
② MIDI 파일은 연주 정보만 저장하므로 WAV 파일보다 크기가 작다.
③ MP3 파일은 MPEG-3 규격의 압축 기술을 사용한다.
④ WMV 파일은 스트리밍 서비스 지원이 가능하다.

해설 MP3 : MPEG-1에서 오디오 압축 기술을 이용하여 만든 오디오 데이터의 디지털 파일 양식이다.

95 다음 중 그래픽 데이터 형식에 관한 설명으로 옳지 않은 것은?

① BMP : Windows 운영 체제의 표준 비트맵 파일 형식으로 압축하여 저장하므로 파일의 크기가 작은 편이다.
② GIF : 인터넷 표준 그래픽 형식으로 8비트 컬러를 사용하여 최대 256 색상까지만 표현할 수 있으며, 애니메이션 표현이 가능하다.
③ JPEG : 사진과 같은 선명한 정지 영상 압축 기술에 대한 국제 표준으로 주로 인터넷에서 그림 전송에 사용된다.
④ PNG : 트루 컬러의 지원과 투명색 지정이 가능하다.

정답 91 ② 92 ④ 93 ④ 94 ③ 95 ①

해설 BMP : Windows 운영 체제의 표준으로 비트맵 정보를 압축하지 않고 저장하며, 고해상도의 이미지를 표현하므로 파일 크기가 크다.

96 다음 중 보기에서 설명하는 그래픽 기법으로 옳은 것은?

> 점토, 찰흙 등의 점성이 있는 소재를 이용하여 인형을 만들고, 소재의 점성을 이용하여 조금씩 변형된 형태를 만들어서 촬영하는 형식의 애니메이션 기법이다.

① 로토스코핑(Rotoscoping)
② 클레이메이션(Claymation)
③ 메조틴트(Mezzotint)
④ 인터레이싱(Interlacing)

해설
- ① 실제 장면을 촬영한 후 화면에 등장하는 캐릭터나 물체의 윤곽선을 추적하여 애니메이션의 기본형을 만들고, 여기에 수작업으로 컬러를 입히거나 형태를 변형시키는 기법이다.
- ③ 이미지에 무수히 많은 점을 찍은 듯한 효과를 나타내는 기법이다.
- ④ 이미지의 대략적인 모습을 먼저 보여준 다음 점차 자세한 모습을 보여주는 기법이다.

97 다음 중 네트워크 장치에 대한 설명으로 적당하지 않은 것은?

① 라우터는 동일한 전송 프로토콜을 사용하는 다른 네트워크를 연결하는 장치로 여러 경로 중 가장 효율적인 경로를 선택하여 패킷을 보낸다.
② 브리지는 2개 이상의 근거리 통신망을 서로 연결해 주는 장치로 목적지 주소에 따른 선별 및 간단한 경로 결정을 한다.
③ 리피터는 감쇠된 신호를 증폭시켜 재전송함으로써 신호가 더 먼 거리에 다다를 수 있게 도와주는 장치로 전송 계층의 장치이다.
④ 네트워크 카드는 컴퓨터끼리 통신하는 데 쓰이는 하드웨어로 MAC 주소를 사용하여 낮은 수준의 주소 할당 시스템을 제공하고 사용자들이 케이블을 연결하거나 무선으로 연결하여 네트워크에 접속할 수 있게 한다.

해설 리피터(Repeater) : 광학 전송 매체에서 신호를 수신하여 매체의 다음 구간으로 전송시키는 장치로 인터넷 신호를 증폭하여 장거리로 정보를 전달할 때 사용한다.

98 다음 중 네트워크 프로토콜과 관련하여 OSI 7계층의 설명으로 옳지 않은 것은?

① 물리 계층은 전송에 필요한 두 장치 간의 실제 접속과 절단등 기계적, 기능적, 절차적 특성을 정의한다.
② 데이터 링크 계층은 사용자의 응용 프로그램이 OSI 환경에 접근할 수 있도록 서비스를 제공한다.
③ 전송 계층은 종단 시스템(End-to-End) 간에 신뢰성 있고 투명한 데이터 전송을 가능하게 한다.
④ 네트워크 계층은 개방 시스템들 간의 네트워크 연결을 관리하며, 데이터를 교환하거나 중계한다.

해설
- 데이터 링크 계층은 물리 계층의 전송 오류를 검출하고 수정, 링크의 확립/유지/단절의 수단을 제공한다.
- 보기 ②번은 응용 계층에 대한 설명이다.

99 다음 중 인터넷 관련 용어의 설명으로 옳지 않은 것은?

① 데몬(Daemon)은 사용자가 직접적으로 제어하지 않고, 백그라운드에서 돌면서 주기적인 서비스 요청 등 여러 작업을 하는 프로그램을 말한다.
② 푸쉬(Push)는 인터넷에서 사용자의 요청에 의지하지 않고, 서버의 작용에 의해서 서버 상에 있는 정보를 클라이언트로 자동 배포(전송)하는 것을 말한다.
③ 미러 사이트(Mirror site)는 인기 있는 웹 사이트의 경우 사이트 부하를 분산하기 위해 2개 이상의 파일 서버로 똑같은 내용을 분산시켜 보유하고 있는 사이트를 말한다.
④ 핑거(Finger)란 지정한 IP 주소 통신 장비의 통신망이 연결을 확인하기 위한 것으로 통신 규약으로는 인터넷 제어 메시지 프로토콜(ICMP)을 사용한다.

해설 핑거(Finger) : 특정 시스템을 사용하고 있는 사용자의 정보를 서버(Server)에서 알아보기 위한 서비스이다.

정답 96 ② 97 ③ 98 ② 99 ④

100 다음 중 오디오, 비디오, 이미지 등의 디지털 콘텐츠에 사람의 육안으로는 구별할 수 없도록 저작원의 정보를 삽입하여 불법 복제를 막는 기술로 옳은 것은?

① 카피라잇(Copyright)
② 카피레프트(Copyleft)
③ 워터마킹(Watermarking)
④ 스패밍(Spamming)

해설
- ① 창작물을 만든 사람이 자기 저작물에 대해 가지는 배타적인 법적 권리로 여러 국가에서 인정된다.
- ② 저작권에 기반을 둔 사용 제한이 아니라 저작권의 정보 공유를 위한 조치이다(≠Copyright).
- ④ 수신인이 원하지 않는 메시지나 정보를 일방적으로 보내는 행위이다.

101 디지털 콘텐츠의 불법 복제와 유포를 막고, 저작권 보유자의 이익과 권리를 보호해 주는 기술과 서비스를 무엇이라고 하는가?

① PICS(Platform for Internet Contents Selection)
② DCRP(Digital Contents Rights Protection)
③ DRM(Digital Rights Management)
④ CRM(Customer Relationship Management)

해설 디지털 저작권 관리(DRM) : 다양한 디지털 콘텐츠에 관한 권리와 이익을 보호 및 관리하는 기술과 서비스로 디지털 시네마, 디지털 방송, 교육용 서비스 등의 콘텐츠에 대한 접근과 이용이 허락된 사용자만 쓸 수 있다.

102 다음 중 보기에서 설명하는 운영 체제의 운영 방식으로 옳은 것은?

- 속도가 빠른 CPU의 처리 시간을 분할하여 여러 개의 작업을 연속으로 처리하는 방식
- 일정 시간 단위로 CPU 사용권을 신속하게 전환하여 각 사용자들이 자신만이 컴퓨터를 사용하고 있는 것처럼 느끼게 하는 방식

① 일괄 처리 시스템
② 듀플렉스 시스템
③ 분산 처리 시스템
④ 시분할 시스템

해설
- ① 데이터를 일정량 또는 일정 기간 모아서 한꺼번에 처리하는 시스템이다.
- ② 시스템의 안정성을 위하여 한쪽의 CPU가 가동중일 때 다른 한쪽의 CPU가 고장나면 즉시 대기중인 CPU가 작동되도록 운영하는 시스템이다.
- ③ 여러 대의 컴퓨터를 통신망으로 연결하여 작업과 자원을 분산시켜 처리함으로써 컴퓨터의 처리 능력과 효율을 향상시키는 시스템이다.

103 다음 중 컴퓨터에서 사용하는 프로그램에 관한 설명으로 옳지 않은 것은?

① 상용 소프트웨어는 정식으로 대가를 지불하고 사용해야 한다.
② 셰어웨어는 기능이나 사용 기간 등에 제한을 두어 배포한 것으로 무료이다.
③ 프리웨어는 개발자가 소스를 공개한 소프트웨어로 누구나 수정 및 배포할 수 있다.
④ 알파 버전은 개발사 내에서 테스트를 목적으로 제작한 프로그램이다.

해설
- 프리웨어(Freeware) : 사용 기간과 기능에 제한 없이 무료로 사용할 수 있으며, 저작권자의 동의 없이 자유롭게 복사, 배포할 수 있는 소프트웨어이다.
- 보기 ③번은 공개 소프트웨어에 대한 설명이다.

104 다음 중 웹 문서를 만들기 위한 프로그래밍 언어로 써 액티브 X를 설치하지 않아도 동일한 기능을 구현할 수 있고, 어도비 플래시와 같은 플러그인 기반의 각종 프로그램을 별도로 설치하지 않아도 되는 프로그래밍 언어로 옳은 것은?

① VRML
② HTML 5
③ XML
④ UML

해설
- ① 3차원 가상 공간을 표현하기 위한 언어로 웹에서 3차원 입체 이미지를 묘사한다.
- ③ 구조화된 문서 제작용 언어로 HTML에 태그의 사용자 정의가 가능하다.
- ④ 요구 분석, 시스템 설계 및 구현 등의 시스템 개발 과정에서 개발자간 의사 소통을 원활하게 하기 위하여

정답 100 ③ 101 ③ 102 ④ 103 ③ 104 ②

105 다음 중 객체 지향 프로그래밍 언어로만 짝지어진 것은?

① C++, C#, JAVA
② C, COBOL, BASIC
③ FORTRAN, C++, XML
④ JAVA, C, XML

해설 객체 지향 프로그래밍 : 절차적 프로그램 개발에 적합한 기법으로 Smalltalk, C++, Java 언어 등에서 객체 지향의 개념을 표현한다.

106 다음 중 컴퓨터 범죄의 예방과 대책에 대한 설명으로 옳지 않은 것은?

① 자신의 ID를 빌려주거나 타인의 ID를 사용할 경우에는 신중을 기하여야 하며, 처음 만든 패스워드는 변경하지 않아야 하고 다른 사용자에게 노출되지 않도록 한다.
② 중요한 자료를 암호화하여 저장하고 정보 손실에 대비하여 백업을 철저히 한다.
③ 전자상거래를 이용하거나 개인의 정보를 제공할 경우 반드시 이용 약관이나 개인 정보 보호 방침을 숙지한다.
④ 백신 프로그램을 설치하고 수시로 업데이트를 실행하여 최신 버전을 유지한다.

해설 가급적 자신의 ID를 빌려주거나 타인의 ID를 사용하지 않도록 하며, 패스워드는 정기적으로 변경한다.

107 다음 중 컴퓨터 바이러스를 예방하는 방법으로 옳지 않은 것은?

① 최신 버전의 백신 프로그램을 이용하여 주기적으로 시스템을 검사한다.
② 램에 상주하는 바이러스 예방 프로그램을 설치한다.
③ 의심 가는 메일은 반드시 열어본 후 삭제한다.
④ 중요한 자료나 프로그램은 항상 백업을 해 둔다.

해설 의심 가는 메일은 열어 보기 전에 반드시 바이러스 검사를 실시한다.

108 다음 중 정보 보안에서 송수신자가 송수신 사실을 인정하지 않는 것을 막기 위한 기능을 의미하는 용어는?

① 기밀성 ② 무결성
③ 부인 방지 ④ 접근 제어

해설
- ① 전달 내용을 제3자가 획득하지 못하도록 하는 것으로 시스템의 정보와 자원은 인가된 사용자에게만 허용한다.
- ② 시스템 내의 정보는 인가 받은 사용자만 수정할 수 있으며, 정보 전달 도중에는 데이터를 보호하여 항상 올바른 데이터를 유지한다.
- ④ 시스템의 자원 이용에 대한 불법적인 접근을 방지하는 과정으로 크래커의 침입으로부터 보호한다.

109 다음 가)와 나)에 해당하는 사이버 범죄의 용어로 가장 알맞게 짝지어진 것은?

가) 악성 코드에 감염된 PC를 조작해 이용자가 인터넷에서 정상적인 홈 페이지 주소로 접속하여도 해커가 도메인을 중간에서 탈취하여 가짜 사이트로 유도되고 해커가 개인 정보나 금융 정보 등을 몰래 빼가는 수법이다.
나) 네트워크상에서 자신이 아닌 다른 상대방들의 패킷 교환을 엿듣는 것을 의미한다. 즉, 네트워크 트래픽을 도청하는 과정을 말하는 것으로 네트워크상에서 전달되는 모든 패킷을 분석하여 사용자의 계정과 암호 등을 알아내는 것을 말한다.

① 가) 스푸핑(Spoofing), 나) 스미싱(Smishing)
② 가) 피싱(Phishing), 나) 스푸핑(Spoofing)
③ 가) 스미싱(Smishing), 나) 서비스 거부 공격(DoS)
④ 가) 파밍(Pharming), 나) 스니핑(Sniffing)

해설
- 스푸핑 : 신뢰성 있는 사람이 네트워크를 통해 데이터를 보낸 것처럼 허가받지 않은 사용자가 네트워크상의 데이터를 변조하여 접속하는 행위이다.
- 스미싱 : 무료 쿠폰, 모바일 초대장 등의 문자 메시지를 보낸 후 메시지에 있는 인터넷 주소를 클릭하면 스마트폰에 악성 코드가 설치되어 개인의 금융 정보를 빼내는 수법이다.
- 피싱 : 불특정 다수에게 메일을 발송해 위장된 홈 페이지로 접속하도록 한 후 인터넷 이용자들의 금융 정보 등을 빼내는 수법이다.

정답 105 ① 106 ① 107 ③ 108 ③ 109 ④

110 다음 중 컴퓨터에서 정보 보안을 위하여 사용하는 방화벽에 관한 설명으로 옳지 않은 것은?

① 내부 네트워크로 들어오거나 외부 네트워크로 나가는 패킷을 체크한다.
② 역추적 기능이 있어서 외부 침입자의 흔적을 찾을 수 있다.
③ 방화벽을 사용하더라도 내부의 불법적인 해킹은 막지 못한다.
④ 해킹에 의한 외부로의 정보 유출을 막기 위한 보안 시스템이다.

해설 방화벽은 내부 네트워크에서 인터넷으로 나가는 패킷은 그대로 통과시키고, 인터넷에서 내부 네트워크로 들어오는 패킷은 내용을 체크하여 인증된 패킷만 통과시킨다.

111 다음 중 공개키 암호화 기법에 대한 설명으로 옳지 않은 것은?

① 이중키 암호화 기법이라고도 한다.
② 암호화키와 복호화키가 서로 다르다.
③ 대표적인 알고리즘으로 RSA가 있다.
④ 비밀키 암호화 기법에 비해 암호화와 복호화의 속도가 빠르다.

해설 공개키 암호화 기법은 알고리즘이 복잡하여 실행 속도가 느리다.

112 인터넷 상의 중앙 서버에 데이터를 저장해 두고, 인터넷 기능이 있는 모든 IT 기기를 사용하여 언제 어디서든지 정보를 이용할 수 있다는 개념으로 컴퓨팅 자원을 필요한 만큼 빌려 쓰고 사용 요금을 지불하는 방식으로 사용되는 컴퓨팅 개념을 무엇이라고 하는가?

① 모바일 컴퓨팅(Mobile Computing)
② 분산 컴퓨팅(Distributed Computing)
③ 클라우드 컴퓨팅(Cloud Computing)
④ 그리드 컴퓨팅(Grid Computing)

해설 보기 ④는 지리적으로 분산되어 있는 컴퓨터 자원을 초고속 인터넷 망을 통해 격자 구조로 연결하여 공유함으로써 하나의 고성능 컴퓨터처럼 사용하는 기술이다.

113 다음 중 ICT 관련 최신 기술 용어에 대한 설명으로 옳지 않은 것은?

① 트랙백(Trackback) : 내 블로그에 해당 의견에 대한 댓글을 작성하면 그 글의 일부분이 다른 사람의 글에 댓글로 보이게 하는 기술이다.
② 와이브로(Wibro) : 이동하면서 초고속 무선 인터넷 서비스가 가능한 기술이다.
③ RFID(Radio Frequency IDentification) : 전자 태그가 부착된 IC 칩과 무선 통신 기술을 이용하여 다양한 개체들의 정보를 관리할 수 있는 센서 기술이다.
④ NFC(Near Field Communication) : 한 번의 로그인으로 기업 내의 각종 업무 시스템이나 인터넷에 접속할 수 있도록 하는 기술이다.

해설 NFC : 13.56MHz 주파수 대역을 사용하는 근거리 무선 통신으로 10cm 정도의 가까운 거리에서 데이터를 전송하며 상점의 물품 정보, 결제, 교통, 잠금 장치 등에 광범위하게 활용되는 기술이다.

114 다음에서 설명하는 신기술은 무엇인가?

- 현실 세계의 배경에 3D의 가상 이미지를 중첩하여 영상으로 보여 주는 기술이다.
- 스마트 폰 카메라로 주변을 비추면 인근에 있는 상점의 위치, 전화번호 등의 정보가 입체 영상으로 표시된다.

① SSO(Single Sign On)
② 증강 현실(Augmented Reality)
③ RSS(Rich Site Summary)
④ 가상 현실(Virtual Reality)

해설
- ① 각 시스템마다 매번 인증 절차를 밟지 않고 한 번의 로그인 과정으로 기업 내의 각종 업무 시스템이나 인터넷 서비스에 접속할 수 있게 해 주는 보안 응용 솔루션이다.
- ③ 뉴스나 블로그 등과 같이 콘텐츠가 자주 업데이트 되는 사이트들의 정보를 자동적으로 사용자들에게 알려 주기 위한 웹 서비스 기술이다.
- ④ 컴퓨터 그래픽과 시뮬레이션을 이용하여 가상 세계를 현실처럼 체험할 수 있는 기술이다.

정답 110 ① 111 ④ 112 ③ 113 ④ 114 ②

115 다음은 무엇에 대한 설명인가?

- 인터넷을 기반으로 사람과 사물, 사물과 사물 간의 정보를 상호 소통하는 지능형 기술 및 서비스를 말한다.
- 인터넷에 연결된 기기가 사람의 개입 없이 상호간에 알아서 정보를 주고받아 처리한다.

① RFID(Radio Frequency Identification)
② IoT(Internet of Things)
③ VNC(Virtual Network Computing)
④ WMN(Wireless Mesh Network)

해설
- ① 모든 사물에 전자 태그(IC 칩)를 부착하고, 무선 통신 기술을 이용하여 사물의 정보 및 주변 상황 정보를 감지하는 센서 기술이다.
- ③ 어디에서든 광범위한 컴퓨터로부터 컴퓨터 데스크톱 환경을 보이도록 하는 것이다.
- ④ 메시 라우터들과 메시 클라이언트의 노드들로 이루어진 네트워크이다.

116 다음 중 보기에서 설명하는 최신 정보 기술로 옳은 것은?

- 정보들 사이의 연관성을 컴퓨터가 이해하고, 처리할 수 있는 에이전트 프로그램을 통해 사용자가 원하는 정보를 찾아 제공한다.
- 컴퓨터들끼리 정보를 주고받으면서 자체적으로 필요한 일을 처리할 수 있다.
- 차세대 지능형 웹이다.

① 트랙백(Trackback)
② 와이브로(WiBro)
③ 위키피디아(Wikipedia)
④ 시멘틱 웹(Semantic Web)

해설
- ① 블로그에서 사용하는 기능으로 내 블로그에 해당 의견에 대한 댓글을 작성하면 일부 내용이 다른 사람의 글에 댓글로 보이게 하는 기술이다.
- ② 휴대폰, 노트북, PDA 등을 이용하여 이동하면서 초고속 인터넷에 접속할 수 있는 무선 광대역 서비스이다.
- ③ 누구나 자유롭게 글을 쓸 수 있는 사용자 참여의 온라인 백과사전이다.

117 다음 중 보기에서 설명하는 모바일 기기 관련 용어로 옳은 것은?

여러 개의 앱을 한꺼번에 사용할 수 있도록 앱 실행 시 영상 화면을 오버레이의 팝업창 형태로 분리하여 실행하는 기능이다.

① 스마트 앱(Smart App)
② 플로팅 앱(Floating App)
③ 앱 스토어(App Store)
④ 앱북(App Book)

해설
- ① 휴대폰이나 스마트폰 등에서 다운받아 사용할 수 있는 응용 프로그램이다.
- ③ 스마트폰에 설치할 수 있는 다양한 응용 프로그램을 지원 및 판매하는 온라인상의 거래 장터이다.
- ④ 스마트폰이나 태블릿 PC 등에서 해당 애플리케이션으로 제공되는 전자책으로 동영상, 애니메이션, 3D 그래픽을 이용한다.

118 다음 중 전자 우편 프로토콜에 대한 설명으로 옳지 않은 것은?

① SMTP : 전자 우편의 송신을 담당, TCP/IP 호스트의 우편함에 ASCII 문자 메시지 전송
② POP3 : 전자 우편의 수신을 담당, 제목과 내용을 한 번에 다운받음
③ IMAP : 전자 우편의 수신을 담당, 제목과 송신자를 보고 메일을 다운로드 할 것인지를 결정
④ MIME : 텍스트 메일의 수신을 담당, 일반 문자열을 기호화하는데 사용

해설 MIME : 웹 브라우저가 지원하지 않는 멀티미디어 메일의 송신을 담당한다.

정답 115 ② 116 ④ 117 ② 118 ④

119 다음 중 전자 우편의 기능에 대한 설명으로 옳지 않은 것은?

① 회신 : 받은 메일에 대하여 답장을 작성하여 발송자에게 다시 보내는 기능이다.
② 전달 : 받은 메일에 대한 답장을 발송자는 물론 참조인들에게도 보내는 기능이다.
③ 첨부 : 문서, 이미지, 동영상 등의 파일을 메일에 첨부하는 기능이다.
④ 참조 : 받는 사람 이외에 추가로 메일을 받을 사람을 지정하는 기능이다.

해설 전달(Forward) : 받은 메일과 첨부 자료를 다른 사람에게 그대로 전송하는 기능이다.

120 다음 중 개인정보보호에 관한 설명으로 옳지 않은 것은?

① 개인정보처리자는 정보 주체의 개인정보가 분실, 도난, 유출, 위조, 변조 또는 훼손되지 않도록 해야 한다.
② 기업은 개인정보보호를 시작하기 위해서 개인정보보호 전담자와 조직을 만들어야 한다.
③ 개인정보보호에 문제가 생겼을 때는 IT 부서 책임자나 최고보안책임자를 제외하고 경영자가 책임을 져야 한다.
④ 개인정보보호는 개인정보 자기 결정권이 철저히 보장될 수 있도록 하는 일련의 행위이다.

해설 개인정보보호에 문제가 생겼을 때는 IT 부서 책임자나 최고보안책임자도 책임자로 분류된다.

정답 119 ② 120 ③

03 Part

Word Processor License

실전모의고사

제 01 회 실전모의고사

• 정답 및 해설 : 350쪽

1과목 | 워드프로세싱 일반

01 다음 중 공문서 작성의 일반 사항으로 옳지 않은 것은?

① 문서의 내용은 간결하고 명확하게 표현하고, 특별한 사유가 없으면 가로로 쓴다.
② 문서에 쓰는 날짜는 특별한 사유가 없으면 숫자로 표기하되 연, 월, 일의 글자는 생략하고 그 자리에 온점을 찍어 표시한다.
③ 문서는 어문 규범에 맞게 한글로 작성하되 뜻을 정확하게 전달하기 위하여 필요한 경우에는 주석으로 표시한다.
④ 문서에 숫자는 특별한 사유가 있는 경우를 제외하고는 아라비아 숫자로 작성한다.

02 다음 중 공문서의 접수 및 처리에 대한 설명으로 옳지 않은 것은?

① 접수한 모든 문서는 행정안전부령으로 정하는 접수인을 찍고 접수 일시와 접수 등록 번호를 적는다.
② 문서과에서 받은 문서는 문서과에서 접수 일시를 전자적으로 표시하거나 적고 지체 없이 처리과에 배부하여야 한다.
③ 문서의 처리 담당자는 행정안전부령으로 정하는 문서인 경우에는 공람할 자의 범위를 정하여 그 문서를 공람하게 할 수 있다.
④ 처리과에서 문서 수신, 발신 업무를 담당하는 사람은 접수한 문서를 처리 담당자에게 인계하여야 한다.

03 다음 중 행사 초대장을 작성할 때 고려 대상으로 가장 옳지 않은 것은?

① 장소 안내 ② 행사 일정
③ 초청의 글 ④ 기대 효과

04 다음 중 워드프로세서의 그리기 기능에 대한 설명으로 옳지 않은 것은?

① 여러 개의 그리기 개체를 하나의 묶음으로 묶기(그룹)한 상태에서 크기 변경이 가능하다.
② 작성한 개체를 이동하거나 복사할 수 있다.
③ 문서 작성에 필요한 각종 도형을 그려야 할 경우에 유용한 기능이다.
④ 그리기 개체들이 겹쳐있을 경우 겹쳐 있는 순서를 변경할 수 없다.

05 다음 중 메일 머지(Mail Merge) 기능에 대한 설명으로 옳은 것은?

① 이름이나 직책, 주소 등만 다르고 나머지 내용은 같은 여러 통의 편지를 쉽게 만들 수 있는 기능이다.
② 다단 편집이나 표, 수식 작성 등을 쉽게 할 수 있는 기능이다.
③ 유기적으로 연관된 내용을 찾는데 유용한 기능이다.
④ 문서의 내용 중 참고 문헌 등을 마지막 페이지에 설명하는 기능이다.

06 다음 중 문단(Paragraph)에 대한 설명으로 옳지 않은 것은?

① 문단 위와 아래의 간격을 별도로 설정할 수 있다.
② 문단은 한 페이지에 오직 한 개만 존재할 수 있다.
③ 두 개의 문단을 하나의 문단으로 합칠 수 있다.
④ Enter 키에 의해 문단이 생성되는 것을 강제 개행이라 한다.

07 다음 중 공문서의 발송에 대하여 설명한 것으로 옳지 않은 것은?

① 전자문서의 경우는 별도의 시행문을 작성하지 않고, 결재한 문서를 시행문으로 변환하여 시행한다.
② 시행문은 처리과에서 발송하되 종이 문서인 경우에는 이를 복사하여 발송한다.
③ 업무의 성격, 기타 특별한 사정이 있는 경우에는 인편이나 우편으로는 발송할 수 있으나 팩스로는 발송할 수 없다.
④ 우편으로 발송하는 문서는 행정안전부장관이 정하는 행정 사무용 봉투에 넣어 발송한다.

08 다음 중 전자 출판(DTP)의 특징에 대한 설명으로 옳지 않은 것은?

① 지원하는 글꼴의 수가 많고 사진, 도표 등의 편집 기능이 뛰어남
② 출판 내용에 대한 추가 및 수정이 신속하고 배포가 용이함
③ 문자, 소리, 그림, 영상, 애니메이션 등 다양한 표현이 가능
④ 종이 출판물에 비해 가독성이 우수하나 대용량의 데이터 보관은 불가능

09 다음 중 KS X 1001 완성형 한글 코드에 대한 설명으로 옳지 않은 것은?

① 완성된 한글 11,172자를 표현할 수 있으며, 외국 소프트웨어의 한글화가 어렵다.
② 정보 교환용으로 정보 교환 시 데이터의 충돌이 발생하지 않는다.
③ 코드가 없는 문자는 사용할 수 없으며, 조합형에 비해 기억 공간을 많이 차지한다.
④ 영문과 숫자는 1Byte, 한글과 한자는 2Byte로 표현한다.

10 다음 중 전자 출판에서 제한된 색상을 이용하여 복잡한 색을 구현해 내는 기법은?

① 커닝(Kerning)
② 오버프린트(Overprint)
③ 리터칭(Retouching)
④ 디더링(Dithering)

11 다음은 전자 출판의 어떤 기능을 설명한 것인가?

> 한글 Windows의 응용 프로그램간 자료 교환 방식에 사용되는 것으로 여러 개의 응용 프로그램들이 데이터를 서로 공유하면서 한쪽의 데이터 변화가 데이터 공유 프로그램 모두에 반영되도록 하는 기능

① ODBC 기능 ② Align 기능
③ Margin 기능 ④ OLE 기능

12 이미 작성된 문서 전체에 대해서 한 줄 건너 매 줄의 내용을 다음과 같은 서식으로 바꾸고자 한다. 이러한 반복적인 작업을 수행하는데 가장 효율적인 기능은?

> 서식 : 굵게, 글씨 크기 : 11, 폰트 : 굴림체

① 스타일(Style) ② 캡처(Capture)
③ 탭(Tab) ④ 바꾸기(Replace)

13 다음 중 프린터 버퍼(Printer Buffer)에 대한 설명으로 옳은 것은?

① 인쇄할 내용을 임시 보관하는 장소
② 다음 줄을 출력할 수 있도록 출력 줄을 바꾸는 것
③ 인쇄 용지를 다음 쪽(Page)으로 바꾸는 것
④ 프린터에서 실제로 문서를 조립하여 글자화 시키는 장치

14 다음 중 연역적 추론으로 논리가 올바르게 전개된 것은?

① 다음 세 가지 조건을 충족하는 기업은 인수할 가치가 있다. A사는 세 가지 조건을 모두 충족한다. 그러므로 A사는 인수할 가치가 있다.
② 독일 기업이 한국 시장 진출에 박차를 가하고 있다. 미국 기업이 한국 시장 진출에 박차를 가하고 있다. 투자 자금이 한국 시장에 유입되고 있다.
③ 한국 기업은 중국 진출에 박차를 가하고 있다. 한국 기업은 미국 진출에 박차를 가하고 있다. 한국 기업은 유럽 진출에 박차를 가하고 있다.
④ 모든 토끼는 매우 빨리 달린다. 어떤 거북이는 매우 빨리 달린다. 그러므로 어떤 거북이는 토끼이다.

15 다음 중 문서에 나오는 문구에 대한 보충 설명들을 문서의 마지막 뒤에 모아서 표기하는 기능을 무엇이라고 하는가?

① 미주(Endnote)
② 꼬리말(Footer)
③ 워드 랩(Word Wrap)
④ 각주(Footnote)

16 다음 보기의 내용에서 사용되지 않은 글꼴 기능은 무엇인가?

> <u>워드프로세스 검정</u>은 컴퓨터의 기초 사용법과 아울러 효율적인 문서 작성을 위한 워드프로세서 영역 및 편집 능력을 평가하는 국가기술자격시험이다.

① 밑줄 ② 아래 첨자
③ 외곽선 ④ 글자 크기

17 다음 중 문서의 보안을 위하여 암호(Password)를 설정하려면 어떤 기능에서 가능한가?

① 불러오기 ② 저장하기
③ 연결하기 ④ 복사하기

18 다음 중 워드프로세서의 출력 기능에 대한 설명으로 옳지 않은 것은?

① 낱장 용지는 전지의 종류인 A판과 B판으로 분할하여 분할 횟수로 용지 규격을 표시한다.
② 출력 시 사용되는 비트맵 글꼴은 아웃라인 글꼴에 속한다.
③ 연속 용지는 연속적인 공급을 위해 용지를 이어 붙여 만든 것이다.
④ 문서의 인쇄 결과를 파일로 저장할 수 있다.

19 다음 중 문서의 분량이 감소할 수 있는 교정 부호들로 올바르게 짝지어진 것은?

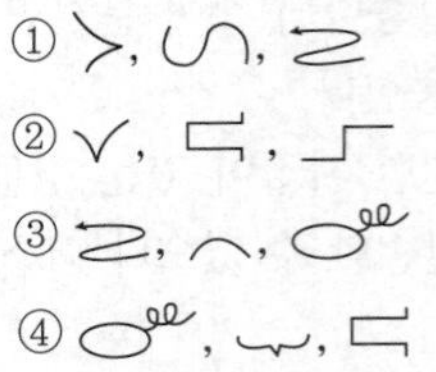

20 〈보기 1〉의 문장이 〈보기 2〉의 문장으로 수정되기 위해 필요한 교정 부호들로만 올바르게 짝지어진 것은?

〈보기 1〉

> 개인이 각각자신의 자유롭게 삶을 설계하고,
> 그것을 실천에 옮길 수 있어야 한다.

〈보기 2〉

> 개인이 각각 자신의 삶을 자유롭게 설계하고, 그것을 실천에 옮길 수 있어야 한다.

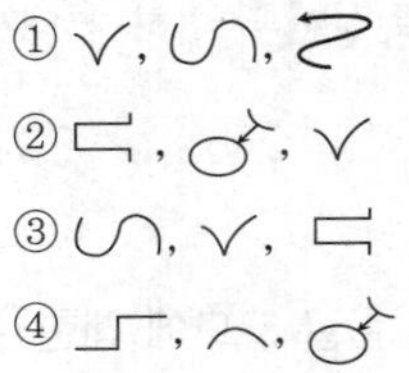

2과목 | PC 운영 체제

21 다음 중 한글 Windows의 기능으로 옳지 않은 것은?

① 비선점형 멀티태스킹
② 새로운 확장 검색
③ 빠른 사용자 전환
④ 라이브 타일

22 한글 Windows에서 [파일 탐색기]의 이용 방법에 관한 설명으로 옳지 않은 것은?

① 파일 및 폴더의 복사, 이동, 이름 변경, 검색, 디스크 도구 이용 등의 작업을 수행한다.
② 네트워크 드라이브를 연결하여 원격 컴퓨터의 파일 크기를 표시할 수 있다.
③ [시작] 단추의 바로 가기 메뉴에서 [파일 탐색기]를 선택한다.
④ 왼쪽 창은 폴더의 구조를 보여주고, 오른쪽 창은 선택한 폴더의 해당 내용을 보여준다.

23 한글 Windows의 [키보드 속성] 대화 상자에서 수행할 수 있는 설정 항목으로 잘못된 것은?

① 키보드의 제조업체, 연결된 포트 위치, 장치 상태 등의 장치 속성을 확인할 수 있다.
② 키보드의 하드웨어 드라이버 정보를 확인하고, 드라이버를 업그레이드하거나 제거할 수 있다.
③ 키보드를 이용하여 입력 작업을 수행할 때 커서 모양과 이동 속도 등을 변경할 수 있다.
④ 키 재입력 시간을 조절하여 문자를 연속적으로 입력할 때 반응 속도를 변경할 수 있다.

24 한글 Windows의 바탕 화면에 대한 설명으로 옳지 않은 것은?

① Windows의 초기 화면으로 삭제는 할 수 없지만 배경색, 배경 사진, 맞춤 등은 변경할 수 있다.
② Windows의 설치 시 기본적으로 휴지통만 표시되지만 필요에 따라 아이콘을 등록할 수 있다.
③ 바탕 화면에 아이콘이 많으면 디스플레이의 해상도에 영향을 미친다.
④ 자주 사용하는 프로그램, 파일 및 폴더에 대해 바로 가기 아이콘을 추가할 수 있다.

25 한글 Windows에서 인터넷 사용을 위해 필요한 네트워크 어댑터의 설명으로 옳지 않은 것은?

① 네트워크 어댑터는 컴퓨터를 물리적으로 네트워크에 연결하는 하드웨어 장치이다.
② 현재 연결된 [이더넷 속성] 대화 상자에서 인터넷 연결에 사용된 어댑터 장치를 확인할 수 있다.
③ 네트워크 어댑터 추가는 [제어판]의 [장치 관리자]를 사용하며, 수동으로만 가능하다.
④ 네트워크 어댑터 장치의 드라이버 업데이트와 제거는 [장치 관리자] 창에서 할 수 있다.

26 한글 Windows에서 사용 중인 CPU 자원이나 메모리 자원 등의 변화를 시간에 따라 그래프로 표시해 주는 기능을 가진 프로그램은?

① 시스템 정보
② 자원 측정기
③ Windows 작업 관리자
④ 레지스터 에디터

27 한글 Windows에서 하드웨어 추가에 관한 설명으로 옳지 않은 것은?

① 플러그 앤 플레이 기능이 없는 하드웨어는 [하드웨어 추가 마법사]로 설치할 수 있다.
② 프린터, 모뎀, USB 등은 [하드웨어 추가 마법사]를 이용하지 않고도 설치할 수 있다.
③ 조이스틱을 설치할 경우 [제어판]의 [키보드]를 실행하고 설치한다.
④ 프린터를 설치할 경우 [제어판]의 [장치 및 프린터]를 실행하고 설치한다.

28 한글 Windows에서 사용할 수 있는 파일 시스템을 선택할 수 있는 경우가 아닌 것은?

① 포맷되지 않은 새 하드 디스크를 설치하는 경우
② 기본 볼륨을 포맷하는 경우
③ 새로이 Windows 운영 체제를 설치하는 경우
④ 시스템 복원을 하는 경우

29 한글 Windows의 보조프로그램인 [단계 레코더]에 대한 설명으로 옳지 않은 것은?

① 화면에 녹음을 시작하면서부터 끝날 때까지의 모든 단계와 이벤트 정보를 포함한다.
② 슬라이드 쇼나 추가적인 세부 사항만 볼 수 있도록 링크를 화면에서 제공한다.
③ 미디어 재생기의 업데이트 버전으로 스트리밍(Streaming) 기술을 지원한다.
④ 경로를 지정해 저장하면 .zip 파일이 되고, 녹음한 파일 확장자는 .mht 파일이다.

30 한글 Windows에서 [계산기] 프로그램의 사용 방법으로 옳지 않은 것은?

① 계산 결과를 복사하여 다른 프로그램에 붙여넣기 할 수 있다.
② 현재 숫자를 저장하려면 [MS] 버튼, 저장된 숫자를 불러오려면 [MR] 버튼, 저장된 숫자를 삭제하려면 [MC] 버튼을 각각 사용한다.
③ 표준용은 사칙연산을 이용한 계산을 할 수 있다.
④ 프로그래머용은 로그, 삼각함수 등 32자리 유효 숫자까지 계산을 할 수 있다.

31 한글 Windows에서 드라이브 조각 모음에 관한 설명으로 옳지 않은 것은?

① [명령 프롬프트] 창에서 'defrag.exe' 명령어를 사용하여 [드라이브 조각 모음]을 실행할 수 있다.
② 조각난 파일과 폴더가 볼륨에서 각각 하나의 인접한 공간을 차지하도록 컴퓨터 하드 디스크의 조각난 파일과 폴더를 통합한다.
③ 조각 모음을 하는데 걸리는 시간은 볼륨 크기, 볼륨에 있는 파일의 수와 크기, 조각난 양, 사용 가능한 로컬 시스템 리소스를 포함한 다양한 요소에 따라 달라진다.
④ [드라이브 조각 모음]을 수행하는 동안에 실행 중인 다른 프로그램은 모두 닫아야 한다.

32 한글 Windows에서 인터넷 연결 공유(ICS)에 대한 설명으로 옳지 않은 것은?

① 한 대의 컴퓨터에 연결된 인터넷 선을 이용하여 네트워크의 모든 컴퓨터가 인터넷을 사용할 수 있는 것을 의미한다.
② 인터넷에 직접 연결된 컴퓨터인 ICS 호스트 컴퓨터는 클라이언트 컴퓨터의 리피터(Repeater) 역할을 한다.
③ ICS 클라이언트 컴퓨터는 ICS 호스트 컴퓨터에 연결하여 인터넷을 사용하는 컴퓨터이다.
④ 인터넷 연결 공유는 ICS 호스트 컴퓨터가 다른 컴퓨터와 인터넷 사이에서 네트워크 통신을 관리하는 역할을 한다.

33 한글 Windows의 [제어판]에 있는 [마우스]를 선택하여 나타나는 [마우스 속성] 대화 상자에서 할 수 없는 것은?

① 왼손잡이를 위한 단추를 설정할 수 있다.
② 두 번 클릭 속도를 조정할 수 있다.
③ 포인터의 이동 자취를 표시할 수 있다.
④ 키보드를 사용하여 마우스를 제어할 수 있다.

34 한글 Windows에서 프린터의 스풀(SPOOL) 기능에 대한 설명으로 옳지 않은 것은?

① 프린터 아이콘의 속성을 이용하여 세부 사항을 지정할 수 있다.
② 저속의 입출력 장치를 중앙 처리 장치와 병행하여 작동시켜 효율성을 증가시킬 수 있다.
③ 출력이 끝날 때까지 컴퓨터를 동시에 사용하지 않도록 하는 기능이다.
④ 스풀 설정 유무에 따라 인쇄 속도가 차이가 난다.

35 한글 Windows에서 하드 디스크에 있는 파일을 삭제할 때 USB 디스크 내에 있는 파일을 삭제한 것과 동일한 결과를 가져오는 작업으로 옳은 것은?

① 해당 파일을 선택하고, [홈] 탭의 [구성] 그룹에서 [삭제] 단추를 클릭한다.
② 해당 파일을 선택하고, 바로 가기 메뉴에서 [삭제] 메뉴를 선택한다.
③ 해당 파일을 선택하고, Shift 키를 누른 상태로 [휴지통]에 마우스 끌어놓기를 한다.
④ 해당 파일을 선택하고, Delete 키를 누른다.

36 한글 Windows에서 인터넷을 사용할 때 ICMP 기능을 이용하여 네트워크의 통신 및 선로 상태를 점검하기 위한 용도로 사용하는 명령어는?

① TELNET ② PING
③ FTP ④ IPCONFIG

37 한글 Windows의 기능 중 선점형 멀티태스킹에 대한 설명으로 옳은 것은?

① 하나의 컴퓨터 프로그램이 2개 이상의 컴퓨터에서 동작 가능한 기능이다.
② 복수 개의 응용 프로그램이 함께 실행되며, 각 응용 프로그램이 스스로 자원을 반납한다.
③ MS-DOS를 비롯한 다른 운영 체제에서도 사용되는 방식이다.
④ 응용 프로그램의 오류가 발생했을 경우 오류가 발생한 응용 프로그램만 강제 종료할 수 있다.

38 한글 Windows에서 프린터 공유 설정에 대한 내용으로 옳지 않은 것은?

① [프린터 속성] 대화 상자의 [공유] 탭에서 '이 프린터 공유'를 선택하고, 네트워크상에서 공유한 프린터를 찾기 위해 공유 이름을 입력한다.
② 네트워크 프린터의 공유를 설정하는 과정에서 공유할 프린터 이름을 변경할 수 있다.
③ 공유 이름은 80자 이내로 한글, 영문, 숫자, 공백을 사용할 수 있지만 /, ₩, ... 등의 특수 문자는 사용할 수 없다.
④ 공유할 프린터 이름을 입력할 경우 '$컴퓨터 이름$ 프린터 이름'의 형태로 지정한다.

39 한글 Windows에서 문서 인쇄가 되지 않는 경우에 확인할 사항으로 옳지 않은 것은?

① 프린터가 On-Line 상태인지를 확인한다.
② 스풀 설정이 해제되어 있는지를 확인한다.
③ 전원 케이블이 제대로 연결되어 있는지를 확인한다.
④ 프린터와 컴퓨터를 연결하는 케이블의 이상 유무를 확인한다.

40 한글 Windows의 네트워크 환경에서 [방화벽]에 관한 설명으로 옳지 않은 것은?

① 홈 네트워크 또는 소규모 네트워크와 인터넷 사이에서 통신되는 정보의 제한 조건을 설정하는데 사용되는 소프트웨어이다.
② 해당 경로를 통과하는 통신의 모든 부분을 모니터링하고, 처리되는 각 메시지의 원본 및 대상 주소를 검사한다.
③ 일부 프로그램 및 서비스에 대해서 방화벽을 통해 원활한 통신이 이루어 질 수 있도록 예외를 설정할 수 있다.
④ 인터넷 연결 공유와 인터넷 연결 방화벽은 항상 같이 사용하여야만 한다.

3과목 | 컴퓨터와 정보 활용

41 다음 중 시스템 개발자가 구축하고자 하는 소프트웨어를 코딩하기에 앞서 표준화되고 이해하기 쉬운 방법으로 소프트웨어를 설계하여 다른 사람들과 효율적으로 의사소통을 할 수 있는 기법을 제공하는 통합 모델링 언어는 어느 것인가?

① XP(eXtreme Programming)
② SPICE
③ CMMI
④ UML

42 다음 중 MPEG에 대한 설명으로 옳지 않은 것은?

① 동영상 압축 기술이다.
② MPEG-2는 HDTV 수준의 품질을 제공한다.
③ 동영상과 음성의 실시간 압축이 불가능하다.
④ MPEG-21은 디지털 콘텐츠의 제작, 유통, 보안 등 전 과정을 포괄적으로 관리할 수 있는 기술이다.

43 다음 중 데이터 전송 시 변조의 필요성에 대한 설명으로 옳은 것은?

① 변조는 데이터를 손실 없이 가능하면 멀리 전송하기 위한 것이다.
② 변조는 근거리 전송에만 사용되며, 장거리 전송에는 사용되지 않는다.
③ 변조란 데이터를 전송하기 위한 반송파를 발생시키는 것이다.
④ 변조는 수신된 데이터를 원래의 데이터로 복원시키는 기능이다.

44 다음 중 프로그래밍 언어에 대한 설명으로 옳지 않은 것은?

① 고급 언어는 인간이 이해하기 쉬운 문자로 구성된 인간 중심의 언어이다.
② 어셈블리어는 기계어와 대응되는 기호나 문자로 작성하는 언어이다.
③ 기계어는 2진수로 표현된 컴퓨터가 이해할 수 있는 저급 언어이다.
④ C++는 C 언어를 기반으로 하는 구조적인 개념을 도입한 절차 언어이다.

45 다음 중 BIOS에 대한 설명으로 옳지 않은 것은?

① BIOS는 Basic Input Output System의 약자이다.
② BIOS는 컴퓨터를 켜면 제일 먼저 수행되는 일종의 프로그램이다.
③ BIOS 그 자체에 기본적인 디바이스 드라이버들을 포함한다.
④ BIOS는 RAM의 최상단부에 위치한다.

46 컴퓨터의 처리 속도를 증가시키기 위해서 캐시 메모리를 이용한다. 캐시 메모리에서 일반적으로 일어나는 기본 동작이 아닌 것은?

① 전송할 블록의 크기는 보통 1~16워드 정도이다.
② CPU가 메모리에 접근하고자 할 때에는 먼저 캐시를 조사한다.
③ 워드가 캐시에 존재하면 해당 워드를 주기억 장치로 전송한다.
④ 주기억 장치에 있는 워드의 블록을 항상 캐시 메모리로 전송한다.

47 국제 표준 네트워크 OSI 참조 모델의 하위 계층부터 세 번째 계층에 해당하는 것은?

① 네트워크(Network) 계층
② 전송(Transport) 계층
③ 데이터 링크(Data link) 계층
④ 응용(Application) 계층

48 다음 중 전화선으로 연결된 통신망을 이용하기 위해서 디지털(Digital) 신호를 아날로그(Analog) 신호로 변환하기 위해 사용되는 통신 기기는?

① 라우터(Router)
② 모뎀(Modem)
③ 브리지(Bridge)
④ 게이트웨이(Gateway)

49 다음 중 목적 프로그램을 주기억 장치에 적재하여 실행 가능하도록 해주는 로더의 기능을 설명한 것으로 거리가 먼 것은?

① 주기억 장치 안에 빈 공간을 할당한다.
② 소스 프로그램을 기계어로 번역하여 목적 프로그램을 생성한다.
③ 종속적인 모든 주소를 할당된 주기억 장치 주소와 일치하도록 조정한다.
④ 기계 명령어와 자료를 기억 장소에 물리적으로 배치한다.

50 다음의 미디어 편집 소프트웨어 중 사운드 편집 도구로 옳지 않은 것은?

① Encore ② Cool Edit
③ Wave Edit ④ Quark Xpress

51 다음 중 일정 시간이 지나면 전하가 방전되므로 주기적인 재충전(Refresh)이 필요하며, 대용량 시스템의 구성이 용이하여 주기억 장치로 사용되는 메모리는 어느 것인가?

① DRAM ② SRAM
③ PROM ④ EPROM

52 다음 중 연산된 결과를 일시적으로 저장하는 레지스터는 어느 것인가?

① 명령 레지스터 ② 누산기
③ 프로그램 카운터 ④ 인덱스 레지스터

53 멀티미디어 데이터를 처리하는 용어로서 아날로그 데이터를 디지털화하고, 용량이 큰 데이터를 압축하여 컴퓨터의 저장 매체에 저장할 수 있도록 변환하는 과정을 무엇이라고 하는가?

① 인코딩 ② 디코딩
③ 캡쳐 ④ 플레이 백

54 다음 중 전화와 TV를 컴퓨터와 연결하여 각종 정보를 얻을 수 있는 쌍방향 뉴 미디어는?

① 비디오텍스 ② 텔레텍스
③ 케이블 TV ④ ARS

55 다음 중 컴퓨터의 분류에 대한 설명으로 옳지 않은 것은?

① 범용 컴퓨터는 다양한 종류의 디지털 데이터에 대한 처리가 용이하다.
② 워크스테이션은 고성능 컴퓨터로 CISC 프로세서만을 사용한다.
③ 미니 컴퓨터는 마이크로 컴퓨터보다 처리 용량과 속도가 뛰어나다.
④ 하이브리드 컴퓨터는 디지털 컴퓨터와 아날로그 컴퓨터의 장점을 혼합한 형태이다.

56 다음 중 컴퓨터를 잘 사용하다 어느 날 갑자기 컴퓨터의 속도가 느려졌을 때 점검할 사항이 아닌 것은?

① CMOS Setup의 캐시 설정
② 드라이버 정보
③ 레지스트리 정보
④ 절전 모드의 이용 여부

57 다음 중 NCSC(미국국립컴퓨터보안센터)에서 규정한 보안 등급 순서를 높은 수준부터 낮은 수준 순으로 올바르게 나열한 것은?

① A1 – B1 – B2 – B3 – C1 – C2 – D1
② D1 – C2 – C1 – B3 – B2 – B1 – A1
③ A1 – B3 – B2 – B1 – C2 – C1 – D1
④ D1 – C1 – C2 – B1 – B2 – B3 – A1

58 다음 중 분야별로 공통의 관심사를 가진 인터넷 사용자들이 서로의 의견을 주고받을 수 있게 하는 인터넷 서비스는 무엇인가?

① 고퍼(Gopher) ② 텔넷(Telnet)
③ 유즈넷(USENET) ④ 아키(Archie)

59 다음 중 자료 단위의 크기가 큰 것에서 작은 것 순서로 나열하였을 때 옳은 것은?

① 레코드(Record) – 필드(Field) – 바이트(Byte) – 비트(Bit)
② 필드(Field) – 레코드(Record) – 바이트(Byte) – 비트(Bit)
③ 필드(Field) – 바이트(Byte) – 레코드(Record) – 비트(Bit)
④ 레코드(Record) – 바이트(Byte) – 필드(Field) – 비트(Bit)

60 다음 중 공개키 암호화 기법에 대한 설명으로 옳지 않은 것은?

① 데이터 암호화 표준으로 IBM에서 처음으로 개발하였다.
② 공개키로 암호화한 것은 비밀키로, 비밀키로 암호화한 것은 공개키로 복호화한다.
③ 실행 속도가 대칭키 암호화 기법에 비해 느리다.
④ RSA가 대표적이며, 전자 서명 등에 사용된다.

제 02 회 실전모의고사

• 정답 및 해설 : 353쪽

1과목 | 워드프로세싱 일반

01 다음 중 탭(Tab)에 관한 설명으로 잘못된 것은?

① 탭 간격은 따로 설정하지 않으면 기본적으로 6개의 사이 띄우기 단위로 이루어진다.
② 탭은 일정한 간격으로 사이를 띄울 경우 편리하다.
③ 영역 지정을 통하여 복수 문장의 탭 설정이 가능하다.
④ 탭 설정 방법으로는 오른쪽 탭, 점 끌기, 소수점 탭 등이 있다.

02 다음 중 행정 업무의 효율적 운영 방법으로 옳지 않은 것은?

① 문서의 결재 시 결재권자의 서명란에는 서명 날짜를 함께 표시한다.
② 둘 이상 행정기관장의 결재가 필요한 문서는 각각의 행정기관 모두가 기안하여야 한다.
③ 위임 전결하는 경우 전결하는 사람의 서명란에 "전결" 표시를 한 후 서명하여야 한다.
④ 결재할 수 있는 사람이 휴가, 출장, 그 밖의 사유로 결재할 수 없을 때에는 그 직무를 대리하는 사람이 대결할 수 있다.

03 [보기 1]의 문장이 [보기 2]의 문장으로 수정되기 위해 필요한 교정 부호들로만 올바르게 짝지어진 것은?

[보기 1]

미약하게 상호작용하는 대규모 미립자라는 뜻은 은하계에 보이지 않는 모든물질을 말한다.

[보기 2]

미약하게 상호작용하는 대규모 미립자라는 뜻은 은하계에 존재하지 않는 모든 물질을 말한다.

04 다음 중 왼쪽 지정한 자리로 내어서 찍으라는 교정 기호는?

05 다음은 워드프로세서 표시 기능과 관련된 용어를 설명한 것이다. 옳지 않은 것은?

① 스크롤 : 문서 작성 시 화면을 상, 하, 좌, 우로 이동하는 기능
② 레이아웃 : 본문, 그림, 표 등을 페이지의 적당한 위치에 균형 있게 배치하는 것
③ 미리 보기 : 하나의 화면을 여러 개의 창으로 분할해 작업할 수 있게 하는 기능
④ 조판 부호 : 표나 글상자, 그림, 머리말 등을 기호화하여 표시하는 숨은 문자

06 다음 중 인쇄 용지에 대한 설명으로 옳지 않은 것은?

① 낱장 용지는 동일한 숫자일 경우 A판보다 B판이 크다.
② 공문서의 표준 규격은 A4(210㎜×297㎜)이다.
③ 낱장 용지는 규격 번호가 클수록 면적이 크다.
④ 연속 용지는 용지의 연속적인 공급을 위해 용지를 이어 붙여 만든 것이다.

07 다음 중 정렬에 관한 설명으로 잘못된 것은?

① 정렬은 일반적으로 영역 지정을 필요로 한다.
② 문서의 제목은 가운데 정렬을 하는 것이 일반적이다.

③ 정렬 방식에는 왼쪽 정렬, 오른쪽 정렬, 가운데 정렬 등이 있다.
④ 특정 줄을 가운데 정렬을 하고 Enter 키를 누르면 혼합 정렬 방식으로 전환된다.

08 다음 중 메일 머지(Mail Merge) 기능에 대한 설명으로 옳지 않은 것은?

① 이름이나 직책, 주소 등만 다르고 나머지 내용은 같은 여러 통의 편지를 쉽게 만들 수 있는 기능이다.
② 초청장이나 안내장, 청첩장 등을 만들 경우에 효과적으로 이용할 수 있다.
③ 데이터 파일은 꼭 엑셀(xlsx)이나 액세스(accdb) 파일이어야 한다.
④ 반드시 본문 파일에서 메일 머지 기능을 실행시켜야 한다.

09 다음 중 워드프로세서의 문자 크기에 대한 설명으로 옳은 것은?

① 첨자 문자는 전각 문자의 1/2 축소 문자를 말한다.
② 반각 문자는 문자의 폭과 높이의 비율이 1:1인 문자를 말한다.
③ 종배 문자는 전각 문자를 가로로 2배 확대한 문자를 말한다.
④ 양배 문자는 전각 문자를 가로-세로로 각각 2배씩 확대한 문자를 말한다.

10 다음 중 어도비(Adobe)사에서 개발한 전자 문서 형식의 표준으로 컴퓨터 기종이나 소프트웨어 종류에 관계없이 정보를 공유하고 활용할 수 있는 문서 형식은 무엇인가?

① EDI(Electronic Data Interchange)
② OLE(Object Linking and Embedding)
③ PDF(Portable Document Format)
④ SBP(Screen Book Publishing)

11 다음 중 전자 출판 기술로 이용되는 하이퍼링크의 필수 구성 요소가 아닌 것은?

① 노드 ② 링크
③ 프로토콜 ④ 인터페이스

12 다음 중 워드프로세서의 특징으로 옳지 않은 것은?

① 워드프로세서를 이용하면 문서 작성에 드는 시간과 노력을 줄일 수 있다.
② 워드프로세서로 작성된 문서는 쉽게 변경할 수 없으므로 문서 보안에 신경 쓰지 않아도 된다.
③ 문서 작성 및 관리를 전산화함으로써 유지 관리가 쉽다.
④ 작성한 문서를 다른 응용 프로그램에서 사용할 수 있다.

13 다음 중 맞춤법과 어법이 가장 올바른 것은?

① 홍정을 부친다.
② 마케팅 비용을 주린다.
③ 절대로 회의를 늦추는 일은 않하겠다.
④ 택시와 버스가 마주 부딪쳤다.

14 다음 중 본문에서 인용한 자료의 출처나 보충 설명 등을 문서의 맨 마지막 페이지에 모아서 표시하는 기능을 무엇이라 하는가?

① 꼬리말 ② 미주
③ 각주 ④ 색인

15 다음 중 한자음을 알고 있을 때의 한자 입력 방법이 아닌 것은?

① 단어 단위 변환 ② 음절 단위 변환
③ 문장 자동 변환 ④ 외자 입력 변환

16 다음 중 전자 출판용 소프트웨어가 아닌 것은?

① PageMaker ② InDesign
③ OneNote ④ QuarkXpress

17 다음 중 연도별로 구분하여 매년 새로 시작되는 일련 번호는 무엇인가?

① 누년 일련번호 ② 연도별 일련번호
③ 연도표시 일련번호 ④ 기관별 일련번호

18 다음 중 하이퍼텍스트(Hypertext) 기능에 대한 설명으로 옳지 않은 것은?

① 문서와 문서가 순차적인 구조를 가지고 있어 관련 내용을 차례대로 참조하는 기능이다.
② 하이퍼텍스트에서 다른 문서간의 연결을 링크(Link)라고 한다.
③ 링크를 이용하면 하나의 문서를 보다가 내용 중의 특정 부분과 관련된 다른 부분을 쉽게 참조할 수 있다.
④ 해당 기능을 이용한 대표적인 것으로 Windows의 도움말이나 인터넷 웹 페이지가 있다.

19 다음 중 워드프로세서 문서 파일 형식으로만 짝지은 것은?

① TIF, MP3, BAT ② DOC, HWP, RTF
③ BMP, JPG, ZIP ④ MOV, COM, EXE

20 다음 중 글꼴(Font)에 대한 설명으로 옳지 않은 것은?

① 비트맵(Bitmap) 글꼴은 점의 조합으로 표시되며 확대하면 계단 현상이 발생한다.
② 외곽선(Outline) 글꼴은 확대해도 외곽선이 매끄럽게 처리된다.
③ 오픈타입(Open Type) 글꼴은 기본적으로 비트맵 형식이다.
④ 트루타입(True Type) 글꼴은 확대해도 글자가 매끄럽게 처리된다.

2과목 | PC 운영 체제

21 다음 한글 Windows의 특징 중 여러 응용 프로그램에서 작성된 문자나 그림들을 하나의 문서에 자유롭게 삽입할 수 있는 기능은?

① 선점형 멀티태스킹(Preemptive Multitasking)
② 그래픽 사용자 인터페이스(GUI)
③ 플러그 앤 플레이(PnP)
④ 개체 연결 및 삽입(OLE)

22 다음 중 한글 Windows의 부팅 과정에 관한 설명으로 옳지 않은 것은?

① ROM-BIOS(하드웨어를 관리)와 POST(하드웨어를 검사)를 실행한다.
② MBR(Master Boot Record)과 부트 섹터(Boot Sector)를 검색한다.
③ NTDETECT.COM을 읽고, 레지스트리를 확인한다.
④ WINLOGON.EXE를 실행하여 필요한 정보를 읽는다.

23 다음 중 한글 Windows의 바탕 화면에 관한 설명으로 옳지 않은 것은?

① 인터넷에 연결하여 웹 페이지를 바탕 화면에 추가할 수 있다.
② 미리 정의된 배경, 창 색, 소리 및 화면 보호기 등의 요소를 사용자가 원하는 스타일로 설정할 수 있다.
③ [시스템]-[디스플레이] 창에서 화면 해상도를 변경할 수 있다.
④ 바탕 화면의 바로 가기 메뉴에서 [그래픽 속성] 항목을 선택하면 바탕 화면의 화면 보호기 설정을 할 수 있다.

24 다음 중 한글 Windows에서 바로 가기 아이콘의 속성에 대한 설명으로 잘못된 것은?

① 원본을 다른 개체로 변경할 수 있으며 대상 형식, 대상 위치 등을 확인할 수 있다.

② 바로 가기 아이콘의 모양을 바꿀 수 있으며, 연결 대상 파일을 지정할 수 있다.
③ 바로 가기 아이콘에 연결된 대상 파일의 이름을 바꾸어도 실제 원본 파일에는 영향을 주지 않는다.
④ 바로 가기 아이콘의 속성에서 공유를 설정할 수는 있다.

25 한글 Windows에서 'Windows 기능 켜기/끄기'에 대한 설명으로 옳은 것은?

① Guest 계정으로 로그온하면 설치되어 있는 Windows 기능을 제거할 수 있다.
② Windows 기능을 구성하지 않고 설치하면 삭제한 후 다시 설치하여야 한다.
③ Windows 기능을 사용하거나 사용하지 않으려면 [프로그램 및 기능] 창에서 프로그램 제거 또는 변경 항목을 선택하여야 한다.
④ [Windows 기능] 창에서 확인란이 가득 채워져 있는 것은 해당 기능의 일부만 사용되고 있는 것이다.

26 한글 Windows에서 [접근성 센터]를 이용하여 수행할 수 있는 작업으로 옳은 것은?

① 사용자를 위한 바탕 화면 테마를 지정할 수 있다.
② 시스템의 소리 대신 시각적인 신호를 사용할 수 있다.
③ 오른쪽 단추와 왼쪽 단추의 기능을 바꿀 수 있다.
④ 키보드의 재입력 시간을 조절할 수 있다.

27 다음 중 폴더 창에서 파일이나 폴더를 선택하는 방법으로 옳지 않은 것은?

① 연속적인 파일이나 폴더를 선택하고자 할 때에는 Shift 키와 함께 클릭한다.
② 비연속적인 파일이나 폴더를 선택하고자 할 때에는 Ctrl 키와 함께 클릭한다.
③ 모든 파일과 하위 폴더를 한꺼번에 선택하려면 메뉴의 [파일]-[모두 선택]을 선택한다.
④ 여러 개의 파일을 한꺼번에 선택할 경우에는 마우스를 사용하여 사각형 모양으로 드래그 한다.

28 한글 Windows에서 폴더의 속성 대화 상자를 통해 확인할 수 없는 내용은 무엇인가?

① 폴더의 종류
② 폴더에 액세스한 사용자
③ 폴더의 디스크 할당 크기
④ 폴더를 만든 날짜

29 다음 중 한글 Windows에서 기본 프린터에 관한 설명으로 옳지 않은 것은?

① 사용할 프린터를 마우스 오른쪽 단추로 클릭한 다음 [기본 프린터로 설정]을 선택한다.
② 현재 기본 프린터를 해제하려면 다른 프린터를 기본 프린터로 설정하면 된다.
③ 인쇄 시 특정 프린터를 지정하지 않으면 자동으로 기본 프린터로 인쇄 작업이 전달된다.
④ 기본 프린터만 바탕 화면에 바로 가기 아이콘을 만들 수 있다.

30 한글 Windows에서 보조프로그램에 있는 그림판에 관한 설명으로 올바르지 않은 것은?

① 스캔한 사진이나 화면 캡처한 이미지를 불러와 편집할 수 있다.
② BMP, JPG, GIF, PNG 등의 파일을 불러올 수 있다.
③ Shift 키를 이용하면 수평/수직선, 대각선, 정사각형, 정원 등을 그릴 수 있다.
④ 레이어 기능을 이용하여 클리핑 마스크를 만들 수 있다.

31 다음 중 한글 Windows에서 사용하는 바로 가기 키에 대한 설명으로 옳지 않은 것은?

① F4 키 : 선택한 파일/폴더의 이름 변경하기
② F3 키 : 검색 결과 창 보기

③ F1 키 : Windows 도움말 보기
④ F5 키 : 목록 내용을 최신 정보로 수정

32 한글 Windows에서 [네트워크 및 공유 센터]를 이용하여 네트워크를 연결하고 설정하는 과정에서 수행할 수 있는 작업으로 옳지 않은 것은?

① 프린터 공유, 파일 및 공용 폴더 공유를 설정할 수 있다.
② 네트워크 어댑터의 설정을 변경할 수 있다.
③ 미디어 스트리밍 옵션을 설정할 수 있다.
④ 네트워크 드라이브 연결을 설정할 수 있다.

33 다음 중 한글 Windows 운영 체제에서 기본적으로 제공하는 기능으로 옳지 않은 것은?

① 폴더 관리
② 파일 관리
③ 사용자 인터페이스 제공
④ 데이터베이스 관리

34 다음 중 한글 Windows에서 하드웨어가 충돌하는 경우의 해결 방법으로 가장 옳은 것은?

① 사용하지 않는 파일을 백업한 후 삭제한다.
② [제어판]-[장치 관리자]에서 설치된 하드웨어를 확인하고, 충돌이 발생한 하드웨어는 삭제한 후 재설치한다.
③ 불필요한 프로그램을 모두 종료하고, 필요한 프로그램만 다시 실행한다.
④ [시스템 속성] 대화 상자의 [고급] 탭에서 가상 메모리를 재설정한다.

35 한글 Windows에서 설치된 응용 프로그램을 정상적으로 제거하는 방법으로 옳은 것은?

① 작업 표시줄에 있는 해당 프로그램의 아이콘을 삭제한다.
② [시작] 메뉴의 프로그램(앱) 항목에서 해당 프로그램을 선택하고, 오른쪽 마우스를 클릭하여 [삭제]를 선택한다.
③ 바탕 화면에 있는 해당 프로그램의 바로 가기 아이콘을 삭제한다.
④ [프로그램 및 기능] 창에서 해당 프로그램을 선택하고, [제거] 버튼을 눌러서 삭제한다.

36 한글 Windows의 폴더 창에서 파일을 삭제하는 방법으로 가장 옳지 않은 것은?

① 삭제할 파일을 선택하고, 마우스 오른쪽 버튼을 클릭하여 나타나는 메뉴에서 [잘라내기]를 선택한다.
② 삭제할 파일을 선택하고, 해당하는 폴더 창에서 [홈] 탭의 [구성] 그룹에 있는 [삭제] 단추를 클릭한다.
③ 삭제할 파일을 선택하여 바탕 화면에 있는 [휴지통] 아이콘 위로 끌어다 놓는다.
④ 삭제할 파일을 선택하고, 키보드의 Delete 키를 누른다.

37 한글 Windows에서 [Windows Media Player]에 관한 설명으로 옳지 않은 것은?

① [시작] 메뉴에서 [Windows 보조프로그램]-[Windows Media Player] 순으로 메뉴를 선택하면 실행할 수 있다.
② 컴퓨터와 인터넷에서 디지털 미디어 파일을 재생하고 구성할 수 있다.
③ 전 세계 라디오 방송국의 방송을 청취하고, CD를 재생 및 복사할 수 있으며, 사용자의 음성을 녹음할 수 있다.
④ 다운로드 한 스킨을 사용하여 [Windows Media Player] 창의 모양을 변경할 수 있다.

38 한글 Windows에서 시스템의 유지와 보수에 관한 설명으로 옳은 것은?

① [디스크 오류 검사]를 이용하여 디스크의 사용 가능 공간을 2배~4배정도 늘린다.
② [디스크 정리]를 이용하여 디스크 표면 오류를 검사한다.
③ [디스크 공간 늘림]을 이용하여 필요 없는 파일을 지운다.

④ [드라이브 조각 모음]을 이용하여 디스크의 읽고 쓰는 시간을 줄인다.

39 한글 Windows의 [인터넷 프로토콜 버전 4(TCP/IPv4) 속성] 대화 상자에서 TCP/IP 지정을 위한 구성 요소로 옳지 않은 것은?

① 기본 게이트웨이
② 기본 설정 DNS 서버
③ IP 주소
④ 최대 소켓(Socket)의 수

40 한글 Windows의 [명령 프롬프트] 창에서 네트워크 연결의 확인을 위하여 사용하는 'ping.exe' 명령어의 설명으로 옳은 것은?

① 원격 컴퓨터에 접속하여 로컬 컴퓨터처럼 사용하는 서비스를 제공한다.
② 파일을 전송할 수 있는 서비스이다.
③ 원격 컴퓨터가 현재 인터넷에 연결되어 있는지 알아 볼 수 있는 서비스를 제공한다.
④ 전자 우편을 전송하기 위한 서비스이다.

3과목 | 컴퓨터와 정보 활용

41 다음 중 컴퓨터의 발전에 대한 설명으로 틀린 것은?

① ENIAC은 프로그램 내장 방식을 사용한 세계 최초의 디지털 전자계산기이다.
② UNIVAC-I는 에커트와 머클리에 의해 개발된 최초의 상업용 계산기이다.
③ 주요 논리 소자는 진공관, TR, IC, LSI, VLSI 순으로 발전하였다.
④ 가상 기억 장치가 도입되고 개인용 컴퓨터가 등장한 시기는 4세대이다.

42 다음 중 중앙 처리 장치에서 사용되는 레지스터에 대한 설명으로 틀린 것은?

① 메모리 주소 레지스터(MAR) : 실행에 필요한 데이터나 명령이 기억되어 있는 주기억 장치의 주소를 기억한다.
② 상태 레지스터 : 연산 결과가 양수인지 음수인지, 자리 올림이나 자리 넘침이 발생했는지, 인터럽트 금지와 해제 상황이 발생했는지 등의 상태를 기억한다.
③ 누산기(AC) : 다음에 실행할 명령어의 주소를 기억하여 연산에 사용될 데이터를 가져와 연산을 수행한다.
④ 데이터 레지스터 : 연산에 사용될 데이터를 기억한다.

43 다음 중 기억 장치에 대한 설명으로 옳지 않은 것은?

① SRAM : 재충전이 필요 없으며, DRAM 보다 접근 속도가 빠르고 고가이다.
② 가상 메모리 : 하드 디스크의 일부를 주기억 장치처럼 사용한다.
③ 연상 기억 장치 : 기억된 데이터를 이용하여 원하는 정보에 접근하는 기억 장치이다.
④ 스풀 메모리 : 전원이 공급되지 않아도 내용이 지워지지 않아 디지털 카메라의 메모리로 가장 많이 사용된다.

44 다음 중 포트(Port)에 대한 설명으로 옳은 것은?

① 직렬 포트 : 한 번에 1비트씩 전송하는 방식으로 프린터, Zip 드라이브 연결에 사용한다.
② 병렬 포트 : 한 번에 8비트씩 전송하는 방식으로 마우스, 모뎀 연결에 사용한다.
③ USB 포트 : 12Mbps 이상의 데이터 전송 속도를 지원하고, 주변 장치를 최대 127개까지 연결할 수 있다.
④ PS/2 포트 : PS/2용 마우스와 키보드 연결에 사용되며, 8핀으로 구성된다.

45 다음 중 멀티미디어 활용 분야에 대한 설명으로 옳은 것은?

① VOD : 통신 회선을 이용하여 원거리에서도 모니터 화면을 통해 회의를 진행할 수 있는 서비스이다.
② VCS : X선 사진, CT 등 각종 의료 영상 자료를 저장, 전송, 검색하는데 필요한 기능을 처리하여 원격 진료가 가능한 시스템이다.
③ CAI : 학습 능력에 따라 학습 내용을 통신망을 이용하여 교육하는 시스템이다.
④ PACS : 사용자가 원하는 시간에 원하는 뉴스, 드라마, 영화, 게임 등의 영상 정보를 볼 수 있는 주문형 서비스이다.

46 다음에서 설명하는 그래픽 데이터 파일 형식으로만 짝지은 것은?

- 픽셀로 화면을 표시하는 방식으로 래스터(Raster) 이미지라고도 한다.
- 이미지를 확대하면 테두리가 계단 모양으로 거칠게 나타나며 사진과 같은 사실적인 이미지를 표현할 수 있다.

① DOC, PDF, DXF　② WMF, AI, CDR
③ GIF, JPG, PNG　④ MP3, PCX, BMP

47 다음 중 입력 장치를 통한 피드백을 이용하여 촉각과 운동감 등을 느끼게 하는 기술을 무엇이라고 하는가?

① 햅틱(Haptic)
② NFC(Near Field Communication)
③ 비전 시스템(Vision System)
④ RFID(Radio Frequency IDentification)

48 다음은 무엇에 대한 설명인가?

분산되어 있는 컴퓨팅 자원을 초고속 인터넷 망을 통해 격자 구조로 공유함으로써 하나의 고성능 컴퓨터처럼 사용하는 기술로 WWW 보다 처리 속도가 빠르다.

① 고성능 컴퓨팅(High Performance Computing)
② 네트워크 컴퓨팅(Network Computing)
③ 그리드 컴퓨팅(Grid Computing)
④ 리모트 컴퓨팅(Remote Computing)

49 다음 보기 중 정보 사회의 특징에 해당되는 것만을 바르게 고른 것은?

ⓐ 인터넷 통신을 기반으로 한 멀티미디어 정보가 발달하였다.
ⓑ 산업 구조가 자원 물질 중심에서 지식 정보 중심으로 바뀌고 보다 단순해진다.
ⓒ 컴퓨터와 통신 기술의 발달로 인해 다소 시간과 공간의 제약을 받는다.
ⓓ 사이버 공간상의 새로운 인간 관계와 문화가 형성된다.
ⓔ 상품의 생명이 짧아지면서 다품종 소량 시스템에서 소품종 대량 시스템으로 바뀌었다.

① ⓐ, ⓓ, ⓔ　② ⓑ, ⓒ, ⓓ
③ ⓓ, ⓔ　④ ⓐ, ⓓ

50 다음의 보기가 설명하고 있는 해킹의 종류는 무엇인가?

- 여러 대의 컴퓨터를 일제히 동작하게 하여 특정 사이트를 공격하는 해킹 방식이다.
- 서비스 거부 공격이라는 해킹 수법의 하나로 한 명 또는 그 이상의 사용자가 시스템의 리소스를 독점하거나 파괴함으로써 시스템이 더 이상 정상적인 서비스를 할 수 없도록 만드는 공격 방법이다.

① DDoS　② Syn Flooding
③ Sniffing　④ Spoofing

51 다음 중 3차원 컴퓨터 그래픽에서 화면에 표시되는 3차원 물체의 각 면에 색깔이나 음영 효과를 넣어 화상의 입체감과 사실감을 나타내는 방법은?

① 렌더링(Rendering)
② 디더링(Dithering)
③ 인터레이싱(Interlacing)
④ 메조틴트(Mezzotint)

52 다음 중 입출력이 일어나는 동안 프로세서가 다른 일을 하지 못하는 문제점을 극복하기 위해 개발된 것으로 시스템 프로세서와는 독립적으로 입출력만을 제어하기 위한 시스템 요소는 무엇인가?

① 콘솔(Console)
② 데이터 버스(Data Bus)
③ 제어 버스(Control Bus)
④ 채널(Channel)

53 다음 중 광 케이블에 대한 설명으로 옳지 않은 것은?

① 다른 유선 전송 매체에 비해 대역폭이 넓고 전송률이 뛰어나 데이터 손실이 많다.
② 크기가 작고 가벼우며, 정보 전달의 안정성이 높다.
③ 비교적 원거리 통신망을 구성할 때 이용한다.
④ 신호를 재생하는 리피터의 설치 간격이 넓다.

54 다음 중 통신 회선을 통하여 송수신되는 자료를 제어하고 감독하는 역할을 하는 장치는?

① 모뎀 ② 통신 채널
③ 통신 제어 장치 ④ 데이터 전송 장치

55 다음 중 시스템 소프트웨어의 중요 구성 요소로 옳은 것은?

① 응용 프로그램과 제어 프로그램
② 제어 프로그램과 처리 프로그램
③ 감시 프로그램과 다중 프로그램
④ 처리 프로그램과 서비스 프로그램

56 다음 중 RAID(Redundant Array of Inexpensive Disks)에 대한 설명으로 옳지 않은 것은?

① 여러 개의 하드 디스크를 모아서 하나의 하드 디스크처럼 보이게 하는 기술
② 단순히 하드 디스크의 모음뿐만 아니라 자동으로 복제해 백업 정책을 구현해 주는 기술
③ 서버(Server)에서 대용량의 하드 디스크를 이용하는 경우 필요로 하는 기술
④ 하드 디스크, CD-ROM, 스캐너 등을 연결해 주는 기술

57 정보 통신의 발달로 인해서 해킹을 통한 컴퓨터 범죄가 급증하고 있다. 해킹을 방지하기 위한 대책으로 옳지 않은 것은?

① 비밀 번호를 수시로 변경한다.
② 해킹 방지를 위한 보안 관련 프로그램을 보급한다.
③ 사용자에 대한 보안 교육을 정기적으로 실시한다.
④ 해킹으로부터 보호하기 위해 네트워크 서비스를 중지한다.

58 다음 중 MPEG에 대한 설명으로 가장 옳지 않은 것은?

① MPEG-1 : 고용량 매체에서 동영상을 재생하기 위한 것으로 CD나 CD-I에서 사용한다.
② MPEG-2 : MPEG-1의 화질 개선을 위한 것으로 HDTV, 위성 방송, DVD 등에서 사용한다.
③ MPEG-4 : MPEG-2를 개선하였으며, 대역폭이 적은 통신 매체에서는 전송이 불가능하다.
④ MPEG-7 : 멀티미디어 정보 검색이 가능한 동영상, 데이터 검색 및 전자상거래 등에 사용하도록 개발되었다.

59 다음 중 인터넷을 통해 프로그램 소스 코드를 무료로 공개하여 사용자가 원하는 대로 특정 기능을 추가할 수 있을 뿐만 아니라 어느 플랫폼에도 포팅이 가능하게 설계된 운영 체제는?

① DOS ② UNIX
③ PS/2 ④ LINUX

60 다음 응용 소프트웨어에 대한 설명 중 옳지 않은 것은?

① 훈민정음, MS 워드는 워드프로세서 프로그램이다.
② 엑셀, 로터스는 스프레드시트 프로그램이다.
③ 디렉터, 오소웨어는 그래픽 프로그램이다.
④ Winzip, WinARJ는 압축 프로그램이다.

제 03 회 실전모의고사

• 정답 및 해설 : 356쪽

1과목 | 워드프로세싱 일반

01 다음 중 공문서의 종류에 대한 설명으로 옳지 않은 것은?

① 공고문서는 행정기관이 일정한 사항을 일반인에게 알리기 위한 문서로 연도 표시 일련번호를 사용한다.
② 법규문서는 헌법, 법률, 대통령령, 총리령, 부령, 조례, 규칙 등에 대한 문서로 누년 일련번호를 사용한다.
③ 지시문서는 행정기관이 그 하급기관이나 소속 공무원에 대하여 일정한 사항을 지시하는 문서를 의미한다.
④ 비치문서는 민원인이 행정기관에 허가, 인가, 기타 처분 등 특정한 행위를 요구하는 문서나 그에 대한 처리 문서를 의미한다.

02 전자 출판을 출판물의 형태에 따라 분류했을 때 다음 중 일반적인 책 형태의 출판물을 나타내는 용어는 무엇인가?

① SBP(Screen Book Publishing)
② DTP(Desk Top Publishing)
③ CTSP(Computerized Typesetting System Publishing)
④ DBP(Disk Book Publishing)

03 다음 중 공문서의 접수 및 처리에 대한 설명으로 옳지 않은 것은?

① 접수한 문서에는 접수일시와 접수등록번호를 전자적으로 표시한다.
② 종이문서인 경우에는 행정안전부령으로 정하는 접수인을 찍고 접수일시와 접수등록번호를 적는다.
③ 처리과에서 문서 수신 및 발신 업무를 담당하는 사람은 접수한 문서를 처리 담당자에게 인계하고, 다른 해당자나 필요한 자에게 공람한다.
④ 문서는 처리과에서 접수하여야 한다.

04 다음 중 워드프로세서의 입력 및 저장 관련 용어에 대한 설명으로 옳은 것은?

① 내어쓰기(Outdent) : 문단의 첫째 줄 맨 앞부분을 문단의 다른 줄보다 몇 자 들어가게 하는 기능이다.
② 개체(Object) : 문서를 작성하거나 편집할 때 편리하게 사용할 수 있도록 미리 제작된 이미지 데이터의 집합이다.
③ 캡처(Capture) : 현재 화면에 나타난 정보 그대로를 그래픽 파일로 디스크에 저장하는 것이다.
④ 강제 개행 : 한 행에 문자가 다 채워지면 커서가 자동으로 다음 행의 처음으로 이동하는 것이다.

05 다음 중 저장 기능에 대한 설명으로 옳지 않은 것은?

① 저장된 파일 형태에 따라 확장자가 달라진다.
② 저장 기능은 주기억 장치에 있는 작성 문서 내용을 보조 기억 장치에 저장하는 것이다.
③ 서식 있는 문자열(*.rtf)로 저장하면 다른 워드프로세서와 호환이 용이하다.
④ 자동 저장 파일(*.bak)은 모두 텍스트 파일로 저장된다.

06 다음 중 워드프로세서의 용어에 대한 설명이 옳은 것은?

① 래그드(Ragged) : 문서의 양쪽 끝이 정렬되지 않은 상태를 말한다.
② 홈 베이스(Home Base) : 문서의 어디에서나 특별히 지정된 위치로 바로 이동하는 기능이다.

③ 포스트스크립트(Post Script) : 비트맵 글꼴을 말한다.
④ 폼 피드(Form Feed) : 문서 내의 머리말, 꼬리말, 마진 등을 표시하기 위해 별도로 설정하는 공간을 의미한다.

07 다음 중 결재권자가 휴가, 출장, 기타의 사유로 결재할 수 없는 때에 그 직무를 대리하는 자가 결재하는 것은?

① 정규결재 ② 대결
③ 전결 ④ 후결

08 다음 중 한자 입력 방법에 대한 설명으로 옳은 것은?

① 한자는 키보드에 표기할 수 없기 때문에 한자 목록이나 한자 사전에서 해당 한자를 선택하여 입력한다.
② 한자의 음을 모를 경우 한글/한자 음절 변환, 단어 변환, 문장 자동 변환 등으로 입력할 수 있다.
③ 한자의 음을 알면 부수/총 회수 입력, 외자 입력, 2Stroke 입력 등으로 변환해야 한다.
④ 한자가 많이 들어있는 문서의 일부분은 블록 지정하여 모두 한글로 바꿀 수 있지만 문서 전체는 블록 지정하여 모두 한글로 바꿀 수 없다.

09 다음 중 의례문서에서 행사나 모임 등에 필요한 사항을 기재하는 문서는 무엇인가?

① 안내장 ② 초대장
③ 소개장 ④ 위문장

10 다음 중 고속의 CPU와 저속의 프린터 장치의 속도 차이를 극복하기 위한 기법으로 인쇄를 하면서 동시에 다른 작업이 가능한 기능은?

① 스풀링(Spooling)
② 프린터 드라이버(Printer Driver)
③ 레이아웃(Layout)
④ 소프트 카피(Soft Copy)

11 다음 보기에서 설명하는 전자 출판 기술은 무엇인가?

> • 서로 관련 있는 문서와 문서를 연결하는 것으로 직접 접근 방식을 제공
> • 다양성으로 인하여 정보 습득 능력이 고조
> • 이용자의 의도된 선택에 따라 이동이 가능
> • 양방향 네트워크 통신을 이용자에게 제공.

① EDI(Electronic Data Interchange)
② 위지윅(WYSIWYG)
③ OLE(Object Linking and Embedding)
④ 하이퍼링크(Hyperlink)

12 다음 중 치환(Replace) 기능에 대한 설명으로 옳지 않은 것은?

① 한글, 특수 문자, 영어, 한자 등을 바꿀 수 있다.
② 문서에서 특정 단어를 검색하여 다른 단어로 바꾸는 것을 의미한다.
③ 단어는 바꿀 수 있어도 글꼴의 크기, 모양, 속성은 바꿀 수 없다.
④ 문서에서 원하는 부분을 블록 설정하면 설정된 부분에 대해서만 바꾸기를 할 수 있다.

13 다음 중 탭(Tab)의 기능에 대한 설명으로 옳지 않은 것은?

① 일정한 간격으로 커서를 이동할 때 사용한다.
② 탭의 추가는 가능하나 지우기는 할 수 없다.
③ 각 줄의 시작 부분 등을 균등하게 맞출 때 유용하다.
④ 오른쪽 탭은 설정된 탭 위치에 있는 낱말의 오른쪽 끝 부분을 가지런하게 맞추는 기능이다.

14 다음 보기에서 설명하는 전자 출판 관련 용어로 옳은 것은?

> 그래픽 파일의 효과넣기로 신문에 난 사진과 같이 미세한 점으로 나타내며 각 점의 명암을 달리하여 영상을 표시한다.

① 하프톤(Halftone)
② 오버프린트(Over Print)
③ 리딩(Leading)
④ 텍스트 흘리기(Text Runaround)

15 다음 중 귀납적 구성에 대한 설명으로 옳지 않은 것은?

① 구체적, 개별적 사실들을 바탕으로 일반적 원리를 이끌어 낸다.
② 중심 내용이 담긴 문장의 위치가 해당 문단의 마지막 부분에 위치한다.
③ 일반적인 원리를 제시한 후 그에 따른 구체적인 사실을 이끌어 낸다.
④ 이순신은 사람이다. → 이순신은 죽었다. → 그러므로 모든 사람은 죽는다.

16 다음 중 워드프로세서의 특징 및 장점에 대한 설명으로 가장 옳지 않은 것은?

① 문서의 보관 및 자료 검색이 용이하다.
② 문서 편집 기능을 가진 하드웨어로서 단어 처리기라고도 한다.
③ 문서의 통일성과 체계를 갖출 수 있다.
④ 동일한 문서를 여러 번 작성할 필요가 없다.

17 다음 보기는 워드프로세서의 화면 표시 기능 중 무엇에 대한 설명인가?

> 문단의 왼쪽/오른쪽 여백, 탭의 위치, 들여쓰기/내어쓰기, 눈금 단위 등을 표시하는 것으로 편집 화면에서 감추거나 보이게 할 수 있음

① 눈금자(Ruler)
② 상태 표시줄(Status Line)
③ 스크롤 바(Scroll Bar)
④ 격자(Grid)

18 다음 중 워드프로세서에서 사용하는 문단에 대한 설명으로 옳지 않은 것은?

① 문단의 시작 부분은 들여쓰기나 내어쓰기를 할 수 있다.
② 문단의 가운데 정렬이란 글자를 가운데로 모으는 정렬 방식이다.
③ 한 행의 내용이 다 채워지지 않으면 커서는 다음 행으로 절대 이동할 수 없다.
④ 문단 정렬은 별도의 영역 지정 없이도 가능하다.

19 다음 교정 부호 중 원래 문장의 글자 수에 변동이 없는 부호로 가장 적당한 것은?

① 
② 
③ 
④

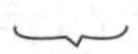

20 다음 중 (보기 1)의 문장이 (보기 2)의 문장으로 수정되기 위해 필요한 교정 부호들이 순서에 맞게 바르게 짝지어진 것은?

(보기 1)

> 워드프로세서(Word processor)란 컴퓨터를 이용하여 문서의 작성, 인쇄 등을 할 수 있는 하드웨어를 말한다.

(보기 2)

> 워드프로세서(Word processor)란 컴퓨터를 이용하여 문서의 작성, 편집, 인쇄 등을 할 수 있는 소프트웨어를 말한다.

① 
② 
③ 
④ 

2과목 | PC 운영 체제

21 한글 Windows에서 PnP(Plug & Play)를 지원하는 하드웨어는 Windows가 자동으로 감지하여 필요한 환경을 설정한다. 다음 중 PnP에 의해서 자동으로 설정되는 정보가 아닌 것은?

① IRQ
② DMA
③ I/O 주소
④ IP 주소

22 한글 Windows에서 다음 보기의 설명과 가장 관계 있는 메뉴는 무엇인가?

> • 제목 표시줄에서 왼쪽 부분을 클릭하거나 Alt 키+SpaceBar 키를 누르면 표시되는 메뉴이다.
> • 이미 열려져 있는 창의 크기를 조정하거나 창을 이동, 최대화, 최소화할 수 있다.

① 주(리본) 메뉴　② 창 조절 메뉴
③ 바로 가기 메뉴　④ 부 메뉴

23 한글 Windows에서 디스크에 대한 할당 및 보안 등과 같은 고급 기능을 사용하기 위해서는 어느 파일 시스템을 사용해야 하는가?

① FAT16　② FAT32
③ NTFS　④ VFS

24 한글 Windows의 바탕 화면에서 Ctrl+ESC 키를 누를 경우 수행되는 작업으로 옳은 것은?

① [시작] 메뉴가 나타난다.
② 실행 창이 종료된다.
③ 작업 중인 항목의 바로 가기 메뉴가 나타난다.
④ 창 조절 메뉴가 나타난다.

25 한글 Windows에서 디스크 속성에 대한 설명으로 옳지 않은 것은?

① 오류 검사, 조각 모음, 백업 등을 수행할 수 있다.
② 모든 디스크 드라이브와 장치 속성을 확인할 수 있다.
③ 다른 사용자와 폴더 내용을 공유하고, 폴더에 액세스 사용 권한을 설정할 수 있다.
④ 폴더 버전에 따라 이름, 수정한 날짜를 확인할 수 있다. 있는 것은 해당 기능의 일부만 사용되고 있는 것이다.

26 다음 중 한글 Windows에서 연결 프로그램에 대한 설명으로 잘못된 것은?

① 파일 종류에 따라 해당 프로그램이 자동 실행되는 프로그램이다.
② 연결 프로그램이 지정된 파일에서 [열기]를 선택하면 자동으로 해당 프로그램이 실행된다.
③ 응용 프로그램을 설치하면 해당 프로그램에서 사용하는 파일은 연결 프로그램이 자동으로 설정된다.
④ 확장자가 같은 파일에 대해 다른 연결 프로그램을 지정할 수 있다.

27 한글 Windows에서 파일과 폴더의 이름 바꾸기에 대한 설명으로 옳지 않은 것은?

① 여러 개의 파일/폴더를 선택한 후 이름을 바꾸면 동일한 이름으로 변경된다.
② 파일 또는 폴더를 선택한 후 Alt 키를 누른 상태에서 N과 C 키를 차례로 누른다.
③ 파일 또는 폴더를 선택한 후 F2 키를 누른다.
④ 파일 또는 폴더를 선택한 후 이름 부분을 마우스로 한 번 더 클릭한다.

28 한글 Windows의 보조프로그램 중 워드패드에 대한 설명으로 옳은 것은?

① 웹 페이지용 HTML 문서 작성과 찾기/바꾸기 기능이 가능하다.
② 문서 인쇄 시 용지 크기, 공급 방식, 용지 방향, 여백 등을 설정할 수 있다.
③ 들여쓰기/내어쓰기, 글머리 기호, 찾기/바꾸기, OLE, Layout, 전자 메일 보내기 등이 가능하다.
④ 문서를 편집할 때 융통성을 높이기 위하여 유니코드, ANSI, UTF-8 또는 big-endian 유니코드로 저장할 수 있다.

29 한글 Windows에서 마우스를 이용하여 파일이나 폴더를 복사 또는 이동하는 방법으로 옳지 않은 것은?

① 파일을 같은 드라이브에 있는 다른 폴더로 이동할 경우에는 파일을 선택한 후 드래그 앤 드롭한다.

② 파일을 같은 드라이브에 있는 다른 폴더로 복사할 경우에는 파일을 선택한 후 Alt 키를 누른 상태로 드래그 앤 드롭한다.
③ 파일을 다른 드라이브에 있는 폴더로 이동할 경우에는 파일을 선택한 후 Shift 키를 누른 상태로 드래그 앤 드롭한다.
④ 파일을 다른 드라이브에 있는 폴더로 복사할 경우에는 파일을 선택한 후 드래그 앤 드롭한다.

30 한글 Windows에서 [제어판]에 있는 [사용자 계정]에 대한 설명으로 옳지 않은 것은?

① 사용자 계정의 유형에는 표준 계정, 관리자 계정, 게스트 계정이 있다.
② 사용자 계정을 사용하면 컴퓨터를 여러 사용자가 공유하되 각 사용자는 고유한 파일 및 설정을 가질 수 있다.
③ 게스트 계정은 일상적인 컴퓨터 작업에 사용한다.
④ 관리자 계정은 컴퓨터에 대한 제어 권한이 가장 많고, 필요한 경우에만 사용한다.

31 한글 Windows의 파일 탐색기 창에서 아이콘 보기 메뉴에 해당되지 않은 것은?

① 큰 아이콘 ② 아주 작은 아이콘
③ 타일 ④ 자세히

32 한글 Windows의 파일 탐색기에서 사용할 수 있는 바로 가기 키에 관한 설명으로 옳지 않은 것은?

① Alt+Enter : 선택된 개체에 대한 등록 정보를 나타낸다.
② BackSpace : 현재 폴더의 상위 폴더로 이동한다.
③ F3 : 선택된 개체의 이름을 변경한다.
④ Numeric Keypad의 + : 선택된 폴더의 아래에 있는 하위 폴더들을 보여준다.

33 한글 Windows에서 [파일 탐색기] 창에 대한 설명으로 옳지 않은 것은?

① 네트워크 드라이브를 연결하여 원격 컴퓨터의 파일 목록을 표시할 수 있다.
② 키보드의 영문자를 누르면 해당 영문자로 시작하는 폴더 중 마지막 폴더로 이동한다.
③ 파일 탐색기는 컴퓨터의 파일과 폴더를 계층(트리) 구조로 표시한다.
④ 폴더 옵션을 이용하여 파일 및 폴더의 보기 형식 등을 지정할 수 있다.

34 한글 Windows에서 프린터 인쇄에 대한 설명으로 옳지 않은 것은?

① 특정한 지정 없이 문서의 인쇄를 선택하면 기본 프린터로 인쇄된다.
② 인쇄 관리자 창에서 파일의 인쇄 진행 상황을 파악할 수 있다.
③ 인쇄 관리자 창에서 인쇄 대기 중인 문서를 편집할 수 있다.
④ 인쇄 관리자 창에서 문서 파일의 인쇄 작업을 취소할 수 있다.

35 다음 중 한글 Windows의 메모장에서 현재 시스템 시간과 날짜를 자동으로 추가하려고 할 때 사용 방법으로 옳은 것은?

① 작업 표시줄 가장 오른쪽에 있는 시스템 트레이의 시간을 끌어다 문서의 원하는 위치에 놓는다.
② 시간과 날짜를 입력할 곳에 커서를 두고 F5 키를 누른다.
③ =Now( ) 함수를 입력한다.
④ [삽입] 메뉴에서 [시간/날짜]를 선택한다.

36 한글 Windows의 [보조프로그램]에 있는 [그림판]에 관한 설명으로 옳지 않은 것은?

① 기본 형식은 BMP이며 JPG, PCX, GIF 등의 형식을 편집할 수 있다.
② OLE 기능을 지원하므로 다른 응용 프로그램과 연결이 가능하다.

③ [시작]-[Windows 보조프로그램]-[그림판]을 선택한다.

④ Ctrl 키를 이용하면 정사각형, 정원, 수평선/수직선 등을 그릴 수 있다.

37 한글 Windows의 [무선 네트워크 관리]를 설정하는 과정에서 수행할 수 있는 작업으로 옳지 않은 것은?

① 어댑터 속성
② 네트워크 및 공유 센터
③ 프로필 유형
④ 네트워크 드라이브 연결 설정

38 다음 중 고유한 IP 주소 없이 인터넷에 접속할 때 자동으로 새로운 IP 주소를 할당해 주는 것을 무엇이라 하는가?

① NetBEUI ② ISP
③ DNS ④ DHCP

39 한글 Windows에서 폴더와 프린터의 공유에 대한 설명으로 옳은 것은?

① 폴더, 파일, 프린터에는 설정할 수 있지만 드라이브, 모뎀, 사운드 카드에는 설정할 수 없다.
② 다른 컴퓨터에 있는 파일이나 폴더를 복사할 때 바이러스에 감염될 위험은 없다.
③ 다른 사람이 공유 여부를 모르게 하려면 폴더나 드라이브의 공유 이름 뒤에 '$'를 표시하면 된다.
④ 공유된 자원의 아이콘에는 오른쪽 하단에 체크 표시가 나타난다.

40 한글 Windows에서 디스크의 공간 부족을 해결하기 위한 방법으로 옳지 않은 것은?

① 불필요한 파일과 사용하지 않는 Windows 구성 요소를 제거한다.
② [시작프로그램]에서 불필요한 프로그램을 삭제한 후 시스템을 재시작한다.
③ 사용하지 않는 파일을 백업한 후 삭제한다.
④ 디스크 정리를 수행하여 임시 파일, 다운로드받은 Active X 컨트롤, Java 애플릿 등을 삭제한다.

3과목 | 컴퓨터와 정보 활용

41 다음 보기의 계산기들을 개발 연도순으로 나열한 것은?

ⓐ Aiken의 MARK-1
ⓑ Hollerith의 Punch Card System
ⓒ Babbage의 Difference Engine
ⓓ Pascal의 Pascalline

① ⓓ → ⓐ → ⓒ → ⓑ
② ⓒ → ⓓ → ⓑ → ⓐ
③ ⓓ → ⓒ → ⓐ → ⓑ
④ ⓓ → ⓒ → ⓑ → ⓐ

42 다음 중 원격간에 서로 영상을 보면서 회의를 가능하게 하는 시스템은?

① VOD(Video On Demand)
② VR(Virtual Reality)
③ VCS(Video Conference System)
④ CAI(Computer Aided Instruction)

43 다음 중 오디오, 비디오 등 아날로그 신호를 PCM을 사용하여 디지털 비트 스트림으로 압축 및 변환하고, 역으로 수신측에서 디지털 신호를 아날로그 신호로 변환하는 장치는?

① CODEC ② VDT
③ PACS ④ Indio

44 다음 바이러스의 유형 중 사용자 디스크에 숨어 있다가 날짜와 시간, 파일의 변경, 사용자나 프로그램의 특정한 행동 등의 일정 조건을 만족하면 실행되는 것은?

① 폭탄(Bomb) 바이러스

② 은닉(Stealth) 바이러스
③ 부트(Boot) 바이러스
④ 클러스터(Cluster) 바이러스

45 다음은 인터넷에서 메시지를 전송하는데 사용되는 프로토콜과 그 역할에 대한 설명이다. ( ) 안에 들어갈 용어를 순서대로 올바르게 나열한 것은?

- ( )는 패킷의 주소를 해석하고, 경로를 결정한 다음 호스트로 전송한다.
- ( )는 메시지를 송수신자의 주소와 정보를 묶어 패킷 단위로 나눈다.

① TCP, IP ② IP, HTTP
③ IP, TCP ④ TCP, HTTP

46 다음 중 서로 인접한 노드끼리 둥글게 연결된 형태로 양방향 전송이 가능하고, LAN에서 가장 많이 이용하는 정보 통신망의 유형은?

① 버스(Bus)형 ② 링(Ring)형
③ 트리(Tree)형 ④ 스타(Star)형

47 다음 중 프로그램 내장 방식에 대한 설명으로 옳지 않은 것은?

① 폰 노이만에 의해서 제안되었다.
② 프로그램과 데이터를 주기억 장치에 저장하여 수행한다.
③ 서브 루틴의 사용이 가능하며, 사용 빈도에 제한이 없다.
④ UNIVAC은 프로그램 내장 방식을 채택한 최초의 컴퓨터이다.

48 다음 중 인터넷 주소 체계에 대한 설명으로 옳지 않은 것은?

① IP 주소는 네트워크 부분의 길이에 따라 A 클래스에서 E 클래스까지 5단계로 구성된다.
② IPv4는 숫자로 8비트씩 4부분으로 총 32비트로 구성된다.
③ IPv4는 8비트마다 0에서 255 사이의 10진수로 표시하며, 각각을 점(.)으로 구분한다.
④ IPv6은 IPv4의 주소 부족을 해결하기 위한 대책으로 마련된 64비트 체계이다.

49 다음 중 데이터 전송에 대한 설명으로 옳지 않은 것은?

① 반이중 통신은 무전기와 같이 양쪽 방향으로 전송이 가능하지만 동시에 양쪽 방향으로 전송은 불가능하다.
② 직렬 전송은 모든 비트들이 동일한 전송선을 사용하기 때문에 병렬 전송보다 오류 발생이 적으며, 원거리 전송에 적합하다.
③ 비동기식 전송은 미리 정해진 수만큼의 문자열을 한 묶음으로 만들어서 일시에 전송하는 방식이다.
④ 전이중 통신은 전화나 비디오텍스 등과 같이 동시에 양쪽 방향에서 전송이 가능한 방식이다.

50 다음 중 보안 요건을 위협하는 형태에 대한 설명으로 옳은 것은?

① 트로이 목마(Trojan Horse) : 정상적인 기능을 하는 프로그램으로 가장하여 프로그램 내에 숨어 있다가 해당 프로그램이 동작할 때 활성화되어 부작용을 일으키는 것이다.
② 웜(Worm) : 서비스 기술자들의 액세스 편의를 위해 만든 보안이 제거된 비밀 통로를 이르는 말로 시스템에 무단 접근하기 위한 일종의 비상구로 사용된다.
③ 백 도어(Back Door) : 어떤 프로그램이 정상적으로 실행되는 것처럼 속임수를 사용하는 행위이다.
④ 드롭퍼(Dropper) : 실제로는 악성 코드로 행동하지 않으면서 겉으로는 악성 코드인 것처럼 가장하여 행동하는 소프트웨어이다.

51 다음 중 광 디스크(Optical Disk)의 종류와 이에 대한 설명으로 옳지 않은 것은?

① CD-ROM : 한 번 기록된 내용은 수정할 수 없다.
② DVD : 디스크 한 면에 약 4.7 GB 정도의 데이터 저장이 가능하지만 DVD 장치로는 기존 CD-ROM의 판독이 불가능하다.
③ CD-R : CD-Writer를 사용하여 한 번에 한해서 데이터를 기록할 수 있다.
④ CD-RW : 여러 번 데이터를 기록할 수 있다.

52 다음 보기에서 4세대 컴퓨터의 주요 특징으로만 짝지은 것은?

(가) 기억 장치로는 LSI, 광 디스크, 램 디스크 등이 사용되었다.
(나) 프로그래밍 언어로는 코볼, 포트란, 알골 등이 개발되었다.
(다) 마이크로프로세서가 개발되어 개인용 컴퓨터가 등장하였다.
(라) 운영 체제, 다중 프로그램 등이 등장하였으며, MIS가 도입되어 활용되었다.

① (가), (나)
② (다), (라)
③ (나), (다)
④ (가), (다)

53 다음 중 중앙 처리 장치의 연산 장치에 해당되는 구성 요소로만 바르게 연결된 것은?

① 누산기, 부호기, 프로그램 카운터
② 명령 해독기, 인덱스 레지스터, 보수기
③ 부호기, 상태 레지스터, 명령 레지스터
④ 누산기, 가산기, 상태 레지스터

54 다음의 보기는 무엇에 대한 설명인가?

• '인터넷 개인 식별 번호(Internet Personal Identification Number)'의 약자로 주민등록번호 대신 인터넷상에서 신분을 확인하는데 쓰인다.
• 기존 주민등록번호로 실명을 인증하는 것과 비슷한데 웹 사이트마다 일일이 실명과 주민등록번호를 입력하는 불편함을 덜어준다.

① 전자 서명
② 아이 핀(i-PIN)
③ 공인 인증서
④ 회원 가입

55 다음 중 운영 체제와 관련된 설명으로 옳지 않은 것은?

① 데이터 관리 프로그램은 데이터나 파일의 표준적인 관리 및 전송을 관리한다.
② 사용자가 일을 시스템에 의뢰하고 나서 그 결과를 얻을 때까지 걸린 시간을 응답 시간이라고 한다.
③ 언어 번역 프로그램에는 컴파일러, 인터프리터, 어셈블러 등이 있다.
④ 실행 가능한 프로그램이나 파일을 주기억 장치로 이동시키는 프로그램을 링커(Linker)라고 한다.

56 다음 중 용어의 설명이 바르지 못한 것은?

① 시분할 시스템(Time Sharing System) : 컴퓨터의 처리 시간을 짧은 시간 단위로 분할하여 한 대의 컴퓨터를 여러 명이 동시에 사용할 수 있게 하는 방식이다.
② 실시간 처리 시스템(Real Time System) : 자료가 발생하는 즉시 처리하는 방식이다.
③ 멀티 프로그래밍(Multi-Programming) : 한 대의 컴퓨터에 2대 이상의 CPU를 설치하여 대량의 데이터를 신속하게 처리하는 방식이다.
④ 분산 처리 시스템(Distribute Processing System) : 지역적으로 분산된 여러 대의 컴퓨터 시스템을 연결하여 업무를 지역적 또는 기능적으로 분산시켜 처리하는 방식이다.

57 다음은 프로그래밍 개발 절차이다. ( ) 안에 들어갈 내용을 순서대로 바르게 나열한 것은?

문제 분석 → ( ) → 순서도 작성 → ( ) → ( ) → 테스트 → 프로그램 실행 → 문서화

① 코딩, 입출력 설계, 번역과 오류 수정
② 입출력 설계, 번역과 오류 수정, 코딩
③ 입출력 설계, 코딩, 번역과 오류 수정
④ 번역과 오류 수정, 코딩, 입출력 설계

58 다음 보기의 내용은 무엇에 대한 설명인가?

> - CPU, Memory 그리고 System Bus 사이의 데이터 흐름을 제어한다.
> - Memory ECC(Error Correction Code) 지원 여부와 설치할 수 있는 최대 크기를 결정하기도 한다.
> - Utra DMA 33/66/100, SATA 방식 등의 지원 여부를 결정한다.

① 칩셋(Chip Set) ② SCSI 카드
③ PCMCIA 카드 ④ AGP

59 다음 중 PC의 하드웨어를 업그레이드 할 때 고려하여야 할 사항으로 옳지 않은 것은?

① RAM은 용량이 크고 빠를수록 좋으며, 메인보드와 운영 체제의 지원 여부에 따라 교체하여야 한다.
② 하드 디스크인 경우 용량과 RPM은 클수록 좋고, 전송 속도의 MB/S는 작을수록 좋다.
③ CPU를 펜티엄 Ⅳ에서 코어 i5-3세대로 업그레이드하려면 메인보드도 교체하여야 한다.
④ DVD-Writer인 경우 속도 단위인 배속의 숫자가 클수록 좋다.

60 다음 중 인터넷 프로그래밍 언어인 자바(JAVA)에 대한 설명으로 옳지 않은 것은?

① 3차원 가상 공간과 입체 이미지들을 묘사하기 위한 언어이다.
② 자체 통신 기능을 가지며, 다양한 응용 프로그램을 만들 수 있다.
③ 실시간 정보를 통해 애니메이션을 구현한다.
④ 분산 네트워크상에서의 프로그램 작성이 용이하다.

제 04 회 실전모의고사

• 정답 및 해설 : 360쪽

1과목 | 워드프로세싱 일반

01 다음 중 워드프로세서를 통하여 처리할 수 있는 기능으로 옳지 않은 것은?

① 작성한 문서를 인터넷 문서(*.htm)로 저장할 수 있다.
② 작성한 문서를 팩스로 보낼 수 있다.
③ 필터 기능을 이용하여 작성한 문서에 있는 데이터들을 필터링할 수 있다.
④ 작성한 문서에 플래시 파일(*.swf)을 넣을 수 있다.

02 다음 중 문서가 필요한 경우로 가장 거리가 먼 것은?

① 사무 처리할 내용이 간단하여 신속하게 처리할 때
② 사무 처리 결과의 증빙 자료로서 필요할 때
③ 의사소통이 대화로는 불충분한 경우
④ 사무 처리 결과를 일정 기간 보존해야 할 때

03 다음 중 KS X 1001 완성형 한글 코드의 문자 입력 방법에 대한 설명으로 옳지 않은 것은?

① 특수 문자는 모두 2바이트로 구성된다.
② 한글 입력은 2벌식이나 3벌식 자판을 이용하여 입력한다.
③ 영문자의 대/소문자의 입력은 Caps Lock 키나 Shift 키를 눌러 입력한다.
④ 한자의 음(音)을 알고 있을 때에는 음절 단위 변환, 단어 단위 변환 등으로 입력한다.

04 다음 설명에 해당하는 문서의 형식은?

> 색인이나 사전처럼 내용이 서로 유기적으로 연결되어 있어 어떤 부분을 보다가 그와 연관된 다른 부분 또는 문서를 쉽게 참조할 수 있도록 만들어진 문서 형식으로 Windows의 도움말이나 인터넷 웹 페이지에 사용된다.

① 상용구 ② 하이퍼텍스트
③ 매크로 ④ 각주/미주

05 다음 중 워드프로세서의 스타일(Style) 기능에 대한 설명으로 옳지 않은 것은?

① 긴 글에 대하여 일관성 있는 문단 모양을 유지하는데 유용하다.
② 스타일 유형을 추가, 삭제, 수정할 수 있다.
③ 문서에서 자주 사용하는 기능들을 특정 키(바로 가기 키)에 기억 시켜두고, 필요할 때 빠르게 수행할 수 있다.
④ 글자 모양, 문단 모양, 문단 번호 등을 지정할 수 있다.

06 다음 중 동일한 편집 용지에 입력된 내용을 다음과 같이 문단 모양을 적용했을 때 문단 첫 행의 문자가 입력된 길이가 가장 짧아지는 것은 어느 것인가?

① 왼쪽 여백 5, 내어쓰기 4, 오른쪽 여백 4
② 왼쪽 여백 6, 들여쓰기 2, 오른쪽 여백 0
③ 왼쪽 여백 4, 내어쓰기 2, 오른쪽 여백 6
④ 왼쪽 여백 4, 들여쓰기 2, 오른쪽 여백 4

07 다음 중 메일 머지에 대한 설명으로 옳지 않은 것은?

① 초청장, 안내장, 청첩장 등을 만들 경우에 효과적이다.
② 데이터 파일은 반드시 DBF 파일만 사용해야 한다.
③ 본문 파일에 커서를 위치시킨 후 메일 머지 기능을 실행한다.
④ 본문 내용은 동일하지만 수신인이 다양할 때 사용한다.

08 다음 중 워드프로세서의 삽입/수정/삭제 기능에 대한 설명으로 옳은 것은?

① 수정 상태에서 [SpaceBar] 키를 누르면 커서가 오른쪽으로 이동하면서 한 문자씩 삭제된다.
② 삽입 상태에서 새로운 내용을 입력하면 원래 내용이 지워지면서 다른 내용이 입력된다.
③ [Delete] 키를 누르면 커서가 왼쪽으로 이동하면서 왼쪽 문자열이 한 문자씩 삭제된다.
④ 수정 상태에서 새로운 내용을 입력하면 문서의 중간에 새로운 문자, 공백, 빈 줄 등이 추가된다.

09 다음 중 워드프로세서의 화면 표시 기능에 대한 설명으로 가장 거리가 먼 것은?

① 텍스트 방식은 점을 기본 단위로 하여 문자를 표시한다.
② 그래픽 방식은 픽셀(화소)을 기본 단위로 하여 문자를 표시한다.
③ 텍스트 방식은 작성된 문서를 인쇄하기 전에 인쇄 결과를 예측하기 쉽다.
④ 그래픽 방식은 기억 공간을 많이 차지하며 텍스트 방식에 비해 표시 속도가 느리다.

10 다음 중 기안문을 작성하는 방법으로 옳지 않은 것은?

① 문서에 다른 서식 등이 첨부되는 경우에는 본문의 내용이 끝난 줄 다음에 "첨부"라고 표시한다.
② 기안문은 두문, 본문 및 결문으로 구성한다.
③ 수신자가 없는 내부 결재 문서인 경우에는 "내부결재"로 표시한다.
④ 본문 내용의 마지막 글자에서 한 글자 띄우고 "끝" 표시를 한다.

11 다음 용어에 대한 설명으로 옳지 않은 것은?

① MIPS : 컴퓨터가 1초 동안에 백만 단위의 명령어를 처리할 수 있다는 CPU의 처리 속도 단위
② Footnote : 책 또는 문서를 편집할 때 그 페이지에 나온 내용에 대해서 페이지 하부에 보충 설명을 덧붙이는 기능
③ Hardware Return : 데이터의 입력 시 한 행의 중간 어느 부분에서건 사용자가 [Enter] 키를 눌러 줄을 바꾸는 것
④ Paragraph Assembly : 하위 디렉토리 또는 폴더를 이용하여 문서 관리에 효율을 기할 수 있는 기능

12 다음의 설명에 해당하는 워드프로세서 용어는?

> 문서 편집과 관련된 여러 가지 설정 항목들의 표준값으로 사용자가 따로 지정하지 않는 한 이 값이 그대로 적용된다.

① 클립아트(Clip Art)
② 오버프린트(Over Print)
③ 스풀링(Spooling)
④ 디폴트(Default)

13 다음 중 워드프로세서 작업 시 화면에 표시된 문서나 내용을 그 상태 그대로 프린터에 출력하는 기능은?

① 소프트 카피(Soft Copy)
② 하드 카피(Hard Copy)
③ 라인 피드(Line Feed)
④ 폼 피드(Form Feed)

14 다음 중 전자문서의 효력 발생 시기는?

① 출력 후 등기로 수신자에게 도달
② 수신자의 컴퓨터 파일에 기록
③ 발신자의 발송
④ 전자이미지 서명

15 다음 중 공문서 항목 구분 시 넷째 항목의 항목 구분으로 사용할 수 있는 기호는?

① 가, 나, 다, … ② 가), 나), 다), …
③ ㉮, ㉯, ㉰, … ④ (가), (나), (다), …

16 다음 중 전자 출판에서의 필터링(Filtering)에 대한 설명으로 옳은 것은?

① 그림에 필터 효과를 적용하여 여러 가지 형태의 새로운 이미지로 바꿔주는 작업이다.
② 글자와 글자 사이의 간격을 미세하게 조정하는 작업이다.
③ 미세한 점으로 사진을 나타내는 기법이다.
④ 대상체의 컬러가 배경색의 컬러보다 옅어서 대상체가 보이지 않는 현상이다.

17 다음 중 전자 출판 매체의 제작에서 베타 테스트에 대한 설명으로 옳은 것은?

① 프로그래밍 과정 중 수시로 각각의 데이터와 프로그램들이 적절하게 작동하는지 확인하는 과정이다.
② 초기 개발자들이 자신들이 개발한 전자 출판 매체가 실제 활용에 이상이 없는지 확인하는 과정이다.
③ 독자층이나 이용자층과 유사한 외부 인력을 동원하여 실제 활용에 문제가 없는지 확인하는 과정이다.
④ 전자 출판 매체의 기획 단계에서 기획에 필수적인 다양한 자료들의 적합성을 확인하는 과정이다.

18 다음 중 CD-ROM과 같은 전자 출판물의 단점이 아닌 것은?

① 전원이 공급되지 않으면 전자 출판물의 내용을 볼 수 없다.
② 수록된 자료는 전기적 변환이 쉬우나 다른 전자 매체와 결합이 어렵다.
③ 종이 출판물에 비해 전체적인 내용 비교가 어렵다.
④ 수록된 내용을 보기 위해서는 컴퓨터에 대한 기본 지식을 갖추어야 한다.

19 다음 중 문서의 분량이 증가되는 교정 부호로만 묶인 것은?

20 다음 중 [보기1]의 문장이 [보기2]의 문장으로 수정되기 위해 필요한 교정 부호들로만 짝지어진 것은?

[보기 1]

멀리가려면 가까운 곳 부터 시작하고, 높이 오르려면 낮은 곳에서 출발해야한다.

[보기 2]

멀리가려면 가까운 곳부터 시작하고,
높이 오르려면 낮은 곳에서 출발해야한다.

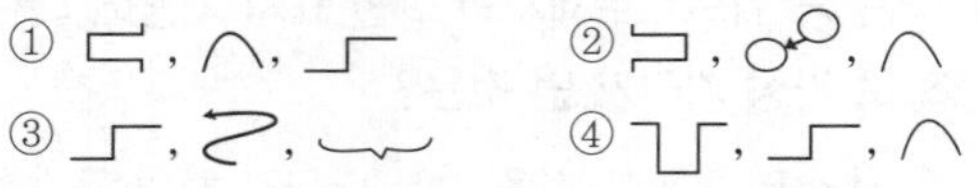

2과목 | PC 운영 체제

21 한글 Windows의 특징에 해당하지 않는 것은?

① Aero Peek 기능 등 향상된 작업 표시줄 및 바탕화면 미리 보기를 제공한다.
② 여러 사용자들이 실행중인 프로그램을 서로 전환하면서 마치 자신의 컴퓨터인 것처럼 공유할 수 있다.
③ 장치 및 프린터라는 단일 위치에서 프린터, 전화 및 기타 장치를 연결, 관리 및 사용할 수 있다.
④ 파일 이름은 세계 여러 문자와 모든 기호를 포함하여 최대 128자까지 지정할 수 있다.

22 한글 Windows를 시작하는 과정에 관한 설명으로 옳지 않은 것은?

① 컴퓨터 전원 버튼을 눌러 한글 Windows가 정상적으로 실행하는 과정을 부팅이라 한다.
② 여러 개의 운영 체제가 설치되면 다중 부팅 메뉴가 표시되며, 정보는 부팅 구성 데이터(BCD)에 저장된다.
③ 부팅 과정에서 시스템의 이상 유무를 관리하는 POST가 수행된다.
④ 안전 모드로 부팅하면 시스템에 바이러스의 감염 여부를 체크하면서 부팅한다.

23 한글 Windows에서 임의의 폴더 아이콘을 선택하고, Alt+Enter 키를 누른 경우와 같은 결과를 보여주는 작업으로 옳은 것은?

① 선택된 폴더의 바로 가기 메뉴에서 [속성]을 선택한다.
② 선택된 폴더를 더블 클릭한다.
③ 마우스의 오른쪽 단추를 누른다.
④ Alt+F4 키를 누른다.

24 한글 Windows의 바로 가기 아이콘에 대한 설명으로 옳은 것은?

① 바탕 화면에 있는 폴더의 바로 가기 아이콘을 삭제하면 원본 폴더도 삭제된다.
② 실행 파일에 대한 바로 가기 아이콘을 바탕 화면에 만들 수 있다.
③ 바로 가기 아이콘은 확장자가 LNK인 파일로 바탕 화면에만 만들 수 있다.
④ 일반 아이콘과 구분하기 위하여 아이콘 그림의 오른쪽 아래에 화살표가 표시된다.

25 한글 Windows에서 [파일 탐색기] 창의 [홈] 탭을 이용하여 수행할 수 있는 작업으로 옳지 않은 것은?

① 모든 개체를 선택할 수 있다.
② 선택 영역 반전을 할 수 있다.
③ 선택한 개체를 삭제할 수 있다.
④ 정렬 기준을 지정할 수 있다.

26 한글 Windows에서 파일이 복사되는 경우로 옳지 않은 것은?

① 이동식 디스크에 있는 해당 파일을 마우스로 선택한 후 하드 디스크로 끌어놓기 한다.
② 해당 파일을 마우스로 선택한 후 같은 드라이브의 다른 폴더로 끌어놓기 한다.
③ 해당 파일을 마우스로 선택한 후 다른 드라이브로 끌어놓기 한다.
④ 해당 파일을 마우스로 선택한 후 Ctrl 키를 누른 상태로 같은 드라이브의 다른 폴더로 끌어놓기 한다.

27 한글 Windows의 제어판에 있는 [마우스 속성] 대화상자의 기능에 대한 설명으로 옳지 않은 것은?

① 포인터 자국을 표시할 수 있게 설정할 수 있다.
② 마우스의 두 번 클릭 속도를 변경할 수 있다.
③ 클릭 잠금을 설정하여 마우스 단추를 누르고 있지 않고도 항목을 선택할 수 있다.
④ 한 번에 스크롤 할 줄의 수는 최대 3줄로 설정할 수 있다.

28 한글 Windows의 [개인 설정] 창에서 설정할 수 있는 기능으로 옳지 않은 것은?

① 바탕 화면 배경　　② 창 색
③ 화면 보호기　　④ 해상도 조정

29 한글 Windows의 플러그 앤 플레이(Plug & Play) 기능에 관한 설명으로 옳지 않은 것은?

① 플러그 앤 플레이 기능을 활용하기 위해서는 하드웨어의 지원 없이 소프트웨어만 지원하면 가능하다.
② 해당 장치에 대하여 사용자가 직접 환경을 설정하지 않아도 자동으로 구성된다.
③ 설치할 하드웨어를 자동으로 감지하고, 장치간의 충돌을 방지하는 기능이다.
④ 플러그 앤 플레이 기능이 없는 하드웨어는 [장치 추가]로 설치할 수 있다.

30 한글 Windows의 보조프로그램인 [Print 3D]에 대한 설명으로 옳지 않은 것은?

① 모델링 작업을 편리하게 수행할 수 있으며, 컴퓨터에 3D 프린터를 연결하면 출력이 가능하다.
② 3D 콘텐츠의 기능을 제공하며, 웹캠으로 사직을 찍어 3D로 만들 수 있다.
③ 슬라이드 쇼나 추가적인 세부 사항만 볼 수 있도록 링크를 화면에서 제공한다.
④ BMP, JPG, PNG, TGA 등의 파일을 사용한다.

31 한글 Windows에서 스풀(SPOOL)에 대한 설명으로 옳지 않은 것은?

① 저속의 출력 장치와 고속의 중앙 처리 장치 사이의 속도 차이를 해결한다.
② 인쇄가 끝날 때까지 다른 작업을 처리할 수 있다.
③ 여러 페이지를 인쇄할 경우 마지막 페이지만 스풀에 들어오면 바로 인쇄한다.
④ 프린터 작업을 임시로 하드 디스크에 보내고, 디스크의 출력 파일을 백그라운드 작업으로 보낸다.

32 한글 Windows에서 폴더의 속성 대화 상자 중 [공유] 탭에서 할 수 있는 기능에 대한 설명으로 틀린 것은?

① 공유 사용 권한에서 그룹 또는 사용자 이름을 추가할 수 있다.
② 동시 사용자의 수를 제한할 수 있으며, 최대 10명까지만 가능하다.
③ 고급 공유 설정에서 다른 사용자들의 사용 권한을 개별적으로 설정할 수 있다.
④ 네트워크상에서 공유할 폴더의 이름을 새로 지정할 수 있다.

33 한글 Windows에서의 프린터 설치에 관한 설명으로 옳지 않은 것은?

① 대부분 프린터를 설치할 때 제조회사에서 제공하는 드라이버가 필요하다.
② 로컬 프린터인 경우에만 기본 프린터로 지정할 수 있다.
③ 공유된 프린터를 네트워크 프린터로 설정하여 설치할 수 있다.
④ 설치된 프린터에 공유 설정을 할 수 있다.

34 한글 Windows에서 [스티커 메모] 프로그램의 사용 방법으로 옳지 않은 것은?

① 종이에 쓰듯이 메모를 쓰거나 전화번호를 적는 등의 작업을 수행한다.
② 페이지 설정 시 머리글과 바닥글에 사용되는 명령 코드를 이용하여 문서를 작성할 수 있다.
③ 바로 가기 메뉴에서 색을 선택하면 메모 색을 변경할 수 있다.
④ 텍스트 서식을 지정하거나 글머리 기호를 추가하여 목록을 만들고, 텍스트 크기를 변경할 수 있다.

35 한글 Windows에서 휴지통의 특징에 대한 설명으로 옳지 않은 것은?

① 휴지통에 있는 파일은 잘라내기만 수행이 가능하며, 복사는 수행할 수 없다.
② 휴지통이 가득차면 가장 최근에 삭제된 파일이나 폴더가 들어갈 수 있는 공간을 확보하기 위해 휴지통을 자동으로 정리한다.
③ 휴지통에 있는 파일은 복원하기 전까지 해당 내용을 볼 수가 없다.
④ 휴지통의 최대 크기는 20%까지 크기를 조절하여 변경할 수 있다.

36 한글 Windows의 [디스크 오류 검사]에 관한 설명으로 옳지 않은 것은?

① 검사에서 발견된 파일 및 폴더의 문제를 자동으로 수정할 수 있다.
② 불필요한 파일을 검색하여 삭제를 도와준다.
③ 디스크 오류 검사는 정기적으로 수행하는 것이 좋다.
④ 디스크에 생긴 물리적인 오류도 찾을 수 있다.

37 한글 Windows에서의 문제 해결 방법에 관한 설명으로 옳지 않은 것은?

① 디스크 공간이 부족할 경우에는 불필요한 응용 프로그램들의 실행을 종료한다.
② 메모리가 인식되지 않는 경우에는 RAM 소켓의 올바른 장착 여부를 확인한다.
③ 부팅이 되지 않는 경우에는 CMOS 배터리의 충전 여부와 하드 디스크의 점퍼 상태를 확인한다.
④ 디스크가 인식되지 않는 경우에는 케이블의 연결 상태나 하드 디스크의 점퍼 설정을 확인한다.

38 한글 Windows에서 네트워크 연결을 위한 구성 요소의 유형 중 서비스에 관한 설명으로 옳은 것은?

① 사용자가 연결하는 네트워크에 있는 컴퓨터나 파일 액세스를 지원한다.
② 사용자 컴퓨터가 다른 컴퓨터와 통신할 때 사용하는 언어이다.
③ 파일 및 프린터 등의 자원을 다른 컴퓨터에서 공유할 수 있도록 한다.
④ 네트워크를 연결하기 위한 하드웨어이다.

39 한글 Windows에서 TCP/IP 프로토콜 설정에 대한 설명으로 옳지 않은 것은?

① [이더넷 속성] 대화 상자의 [네트워킹] 탭에서 '인터넷 프로토콜 버전 4(TCP/IPv4)'를 선택하고, [속성] 단추를 클릭한다.
② IP 주소로 전환시켜 주는 역할을 하는 DNS의 IP 주소는 자동으로 입력된다.
③ 수동 IP 설정의 경우 네트워크 관리자에게 문의하여 사용할 IP 주소를 할당받는다.
④ TCP/IPv4는 32비트의 주소 체계를 사용하며, 8비트씩 4개의 10진수를 온점(.)으로 구분한다.

40 한글 Windows의 [제어판]–[인터넷 옵션] 대화 상자에서 수행 가능한 작업으로 틀린 것은?

① 인증서, 자동 완성, 피드 및 웹 조각 등을 지정할 수 있다.
② 인터넷 연결, VPN(가상 사설망), 프록시 서버 구성, LAN 환경 등을 지정한다.
③ 현재 페이지, 시작 옵션, 검색 기록, 색, 언어, 글꼴, 접근성 등을 관리한다.
④ 인터넷 사용을 위한 IP 주소를 설정할 수 있다.

3과목 | 컴퓨터와 정보 활용

41 다음 중 제5세대 컴퓨터에서 나타난 주요 특징으로 옳지 않은 것은?

① 다중 처리
② 인공 지능
③ 패턴 인식
④ 퍼지 이론

42 다음은 디지털 컴퓨터와 아날로그 컴퓨터를 비교 설명한 것이다. 옳지 않은 것은?

① 디지털 컴퓨터는 프로그램 보관이 용이하지만 아날로그 컴퓨터는 어렵다.
② 디지털 컴퓨터는 범용이지만 아날로그 컴퓨터는 일반적으로 특수 목적용이다.
③ 디지털 컴퓨터는 논리 회로를 사용하지만 아날로그 컴퓨터는 증폭 회로를 사용한다.
④ 디지털 컴퓨터의 연산 속도가 아날로그 컴퓨터의 연산 속도보다 빠르다.

43 다음 중 메인보드에 대한 설명으로 옳지 않은 것은?

① 칩셋에는 메인보드 내의 여러 장치를 통합 제어하기 위한 정보가 들어 있다.
② AGP는 모듈 램을 장착하는 소켓이다.
③ USB 포트는 최대 127개의 주변 장치를 연결할 수 있다.
④ 시스템 버스에는 제어 버스, 데이터 버스, 주소 버스가 있다.

44 다음 중 운영 체제에 대한 옳은 설명으로만 짝지어진 것은?

(가) 듀얼 시스템은 하나의 컴퓨터에 2개의 CPU가 있는 것으로 하나의 CPU가 고장나면 다른 CPU가 가동되는 시스템이다.
(나) 운영 체제는 프로세스와 프로세서, 메모리, 입출력 장치 등을 관리한다.
(다) 일정한 시간동안 시스템이 처리하는 일의 양이 CPU의 사용 가능도이다.
(라) 임베디드 운영 체제로는 윈도 CE, 팜 OS, iOS, 안드로이드 등이 있다.

① (가), (나)　　② (나), (다)
③ (가), (다)　　④ (나), (라)

45 다음 중 로더(Loader)의 기능에 해당하지 않는 것은?

① 재배치(Relocation)　　② 할당(Allocation)
③ 링킹(Linking)　　④ 번역(Compile)

46 다음 중 레지스터(Register)에 대한 설명으로 옳지 않은 것은?

① 연산된 결과를 임시로 저장하는 레지스터를 상태 레지스터라 한다.
② 명령 레지스터는 현재 실행중인 명령어를 기억하는 기능을 한다.
③ 레지스터는 CPU 내부에서 처리할 명령어나 연산의 중간 결과 값 등을 일시적으로 기억하는 임시 기억 장소이다.
④ 데이터 레지스터는 연산에 사용될 데이터를 기억하는 기능을 한다.

47 다음 중 기억 장치에 대한 설명으로 옳지 않은 것은?

① 주기억 장치는 컴퓨터 내부에 위치한 기억 장치로 현재 사용 중인 데이터나 프로그램이 저장된다.
② ROM은 내장 메모리를 체크하거나 주변 장치의 초기화를 수행하기 위한 자료 등을 저장한다.
③ 캐시 메모리는 주기억 장치와 CPU의 속도 차이를 보완하며, 주기억 장치의 정보를 일시적으로 저장한다.
④ 가상 메모리는 주기억 장치의 일부를 보조 기억 장치인 것처럼 사용한다.

48 다음 중 운영 체제의 커널(Kernel)에 대한 설명으로 옳지 않은 것은?

① 컴퓨터의 하드웨어와 직접 상호 작용하는 모듈이다.
② 제어 프로그램 중 주기억 장치에 상주하는 모듈이다.
③ 운영 체제를 구성하는 프로세스와 운영 체제의 제어 아래에서 수행하는 프로그램에 대한 자원 할당을 수행한다.
④ ROM BIOS에 저장되어 입출력을 수행하는 모듈이다.

49 다음 중 웜(Worm) 바이러스에 대한 설명으로 옳지 않은 것은?

① 일반적인 바이러스와는 다르게 다른 프로그램을 감염시키지 않는다.
② 컴퓨터 시스템을 파괴하거나 작업을 지연 또는 방해하는 악성 프로그램이다.
③ 메모리에 상주하며, 백신 프로그램의 진단 과정을 방해하여 치료를 어렵게 한다.
④ 네트워크에서 자신을 복제하며, 전파하는 능력을 가지고 있다.

50 다음 중 바이오스(BIOS)의 역할로 옳지 않은 것은?

① POST　　② 시스템 초기화
③ 드라이브 조각 모음　　④ 디스크 부트

51 다음 중 유비쿼터스 환경과 가장 관련이 깊은 기술은?

① RFID/USN 기술
② 풀(Pull) 기술
③ 캐싱(Cashing) 기술
④ 미러 사이트(Mirror Site) 기술

52 다음의 설명에 해당하는 용어는?

- 인터넷 상에서 음성이나 동영상 등을 실시간으로 재생하는 기술이다.
- 전송되는 데이터를 마치 끊임없고, 지속적인 물 흐름처럼 처리할 수 있는 기술을 의미한다.

① 샘플링(Sampling)
② 스트리밍(Streaming)
③ 로딩(Loading)
④ 시퀀싱(Sequencing)

53 다음 중 인터넷 서비스 사용 시 지켜야 할 예절로 가장 적절하지 않은 것은?

① 게시판에 글을 올릴 경우에는 가급적 인터넷 약어를 사용하여 간결하게 작성한다.
② 웹 사이트 운영자는 가능한 많은 정보를 공개하고, 웹 접근성을 높인다.
③ 공개 자료실에는 가급적 압축한 자료를 올린다.
④ 전자 우편을 사용할 경우 제목만 보고도 중요도와 내용을 알 수 있도록 작성한다.

54 다음 중 다중 사용자 시스템을 위하여 운영 체제가 갖추어야 하는 주요 기능으로 적절하지 않은 것은?

① 프로세스 관리 기능　　② 디버깅 기능
③ 기억 장치 관리 기능　　④ 파일 관리 기능

55 다음 중 정보 통신망에 대한 설명으로 옳지 않은 것은?

① VAN : 공중 통신 사업자로부터 회선을 빌려 독자적인 네트워크를 구성하여 부가 가치가 높은 서비스를 하는 통신망이다.
② VDSL : 전화선을 이용하여 양방향으로 거의 동일하게 빠른 속도로 데이터를 전송하는 초고속 인터넷 서비스이다.
③ VPN : 이동 중인 버스나 지하철 안에서 초고속 인터넷을 이용할 수 있는 무선 네트워크 서비스이다.
④ LAN : 자원 공유를 목적으로 전송 거리가 짧은 구내에서 사용하는 통신망이다.

56 다음 중 동영상을 담고 있는 파일 형식으로 옳지 않은 것은?

① divx　　② avi
③ asf　　④ tiff

57 다음 중 전자상거래의 장점으로 적절하지 않은 것은?

① 시간과 공간적인 제약이 없다.
② 보안의 문제없이 언제나 안전한 거래를 할 수 있다.
③ 유통 비용과 건물 임대료 등의 운영비를 절감할 수 있다.
④ 각 쇼핑몰의 가격을 비교하여 가장 저렴한 상품의 구매가 가능하다.

58 다음은 멀티미디어 활용에 대한 설명이다. ⓐ, ⓑ의 괄호 안에 들어갈 용어를 순서대로 나열한 것은?

> (ⓐ)는 TV의 방송망을 이용하여 필요한 정보를 얻을 수 있는 시스템으로 대량의 정보 전송이 가능하여 일방적으로 수신하는 형태이며, (ⓑ)는 전화와 TV를 컴퓨터와 연결하여 각종 정보를 얻을 수 있는 쌍방향 미디어 시스템이다.

① ⓐ 비디오텍스(Videotex), ⓑ 텔레텍스트(Teletext)
② ⓐ 텔레텍스트(Teletext), ⓑ 주문형 비디오(VOD)
③ ⓐ 비디오텍스(Videotex), ⓑ 스트리밍(Streaming)
④ ⓐ 텔레텍스트(Teletext), ⓑ 비디오텍스(Videotex)

59 다음의 설명에 해당하는 용어는?

> • 정보의 형태나 형식을 변환하는 처리나 처리 방식이다.
> • 파일의 용량을 줄이거나 화면 크기를 변경하는 등 다양한 방법으로 활용된다.

① 인코딩(Encoding)
② 리터칭(Retouching)
③ 렌더링(Rendering)
④ 디코더(Decoder)

60 다음 중 인터넷 상에서 보안을 위협하는 유형에 대한 설명으로 옳지 않은 것은?

① 파밍(Pharming) : 스미싱의 발전된 형태로 사용자 동의 없이 사용자 정보를 수집하는 프로그램이다.
② 분산 서비스 거부 공격(DDoS) : 데이터 패킷을 범람시켜 시스템의 성능을 저하시킨다.
③ 스푸핑(Spoofing) : 신뢰성 있는 사람이 데이터를 보낸 것처럼 데이터를 위/변조하여 접속을 시도한다.
④ 스니핑(Sniffing) : 네트워크 상에서 전달되는 패킷을 엿보면서 사용자의 계정과 패스워드를 알아낸다.

제 05 회 실전모의고사

• 정답 및 해설 : 363쪽

1과목 | 워드프로세싱 일반

01 다음 중 설명이 올바른 것은?

① 문서의 성립 시기는 당해 문서 작성이 완결되는 시점이다.
② 공문서의 효력 발생 시기는 다른 법령에 특별한 규정이 없는 한 수신자에게 도달되는 시점이다.
③ 공고문서는 공시, 공고가 있은 후 일주일이 경과한 날부터 효력을 발생한다.
④ 전자문서의 경우 송신자의 컴퓨터를 떠나는 순간 효력이 발생한다.

02 특정 워드프로세서로 만든 문서를 다른 워드프로세서를 이용하여 읽거나 출력하려고 할 때 원래의 문서와 가장 가까운 형태로 변환하려면 어떤 형식으로 저장하는 것이 좋은가?

① 일반 텍스트 파일(*.txt)
② HTML 문서(*.html)
③ 서식 있는 문자열(*.rtf)
④ 자동 저장 파일(*.asv)

03 문서 작성 시 사용되는 바로 가기 키(Hot Key, 단축키)에 대한 설명 중 옳지 않은 것은?

① 조합된 키를 눌러서 빠르게 지시를 내리는 기능을 의미한다.
② 대표적인 바로 가기 키로는 Ctrl+C(복사), Ctrl+X(잘라내기), Ctrl+V(붙이기) 등이 있다.
③ 동일한 바로 가기 키가 프로그램에 따라 전혀 다른 기능을 수행하는 경우도 있으므로 주의해야 한다.
④ 바로 가기 키는 마우스 오른쪽 버튼을 눌러 나타나는 팝업 메뉴에서 지시를 선택한다.

04 다음 중 한글 코드에 대한 설명으로 옳지 않은 것은?

① KS X 1001 완성형 한글 코드는 문자를 만들어 놓고 코드값을 부여하는 방식이다.
② KS X 1001 조합형 한글 코드는 초, 중, 종성에 코드 값을 부여하고, 이를 조합하여 문자를 표현하는 방식이다.
③ KS X 1001 완성형 한글 코드는 모든 문자를 2Byte로 표현하며, 정보 교환용으로 사용된다.
④ KS X 1001 조합형 한글 코드는 한글의 대부분을 표현할 수 있으며, 정보 처리용으로 사용된다.

05 다음 중 워드프로세서의 화면 표시 기능에 대한 설명으로 적당하지 않은 것은?

① 문서 작성 시 스크롤 바를 이용하여 화면을 상, 하, 좌, 우로 이동할 수 있다.
② 편집 과정에서 생긴 공백이나 문단 등은 조판 부호를 표시하여 확인할 수 있다.
③ 편집한 문서는 인쇄하기 전에 미리 보기를 통해 화면에서 미리 출력해 볼 수 있다.
④ 눈금자의 단위는 항상 포인트로만 표시할 수 있다.

06 다음 중 워드프로세서의 편집 기능에 대한 설명으로 적당하지 않은 것은?

① 문서 편집 시 Delete 키를 누르면 커서 뒤의 한 글자가 지워진다.
② 문서 편집 시 Insert 키를 누르면 삽입이나 수정으로 전환이 가능하다.
③ 문서 편집 시 BackSpace 키를 누르면 커서 앞에 공백이 삽입된다.
④ 문서 편집 시 삽입 모드에서 SpaceBar 키를 누르면 커서 위치에 빈칸이 삽입된다.

07 다음 중 성격상 매크로 기능을 적용하기에 적합하지 않은 작업은?

① 복수의 문단들을 가운데 정렬한다.
② 동일한 도형을 여러 곳에 복사한다.
③ 초청장에 데이터로 작성된 성명들을 조합하여 인쇄한다.
④ 복수의 특정 영역들을 고딕체로 바꾼다.

08 다음 중 워드프로세서의 인쇄 기능에 대한 설명으로 옳지 않은 것은?

① 인쇄 옵션에서 인쇄 범위, 인쇄 매수, 인쇄 방식 등을 설정할 수 있다.
② 미리 보기 기능을 이용하면 편집한 내용의 전체 윤곽을 확인할 수 있다.
③ 프린터는 기본으로 설정된 프린터로만 인쇄할 수 있다.
④ 프린터의 해상도를 높게 설정하면 선명하게 인쇄할 수 있다.

09 다음 중 워드프로세서의 기능에 대한 설명으로 옳지 않은 것은?

① 서로 연관된 문서를 계층적으로 연결하기 위하여 개체 연결 및 삽입(OLE) 기능을 사용한다.
② 매 페이지마다 반복되는 내용을 본문의 위쪽에 나타나도록 하는 기능을 두문(Header)이라고 한다.
③ 도표의 내용을 바탕으로 차트를 그릴 수 있다.
④ 하나의 페이지를 여러 개의 단으로 나누어 편집할 수 있다.

10 다음 워드프로세서의 용어에 대한 설명 중 옳지 않은 것은?

① 스타일(Style) : 자주 사용하는 글자 모양, 문단 모양 등의 서식을 미리 만들어 놓고 필요할 때 한꺼번에 적용하는 기능
② 상용구 : 자주 쓰이는 문자열을 따로 등록해 놓았다가 필요할 때 등록한 준말을 입력하면 본말 전체가 입력되도록 하는 기능
③ 머지(Merge) : 신문이나 회보, 찾아보기 등을 만들 때 읽기 쉽도록 한 쪽을 여러 개의 단으로 나누는 기능
④ 매크로(Macro) : 사용자가 입력하는 일련의 키보드 또는 마우스 동작을 보관했다가 그대로 재생해 내는 기능

11 다음 중 문서의 성립 및 효력 발생 시기에 관한 설명으로 옳지 않은 것은?

① 문서는 결재권자가 해당 문서에 서명 방식으로 결재함으로써 성립한다.
② 전자문서의 경우는 수신자가 관리하거나 지정한 전자적 시스템 등에 입력됨으로써 효력이 발생한다.
③ 공고문서는 그 문서에서 효력 발생 시기를 구체적으로 밝혀야 효력이 발생한다.
④ 문서는 수신자에게 도달됨으로써 효력이 발생한다.

12 다음 중 워드프로세서의 출력 기능과 관련이 없는 용어는 무엇인가?

① 스풀(Spool)
② 폼 피드(Form Feed)
③ 보일러 플레이트(Boiler Plate)
④ 하드 카피(Hard Copy)

13 공문서 중 기안문 및 시행문은 두문, 본문, 결문으로 구성된다. 다음 중 기안문 및 시행문의 결문에 해당되는 내용으로만 바르게 짝지어진 것은?

① 기안자, 수신자, 결재권자의 직위/직급
② 우편번호/주소, 시행 및 접수 처리과명-일련번호와 일자, 붙임
③ 행정기관명, 전화번호/전송번호, 검토자/협조자
④ 발신명의, 결재권자의 직위/직급, 전자 우편 주소 및 공개 구분

14 다음 중 글꼴(Font)의 구성 방식에 대한 설명으로 옳지 않은 것은?

① 비트맵(Bitmap) : 점(Dot)으로 글꼴을 표현하는 방식이다.
② 포스트스크립트(Post Script) : 글자의 외곽선 정보를 각종 그래픽 소프트웨어에 제공하며, 위지윅을 지원할 수 있다.
③ 오픈타입(Opentype) : 외곽선 글꼴 형태로 고도의 압축을 통해 용량을 줄여 통신을 이용한 폰트의 전송을 간편하게 할 수 있다.
④ 벡터(Vector) : 글자를 선, 곡선으로 처리한 글꼴로 확대하면 테두리 부분이 계단 모양으로 변형되어 흐려진다.

15 다음 중 전자 출판(DTP)의 표 편집기에 대한 설명으로 옳지 않은 것은?

① 임의의 셀에 그림을 삽입할 수 있다.
② 셀에 입력된 수치 데이터에 대한 합계나 평균 등을 구할 수 있다.
③ 복잡한 함수식, 화학식을 보다 쉽게 편집할 수 있다.
④ 표를 분리하거나, 분리된 표를 합할 수 있다.

16 다음 중 공문서에서 관인을 관리하는 방법을 잘못 설명한 것은?

① 관인의 인영 색깔은 대체로 빨간색으로 한다.
② 관인의 글자는 한글이나 한자로 하며 세로로 새긴다.
③ 관인의 인영 색깔은 문서를 출력 또는 복사하여 시행하거나 팩스를 통하여 문서를 접수하는 경우에는 검정색으로 할 수 있다.
④ 관인의 글자는 그 기관 또는 직위의 명칭에 '인' 또는 '의인' 글자를 붙인다.

17 다음 보기에서 설명하는 전자 통신 출판의 종류는 무엇인가?

> 온라인을 통하여 과학 기술, 비즈니스, 사회 과학, 인문 과학 등의 정보를 검색하는 형태로 온라인 정보 검색 서비스, 비디오텍스, 쌍방향 CATV, 텔레텍스트(문자 다중 방송) 등이 포함된다.

① 온라인 데이터베이스형　② 패키지형
③ 컴퓨터 통신형　④ DTP

18 다음 중 전자 출판의 특징으로 옳지 않은 것은?

① 위지윅(WYSIWYG) 기능은 전자 통신 기능을 이용한 것이다.
② 개체 처리 기능이 있어 서로 연결하거나 분해해서 사용할 수 있다.
③ 전자 출판으로 저장된 자료는 다른 매체와 결합이 용이하다.
④ 지원하는 글꼴이 많고 사진, 도표, 그리기 등의 편집이 용이하다.

19 다음과 같이 수정되었을 때 사용된 교정 부호를 순서대로 나열한 것은?

> 사무자동화는 정보화시대의
> 최첨단기술이다.

⇩

> 정보화시대의 사무자동화는
>
> 최첨단
> 기술이다.

20 다음의 교정 부호 중 단어나 글자의 위치 변경과 관련이 없는 것은?

2과목 | PC 운영 체제

21 한글 Windows의 [제어판]-[장치 관리자] 창에서 설치된 하드웨어를 선택한 후 바로 가기 메뉴를 이용하여 할 수 있는 작업으로 옳지 않은 것은?

① 선택한 하드웨어의 드라이버 업데이트를 실행할 수 있다.
② 선택한 하드웨어에 대해 '사용 안 함'을 지정할 수 있다.
③ 선택한 하드웨어를 제거할 수 있다.
④ 선택한 하드웨어의 [이름 바꾸기]를 할 수 있다.

22 한글 Windows의 연결 프로그램에 관한 설명으로 옳지 않은 것은?

① 특정한 데이터 파일을 열 때 자동으로 실행되는 응용 프로그램을 의미한다.
② 연결 프로그램은 파일명의 확장자에 따라 응용 프로그램이 결정된다.
③ 파일을 더블 클릭했을 때 [연결 프로그램] 대화 상자가 나타나면 바로 연결될 프로그램을 선택한다.
④ 연결 프로그램이 지정되지 않은 파일을 열 때에는 [연결 프로그램] 대화 상자에서 사용할 프로그램을 지정해야 한다.

23 한글 Windows에서 사용하는 바로 가기 키의 설명으로 옳지 않은 것은?

① Alt+Tab : 작업 전환 창을 열고 원하는 창으로 이동
② Alt+F4 : 선택한 프로그램 창의 종료 또는 시스템 종료
③ Alt+F10 : 제목 표시줄의 작업 조절 메뉴 호출
④ Alt+Enter : 선택한 개체 항목의 등록 정보 창 열기

24 한글 Windows의 [사용자 계정]에 대한 설명으로 잘못된 것은?

① 표준 사용자는 자신이 설치한 소프트웨어만 사용할 수 있다.
② 표준 사용자는 자신의 계정 유형을 관리자로 변경할 수 없다.
③ 관리자 계정은 유해한 프로그램이 컴퓨터를 변경하는 것을 방지하도록 사용자 계정 컨트롤 설정을 변경할 수 있다.
④ 관리자 계정은 다른 관리자 계정을 포함하여 모든 계정의 암호를 변경할 수 있다.

25 한글 Windows의 [키보드 속성] 대화 상자에서 가능한 작업으로 거리가 먼 것은?

① 화상 키보드를 바탕 화면에 표시할 수 있다.
② 문자 반복과 커서 깜박임 속도를 조정할 수 있다.
③ 키보드가 올바르게 작동하고 있는지 장치 상태를 확인할 수 있다.
④ 키 반복 속도를 테스트 할 수 있다.

26 한글 Windows에서 [파일 탐색기]를 실행하는 방법으로 옳지 않은 것은?

① 작업 표시줄의 빈 공간에서 바로 가기 메뉴의 [파일 탐색기]를 선택한다.
② ⊞+E 키를 누른다.
③ Windows 검색 입력란에 "파일 탐색기"를 입력하고, Enter 키를 누른다.
④ [시작] 단추를 클릭한 후 [Windows 시스템]에 있는 [파일 탐색기] 항목을 선택한다.

27 한글 Windows의 파일 탐색기에서 파일의 정렬 기준으로 옳지 않은 것은?

① 이름　② 유형
③ 크기　④ 작성 시간

28 한글 Windows의 [작업 표시줄 설정] 창에서 할 수 있는 작업으로 옳지 않은 것은?

① 작업 표시줄의 크기와 위치를 변경할 수 없도록 고정할 수 있다.
② 작업 표시줄의 아이콘을 작게 표시할 수 있다.

③ 작업 표시줄 위치를 아래쪽, 왼쪽, 오른쪽, 위쪽으로 선택할 수 있다.
④ 컴퓨터에 설치된 모든 프로그램을 숫자순, 영문순, 한글순으로 정렬할 수 있다.

29 한글 Windows에서 바로 가기 아이콘을 만드는 방법으로 옳지 않은 것은?

① 해당 개체의 바로 가기 메뉴에서 [바로 가기 만들기]를 선택한다.
② 해당 개체를 복사한 후 바탕 화면의 빈 공간에서 바로 가기 메뉴의 [바로 가기 붙여넣기]를 선택한다.
③ 마우스 왼쪽 단추로 개체를 선택한 상태에서 원하는 위치로 끌어다 놓으면 나타나는 바로 가기 메뉴에서 [여기에 바로 가기 만들기]를 선택한다.
④ 해당 개체를 선택한 후 [홈] 탭의 [새로 만들기] 그룹에서 [새 항목] 단추를 클릭하고, [바로 가기]를 선택한다.

30 한글 Windows의 휴지통에 대한 설명으로 옳지 않은 것은?

① 휴지통 크기를 초과하여 파일을 삭제하면 보관된 파일 중 가장 오래된 파일부터 자동 삭제된다.
② 휴지통에 있는 폴더를 더블 클릭하면 폴더 창이 활성화된다.
③ 휴지통 아이콘은 이름 바꾸기를 할 수 있으나 휴지통 자체를 삭제할 수는 없다.
④ 휴지통에 있는 파일은 실행이나 이름 변경을 할 수 없고, 내용 유무에 따라 아이콘 모양이 다르다.

31 한글 Windows에서 파일이나 폴더의 복사 또는 이동에 사용되는 클립보드에 관한 설명으로 옳지 않은 것은?

① 최근에 복사하거나 잘라내기 한 데이터가 임시로 기억된다.
② 클립보드에 저장된 내용은 시스템을 다시 시작하더라도 재사용이 가능하다.
③ 클립보드의 내용은 여러 번 사용이 가능하다.
④ 문자, 이미지, 소리 등을 기억한다.

32 한글 Windows에서 네트워크와 관련하여 [이더넷 속성] 대화 상자에서 할 수 있는 작업으로 옳지 않은 것은?

① 네트워크 연결에 사용하는 장치의 어댑터, 동작 상태, 드라이버 등을 확인할 수 있다.
② 다른 네트워크 사용자가 현재 사용 중인 컴퓨터의 인터넷을 통해 인터넷 연결 공유를 설정할 수 있다.
③ 기본 설정 DNS 서버나 주 DNS 서버의 IP 주소를 입력할 수 있다.
④ 네트워크에 인터넷 연결 공유된 각 컴퓨터를 직접 연결할 수 있으며, 파일이나 프린터를 사용할 수 있다.

33 한글 Windows의 폴더 창에서 선택된 파일이나 폴더의 이름 바꾸기에 관한 설명으로 옳지 않은 것은?

① 바로 가기 메뉴에서 [이름 바꾸기]를 선택하고, 새로운 이름을 입력한 후에 Enter 키를 누른다.
② 이름 부분을 다시 클릭하고, 새로운 이름을 입력한 후에 Enter 키를 누른다.
③ 폴더 창의 [편집]-[이름 바꾸기] 메뉴를 선택하고, 새로운 이름을 입력한 후에 Enter 키를 누른다.
④ 바로 가기 키인 F2 키를 누르고, 새로운 이름을 입력한 후에 Enter 키를 누른다.

34 한글 Windows에서 문서의 인쇄에 대한 설명으로 옳지 않은 것은?

① 문서 파일을 프린터 창으로 드래그 앤 드롭하면 인쇄할 수 있다.
② 프린터 창에 대기 중인 문서 모두를 인쇄 중지시킬 수 있다.
③ 프린터 창에 대기 중인 문서의 인쇄 순서를 바꿀 수 있다.
④ 인쇄 중인 문서를 일시 중지시킨 후 다시 시작할 때 다른 프린터를 선택할 수 있다.

35 한글 Windows에서 인터넷의 IP 주소 체계를 위해 사용하는 IPv6에 관한 설명으로 옳지 않은 것은?

① IPv4와의 호환성이 뛰어나며, IPv4와 비교하여 자료 전송 속도가 빠르다.
② 숫자로 8비트씩 4부분으로 구분하며, 총 32비트로 구성된다.
③ 인증성, 기밀성, 데이터 무결성의 지원으로 보안 문제를 해결할 수 있다.
④ 실시간 흐름 제어로 향상된 멀티미디어 기능을 제공한다.

36 한글 Windows에서 [그림판] 프로그램의 기능에 대한 설명으로 옳지 않은 것은?

① 그림판의 그림을 다른 응용 프로그램과 연결하여 사용할 수는 없다.
② JPG, GIF, BMP 파일과 같은 그림 파일을 불러와서 작업할 수 있다.
③ 그림판에서 작업한 그림을 바탕 화면의 배경으로 사용할 수 있다.
④ 흑백이거나 컬러 그림을 그릴 수 있으며, 비트맵 파일로 저장할 수 있다.

37 한글 Windows의 레지스트리(Registry)에 관한 설명으로 옳지 않은 것은?

① 디스크에 저장된 파일 위치를 재정렬하는 단편화 제거 과정을 통해 디스크의 파일 읽기/쓰기 성능을 향상시킨다.
② 컴퓨터를 구성하는 하드웨어와 소프트웨어에 대한 실행 정보를 관리한다.
③ 저장된 정보는 Windows에 설치된 여러 응용 프로그램을 실행할 때 참조된다.
④ 응용 프로그램을 실행할 때 영향을 주는 INI 파일(SYSTEM.INI, WIN.INI 등)의 정보를 관리한다.

38 한글 Windows의 [네트워크 및 공유 센터] 창에서 네트워크의 연결 및 설정과 관련하여 수행할 수 있는 작업으로 옳지 않은 것은?

① 파일 및 프린터 공유를 설정할 수 있다.
② 어댑터 설정을 변경할 수 있다.
③ Windows 방화벽을 설정할 수 있다.
④ 무선 마우스나 무선 키보드를 공유하도록 설정할 수 있다.

39 한글 Windows를 사용할 때 발생하는 문제의 해결 방법으로 옳지 않은 것은?

① 시스템 속도가 느려진 경우에는 [드라이브 조각 모음]을 수행하여 하드 디스크의 단편화를 제거한다.
② 사용 중인 프로그램이 응답하지 않을 경우에는 [Windows 작업 관리자] 창에서 시스템을 종료한다.
③ 네트워크에 연결이 안 되는 경우에는 네트워크 어댑터의 올바른 설치 유무나 충돌 상태를 확인한다.
④ 하드웨어가 충돌을 일으킨 경우에는 [장치 관리자] 창에서 해당 장치를 제거한다.

40 한글 Windows에서 디스크 포맷에 대한 설명으로 옳지 않은 것은?

① 파티션을 나눈 후 하드 디스크를 사용하기 위해서는 포맷을 해야 한다.
② 디스크 드라이브를 선택한 후 바로 가기 메뉴에서 [포맷]을 선택한다.
③ 파일 시스템을 선택할 수 있는 경우는 포맷되지 않은 새 하드 디스크를 설치하는 경우, 기존 볼륨을 포맷하는 경우, 새로이 Windows 운영 체제를 설치하는 경우이다.
④ 파일 시스템으로는 FAT32만 선택할 수 있다.

3과목 | 컴퓨터와 정보 활용

41 다음 중 데이터의 크기가 가장 큰 단위는?

① 워드(Word) ② 필드(Field)
③ 레코드(Record) ④ 바이트(Byte)

42 다음 메모리 계층을 속도가 빠른 것부터 느린 순으로 바르게 연결한 것은?

(1) Cache	(2) Register
(3) Main Memory	(4) Magnetic Disk
(5) Magnetic Tape	

① (1)-(2)-(3)-(4)-(5)
② (2)-(1)-(3)-(4)-(5)
③ (1)-(3)-(2)-(5)-(4)
④ (1)-(3)-(2)-(4)-(5)

43 다음 중 스마트폰을 잃어버렸을 때 전화기에 저장된 개인 정보를 원격으로 삭제하고, 스마트폰을 사용할 수 없는 상태로 만드는 기술을 무엇이라고 하는가?

① 킬 스위치(Kill Switch)
② 모프 폰(Morph Phone)
③ 지그비(Zigbee)
④ MHL(Mobile High-definition Link)

44 다음 중 동영상 파일 형식에 대한 설명으로 옳지 않은 것은?

① AVI : 윈도우즈 운영 체제상에서 디지털 동영상을 재생하기 위한 파일 포맷(File Format)으로 RIFF 규격을 따르는 사운드와 동영상 파일이다.
② ASF : 실시간 재생을 목적으로 한 스트리밍 미디어로 인터넷을 통해 오디오, 비디오 및 생방송을 수신한다.
③ WMV : DMO 기반 코덱의 멀티미디어 압축 방식으로 같은 수준의 MPEG보다 용량이 크나 호환성이 매우 좋다.
④ DivX : MPEG-4 기술을 기반으로 한 영상 코덱으로 긴 영상도 원본 품질에 가까우면서도 작은 크기로 압축시켜주는 기능을 갖고 있다.

45 다음 중 제어 장치의 명령어 사이클(Instruction Cycle)에 대한 설명으로 틀린 것은?

① 명령어 사이클은 한 명령어가 수행되는 시간 즉, 명령어 호출 시간과 실행 시간의 합이 된다.
② 기계 사이클은 CPU가 메모리를 1회 접근하여 자료를 처리하는데 소요되는 시간이다.
③ 컴퓨터 자료 처리 속도는 명령어 사이클의 크기에 따라 결정된다.
④ 보통 컴퓨터의 자료 처리 속도는 1초에 10억 개의 명령어가 수행되는 명령어 수인 MIPS로 표시된다.

46 다음 중 컴퓨터와 주변 장치를 연결하기 위한 각종 장치에 대한 설명으로 옳지 않은 것은?

① 직렬 포트는 컴퓨터에 내장된 입출력 포트로 주로 통신용으로 사용하며, 병렬 포트는 본체 뒷면에 있는 25핀 포트로 프린터 연결에 사용되어 프린터 포트라 부르기도 한다.
② PCI-Express는 성능과 확장성이 향상된 개인용 컴퓨터용 고속 직렬 버스 규격으로 그래픽 카드가 주로 이 버스를 사용하고 있다.
③ SCSI는 개인용 컴퓨터에서 주로 사용되는 대용량 저장 장치의 표준 전자 인터페이스로 하드 디스크 용량은 256MB 이상 1,000GB 이하까지 다룰 수 있다.
④ SATA는 하드 디스크 및 DVD-ROM 등의 연결을 위한 인터페이스이다.

47 다음 중 언어 번역 프로그램인 인터프리터에 대한 설명으로 잘못된 것은?

① 행(줄) 단위로 번역하여 번역 속도가 빠르다.
② 프로그램 오류 시 목적 프로그램을 수정한다.
③ BASIC이나 LISP 언어에서 사용한다.
④ 프로그램 전체의 실행 속도는 컴파일러 방식보다 느리다.

48 다음 중 데이터베이스에서 현실 세계의 객체를 개념적으로 표현할 때 개체 타입과 이들 간의 관계를 기호를 사용하여 나타내는 데이터 모델은 어느 것인가?

① 개체 관계 모델(E-R Model)
② 개념적 데이터 모델(Conceptual Data Model)
③ 논리적 데이터 모델(Logical Data Model)
④ 물리적 데이터 모델(Physical Data Model)

49 다음 중 그래픽 데이터를 표시하는 방식 중 벡터 방식에 대한 설명으로 옳지 않은 것은?

① 고해상도를 표현하는데 적합하다.
② 기본적으로 직선과 곡선을 이용한다.
③ 수학적 공식을 이용해 표현한다.
④ 도형과 같은 단순한 개체 표현에 적합하다.

50 네트워크를 연결하는 방식과 컴퓨터들의 역할에 따라 통신망의 연결 형태가 결정된다. 다음 중 피어 투 피어(Peer to Peer) 방식에 대한 설명으로 옳지 않은 것은?

① 컴퓨터와 컴퓨터가 동등하게 연결되는 방식이다.
② 각각의 컴퓨터는 클라이언트인 동시에 서버가 될 수 있다.
③ 워크스테이션이나 PC를 단말기로 사용하는 작은 규모의 네트워크에 많이 사용된다.
④ 유지 보수가 쉬우며, 데이터의 보안이 우수하고 주로 데이터 양이 많을 때 사용한다.

51 다음 중 전자 우편에서 사용하지 않는 프로토콜은?

① SMTP　　② MIME
③ POP3　　④ ICMP

52 CPU 스케줄링은 다중 프로그래밍을 가능하게 하는 운영 체제의 기본이 된다. 다음 중 스케줄링에 대한 설명으로 옳지 않은 것은?

① CPU를 요구하는 순서로 할당하는 방법은 FIFO 큐로서 구현된다.
② 단위 시간 당 완료되는 작업의 수를 CPU 사용률이라고 한다.
③ 반응 시간은 요구를 의뢰한 시간과 반응이 시작되는 시간까지로 대화형 시스템에서 중요한 성능 평가 요소가 된다.
④ 정의된 시간 간격만큼씩 CPU를 제공하는 것을 라운드 로빈 스케줄링 방식이라고 한다.

53 다음 중 컴퓨터 바이러스에 대한 설명으로 가장 거리가 먼 것은?

① 네트워크를 통해 바이러스에 감염될 수 있으므로 공유 폴더 관리를 철저히 한다.
② 일반 문서는 바이러스가 감염되지 않고, 실행 파일에만 바이러스가 존재한다.
③ 하드웨어의 성능에 영향을 미칠 수 있다.
④ 전자 우편의 첨부 파일을 통해서 바이러스가 침투할 수도 있다.

54 다음 중 도시권 정보 통신망(MAN)에 관한 설명으로 옳은 것은?

① 인터넷이 대표적인 도시권 정보 통신망(MAN)에 해당된다.
② 일반 전화선을 이용하는 다이얼 업 방식과 회선을 임대하여 사용하는 전용선 방식 등이 있다.
③ 광범위 통신망으로 국가와 대륙, 전 세계의 많은 컴퓨터가 연결되어 있는 통신망이다.
④ LAN과 WAN의 중간 형태로 음성, 영상 등의 정보를 제공한다.

55 다음 중 MIDI에 대한 설명으로 옳지 않은 것은?

① 전자 악기간의 디지털 신호에 의한 통신이나 컴퓨터와 전자 악기간의 통신 규약이다.
② 음성, 음악, 각종 효과음 등 모든 형태의 소리를 저장 가능하다.
③ 파일 크기가 작고, 여러 가지 악기로 동시에 연주가 가능한 파일 형식이다.
④ 음의 높이와 길이, 음표, 빠르기 등과 같은 연주 방법에 대한 명령어가 저장되어 있다.

56 다음에서 설명하는 컴퓨터 금융 범죄 기법을 무엇이라고 하는가?

피해자 PC 악성 코드 감염 → 정상적인 인터넷 뱅킹 절차(보안 카드 앞뒤 2자리) 이행 후 이체 클릭 → 오류 발생 반복(이체 정보 미전송) → 일정 시간 경과 후 범죄자가 동일한 보안 카드 번호 입력, 범행 계좌로 이체

① 메모리 해킹(Memory Hacking)
② 스미싱(Smishing)
③ 파밍(Pharming)
④ 피싱(Phishing)

57 다음 중 전송할 데이터의 양과 회선 사용 시간이 많을 때 효율적이며, 중앙 컴퓨터와 터미널이 1:1로 연결되어 유지 보수가 쉬운 연결 방식은 무엇인가?

① 메인 프레임 방식
② 포인트 투 포인트 방식
③ 클라이언트-서버 방식
④ 동배간 처리 방식

58 다음 중 각 시스템마다 매번 인증 절차를 밟지 않고 한 번의 로그인 과정으로 기업 내의 각종 업무 시스템이나 인터넷 서비스에 접속할 수 있게 해 주는 보안 응용 솔루션을 무엇이라고 하는가?

① Wibro(Wireless Broadband Internet)
② OSS(Open Source Software)
③ CGI(Common Gateway Interface)
④ SSO(Single Sign On)

59 다음 중 멀티미디어에 대하여 바르게 설명한 것은?

① 멀티미디어는 반드시 CD-ROM에 저장된 타이틀만을 의미한다.
② 멀티미디어는 여러 미디어를 아날로그 정보로 통합한다.
③ 멀티미디어 정보는 일반적으로 정보의 양이 많기 때문에 압축을 한다.
④ 텍스트와 정지 화상만을 결합하여 2차원으로 표현한 것은 멀티미디어가 아니다.

60 다음 중 RAM(Random Access Memory)에 대한 설명으로 옳은 것은?

① 전원이 꺼져도 기억된 내용이 사라지지 않는 비휘발성 메모리로 읽기만 가능하다.
② 주로 펌웨어(Firmware)를 저장한다.
③ 컴퓨터의 기본적인 입출력 프로그램, 자가 진단 프로그램, 한글 한자 코드 등이 수록되어 있다.
④ 주기적으로 재충전(Refresh)하는 DRAM은 주기억 장치로 사용된다.

04 Part

Word Processor License

최신기출문제

- 2014년 10월 18일 시행 기출문제
- 2015년 03월 07일 시행 기출문제
- 2015년 06월 27일 시행 기출문제
- 2015년 10월 17일 시행 기출문제
- 2016년 03월 05일 시행 기출문제
- 2016년 06월 25일 시행 기출문제
- 2016년 10월 22일 시행 기출문제
- 2017년 03월 04일 시행 기출문제
- 2017년 09월 02일 시행 기출문제
- 2018년 03월 03일 시행 기출문제
- 2018년 09월 01일 시행 기출문제
- 2019년 03월 02일 시행 기출문제
- 2019년 08월 31일 시행 기출문제
- 2020년 02월 29일 시행 기출문제
- 2020년 07월 04일 시행 기출문제

2014년 10월 18일 시행 기출문제

점

1과목 | 워드프로세싱 일반

01 다음 중 전자 문서 관리 시스템을 도입하는 경우의 장점에 해당하지 않는 것은?

① 사무 생산성 향상
② 쾌적한 사무 환경 조성
③ 문서의 표준화
④ 문서의 익명성 강화

해설 전자 문서 관리 시스템은 문서 파일의 작성부터 소멸 시기까지의 모든 과정을 관리하는 시스템으로 문서의 익명성을 강화할 필요는 없다.

02 다음 중 명함 등과 같이 사람의 이름이나 회사명에 따라서 문서를 정리하기 위해 사용되는 분류법은 무엇인가?

① 가나다식 분류법 ② 주제별 분류법
③ 번호별 분류법 ④ 형식별 분류법

해설 명칭별(가나다식) 분류법 : 거래처별 사람의 이름이나 회사명에 따라 가나다 또는 ABC 순으로 정리하는 방법으로 가장 전통적이고, 단순하다.

03 다음 중 한자를 입력하는 방법으로 옳지 않은 것은?

① 한자 목록이나 한자 사전에서 해당 한자를 선택하여 입력한다.
② 한자 사전에 없는 단어일 경우 사용자가 등록시킬 수 있다.
③ 한자의 음을 모를 때에는 문장 자동 변환으로 입력한다.
④ 음절 단위 변환은 한글로 음을 먼저 입력한 후 한 글자씩 한자로 변환한다.

해설 한자의 음을 모를 경우는 부수 입력, 외자 입력, 2 Stroke 입력을 사용한다.

04 다음 한글 코드의 설명 중 바르지 못한 내용은?

① 한글 코드는 완성형 한글 코드, 조합형 한글 코드, 유니 코드 등이 있다.
② 유니 코드는 모든 문자를 2바이트로 표현한다.
③ 완성형 한글 코드는 주로 정보 처리용으로 사용한다.
④ 조합형 한글 코드는 초성, 중성, 종성에 각각 코드값을 부여한다.

해설 완성형 한글 코드는 정보 교환용으로 사용하고, 조합형 한글 코드는 정보 처리용으로 사용한다.

05 다음 중 공문서에서 관인을 찍는 위치를 올바르게 설명한 것은?

① 기관 또는 직위 명칭의 첫 자가 인영의 가운데 오도록 찍는다.
② 기관 또는 직위 명칭의 끝 자와 그 바로 앞글자의 가운데 오도록 인영을 찍는다.
③ 기관 또는 직위 명칭의 끝 자가 인영의 가운데 오도록 찍는다.
④ 기관 또는 직위 명칭이 끝난 후 옆에 인영을 찍는다.

해설 기관 또는 직위 명칭의 끝 글자가 인영의 중앙(가운데)에 오도록 찍는다.

06 다음 중 편집 관련 용어에 대한 설명으로 옳지 않은 것은?

① 래그드(Ragged)란 문서의 한쪽 끝이 정렬되지 않은 상태를 말한다.
② 소트(Sort)란 작성되어 있는 문서의 내용을 일정한 기준으로 재배열하고자 할 때 사용하면 좋다.
③ 홈 베이스(Home Base)란 문서를 편집할 때 임의의 위치에서 곧바로 문서의 처음으로 커서를 이동시킬 수 있는 기능을 말한다.

정답 01 ④ 02 ① 03 ③ 04 ③ 05 ③ 06 ③

④ 캡션(Caption)이란 표나 그림에 제목이나 설명을 붙이는 기능을 말한다.

해설 홈 베이스(Home Base) : 문서 편집 시 특정 위치를 홈(Home)으로 지정하고, 임의의 위치에서 곧바로 홈으로 커서를 이동시킬 수 있는 기능이다.

07 다음 중 공문서의 번호를 부여하는 방법으로 옳지 않은 것은?

① 법규문서는 연도 구분과 관계없이 누적되어 연속되는 누년 일련번호를 부여한다.
② 지시문서 중 훈령 및 예규에는 누년 일련번호를 부여한다.
③ 공고문서는 연도 표시 일련번호를 부여한다.
④ 일일 명령, 지시는 연도별 일련번호를 부여한다.

해설
- 누년 일련번호 : 법규문서, 훈령, 예규
- 연도별 일련번호 : 일일 명령, 회보
- 연도 표시 일련번호 : 지시, 고시, 공고

08 다음 중 워드프로세서의 인쇄 기능에 대한 설명으로 옳지 않은 것은?

① 인쇄 전 미리 보기 기능을 이용하여 여백 보기 등을 통해 문서의 윤곽을 미리 확인할 수 있다.
② 모아 찍기 기능을 이용하여 문서 한 장에 여러 페이지를 인쇄할 수 있다.
③ 그림 워터마크와 글씨 워터마크를 설정하여 인쇄할 수 있다.
④ 파일로 인쇄하면 확장자가 .hwp 또는 .doc인 파일로 저장된다.

해설 문서 내용을 파일로 인쇄하면 확장자가 *.prn로 저장된다.

09 다음 중 문서를 편집할 때 삽입, 삭제, 수정에 대한 설명으로 옳지 않은 것은?

① 삽입 상태에서 삽입할 위치에 커서를 두고, 새로운 내용을 입력하면 원래의 내용은 뒤로 밀려나며 내용이 입력된다.
② 임의의 내용을 블록(영역) 지정한 후 [Delete] 키를 누르면 영역을 지정한 곳의 내용은 모두 삭제된다.
③ [Delete] 키는 커서는 움직이지 않고 오른쪽 문자열을 하나씩 삭제한다.
④ [SpaceBar] 키는 삽입 상태에서 커서를 오른쪽으로 이동시키면서 한 문자씩 삭제한다.

해설 [SpaceBar] 키는 삽입 상태에서 커서를 오른쪽으로 이동시키면서 빈칸을 삽입한다.

10 다음 중 워드프로세서가 동작하는 동안 상태 표시줄에서 알 수 있는 정보가 아닌 것은?

① 커서가 위치한 행과 열
② 텍스트 크기
③ 현재 페이지
④ 삽입/수정 설정 상태

해설 상황(상태) 표시줄 : 화면의 여러 정보가 표시되는 줄로 커서 위치, 쪽 번호, 삽입/수정 상태 등을 표시한다.

11 다음 중 워드프로세서의 용어에 대한 설명으로 옳지 않은 것은?

① 상용구(Glossary) : 자주 사용하는 문자열을 미리 약어로 등록하였다가 필요 시 불러다 입력하는 기능
② 매크로(Macro) : 일련의 작업 순서를 등록시켜 놓았다가 필요한 때에 한 번에 실행시키는 기능
③ 영문 균등(Justification) : 문서 작성 시 영어 단어가 너무 길어 단어의 일부가 다음 줄로 넘어갈 경우 단어 전체를 다음 줄로 자동으로 넘겨주는 기능
④ 미주(Endnote) : 문서에 나오는 문구에 대한 보충 설명들을 본문과 상관없이 문서의 맨 마지막에 모아서 표기하는 기능

해설
- 영문 균등(Justification) : 워드 랩으로 인한 공백을 단어와 단어 사이에 균등하게 배분하여 문장의 양쪽 끝을 맞추는 기능이다.
- 보기 ③번은 워드 랩(Word Wrap)에 대한 설명이다.

정답 07 ④ 08 ④ 09 ④ 10 ② 11 ③

12 다음 중 전자 통신 출판의 이점으로 볼 수 없는 것은?

① 출판물 제공자와 수용자간의 상호 대화가 가능한 양방향 매체이다.
② 출판 내용에 대한 추가 및 수정이 신속하다.
③ 다수가 같은 내용을 이용할 때 반드시 접근 순서대로 이용 가능하다.
④ 출판물 내용에 대하여 수용자가 원하는 부분만을 선택하여 전송 받을 수 있다.

해설 전자 통신 출판에서 다수가 같은 내용을 이용할 때 접근 순서에는 상관이 없다.

13 다음 중 프린터에서 다음 페이지의 맨 처음 위치까지 페이지 단위로 종이를 밀어 올리는 기능은?

① 라인 피드(Line Feed)
② 포매터(Formatter)
③ 폼 피드(Form Feed)
④ 캐리지 리턴(Carriage Return)

해설
- ① 프린터 용지를 줄(행) 단위로 한 줄씩 밀어 올리는 기능이다.
- ② 작성한 문서를 특정 형식으로 보여주거나 원하는 형식으로 출력할 수 있도록 지정해 주는 편집 프로그램이다.
- ④ 커서 위치를 현재 커서가 위치한 줄의 맨 처음으로 보내는 기능이다.

14 다음 중 행정기관이 업무를 효율적으로 처리하고 책임 소재를 명확하게 하기 위하여 소관 업무를 단위 업무별로 분장하고 그에 따른 단위 업무에 대한 업무 계획, 업무 현황 및 그 밖의 참고 자료 등을 체계적으로 정리한 업무 자료철을 무엇이라고 하는가?

① 업무현황집 ② 집무처리집
③ 행정편람 ④ 직무편람

해설 행정편람 : 사무 처리 절차 및 기준, 장비 운용 방법, 업무 지도서, 기타 일상 근무 규칙 등에 관하여 각 업무 담당자에게 필요한 참고철 또는 지침철이다.

15 다음 보기의 내용은 어떤 용어에 대하여 설명한 것인가?

> 본문 속의 중요한 용어들을 책의 제일 뒤에 모아 그 중요한 용어들이 책의 몇 쪽에 있는지 알려 주는 기능이다.

① 색인(Index)
② 하이퍼텍스트(Hypertext)
③ 디폴트(Default)
④ 옵션(Option)

해설
- ② 특정 단어나 문구에 관련된 내용을 계층적으로 연결하여 참조할 수 있는 문서 형식이다.
- ③ 이미 설정되어 있는 기본 값으로 사용자가 따로 지정하지 않으면 자동적으로 설정된다.
- ④ 어떤 명령이나 기능에 대한 지시를 부여하거나 지시할 때 선택할 수 있는 항목이다.

16 다음 중에서 OLE(Object Linking and Embe dding)에 대한 설명으로 옳은 것은?

① 윈도우에서 데이터와 데이터를 연결하는 방법으로 연결된 데이터는 수정될 때 다른 이름으로 새롭게 파일이 생성되어 저장된다.
② 문서 내의 특정한 부분을 그에 관련된 다른 문서에서 내용을 찾아 연결시켜 참조할 수 있게 하는 방식이다.
③ 현재 편집 중인 응용 소프트웨어로 다른 응용 소프트웨어에서 작성한 그림이나 표, 차트, 비디오 등과 같은 데이터를 곧바로 끌어오는 기능을 말한다.
④ 데이터 파일을 엑셀(.xls)이나 엑세스(.mdb) 파일로 연결하여 메일 머지를 사용할 수 있게 한다.

해설 OLE : 응용 프로그램간 자료 교환 방식에 사용되는 것으로 여러 개의 응용 프로그램들이 데이터를 서로 공유하면서 한쪽의 데이터 변화가 데이터 공유 프로그램 모두에 반영되도록 하는 기능이다.

정답 12 ③ 13 ③ 14 ④ 15 ① 16 ③

17 다음 중 전자 출판(Electronic Publishing) 용어에 대한 설명으로 옳은 것은?

① 디더링(Dithering) : 2차원의 이미지에 광원, 위치, 색상 등을 첨가하여 사실감을 불어넣어 3차원 화상을 만드는 과정
② 모핑(Morphing) : 그래픽 파일의 효과 넣기로 신문에 난 사진과 같이 미세한 점으로 나타내며 각 점의 명암을 달리하여 영상을 표시한다.
③ 스프레드(Spread) : 대상체의 컬러가 배경색의 컬러보다 짙을 때에 겹쳐서 인쇄하는 방법이다.
④ 초크(Choke) : 이미지 변형 작업으로 채도, 조명도, 명암 등을 조절해 주는 기능이다.

해설
- 디더링 : 제한된 색상을 이용하여 복잡한 색을 구현해 내는 기법이다.
- 모핑 : 2개 이상의 이미지를 부드럽게 연결해 변환, 통합하는 기법이다.
- 스프레드 : 대상체의 색상이 배경색보다 옅어서 대상체가 보이지 않는 현상이다.

18 다음 중 스타일(Style)에 관한 설명으로 옳지 않은 것은?

① 자주 사용하는 글자 모양이나 문단 모양을 미리 정해 놓고 쓰는 것을 말한다.
② 특정 문단을 사용자가 원하는 스타일로 변경할 수 있다.
③ 해당 문단의 글자 모양과 문단 모양을 한꺼번에 바꿀 수 있다.
④ 스타일을 적용하려면 언제나 범위를 설정하여야만 한다.

해설 스타일 적용 시 문단이 한 개이면 범위를 지정하지 않아도 된다.

19 다음과 같이 교정 부호를 사용했을 때 나타날 결과로 옳은 것은?

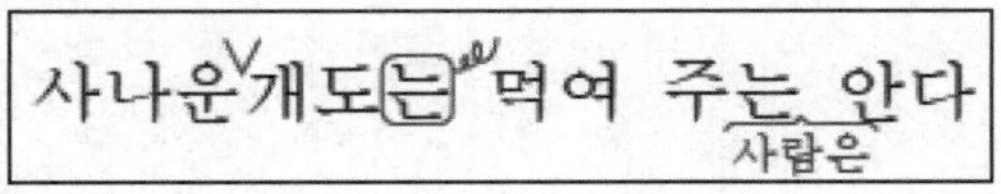

① 개도 먹여 주는 안다
② 개도 먹여 주는 사람은 안다
③ 사나운 개도는 먹여 주는 안다
④ 사나운 개도 먹여 주는 사람은 안다

해설 문제의 보기에는 사이 띄우기, 지우기, 끼워넣기(삽입하기) 교정 부호가 사용되었다.

20 다음은 (가)의 문장을 교정 부호를 사용하여 (나)의 문장 형태로 수정한 것이다. 수정할 때 사용된 교정 부호의 순서가 올바르게 나열된 것은?

(가) 호랭이에게 물려 가도 바짝 정신만 차리면 산다.
(나) 호랑이에게 물려가도 정신만 바짝 차리면 산다.

① 
② 
③ 
④ 

해설
- 수정하기 : 호랭이에게 → 호랑이에게
- 붙이기 : 물려 가도 → 물려가도
- 자리 바꾸기 : 바짝 정신만 → 정신만 바짝

2과목 | PC 운영 체제

21 한글 Windows에서 프로그램을 실행하거나 종료하는 방법으로 옳지 않은 것은?

① 자주 사용하는 프로그램은 바탕 화면에 바로 가기 아이콘을 만들어 사용하면 빠르게 실행할 수 있다.
② 작업 표시줄의 검색 상자에서 해당 프로그램의 실행 파일명을 직접 입력하여 실행할 수 있다.
③ Windows를 시작할 때 자동으로 실행하고자 하는 프로그램은 [시작프로그램] 폴더에 위치시킨다.
④ 실행 중인 프로그램을 종료하기 위해서는 Alt + ESC 키를 누르면 된다.

해설 실행 중인 프로그램을 종료하기 위해서는 Alt + F4 키를 누른다.

정답 ▶ 17 ④ 18 ④ 19 ④ 20 ① 21 ④

22 한글 Windows에서 사용되는 Windows 도움말에 관한 설명으로 옳지 않은 것은?

① 도움말은 하이퍼텍스트 방식으로 제공되어 관련 항목의 도움말로 이동이 용이하다.
② 제목별로 검색할 수 있으며, 도움말의 내용을 사용자가 수정할 수 있다.
③ 도움말을 보다가 표시된 응용 프로그램을 실행하거나 인터넷 페이지로 이동할 수 있다.
④ 도움말은 기존 운영 체제의 메뉴 방식이 아닌 작업 표시줄의 검색 상자에 원하는 항목을 입력하여 질문에 대한 답으로 확인할 수 있다.

해설 도움말의 내용을 사용자가 수정하거나 추가할 수는 없다.

23 한글 Windows을 부팅할 때 수행하는 POST 기능에 관한 설명으로 옳은 것은?

① ROM-BIOS에 있는 검사 프로그램으로 시스템을 실행하는 과정에서 하드웨어를 자동으로 검사하는 기능이다.
② 부트 디스크의 첫 번째 섹터에 저장되어 있는 프로그램으로 운영 체제를 주기억 장치에 적재하는 기능이다.
③ 하나의 컴퓨터에 서로 다른 운영 체제를 설치한 경우에 다중 부팅을 수행하는 기능이다.
④ 컴퓨터의 최소한의 장치만을 설정하여 부팅하는 기능이다.

해설 보기 ②번은 부트스트랩, 보기 ④번은 안전 모드에 대한 설명이다.

24 한글 Windows의 [작업 표시줄 설정] 창에서 할 수 있는 작업으로 옳지 않은 것은?

① 작업 표시줄 자동 숨기기를 설정할 수 있다.
② 작업 표시줄 단추에 배지 표시를 설정할 수 있다.
③ 알림 영역에 표시할 아이콘과 시스템 아이콘을 사용자가 지정할 수 있다.
④ 컴퓨터에 설치된 모든 앱을 숫자순, 영문순, 한글순으로 정렬할 수 있다.

해설 보기 ④번은 [시작] 메뉴에서 가능하다.

25 한글 Windows에서 바탕 화면에 바로 가기 아이콘을 만드는 방법으로 옳지 않은 것은?

① 폴더 창에 있는 파일의 바로 가기 메뉴에서 [보내기]-[바탕 화면에 바로 가기 만들기]를 선택한다.
② 다른 드라이브에 있는 폴더를 바탕 화면으로 드래그 앤 드롭한다.
③ 바탕 화면에 있는 폴더의 바로 가기 메뉴에서 [바로 가기 만들기]를 선택한다.
④ 해당 개체를 선택하고, Alt 키를 누른 상태에서 바탕 화면으로 드래그한다.

해설 보기 ②번의 경우 해당 폴더가 복사된다.

26 한글 Windows의 [파일 탐색기] 창에 관한 설명으로 옳지 않은 것은?

① 탐색 창 영역과 파일 영역을 구분하는 세로 선을 마우스로 끌어놓기를 하면 각 영역의 크기를 조절할 수 있다.
② 탐색 창 영역에서 폴더를 선택한 후에 숫자 키패드의 * 키를 누르면 선택된 폴더의 모든 하위 폴더가 표시된다.
③ 탐색 창 영역에서 ▷ 워드프로세서와 같이 폴더 앞에 > 표시가 있는 폴더는 하위 폴더까지 표시된 상태를 의미한다.
④ 탐색 창 영역에서 키보드의 방향키(←)를 누르면 선택한 폴더의 하위 폴더가 보이면 닫고, 하위 폴더가 닫힌 상태이면 상위 폴더를 선택한다.

해설 〉 표시 : 하위 폴더를 포함하지만 하위 폴더가 숨겨진 상태이다.

정답 22 ② 23 ① 24 ④ 25 ② 26 ③

27 한글 Windows의 [시스템] 창에서만 확인할 수 있는 내용으로 옳지 않은 것은?

① 현재 사용 중인 Windows의 버전 및 서비스 팩 설치 상황을 확인할 수 있다.
② 현재 사용 중인 Windows의 정품 인증 여부를 확인할 수 있다.
③ 현재 사용 중인 컴퓨터의 프로세서 종류, 설치된 메모리, 시스템 종류 등을 확인할 수 있다.
④ 현재 사용 중인 컴퓨터에 대한 TCP/IPv4 속성을 확인하고 설정할 수 있다.

해설 보기 ④번은 [제어판]-[네트워크 및 공유 센터]를 선택한 후 '이더넷'을 선택하고, [속성] 단추를 클릭하면 설정할 수 있다.

28 한글 Windows에서 하드웨어 추가 또는 제거에 관한 설명으로 옳지 않은 것은?

① 설치된 하드웨어는 [제어판]의 [장치 관리자]에서 확인할 수 있다.
② 플러그 앤 플레이(PNP)를 지원하는 장치를 설치하고, Windows를 재시작하면 자동으로 인식하여 설치된다.
③ 플러그 앤 플레이(PNP)를 지원하지 않는 장치를 설치할 때는 [장치 관리자] 창의 [동작]-[레거시 하드웨어 추가] 메뉴를 선택하여 나타나는 [하드웨어 추가] 마법사를 사용한다.
④ 설치된 하드웨어의 제거는 [프로그램 및 기능] 창에서 해당 하드웨어의 드라이버를 제거하면 된다.

해설
- 프로그램 및 기능 : 현재 컴퓨터에서 사용하는 프로그램과 각각의 구성 요소를 관리할 수 있다.
- 해당 하드웨어의 드라이버 제거는 [제어판]-[장치 관리자]에서 실행할 수 있다.

29 한글 Windows의 [마우스 속성] 대화 상자에서 설정할 수 있는 항목으로 틀린 것은?

① 마우스 포인터의 지정
② 포인터와 휠의 생성 및 삭제
③ 휠을 한 번 돌릴 때 스크롤할 양
④ 두 번 클릭의 속도

해설 보기 ①번은 [포인터] 탭, 보기 ③번은 [휠] 탭, 보기 ④번은 [단추] 탭에서 가능하다.

30 한글 Windows의 휴지통에 대한 설명으로 옳지 않은 것은?

① 휴지통의 크기는 드라이브마다 동일하게 또는 다르게 설정할 수 있다.
② 플로피 디스크 드라이브에서 파일을 삭제한 경우 삭제한 파일이 휴지통에 들어간다.
③ 메뉴 탭에 있는 [휴지통 비우기] 단추를 클릭하면 휴지통에 있는 모든 내용을 영구히 삭제할 수 있다.
④ 휴지통에 삭제한 파일이나 폴더가 들어가면 휴지통의 모양이 변경된다.

해설 플로피 디스크 드라이브에서 파일을 삭제하면 휴지통에 보관되지 않고 영구히 삭제된다.

31 다음 중 한글 Windows에서 사용할 수 있는 웹 브라우저의 기능에 관한 설명으로 옳지 않은 것은?

① 웹 서버에 있는 홈 페이지를 HTTP 프로토콜을 사용하여 편집 또는 재구성할 수 있다.
② 플러그인 프로그램을 설치하여 동영상이나 소리 등의 다양한 멀티미디어 데이터를 처리할 수 있다.
③ 자주 방문하는 웹 사이트 주소를 관리할 수 있다.
④ 전자 우편을 보내거나 HTML 문서를 편집할 수 있다.

해설 웹 서버에 있는 홈 페이지를 HTTP 프로토콜을 사용하여 편집 또는 재구성할 수는 없다.

32 한글 Windows에서 문서의 인쇄에 대한 설명으로 옳지 않은 것은?

① 인쇄 중인 문서와 인쇄 대기 중인 문서 목록을 통해 인쇄 진행 정도를 파악할 수 있다.
② 문서 이름을 선택한 후 바로 가기 메뉴에서 인쇄를 취소하거나 일시 중지, 다시 시작을 할 수 있다.

정답 ▶ 27 ④ 28 ④ 29 ② 30 ② 31 ① 32 ④

③ 프린터 창에 대기 중인 문서의 인쇄 순서를 바꿀 수 있다.
④ 프린터 창에 대기 중인 문서의 내용을 변경할 수 있다.

해설 프린터 창에 대기 중인 문서의 내용을 변경할 수는 없다.

33 한글 Windows의 유니버설 앱에 있는 계산기 프로그램에 대한 설명으로 옳지 않은 것은?

① 표준용, 공학용, 프로그램용 등의 형태로 사용할 수 있다.
② 표준용 계산기에서 단위 변환이 가능하다.
③ 계산 결과를 복사하여 다른 프로그램에 붙여넣기 할 수 있다.
④ 공학용 계산기에서 2진수, 8진수, 10진수, 16진수간에 상호 변환이 가능하다.

해설 보기 ④번은 프로그래머용 계산기에서 가능하다.

34 한글 Windows의 [명령 프롬프트] 창에서 할 수 있는 작업으로 옳지 않은 것은?

① MS-DOS 운영 체계용 명령어와 프로그램을 사용할 수 있다.
② 컴퓨터 사용자의 ID가 sanggong이면 [명령 프롬프트] 창에서 초기 설정 디렉토리는 C:₩Users₩sanggong이다.
③ 제목 표시줄에서 바로 가기 메뉴의 [속성]을 이용하면 커서의 크기, 글꼴, 배경색, 글꼴 색을 변경할 수 있다.
④ 제목 표시줄에서 바로 가기 메뉴의 [편집]을 이용하면 [명령 프롬프트] 창에 표시되는 텍스트나 그림, 동영상을 복사하여 다른 응용 프로그램에 붙여 넣을 수 있다.

해설 제목 표시줄의 바로 가기 메뉴에서 [편집]을 선택하면 표시, 복사, 붙여넣기, 모두 선택, 스크롤, 찾기 작업을 할 수 있다. 즉, 텍스트를 다른 응용 프로그램에 붙여넣을 수는 있으나 그림, 동영상은 불가능하다.

35 한글 Windows의 [드라이브 조각 모음]에 관한 설명으로 옳지 않은 것은?

① 디스크의 접근 속도 향상뿐만 아니라 디스크 용량 증가를 위하여 사용한다.
② Windows가 지원하지 않는 형식의 압축 파일이나 네트워크 드라이브는 수행할 수 없다.
③ 드라이브 조각 모음의 일정 구성을 통하여 예약 실행을 할 수 있다.
④ 드라이브에 조각 모음이 필요한지 확인하려면 먼저 디스크를 분석해야 한다.

해설 드라이브 조각 모음은 디스크 단편화를 제거하여 사용 중인 디스크의 입출력 속도와 디스크 공간을 최적화시키는 것으로 디스크 용량 증가와는 상관이 없다.

36 한글 Windows에서 제공하는 [Windows 방화벽]에 대한 설명으로 옳지 않은 것은?

① 해커나 악성 소프트웨어가 네트워크나 인터넷을 통해 사용자 컴퓨터에 액세스하지 못하도록 방지하는 기능이다.
② [인바운드 규칙] 사용을 설정하면 방화벽은 내부에서 사용자 컴퓨터로 나가는 접속을 차단할 수 있다.
③ Windows 방화벽이 새 프로그램을 차단할 때 알림을 표시할 수 있도록 설정할 수 있다.
④ 연결 보안 규칙의 종류에는 격리, 인증 예외, 서버간, 터널, 사용자 지정 등이 있다.

해설 인바운드 규칙은 외부에서 내부로 들어오는 움직임을 설정하는 규칙이고, 아웃바운드 규칙은 내부에서 외부로 나가는 움직임을 설정하는 규칙이다.

37 한글 Windows의 폴더 창에서 파일이나 폴더를 선택하는 방법으로 옳지 않은 것은?

① 비연속적인 파일이나 폴더를 선택하고자 할 때에는 Ctrl 키와 함께 클릭한다.
② 연속적인 파일이나 폴더를 선택하고자 할 때에는 Shift 키와 함께 클릭한다.

정답 33 ④ 34 ④ 35 ① 36 ② 37 ④

③ 여러 개의 파일을 한꺼번에 선택할 경우 마우스를 사용하여 사각형 모양으로 드래그한다.

④ 모든 파일과 하위 폴더를 한꺼번에 선택하려면 Alt + A 키를 사용한다.

해설 모든 파일과 하위 폴더를 한꺼번에 선택하려면 Ctrl+A 키를 사용한다.

38 한글 Windows의 [이더넷 속성]에서 TCP/IPv4와 TCP/IPv6 프로토콜에 대한 설명으로 옳지 않은 것은?

① TCP/IPv4는 32비트 주소 체계를 사용하며, 8비트씩 4개의 10진수를 온점(.)으로 구분하여 사용한다.

② TCP/IPv6은 128비트 주소 체계를 사용하며, 16비트씩 8부분의 16진수를 콜론(:)으로 구분하여 사용한다.

③ TCP/IPv4와 TCP/IPv6 모두 기본 게이트웨이 주소를 설정하여야 한다.

④ TCP/IPv4와 TCP/IPv6은 서로 충돌이 생기므로 한 대의 컴퓨터에는 한 가지 방식으로만 IP 주소를 지정해야 한다.

해설 TCP/IPv4와 TCP/IPv6은 한 대의 컴퓨터에서 모두 설정할 수 있다.

39 한글 Windows에서 공용 폴더에 관한 설명으로 옳지 않은 것은?

① 파일을 공유하려면 공용 폴더로 이동시키거나 해당 파일에 대한 공유를 설정해야 한다.

② 공용 폴더는 현재 사용 중인 컴퓨터의 모든 사용자가 접근할 수 있는 폴더이다.

③ 공용 폴더는 기본적으로 라이브러리에 포함되지만 ID가 sanggong 일 때 실제 위치는 C:₩Users₩공용이다.

④ 공용 폴더의 종류는 공용 문서, 공용 비디오, 공용 사진, 공용 음악 등이 있다.

해설 공용 폴더로 파일을 이동하여 공유할 수 있지만 파일 자체에는 공유 설정을 할 수 없다.

40 한글 Windows에서 인터넷을 사용하기 위한 네트워크 설정 및 점검에 대한 설명으로 옳지 않은 것은?

① 서브넷 마스크는 IP 주소와 결합하여 사용자 컴퓨터가 속한 네트워크를 식별할 때 사용한다.

② Ping 서비스는 원격 컴퓨터가 현재 인터넷에 연결되었는지 또는 주변 컴퓨터나 라우터 등과 통신 상태를 점검할 때 사용한다.

③ DNS 서버는 인터넷에서 연결된 컴퓨터의 도메인 이름을 숫자로 된 IP 주소로 변환하는 역할을 한다.

④ ipconfig.exe 프로그램은 현재 설정된 IP 주소가 무엇인지 또는 TCP/IP 네트워크 구성을 확인하거나 변경하기 위하여 사용한다.

해설 IPCONFIG : 시스템의 IP 주소, 서브넷 마스크, 게이트웨이를 확인하는 등 IP 설정 상태나 IP 재설정을 확인한다. 즉, 네트워크 구성을 확인할 수는 있지만 변경은 불가능하다.

3과목 | 컴퓨터와 정보 활용

41 다음 중 컴퓨터의 발전에 대한 설명으로 틀린 것은?

① ENIAC은 프로그램 내장 방식을 사용한 계산기이다.

② UNIVAC-I는 최초의 상업용 전자계산기이다.

③ 인공 지능 및 퍼지 이론과 관련 있는 주요 소자는 VLSI이다.

④ 시분할 처리와 다중 처리가 개발된 시기는 3세대이다.

해설 에니악(ENIAC) : 최초의 전자계산기로 외부 프로그래밍 방식을 사용한다.

42 다음 중 포트(Port)에 대한 설명으로 옳은 것은?

① IrDA : 케이블과 적외선을 사용하여 주변 장치와 통신하는 방식이다.

② 병렬 포트 : 한 번에 8비트씩 전송하는 방식으로 마우스, 모뎀 연결에 사용한다.

정답 38 ④ 39 ① 40 ④ 41 ① 42 ③

③ USB 포트 : 주변 장치를 최대 127개까지 연결할 수 있다.
④ PS/2 포트 : PS/2용 마우스와 프린터 연결에 사용된다.

해설 USB 포트 : 여러 개의 직렬 장치를 하나로 통합하는 플러그 앤 플레이 인터페이스로 주변 기기(키보드, 마우스, 스캐너, 프린터 등)를 최대 127개까지 연결할 수 있다.

43 다음 중 객체 지향 프로그래밍 언어로만 짝지어진 것은?

① C++, C#, JAVA
② C, COBOL, BASIC
③ FORTRAN, C++, XML
④ JAVA, C, XML

해설 객체 지향 프로그래밍 : 절차적 프로그램 개발에 적합한 기법으로 Smalltalk, C++, Java 언어 등에서 객체 지향의 개념을 표현한다.

44 다음 중 자기 디스크(Magnetic Disk)를 구성하는 요소가 아닌 것은?

① 트랙(Track) ② 섹터(Sector)
③ 클러스터(Cluster) ④ 소켓(Socket)

해설
- ① 디스크 표면의 동심원으로 데이터가 저장된다.
- ② 트랙을 일정하게 나눈 영역으로 실제 데이터가 저장된다.
- ③ 여러 개의 섹터를 하나로 묶은 것으로 실제 데이터를 읽고 쓰는 단위이다.

45 다음 중 PC의 각 부품을 선정할 때 메인보드와의 호환성을 위해 고려해야 할 사항으로 거리가 먼 것은?

① CPU의 소켓과 메인보드에서 지원하는 CPU의 소켓이 일치하는지 확인한다.
② RAM과 메인보드에서 지원하는 RAM의 종류가 일치하는지 확인한다.
③ 그래픽 카드의 내장 그래픽 칩셋과 메인보드의 그래픽 칩셋이 일치하는지 확인한다.
④ 메인보드가 PC 케이스에 장착이 가능한 크기인지 폼 팩터(Form Factor)를 확인한다.

해설 그래픽 카드는 내장 그래픽 칩셋이 아닌 확장 슬롯과 일치하는지 확인해야 한다.

46 다음 중 소프트웨어에 대한 설명으로 옳지 않은 것은?

① 시스템 소프트웨어는 하드웨어 자원을 효율적으로 관리하여 응용 소프트웨어가 원활하게 실행될 수 있는 환경을 제공하는 프로그램이다.
② 유틸리티 소프트웨어란 컴퓨터의 동작에 필수적이지는 않지만 컴퓨터를 이용하는 주목적에 대한 부차적인 일부 특정 작업을 수행하는 소프트웨어로 디스크 조각 모음, 화면 보호기, 압축 프로그램 등이 있다.
③ 응용 소프트웨어는 운영 체제에서 실행되는 대부분의 소프트웨어로 워드프로세서, 스프레드시트, 웹 브라우저 등이 있다.
④ 시스템 소프트웨어에는 운영 체제, 언어 번역 프로그램, 시스템 유틸리티 등이 있으며, 운영 체제는 집적 회로의 비휘발성 기억 장소(EEPROM)에 저장되었다가 실행된다.

해설 운영 체제는 보조 기억 장치(하드 디스크 등)에 저장되었다가 실행된다.

47 다음 중 데이터의 표현 방식에 대한 설명으로 옳지 않은 것은?

① 숫자를 표현하는 부동 소수점 표현은 고정 소수점 표현에 비해 큰 수나 작은 수를 표현하기 때문에 컴퓨터 내부에서 처리하는 시간이 많이 걸린다.
② 문자 표현 방법 중 확장된 2진화 10진 코드(EBCDIC 코드)는 8비트로 표현하며, ASCII 코드는 7비트로 표현한다.
③ 그레이(Gray) 코드는 각 자리 수에 고유한 값을 부여한 코드로 가중치 코드에 속하며, 보수를 간단히 얻을 수 있다.

정답 43 ① 44 ④ 45 ③ 46 ④ 47 ③

④ 고정 소수점 표현은 정수 표현 형식으로 구조가 단순하고 표현 범위가 좁다.

해설 그레이 코드 : 연속된 수를 이진 표현으로 할 경우 인접하는 두 수의 코드가 1비트만 다르게 만들어진 비가중치 코드로 산술 연산에는 적합하지 않다.

48 다음 중 멀티미디어 활용 분야에 대한 설명으로 옳지 않은 것은?

① VCS : 전화, TV를 컴퓨터와 연결해 각종 정보를 얻는 뉴 미디어
② VOD : 사용자가 원하는 영상 정보를 원하는 시간에 볼 수 있도록 전송
③ VR : 컴퓨터 그래픽과 시뮬레이션 기능을 이용해 가상 세계 체험
④ Kiosk : 백화점, 서점, 터미널 등에서 사용하는 무인 안내 시스템

해설 화상 회의 시스템(VCS) : 초고속 정보 통신망을 이용하여 원거리에 있는 사람들과 비디오와 오디오를 통해 회의할 수 있도록 하는 시스템이다.

49 다음 중 컴퓨터 부팅 시 화면에 아무것도 표시되지 않고 '삐~'하는 경고음만 여러 번에 걸쳐 나는 경우의 해결 방법으로 옳지 않은 것은?

① 컴퓨터를 부팅한 후 시스템 파일을 전송하거나 디스크 오류 검사로 부트 섹터를 검사한다.
② RAM이 제대로 꽂혀 있는지 또는 이물질이 있는지 확인한다.
③ 그래픽 카드를 제거한 후 부팅하여 그래픽 카드가 원인인지를 확인한다.
④ CPU가 제대로 꽂혀 있는지 점검한다.

해설 보기 ①번은 시스템 파일이나 부트 섹터가 손상되었을 때의 해결 방법이다.

50 프로그램 작성자가 일반적으로 보호되고 있는 시스템에 들어가기 위한 통로를 의미하는 말로 원래는 관리자가 외부에서도 시스템을 점검할 수 있도록 만들어 두었으나 해킹에 취약한 부분이 될 수도 있는 이곳을 의미하는 용어는?

① 백 도어(Back Door)
② 방화벽(Firewall)
③ 크래커(Cracker)
④ 게이트웨이(Gateway)

해설
- ② 외부의 불법적인 침입으로부터 정보를 보호하기 위한 보안 시스템이다.
- ③ 불법적으로 시스템을 파괴하고, 특정 범죄를 목적으로 남의 소프트웨어에 암호를 만드는 등 소프트웨어를 변조하는 사람이다.
- ④ 서로 다른 프로토콜을 갖는 네트워크를 상호 연결하는 장치이다.

51 다음 중 근거리에 놓여 있는 컴퓨터와 이동 단말기를 무선으로 연결하여 쌍방향으로 실시간 통신을 가능하게 해주는 규격 또는 장치를 의미하는 것은?

① 블루투스(Bluetooth)
② 단방향(Simplex) 통신
③ 쌍방향(Duplex) 통신
④ HTTP(HyperText Transfer Protocol)

해설
- ② 한 쪽 방향으로만 정보 전송이 가능한 방식이다.
- ③ 양 쪽 방향으로 동시에 정보 전송이 가능한 방식이다.
- ④ WWW를 이용할 때 서버와 클라이언트간의 정보 교환 프로토콜이다.

52 다음 중 거래 업무를 컴퓨터를 통해 수행할 수 있도록 전자 금융, 전자 문서 교환, 전자 우편 등의 서비스를 제공하는 것은 무엇인가?

① VLAN(Virtual Local Area Network)
② 전자상거래(E-Commerce)
③ 인트라넷(Intranet)
④ 엑스트라넷(Extranet)

정답 48 ① 49 ① 50 ① 51 ① 52 ②

해설 • ③ 기업 내 네트워크를 인터넷 망에 연결하여 저렴한 비용으로 회사 업무 네트워크를 구축하는 시스템이다.
• ④ 인트라넷의 범위를 확대해서 기업 대 기업을 대상으로 정보를 공유한다.

53 다음 중 색상을 표현하는 RGB 모드에 대한 설명으로 옳지 않은 것은?

① TV, 컴퓨터 모니터와 같이 빛을 이용하는 표시 장치에서 이용한다.
② R, G, B를 각각 1바이트로 표현할 경우 나타낼 수 있는 색상의 가짓수는 256×256×256의 계산 결과인 16,777,216가지가 된다.
③ 빛의 삼원색인 RED, GREEN, BLUE를 이용하여 색을 혼합하면 섞을수록 명도가 '0'이 되며, 밝아지기 때문에 감산 혼합이라 한다.
④ 빛의 삼원색인 RED, GREEN, BLUE를 최대의 비율로 혼합하면 흰색을 얻을 수 있다.

해설 빛의 삼원색인 R, G, B를 혼합하여 섞을수록 명도가 밝아지기 때문에 가산 혼합이라 한다.

54 다음 중 멀티미디어 기술이 발전하게 된 원인과 가장 거리가 먼 것은?

① 컴퓨터 보안 기술의 향상
② 컴퓨터 성능의 향상
③ 인터넷 통신 속도의 향상
④ 정지 영상, 동영상, 오디오 압축 기술의 향상

해설 멀티미디어는 문자, 그림, 오디오, 비디오, 애니메이션 등의 정보를 통합하여 하나의 정보로 전달하는 것으로 컴퓨터 보안 기술과는 상관이 없다.

55 인터넷 상의 중앙 서버에 데이터를 저장해 두고, 인터넷 기능이 있는 모든 IT 기기를 사용하여 언제 어디서든지 정보를 이용할 수 있다는 개념으로 컴퓨팅 자원을 필요한 만큼 빌려 쓰고 사용 요금을 지불하는 방식으로 사용되는 컴퓨팅 개념을 무엇이라고 하는가?

① 모바일 컴퓨팅(Mobile Computing)
② 분산 컴퓨팅(Distributed Computing)
③ 클라우드 컴퓨팅(Cloud Computing)
④ 그리드 컴퓨팅(Grid Computing)

해설 보기 ④번은 인터넷에 연결된 수많은 컴퓨터를 하나의 고성능 컴퓨터처럼 활용할 수 있는 기술로 WWW 보다 처리 속도가 빠르다.

56 다음 중 일반적인 프로그래밍 순서로 가장 올바른 것은?

① 입출력 설계 및 흐름도 작성 → 업무 분석 → 코딩 → 테스트 → 번역 및 오류 수정 → 실행 → 문서화
② 업무 분석 → 입출력 설계 및 흐름도 작성 → 코딩 → 번역 및 오류 수정 → 테스트 → 실행 → 문서화
③ 업무 분석 → 코딩 → 입출력 설계 및 흐름도 작성 → 테스트 → 번역 및 오류 수정 → 문서화 → 실행
④ 입출력 설계 및 흐름도 작성 → 업무 분석 → 코딩 → 테스트 → 번역 및 오류 수정 → 문서화 → 실행

해설 프로그래밍 순서는 업무 분석 → 입출력 설계 및 흐름도 작성 → 코딩 → 번역 및 오류 수정 → 테스트 → 실행 → 문서화 순이다.

57 다음 중 멀티미디어 데이터에 관한 설명으로 잘못된 것은?

① MOV 파일은 애플사에서 개발한 JPEG 압축 방식을 사용하는 동영상 파일이다.
② MIDI 파일은 연주 정보만 저장하므로 WAV 파일보다 크기가 작다.
③ MP3 파일은 MPEG-3 규격의 압축 기술을 사용한다.
④ WMV 파일은 스트리밍 서비스 지원이 가능하다.

해설 MP3 : MPEG-1에서 오디오 압축 기술을 이용하여 만든 오디오 데이터의 디지털 파일 양식이다.

정답 ▶ 53 ③ 54 ① 55 ③ 56 ② 57 ③

58 정보 사회의 부작용으로 컴퓨터 단말기 증후군이라고도 하며, 디스플레이를 장시간 보면서 작업하는 사람들이 시력이 떨어지거나 머리가 아프고 무거워 지는 증세, 구토와 불안감 등이 전신에 걸쳐 나타나는 증세를 무엇이라 하는가?

① 갈라파고스 신드롬
② VDT 증후군
③ 테크노스트레스
④ NIH 증후군

해설 VDT 증후군 : 컴퓨터를 장시간 다루므로 발생하는 신체적/정신적 장애로 두통, 눈의 통증, 팔, 다리, 어깨 등에 통증이 발생한다.

59 다음 중 해킹의 유형에서 네트워크 주변을 지나다니는 패킷을 엿보면서 계정과 패스워드를 알아내기 위한 행위를 무엇이라고 하는가?

① 스니핑(Sniffing)
② 스푸핑(Spoofing)
③ 혹스(Hoax)
④ 드로퍼(Dropper)

해설
- ② 신뢰성 있는 사람이 네트워크를 통해 데이터를 보낸 것처럼 허가받지 않은 사용자가 네트워크상의 데이터를 변조하여 접속하는 행위이다.
- ③ 실제로는 악성 코드로 작동하지 않으면서 겉으로는 악성 코드인 것처럼 가장하여 행동하는 소프트웨어이다.
- ④ 컴퓨터 사용자가 모르는 사이 바이러스나 트로이 목마 프로그램을 사용자 컴퓨터에 설치하는 프로그램이다.

60 다음 중 OSI 7계층 구조에 대한 프로토콜 연결로 옳지 않은 것은?

① 물리 계층 : FTP, SMTP
② 네트워크 계층 : IP, ICMP
③ 전송 계층 : TCP, UDP
④ 응용 계층 : Telnet, HTTP

해설 FTP, SMTP는 응용 계층에 해당한다.

정답 58 ② 59 ① 60 ①

2015년 03월 07일 시행 기출문제

점

1과목 | 워드프로세싱 일반

01 다음은 워드프로세서의 화면 구성 요소 중 무엇에 대한 설명인가?

> 문단의 왼쪽/오른쪽 여백, 탭의 위치, 들여쓰기/내어쓰기, 눈금 단위 등을 표시하는 것으로 편집 화면에서 감추거나 보이게 할 수 있음

① 눈금자(Ruler)
② 상태 표시줄(Status Line)
③ 스크롤 바(Scroll Bar)
④ 격자(Grid)

해설
- ② 화면의 여러 정보가 표시되는 줄로 커서 위치, 쪽 번호, 삽입/수정 상태 등을 표시한다.
- ③ 화면을 상하좌우로 이동할 때 사용한다.
- ④ 세밀한 편집 작업을 할 경우 화면에 가로/세로로 나타내는 기준점이다.

02 다음 중 워드프로세서의 특징으로 옳지 않은 것은?

① 워드프로세서로 작성된 문서를 모바일, 팩시밀리, 이메일 등을 통해 전송하여 다른 응용 프로그램에서 공유할 수 있다.
② 워드프로세서로 작성된 문서는 쉽게 변경할 수 없으므로 문서 보안에 신경 쓰지 않아도 된다.
③ 다양한 형태의 문서를 빠르게 작성하여 시간과 노력을 줄일 수 있다.
④ 문서 작성 및 관리를 전산화함으로써 유지 관리가 쉽다.

해설 워드프로세서로 작성된 문서는 쉽게 변경할 수 있으므로 문서 보안에 주의한다.

03 다음 중 워드프로세서의 인쇄 기능에 대한 설명으로 옳지 않은 것은?

① 문서의 내용을 종이에 출력하지 않고, 파일로 디스크에 저장할 수 있다.
② 프린터의 해상도를 높게 설정하면 출력 시간은 길어지지만 대신 선명하게 인쇄할 수 있다.
③ 문서의 1–3페이지를 여러 장 인쇄할 때 한 부씩 찍기를 선택하지 않으면 1–2–3, 1–2–3 순서로 여러 장이 인쇄된다.
④ 미리 보기 기능은 인쇄될 모양을 보는 상태이므로 문서의 내용을 편집할 수는 없다.

해설 인쇄할 때 한 부씩 찍기를 선택하면 1–2–3, 1–2, 3 순서로 여러 장이 인쇄된다.

04 다음 중 워드프로세서에서 입력 및 삭제에 대한 설명으로 옳지 않은 것은?

① 수정 모드 상태에서 내용을 입력하면 커서 위치에 기록되어 있던 내용이 지워지며 입력된다.
② 삽입 모드 상태에서 내용을 입력하면 커서 위치에 기록되며, 기록되어 있던 내용은 뒤로 밀려나게 된다.
③ 수정 모드 상태에서 [Delete] 키를 이용하여 삭제하면 커서 위치의 내용이 지워지고 다음의 내용이 앞으로 당겨진다.
④ 삽입 모드 상태에서 [Delete] 키를 이용하여 삭제하면 커서 위치의 앞 내용이 삭제되며, 커서 위치부터의 내용이 앞으로 당겨진다.

해설 삽입 모드 상태에서 [Delete] 키를 이용하여 삭제하면 커서 위치의 뒤(다음) 내용이 삭제되며, 커서 위치부터의 내용이 앞으로 당겨진다.

05 다음 중 워드프로세서에서 커서 이동키에 대한 설명으로 옳은 것은?

① [Home] : 커서를 현재 문서의 맨 처음으로 이동시킨다.

정답 01 ① 02 ② 03 ③ 04 ④ 05 ④

② End : 커서를 현재 문단의 맨 마지막으로 이동시킨다.
③ BackSpace : 커서를 화면의 맨 마지막으로 이동시킨다.
④ Page Down : 커서를 한 화면 단위로 하여 아래로 이동시킨다.

해설
- Home/End : 커서를 행(줄)의 맨 처음/맨 끝으로 이동한다.
- BackSpace : 커서 앞쪽(왼쪽)의 문자를 삭제한다.

06 다음 중 복사(Copy)와 잘라내기(Cut)에 대한 설명으로 옳은 것은?

① 복사하거나 잘라내기를 할 때 영역을 선택한 다음에 해야 한다.
② 한 번 복사하거나 잘라낸 내용은 한 번만 붙이기를 할 수 있다.
③ 복사한 내용은 버퍼(Buffer)에 보관되며, 잘라내기 한 내용은 내 문서에 보관된다.
④ 복사하거나 잘라내기를 하여도 문서의 분량에는 변화가 없다.

해설
- ② 한 번 복사하거나 잘라낸 내용은 여러 번 붙이기를 할 수 있다.
- ③ 복사하거나 잘라내기 한 내용은 모두 버퍼(Buffer)에 보관된다.
- ④ 복사 작업 후에는 문서 분량이 증가하고, 이동(잘라내기) 작업 후에는 문서 분량에 변화가 없다.

07 다음은 글꼴 구현 방식 중 무엇에 대하여 설명한 것인가?

- 아웃라인(Outline) 방식을 사용한다.
- 높은 압축률을 통해 파일의 용량을 줄인 글꼴이다.
- 통신을 이용한 폰트의 송 · 수신이 용이하다.

① 포스트스크립트(Post Script) 방식
② 비트맵(Bitmap) 방식
③ 트루 타입(True Type) 방식
④ 오픈 타입(Open Type) 방식

해설
- ① 글자의 외곽선 정보를 각종 그래픽 소프트웨어에 제공하며, 위지윅(WYSIWYG)을 지원한다.
- ② 점(Dot)의 조합으로 글꼴을 표현하기 때문에 점이 많을수록 글씨가 세밀해 진다.
- ③ 애플사와 마이크로소프트사에서 공동으로 개발한 Windows의 기본 글꼴로 외곽선 정보를 사용하고, 위지윅(WYSIWYG)을 지원한다.

08 다음 중에서 조합키에 대한 설명으로 옳지 않은 것은?

① 다른 키와 함께 사용함으로써 특정 기능을 수행한다.
② 프로그램에서 단축키(Hot Key)의 형태로 사용된다.
③ 한 개의 키가 두 가지의 기능을 가지고 있으며, 누를 때마다 기능이 전환된다.
④ Alt, Shift, Ctrl 키가 조합키에 해당된다.

해설 보기 ③번은 토글키에 대한 설명으로 한/영, Insert, Num Lock, Scroll Lock, Caps Lock 등이 있다.

09 다음 중 워드프로세서의 용어에 대한 설명으로 옳지 않은 것은?

① 상용구(Glossary) : 자주 사용하는 문자열을 미리 약어로 등록하였다가 필요 시 불러다 입력하는 기능
② 매크로(Macro) : 일련의 작업 순서를 등록시켜 놓았다가 필요한 때에 한 번에 실행시키는 기능
③ 영문 균등(Justification) : 문서 작성 시 영어 단어가 너무 길어 단어의 일부가 다음 줄로 넘어갈 경우 단어 전체를 다음 줄로 자동으로 넘겨주는 기능
④ 미주(Endnote) : 문서에 나오는 문구에 대한 보충 설명들을 본문과 상관없이 문서의 맨 마지막에 모아서 표기하는 기능

해설
- 보기 ③번은 워드 랩에 대한 설명이다.
- 영문 균등(Justification) : 워드 랩으로 인한 공백을 단어와 단어 사이에 균등하게 배분하여 문장의 양쪽 끝을 맞추는 기능이다.

정답 06 ① 07 ④ 08 ③ 09 ③

10 다음 중 전자 출판(Electronic Publishing) 용어에 대한 설명으로 옳은 것은?

① 디더링(Dithering) : 2차원의 이미지에 광원, 위치, 색상 등을 첨가하여 사실감을 불어넣어 3차원 화상을 만드는 과정이다.
② 모핑(Morphing) : 그래픽 파일의 효과 넣기로 신문에 난 사진과 같이 미세한 점으로 나타내며, 각 점의 명암을 달리하여 영상을 표시한다.
③ 스프레드(Spread) : 대상체의 컬러가 배경색의 컬러보다 짙을 때에 겹쳐서 인쇄하는 방법이다.
④ 초크(Choke) : 이미지 변형 작업으로 채도, 조명도, 명암 등을 조절해 주는 기능이다.

해설
- 디더링 : 제한된 색상을 이용하여 복잡한 색을 구현해 내는 기법이다.
- 모핑 : 2개 이상의 이미지를 부드럽게 연결해 통합하는 기법으로 컴퓨터 그래픽, 영화 등에서 사용된다.
- 스프레드 : 대상체의 색상이 배경색보다 옅어서 대상체가 보이지 않는 현상이다.

11 다음 중 비즈니스 문서를 작성하는 방법으로 가장 옳지 않은 것은?

① 문장을 짧게 표현하며, 개조식으로 작성한다.
② 의미가 분명한 용어나 표현을 선택하여 내용을 정확하게 작성한다.
③ 동일한 수신인일 경우 여러 사안을 한 문서에 적어 다루기 쉽게 한다.
④ 개인의 감정을 개입하지 않은 객관적 입장에서 문장을 쓰도록 한다.

해설 동일한 수신인 경우 여러 사안을 한 문서에 적으면 혼동되므로 가급적 한 가지 사안을 한 문서에 적는다.

12 통지서는 비즈니스와 관련하여 기업 간에 주고받음으로써 상대방에게 일정한 정보를 전달하는 업무상의 통지이다. 다음 중 옳지 않은 것은?

① 전달하고자 하는 내용을 정확하고 일목요연하게 작성한다.
② 육하원칙에 따라 작성하는 것이 좋다.
③ 예의를 갖추기 위하여 의례적인 인사말 등 문구를 될 수 있는 한 자세히 쓴다.
④ 금액, 날짜 등 숫자의 작성에는 특별히 주의한다.

해설 통지서의 경우 예의를 갖추기 위한 의례적인 인사말 등의 문구를 자세히 쓸 필요는 없다.

13 다음 중 사내문서로 분류하기에 가장 옳지 않은 것은?

① 기록문서 ② 연락문서
③ 보고문서 ④ 의뢰서

해설
- 사내문서 : 지시문서, 보고문서, 기록문서, 연락문서
- 의뢰서는 사외문서에 해당한다.

14 다음은 문서의 관리 과정에 대한 각 단계별 설명이다. 옳지 않은 것은?

① 문서의 편철 : 문서 처리가 완결되면 차후 활용할 가치 있는 문서를 묶어서 문서철을 만든다.
② 문서의 보존 : 문서과에서 문서를 문서 분류법에 따라 분류하고, 보존 기간이 만료되면 처리과로 인계한다.
③ 문서의 보관 : 내용 처리가 끝난 날이 속한 연도 말일까지 각 부서의 문서 보관함에 넣고 활용 및 관리한다.
④ 문서의 폐기 : 보존 기간이 완료된 문서를 일괄 폐기한다.

해설 문서의 보존 : 문서의 보존 기간 동안만 보존 및 관리한다.

15 다음 보기 내용의 문서정리법으로 가장 알맞은 것은?

- 같은 종류의 주제나 활동에 관련된 정보들을 종류별로 모아 정리
- 어떤 주제나 활동에 관한 발생 사실을 한꺼번에 일목요연하게 파악 가능

① 가나다식 문서 정리법

정답 10 ④ 11 ③ 12 ③ 13 ④ 14 ② 15 ③

② 지역별 문서 정리법
③ 주제별 문서 정리법
④ 번호별 문서 정리법

해설
- ① 거래처별 사람의 이름이나 회사명에 따라 가나다 또는 ABC 순으로 정리하는 방법이다.
- ② 지역, 국가 등으로 분류하여 가나다 또는 ABC 순으로 정리하는 방법이다.
- ④ 번호순으로 정리하는 방법이다.

16 다음 중 전자결재 시스템의 특징으로 가장 옳지 않은 것은?

① 실명제를 통해 문서 작성자의 책임 소재를 정확히 한다.
② 문서 작성과 유통 과정을 표준화시켜 준다.
③ 문서 작성자가 개별적으로 다양한 문서 서식을 개발하여 유통할 수 있다.
④ 전자 이미지 서명 등록, 결재 암호 등으로 보안을 유지하는 기능을 갖추고 있다.

해설 문서 작성자가 개별적으로 다양한 문서 서식을 유통할 경우 통일성이 없어진다.

17 다음 중 공문서의 번호를 부여하는 방법으로 옳지 않은 것은?

① 법규문서는 연도 구분과 관계없이 누적되어 연속되는 누년 일련번호를 부여한다.
② 지시문서 중 훈령 및 예규에는 누년 일련번호를 부여한다.
③ 공고문서는 연도 표시 일련번호를 부여한다.
④ 일일 명령, 지시는 연도별 일련번호를 부여한다.

해설
- 누년 일련번호 : 법규문서, 훈령, 예규
- 연도별 일련번호 : 일일 명령, 회보
- 연도 표시 일련번호 : 지시, 고시, 공고

18 다음 중 공문서의 발신에 대하여 설명한 것으로 옳지 않은 것은?

① 문서는 정보통신망을 이용하여 발신함을 원칙으로 한다.
② 문서를 행정기관이 아닌 자에게 전자 우편 주소를 이용하여서 발송하는 것은 안 되며, 항상 등기 우편으로 발신하여야 한다.
③ 내용이 중요한 문서는 등기 우편이나 그 밖에 발신 사실을 증명할 수 있는 특수한 방법으로 발신하여야 한다.
④ 행정기관의 장은 문서를 수신 및 발신하는 경우에 문서의 보안 유지와 위조, 변조, 분실, 훼손 및 도난 방지를 위한 적절한 조치를 마련하여야 한다.

해설 문서를 행정기관이 아닌 자에게 발송할 경우 행정기관의 홈페이지 또는 행정기관이 부여한 전자 우편 주소를 이용하여 문서를 발신한다.

19 [보기 1]의 문장이 [보기 2]의 문장으로 수정되기 위해 필요한 교정 부호들로만 올바르게 짝지어진 것은?

[보기 1]

삶은 언제나 스스로 부딪혀 경험하고, 도전하는 모든 사람에게 더 영광을 안겨준다.

[보기 2]

인생은 언제나 스스로 부딪혀 경험하고, 도전하는 사람에게 더 큰 영광을 안겨준다.

① 
② 
③ 
④ 

해설
- 삶은 언제나 → 인생은 언제나 : 글자 바꾸기(수정)
- 도전하는 모든 사람에게 → 도전하는 사람에게 : 지우기(삭제)
- 더 영광을 → 더 큰 영광을 : 끼워넣기(삽입)

20 다음 중 교정 부호에 대한 설명으로 옳지 않은 것은?

① 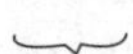 : 단어나 문자를 삽입하라는 부호이다.
②  : 단어나 문자의 위치를 변경하라는 부호이다.
③  : 지정된 부분을 위로 끌어 올리라는 부호이다.
④  : 불필요한 내용을 삭제하는 부호이다.

해설 보기 ②번은 글자 바꾸기 또는 수정하라는 부호이다.

정답 16 ③ 17 ④ 18 ② 19 ② 20 ②

2과목 | PC 운영 체제

21 한글 Windows에서 사용되는 Windows 도움말에 관한 설명으로 옳지 않은 것은?

① 도움말은 하이퍼텍스트 방식으로 제공되어 관련 항목의 도움말로 이동이 용이하다.
② 제목별로 검색할 수 있으며, 도움말의 내용을 사용자가 수정할 수 있다.
③ 도움말을 보다가 표시된 응용 프로그램을 실행하거나 인터넷 페이지로 이동할 수 있다.
④ 도움말은 기존 운영 체제의 메뉴 방식이 아닌 작업 표시줄의 검색 상자에 원하는 항목을 입력하여 질문에 대한 답으로 확인할 수 있다.

해설 도움말의 내용을 사용자가 수정할 수는 없다.

22 한글 Windows의 [고급 부팅 옵션] 화면에서 [안전 모드] 항목의 부팅 방법에 관한 설명으로 옳은 것은?

① 컴퓨터가 비정상적으로 작동될 때 컴퓨터에 발생한 문제를 해결하기 위하여 사용하는 방식으로 네트워크를 사용할 수 없다.
② 네트워크가 연결된 경우에 컴퓨터 관리자에게 해당 컴퓨터의 디버그 정보를 보내면서 부팅하는 방식이다.
③ 마지막으로 시스템이 문제없이 실행되고 종료되었을 때 레지스트리 정보와 드라이버를 사용하여 부팅하는 방식이다.
④ 시스템의 안전을 위하여 다중 부팅 선택 화면을 이용하여 부팅하는 방식이다.

해설 안전 모드 : 컴퓨터가 비정상적으로 작동될 때 Windows를 최소한의 기능으로 부팅하여 시스템의 각종 문제를 진단한다(CD-ROM, 프린터, 네트워크 카드, 사운드 카드 등은 사용할 수 없음).

23 한글 Windows의 바탕 화면에 있는 폴더 아이콘의 바로 가기 메뉴를 사용하여 할 수 있는 작업으로 옳지 않은 것은?

① 바탕 화면에 해당 폴더의 새로운 바로 가기 아이콘을 만들 수 있다.
② 바로 이전에 삭제한 폴더를 복원할 수 있다.
③ 공유 대상 폴더를 설정할 수 있으며, 동기화할 수 있다.
④ 해당 폴더의 속성을 재설정할 수 있다.

해설 보기 ②번은 휴지통에서 가능하다.

24 한글 Windows의 [작업 표시줄 설정] 창에서 할 수 있는 작업으로 옳지 않은 것은?

① 작업 표시줄 자동 숨기기를 설정할 수 있다.
② 작업 표시줄 단추에 배지 표시를 설정할 수 있다.
③ 알림 영역에 표시할 아이콘과 시스템 아이콘을 사용자가 지정할 수 있다.
④ 컴퓨터에 설치된 모든 앱을 숫자순, 영문순, 한글순으로 정렬할 수 있다.

해설 보기 ④번은 [시작] 메뉴에서 가능하다.

25 한글 Windows의 바탕 화면에 새 폴더를 만드는 방법으로 옳지 않은 것은?

① 탐색기의 탐색 창에서 바탕 화면을 선택한 후 빠른 실행 도구 모음에서 [새 폴더] 단추를 클릭한다.
② 바탕 화면에서 새 폴더를 만들기 위한 바로 가기 키인 Ctrl+N 키를 누른다.
③ 바탕 화면의 바로 가기 메뉴에서 [새로 만들기]-[폴더]를 선택한다.
④ 바탕 화면에서 Shift+F10 키를 누른 후 메뉴에서 [새로 만들기]-[폴더]를 선택한다.

해설
- 바탕 화면에서 Ctrl+N 키를 누르면 [바탕 화면] 창이 나타난다.
- 바탕 화면에서 새 폴더를 만들기 위한 바로 가기 키는 Ctrl+Shift+N 키이다.

정답 21 ② 22 ① 23 ② 24 ④ 25 ②

26 한글 Windows의 [휴지통 속성] 대화 상자에서 할 수 있는 작업으로 옳지 않은 것은?

① 휴지통의 크기를 하드 디스크 드라이브마다 MB 단위로 지정할 수 있다.
② 휴지통의 실제 파일이 저장된 폴더 위치를 지정할 수 있다.
③ 파일이나 폴더가 삭제될 때 휴지통에 버리지 않고, 바로 제거되도록 설정할 수 있다.
④ 파일이나 폴더가 삭제될 때 마다 삭제 확인 대화 상자 표시를 하도록 설정할 수 있다.

해설 [휴지통 속성] 대화 상자 : 최대 크기, 파일을 휴지통에 버리지 않고 삭제할 때 바로 제거, 삭제 확인 대화 상자 표시를 지정한다.

27 한글 Windows의 폴더 창에서 선택된 파일이나 폴더의 이름 바꾸기에 관한 설명으로 옳지 않은 것은?

① 바로 가기 메뉴에서 [이름 바꾸기]를 선택하고, 새로운 이름을 입력한 후에 Enter 키를 누른다.
② 이름 부분을 다시 클릭하고, 새로운 이름을 입력한 후에 Enter 키를 누른다.
③ 폴더 창의 [편집]-[이름 바꾸기] 메뉴를 선택하고, 새로운 이름을 입력한 후에 Enter 키를 누른다.
④ 바로 가기 키인 F2 키를 누르고, 새로운 이름을 입력한 후에 Enter 키를 누른다.

해설 [편집]-[이름 바꾸기] 메뉴 → [홈] 탭의 [구성] 그룹에서 [이름 바꾸기] 단추를 클릭

28 한글 Windows의 탐색기나 폴더 창의 우측 상단에 표시되는 검색 상자의 사용 방법에 관한 설명으로 옳지 않은 것은?

① 검색 필터를 추가하여 수정한 날짜나 크기 등의 속성을 이용하여 검색할 수 있다.
② 검색할 위치를 지정하여 파일이나 폴더를 검색할 수 있다.
③ 검색 결과에는 검색어로 사용된 문자가 노란색으로 표시되어 확인하기 용이하다.
④ 파일이나 폴더 그리고 프로그램, 제어판, 전자 이메일 메시지도 검색이 가능하다.

해설 프로그램, 제어판, 전자 이메일 메시지 검색은 작업 표시줄의 [검색] 메뉴에서 가능하다.

29 한글 Windows의 유니버설 앱에 있는 계산기 프로그램에 대한 설명으로 옳지 않은 것은?

① 표준용, 공학용, 프로그램용 등의 형태로 사용할 수 있다.
② 표준용 계산기에서 단위 변환이 가능하다.
③ 계산 결과를 복사하여 다른 프로그램1에 붙여넣기 할 수 있다.
④ 공학용 계산기에서 2진수, 8진수, 10진수, 16진수 간에 상호 변환이 가능하다.

해설 보기 ④번은 프로그래머용 계산기에서 가능하다.

30 한글 Windows에서 [Windows Media Player]에 관한 설명으로 옳지 않은 것은?

① 멀티미디어 파일의 재생 및 편집 기능뿐만 아니라 자신만의 CD나 DVD를 만들 수 있다.
② 음악 라이브러리와 휴대용 장치의 음악 파일이 동일하게 유지할 수 있도록 하는 동기화 기능이 있다.
③ 다른 위치의 컴퓨터나 미디어 장치의 멀티미디어 파일을 홈 네트워크를 사용하여 재생할 수 있다.
④ 오디오 CD에 있는 음악 파일을 내 PC에 MP3, WAV, WMA 등의 형식으로 복사할 수 있다.

해설 Windows Media Player는 재생만 가능하고, 편집은 불가능하다.

31 한글 Windows에서 네트워크에 연결되어 있고, IP 주소가 설정된 새로운 프린터를 설치하는 과정에 해당되는 작업으로 가장 거리가 먼 것은?

① [장치 및 프린터] 창에서 [프린터 추가] 메뉴를 클릭한다.
② 설치할 유형을 [로컬 프린터 추가]로 선택한다.

정답 26 ② 27 ③ 28 ④ 29 ④ 30 ① 31 ③

③ 프린터 포트를 기존 포트인 [LPT 1:]으로 선택한다.
④ 장치 유형을 확인하고, 프린터의 IP 주소를 입력한다.

해설 보기 ③의 경우 [새 포트 만들기]에서 [Standard TCP/IP Port]를 선택한다.

32 한글 Windows의 [시스템] 창에서만 확인할 수 있는 내용으로 옳지 않은 것은?

① 현재 사용 중인 Windows의 버전 및 서비스 팩 설치 상황을 확인할 수 있다.
② 현재 사용 중인 Windows의 체험 지수 및 인증 여부를 확인할 수 있다.
③ 현재 사용 중인 컴퓨터의 프로세서 종류, 설치된 메모리, 시스템 종류 등을 확인할 수 있다.
④ 현재 사용 중인 컴퓨터에 대한 TCP/IPv4 속성을 확인하고, 설정할 수 있다.

해설 보기 ④번은 [제어판]-[네트워크 및 공유 센터]를 선택한 후 '이더넷'을 선택하고, [속성] 단추를 클릭하면 설정할 수 있다.

33 한글 Windows의 [디스크 오류 검사]에 관한 설명으로 옳지 않은 것은?

① 검사에서 발견된 파일 및 폴더의 문제를 자동으로 수정할 수 있다.
② 불필요한 파일을 검색하여 삭제를 도와준다.
③ 디스크 검사는 정기적으로 수행하는 것이 좋다.
④ 디스크에 생긴 물리적인 오류도 찾을 수 있다.

해설 디스크 오류 검사는 디스크의 논리적/물리적 오류를 점검한 후 손상 영역을 복구하는 기능으로 불필요한 파일을 검색하여 삭제하는 기능은 없다.

34 한글 Windows에서 디스크 공간 부족을 해결하기 위한 방법으로 옳지 않은 것은?

① 불필요한 파일과 사용하지 않는 Windows 구성 요소를 제거한다.
② [시작프로그램]에서 불필요한 프로그램을 삭제한 후 시스템을 재시작한다.
③ 휴지통에 있는 파일을 삭제한다.
④ 디스크 정리를 통해 오래된 압축 파일이나 임시 인터넷 파일 등을 삭제한다.

해설 시작프로그램은 Windows가 부팅한 후 원하는 프로그램이 자동으로 실행되도록 하는 것으로 디스크 공간 부족과는 아무런 상관이 없다.

35 한글 Windows의 [장치 관리자] 창에서 설치된 실제 하드웨어를 선택한 후에 바로 가기 메뉴를 이용하여 할 수 있는 작업으로 옳지 않은 것은?

① 해당 하드웨어의 드라이버 업데이트를 할 수 있다.
② 해당 하드웨어에 대해 [사용 안 함]을 지정할 수 있다.
③ 해당 하드웨어의 설치된 디바이스를 제거할 수 있다.
④ 해당 하드웨어의 [이름 바꾸기]를 할 수 있다.

해설 해당 하드웨어의 이름 바꾸기는 할 수 없다.

36 한글 Windows의 [제어판]에 있는 [접근성 센터]를 이용하여 수행할 수 있는 작업에 대한 설명으로 옳지 않은 것은?

① 돋보기 기능을 사용하여 화면의 일부를 확대할 수 있다.
② 내레이터 시작 기능을 사용하면 화면의 텍스트를 소리 내어 읽어 줄 수 있다.
③ 화상 키보드 기능을 사용하여 마우스나 다른 포인팅 장치로 텍스트를 입력할 수 있다.
④ 고대비 설정 기능을 사용하면 시각 장애인을 위하여 마우스 포인터 모양을 변경하거나 스피커의 아이콘을 변경할 수 있다.

해설
• 마우스 포인터 모양을 변경 : [마우스 속성] 대화 상자의 [포인터] 탭에서 가능하다.
• 스피커의 아이콘을 변경 : [소리] 대화 상자의 [재생] 탭에서 가능하다.

정답 32 ④ 33 ② 34 ② 35 ④ 36 ④

37 한글 Windows에서 실행 중인 프로그램이 응답하지 않는 경우의 문제 해결 방법으로 가장 적절한 것은?

① [드라이브 조각 모음]을 수행하여 하드 디스크의 단편화를 제거한다.
② [Windows 작업 관리자] 창의 [프로세스] 탭에서 응답하지 않는 프로그램을 강제 종료시킨다.
③ [시스템 파일 검사기]를 이용하여 해당 프로그램을 검색한 후에 복구한다.
④ 네트워크 카드나 케이블이 바르게 연결되었는지 점검한다.

해설 프로그램이 응답하지 않는 경우 : Ctrl+Shift+ESC 키를 누른 후 [Windows 작업 관리자] 창의 [프로세스] 탭에서 응답하지 않는 프로그램을 종료한다.

38 한글 Windows에서 공용 폴더에 관한 설명으로 옳지 않은 것은?

① 파일을 공유하려면 공용 폴더로 이동시키거나 해당 파일에 대한 공유를 설정해야 한다.
② 공용 폴더는 현재 사용 중인 컴퓨터의 모든 사용자가 접근할 수 있는 폴더이다.
③ 공용 폴더는 기본적으로 라이브러리에 포함되지만 ID가 sanggong 일 때 실제 위치는 C:₩Users₩공용이다.
④ 공용 폴더의 종류는 공용 문서, 공용 비디오, 공용 사진, 공용 음악 등이 있다.

해설 공용 폴더로 파일을 이동하여 공유할 수 있지만 파일 자체에는 공유 설정을 할 수 없다.

39 한글 Windows에서 [원격 데스크톱 연결]에 대한 설명으로 옳지 않은 것은?

① 현재 연결 설정을 PDR 파일로 저장할 수 있으며, 저장한 파일을 실행하면 원격 컴퓨터에 자동으로 연결할 수 있다.
② 먼 곳에 있는 컴퓨터에서 프로그램을 실행하거나 파일을 복사하고, 문서 파일을 현재 연결된 컴퓨터로 인쇄할 수 있다.
③ 연결을 통해 최적화할 수 있는 연결 속도를 다양하게 지정할 수 있다.
④ 연결 시에 원격 데스크톱의 화면 크기를 선택할 수 있으며, 연결이 끊어지면 자동으로 다시 연결을 시도할 수 있도록 설정할 수 있다.

해설
• ① PDR 파일 → RDP 파일
• PDR(Remote Desktop Protocol) : Windows NT와 Windows CE의 통신을 지원하기 위하여 마이크로소프트사에서 개발한 프로토콜이다.

40 한글 Windows에서 인터넷을 연결하기 위한 TCP/IP 속성 대화 상자에서 서브넷 마스크에 관한 설명으로 옳은 것은?

① DHCP를 이용한 유동 IP 주소를 설정할 때 사용한다.
② IP 주소와 결합하여 네트워크 주소와 호스트 주소를 구분하기 위하여 사용한다.
③ IPv4 주소 체계에서는 256비트의 주소로 구성되어 있다.
④ 네트워크 사이에 IP 패킷을 라우팅할 때 사용되는 주소이다.

해설 서브넷 마스크 : IP 주소와 사용자 컴퓨터가 속한 네트워크를 구별한다(IPv4의 네트워크 주소와 호스트 주소를 구별).

3과목 | 컴퓨터와 정보 활용

41 다음 중 운영 체제의 핵심적인 부분으로서 하드웨어와의 상호 작용 역할을 담당하고, 프로그램과 하드웨어 간의 인터페이스 역할을 하며, 컴퓨터가 부팅된 후 항상 주기억 장치에 상주하는 프로그램을 무엇이라고 하는가?

① 데몬(Daemon) ② 커널(Kernel)
③ 로더(Loader) ④ 채널(Channel)

정답 37 ② 38 ① 39 ① 40 ② 41 ②

해설 • ① 인터넷상에서 발생하는 서비스를 처리하기 위해 웹 서버에 항상 실행중인 상태로 있는 프로그램이다.
• ③ 모듈이 실행되도록 기억 공간을 할당하고, 메모리에 적재시켜 주는 프로그램이다.
• ④ 입출력 장치와 주기억 장치간의 데이터 전송을 담당하며, 두 장치 사이의 속도 차이를 개선한다.

42 다음 보기의 내용은 무엇에 대한 설명인가?

• 중요한 데이터를 가지고 있는 서버에 주로 사용된다.
• 동일한 데이터를 여러 대의 디스크에 중복해서 저장한다.
• 스트라이핑(Striping) 기술을 적용하여 저장 공간을 파티션한다.
• 모든 디스크의 스트립은 인터리브 되어 있다.

① DVD ② RAID
③ Juke Box ④ Jaz Drive

해설 RAID : 여러 대의 하드 디스크가 있을 때 동일한 데이터를 다른 위치에 중복해서 저장하는 방법으로 고장에 대비하는 능력이 향상된다.

43 다음 관계형 데이터베이스 관리 시스템에 대한 설명 중 옳지 않은 것은?

① 릴레이션은 관계형 데이터베이스 모델의 가장 중요한 요소로 데이터베이스 내의 전체 데이터가 저장되는 곳이다.
② 표 형태를 사용하기 때문에 구조를 이해하기 쉽고, 표들 간의 연계를 통해 필요한 데이터를 쉽게 표현해 낼 수 있다.
③ 데이터의 구조가 변경되더라도 이미 개발된 프로그램을 변경할 필요가 없다.
④ 데이터를 상하 관계로만 분류하고 표현하며, 다:다 관계를 표현하는데 부적합하다.

해설 데이터를 상하 관계로만 분류하는 것은 계층형 데이터베이스이다.

44 다음 중 컴퓨터의 발전에 대한 설명으로 옳지 않은 것은?

① ENIAC은 프로그램 내장 방식을 사용한 계산기이다.
② UNIVAC-I는 최초의 상업용 전자계산기이다.
③ 인공 지능 및 퍼지 이론과 관련 있는 주요 소자는 VLSI이다.
④ 시분할 처리와 다중 처리가 개발된 시기는 3세대이다.

해설 ENIAC은 최초의 전자계산기로 외부 프로그래밍 방식을 사용한다.

45 다음 중 보기에서 디지털 컴퓨터의 특징으로만 나열된 것은?

ⓐ 논리 회로 사용 ⓑ 수치, 문자 데이터 사용
ⓒ 프로그램의 불필요 ⓓ 특수 목적용
ⓔ 기억이 용이함 ⓕ 정밀도가 제한적임
ⓖ 연속적인 데이터 계산 ⓗ 사칙 연산

① ⓐ, ⓑ, ⓔ, ⓗ ② ⓑ, ⓓ, ⓕ, ⓗ
③ ⓐ, ⓒ, ⓓ, ⓕ ④ ⓑ, ⓒ, ⓔ, ⓕ

해설 아날로그 컴퓨터의 특징 : ⓒ, ⓓ, ⓕ, ⓖ

46 다음 중 ROM(Read Only Memory)에 대한 설명으로 옳지 않은 것은?

① PROM은 사용자가 한 번에 한해 기록(쓰기)이 가능한 ROM이다.
② 전원이 공급되지 않으면 기억된 내용이 사라지는 휘발성 메모리이다.
③ EEPROM은 사용자가 메모리 내의 내용을 수정할 수 있는 ROM이다.
④ EEPROM은 정상보다 더 높은 전압을 이용하여 반복적으로 지우거나 다시 기록이 가능한 ROM이다.

해설 ROM : 전원이 꺼져도 기억된 내용이 지워지지 않는 비휘발성 메모리로 읽기만 가능하다.

정답 42 ② 43 ④ 44 ① 45 ① 46 ②

47 다음 중 중앙 처리 장치의 구성 요소 중에서 제어 장치의 구성 요소가 아닌 것은?

① 명령 해독기(Instruction Decoder)와 명령 레지스터(Instruction Register)
② 메모리 주소 레지스터(Memory Address Register)와 메모리 버퍼 레지스터(Memory Buffer Register)
③ 누산기(Accumulator)와 보수기(Complement)
④ 명령 계수기(Program Counter)와 부호기(Encoder)

해설 보기 ③번은 연산 장치(ALU)에 대한 설명이다.

48 다음 중 PC의 바이오스(BIOS)에 대한 설명으로 옳지 않은 것은?

① 바이오스는 컴퓨터의 입출력 장치나 메모리 등 하드웨어를 관리하는 프로그램이다.
② 컴퓨터에 연결된 주변 장치를 관리하는 인터럽트(Interrupt) 처리 부분이 있다.
③ 바이오스 프로그램은 메인보드의 RAM에 저장되어 있다.
④ PC의 전원을 올리면 먼저 바이오스 프로그램이 작동하여 시스템을 초기화시킨다.

해설 바이오스(BIOS) : 펌웨어의 일종으로 컴퓨터의 입출력 장치나 메모리 등 하드웨어 환경을 관리하며, ROM에 저장되어 있어 ROM-BIOS라고도 한다.

49 다음 중 멀티미디어 데이터에 관한 설명으로 옳지 않은 것은?

① MOV 파일은 애플사에서 개발한 JPEG 압축 방식을 사용하는 동영상 파일이다.
② MIDI 파일은 연주 정보만 저장하므로 WAV 파일보다 크기가 작다.
③ MP3 파일은 MPEG-3 규격의 압축 기술을 사용한다.
④ WMV 파일은 스트리밍 서비스 지원이 가능하다.

해설 MP3 : MPEG-1에서 오디오 압축 기술을 이용하여 만든 오디오 데이터의 디지털 파일 양식이다.

50 다음 중 멀티미디어의 주요 특징에 대한 설명으로 옳지 않은 것은?

① 디지털화(Digitalization) : 그림, 소리, 비디오와 같은 아날로그 데이터를 디지털 방식으로 변환하여 표현한다.
② 쌍방향성(Interactive) : 사용자가 마우스로 어느 버튼을 누르는 가에 따라 정보 제공자가 제공한 각기 다른 정보를 얻을 수 있다.
③ 통합성(Integration) : 그림, 소리, 비디오 등 여러 매체들이 통합되어 보다 생동 있는 정보를 전달한다.
④ 비선형성(Non-Linear) : 정보의 흐름을 한 방향으로 흐르게 하여 항상 동일한 정보를 얻을 수 있다.

해설 비선형성(Non-Linear) : 문자나 숫자 데이터 외에 소리 등의 데이터를 처리한다.

51 다음과 같은 조건을 만족하는 정보 통신망을 설계하려고 한다. 가장 적합한 정보 통신망은?

- 기밀 보장이 되어야 한다.
- 응답 시간이 빨라야 한다.
- 많은 양의 통신이 가능해야 한다.
- 하나의 통신 회선에 장애가 발생하더라도 데이터를 전송할 수 있도록 모든 지점의 단말 장치를 서로 연결한 형태이다.

① 성(Star)형 ② 링(Ring)형
③ 계층(Tree)형 ④ 망(Mesh)형

해설
- ① 중앙의 컴퓨터와 1:1로 연결되는 중앙 집중식 형태로 온라인 시스템에 적합하다.
- ② 서로 인접한 노드끼리 둥글게 연결된 형태로 기밀 보호가 어렵다.
- ③ 하나의 회선에 여러 대의 단말기가 연결된 형태로 이웃한 노드에는 회선을 연장하여 연결한다.

정답 47 ③ 48 ③ 49 ③ 50 ④ 51 ④

52 다음 중 네트워크상에서 물리적인 네트워크 주소(MAC ; Media Access Control)를 IP 주소로 대응시키기 위해 사용되는 프로토콜은 어느 것인가?

① RARP ② ARP
③ SLIP ④ SNMP

해설 RARP : 네트워크상에서 물리적 네트워크 주소(MAC)를 IP 주소로 대응시키기 위한 프로토콜로 호스트가 IP 주소를 모르는 경우 이를 서버로부터 요청하기 위해 사용한다.

53 다음 중 뉴스나 블로그 등과 같이 콘텐츠가 자주 업데이트 되는 사이트들의 정보를 자동적으로 사용자들에게 알려주기 위해 사용하는 웹 서비스 기술은?

① RSS ② SNS
③ 상황 인식 ④ 시멘틱 웹

해설
- ② 블로그, 페이스북, 트위터 등에서 사람들간 관계 맺기를 통해 네트워크 망을 형성하는 온라인 서비스이다.
- ③ 컴퓨터가 주변 상황을 직접 인식하여 스스로 판단한 후 유용한 정보 서비스를 제공하는 기술이다.
- ④ 사용자가 정보를 검색하면 컴퓨터가 정보를 찾아 정보의 뜻을 이해하고, 조작까지 하는 차세대 지능형 웹이다.

54 디지털 콘텐츠의 불법 복제와 유포를 막고, 저작권 보유자의 이익과 권리를 보호해 주는 기술과 서비스를 무엇이라고 하는가?

① PICS(Platform for Internet Contents Selection)
② DCRP(Digital Contents Rights Protection)
③ DRM(Digital Rights Management)
④ CRM(Customer Relationship Management)

해설 디지털 저작권 관리(DRM) : 다양한 디지털 콘텐츠에 관한 권리와 이익을 보호 및 관리하는 기술과 서비스로 디지털 시네마, 디지털 방송, 교육용 서비스 등의 콘텐츠에 대한 접근과 이용이 허락된 사용자만 쓸 수 있다.

55 다음 중 가장 많이 사용되는 해킹 수법으로 네트워크 상에서 전달되는 모든 패킷을 분석하여 사용자의 계정과 암호를 알아내는 해킹 형태를 무엇이라고 하는가?

① 트로이 목마(Trojan Horse)
② 스니핑(Sniffing)
③ 스푸핑(Spoofing)
④ 크래킹(Cracking)

해설
- ① 자기 복제 기능은 없지만 정상적인 프로그램으로 위장하고 있다가 프로그램이 실행되면 시스템에 손상을 주는 악의적인 루틴이다.
- ③ 신뢰성 있는 사람이 네트워크를 통해 데이터를 보낸 것처럼 허가받지 않은 사용자가 네트워크상의 데이터를 변조하여 접속하는 행위이다.
- ④ 컴퓨터 시스템에 불법적으로 침투하여 시스템과 자료를 파괴하는 행위이다.

56 다음 중 컴퓨터 바이러스를 예방하는 방법으로 옳지 않은 것은?

① 최신 버전의 백신 프로그램을 이용하여 주기적으로 시스템을 검사한다.
② 램에 상주하는 바이러스 예방 프로그램을 설치한다.
③ 의심 가는 메일은 반드시 열어본 후 삭제한다.
④ 중요한 자료나 프로그램은 항상 백업을 해 둔다.

해설 의심 가는 메일은 열어 보기 전에 반드시 바이러스 검사를 실시한다.

57 다음에서 설명하는 용어로 옳은 것은?

- 전자 태그 기술로 IC칩과 무선을 통해 식품, 동물, 사물 등 다양한 개체의 정보를 관리할 수 있는 인식 기술
- 무선 주파수를 이용해 빛을 전파하여 먼 거리의 태그도 읽고, 정보를 수신할 수 있음

① SSO(Single Sign On)
② TrackBack
③ Tethering
④ RFID

정답 52 ① 53 ① 54 ③ 55 ② 56 ③ 57 ④

해설
- ① 각 시스템마다 매번 인증 절차를 밟지 않고 한 번의 로그인 과정으로 기업 내의 각종 업무 시스템이나 인터넷 서비스에 접속할 수 있게 해 주는 보안 응용 솔루션이다.
- ② 블로그에서 사용하는 기능으로 내 블로그에 댓글을 작성하면 일부 내용이 다른 사람의 글에 댓글로 보이게 하는 기술이다.
- ③ 휴대폰을 모뎀으로 활용할 수 있는 기능으로 노트북과 같은 IT 기기를 휴대폰에 연결하여 무선 인터넷을 사용할 수 있다.

58 다음 중 모바일 기기의 기능에 대한 설명으로 옳지 않은 것은?

① 근접 센서 : 물체가 접근했을 때 위치를 검출하는 센서
② 증강 현실 : 위성에서 보내는 신호를 수신해 사용자의 현재 위치를 알아내는 시스템
③ DMB : 영상이나 음성을 디지털로 변환하는 기술을 이용하여 휴대용 IT 기기에서 방송하는 서비스
④ NFC : 무선 태그 기술로 10cm 이내의 가까운 거리에서 기기 간의 설정 없이 다양한 무선 데이터를 주고받는 통신 기술

해설
증강 현실(AR) : 사용자가 눈으로 보는 현실 화면이나 실제 영상에 문자, 그래픽과 같은 가상의 3차원 정보를 실시간으로 겹쳐 보여주는 새로운 기술이다.

59 다음은 전자 우편에 사용되는 프로토콜 중 무엇에 대한 설명인가?

> 사용자의 컴퓨터에서 작성된 메일을 다른 사람의 계정이 있는 곳으로 전송하는 프로토콜

① IMAP ② MIME
③ SMTP ④ POP3

해설
- ① 전자 우편의 수신을 담당하며, 제목과 송신자를 보고 메일을 다운로드 할 것인지를 결정한다.
- ② 웹 브라우저가 지원하지 않는 멀티미디어 메일의 송신을 담당한다.
- ④ 전자 우편의 수신을 담당하며, 제목과 내용을 한번에 다운받는다.

60 다음 개인정보의 유형 중 신체적 정보에 해당하지 않는 것은?

① 지문 ② 홍채
③ 유전자 ④ 생년월일

해설
- 신체적 정보 : 얼굴, 지문, 홍채, 음성, 유전자, 키, 몸무게 등이 있다.
- 보기 ④번은 일반 정보에 해당한다.

정답 58 ② 59 ③ 60 ④

2015년 06월 27일 시행 기출문제

점

1과목 | 워드프로세싱 일반

01 다음 중 워드프로세서의 기본적인 장치에 대한 설명으로 옳지 않은 것은?

① 입력 장치 문자, 기호, 그림 등의 데이터를 컴퓨터의 기억 장치로 전달하는 기능을 수행한다.
② 표시 장치는 입력된 내용이나 처리 결과를 화면에 표시하여 편집할 수 있도록 보여준다.
③ 통신 장치는 작업한 내용이나 처리 결과물을 보조 기억 장치에 전달하여 기억한다.
④ 출력 장치는 완성된 결과물이나 내용을 종이나 필름 등에 인쇄하는 기능이다.

해설 보기 ③번은 저장 장치에 대한 설명이다.

02 다음 중 워드프로세서의 인쇄 기능에 대한 설명으로 옳지 않은 것은?

① 문서의 내용을 종이에 출력하지 않고, 파일로 디스크에 저장할 수 있다.
② 프린터의 해상도를 높게 설정하면 출력 시간은 길어지지만 대신 선명하게 인쇄할 수 있다.
③ 문서의 1-3페이지를 여러 장 인쇄할 때 한 부씩 찍기를 선택하지 않으면 1-2-3 페이지 순서로 여러 장이 인쇄된다.
④ 미리 보기 기능은 인쇄될 모양을 보는 상태이므로 문서의 내용을 편집할 수는 없다.

해설 인쇄할 때 한 부씩 찍기를 선택하면 1-2-3, 1-2, 3 순서로 여러 장이 인쇄된다.

03 다음 중 메일 머지(Mail Merge) 기능에 대한 설명으로 옳지 않은 것은?

① 메일 머지를 수행하기 위해서는 데이터 파일과 서식 파일이 필요하다.
② 데이터 파일은 서식 파일에 대입될 개인별 이름이나 주소 등을 담고 있는 파일이다.
③ 서식 파일은 메일 머지 되어 나올 내용에서 공통적으로 들어갈 본문 내용을 기재한 파일이다.
④ 메일 머지에 쓸 수 있는 서식 파일에는 윈도우의 주소록과 Outlook 주소록, 한글 파일, 엑셀 파일 등이 있다.

해설 메일 머지에 쓸 수 있는 데이터 파일에는 윈도우의 주소록과 Outlook 주소록, 한글 파일, 엑셀 파일 등이 있다.

04 다음 중 KS X 1001 완성형 한글 코드의 문자 입력 방법에 대한 설명으로 옳지 않은 것은?

① 영문자의 대/소문자의 입력은 Caps Lock 키나 Shift 키를 눌러 입력한다.
② 한글 입력은 2벌식이나 3벌식 자판을 이용하여 입력한다.
③ 특수 문자는 모두 2바이트로 구성된다.
④ 한자의 음(音)을 알고 있을 때에는 음절 단위 변환, 단어 단위 변환 등으로 입력한다.

해설 특수 문자는 1바이트 또는 2바이트로 구성된다.

05 다음 중 워드프로세서에서 입력 및 삭제에 대한 설명으로 옳지 않은 것은?

① 수정 모드 상태에서 내용을 입력하면 커서 위치에 기록되어 있던 내용이 지워지면서 입력된다.
② 삽입 모드 상태에서 내용을 입력하면 커서 위치에 기록되며 기록되어 있던 내용은 뒤로 밀려나게 된다.

정답 01 ③ 02 ③ 03 ④ 04 ③ 05 ④

③ 수정 모드 상태에서 Delete 키를 이용하여 삭제하면 커서 위치의 내용이 지워지고 다음의 내용이 앞으로 당겨진다.
④ 삽입 모드 상태에서 Delete 키를 이용하여 삭제하면 커서 위치의 앞 내용이 삭제되며 커서 위치부터의 내용이 앞으로 당겨진다.

해설 삽입 모드 상태에서 Delete 키를 이용하여 삭제하면 커서 위치의 뒤(다음) 내용이 삭제되며, 커서 위치부터의 내용이 앞으로 당겨진다.

06 다음 설명이 의미하는 워드프로세서 용어는?

> 조직간 통용되는 문서 정보를 종이로 된 서식 대신 컴퓨터간에 표준화된 포맷과 코드 체계를 이용하여 문서를 교환하는 방식으로 문서의 표준화를 전제로 운영된다.

① OLE(Object Linking & Embedding)
② ERP(Enterprise Resource Planning)
③ VAN(Value Added Network)
④ EDI(Electronic Data Interchange)

해설 EDI : 네트워크를 통한 업무의 전자 데이터 교환 시스템으로 문서의 표준화를 전제로 운영하며, 인건비 및 시간 비용 삭감과 최신 데이터 교환이 가능하다.

07 다음 중 검색과 치환에 대한 설명으로 옳지 않은 것은?

① 본문 밖에 숨어있는 화면의 내용이나 표 안의 내용도 검색이 가능하다.
② 사용자가 정의해 놓은 스타일을 적용하여 바꿀 수 있다.
③ 문서 분량이 변하는 기능에 검색, 정렬, 치환이 해당한다.
④ 문서 내에서 특정 문자를 찾아 크기, 서체, 속성 등을 바꿀 수 있다.

해설 검색, 정렬 작업 후 문서 분량에는 아무런 변화가 없다.

08 다음 워드프로세서의 용어에 대한 설명 중 옳지 않은 것은?

① 영문 균등(Justification) : 워드 랩 등으로 생긴 공백을 처리하기 위해 단어와 단어사이의 간격을 균등 배분함으로써 전체 길이를 맞추고 균형을 유지하기 위한 기능
② 디폴트(Default) : 전반적인 규정이나 서식 설정, 메뉴 등 이미 갖고 있는 값으로 기본값 또는 표준 값이라 함
③ 보일러 플레이트(Boiler Plate) : 문서의 일부분에 주석, 메모 등을 적어놓기 위해 따로 설정한 구역
④ 문자 피치(Character Pitch) : 인쇄 시 문자와 문자 사이의 간격을 표현한 단위로 피치가 클수록 문자 사이의 간격이 넓어짐

해설
- 문자 피치(Character Pitch)는 1인치에 인쇄되는 문자 수로 인쇄 시 문자와 문자 사이의 간격을 표시한다(프린터에서는 10, 12, 15 피치 등을 사용).
- 피치가 클수록 문자 사이의 간격이 좁아진다.

09 다음 중 글꼴의 표현 방식에 대하여 설명한 것으로 옳지 않은 것은?

① 비트맵(Bitmap) 글꼴은 점으로 글꼴을 표현하는 방식으로 확대하면 테두리가 거칠어지는 현상이 일어난다.
② 아웃라인(Outline) 글꼴은 문자의 외곽선 정보를 이용하여 문자를 표시한다.
③ 트루타입(True Type) 방식의 글꼴은 Windows에서 기본적으로 사용되는 글꼴로 위지윅(WYSIWYG) 기능을 제공한다.
④ 오픈타입(Open Type) 방식의 글꼴은 고도의 압축 기법을 통해 파일의 용량을 줄인 비트맵 형태의 글꼴로 주로 인쇄용 글꼴로 사용된다.

해설 오픈타입(Open Type) : 아웃라인(Outline) 방식으로 고도의 압축 기법을 통해 용량을 줄이고, 통신에서 폰트 전송에 사용된다.

정답 06 ④ 07 ③ 08 ④ 09 ④

10 다음 중 전자 출판(Electronic Publishing) 용어에 대한 설명으로 옳은 것은?

① 디더링(Dithering) : 2차원의 이미지에 광원, 위치, 색상 등을 첨가하여 사실감을 불어넣어 3차원 화상을 만드는 과정이다.
② 모핑(Morphing) : 그래픽 파일의 효과 넣기로 신문에 난 사진과 같이 미세한 점으로 나타내며, 각 점의 명암을 달리하여 영상을 표시한다.
③ 스프레드(Spread) : 대상체의 컬러가 배경색의 컬러보다 짙을 때에 겹쳐서 인쇄하는 방법이다.
④ 초크(Choke) : 이미지 변형 작업으로 채도, 조명도, 명암 등을 조절해 주는 기능이다.

해설
- 디더링 : 제한된 색상을 이용하여 복잡한 색을 구현해 내는 기법이다.
- 모핑 : 2개 이상의 이미지를 부드럽게 연결해 통합하는 기법으로 컴퓨터 그래픽, 영화 등에서 사용된다.
- 스프레드 : 대상체의 색상이 배경색보다 옅어서 대상체가 보이지 않는 현상이다.

11 다음은 문서의 기능 중 무엇에 대한 설명인가?

> 문서를 일정한 기준이나 원칙에 의해 작성하고 정리, 관리, 보관하여 후일 증빙 자료나 역사 자료로 사용한다.

① 의사 전달의 기능
② 의사 보존의 기능
③ 의사 교환의 기능
④ 의사 협조의 기능

해설 의사 전달 기능 : 조직의 의사를 내부 또는 외부로 전달시키는 기능이다.

12 다음 중 의례문서에 대한 설명으로 옳지 않은 것은?

① 감사장에는 상대방에게 진심을 담아 감사의 마음을 전하는 문구를 기재한다.
② 의례문서는 최소한 1개월 전에 수신자가 받을 수 있도록 발송한다.
③ 부고장에는 부고의 내용과 자손의 이름, 장일, 영결식장, 장지 등을 기재한다.
④ 초청장이나 안내문은 초대의 글이나 모임 주제를 쓰고 일시, 장소, 연락처를 기재한다.

해설 의례문서 중 초청장은 최소한 2주전에 수신자가 받을 수 있도록 발송한다.

13 다음 중 문서의 관리 과정에 대한 각 단계별 설명으로 옳지 않은 것은?

① 문서의 편철 : 문서 처리가 완결되면 차후 활용할 가치가 있는 문서를 묶어서 문서철을 만든다.
② 문서의 보존 : 각 서류 처리과에서 문서 처리 즉시 문서 분류법에 따라 분류하고, 보존하며 보존 기간 계산의 기산일은 기록물 생산 년도부터이다.
③ 문서의 보관 : 내용 처리가 끝난 날이 속한 연도 말일까지 각 부서의 문서 보관함에 넣고 활용 및 관리한다.
④ 문서의 폐기 : 보존 기간이 완료된 문서를 일괄 폐기한다.

해설 문서의 보존 : 문서의 보존 기간 동안만 보존 및 관리한다.

14 다음 중 행정 업무의 효율적 운영에 관한 규정에 따른 용어의 정의로 옳지 않은 것은?

① 전자문서란 컴퓨터 등 정보 처리 능력을 가진 장치에 의하여 전자적인 형태로 작성되거나 송신 및 수신 또는 저장된 문서를 말한다.
② 처리과란 업무 처리를 주관하는 과 및 담당관 등을 말한다.
③ 전자 이미지 서명이란 기안자, 검토자, 협조자, 결재권자 또는 발신명의인이 전자문서상에 전자적인 이미지 형태로 된 자기의 성명을 표시하는 것을 말한다.
④ 업무 관리 시스템이란 행정기관이 행정 정보를 생산, 수집, 가공, 저장, 검색, 제공, 송신, 수신하고 활용할 수 있도록 하드웨어/소프트웨어/데이터베이스 등을 통합한 시스템을 말한다.

정답 10 ④ 11 ② 12 ② 13 ② 14 ④

> **해설** 업무 관리 시스템은 하드웨어가 아닌 소프트웨어와 데이터베이스를 통합한 시스템이다.

15 다음 보기의 회사 관련 문서들을 회사명에 따라 명칭별 파일링하여 분류 정리하고자 한다. 순서가 올바르게 나열된 것은?

㉠ 신우무역	㉡ 신우상사
㉢ 상진물산	㉣ 선일기업
㉤ 승리테크	㉥ 상지설비

① ㉠ → ㉡ → ㉣ → ㉤ → ㉢ → ㉥
② ㉢ → ㉥ → ㉠ → ㉡ → ㉤ → ㉣
③ ㉥ → ㉢ → ㉤ → ㉣ → ㉠ → ㉡
④ ㉥ → ㉢ → ㉣ → ㉤ → ㉠ → ㉡

> **해설** ㄱ, ㄴ, ㄷ 순이나 ㅏ, ㅑ, ㅓ, ㅕ 순으로 분류하기 때문에 ㉥ → ㉢ → ㉣ → ㉤ → ㉠ → ㉡순으로 정리한다.

16 다음 중 전자문서의 관리에 대한 설명으로 옳지 않은 것은?

① 전자문서의 결재권자는 전자문서를 열람한 후 서명은 반드시 출력물에 해야 한다.
② 전자문서는 문서 등급에 따라 접근자의 범위가 지정되어 있다.
③ 전자문서는 검토자, 협조자 및 결재권자가 동시에 열람할 수 있다.
④ 전자문서는 종이 보관의 이관 시기와 동일하게 전자적으로 이관한다.

> **해설** 전자문서의 결재권자는 전자문서를 열람한 후 서명은 전자 결제 체계를 이용한다.

17 다음은 문서의 발송에 대한 설명이다. 옳지 않은 것은?

① 문서는 정보통신망을 이용하여 발신함을 원칙으로 한다.
② 전자문서는 행정기관의 홈 페이지 또는 공무원의 공식 전자 우편 주소를 이용하여 발송할 수 있다.
③ 종이문서인 경우에는 이를 복사하여 발송한다.
④ 모든 문서는 비밀 유지를 위해 반드시 암호화하여 발송하여야 한다.

> **해설** 비밀 유지를 위해 암호화를 할 경우 수신자가 암호를 해독하지 못하면 열 수가 없다.

18 다음의 내용이 기재된 거래 문서로 적절한 것은 무엇인가?

- 구매하려는 물품이나 필요한 사항들을 작성한 문서이다.
- 상품명, 금액, 수량, 납기일, 납입 방법, 지급 조건 등의 사항을 기재한다.

① 조사 보고서　② 물품 주문서
③ 업무 연락서　④ 업무 기획서

> **해설** 물품 주문서는 구매하려는 물건, 물품 등 필요한 사항들을 작성한 문서로 상품명, 금액, 수량, 납기일, 납입 방법, 지급 조건 등을 기재한다.

19 [보기 1]의 문장이 [보기 2]의 문장으로 수정되기 위해 필요한 교정 부호들로만 순서대로 올바르게 짝지어진 것은?

[보기 1]

행복한 사람은 특별한 환경 속에 살고 있는 사람이 아니라 특별한 마음자세를 갖고 살아가는 것이다.

[보기 2]

행복한 사람은 특별한 환경 속에 있는 사람이 아니라 특별한 마음 자세를 갖고 살아가는 사람이다.

① 
② 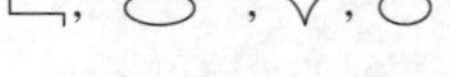
③
④

해설
- 행복한 사람은 → 　행복한 사람은 : 들여쓰기
- 환경 속에 살고 있는 → 환경 속에 있는 : 지우기(삭제)
- 마음자세를 → 마음 자세를 : 사이 띄우기
- 것이다. → 사람이다. : 글자 바꾸기(수정)

20 다음 중 문서의 분량이 증가되는 교정 부호로만 묶여진 것은?

① 

② 

③ 

④ 

해설
- 문서 분량이 증가하는 교정 부호 : 사이 띄우기, 삽입, 줄 바꾸기, 들여쓰기, 줄 삽입
- 문서 분량이 감소하는 교정 부호 : 붙이기, 삭제, 줄 잇기, 내어쓰기

2과목 | PC 운영 체제

21 한글 Windows에서 Windows 도움말 기능에 대한 설명으로 옳지 않은 것은?

① Windows 도움말에 있는 도움말의 일부를 복사하여 메모장에 붙여넣기 할 수 있다.
② Windows 도움말에 있는 도움말의 일부 내용에 대해 수정 및 삭제하고 저장할 수 있다.
③ Windows 도움말에 있는 도움말의 일부 내용에 대해 인쇄할 수 있다.
④ Windows 도움말에 있는 검색 상자에 원하는 항목을 입력하여 질문에 대한 답으로 확인할 수 있다.

해설 도움말 내용을 복사하거나 인쇄할 수 있지만 추가, 삭제, 이동은 불가능하다.

22 다음 중 한글 Windows에서 부팅 시 고급 옵션에서 지원하는 부팅 모드에 대한 설명으로 옳은 것은?

① 안전 모드 사용 : 기본 드라이버 및 DVD 드라이브, 네트워크 서비스만으로 부팅한다.
② 부팅 로깅 사용 : 화면 모드를 저해상도 디스플레이 모드인 '640×480' 해상도로 설정하여 부팅한다.
③ 디버깅 사용 : 잘못된 서명이 포함된 드라이버를 설치할 수 있도록 설정한다.
④ 드라이버 서명 적용 사용 안 함 : 부적절한 서명이 포함된 드라이버를 설치할 수 있도록 허용한다.

해설
- 안전 모드 사용 : Windows를 최소한의 기능으로 부팅하여 시스템의 각종 문제를 진단한다(CD-ROM, 프린터, 네트워크 카드, 사운드 카드 등은 사용할 수 없음).
- 부팅 로깅 사용 : 부팅 과정 중 일어나는 로딩 장치 드라이버에 대한 로그 파일을 작성한다.
- 디버깅 사용 : 직렬 케이블을 통해 다른 컴퓨터에 디버그 정보를 보내면서 컴퓨터를 부팅한다.

23 한글 Windows의 기능으로 옳지 않은 것은?

① 같은 컴퓨터를 여러 사용자가 사용할 수 있도록 사용자 계정을 설정할 수 있다.
② 방화벽을 이용하여 컴퓨터 바이러스를 사전에 차단하고 치료할 수 있다.
③ NTFS 파일 시스템을 FAT32 파일 시스템으로 변환하려면 해당 파티션을 포맷하여야 한다.
④ 여러 개의 프로그램을 동시에 실행하여 작업할 수 있다.

해설 Windows 방화벽은 인터넷을 통해 컴퓨터에 액세스하거나 새로운 프로그램이 설치될 때 보안 경고 창이 열리면서 시스템 보안을 관리하는 것으로 바이러스의 차단이나 치료는 할 수 없다.

24 한글 Windows에서 바탕 화면에 바로 가기 아이콘을 만드는 방법으로 옳지 않은 것은?

① 폴더 창에 있는 파일의 바로 가기 메뉴에서 [보내기]-[바탕 화면에 바로 가기 만들기]를 선택한다.
② 다른 드라이브에 있는 폴더를 바탕 화면으로 드래그 앤 드롭한다.
③ 바탕 화면에 있는 폴더의 바로 가기 메뉴에서 [바로 가기 만들기]를 선택한다.

정답 20 ① 21 ② 22 ④ 23 ② 24 ②

④ 해당 개체를 선택하고, Alt 키를 누른 상태에서 바탕 화면으로 드래그한다.

해설 보기 ②번의 경우 폴더 복사가 실행된다.

25 한글 Windows에서 불필요한 시작프로그램이 있는 경우 [시스템 구성] 대화 상자의 [시작프로그램] 탭에서 원하는 시작프로그램들을 삭제할 수 있다. 이때, [시작] 메뉴의 [실행] 대화 상자에서 어떤 명령어를 입력하여 [시스템 구성] 대화 상자를 열 수 있는가?

① ipconfig ② tracert
③ nbtstat ④ msconfig

해설 msconfig : [시스템 구성] 대화 상자를 호출하는 파일로 [일반], [부팅], [서비스], [시작프로그램], [도구] 탭으로 구성되어 있다.

26 한글 Windows에서 [휴지통 속성] 대화 상자에서 할 수 있는 작업으로 옳지 않은 것은?

① 휴지통의 크기를 하드 디스크 드라이브마다 MB 단위로 지정할 수 있다.
② 휴지통의 실제 파일이 저장된 폴더 위치를 지정할 수 있다.
③ 파일이나 폴더가 삭제될 때 휴지통에 버리지 않고, 바로 제거되도록 설정할 수 있다.
④ 파일이나 폴더가 삭제될 때 마다 삭제 확인 대화 상자 표시를 하도록 설정할 수 있다.

해설
- 폴더 위치를 지정할 수 있다. → 폴더 위치를 지정할 수 없다.
- [휴지통 속성] 대화 상자 : 휴지통 최대 크기, 파일을 휴지통에 버리지 않고 삭제할 때 바로 제거, 삭제 확인 대화 상자 표시 등을 설정할 수 있다.

27 한글 Windows의 임의의 폴더 창에 대한 설명으로 옳지 않은 것은?

① 폴더와 파일 목록을 표시하는 방법으로는 큰 아이콘, 자세히, 나란히 보기로 3가지가 있다.
② 탐색 창에서 특정 드라이브를 선택하고 오른쪽 숫자 키패드의 * 키를 누르면 드라이브 내의 모든 폴더가 트리 구조로 표시된다.
③ 연속적인 파일을 선택하고자 할 때에는 Shift 키와 함께 클릭한다.
④ 특정 폴더에 대해 압축(ZIP) 폴더를 만들 수 있다.

해설 폴더와 파일 목록을 표시하는 방법으로는 아주 큰 아이콘, 큰 아이콘, 보통 아이콘, 작은 아이콘, 목록, 자세히, 타일, 내용이 있다.

28 한글 Windows에서 폴더의 속성 대화 상자를 이용하여 확인할 수 있는 내용으로 옳지 않은 것은?

① 로컬이나 네트워크를 이용한 공유 및 보안을 설정할 수 있다.
② 폴더의 위치와 크기, 디스크 할당 크기를 확인할 수 있다.
③ 폴더를 만든 날짜, 현재 버전의 수정 및 액세스한 날짜를 확인할 수 있다.
④ 선택한 폴더의 아이콘 그림을 변경할 수 있다.

해설 액세스한 날짜는 폴더 속성이 아닌 파일 속성 대화 상자에서 확인할 수 있다.

29 한글 Windows에 포함된 멀티미디어 관련 프로그램 및 기능에 관한 설명으로 옳지 않은 것은?

① [Windows Media Player]는 AVI, WMV, ASF 등과 같은 디지털 미디어 파일을 재생할 수 있다.
② [음성 녹음기]를 이용하면 사운드를 녹음하여 MP3 확장자를 갖는 파일로 저장할 수 있다.
③ [비디오 편집기]를 이용하여 제작할 영상 파일들을 불러와서 동영상을 만들고 편집할 수 있다.
④ 다운로드한 스킨을 사용하여 [Windows Media Player] 창의 모양을 변경할 수 있다.

해설 음성 녹음기 : 소리 파일(*.wav)을 녹음, 재생, 편집할 수 있다.

정답 25 ④ 26 ② 27 ① 28 ③ 29 ②

30 한글 Windows의 [명령 프롬프트] 창에서 할 수 있는 작업으로 옳지 않은 것은?

① MS-DOS 운영 체제용 명령어와 프로그램을 사용할 수 있다.
② 사용자의 ID가 sanggong이면 [명령 프롬프트] 창의 초기 설정 디렉토리는 C:₩Users₩sanggong이다.
③ 제목 표시줄에서 바로 가기 메뉴의 [속성]을 이용하면 커서의 크기, 글꼴, 배경색, 글꼴 색을 변경할 수 있다.
④ 제목 표시줄에서 바로 가기 메뉴의 [편집]을 이용하면 [명령 프롬프트] 창에 표시되는 텍스트나 그림, 동영상을 복사하여 다른 응용 프로그램에 붙여 넣을 수 있다.

해설
- 제목 표시줄에서 바로 가기 메뉴의 [편집]을 선택하면 [표시], [복사], [붙여넣기], [모두 선택], [스크롤], [찾기] 메뉴만 사용할 수 있다.
- 명령 프롬프트 창에는 그림이나 동영상이 표시되지 않는다.

31 한글 Windows에서 새로운 프린터를 추가하기 위한 [프린터 추가]에 관한 설명으로 옳지 않은 것은?

① [장치 및 프린터] 창에서 [프린터 추가]를 선택하여 작업을 수행한다.
② [프린터 추가]를 수행하는 과정에서 네트워크, 무선 또는 Bluetooth 프린터와 로컬 프린터로 구분하여 설치할 수 있다.
③ USB 포트에 연결되는 플러그 앤 플레이 프린터가 있으면 [프린터 추가]를 사용할 필요가 없다.
④ [프린터 추가]를 이용하여 설치된 새로운 로컬 프린터는 항상 기본 프린터로 지정된다.

해설 기본 프린터는 인쇄 시 특정 프린터를 지정하지 않은 경우 자동으로 인쇄 작업이 수행되는 프린터로 로컬 프린터가 항상 기본 프린터로 지정되는 것은 아니다.

32 한글 Windows의 [시스템] 창에서만 확인할 수 있는 내용으로 옳지 않은 것은?

① 현재 사용 중인 Windows의 버전 및 서비스 팩 설치 상황을 확인할 수 있다.
② 현재 사용 중인 Windows의 정품 인증 여부를 확인할 수 있다.
③ 현재 사용 중인 컴퓨터의 프로세서 종류, 설치된 메모리, 시스템 종류 등을 확인할 수 있다.
④ 현재 사용 중인 컴퓨터에 대한 TCP/IPv4 속성을 확인하고 설정할 수 있다.

해설 보기 ④번은 [이더넷 속성] 대화 상자의 [네트워킹] 탭에서 가능하다.

33 한글 Windows의 디스크 정리에 대한 설명으로 옳은 것은?

① 디스크 정리를 통해 휴지통, 임시 인터넷 파일, 설치 로그 파일 등을 제거할 수 있다.
② 최근에 복원한 내용을 포함한 모든 파일을 제거하여 디스크 공간을 늘릴 수 있다.
③ C 드라이브에 있는 WINDOWS 폴더를 제거하여 디스크 공간을 늘릴 수 있다.
④ 조각난 파일, 인접한 파일, 이동할 수 없는 파일 등을 삭제하여 디스크 공간을 늘릴 수 있다.

해설
- ② 최근 복원한 내용을 포함한 모든 파일을 디스크 정리로 제거할 수는 없다.
- ③ C 드라이브에 있는 WINDOWS 폴더를 제거할 경우 컴퓨터 사용이 불가능하다.
- ④ 드라이브 조각 모음에 대한 설명이다.

34 한글 Windows에서 할 수 있는 디스크 포맷에 관한 설명으로 옳지 않은 것은?

① 디스크를 포맷하면 디스크의 모든 데이터가 지워진다.
② 빠른 포맷은 디스크의 불량 섹터를 검색하지 않고, 디스크에서 파일을 제거한다.
③ 디스크 포맷 창에서 용량, 파일 시스템, 할당 단위 크기, 볼륨 레이블 등의 확인도 가능하다.
④ 로컬 디스크 (C:)의 포맷 창에서 MS-DOS 시동 디스크를 만들 수 있다.

정답 30 ④ 31 ④ 32 ④ 33 ① 34 ④

해설 최근 컴퓨터는 로컬 디스크(C:)의 포맷 창에서 MS-DOS 시동 디스크를 만들 수 없다.

35 한글 Windows에서 새로운 하드웨어 추가와 관련된 설명으로 옳지 않은 것은?

① 제어판의 [장치 및 프린터]를 사용하면 컴퓨터에 연결된 장치를 빠르게 확인할 수 있다.
② 플러그 앤 플레이(PNP)를 지원하지 않는 하드웨어의 경우 [동작]-[레거시 하드웨어 추가]를 선택한다.
③ 모든 하드웨어는 Windows Update를 통해 자동으로 설치할 수 있다.
④ 컴퓨터에 연결하기만 하면 대부분의 하드웨어 또는 모바일 장치를 설치할 수 있다.

해설 Windows Update를 통해 자동으로 설치할 수 있는 것은 소프트웨어이다.

36 한글 Windows의 [접근성 센터] 창에서 수행 가능한 작업으로 옳지 않은 것은?

① 내레이터 시작을 하면 내레이터가 화면에 나타나는 모든 텍스트를 소리 내어 읽어준다.
② 시스템 아이콘의 켜기/끄기를 선택할 수 있다.
③ 시각 장애가 있는 사용자를 위해 돋보기를 사용하면 화면에서 원하는 영역을 확대하여 크게 표시할 수 있다.
④ 마우스 포인터의 색과 크기를 변경할 수 있다.

해설 보기 ②번은 [작업 표시줄 설정] 창의 '알림 영역'에서 설정할 수 있다.

37 한글 Windows의 [시스템]에 있는 [디스플레이] 창에서 설정할 수 있는 기능으로 옳지 않은 것은?

① 사용하는 모니터를 기반으로 화면 해상도, 방향, 고급 설정 등 최상의 디스플레이 설정을 할 수 있다.
② 텍스트, 앱 및 기타 항목의 크기를 변경할 수 있다.
③ 하나의 시스템에 여러 대의 모니터를 연결할 수 있으며, 이런 경우 각 모니터를 개별적으로 설정할 수 있다.
④ 비디오 카드/드라이버 정보를 확인한 후 드라이버를 다시 설정할 수 있다.

해설 보기 ④번은 장치 관리자 창에서 가능하다.

38 한글 Windows의 [네트워크 및 공유 센터] 창에서 할 수 있는 작업으로 옳지 않은 것은?

① 활성 네트워크 보기에서는 연결된 네트워크 종류, 액세스 형식, 연결 상태 등의 정보를 확인할 수 있다.
② 무선, 광대역, 전화 접속 연결 등을 설정하거나 라우터 또는 액세스 지점을 설정할 수 있다.
③ 다른 네트워크 컴퓨터에 있는 파일이나 프린터에 액세스하거나 공유 설정을 변경할 수 있다.
④ 다른 컴퓨터에서 해당 컴퓨터를 사용할 수 있도록 원격 지원 연결을 허용한다.

해설 보기 ④번은 내 PC의 바로 가기 메뉴에서 [속성]을 선택한 후 [시스템] 창에서 가능하다.

39 한글 Windows에서 네트워크 기능 유형에 대한 설명으로 옳지 않은 것은?

① 프로토콜은 서로 다른 컴퓨터 간에 정보 교환이 가능하도록 하는 통신 규약이다.
② 클라이언트는 네트워크의 다른 컴퓨터나 서버에 연결하여 파일이나 프린터 등의 공유 자원을 사용할 수 있도록 한 소프트웨어이다.
③ 어댑터는 컴퓨터를 네트워크에서 물리적으로 연결하는 소프트웨어이다.
④ 서비스는 내 컴퓨터에 설치된 파일, 프린터 등의 자원을 다른 컴퓨터에서 공유할 수 있도록 하는 소프트웨어이다.

정답 35 ③ 36 ② 37 ④ 38 ④ 39 ③

해설 어댑터 : 컴퓨터를 물리적으로 네트워크에 연결하는 하드웨어 장치로 [이더넷 속성] 대화 상자에서 연결에 사용된 어댑터 장치를 확인할 수 있다.

40 한글 Windows에서 인터넷을 연결하기 위한 TCP/IP 속성 대화 상자에서 서브넷 마스크에 관한 설명으로 옳은 것은?

① DHCP를 이용한 유동 IP 주소를 설정할 때 사용한다.
② IP 주소와 결합하여 네트워크 주소와 호스트 주소를 구분하기 위하여 사용한다.
③ IPv4 주소 체계에서는 256비트의 주소로 구성된다.
④ 네트워크 사이에 IP 패킷을 라우팅 할 때 사용되는 주소이다.

해설 서브넷 마스크 : IP 주소와 사용자 컴퓨터가 속한 네트워크를 구별한다(IPv4 의 네트워크 주소와 호스트 주소를 구별).

3과목 | 컴퓨터와 정보 활용

41 다음에서 설명하는 자료 표현 방식은?

- 오류를 스스로 검출하여 교정이 가능한 코드이다.
- 2bit의 오류를 검출할 수 있고, 1bit의 오류를 교정할 수 있다.
- 데이터 비트 외에 오류 검출 및 교정을 위한 잉여 비트가 많이 필요하다.

① Gray 코드
② Excess-3 코드
③ Hamming 코드
④ 패리티 검사 코드

해설
- ① 아날로그-디지털 변환 또는 데이터 전송 등에 사용되는 코드이다.
- ② 8421 코드에 3을 더한 자기 보수 코드로 연산에 용이하다.
- ④ 데이터 전송 중 발생하는 오류를 검사하는 에러 검출용 코드이다.

42 다음 중 보조 기억 장치를 논리 어드레스 공간으로 설정하여 실제의 어드레스 공간보다 훨씬 큰 주기억 장치를 갖고 있는 것처럼 운용하는 방식을 무엇이라고 하는가?

① Cache Memory
② Virtual Memory
③ CAM Memory
④ Buffer Memory

해설
- ① CPU와 주기억 장치 사이의 실행 속도를 높이기 위해 사용되는 고속(로컬) 메모리이다.
- ③ 주소 대신 기억된 정보를 이용하여 기억 장치에 접근하는 장치이다.
- ④ CPU와 주변 장치 사이의 속도 차이를 줄이기 위한 임시 메모리이다.

43 다음 중 운영 체제에 대한 설명으로 옳지 않은 것은?

① 리눅스는 프로그램 소스 코드가 공개되어 있어 프로그래머가 원하는 대로 특정 기능을 추가할 수 있고, 어느 플랫폼에도 포팅이 가능하다.
② 유닉스는 C 언어로 쓰여진 최초의 개방형 표준 운영 체제로 다중 사용자 및 멀티태스킹 기능을 제공한다.
③ 임베디드는 보통 하드웨어에 내장되어 있는 운영 체제로 전자 제품, PDA, 휴대 전화, 디지털 카메라 등 소형 정보 기기와 자동차에 주로 사용된다.
④ 안드로이드는 유닉스 계열 모바일 운영 체제로 C, JAVA, BASIC 등의 언어로 응용 프로그램을 작성할 수 있다.

해설 안드로이드 : 구글사에서 개발한 모바일 운영 체제로 리눅스 커널을 기반으로 통신사에서 무료로 사용하지만 보안에 취약하다.

44 다음은 명령어 주소 지정 방식 중 무엇에 대한 설명인가?

오퍼랜드에 유효 주소가 저장되어 있는 주소를 가리키는 방식

정답 40 ② 41 ③ 42 ② 43 ④ 44 ③

① 묵시적 주소 지정 방식
② 직접 주소 지정 방식
③ 간접 주소 지정 방식
④ 즉시 주소 지정 방식

해설
- ① 스택(Stack)을 이용하는 0-주소 지정 방식에 사용된다.
- ② 주소 부분 값이 실제 데이터가 기억된 메모리 내의 주소를 나타낸다.
- ④ 주소 부분 값이 실제 데이터를 기억시키며, 메모리의 참조 횟수는 0회이다.

45 소프트웨어 개발은 개발 절차상의 정해진 순서에 따라 개발한다. 다음 보기 중에서 개발 순서를 올바르게 나열한 것은?

㉠ 기초 설계 및 상세 설계	㉡ 요구 분석
㉢ 테스트	㉣ 구현
㉤ 유지 보수	

① ㉠ → ㉡ → ㉢ → ㉣ → ㉤
② ㉡ → ㉠ → ㉣ → ㉢ → ㉤
③ ㉡ → ㉠ → ㉢ → ㉣ → ㉤
④ ㉡ → ㉠ → ㉤ → ㉢ → ㉣

해설 소프트웨어 개발 순서 : 요구 분석 → 기초 설계 및 상세 설계 → 구현 → 검사(테스트) → 유지 보수

46 PC를 켰더니 "CMOS checksum error" 메시지가 표시되어 CMOS 셋업(Setup)에 들어가서 CMOS 재설정을 해주었다. 그런데 PC 종료 후 1시간 뒤에 다시 PC를 켰더니 똑같은 메시지가 표시된다면 이때, 해야 할 작업으로 가장 적절한 것은?

① CMOS 셋업에서 하드웨어 사양을 정확히 설정해 준다.
② CMOS의 배터리를 교환해 준다.
③ CPU와 RAM을 교환해 준다.
④ CMOS 셋업에서 컴퓨터의 부팅 순서를 변경해 준다.

해설 CMOS Checksum Error가 발생하는 것은 CMOS 내용이 잘못된 경우로 CMOS를 재설정하거나 배터리를 교체한다.

47 다음 중 멀티미디어 데이터에 관한 설명으로 옳지 않은 것은?

① MOV 파일은 애플사에서 개발한 JPEG 압축 방식을 사용하는 동영상 파일이다.
② MIDI 파일은 연주 정보만 저장하므로 WAV 파일보다 크기가 작다.
③ MP3 파일은 MPEG-3 규격의 압축 기술을 사용한다.
④ WMV 파일은 스트리밍 서비스 지원이 가능하다.

해설 MP3 : MPEG-1에서 오디오 압축 기술을 이용하여 만든 오디오 데이터의 디지털 파일 양식이다.

48 다음에서 설명하는 용어는 무엇인가?

- 존 매카시가 "컴퓨팅 환경은 공공 시설을 쓰는 것과도 같을 것"이라고 한데서 유래되었다.
- 인터넷상에서 서버 및 회선, 플랫폼, 소프트웨어 등과 같은 정보 기술 자원을 소유하지 않고, 서비스 형태로 빌려 쓰는 방식이다.
- 매우 큰 가상화된 컴퓨팅 환경이다.

① 웨어러블 컴퓨팅　② 클라우드 컴퓨팅
③ 가상 사설망　④ 분산 컴퓨팅

해설 클라우드 컴퓨팅(Cloud Computing) : 무형의 형태로 존재하는 하드웨어/소프트웨어 등의 컴퓨팅 자원을 자신이 필요한 만큼 빌려 쓰고 이에 대한 사용 요금을 지급하는 방식의 컴퓨팅 서비스로 서로 다른 물리적 위치에 존재하는 컴퓨팅 자원을 가상화 기술로 통합해 제공한다.

49 다음 중 정보 보안에서 송수신자가 송수신 사실을 인정하지 않는 것을 막기 위한 기능을 의미하는 용어는?

① 기밀성　② 무결성
③ 부인 방지　④ 접근 제어

해설
- ① 전달 내용을 제3자가 획득하지 못하도록 하는 것으로 시스템의 정보와 자원은 인가된 사용자에게만 허용한다.
- ② 시스템 내의 정보는 인가 받은 사용자만 수정할 수 있으며, 정보 전달 도중에는 데이터를 보호하여 항상 올바른 데이터를 유지한다.
- ④ 시스템의 자원 이용에 대한 불법적인 접근을 방지하는 과정으로 크래커의 침입으로부터 보호한다.

정답 ▶ 45 ②　46 ②　47 ③　48 ②　49 ③

50 다음 중 전송 매체인 광섬유 케이블(Optical Fiber Cable)에 대한 설명으로 옳지 않은 것은?

① 코어와 클래딩, 코팅 부분으로 구성된다.
② 넓은 대역폭을 제공하므로 데이터의 전송률이 높다.
③ 가늘고 가벼우며 외부 잡음 등의 영향을 거의 받지 않는다.
④ 다른 전송 매체에 비해 설치 비용이 저가이며, 시공이 쉽기 때문에 가정용 전화기나 개인용 컴퓨터 연결에 주로 사용된다.

해설 광섬유 케이블은 다른 전송 매체에 비해 설치 비용이 고가이다.

51 다음 중 인터넷 관련 용어의 설명으로 옳지 않은 것은?

① 데몬(Daemon)은 사용자가 직접적으로 제어하지 않고, 백그라운드에서 돌면서 주기적인 서비스 요청 등 여러 작업을 하는 프로그램을 말한다.
② 푸쉬(Push)는 인터넷에서 사용자의 요청에 의지하지 않고, 서버의 작용에 의해서 서버 상에 있는 정보를 클라이언트로 자동 배포(전송)하는 것을 말한다.
③ 미러 사이트(Mirror Site)는 인기 있는 웹 사이트의 경우 사이트 부하를 분산하기 위해 2개 이상의 파일 서버로 똑같은 내용을 분산시켜 보유하고 있는 사이트를 말한다.
④ 핑거(Finger)란 지정한 IP 주소 통신 장비의 통신망이 연결을 확인하기 위한 것으로 통신 규약으로는 인터넷 제어 메시지 프로토콜(ICMP)을 사용한다.

해설 핑거(Finger) : 특정 시스템을 사용하고 있는 사용자의 정보를 서버(Server)에서 알아보기 위한 서비스이다.

52 다음 중 네트워크상에서 물리적인 네트워크 주소(MAC ; Media Access Control)를 IP 주소로 대응시키기 위해 사용되는 프로토콜은 어느 것인가?

① RARP ② ARP
③ SLIP ④ SNMP

해설 RARP : 네트워크상에서 물리적 네트워크 주소(MAC)를 IP 주소로 대응시키기 위한 프로토콜로 호스트가 IP 주소를 모르는 경우 이를 서버로부터 요청하기 위해 사용한다.

53 컴퓨터 이용의 확산과 함께 정보 보호를 위해서는 시스템을 안전하게 보호하는 것이 매우 중요하다. 다음의 보안 방법에 대한 설명 중 옳지 않은 것은?

① 개인의 지문을 통해 사용자 인증을 할 수 있다.
② 방화벽을 설치하여 외부에서 들어오는 좋지 않은 정보들의 불법 침입을 막는다.
③ 비밀키 암호화 기법은 키의 크기가 크고, 알고리즘이 복잡하여 효율성이 떨어지는 단점이 있다.
④ 워터마킹을 통해 디지털 콘텐츠에 저작권의 정보를 삽입하여 불법 복제를 막는다.

해설 비밀키 암호화 기법은 파일의 크기가 작아 경제적이고, 알고리즘이 간단하여 실행 속도가 빠르다.

54 다음 중 컴퓨터 바이러스에 대한 설명으로 옳지 않은 것은?

① 스크립트 바이러스는 대상 스크립트가 포함된 파일을 감염시키는데, 스크립트로 작성된 바이러스 코드를 스크립트가 포함된 다른 파일에 복제한다.
② 파일의 확장자가 DLL 또는 COM, EXE인 실행 가능한 프로그램 파일에 감염되는 바이러스를 파일 바이러스라고 한다.
③ 하드 디스크의 부트 섹터에 자리 잡는 바이러스를 부트 바이러스라고 한다.
④ 매크로 바이러스는 엑셀과 워드 문서는 감염시키지 않는다.

해설 매크로 바이러스 : MS-Word나 엑셀의 매크로(Macro) 파일을 손상시키는 바이러스이다.

55 다음에서 설명하는 용어로 적합한 것은?

> 모든 사물에 부착된 RFID 태그 또는 센서를 통해 탐지된 사물의 인식 정보는 물론 주변의 온도, 습도, 위치 정보, 압력, 오염 및 균열 정도 등과 같은 환경 정보를 실시간으로 네트워크와 연결하여 수집하고 관리하는 네트워크 시스템이다.

① BT ② VAN
③ USN ④ URI

정답 50 ④ 51 ④ 52 ① 53 ③ 54 ④ 55 ③

해설 유비쿼터스 센서 네트워크(USN) : 제품이나 사물에 전자 태그(RFID Tag)를 부착하고, 이를 통해 제품(사물)에 대한 정보와 주변 환경 정보까지 탐지하여 실시간으로 정보를 통합 관리하는 기술이다.

56 다음 설명에 해당하는 용어는?

- 휴대폰을 모뎀으로 활용할 수 있는 기능이다.
- 노트북과 같은 IT 기기를 휴대폰에 연결하여 무선 인터넷을 사용할 수 있다.

① 와이브로(WiBro)
② 블루투스(Bluetooth)
③ 테더링(Tethering)
④ 3G(3Generation)

해설
- ① 휴대폰, 노트북, PDA 등을 이용하면서 초고속 인터넷에 접속할 수 있는 무선 광대역(인터넷) 서비스이다.
- ② 근거리 무선 접속을 지원하기 위해 사용되는 대표적인 통신 기술이다.

57 다음은 전자 우편에 사용되는 프로토콜 중 무엇에 대한 설명인가?

사용자의 컴퓨터에서 작성된 메일을 다른 사람의 계정이 있는 곳으로 전송하는 프로토콜

① IMAP ② MIME
③ SMTP ④ POP3

해설
- ① 전자 우편의 수신을 담당하며, 제목과 송신자를 보고 메일을 다운로드 할 것인지를 결정한다.
- ② 웹 브라우저가 지원하지 않는 멀티미디어 메일의 송신을 담당한다.
- ④ 전자 우편의 수신을 담당하며, 제목과 내용을 한번에 다운받는다.

58 다음 중 개인정보보호에 관한 설명으로 옳지 않은 것은?

① 개인정보처리자는 정보 주체의 개인정보가 분실, 도난, 유출, 위조, 변조 또는 훼손되지 않도록 해야 한다.
② 기업은 개인정보보호를 시작하기 위해서 개인정보보호 전담자와 조직을 만들어야 한다.
③ 개인정보보호에 문제가 생겼을 때는 IT 부서 책임자나 최고보안책임자를 제외하고 경영자가 책임을 져야 한다.
④ 개인정보보호는 개인정보 자기 결정권이 철저히 보장될 수 있도록 하는 일련의 행위이다.

해설 개인정보보호에 문제가 생겼을 때는 IT 부서 책임자나 최고보안책임자도 책임자로 분류된다.

59 다음 중 롬(ROM)에 대한 설명으로 옳은 것은?

① Mask ROM은 읽고 쓰기가 가능한 기억 장치이다.
② 시스템 프로그램(BIOS)이나 글자체(Font) 등이 저장되어 있으며, 전원이 끊어지면 내용이 소멸된다.
③ 많은 양의 문서 파일이나 응용 프로그램을 보존하는데 적합한 기억 장치이다.
④ EEPROM은 기록된 내용을 전기적인 방법으로 지우고, 다시 기록할 수 있으며 플래시 메모리로 사용되기도 한다.

해설
- Mask ROM : 제조 과정에서 필요한 정보를 미리 기록한다.
- ② 전원이 끊어지면 내용이 소멸된다. → 전원이 꺼져도 기억된 내용이 지워지지 않는다.
- 보기 ③번은 보조 기억 장치에 대한 설명이다.

60 다음 중 제어 장치에서 사용되는 레지스터로만 묶인 것은?

① 가산기, 메모리 주소 레지스터, 메모리 버퍼 레지스터
② 부호기, 명령 해독기, 데이터 레지스터
③ 명령 해독기, 메모리 주소 레지스터, 프로그램 카운터
④ 프로그램 카운터, 상태 레지스터, 누산기

해설 제어 장치 : 프로그램 카운터(PC), 명령 레지스터(IR), 명령 해독기(ID), 번지 해독기(AD), 부호기(Encoder), 기억 주소 레지스터(MAR), 기억 버퍼 레지스터(MBR)

정답 56 ③ 57 ③ 58 ③ 59 ④ 60 ③

2015년 10월 17일 시행 기출문제

점

1과목 | 워드프로세싱 일반

01 다음 중 워드프로세서 관련 용어에 대한 설명으로 옳지 않은 것은?

① 색인(Index) : 문서에 사용된 단어나 어휘를 빠르게 찾기 위해서 페이지 번호를 표시해 두는 기능이다.
② 프린터 버퍼(Printer Buffer) : 인쇄할 내용을 임시로 보관하는 기억 장소이다.
③ 소수점 탭(Decimal Tab) : 수치 자료의 경우 소수점을 중심으로 정수와 소수 부분을 정렬하는 기능이다.
④ 래그드(Ragged) : 단어가 줄의 끝에서 잘릴 경우 단어 전체를 다음 줄로 이동시키는 기능이다.

해설
- 래그드(Ragged) : 문단의 한 쪽 끝이 정렬되지 않은 상태로 각 행 끝에서 Enter 키를 누르면 발생한다.
- 보기 ④번은 워드 랩(Word Wrap)에 대한 설명이다.

02 다음 중 워드프로세서에 관련된 설명으로 옳지 않은 것은?

① 다양한 형태의 문서를 손쉽게 작성하고, 인쇄할 수 있도록 해준다.
② 사무자동화의 핵심적인 요소로 데이터베이스 관리 및 처리가 주요 기능이다.
③ 문서 작성 및 관리가 전산화됨으로써 보다 효율적인 업무 처리를 할 수 있다.
④ 간단한 표 계산 기능 및 차트 기능도 지원한다.

해설 데이터베이스 관리 및 처리는 액세스(Access)에 대한 설명이다.

03 다음의 보기에서 설명하는 워드프로세서의 기능은?

> 문서를 작성하면서 글자 입력 도중에 Enter 키를 누른 곳을 줄 바꿈 문자(↵)로 화면에 표시해 주는 기능

① 화면 구성　② 교정 부호
③ 문단 부호　④ 문단 모양

해설 보기는 문단 부호에 대한 설명으로 [보기] 메뉴에서 선택할 수 있다.

04 다음 중 워드프로세서의 인쇄 기능에 대한 설명으로 옳지 않은 것은?

① 미리 보기 기능을 이용하여 문서의 전체 윤곽을 확인할 수 있다.
② 문서의 일부분만 인쇄할 수 있고, 문서의 내용을 파일로 인쇄할 수 있다.
③ 인쇄 매수를 지정하여 동일한 문서를 여러 번 인쇄할 수 있다.
④ 인쇄할 때 프린터의 해상도를 높게 설정하면 선명하게 인쇄되고 출력 속도도 빨라진다.

해설 인쇄할 때 프린터의 해상도를 높게 설정하면 선명하게 인쇄되지만 출력 속도는 느려진다.

05 다음 중 한자를 입력하려 할 때 음을 알고 있을 경우 사용할 수 있는 변환 방법으로 옳지 않은 것은?

① 음절 단위 변환　② 외자 입력 변환
③ 단어 단위 변환　④ 문장 자동 변환

해설
- 한자의 음을 알 경우 : 음절 단위 변환, 단어 단위 변환, 문장 자동 변환
- 한자의 음을 모를 경우 : 부수 입력, 외자 입력, 2 Stroke 입력

06 다음 중 문서를 편집할 때 삽입, 삭제, 수정에 대한 설명으로 옳지 않은 것은?

① 삽입 상태에서 삽입할 위치에 커서를 두고 새로운 내용을 입력하면 원래의 내용은 뒤로 밀려나며 내용이 입력된다.

정답 01 ④　02 ②　03 ③　04 ④　05 ②　06 ④

② 임의의 내용을 블록(영역) 지정한 후 Delete 키를 누르면 영역을 지정한 곳의 내용은 모두 삭제된다.
③ Delete 키는 커서는 움직이지 않고, 오른쪽 문자열을 하나씩 삭제한다.
④ SpaceBar 키는 삽입 상태에서 커서를 오른쪽으로 이동시키면서 한 문자씩 삭제한다.

해설 SpaceBar 키는 수정 상태에서 커서를 오른쪽으로 이동시키면서 한 문자씩 삭제한다.

07 다음 중 검색과 치환에 대한 설명으로 옳지 않은 것은?

① 한글, 영문, 특수 문자의 검색과 치환이 가능하다.
② 검색은 문서의 내용에 변화를 주지 않지만 치환은 문서의 내용에 변화를 줄 수 있다.
③ 검색은 '찾기'라고도 하고, 치환은 '찾아 바꾸기'라고도 한다.
④ 치환은 검색할 방향을 지정할 수 없다.

해설 검색할 방향을 아래쪽, 위쪽, 문서 전체로 지정할 수 있다.

08 다음 워드프로세서의 용어 설명 중 올바른 것은?

① 스타일(Style)이란 문서의 전체적인 내용은 동일하지만 특정 부분만 다른 여러 개의 문서를 만들 때 사용하는 기능이다.
② 개체(Object)란 문서에 삽입하는 그림, 동영상, 차트, 소리 등을 말한다.
③ 로드(Load)란 주기억 장치의 데이터를 보조 기억 장치로 옮기는 과정을 말한다.
④ 상용구(Glossary)란 자주 사용되는 반복적인 키보드 동작을 단축키로 저장하였다가 필요할 때 단축키를 눌러 쉽고, 빠르게 작업할 수 있는 기능이다.

해설
- 스타일 : 문서에서 자주 사용하는 표준 서식을 특정 이름으로 저장하여 필요할 때 사용하는 기능이다.
- 로드 : 보조 기억 장치에 기억된 내용을 주기억 장치로 이동하는 기능이다.
- 상용구 : 자주 사용하는 문자열을 미리 등록하였다가 필요할 때 입력하는 기능이다.

09 다음의 그림은 A형 용지이다. 인쇄 용지의 규격을 올바르게 나열한 것은?

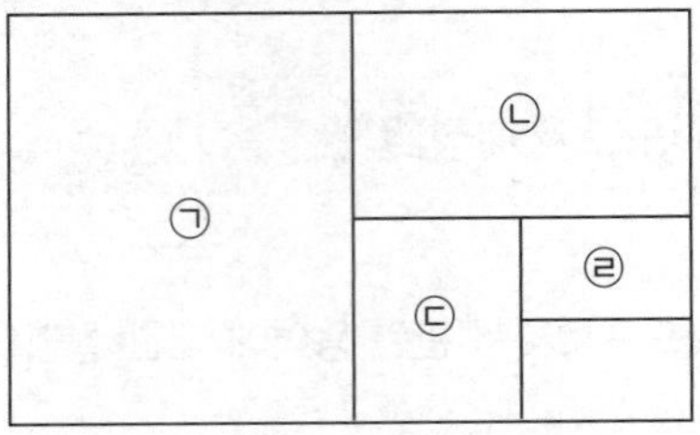

① ㉠ : A1 → ㉡ : A3 → ㉢ : A5 → ㉣ : A7
② ㉠ : A2 → ㉡ : A4 → ㉢ : A6 → ㉣ : A8
③ ㉠ : A6 → ㉡ : A5 → ㉢ : A4 → ㉣ : A3
④ ㉠ : A3 → ㉡ : A4 → ㉢ : A5 → ㉣ : A6

해설 A3 : 297mm × 420mm, A4 : 210mm × 297mm, A5 : 148mm × 210mm

10 다음은 DTP(Desk Top Publishing) 관련 용어의 설명이다. 옳지 않은 것은?

① 커닝(Kerning) : 글자의 특성에 따라 글자와 글자 사이의 간격을 조정하는 작업
② 디더링(Dithering) : 이미지에 포함된 도형이나 문자 등의 구성 요소를 찾아내는 기법
③ 오버 프린트(Over Print) : 문자 위에 겹쳐서 문자를 중복 인쇄하는 작업이나 배경색이 인쇄된 후 다시 인쇄하는 방법
④ 모핑(Morphing) : 2개의 이미지를 부드럽게 연결해 변환, 통합하는 것으로 컴퓨터 그래픽, 영화 등에서 응용되는 기법

해설 디더링(Dithering) : 제한된 색상을 이용하여 복잡한 색을 구현해 내는 기법이다.

11 다음 중 배포문서를 특별한 절차 없이 다른 부서나 사람에게 보고 또는 열람시킬 때의 문서를 무엇이라고 하는가?

정답 07 ④ 08 ② 09 ④ 10 ② 11 ④

① 폐기문서 ② 합의문서
③ 보존문서 ④ 공람문서

해설 • ① 문서의 보존 가치가 상실되어 폐기 처분하는 문서이다.
• ② 기안문서에 있는 내용과 관련 있는 부서에 협조를 얻어 합의하는 문서이다.
• ③ 자주 사용하지 않지만 보존 가치가 있어 처리과 등에서 보존중인 문서이다.

12 통지서는 비즈니스와 관련하여 기업 간에 주고받음으로써 상대방에게 일정한 정보를 전달하는 업무상의 통지이다. 다음 중 옳지 않은 것은?

① 전달하고자 하는 내용을 정확하고 일목요연하게 작성한다.
② 육하원칙에 따라 작성하는 것이 좋다.
③ 예의를 갖추기 위하여 의례적인 인사말 등 문구를 될 수 있는 한 자세히 쓴다.
④ 금액, 날짜 등 숫자의 작성에는 특별히 주의한다.

해설 통지서의 경우 예의를 갖추기 위한 의례적인 인사말 등의 문구를 자세히 쓸 필요는 없다.

13 다음은 사외문서의 본문에 대한 설명이다. 본문에 해당되지 않는 것은?

① 주문에는 문서의 핵심으로 전하고자 하는 내용을 간결, 명확하게 나타낸다.
② 제목에는 본문의 내용을 간략하게 추린 것으로 그 문서의 내용을 파악할 수 있게 표시한다.
③ 추신에는 본문에서 빠뜨린 내용을 보충하기 위해 기록한다.
④ 전문에는 용건을 말하기 전에 간단한 인사말을 쓴다.

해설 사외문서는 두문(수신/발신자명, 문서번호, 발신연월일), 본문(제목, 인사말, 내용, 말문), 부기(담당자명, 직위, 추신, 첨부물)로 구성된다.

14 다음 중 문서 관리에 대한 설명으로 옳지 않은 것은?

① 문서는 명칭이나 주제별 등 문서 분류법에 따라 분류한다.
② 문서의 보관이란 편철이 끝난 모든 문서를 폐기하기 전까지 관리하는 것이다.
③ 이관이란 보존 기간에 맞춰 보존하기 위하여 해당 부서로 옮기는 것이다.
④ 문서는 분류 후 바로 편철한다.

해설 문서 보관 : 규정(내용 처리가 끝난 날이 속한 연도 말일까지)에 따라 일정 기간 동안 서류함에 보관한다.

15 다음 중 파일링 시스템의 기본 원칙으로 옳지 않은 것은?

① 시간과 공간의 극대화
② 문서 검색의 용이성 및 신속한 출납
③ 명확한 분류를 위한 파일링 방법의 표준화
④ 문서의 소재 명시 및 보존의 확실성

해설 시간과 공간의 절약으로 경제적인 관리가 가능하다.

16 다음 중 전자문서에 대한 설명으로 옳지 않은 것은?

① 전자문서는 일반 문서와 동일한 법적 효력을 갖는다.
② 전자문서는 정보 처리 시스템에 의해 전자적 형태로 작성된다.
③ 전자문서의 효력은 수신자의 컴퓨터에 파일로 등록된 때부터 발생한다.
④ 전자문서의 내용 및 송수신 여부를 증명해 주는 공신력 있는 제3의 기관으로 공인인증 센터가 있다.

해설 전자문서는 컴퓨터 등 정보 처리 능력을 가진 장치에 의하여 전자적인 형태로 작성되어 송수신되거나 저장된 문서 형식의 자료로 표준화된 것이다.

정답 12 ③ 13 ③ 14 ② 15 ① 16 ④

17 다음 내용에서 ( ) 안에 들어갈 적당한 용어를 순서대로 나열한 것은?

> 관인은 행정기관의 명의로 발신하거나 교부하는 문서에 사용하는 ( )과 행정기관의 장이나 보조 기관의 명의로 발신하거나 교부하는 문서에 사용하는 ( )으로 구분한다.

① 청인, 직인 ② 직인, 청인
③ 인영, 간인 ④ 간인, 직인

해설
• 청인 : 행정기관의 명의로 발송 또는 교부하는 문서에 사용된다.
• 직인 : 행정기관의 장 또는 보조기관의 명의로 발송 또는 교부하는 문서에 사용된다.

18 다음 중 행정 업무의 효율적 운영에 관한 규정에서 용어 설명이 옳지 않은 것은?

① 전자이미지서명이란 기안자 · 검토자 · 협조자 · 결재권자 또는 발신명의인이 전자문서상에 전자적인 이미지 형태로 된 자기의 성명을 표시하는 것을 말한다.
② 전자문자서명이란 기안자 · 검토자 · 협조자 · 결재권자 또는 발신명의인이 전자문서상에 자동 생성된 자기의 성명을 전자적인 문자 형태로 표시하는 것을 말한다.
③ 행정전자서명이란 기안자 · 검토자 · 협조자 · 결재권자 또는 발신명의인이 공문서에 자필로 자기의 성명을 다른 사람이 알아볼 수 있도록 한글로 표시하는 것을 말한다.
④ 전자이미지관인이란 관인의 인영(印影)을 컴퓨터 등 정보 처리 능력을 가진 장치에 전자적인 이미지 형태로 입력하여 사용하는 관인을 말한다.

해설 행정전자서명 : 암호 기술을 이용하여 송수신 기관 및 공무원의 신원 인증 등 전자문서의 보안성 확보를 위해 각 기관에 부여되는 디지털 정보이다.

19 〈보기 1〉의 문장이 〈보기 2〉의 문장으로 수정되기 위해 필요한 교정 부호들로만 올바르게 짝지어진 것은?

[보기 1]

> 삶은 언제나 스스로 부딪혀 경험하고, 도전하는 모든 사람에게 더 영광을 안겨준다.

[보기 2]

> 인생은 언제나 스스로 부딪혀 경험하고, 도전하는 사람에게 더 큰 영광을 안겨준다.

해설
• 삶은 언제나 → 인생은 언제나 : 글자 바꾸기(수정)
• 도전하는 모든 사람에게 → 도전하는 사람에게 : 지우기(삭제)
• 더 영광을 → 더 큰 영광을 : 끼워넣기(삽입)

20 다음 중 교정 부호의 설명으로 잘못된 것은?

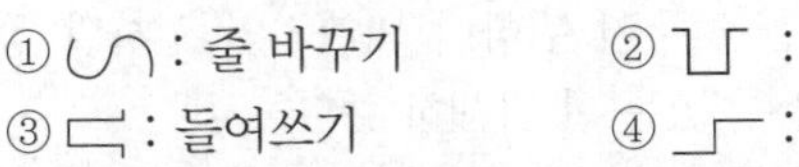

① : 줄 바꾸기 ② : 끌어 올리기
③ : 들여쓰기 ④ : 문단 나누기

해설 보기 ①번은 자리 바꾸기이다.

2과목 | PC 운영 체제

21 다음 중 한글 Windows에서 부팅 시 고급 옵션에서 지원하는 부팅 모드에 대한 설명으로 옳은 것은?

① 안전 모드 사용 : 기본 드라이버 및 DVD 드라이브, 네트워크 서비스만으로 부팅한다.
② 부팅 로깅 사용 : 화면 모드를 저해상도 디스플레이 모드(640×480) 해상도로 설정하여 부팅한다.
③ 디버깅 모드 : 잘못된 서명이 포함된 드라이버를 설치할 수 있도록 설정한다.
④ 드라이버 서명 적용 사용 안 함 : 부적절한 서명이 포함된 드라이버를 설치할 수 있도록 허용한다.

해설
• 안전 모드 사용 : Windows를 최소한의 기능으로 부팅하여 시스템의 각종 문제를 진단한다(CD-ROM, 프린터, 네트워크 카드, 사운드 카드 등은 사용할 수 없음).
• 부팅 로깅 사용 : 부팅 과정 중 일어나는 로딩 장치 드라이버에 대한 로그 파일을 작성한다.
• 디버깅 사용 : 직렬 케이블을 통해 다른 컴퓨터에 디버그 정보를 보내면서 컴퓨터를 부팅한다.

정답 17 ① 18 ③ 19 ② 20 ① 21 ④

22 한글 Windows에서 사용되는 Windows 도움말에 관한 설명으로 옳지 않은 것은?

① 도움말은 하이퍼텍스트 방식으로 제공되어 관련 항목의 도움말로 이동이 용이하다.
② 제목별로 검색할 수 있으며, 도움말의 내용을 사용자가 수정할 수 있다.
③ 도움말을 보다가 표시된 응용 프로그램을 실행하거나 인터넷 페이지로 이동할 수 있다.
④ 도움말은 기존 운영 체제의 메뉴 방식이 아닌 작업 표시줄의 검색 상자에 원하는 항목을 입력하여 질문에 대한 답으로 확인할 수 있다.

해설 도움말의 내용을 사용자가 수정하거나 추가할 수는 없다.

23 한글 Windows에서 제공하는 기능에 대한 설명으로 옳지 않은 것은?

① 라이브 타일 : 종이에 메모하듯이 일정이나 전화번호 등을 입력할 때 사용하는 프로그램이다.
② 에어로 스냅(Aero Snap) : 열려있는 창을 드래그하는 위치에 따라 창의 크기를 조절할 수 있다.
③ 에어로 피크(Aero Peak) : 작업 표시줄 아이콘을 통해 축소판 미리 보기가 가능하며, 열려있는 모든 창을 최소화 하지 않고 바탕 화면을 볼 수 있다.
④ 에어로 쉐이크(Aero Shake) : 창을 흔들면 다른 열려있는 모든 창을 최소화 하거나 다시 원상태로 나타나게 할 수 있다.

해설 라이브 타일 : 내 생활 한 눈에 보기와 엔터테인먼트에서 일정, 메일, 뉴스, 날씨, 스토어 등의 생활 정보가 실시간으로 표시되고, 사용자가 원하는 위치에 앱을 설정할 수 있다.

24 한글 Windows에 있는 [작업 표시줄 설정] 창에서 설정할 수 있는 기능과 관련이 없는 것은?

① 작업 표시줄 잠금
② 작은 작업 표시줄 단추 사용
③ 전원 단추
④ 알림 영역

해설 보기 ③번은 [시작] 메뉴에서 설정할 수 있다.

25 한글 Windows에서 바탕 화면에 열려있는 현재 실행 중인 프로그램을 종료하는 방법으로 옳지 않은 것은?

① Ctrl+Shift+ESC 키를 누른 후 나타나는 Windows 작업 관리자 창의 [프로세스] 탭에서 해당 프로그램을 선택한 후 [작업 끝내기] 단추를 클릭한다.
② 프로그램 오른쪽 상단에서 [닫기] 단추를 클릭한다.
③ Alt+F4 키를 누른다.
④ [시작] 메뉴에서 [설정]을 누르면 나타나는 창에서 [닫기] 단추를 클릭한다.

해설 [시작]–[설정]을 클릭하면 시스템, 장치, 전화, 네트워크 및 인터넷, 개인 설정, 앱, 계정, 시간 및 언어, 게임, 접근성, 검색, 개인 정보, 업데이트 및 보안을 설정할 수 있다.

26 한글 Windows에서 사용하는 폴더의 속성 대화 상자에서 할 수 있는 작업으로 옳지 않은 것은?

① [일반] 탭에서는 해당 폴더의 위치나 크기, 디스크 할당 크기, 만든 날짜 등을 확인할 수 있다.
② [공유] 탭에서는 네트워크상에서 공유 또는 고급 공유 옵션을 설정할 수 있다.
③ [자세히] 탭에서는 해당 폴더에 대한 사용자별 사용 권한을 설정할 수 있다.
④ [사용자 지정] 탭에서는 해당 폴더에 대한 유형, 폴더 사진, 폴더 아이콘 변경을 설정할 수 있다.

해설 폴더 속성 대화 상자에는 [자세히] 탭이 없고, 파일 속성 대화 상자에 있다.

27 한글 Windows에서 휴지통에 대한 설명으로 옳지 않은 것은?

① USB 드라이브에 있는 파일이나 폴더를 삭제하면 휴지통에 보관되지 않고 영구히 삭제된다.
② 하드 디스크 드라이브마다 휴지통의 크기를 다르게 설정할 수 있다.

정답 22 ② 23 ① 24 ③ 25 ④ 26 ③ 27 ④

③ 휴지통에 있는 특정 폴더를 더블 클릭하면 해당 폴더의 속성 창이 나타난다.
④ 휴지통에 있는 사진 파일을 더블 클릭하면 원본 사진을 미리 보기로 볼 수 있다.

해설 휴지통에 있는 사진 파일을 더블 클릭하면 해당 파일의 속성 대화 상자가 나타난다.

28 한글 Windows에서 파일 탐색기의 특징에 대한 설명으로 옳지 않은 것은?

① 컴퓨터에 있는 파일, 폴더 및 드라이브의 계층적 구조를 표시한다.
② 왼쪽 창은 폴더의 구조를 보여주고, 오른쪽 창은 선택한 폴더의 해당 내용을 보여준다.
③ 왼쪽 창과 오른쪽 창의 크기는 고정되어 있어 사용자가 임의로 조절할 수 없다.
④ 파일 및 폴더의 복사, 이동, 이름 변경, 검색, 디스크 도구 이용 등의 작업을 수행한다.

해설 왼쪽 창과 오른쪽 창의 크기는 사용자가 임의로 좌/우를 조절할 수 있다.

29 한글 Windows의 [그림판] 프로그램에서 할 수 없는 작업은?

① 투명도와 마스크(Mask) 기능을 사용한 다중 레이어 작업을 할 수 있다.
② 전자 메일을 사용하여 편집한 이미지를 보낼 수 있다.
③ 작성한 이미지를 바탕 화면의 배경으로 설정할 수 있다.
④ 다른 그래픽 프로그램에서 편집한 이미지의 일부를 복사해서 붙여넣기 할 수 있다.

해설 레이어 작업은 포토샵(Photoshop) 프로그램에서 가능하다.

30 한글 Windows에서 파일을 압축하고 복원하기 위해 사용하는 유틸리티 프로그램으로만 짝지은 것은?

① 알FTP, CuteFTP, 파일질라
② 포토뷰어, 알씨, ACADSee
③ 알집, 윈라(WinRar), PKZip
④ V3, 알약, 바이로봇

해설 압축 파일의 확장자에는 ZIP, ARJ, RAR가 있다.

31 한글 Windows에서 문서 인쇄에 대한 설명으로 옳지 않은 것은?

① [프린터] 메뉴 중 [모든 문서 취소]는 스풀러에 저장되어 있는 문서 중 오류가 발생한 문서에 대해서만 인쇄 작업을 취소한다.
② 일단 프린터에서 인쇄 작업이 시작된 경우라도 잠시 중지 시켰다가 다시 인쇄할 수 있다.
③ 인쇄 대기 중인 문서를 삭제하거나 출력 대기 순서를 임의로 조정할 수 있다.
④ 인쇄중 문제가 발생한 인쇄 목록을 확인할 수 있다.

해설 [프린터]-[모든 문서 취소]는 대기 중인 인쇄 문서를 취소한다.

32 한글 Windows에서 [Windows 관리 도구]에 대한 설명으로 옳지 않은 것은?

① [시스템 정보]를 실행하면 하드웨어 리소스, 구성 요소, 설치된 소프트웨어 환경 등의 정보를 알 수 있다.
② [리소스 모니터]는 CPU, 네트워크, 디스크, 메모리 사용 현황을 실시간으로 모니터링 할 수 있다.
③ DVD 드라이브에 대하여 [드라이브 조각 모음]을 수행하면 조각난 파일을 모아서 시스템의 성능을 향상시킬 수 있다.
④ [디스크 정리]를 사용하면 임시 파일이나 휴지통에 있는 파일 등을 삭제하여 디스크의 공간을 확보할 수 있다.

정답 28 ③ 29 ① 30 ③ 31 ① 32 ③

해설 CD-ROM(DVD) 드라이브, 네트워크 드라이브, Windows가 지원하지 않는 디스크 압축 프로그램에 의해 압축된 드라이브는 조각 모음을 할 수 없다.

33 한글 Windows의 [Windows Defender 방화벽] 창에서 할 수 있는 작업에 대한 설명으로 옳지 않은 것은?

① 네트워크 위치를 선택하여 컴퓨터가 항상 적절한 보안 수준으로 설정되도록 할 수 있다.
② 프로그램이 Windows 방화벽을 통해 통신하도록 설정할 수 있다.
③ 전자 메일을 보내거나 받을 때 알림 표시를 하도록 설정할 수 있다.
④ 인바운드 규칙, 아웃바운드 규칙 등과 같은 고급 보안을 설정할 수 있다.

해설 Windows Defender 방화벽 : 해커나 악성 소프트웨어가 네트워크나 인터넷을 통해 사용자 컴퓨터에 액세스하지 못하도록 방지하는 기능으로 보기 ③번과는 관계가 없다.

34 한글 Windows의 [백업 및 복원] 창에서 할 수 있는 작업이 아닌 것은?

① 시스템 복원을 하면 가장 최근에 설치한 프로그램과 드라이버를 포함하여 모든 파일을 손실 없이 그대로 복원한다.
② [시스템 이미지 만들기]를 실행하여 하드 디스크나 DVD, 네트워크상의 다른 위치에 Windows를 실행하는데 필요한 파일들의 복사본을 만들 수 있다.
③ [시스템 복구 디스크 만들기]로 CD 또는 DVD를 복구 디스크로 만들면 복구 디스크로 컴퓨터를 부팅할 수 있다.
④ 특정 날짜와 시간에 백업이 시작되도록 백업 주기를 미리 예약할 수 있다.

해설
- 파일을 복원하려면 파일 복원 마법사를 이용하며, 백업에 포함된 개별 파일과 여러 파일(모든 파일)을 복원할 수 있다.
- 시스템 복원 시 모든 파일을 손실 없이 그대로 복원할 수는 없다.

35 한글 Windows에서 컴퓨터에 연결된 하드웨어 중 [장치 및 프린터] 창에 표시되지 않는 장치는?

① 휴대폰, 디지털 카메라 등과 같은 휴대용 장치
② 사운드 카드, 그래픽 카드, 메모리 등과 같이 컴퓨터 케이스 내부에 설치된 장치
③ 외장 USB 하드 드라이브, 플래시 드라이브, 웹캠 등과 같이 USB 포트에 연결하는 모든 장치
④ 컴퓨터에 연결된 모든 프린터

해설
- 장치 및 프린터 : 시스템 장치, 프린터, 인쇄 작업 등을 관리한다.
- 보기 ②번은 장치 관리자 창에서 확인할 수 있다.

36 한글 Windows의 [마우스 속성] 대화 상자에서 설정할 수 있는 기능으로 옳지 않은 것은?

① 마우스 포인터 속도의 변경
② 오른쪽 단추와 왼쪽 단추의 기능 바꾸기
③ 마우스 기종의 변경
④ 마우스 포인터 모양의 변경

해설 보기 ①번은 [포인터 옵션] 탭, 보기 ②번은 [단추] 탭, 보기 ④번은 [포인터] 탭에서 설정한다.

37 한글 Windows에서 네트워크 구성 요소에 대한 설명으로 옳지 않은 것은?

① 네트워크에 있는 서로 다른 컴퓨터 간에 정보를 공유하려면 동일한 프로토콜을 사용하여야 한다.
② 어댑터는 컴퓨터가 네트워크에 있는 자원을 액세스할 수 있게 해주는 통신 규약이다.
③ 서비스는 내 컴퓨터에 설치된 파일, 프린터 등의 자원을 다른 컴퓨터에서 공유할 수 있도록 하는 소프트웨어이다.
④ 클라이언트는 네트워크의 다른 컴퓨터나 서버에 연결하여 파일이나 프린터 등의 공유 자원을 사용할 수 있도록 한 소프트웨어이다.

해설 어댑터 : 컴퓨터를 물리적으로 네트워크에 연결하는 하드웨어 장치로 [이더넷 속성] 대화 상자에서 연결에 사용된 어댑터 장치를 확인할 수 있다.

정답 33 ③ 34 ① 35 ② 36 ③ 37 ②

38 한글 Windows에서 특정 프로그램을 제거하려고 할 때 옳은 것은?

① [시작] 메뉴의 해당 프로그램(앱) 그룹에서 [install] 메뉴를 선택한다.
② 해당 프로그램의 단축 아이콘을 삭제한다.
③ [제어판]의 [프로그램 및 기능]을 이용하여 삭제한다.
④ 해당 프로그램이 있는 폴더를 모두 삭제한다.

해설 특정 프로그램을 제거할 경우 [제어판]-[프로그램 및 기능] 창의 '프로그램 제거 또는 변경'을 이용한다.

39 한글 Windows의 Internet Protocol Version 4(TCP/IPv4) 속성 대화 상자에서 수동으로 설정하는 IP 주소에 관한 설명으로 옳지 않은 것은?

① 해당 IP 주소는 인터넷 상에서 자신만의 고유한 숫자로 된 주소이다.
② 서브넷 마스크는 해당 컴퓨터가 속한 네트워크 세그먼트를 식별하는데 사용한다.
③ 기본 게이트웨이는 서로 다른 LAN을 연결하는 라우터의 주소이다.
④ 기본 설정 DNS 서버는 동적인 IP 주소를 할당해 주는 서버의 주소이다.

해설 기본 설정 DNS 서버 : 기본 설정 DNS 서버나 주 DNS 서버의 IP 주소를 입력한다.

40 한글 Windows에서 네트워크상에 있는 다른 컴퓨터에 연결되어 있는 프린터를 공유하고자 할 때 작업 순서로 옳은 것은?

㉠ 프린터 이름 입력
㉡ [네트워크, 무선 또는 Bluetooth 프린터 추가] 선택
㉢ [장치 및 프린터] 창에서 [프린터 추가] 클릭
㉣ 프린터 선택

① ㉠ → ㉡ → ㉢ → ㉣
② ㉢ → ㉡ → ㉣ → ㉠
③ ㉢ → ㉠ → ㉣ → ㉡
④ ㉣ → ㉠ → ㉡ → ㉢

해설 프린터를 공유할 때는 [제어판]-[장치 및 프린터]를 선택한 후 [프린터 추가]를 클릭 → [네트워크, 무선 또는 Bluetooth 프린터 추가]를 선택 → 원하는 프린터를 선택 → 프린터 이름을 입력 순으로 진행한다.

3과목 | 컴퓨터와 정보 활용

41 다음 중 4세대 컴퓨터의 특징으로 볼 수 없는 것은?

① 개인용 컴퓨터(PC)가 등장하였다.
② 다중 프로그램이 처음으로 도입되었다.
③ 가상 기억 장치가 도입되었다.
④ 기억 소자로 고밀도 집적 회로(LSI)가 사용되었다.

해설 보기 ②번은 제2세대 컴퓨터의 특징이다.

42 다음 중 PC 관리 방법으로 잘못된 것은?

① 백신 프로그램과 운영 체제는 자주 업데이트를 해 준다.
② 하드 디스크를 새로 장착할 때는 전원을 끄고 작업한다.
③ 운영 체제의 오류에 대비해서 하드 디스크를 분할하여 D 드라이브에 데이터를 백업해 놓는다.
④ 먼지가 쌓이면 오류가 발생할 수 있으므로 본체 전체에 덮개를 씌워 밀봉한다.

해설 먼지가 쌓이면 자주 청소를 하되 본체 전체에 덮개를 씌워 밀봉하는 것은 바람직하지 않다.

정답 38 ③ 39 ④ 40 ② 41 ② 42 ④

43 다음 중 주기억 장치에 대한 설명으로 옳은 것은?

① 현재 가장 많이 사용하는 주기억 장치는 SSD (Solid State Drive)이다.
② EEPROM은 BIOS, 글꼴, POST 등이 저장된 대표적인 펌웨어(Firmware) 장치이다.
③ SDRAM은 전원이 공급되지 않아도 지워지지 않는 비휘발성 메모리이다.
④ RDRAM은 가장 속도가 빠른 기억 장치이다.

해설
- SSD는 HDD와 달리 반도체를 이용하여 정보를 저장하는 보조 기억 장치이다.
- SDRAM은 CPU가 사용하는 메인 클록을 직접 받아 동작하고, 파이프라인 모드로 고속 처리가 가능하다.

44 다음 중 상점에서 바코드를 읽어 들일 때 많이 사용하는 입력 장치로 빛을 주사하여 반사되는 빛의 차이를 인식하여 디지털 그래픽 정보로 만들어주는 장치는?

① 스캐너(Scanner)
② 트랙볼(Track Ball)
③ 디지타이저(Digitizer)
④ 광전 펜(Light Pen)

해설
- ② 볼을 손가락으로 움직여 포인터를 이동한다.
- ③ 그림, 차트, 도면 등 좌표 지시기에서 좌표를 검출하여 입력한다.
- ④ 펜 끝의 감광 소자를 신호로 변경하여 메뉴, 아이콘을 선택한다.

45 다음 중 하드 디스크의 구조에서 모든 디스크 면에 걸친 같은 트랙을 의미하는 용어는?

① 섹터(Sector)　② 클러스터(Cluster)
③ 실린더(Cylinder)　④ 폴더(Folder)

해설
- ① 트랙을 일정하게 나눈 영역으로 실제 데이터가 저장된다.
- ② 여러 개의 섹터를 하나로 묶은 것으로 실제 데이터를 읽고 쓰는 단위이다.
- ④ 파일들을 보관하는 장소로 DOS의 디렉토리와 동일한 개념이다.

46 다음 중 DMA(Direct Memory Access)에 관한 설명으로 거리가 먼 것은?

① CPU로부터 입출력 장치의 제어를 넘겨받아 대신 처리하는 입출력 전용 프로세서이다.
② 작업이 끝나면 CPU에게 인터럽트 신호를 보내 작업이 종료되었음을 알린다.
③ DMA 방식을 채택하면 CPU의 효율성이 증가되고 속도가 향상된다.
④ DMA를 사용하려면 메인보드와 하드 디스크 같은 주변 장치가 DMA를 지원해야 한다.

해설 DMA : CPU의 간섭 없이 입출력 데이터를 주기억 장치와 주변 장치 사이에 전송하여 CPU의 부담을 최소화한다(입출력의 전송 속도를 높임).

47 다음 중 객체 지향 프로그래밍 언어로만 짝지어진 것은?

① C++, C#, JAVA
② C, COBOL, BASIC
③ FORTRAN, C++, XML
④ JAVA, C, XML

해설 객체 지향 프로그래밍 : 절차적 프로그램 개발에 적합한 기법으로 Smalltalk, C++, Java 언어 등에서 객체 지향의 개념을 표현한다.

48 다음 중 응용 소프트웨어에 대한 설명으로 잘못된 것은?

① MS Outlook은 그룹웨어의 일종이다.
② OCR 소프트웨어는 문서 이미지에 포함된 문자를 이미지 형태의 문자로 변경해 준다.
③ 컴퓨터나 소프트웨어 구입 시 무료로 배포되는 소프트웨어를 번들 프로그램이라고 한다.
④ 데이터베이스 관리 시스템은 데이터의 중복성을 최소화하고, 무결성을 보장해 줄 수 있다.

해설 OCR 소프트웨어는 스캐너를 이용하여 받은 이미지 형태의 문서를 이미지 분석 과정을 통해 문자 형태로 바꾸어 주는 소프트웨어이다.

정답 43 ② 44 ① 45 ③ 46 ① 47 ① 48 ②

49 다음 저장 디스크 중 가장 많은 데이터를 저장할 수 있는 것은?

① CD-RW 디스크
② DVD-R 디스크
③ DVD-R(Dual Layer) 디스크
④ Blu-Ray 디스크

해설 블루레이 디스크(Blu-Ray Disk) : HD급 고화질 비디오를 저장할 수 있는 차세대 광학 장치로 디스크 한 장에 25GB 이상을 저장할 수 있다.

50 다음 중 멀티미디어 소프트웨어에 대한 설명으로 옳은 것은?

① 2D 애니메이션 제작 프로그램으로는 MAYA, 플래시, 일러스트레이터 등이 있다.
② 동영상 제작 프로그램으로는 Auto CAD, 비디오 스튜디오, 리얼 플레이어 등이 있다.
③ 사운드 제작 프로그램으로는 Finale, Cakewalk Pro, 사운드 포지 등이 있다.
④ 웹 페이지 제작 프로그램으로는 포토샵, 윈도 미디어 플레이어, 드림위버 등이 있다.

해설
- MIDI의 제작과 편집은 Cakewalk, Finale 등에서 한다.
- WAV의 제작과 편집은 Sound Edit, Encore, Wave Edit 등에서 한다.

51 인터넷 상의 중앙 서버에 데이터를 저장해 두고, 인터넷 기능이 있는 모든 IT 기기를 사용하여 언제 어디서든지 정보를 이용할 수 있다는 개념으로 컴퓨팅 자원을 필요한 만큼 빌려 쓰고 사용 요금을 지불하는 방식으로 사용되는 컴퓨팅 개념을 무엇이라고 하는가?

① 모바일 컴퓨팅(Mobile Computing)
② 분산 컴퓨팅(Distributed Computing)
③ 클라우드 컴퓨팅(Cloud Computing)
④ 그리드 컴퓨팅(Grid Computing)

해설 보기 ④는 지리적으로 분산되어 있는 컴퓨터 자원을 초고속 인터넷 망을 통해 격자 구조로 연결하여 공유함으로써 하나의 고성능 컴퓨터처럼 사용하는 기술이다.

52 다음 중 전자 우편 프로토콜에 대한 설명으로 옳지 않은 것은?

① SMTP : 전자 우편의 송신을 담당, TCP/IP 호스트의 우편함에 ASCII 문자 메시지 전송
② POP3 : 전자 우편의 수신을 담당, 제목과 내용을 한 번에 다운받음
③ IMAP : 전자 우편의 수신을 담당, 제목과 송신자를 보고 메일을 다운로드 할 것인지를 결정
④ MIME : 텍스트 메일의 수신을 담당, 일반 문자열을 기호화하는데 사용

해설 MIME : 웹 브라우저가 지원하지 않는 멀티미디어 메일의 송신을 담당한다.

53 다음 중 자주 사용하는 사이트의 자료를 저장한 후 사용자가 다시 그 자료에 접근하면 네트워크를 통해서 다시 읽어 오지 않고 미리 저장되어 있던 자료를 활용하여 빠르게 보여주는 기능을 나타내는 용어는 어느 것인가?

① 쿠키(Cookie)
② 캐싱(Caching)
③ 스트리밍(Streaming)
④ 로밍(Roaming)

해설
- ① 웹 사이트의 방문 기록(ID)을 남겨 사용자와 웹 사이트를 매개해 주는 역할을 한다.
- ③ 멀티미디어 데이터 파일의 크기 때문에 생겨난 기술로 멀티미디어(오디오, 비디오, 사운드) 데이터를 다운받을 때까지 기다리지 않고 전송되는 대로 재생시킨다.
- ④ 다른 국가의 서비스 지역 안에서 통신을 연결하는 서비스이다.

정답 49 ④ 50 ③ 51 ③ 52 ④ 53 ②

54 다음 중 디지털 콘텐츠의 불법 복제와 유포를 막고, 저작권 보유자의 이익과 권리를 보호해 주는 기술과 서비스를 무엇이라고 하는가?

① PICS(Platform for Internet Contents Selection)
② DCRP(Digital Contents Rights Protection)
③ DRM(Digital Rights Management)
④ CRM(Customer Relationship Management)

해설 디지털 저작권 관리(DRM) : 다양한 디지털 콘텐츠에 관한 권리와 이익을 보호 및 관리하는 기술과 서비스로 디지털 시네마, 디지털 방송, 교육용 서비스 등의 콘텐츠에 대한 접근과 이용이 허락된 사용자만 쓸 수 있다.

55 다음 중 컴퓨터 바이러스 예방 지침으로 옳지 않은 것은?

① 바이러스는 외부로부터 감염되므로 새로운 프로그램을 사용할 때에는 최신 버전의 백신을 사용하여 점검한 후에 사용한다.
② 중요한 데이터나 프로그램은 정기적으로 백업을 해야 한다.
③ 최신 백신 프로그램을 사용하여 정기적으로 시스템 전체를 점검한다.
④ 사용자의 편의를 위해서 자신의 모든 파일은 가급적 공유 폴더를 이용한다.

해설 보기 ④번의 경우는 바이러스에 노출될 수 있다.

56 다음 중 공개키 암호화 기법에 대한 설명으로 옳지 않은 것은?

① 이중키 암호화 기법이라고도 한다.
② 암호화키와 복호화키가 서로 다르다.
③ 대표적인 알고리즘으로 RSA가 있다.
④ 비밀키 암호화 기법에 비해 암호화와 복호화의 속도가 빠르다.

해설 공개키 암호화 기법은 알고리즘이 복잡하여 실행 속도가 느리다.

57 다음에서 설명하는 신기술은 무엇인가?

- 현실 세계의 배경에 3D의 가상 이미지를 중첩하여 영상으로 보여 주는 기술이다.
- 스마트 폰 카메라로 주변을 비추면 인근에 있는 상점의 위치, 전화번호 등의 정보가 입체 영상으로 표시된다.

① SSO(Single Sign On)
② 증강 현실(Augmented Reality)
③ RSS(Rich Site Summary)
④ 가상 현실(Virtual Reality)

해설
- ① 각 시스템마다 매번 인증 절차를 밟지 않고 한 번의 로그인 과정으로 기업 내의 각종 업무 시스템이나 인터넷 서비스에 접속할 수 있게 해 주는 보안 응용 솔루션이다.
- ③ 뉴스나 블로그 등과 같이 콘텐츠가 자주 업데이트 되는 사이트들의 정보를 자동적으로 사용자들에게 알려 주기 위한 웹 서비스 기술이다.
- ④ 컴퓨터 그래픽과 시뮬레이션을 이용하여 가상 세계를 현실처럼 체험할 수 있는 기술이다.

58 다음 중 모바일 기기의 보안 기술과 가장 관련이 없는 것은?

① 킬 스위치(Kill Switch)
② 화면 잠금 기능
③ 모바일 OTP를 통한 인증 기능
④ 근접 센서 기능

해설 근접 센서 : 물체가 접근했을 때 위치를 검출하는 센서이다.

정답 54 ③ 55 ④ 56 ④ 57 ② 58 ④

59 다음 중 전자 우편의 기능에 대한 설명으로 옳지 않은 것은?

① 회신 : 받은 메일에 대하여 답장을 작성하여 발송자에게 다시 보내는 기능이다.
② 전달 : 받은 메일에 대한 답장을 발송자는 물론 참조인들에게도 보내는 기능이다.
③ 첨부 : 문서, 이미지, 동영상 등의 파일을 메일에 첨부하는 기능이다.
④ 참조 : 받는 사람 이외에 추가로 메일을 받을 사람을 지정하는 기능이다.

해설 전달(Forward) : 받은 메일과 첨부 자료를 다른 사람에게 그대로 전송하는 기능이다.

60 다음 중 개인정보의 침해 유형 중 이용 및 제공에 해당하지 않는 것은?

① 민감한 개인정보 수립
② 동의 없는 제3자 제공과 개인정보 매매
③ 부당한 개인정보 공유
④ 고지 및 명시한 범위를 벗어난 개인정보의 목적 외 이용

해설 보기 ①번은 개인정보의 침해 유형 중 수집에 해당한다.

정답 59 ② 60 ①

2016년 03월 05일 시행 기출문제

점

1과목 | 워드프로세싱 일반

01 다음 중 워드프로세서에서 사용하는 기본 용어에 관한 설명으로 옳지 않은 것은?

① 영문 균등(Justification) : 단어와 단어사이의 간격을 균등 배분하여 문장의 왼쪽 끝만 맞추어 균형을 유지하는 기능
② 색인(Index) : 문서의 중요한 내용들을 빠르게 찾기 위하여 문서의 맨 뒤에 용어와 기록된 쪽 번호를 오름차순으로 기록하여 정리한 목록
③ 옵션(Option) : 명령이나 기능을 수행할 때 선택할 수 있는 항목들을 모두 보여주는 것
④ 마진(Margin) : 문서 작성 시 문서의 균형을 위해 남겨두는 상, 하, 좌, 우의 여백

해설 영문 균등(Justification) : 워드 랩으로 인한 공백을 단어와 단어 사이에 균등하게 배분하여 문장의 양쪽 끝을 맞추는 기능이다.

02 다음 중 워드프로세서에 관한 설명으로 옳지 않은 것은?

① 다양한 형태의 문서를 손쉽게 작성하고, 인쇄할 수 있도록 해 준다.
② 사무자동화를 위한 데이터베이스 관리 및 처리가 주요 기능이다.
③ 문서 작성 및 관리가 전산화됨으로써 보다 효율적인 업무 처리를 할 수 있다.
④ 간단한 표 계산 기능 및 차트 기능도 지원한다.

해설 데이터베이스 관리 및 처리는 액세스(DB)의 주요 기능이다.

03 다음 중 프린터에서 사용하는 인쇄 용지에 관한 설명으로 옳지 않은 것은?

① 낱장 용지는 주로 잉크젯 프린터나 레이저 프린터에서 사용한다.
② 연속 용지는 주로 도트 프린터나 라인 프린터에서 사용된다.
③ 낱장 용지는 A판, B판으로 나뉘며 A0에서 A3, B0에서 B3까지 구분한다.
④ 낱장 용지는 같은 번호일 때 A판이 B판보다 더 작다.

해설 낱장 용지는 크기에 따라 A1~A5, B1~B5까지 구분한다.

04 다음 중 삽입 모드일 경우 커서 오른쪽에 공백 문자를 삽입하고, 수정 모드일 경우 커서 오른쪽 문자를 한 문자씩 삭제할 수 있는 키로 옳은 것은?

① BackSpace ② Delete
③ Enter ④ SpaceBar

해설
- BackSpace 키 : 커서 앞쪽(왼쪽)의 문자를 삭제한다.
- Delete 키 : 위치 변경 없이 커서 뒤쪽(오른쪽)의 문자를 삭제한다.

05 다음 중 워드프로세서의 그리기 기능에 대한 설명으로 옳지 않은 것은?

① Alt 키를 누른 채 원이나 사각형을 그리면 정원이나 정사각형이 그려진다.
② Ctrl 키를 누른 채 도형을 그리면 도형의 중심부터 그려진다.
③ Shift 키를 누른 채 개체들을 마우스로 클릭하면 개체 묶기(그룹화)를 위한 연속적인 선택이 가능하다.
④ Ctrl 키를 누른 채 마우스로 드래그하여 그리기 개체를 복사할 수 있다.

해설 사각형이나 원을 그릴 때 Shift 키를 누른 상태로 드래그하면 정사각형, 정원을 그릴 수 있다.

정답 01 ① 02 ② 03 ③ 04 ④ 05 ①

06 다음의 보기에서 사용된 편집 기능으로 옳지 않은 것은?

> 스마트폰이나 ***휴대전화***가 없을 때 초조해 하거나 불안감을 느끼는 증상으로 노모포비아[1]를 호소하는 환자가 지속적으로 증가하고 있다.
>
> 1) No mobile–phone phobia

① 각주 ② 들여쓰기
③ 음영 ④ 기울임

해설 각주 : 노모포비아[1], 들여쓰기 : 스마트폰이나, 기울임 : *휴대전화*

07 다음 중 워드프로세서의 기능에 대한 설명으로 옳지 않은 것은?

① 수식 편집기를 이용하면 수학식이나 화학식을 쉽게 입력할 수 있다.
② 하이퍼미디어는 문서의 특정 단어 혹은 그림을 다른 곳의 내용과 연결시켜 주는 기능이다.
③ 매크로 기능을 이용하면 본문 파일의 내용은 같게 하고 수신인, 주소 등을 달리한 데이터 파일을 연결하여 여러 사람에게 보낼 초대장 등을 출력할 수 있다.
④ 스타일 기능은 몇 가지의 표준적인 서식을 설정해 놓고 공통으로 사용되는 문단에 적용시킬 수 있는 기능이다.

해설
- 매크로(Macro) : 반복된 작업을 특정 키(바로 가기 키)에 기억시켜두고 필요할 때 빠르게 수행할 수 있는 기능이다(사용자가 입력하는 순서를 기록해 두었다가 바로 가기 키 조작으로 재생이 가능).
- 보기 ③번은 메일 머지(Mail Merge)에 대한 설명이다.

08 다음 중 워드프로세서의 문서 저장 기능에 대한 설명으로 옳은 것은?

① 현재 작업 중인 보조 기억 장치의 내용을 주기억 장치로 이동시키는 기능이다.
② [다른 이름으로 저장하기] 대화 상자에서 폴더를 새로 만들 수는 있지만 파일을 삭제할 수 없다.
③ 저장 시 암호를 지정하거나 백업 파일이 만들어지도록 설정할 수 있다.
④ 문서의 일부분만을 블록으로 지정한 후에 따로 저장할 수 없다.

해설
- ① 저장(Save)은 주기억 장치에 기억된 내용을 보조 기억 장치로 이동하는 기능이다.
- ② [다른 이름으로 저장하기] 대화 상자에서 파일을 삭제할 수 있다.
- ④ 문서의 일부분만을 블록으로 지정한 후 따로 저장할 수 있다.

09 다음 중 음(音)을 모르는 한자를 입력하기 위한 방법으로 옳은 것은?

① 한 글자씩 입력한 후에 [한자] 키를 눌러 변환한다.
② 한자 자전을 찾는 것처럼 부수와 획수를 이용하여 한자를 입력한다.
③ 한 단어를 입력한 후에 [한자] 키를 눌러 변환한다.
④ 범위를 지정한 후에 [한자] 키를 눌러 차례대로 변환한다.

해설
- 한자의 음을 알 경우 : 음절 단위 변환, 단어 단위 변환, 문장 자동 변환
- 한자의 음을 모를 경우 : 부수 입력, 외자 입력, 2 Stroke 입력

10 다음 중 전자 출판(Electronic Publishing)에 관한 용어의 설명으로 옳지 않은 것은?

① 디더링(Dithering) : 제한된 색상을 조합 또는 비율을 변화하여 새로운 색을 만드는 작업
② 리딩(Leading) : 자간의 미세 조정으로 특정 문자들의 간격을 조정하는 작업
③ 스프레드(Spread) : 대상체의 컬러가 배경색의 컬러보다 옅어서 대상체가 보이지 않는 현상
④ 리터칭(Retouching) : 기존의 이미지를 다른 형태로 새롭게 변형하는 작업

해설
- 리딩(Leading) : 한 행의 기준선에서 다음 행 마지막 단계에 채색과 음영을 조절하는 작업이다.
- 보기 ②번은 커닝(Kerning)에 대한 설명이다.

정답 06 ③ 07 ③ 08 ③ 09 ② 10 ②

11 문서를 처리 단계에 따라 분류하고자 한다. 이에 해당되지 않는 것은?

① 접수문서 ② 배포문서
③ 공람문서 ④ 대외문서

해설 유통 대상에 따른 분류로 대외문서, 대내문서, 전자문서가 있다.

12 다음 중 문서 작성에 대한 설명으로 옳지 않은 것은?

① 문서에서 연, 월, 일 글자를 생략할 경우에 마침표(.)를 찍어 대신할 수 있다.
② 시작 인사말은 본문에 간단히 기재한다.
③ 문서의 머리말에 제목을 기재하여 문서의 성격을 파악할 수 있게 한다.
④ 추신이나 첨부물 등은 결문에 기재한다.

해설 문서의 제목은 전체적인 내용을 쉽게 알 수 있도록 본문에 기재한다.

13 다음 중 문서 관리의 기본 원칙으로 옳지 않은 것은?

① 문서 사무 처리의 절차나 방법 등을 간결하게 하여 시간 절약과 문서 업무 능률을 증진시킨다.
② 문서 처리의 절차나 방법 중에서 중복되는 것이나 불필요한 것을 없애고, 동일 종류의 문서 사무 처리를 하나로 묶어서 통합하여 처리한다.
③ 문서 사무 처리에 적용할 수 있는 여러 가지의 수단이나 방법 중에서 가장 합리적인 것을 선정하여 적용한다.
④ 문서가 이동되고 경유되는 곳을 늘리고 지체 시간은 줄여야 한다.

해설 문서 관리는 정확성, 신속성, 용이성, 경제성을 기본 원칙으로 하므로 문서가 이동되고, 경유되는 곳은 줄여야 한다.

14 다음의 보기에서 설명하는 시스템으로 옳은 것은?

> 문서의 기안, 검토, 협조, 결재, 등록, 시행, 분류, 편철, 보존, 이관, 접수, 배부, 공람, 검색, 활용 등 문서의 모든 처리 절차가 전자적으로 처리되는 시스템을 말한다.

① 전자 문서 관리 시스템
② 회계 관리 시스템
③ 인사 관리 시스템
④ 공정 관리 시스템

해설 전자 문서 관리 시스템 : 문서 파일의 작성부터 소멸 시기까지의 모든 과정을 관리하는 시스템으로 문서의 표준화와 함께 다양한 문서를 공유할 수 있다.

15 다음 중 문서 파일링 시스템의 도입 효과와 관련이 없는 것은?

① 문서 관리의 명확화
② 정보 전달의 원활화
③ 사무 공간의 효율적 활용
④ 기록 활용에 대한 제비용 증가

해설 문서 파일링 시스템은 문서를 체계적으로 관리하기 위해 일정 기준에 따라 파일 형태로 보관/보존하는 시스템으로 업무에 따른 많은 경비(비용)을 줄일 수 있다.

16 다음의 보기에서 설명하는 편람으로 옳은 것은?

> 단위 업무에 대한 업무 계획, 업무 현황 및 그 밖의 참고 자료 등을 체계적으로 정리한 업무 자료철

① 행정 편람 ② 직무 편람
③ 공고 편람 ④ 민원 편람

해설 행정 편람 : 사무 처리 절차 및 기준, 장비 운용 방법, 업무 지도서, 기타 일상 근무 규칙 등에 관하여 각 업무 담당자에게 필요한 참고철 또는 지침철이다.

17 다음 중 비즈니스 보고서의 올바른 작성법에 관한 설명으로 옳지 않은 것은?

① 보고서는 가장 먼저 결론을 제시하는 두괄식으로 작성한다.
② 보고서는 독자를 설득하기 위해 개인적인 의견을 우선적으로 작성한다.
③ 보고서는 읽는 사람이 무엇을 알고 싶은가의 관점에서 작성한다.

정답 11 ④ 12 ③ 13 ④ 14 ① 15 ④ 16 ② 17 ②

④ 보고서는 그래프나 표를 삽입하여 시각적 효과를 줌으로써 독자의 흥미를 유도한다.

해설 보고서는 특정 사안에 관한 현황, 연구, 검토 결과 등을 보고하거나 건의하는 문서로 개인적인 의견을 우선적으로 작성하는 것은 올바르지 않다.

18 다음 중 공문서에서 관인을 찍는 위치에 관한 설명으로 옳은 것은?

① 기관 또는 직위 명칭의 첫 자가 인영의 가운데 오도록 찍는다.
② 기관 또는 직위 명칭의 끝자와 그 바로 앞 글자의 가운데 오도록 인영을 찍는다.
③ 기관 또는 직위 명칭의 끝자가 인영의 가운데 오도록 찍는다.
④ 기관 또는 직위 명칭이 끝난 후 옆에 인영을 찍는다.

해설 관인은 행정기관장의 명의로 발신하는 문서의 시행문과 임용장에 속하는 문서에 찍는 직인으로 기관 또는 직위 명칭의 끝 글자가 인영의 중앙(가운데)에 오도록 찍는다.

19 다음 중 작성된 문서에 교정 부호를 사용할 때 유의할 점으로 옳지 않은 것은?

① 교정 부호는 정해진 부호를 사용해서 교정한다.
② 교정 부호를 표시하는 색은 인쇄된 글자의 색상과 다르면서 눈에 잘 띄는 색으로 한다.
③ 한 번 교정된 부분은 다시 교정할 수 없다.
④ 교정 부호가 서로 겹칠 경우에는 겹치는 각도를 조절하여 알아볼 수 있도록 한다.

해설 한 번 교정된 부분도 다시 교정할 수 있다.

20 다음과 같이 주어진 문장에 교정 부호를 사용했을 때 교정된 결과로 옳은 것은?

사나운개도는 먹여 주는 안다 사람은

① 개도 먹여 주는 안다
② 개도 먹여 주는 사람은 안다
③ 사나운 개도는 먹여 주는 안다
④ 사나운 개도 먹여 주는 사람은 안다

해설 문제의 보기에는 사이 띄우기, 지우기, 끼워넣기(삽입하기) 교정 부호가 사용되었다.

2과목 | PC 운영 체제

21 한글 Windows에서 [Windows 종료] 대화 상자의 각 메뉴에 대한 설명으로 옳지 않은 것은?

① 사용자 전환 : 현재 로그온 한 사용자 계정 작업 상태를 그대로 두고, 다른 사용자의 계정으로 전환하여 컴퓨터에 손쉽게 로그온 할 수 있다.
② 로그아웃 : 모든 프로그램을 종료하고, 새롭게 로그온할 사용자를 선택한다.
③ 절전 : 모니터와 하드 디스크를 최소 전력으로 두고, 컴퓨터에서 최대 전원 작업을 빠르게 시작할 수 있는 전력 절약 상태이다.
④ 다시 시작 : 변경된 Windows 설정을 저장하고 메모리에 있는 모든 정보를 이동식 디스크에 저장한 후에 시스템을 다시 시작한다.

해설 다시 시작 : 시스템을 종료한 후 자동적으로 다시 부팅한다.

22 한글 Windows의 특징에서 플러그 앤 플레이(Plug & Play) 기능에 관한 설명으로 옳지 않은 것은?

① 컴퓨터에 새로운 하드웨어를 설치할 때 해당 하드웨어를 사용하는데 필요한 시스템 환경을 자동으로 구성해 주는 기능이다.
② 기존 컴퓨터 시스템과 충돌을 방지하는 기능을 수행한다.
③ 하드웨어와 소프트웨어가 PnP 기능을 지원하여야 수행된다.
④ 컴퓨터 시스템이 오류가 발생했을 때 자동으로 복구하는 기능을 수행할 수 있다.

정답 18 ③ 19 ③ 20 ④ 21 ④ 22 ④

해설 플러그 앤 플레이(PnP ; Plug & Play) : 새로운 하드웨어를 설치할 때 이를 자동으로 감지하여 하드웨어 구성 및 충돌을 방지하는 기능으로 컴퓨터 시스템의 오류 발생 시 자동으로 복구하는 기능은 없다.

23 한글 Windows에서 선택된 개체의 바로 가기 아이콘을 만드는 방법으로 옳지 않은 것은?

① 선택한 개체를 복사한 후 바탕 화면의 빈 공간에서 바로 가기 메뉴의 [바로 가기 붙여넣기]를 선택한다.
② 마우스의 오른쪽 버튼을 누른 상태로 원하는 위치로 끌어다 놓으면 표시되는 바로 가기 메뉴에서 [여기에 바로 가기 만들기]를 선택한다.
③ Ctrl+Alt 키를 누른 채 원하는 위치로 끌어다 놓는다.
④ 폴더 창에 있는 개체는 [홈] 탭의 [새로 만들기] 그룹에서 [새 항목] 단추를 클릭하고, [바로 가기]를 선택한다.

해설 ③ 해당 개체를 선택하고, Ctrl+Shift 키를 누른 상태에서 드래그한다.

24 한글 Windows에서 [작업 표시줄 설정] 창에 대한 설명으로 옳지 않은 것은?

① 작업 표시줄의 빈 영역을 선택한 후 Alt+Enter 키를 누르면 [작업 표시줄 설정] 창을 열 수 있다.
② 작업 표시줄의 아이콘을 작게 표시할 수 있다.
③ '작업 표시줄 자동 숨기기'를 설정하면 작업 표시줄을 다른 위치로 이동시킬 수 없다.
④ 화면에서 작업 표시줄 위치를 설정할 수 있다.

해설
- 작업 표시줄 자동 숨기기 : 바탕 화면에서 작업 표시줄을 숨기다가 마우스 포인터를 작업 표시줄 영역에 위치하면 다시 나타난다.
- ③ 작업 표시줄을 다른 위치로 이동시킬 수 있다.

25 한글 Windows에서 [Windows 작업 관리자] 창의 각 탭에서 표시하고 있는 작업으로 옳은 것은?

① [성능] 탭은 실행중인 프로그램의 목록이 표시된다.
② [사용자] 탭은 실행중인 이미지 이름과 CPU 사용량 등을 표시한다.
③ [앱 기록] 탭은 설치된 앱별로 CPU 시간, 네트워크, 데이터 통신, 타일 업데이트 등을 표시한다.
④ [프로세스] 탭은 CPU와 메모리 사용량을 수치와 백분율, 그래프로 각각 표시한다.

해설
- [성능] 탭 : CPU와 메모리의 사용 현황 등에 관한 정보를 그래프로 확인할 수 있다.
- [사용자] 탭 : 컴퓨터에 로그인한 사용자의 연결을 끊거나 로그오프 할 수 있다.
- [프로세스] 탭 : 현재 실행 중인 프로세스(앱) 목록을 확인하거나 '작업 끝내기'로 종료할 수 있다.

26 한글 Windows에서 휴지통에 관한 설명으로 옳지 않은 것은?

① 휴지통의 파일은 필요할 때 복원하여 사용할 수 있으며, 휴지통에서 파일을 실행할 수도 있다.
② 휴지통에 삭제한 파일이 들어가면 휴지통의 모양이 변경된다.
③ 휴지통이 가득차면 가장 최근에 삭제된 파일이나 폴더가 들어갈 수 있는 공간을 확보하기 위해 휴지통을 자동으로 정리한다.
④ 휴지통의 크기는 드라이브마다 다르게 설정할 수 있다.

해설 휴지통에 있는 파일은 복원하기 전까지 해당 내용을 볼 수 없으며, 휴지통에서 파일을 실행할 수도 없다.

27 한글 Windows의 [사용자 계정]에 대한 설명으로 옳지 않은 것은?

① 표준 사용자는 자신이 설치한 소프트웨어만 사용할 수 있다.
② 표준 사용자는 자신의 계정 유형을 관리자로 변경할 수 없다.
③ 관리자 계정은 유해한 프로그램이 컴퓨터를 변경하는 것을 방지하도록 사용자 계정 컨트롤 설정을 변경할 수 있다.

정답 23 ③ 24 ③ 25 ③ 26 ① 27 ①

④ 관리자 계정은 다른 관리자 계정을 포함하여 모든 계정의 암호를 변경할 수 있다.

해설 표준 사용자 계정은 프로그램, 하드웨어 등을 설치하거나 중요 파일을 삭제할 수 없다.

28 한글 Windows에서 파일이나 폴더의 복사 또는 이동에 사용되는 클립보드에 관한 설명으로 옳지 않은 것은?

① 클립보드를 사용하면 서로 다른 응용 프로그램 간에 데이터를 쉽게 전달할 수 있다.
② 클립보드에 저장된 내용은 시스템을 다시 시작하더라도 재사용이 가능하다.
③ 클립보드의 내용은 여러 번 사용이 가능하다.
④ 클립보드에는 가장 최근에 저장한 것 하나만 저장된다.

해설 시스템을 재시작하면 클립보드에 저장된 데이터는 삭제된다.

29 한글 Windows에서 보조프로그램에 있는 캡처 도구에 대한 설명으로 옳지 않은 것은?

① 캡처한 내용을 연결된 전자 메일 프로그램을 이용하여 전송할 수 있다.
② 캡처 유형으로는 자유형 캡처, 사각형 캡처, 창 캡처, 전체 화면 캡처가 있다.
③ 캡처한 내용을 jpeg, gif, png 파일로 저장할 수 있다.
④ 캡처된 그림을 다양한 그래픽 기법으로 수정할 수 있다.

해설 캡처 도구는 화면 개체를 캡처하여 이미지에 주석을 달거나 저장 및 공유하는 것으로 캡처된 그림을 다양한 그래픽 기법으로 수정할 수는 없다.

30 한글 Windows에서 사용하는 유틸리티 프로그램에 관한 설명으로 옳지 않은 것은?

① 압축 프로그램을 사용하면 디스크 공간을 효율적으로 사용할 수 있다.
② 이미지 뷰어는 그래픽 이미지를 볼 수 있게 해 주는 프로그램이다.
③ 윈도우 무비 메이커를 사용하면 동영상 편집을 할 수 있다.
④ FTP 프로그램을 사용하면 다른 장소에 있는 컴퓨터를 원격으로 사용할 수 있다.

해설 FTP(File Transfer Protocol) : 인터넷을 통하여 한 컴퓨터에서 다른 컴퓨터로 파일 전송을 지원하는 인터넷 서비스이다.

31 한글 Windows에 설치된 기본 프린터의 [인쇄 작업 목록 보기] 창에서 가능한 작업으로 옳지 않은 것은?

① 인쇄 일시 중지
② 설치된 프린터 제거
③ 프린터 속성 지정
④ 인쇄 기본 설정 지정

해설
- 보기 ①, ③, ④는 [인쇄 작업 목록 보기] 창의 [프린터] 메뉴에서 설정이 가능하다.
- 보기 ②는 [제어판]-[장치 및 프린터] 창에서 가능하다.

32 한글 Windows에서 디스크 오류 검사에 대한 설명으로 옳지 않은 것은?

① 디스크 오류 검사는 폴더와 파일의 오류를 검사하여 발견된 오류를 복구한다.
② 디스크 오류 검사는 손상된 부분을 복구할 때 교차 연결된 파일이 발견되면 제거하거나 백업한다.
③ '파일 시스템 오류 자동 수정' 옵션을 선택하면 파일과 폴더의 오류가 발견되었을 때 사용자에게 오류 수정 여부를 물어 본 후 수정한다.
④ '불량 섹터 검사 및 복구 시도' 옵션을 선택하면 파일과 폴더의 오류뿐만 아니라 디스크 표면을 검사하여 디스크에 생긴 물리적인 오류도 찾아 준다.

해설 파일 시스템 오류 자동 수정 : 디스크 오류 검사 중 파일 시스템 오류가 발견되면 사용자에게 오류 수정 여부를 묻지 않고 바로 수정한다.

정답 28 ② 29 ④ 30 ④ 31 ② 32 ③

33 한글 Windows에서 레지스트리에 대한 설명으로 옳지 않은 것은?

① 레지스트리를 편집하려면 [실행] 대화 상자에서 'regedit'를 입력하여 실행한다.
② 레지스트리란 Windows 사용자의 정보, 응용 프로그램의 정보, 설정 사항 등 Windows 실행 설정에 대한 정보를 담은 데이터베이스이다.
③ 레지스트리가 손상되면 Windows에 치명적인 손상을 줄 수 있으므로 주의하여 사용해야 한다.
④ 레지스트리는 백업을 받을 수 없으므로 함부로 삭제하거나 실수하는 일이 없도록 신중하게 편집하여야 한다.

해설 레지스트리 정보는 사용자가 백업이 필요한 경우 [파일]–[내보내기]를 선택하여 직접 수행한다.

34 한글 Windows에서 문제 해결 방법에 관한 설명으로 옳지 않은 것은?

① 디스크 공간이 부족할 경우에는 불필요한 응용 프로그램들의 실행을 종료한다.
② 메모리가 부족할 경우에는 가상 메모리를 충분히 확보할 수 있도록 휴지통, 임시 파일, 사용하지 않는 프로그램 등을 삭제한다.
③ 정상적인 부팅이 안 되는 경우에는 안전 모드로 부팅하여 문제를 해결한 후에 정상 모드로 재부팅한다.
④ 시스템 속도가 저하되는 경우에는 드라이브 조각 모음을 실행하여 하드 디스크의 단편화를 제거한다.

해설 디스크 공간이 부족할 경우 디스크 정리를 실행하여 불필요한 응용 프로그램, 오래된 압축 파일, 임시 인터넷 파일, Windows 구성 요소 등을 삭제한다.

35 한글 Windows에서 컴퓨터에 연결된 하드웨어 중 [장치 및 프린터] 창에 표시되지 않는 장치는?

① 휴대폰, 디지털 카메라 등과 같은 휴대용 장치
② 사운드 카드, 그래픽 카드, 메모리 등과 같이 컴퓨터 케이스 내부에 설치된 장치
③ 외장 USB 하드 드라이브, 플래시 드라이브, 웹캠 등과 같이 USB 포트에 연결하는 모든 장치
④ 컴퓨터에 연결된 모든 프린터

해설 보기 ②번은 [제어판]–[장치 관리자] 창에서 확인할 수 있다.

36 한글 Windows의 제어판에 있는 [기본 프로그램]을 선택하여 할 수 있는 작업으로 옳지 않은 것은?

① 파일 형식 및 프로토콜을 열 때 사용할 기본 프로그램을 설치할 수 있다.
② 파일 형식 및 프로토콜에 따라 특정 프로그램에서 항상 열리도록 설정할 수 있다.
③ 각 유형의 미디어나 장치를 삽입할 때 발생하는 동작을 선택할 수 있다.
④ 웹 브라우징이나 전자 메일과 같은 작업에 사용할 기본 프로그램을 선택할 수 있다.

해설 파일 형식 및 프로토콜을 열 때 사용할 기본 프로그램을 설정하는 것이지 설치할 수 있는 것은 아니다.

37 한글 Windows의 [마우스 속성] 대화 상자에서 가능한 작업으로 옳지 않은 것은?

① 마우스 포인터의 지정
② 포인터의 생성 및 수정, 삭제
③ 휠을 한 번 돌릴 때 스크롤할 양
④ 두 번 클릭의 속도

해설 보기 ①번은 [포인터] 탭, 보기 ③번은 [휠] 탭, 보기 ④번은 [단추] 탭에서 가능하다.

38 한글 Windows의 [네트워크 및 공유 센터] 창에서 '네트워크 설정 변경'과 관련이 없는 것은?

① 새 연결 또는 네트워크 설정
② VPN 연결 설정
③ 문제 해결
④ 인터넷 연결 공유

정답 ▶ 33 ④ 34 ① 35 ② 36 ① 37 ② 38 ④

해설 인터넷 연결 공유 : 하나의 연결만으로 홈 네트워크 또는 소규모 네트워크에 속한 컴퓨터를 인터넷에 연결한다.

39 한글 Windows에서 사용하는 웹 브라우저에 관한 설명으로 옳지 않은 것은?

① 웹 서버와 HTTP 프로토콜로 통신한다.
② 플러그인 프로그램을 사용하여 동영상, 소리 등의 멀티미디어 데이터를 처리할 수 있다.
③ 자주 방문하는 웹 사이트 주소를 관리하는 기능이 있다.
④ 웹 서버에 있는 홈 페이지를 수정할 수 있다.

해설 사용자가 웹 서버에 있는 홈 페이지를 수정할 수는 없다.

40 한글 Windows의 [이더넷 속성] 대화 상자에서 네트워크 구성 요소에 대한 설명으로 옳지 않은 것은?

① QoS 패킷 스케줄러 : 네트워크 대역폭을 확인하고자 할 때 사용한다.
② Microsoft Networks용 클라이언트 : 사용자 컴퓨터에서 네트워크에 있는 리소스를 액세스 할 수 있게 한다.
③ Microsoft 네트워크용 파일 및 프린터 공유 : 다른 컴퓨터에서 네트워크를 사용하여 사용자 컴퓨터의 리소스를 액세스할 수 있게 한다.
④ Internet Protocol Version 6(TCP/IPv6) : 다양하게 연결된 네트워크에서 통신을 제공하는 인터넷 프로토콜의 최신 버전이다.

해설 QoS 패킷 스케줄러 : 흐름 속도나 우선 순위 지정 서비스를 포함한 네트워크의 소통을 제어한다.

3과목 | 컴퓨터와 정보 활용

41 다음은 무엇에 대한 설명인가?

- 7비트의 크기 → 128개의 문자 표현 가능
- 자료 처리나 통신 시스템에 사용

① BCD 코드 ② ASCII 코드
③ EBCDIC 코드 ④ GRAY 코드

해설
- ① 6비트로 구성되며, 64가지의 문자를 표현한다(영문 소문자를 표현할 수 없음).
- ③ 8비트로 구성되며, 256가지의 문자를 표현한다(정보 처리 부호용으로 사용).
- ④ 아날로그-디지털 변환 또는 데이터 전송 등에 사용되는 코드로 연산에는 부적합하다.

42 다음 중 아날로그 컴퓨터와 비교하여 디지털 컴퓨터의 특징으로 옳은 것은?

① 입력 형태로 전류, 전압, 온도, 속도 등이 가능하다.
② 논리 회로를 사용하며, 프로그래밍이 필요하다.
③ 미분이나 적분에 관한 연산 속도가 빠르다.
④ 특수 목적용으로 기억 기능이 적다.

해설
- 디지털 컴퓨터 : 문자, 숫자와 같은 이산적인 데이터를 취급하며, 프로그램 보관이 용이하다.
- 보기 ①, ③, ④번은 아날로그 컴퓨터의 특징이다.

43 다음 중 컴퓨터에서 사용하는 하드 디스크에 관한 설명으로 옳지 않은 것은?

① 트랙은 하드 디스크 표면의 동심원을 말한다.
② 섹터는 트랙의 일부분으로 데이터가 저장되는 기본 단위이다.
③ 클러스터는 하드 디스크의 중심축으로부터 같은 거리에 있는 트랙들의 집합을 말한다.
④ 헤드는 데이터를 읽어 내거나 쓰는 장치를 말한다.

해설
- 클러스터(Cluster) : 여러 개의 섹터를 하나로 묶은 것으로 실제 데이터를 읽고 쓰는 단위이다.
- 보기 ③번은 실린더(Cylinder)에 대한 설명이다.

44 다음 중 컴퓨터에서 사용 가능한 가상 기억 장치에 관한 설명으로 옳지 않은 것은?

정답 39 ④ 40 ① 41 ② 42 ② 43 ③ 44 ①

① 저장된 내용을 찾을 때 주소를 사용하지 않고, 기억된 데이터의 내용을 이용하여 원하는 정보에 접근한다.
② 보조 기억 장치의 일부를 주기억 장치처럼 이용하여 주기억 장치의 용량이 확대된 것처럼 사용한다.
③ 페이징(Paging) 기법이나 세그먼테이션(Segmentation) 기법을 이용한다.
④ 주프로그램은 보조 기억 장치에 저장시키고, CPU에 의해 실제로 사용할 부분만 주기억 장치에 적재시키는 방법을 이용한다.

해설 가상 메모리 : 주기억 장치와 보조 기억 장치로 구성된 기억 체제로 주기억 장치의 부족한 용량을 보완하거나 프로그램이 사용할 수 있는 주소 공간의 크기가 실제 주기억 장치 기억 공간의 크기보다 클 때 사용한다.

45 다음 중 컴퓨터 CPU에 있는 연산 장치의 레지스터에 대한 설명으로 옳은 것은?

① 누산기 : 2개 이상의 수를 입력하여 이들의 합을 출력하는 논리 회로 또는 장치
② 가산기 : 산술 연산 및 논리 연산의 결과를 일시적으로 기억하는 레지스터
③ 데이터 레지스터 : 주기억 장치에서 보낸 데이터를 일시적으로 기억하는 레지스터
④ 상태 레지스터 : 색인 주소 지정에 사용되는 레지스터

해설
- 누산기 : 산술 및 논리 연산의 결과를 일시적으로 기억한다.
- 가산기 : 사칙 연산과 함께 데이터 레지스터에 저장된 값과 누산기 값을 더한다.
- 상태 레지스터 : CPU 상태와 연산 결과(양수, 음수, 자리 올림/넘침 등) 상태를 기억한다.

46 다음 중 컴퓨터에서 사용하는 프로그램에 관한 설명으로 옳지 않은 것은?

① 상용 소프트웨어는 정식으로 대가를 지불하고 사용해야 한다.
② 셰어웨어는 기능이나 사용 기간 등에 제한을 두어 배포한 것으로 무료이다.
③ 프리웨어는 개발자가 소스를 공개한 소프트웨어로 누구나 수정 및 배포할 수 있다.
④ 알파 버전은 개발사 내에서 테스트를 목적으로 제작한 프로그램이다.

해설
- 프리웨어(Freeware) : 사용 기간과 기능에 제한 없이 무료로 사용할 수 있으며, 저작권자의 동의 없이 자유롭게 복사, 배포할 수 있는 소프트웨어이다.
- 보기 ③번은 공개 소프트웨어에 대한 설명이다.

47 다음 중 컴퓨터 용어의 설명으로 옳지 않은 것은?

① 링커(Linker) : 원시 프로그램의 오류를 찾아 수정하는 것
② 덤프(Dump) : 프로그램의 오류를 체크하기 위해 필요한 데이터 내용을 그대로 출력하는 것
③ 로더(Loader) : 목적 프로그램을 주기억 장치에 적재하여 실행 가능하도록 해주는 프로그램
④ 버그(Bug) : 소프트웨어나 하드웨어의 오류나 결함

해설 링커(Linker) : 목적 코드를 실행 가능한 로드 모듈로 생성하는 프로그램(=연계 편집 프로그램)이다.

48 다음 중 PC의 업그레이드에 관한 설명으로 옳지 않은 것은?

① 소프트웨어를 업그레이드할 때는 CMOS Setup 프로그램을 사용한다.
② 하드웨어를 업그레이드할 때는 컴퓨터 전원을 끄고 작업한다.
③ RAM을 업그레이드할 때는 메인보드와 운영 체제의 지원 사항을 먼저 확인한다.
④ 하드 디스크를 업그레이드할 때는 용량과 RPM, 전송 속도를 고려한다.

해설 소프트웨어 업그레이드 : 기존 소프트웨어에서 새로운 기능을 추가하거나 오류를 수정하여 새로운 버전으로 변경하는 것으로 CMOS Setup과는 아무런 상관이 없다.

정답 45 ③ 46 ③ 47 ① 48 ①

49 다음 중 그래픽 데이터 형식에 관한 설명으로 옳지 않은 것은?

① BMP : Windows 운영 체제의 표준 비트맵 파일 형식으로 압축하여 저장하므로 파일의 크기가 작은 편이다.
② GIF : 인터넷 표준 그래픽 형식으로 8비트 컬러를 사용하여 최대 256 색상까지만 표현할 수 있으며, 애니메이션 표현이 가능하다.
③ JPEG : 사진과 같은 선명한 정지 영상 압축 기술에 대한 국제 표준으로 주로 인터넷에서 그림 전송에 사용된다.
④ PNG : 트루 컬러의 지원과 투명색 지정이 가능하다.

해설 BMP : Windows 운영 체제의 표준으로 비트맵 정보를 압축하지 않고 저장하며, 고해상도의 이미지를 표현하므로 파일 크기가 크다.

50 다음 중 네트워크 기본 장비에서 라우터(Router)에 관한 설명으로 옳은 것은?

① 여러 대의 컴퓨터를 네트워크와 연결하여 각 회선을 통합적으로 관리한다.
② 네트워크의 가장 최적의 경로를 설정하여 데이터를 전송한다.
③ 다른 네트워크에 데이터를 보내거나 다른 네트워크로부터 데이터를 받아들이는 출입구 역할을 한다.
④ 거리가 증가될수록 감쇠하는 신호를 재생하거나 출력 전압을 높여 전송한다.

해설 라우터 : 네트워크에서 최적의 경로를 배정하고, 패킷에 의해 네트워크 노드를 결정하는 장치로 거리 확장이나 상호 접속을 위해 사용한다.

51 다음 중 컴퓨터에서 부동 소수점과 비교하여 고정 소수점 데이터 표현 방법에 관한 설명으로 옳지 않은 것은?

① 연산 속도가 빠르다.
② 부호와 절대치 방식, 부호와 1의 보수 방식, 부호와 2의 보수 방식이 있다.
③ 큰 수나 작은 수를 표현할 수 있다.
④ 정수 표현 형식으로 구조가 단순하다.

해설 보기 ③번은 부동 소수점에 대한 설명이다.

52 OSI 7계층 중 다음의 기능을 수행하는 계층은?

- 송수신측간에 관련성을 유지하고, 대화를 설정하고 제어한다.
- 대화의 구성 및 동기를 제공한다.
- 데이터 교환 관리 기능을 수행한다.

① 응용 계층 ② 표현 계층
③ 세션 계층 ④ 전송 계층

해설
- ① 응용 프로그램(사용자)의 정보 활용과 통신 제어를 수행한다.
- ② 데이터 표준화와 압축, 코드 변환, 구문 검색, 정보의 형식과 암호화 기능을 제공한다.
- ④ 투명하고 신뢰성 있는 데이터 전송, 오류 복구와 흐름 제어를 수행한다.

53 다음에서 설명하는 용어로 옳은 것은?

가) 컴퓨터를 인간에게 좀 더 쉽고 쓸모 있게 함으로써 인간과 컴퓨터간 상호 작용을 개선하는 것을 목적으로 하여, 인간이 컴퓨터에 쉽고 편하게 다가갈 수 있도록 작동 시스템을 디자인하고 평가하는 과정을 다루는 학문이다.
나) 사용자가 눈으로 보는 현실 세계의 모습이나 실제 영상에 문자나 그래픽과 같은 가상의 3차원 정보를 실시간으로 겹쳐 보여주는 새로운 멀티미디어 기술이다.

① 가) CISC, 나) CAI
② 가) HCI, 나) AR
③ 가) CALS, 나) VCS
④ 가) HFC, 나) VR

해설
- CISC : 필요한 명령어 셋을 갖춘 프로세서로 가장 효율적인 방법으로 요구 능력을 제공한다.
- CAI : 컴퓨터를 수업 매체로 활용하여 학습자에게 필요한 지식, 정보, 기술 등을 학습하는 시스템이다.
- VCS : 초고속 정보 통신망을 이용하여 원거리에 있는 사람들과 비디오와 오디오를 통해 회의할 수 있도록 하는 시스템이다.
- VR : 컴퓨터 그래픽과 시뮬레이션을 이용하여 가상 세계를 현실처럼 체험할 수 있는 기술이다.

정답 49 ① 50 ② 51 ③ 52 ③ 53 ②

54 다음 중 컴퓨터 바이러스의 감염 증상으로 옳지 않은 것은?

① 프로그램의 실행 속도가 이유 없이 늦어진다.
② 사용 가능한 메모리 공간이 줄어드는 등 시스템 성능이 저하된다.
③ 일정 시간 후에 화면 보호기가 작동된다.
④ 예측이 불가능하게 컴퓨터가 재부팅된다.

해설 화면 보호기는 컴퓨터를 장시간 사용하지 않을 경우 모니터와 하드 디스크의 전원을 차단하는 기능으로 바이러스 감염과는 아무런 상관이 없다.

55 다음 중 컴퓨터에서 정보 보안을 위하여 사용하는 방화벽에 관한 설명으로 옳지 않은 것은?

① 내부 네트워크로 들어오거나 외부 네트워크로 나가는 패킷을 체크한다.
② 역추적 기능이 있어서 외부 침입자의 흔적을 찾을 수 있다.
③ 방화벽을 사용하더라도 내부의 불법적인 해킹은 막지 못한다.
④ 해킹에 의한 외부로의 정보 유출을 막기 위한 보안 시스템이다.

해설 방화벽은 내부 네트워크에서 인터넷으로 나가는 패킷은 그대로 통과시키고, 인터넷에서 내부 네트워크로 들어오는 패킷은 내용을 체크하여 인증된 패킷만 통과시킨다.

56 다음 중 ICT 관련 최신 기술 용어에 대한 설명으로 옳지 않은 것은?

① 트랙백(Trackback) : 내 블로그에 해당 의견에 대한 댓글을 작성하면 그 글의 일부분이 다른 사람의 글에 댓글로 보이게 하는 기술이다.
② 와이브로(Wibro) : 이동하면서 초고속 무선 인터넷 서비스가 가능한 기술이다.
③ RFID(Radio Frequency IDentification) : 전자 태그가 부착된 IC 칩과 무선 통신 기술을 이용하여 다양한 개체들의 정보를 관리할 수 있는 센서 기술이다.
④ NFC(Near Field Communication) : 한 번의 로그인으로 기업 내의 각종 업무 시스템이나 인터넷에 접속할 수 있도록 하는 기술이다.

해설 NFC : 13.56MHz 주파수 대역을 사용하는 근거리 무선 통신으로 10cm 정도의 가까운 거리에서 데이터를 전송하며 상점의 물품 정보, 결제, 교통, 잠금 장치 등에 광범위하게 활용되는 기술이다.

57 다음 중 아웃룩(Outlook)에서 메일 관리에 대한 설명으로 옳지 않은 것은?

① 수신된 메일은 기본적으로 [받은 편지함] 폴더에 저장된다.
② [지운 편지함]에 있는 메일을 삭제하면 [임시 보관함]으로 이동한다.
③ [검색 폴더]는 특정 검색 조건에 일치하는 모든 전자 메일 항목을 보여 주는 가상 폴더이다.
④ [받은 편지함]에 있는 메일을 삭제하면 [지운 편지함]으로 이동한다.

해설 지운 편지함에 있는 메일은 복원할 수 있지만 해당 폴더 위치에서 삭제한 메일은 다시 복원할 수 없고, 바로 지워진다.

58 다음 중 개인정보의 안전한 관리에 대한 설명으로 옳지 않은 것은?

① 법률, 시행령, 고시에서는 개인정보의 안전성 확보에 필요한 구체적 기준을 명시하고 있으며, 이에 따른 안전 조치 의무 이행을 한다.
② 개인정보의 안전한 관리를 위한 보호 조치는 법적 요건 및 관련 규제 준수를 근간으로 하며, 정보 주체의 개인정보 보호 권리를 보장한다.
③ 개인정보의 안전한 관리를 위해 수립한 보호 절차의 이행 및 내부 통제 준수 여부 확인 등을 위한 모니터링 절차를 적용한다.

정답 54 ③ 55 ① 56 ④ 57 ② 58 ④

④ 개인정보관리자는 개인정보가 분실, 도난, 유출, 변조 또는 훼손되지 아니하도록 내부 관리 계획 수립, 접속 기록 보관 등 국무총리령으로 정하는 바에 따라 안전성 확보에 필요한 기술적/관리적/물리적 조치를 한다.

해설 개인정보처리자는 개인정보가 분실, 도난, 유출, 변조 또는 훼손되지 아니하도록 내부 관리 계획 수립, 접속 기록 보관 등 대통령령으로 정하는 바에 따라 안전성 확보에 필요한 기술적/관리적/물리적 조치를 한다.

59 다음 중 보기에서 설명하는 모바일 기기 관련 용어로 옳은 것은?

> 여러 개의 앱을 한꺼번에 사용할 수 있도록 앱 실행 시 영상 화면을 오버레이의 팝업창 형태로 분리하여 실행하는 기능이다.

① 스마트 앱(Smart App)
② 플로팅 앱(Floating App)
③ 앱 스토어(App Store)
④ 앱북(App Book)

해설
- ① 휴대폰이나 스마트폰 등에서 다운받아 사용할 수 있는 응용 프로그램이다.
- ③ 스마트폰에 설치할 수 있는 다양한 응용 프로그램을 지원 및 판매하는 온라인상의 거래 장터이다.
- ④ 스마트폰이나 태블릿 PC 등에서 해당 애플리케이션으로 제공되는 전자책으로 동영상, 애니메이션, 3D 그래픽을 이용한다.

60 다음 중 오디오, 비디오, 이미지 등의 디지털 콘텐츠에 사람의 육안으로는 구별할 수 없도록 저작원의 정보를 삽입하여 불법 복제를 막는 기술로 옳은 것은?

① 카피라잇(Copyright)
② 카피레프트(Copyleft)
③ 워터마킹(Watermarking)
④ 스패밍(Spamming)

해설
- ① 창작물을 만든 사람이 자기 저작물에 대해 가지는 배타적인 법적 권리로 여러 국가에서 인정된다.
- ② 저작권에 기반을 둔 사용 제한이 아니라 저작권의 정보 공유를 위한 조치이다(≠Copyright).
- ④ 수신인이 원하지 않는 메시지나 정보를 일방적으로 보내는 행위이다.

정답 59 ② 60 ③

2016년 06월 25일 시행 기출문제

점

1과목 | 워드프로세싱 일반

01 다음 중 워드프로세서의 특징으로 옳지 않은 것은?

① 손쉽게 다양한 문서 형태를 만들 수 있다.
② 작성된 문서의 보존 및 검색이 유리하다.
③ 정보 통신망을 이용하여 공유할 수 없기 때문에 보안성이 우수하다.
④ 문서의 통일성과 체계를 갖출 수 있다.

해설 워드프로세서는 정보 통신망 기능으로 빠른 전송과 공유가 가능하다.

02 다음 중 워드프로세서의 표 기능에 대한 설명으로 옳지 않은 것은?

① 표를 만든 후 표의 서식을 다양하게 변경할 수 있다.
② 표에서 같은 행이나 열에 있는 두 개 이상의 셀을 하나의 셀로 결합할 수 있다.
③ 표 속성 대화 상자에서 확대나 축소 비율, 그림자를 설정할 수 있다.
④ 표 안에서 새로운 중첩된 표를 만들고 편집할 수 있다.

해설
- [표/셀 속성] 대화 상자 : [기본] 탭(크기/위치 등), [여백/캡션] 탭, [테두리] 탭, [배경] 탭, [표] 탭으로 구성된다.
- 표 속성 대화 상자에서 확대나 축소 비율, 그림자를 설정할 수는 없다.

03 다음 중 워드프로세서의 편집 관련 용어에 대한 설명으로 옳은 것은?

① 마진(Margin) : 프린터에서 한 면 단위로 프린터 용지를 위로 올리는 기능
② 영문 균등(Justification) : 단어 사이의 간격을 조절하여 워드 랩으로 인한 공백을 없애고 문장의 양쪽 끝을 맞추는 기능
③ 홈 베이스(Home Base) : 문서의 균형을 위해 비워두는 페이지의 상 · 하 · 좌 · 우 공백
④ 옵션(Option) : 문단의 각 행 중에서 오른쪽 또는 왼쪽 끝 열이 정렬되지 않은 상태

해설
- 마진 : 문서의 전체적인 균형을 위한 페이지 상하좌우의 여백이다.
- 홈 베이스 : 문서 편집 시 특정 위치를 홈(Home)으로 지정하고, 임의의 위치에서 곧바로 홈으로 커서를 이동시킬 수 있는 기능이다.
- 옵션 : 어떤 명령이나 기능에 대한 지시를 부여하거나 지시할 때 선택할 수 있는 항목이다.

04 다음 중 워드프로세서의 메일 머지(Mail Merge) 기능에 대한 설명으로 옳지 않은 것은?

① 메일 머지를 수행하기 위해서는 데이터 파일과 서식 파일이 필요하다.
② 데이터 파일은 서식 파일에 대입될 개인별 이름이나 주소 등을 담고 있는 파일이다.
③ 서식 파일은 메일 머지 되어 나올 내용에서 공통적으로 들어갈 본문 내용을 기재한 파일이다.
④ 메일 머지에 쓸 수 있는 서식 파일에는 윈도우의 주소록과 Outlook 주소록, 한글 파일, 엑셀 파일 등이 있다.

해설 메일 머지에 쓸 수 있는 데이터 파일에는 윈도우 주소록과 Outlook 주소록, 한글 파일, 엑셀 파일 등이 있다.

05 다음 중 〈보기〉 내용이 설명하는 워드프로세서의 용어로 옳은 것은?

> 문서 내에 머리말, 꼬리말, 주석 같은 것을 표시하기 위한 일정 공간으로 주로 문서의 여백을 사용한다.

① 색인(Index)
② 스풀링(Spooling)
③ 하드 카피(Hard Copy)
④ 보일러 플레이트(Boiler Plate)

정답 01 ③ 02 ③ 03 ② 04 ④ 05 ④

해설 • 색인 : 문서의 중요한 내용(단어나 어휘)들을 빠르게 찾기 위하여 문서의 맨 뒤에 용어와 기록된 쪽 번호를 오름차순으로 정리한 목록이다.
• 스풀링 : CPU가 데이터를 출력하기 위하여 프린터로 데이터를 전송할 때 처리 시간을 단축시키기 위해 하드 디스크와 같은 보조 기억 장치에 데이터를 일시 저장해 두었다가 전송하는 기법이다.
• 하드 카피 : 현재 화면에 표시된 내용을 그대로 프린터에 인쇄하는 것이다.

06 다음 중 KS X 1005-1(유니 코드)에 대한 설명으로 옳은 것은?

① 정보 교환을 할 때 충돌이 발생할 수 있다.
② 한글, 한자는 2바이트, 영문과 공백은 1바이트로 처리한다.
③ KS X 1001 완성형 코드에 비해 기억 공간을 적게 차지한다.
④ 국제 표준 코드로 사용된다.

해설 유니 코드 : 완성형을 바탕으로 조합형의 장점만을 수용한 국제 표준 코드로 전 세계의 모든 문자 표현이 가능하므로 기억 공간을 많이 차지한다.

07 다음 중 워드프로세서의 편집 기능에 대한 설명으로 옳지 않은 것은?

① 사전 기능은 단어를 입력하면 의미를 확인할 수 있게 해 준다.
② 맞춤법 검사 기능은 작성된 문서와 워드프로세서에 포함되어 있는 사전과 비교해 틀린 단어를 찾아주는 기능이다.
③ 다단 편집이란 하나의 화면을 여러 개의 창으로 나누어 두 개 이상의 파일을 불러와 편집할 수 있는 기능이다.
④ 수식 편집기는 문서에 복잡한 수식이나 화학식을 입력할 때 사용하는 기능이다.

해설 다단(Newspaper Column) : 신문이나 잡지처럼 하나의 편집 화면을 여러 개의 영역으로 나누어 문서를 작성하는 기능이다.

08 다음 중 워드프로세서의 용어에 대한 설명으로 옳은 것은?

① 개행(Turnover)은 새 문단이 시작될 때만 하나, 별행(New Line)은 한 문단이나 문장의 중간에서도 할 수 있다.
② OLE 기능은 다른 응용 프로그램에서 작성한 그림이나 표 등을 연결하거나 삽입하여 사용할 수 있게 하는 기능이다.
③ 매크로(Macro)는 자주 쓰이는 문자열을 따로 등록해 놓았다가 준말을 입력하면 본말 전체가 입력되도록 하는 기능이다.
④ 문자 피치(Pitch)는 1인치당 인쇄되는 문자수를 말하며, 피치 수가 증가할수록 문자들은 커진다.

해설 개체 연결 및 삽입(OLE) : 응용 프로그램 간 자료 교환 방식에 사용되는 것으로 여러 개의 응용 프로그램들이 데이터를 서로 공유하면서 한쪽의 데이터 변화가 데이터 공유 프로그램 모두에 반영되도록 하는 기능으로 다른 응용 프로그램에서 작성한 그림, 표, 소리, 동영상 등을 연결하거나 삽입할 수 있다.

09 다음 중 워드프로세서의 화면 표시 기능에 대한 설명으로 옳지 않은 것은?

① 문서를 작성할 때 스크롤 바를 이용하여 화면을 상, 하, 좌, 우로 이동할 수 있다.
② 편집 과정에서 생긴 공백이나 문단 등은 조판 부호를 표시하여 확인할 수 있다.
③ 편집한 문서는 인쇄하기 전에 미리 보기를 통해 화면에서 미리 출력해 볼 수 있다.
④ 화면을 확대하면 인쇄물 결과에도 영향을 준다.

해설 화면을 확대하는 것은 인쇄물 결과와 아무런 관련이 없다.

10 다음 중 전자 출판의 특징으로 옳지 않은 것은?

① 제공자와 사용자간의 상호 대화가 가능한 양방향 매체이다.
② 출판 내용에 대한 추가 및 수정이 용이하다.
③ 출판과 보관 비용이 많이 증가하지만 다른 매체와 결합이 쉽다.

정답 06 ④ 07 ③ 08 ② 09 ④ 10 ③

④ 출판 과정의 개인화가 가능하다.

해설 전체적인 출판 비용과 보관 비용이 감소하고, 다른 매체와 결합이 용이하다.

11 다음 중 워드프로세서를 이용한 문서 작성법의 설명으로 옳지 않은 것은?

① 문장은 되도록 간결하게 쓰고, 긴 문장은 적당히 끊어 작성한다.
② 작성자의 의사가 명확히 표시되어야 하며, 이해하기 쉬운 용어를 사용한다.
③ 문서의 구성은 두문, 본문, 결문 등으로 구분한다.
④ 단어마다 한자, 영어를 넣어 작성하여 문서의 내용을 가급적 어렵게 인식되도록 한다.

해설 문서 내용은 가급적 간결하게 써야 하므로 보기 ④번은 상식적으로도 틀린 내용이다.

12 다음 중 보기에서 설명하는 문서 관리 절차 과정으로 옳은 것은?

> 문서 처리가 완결되지 못한 미결 문서와 문서 처리가 완결된 완결 문서를 분류하여 문서 관리 절차에 따라 문서를 지정하는 것

① 보관 ② 구분
③ 이관 ④ 편철

해설
- 보관 : 규정(내용 처리가 끝난 날이 속한 연도 말일까지)에 따라 일정 기간 동안 서류함에 보관한다.
- 이관 : 계속 보관할 필요가 있는 문서는 주관 부서로 이관한다.
- 편철 : 분류가 끝난 문서를 문서철에 묶고, 발생 순서나 논리 순서에 따라 관리한다.

13 다음 중 문서의 종류별 설명으로 옳지 않은 것은?

① 명령(지시) 문서는 조직에서의 계획이나 기획 등의 명령을 지시하기 위한 문서이다.
② 보고 문서에는 장표, 전표, 일계표 등이 속한다.
③ 연락 문서는 업무를 연락하고, 의사소통을 위한 것으로 업무 연락서, 통지서 등이 있다.
④ 기록 문서는 기록과 보존을 위한 것으로 인사 기록 카드가 속한다.

해설 보고 문서 : 추진 업무에 대한 현황이나 결과 등을 보고하는 문서로 출장, 조사 보고서 등이 있다.

14 다음 중 문서 구성에서 기획서 작성 방법으로 옳지 않은 것은?

① 최대한 전문 용어를 많이 사용하여 수준 높은 문서로 보이도록 작성한다.
② 결론을 논리적으로 구성하고, 사실에 근거하여 명확하게 구성한다.
③ 구체적이고 측정 가능한 자료를 사용하고, 성취 가능한 내용을 적는다.
④ 핵심 내용을 압축하여 명확히 하고, 뒷받침하는 내용을 구분하여 핵심을 강조한다.

해설 기획서는 최대한 이해하기 쉽게 작성하는 것으로 보기 ①번의 내용은 상식적으로도 맞지 않다.

15 다음 중 공문서 구성에서 두문에 해당하는 내용으로 옳은 것은?

① 행정 기관명 ② 제목
③ 시행 일자 ④ 발신명의

해설 두문에는 행정 기관명, 수신자, 경유가 해당된다.

16 다음 중 전자문서에 대한 설명으로 옳지 않은 것은?

① 전자문서인 경우에 전자적 방법으로 쪽 번호 또는 발급 번호를 표시할 수 있다.
② 각급 행정 기관에서는 전자문서에 사용하기 위하여 전자이미지 관인을 가진다.
③ 대체적으로 전자문서인 경우에는 처리과의 기안자나 문서의 수신 및 발신 업무를 담당하는 사람이 전자이미지 관인을 찍는다.
④ 모든 전자문서는 개인 문서함에 보관하면 안 되고, 공통 문서함에 보관하여 누구나 열람할 수 있게 한다.

정답 11 ④ 12 ② 13 ② 14 ① 15 ① 16 ④

해설 전자문서는 문서 등급에 따라 접근자의 범위가 지정되며 검토자, 협조자, 결재권자가 동시에 열람할 수 있다.

17 다음 중 문서 파일링 방법에 관한 설명으로 옳지 않은 것은?

① 명칭별 분류법은 거래자나 거래 회사명에 따라 첫 머리 글자를 기준으로 분류한다.
② 주제별 분류법은 문서의 내용에서 주제를 결정하여 주제를 기준으로 분류한다.
③ 혼합형 분류법은 문자와 번호를 함께 써서 작성한 날짜별로 분류한다.
④ 지역별 분류법은 거래처의 지역 위치나 지역 범위에 따른 기준으로 분류한다.

해설 문서 파일링 방법에는 명칭별, 주제별, 지역별, 번호별이 있다.

18 다음 중 공문서의 성립 및 효력 발생에 관한 설명으로 옳지 않은 것은?

① 공문서의 효력 발생 시기는 다른 법령에 특별한 규정이 없는 한 수신자에게 도달되는 시점이다.
② 공고문서는 고시, 공고가 있은 후 7일이 경과한 날부터 효력이 발생한다.
③ 문서는 결재권자가 해당 문서에 서명의 방식으로 결재함으로써 성립한다.
④ 전자문서의 효력 발생 시점은 수신자의 컴퓨터에 도달하는 시점을 원칙으로 한다.

해설 공고 문서는 고시 또는 공고가 있은 후 5일이 경과한 날부터 효력이 발생한다.

19 다음 중 〈보기 1〉의 문장이 〈보기 2〉의 문장으로 수정되기 위해 필요한 교정 부호들로만 짝지어진 것으로 옳은 것은?

〈보기 1〉

천재는 노력하는 사람을 이길 수 없고, 노력하는 자는 즐기는 자 를 이길 수 없다.

〈보기 2〉

천재는 노력하는 자를 이길 수 없고, 노력하는 자는 즐기는 자를 이길 수 없다.

해설
• 내어쓰기 : 천재는 → 천재는
• 수정 : 사람을 → 자를
• 붙이기 : 자 를 → 자를

20 다음 중 서로 상반되는 의미의 교정 부호로 짝지어지지 않은 것은?

해설 보기 ④에서 들여쓰기( )와 내어쓰기( )가 상반되는 교정 부호이다.

2과목 | PC 운영 체제

21 다음 중 보기에서 설명하는 한글 Windows 운영 체제의 특징으로 옳은 것은?

한 대의 컴퓨터 시스템에서 운영 체제가 각 작업의 제어권을 행사하여 작업의 중요도와 자원 소모량 등에 따라 우선 순위가 높은 작업에 기회가 가도록 우선 순위가 낮은 작업에 작동 제한을 걸어 특정 자원 응용 프로그램이 제어권을 독점하는 것을 방지하는 안정적인 체제

① 선점형 멀티태스킹
② 그래픽 사용자 인터페이스
③ 보안이 강화된 방화벽
④ 컴퓨터 시스템과 장치 드라이버의 보호

해설 선점형 멀티태스킹(Preemptive Multitasking) : 응용 프로그램에서 오류가 발생했을 경우 오류가 발생한 응용 프로그램만 강제 종료(Ctrl+Alt+Delete)할 수 있다.

정답 17 ③ 18 ② 19 ② 20 ④ 21 ①

22 다음 중 보기에서 한글 Windows의 부팅 과정에 대한 순서로 옳은 것은?

> ㉠ POST 수행
> ㉡ Windows 로그온
> ㉢ MBR과 부트 섹터 검색 및 커널을 포함한 부팅에 필요한 파일 로딩
> ㉣ ROM BIOS가 실행되어 CMOS의 내용과 각 하드웨어의 정상 유무 점검

① ㉠ → ㉡ → ㉢ → ㉣
② ㉡ → ㉠ → ㉣ → ㉢
③ ㉢ → ㉣ → ㉠ → ㉡
④ ㉣ → ㉠ → ㉢ → ㉡

해설 한글 Windows의 부팅 과정은 ㉣ → ㉠ → ㉢ → ㉡ 순서에 따라 실행된다.

23 한글 Windows의 바로 가기 키에 대한 설명으로 옳지 않은 것은?

① ⊞+D : 열려있는 모든 창을 최소화하여 바탕 화면이 표시되거나 이전 크기로 복원
② Alt+Tab : 실행중인 각 프로그램 간의 작업 전환
③ Ctrl+Shift+ESC : 작업 관리자 창 바로 열기
④ ⊞+R : 윈도우 재부팅

해설 ⊞+R : [실행] 대화 상자 표시

24 한글 Windows의 바탕 화면에 있는 아이콘을 정렬하는 기준으로 옳지 않은 것은?

① 항목 유형 순으로 정렬
② 크기 순으로 정렬
③ 수정한 날짜 순으로 정렬
④ 이름의 길이 순으로 정렬

해설 바탕 화면의 아이콘 정렬 기준 : 이름, 크기, 항목 유형, 수정한 날짜

25 한글 Windows에서 바로 가기 아이콘을 만드는 방법으로 옳지 않은 것은?

① 파일을 선택한 후 바로 가기 메뉴에서 [바로 가기 만들기]를 선택하여 작성
② 바로 가기 아이콘을 작성할 항목을 Ctrl+Alt 키를 누른 채 드래그 앤 드롭하여 작성
③ 파일을 선택한 후 [파일] 메뉴에서 [바로 가기 만들기]를 선택하여 작성
④ 파일을 마우스 오른쪽 버튼으로 드래그 앤 드롭하여 나타나는 메뉴에서 [여기에 바로 가기 만들기]를 선택하여 작성

해설 보기 ②번에서 해당 개체를 선택하고, Ctrl+Shift 키를 누른 상태에서 드래그한다.

26 한글 Windows의 [휴지통 속성] 대화 상자에서 수행할 수 있는 작업으로 옳지 않은 것은?

① 삭제 확인 대화 상자의 표시 설정
② 휴지통의 바탕 화면 표시 설정
③ 각 드라이브의 휴지통 최대 크기 설정
④ 파일을 휴지통에 버리지 않고 바로 제거하는 기능 설정

해설 [휴지통 속성] 대화 상자의 속성 : 사용자 크기 지정(최대 크기), 파일을 휴지통에 버리지 않고 삭제할 때 바로 제거, 삭제 확인 대화 상자 표시

27 한글 Windows에서 파일과 폴더에 대한 설명으로 옳지 않은 것은?

① 파일이란 서로 관련성 있는 정보의 집합으로 디스크에 저장되는 기본 단위이다.
② 파일은 텍스트 문서, 사진, 음악, 프로그램 등이 될 수 있다.
③ 폴더란 서로 관련 있는 파일들을 체계적으로 관리할 수 있는 저장 장소이다.
④ 폴더 안에 또 다른 하위 폴더와 파일을 만들 수 있으며 바탕 화면, 네트워크, 휴지통, Windows 탐색기 등에서 만들 수 있다.

정답 22 ④ 23 ④ 24 ④ 25 ② 26 ② 27 ④

해설 • 파일은 폴더를 포함할 수 없고, 하나의 폴더는 여러 개의 하위 폴더를 포함할 수 있지만 같은 폴더 내에 동일한 이름의 폴더는 존재할 수 없다.
• 네트워크, 휴지통에서는 폴더를 만들 수 없다.

28 한글 Windows에서 파일이나 폴더를 삭제할 수 없는 경우에 대한 설명으로 옳은 것은?

① 다운로드한 프로그램 파일을 디스크 정리로 삭제할 경우
② 휴지통에 있는 특정 파일을 선택한 후에 Delete 키를 눌러 삭제할 경우
③ 현재 편집 중인 문서 파일이 포함된 폴더를 선택한 후에 Delete 키를 눌러 삭제할 경우
④ 모든 권한이 설정된 특정 폴더의 바로 가기 메뉴에서 [삭제]를 선택하여 삭제하는 경우

해설 현재 편집 중인 문서 파일이 포함된 폴더를 삭제하려면 편집 중인 문서 파일을 닫고 삭제해야 한다.

29 한글 Windows에서 사용하는 기본 프린터 설정에 관한 설명으로 옳지 않은 것은?

① 기본 프린터로 사용할 프린터를 마우스 오른쪽 단추로 클릭한 다음 [기본 프린터로 설정]을 선택한다.
② 현재 기본 프린터를 해제하려면 다른 프린터를 기본 프린터로 설정하면 된다.
③ 인쇄 시 특정 프린터를 지정하지 않으면 자동으로 인쇄 작업이 기본 프린터로 전달된다.
④ 기본 프린터는 2개 이상 지정이 가능하다.

해설 컴퓨터에 설치 가능한 프린터의 수는 제한이 없지만 기본 프린터로 사용할 프린터는 한 대만 지정할 수 있다.

30 한글 Windows에서 [그림판] 프로그램의 사용에 관한 설명으로 옳지 않은 것은?

① 그림의 특정 영역을 선택하여 저장할 수 있다.
② 마우스 오른쪽 단추를 누르고 드래그하면 색2(배경색)로 그림을 그릴 수 있다.
③ 레이어 기능을 이용하여 그림 요소를 구성할 수 있다.
④ 그림의 특정 영역을 사각형의 형태로 선택하여 복사할 수 있다.

해설 레이어 기능을 이용하는 것은 포토샵 프로그램에 해당한다.

31 한글 Windows에서 압축 프로그램에 대한 설명으로 옳지 않은 것은?

① 압축은 텍스트뿐만 아니라 음악, 사진, 동영상 파일 등도 압축할 수 있다.
② 압축할 때 암호를 지정하거나 분할 압축을 할 수 있다.
③ 종류에는 Winzip, WinRAR, PKZIP 등이 있다.
④ 암호화된 압축 파일을 전송할 경우에 시간 및 비용의 증가 효과를 얻을 수 있다.

해설 암호화된 압축 파일을 전송할 경우 시간 및 비용의 증가가 발생하는 것은 아니다.

32 한글 Windows의 드라이브 조각 모음과 관련된 내용으로 옳지 않은 것은?

① 드라이브 조각 모음이 진행 중인 동안에는 컴퓨터를 사용할 수 없다.
② NTFS, FAT, FAT32 이외의 다른 파일 시스템으로 포맷된 경우와 네트워크 드라이브에 대해서는 드라이브 조각 모음을 실행할 수 없다.
③ 드라이브 조각 모음을 수행하면 디스크 공간의 최적화를 이루어 접근 속도와 안전성이 향상된다.
④ 드라이브 조각 모음을 정해진 요일이나 시간에 자동으로 수행할 수 있도록 예약을 설정할 수 있다.

해설 드라이브 조각 모음이 진행 중인 동안에도 컴퓨터를 사용할 수 있지만 모든 작업을 중지하면 보다 효율적이다.

33 한글 Windows의 [접근성 센터] 창에서 할 수 있는 기능에 대한 설명으로 옳지 않은 것은?

정답 28 ③ 29 ④ 30 ③ 31 ④ 32 ① 33 ②

① Windows 로그온 시 자동으로 돋보기 기능을 시작할 수 있게 설정할 수 있다.
② 내레이터 시작 기능을 사용하면 키보드를 사용하여 마우스를 제어할 수 있게 설정할 수 있다.
③ 화상 키보드 시작 기능을 사용하면 키보드 없이도 글자를 입력할 수 있다.
④ 관리 설정 변경 기능을 사용하면 시스템 복원 지점을 만들 수 있다.

해설 내레이터 켜기 : 내레이터가 화면의 모든 텍스트를 소리 내어 읽어준다.

34 한글 Windows에서 인터넷이 정상적으로 작동하지 않을 때 취해야 할 조치로 옳지 않은 것은?

① 네트워크 카드나 케이블이 바르게 연결되었는지 점검한다.
② 속도가 느려진 경우 config 명령을 사용하여 속도가 느려진 원인을 확인한다.
③ Windows 또는 웹 브라우저가 정상적으로 설치되어 있는지 확인한다.
④ Ping 명령을 사용해 접속하려는 사이트의 서버 상태를 확인한다.

해설 config 명령은 Windows의 환경을 설정하는 것으로 레지스트리 내용을 확인한다.

35 한글 Windows의 [작업 관리자] 창에서 할 수 있는 작업으로 옳지 않은 것은?

① 현재 실행중인 프로그램의 작업에 대하여 강제로 끝내기를 할 수 있다.
② 모든 사용자의 프로세스를 표시하거나 해당 프로세스의 끝내기를 할 수 있다.
③ 시스템의 서비스 항목을 확인하고, 해당 서비스를 중지하거나 실행할 수 있다.
④ 현재 시스템 사용자를 로그오프 하거나 새로운 사용자를 추가할 수 있다.

해설 [작업 관리자] 창에서 컴퓨터에 로그인한 사용자의 연결을 끊거나 로그오프 할 수 있지만 새로운 사용자를 추가할 수는 없다.

36 한글 Windows의 [제어판]에 있는 [사용자 계정]에 관한 설명으로 옳지 않은 것은?

① 계정의 유형에는 관리자 계정, 표준 사용자 계정, Guest 계정 등이 있다.
② 사용자의 계정 이름이나 유형을 변경할 수 있다.
③ 표준 사용자 계정으로 로그인한 경우 자녀 보호 설정을 할 수 있다.
④ 각 사용자 계정마다 암호를 설정할 수 있다.

해설 표준 사용자 계정 : 일상적인 컴퓨터 작업에 사용하며 암호 지정, 계정 이름 및 사진 변경, 계정 삭제 등의 기능을 제공한다.

37 한글 Windows의 [프로그램 및 기능] 창에서 할 수 있는 작업으로 옳지 않은 것은?

① 새로운 Windows의 업데이트를 수행하거나 설치된 업데이트 내용을 제거 및 변경할 수 있다.
② 시스템에 설치된 프로그램의 목록을 확인하거나 제거 또는 변경할 수 있다.
③ 설치된 Windows의 기능에 대해 켜기나 끄기를 지정할 수 있다.
④ 새로운 응용 프로그램의 설치를 할 수 있다.

해설
- 프로그램 및 기능 : 프로그램 제거 또는 변경, 설치된 업데이트 보기, Windows 기능 켜기/끄기 등을 설정한다.
- 새로운 응용 프로그램의 설치는 할 수 없다.

38 한글 Windows에서 인터넷 사용을 위한 TCP/IPv4의 설정에 대한 설명으로 옳지 않은 것은?

① IP 주소는 인터넷에 연결된 호스트 컴퓨터의 유일한 주소로 네트워크 주소와 호스트 주소로 구성되어 있다.
② 서브넷 마스크는 사용자가 속한 네트워크로 IP 주소의 네트워크 주소와 호스트 주소를 구별하기 위하여 IP 수신인에게 허용하는 16비트 주소이다.
③ 게이트웨이는 다른 네트워크와의 데이터 교환을 위한 출입구 역할을 하는 장치이다.

정답 34 ② 35 ④ 36 ③ 37 ④ 38 ②

④ DNS 서버 주소는 문자 형태로 된 도메인 네임을 숫자 형태로 된 IP 주소로 변환해 주는 서버의 IP 주소를 지정한다.

해설 서브넷 마스크 : IP 주소와 사용자 컴퓨터가 속한 네트워크를 구별한다(IPv4의 네트워크 주소와 호스트 주소를 구별).

39 한글 Windows의 [제어판]–[인터넷 옵션] 대화 상자에서 수행 가능한 작업으로 옳지 않은 것은?

① 임시 파일, 열어본 페이지 목록, 쿠키, 저장된 암호 및 웹 양식 정보를 삭제할 수 있다.
② 인터넷 영역의 보안 수준을 설정할 수 있다.
③ 인터넷의 시작 화면을 지정할 수 있다.
④ 인터넷 사용을 위한 IP 주소를 설정할 수 있다.

해설 보기 ①, ③번은 [일반] 탭, 보기 ②번은 [보안] 탭에서 가능하다.

40 한글 Windows에서 네트워크상에 있는 다른 컴퓨터에 연결되어 있는 프린터를 공유하고자 할 때 작업 순서로 옳은 것은?

> ㉠ 프린터 이름 입력
> ㉡ [네트워크, 무선 또는 Bluetooth 프린터 추가] 선택
> ㉢ [장치 및 프린터] 창에서 [프린터 추가] 클릭
> ㉣ 프린터 선택

① ㉠ → ㉡ → ㉢ → ㉣
② ㉡ → ㉠ → ㉣ → ㉢
③ ㉢ → ㉡ → ㉣ → ㉠
④ ㉣ → ㉠ → ㉡ → ㉢

해설
- 네트워크상에서 다른 컴퓨터에 연결되어 있는 프린터를 공유하려면 ㉢ → ㉡ → ㉣ → ㉠ 순으로 진행한다.
- 기본 프린터로 설정된 프린터를 네트워크상의 다른 컴퓨터에서 사용할 수 있다.

3과목 | 컴퓨터와 정보 활용

41 다음 중 컴퓨터의 수치 데이터 표현에서 고정 소수점 방식과 비교하여 부동 소수점 방식의 특징으로 옳지 않은 것은?

① 연산 속도가 매우 빠르며, 수의 표현 범위가 넓다.
② 부호, 지수부, 가수부로 구성되어 있다.
③ 소수점이 포함된 실수를 표현하는데 사용한다.
④ 양수와 음수 모두 표현이 가능하다.

해설 부동 소수점 방식은 연산 처리 속도는 느리지만 수의 표현 범위에 제한이 없다.

42 다음 중 사용하는 데이터 형태에 따라 컴퓨터를 분류하고자 할 때 보기의 설명과 같은 특징을 가지는 컴퓨터로 옳은 것은?

> 길이, 전류, 온도, 속도 등과 같이 연속적으로 변화하는 자료를 물리적인 양 그대로 입력하고 결과를 곡선, 그래프 등의 형태로 나타내어 출력하는 컴퓨터

① 하이브리드 컴퓨터
② 디지털 컴퓨터
③ 아날로그 컴퓨터
④ 범용 컴퓨터

해설
- ① 디지털 컴퓨터와 아날로그 컴퓨터의 장점만을 결합한다(특수 목적용).
- ② 문자, 숫자와 같은 이산적인 데이터를 취급하며, 논리 회로를 사용한다.
- ④ 문서 작성, 사무/통계 처리, 그래픽 처리, 게임, 멀티미디어 등의 일반 업무에 적합하다.

43 다음 중 컴퓨터에서 사용하는 캐시 메모리에 관한 설명으로 옳은 것은?

① CPU와 주기억 장치의 처리 속도를 향상시키기 위하여 사용한다.
② 보조 기억 장치를 주기억 장치처럼 사용할 수 있는 기능을 제공한다.
③ 주기억 장치를 접근할 때 주소대신 기억된 내용으로 접근하는 기능을 제공한다.

정답 39 ④ 40 ③ 41 ① 42 ③ 43 ①

④ EEROM의 일종으로 중요한 정보를 반영구적으로 저장할 수 있다.

해설 캐시 메모리 : CPU와 주기억 장치 사이의 실행 속도를 높이기 위해 사용되는 고속(로컬) 메모리로 명령어와 데이터를 일시 저장하며, 주소 대신 기억된 정보를 통하여 기억 장치에 접근한다.

44 다음 중 보기에서 설명하는 컴퓨터의 그래픽 카드로 옳은 것은?

- 그래픽 카드의 데이터 처리량이 증가하여 AGP로는 감당할 수 없게 되자 AGP 대체용으로 개발된 그래픽 전용 슬롯이다.
- 핫 플러그인(Hot Plug In)을 지원한다.

① SATA ② HDMI
③ PCI-Express ④ SCSI

해설
- SATA : 병렬 ATA를 대체하기 위한 직렬 ATA(Serial ATA) 방식으로 하드 디스크나 광학 드라이브와의 고속 전송을 목적으로 한다.
- HDMI : 디지털 비디오와 오디오 신호를 통합하여 전송할 수 있는 규격이다.
- SCSI : 속도가 빠르고 데이터 기록 밀도가 높은 인터페이스로 터미네이션과 각 장치의 ID 설정이 필요하다(서버용 컴퓨터에서 사용).

45 다음 중 컴퓨터의 연산 장치에서 사용하는 레지스터에 대한 설명으로 옳은 것은?

① 상태 레지스터 : 연산에 사용될 데이터를 기억하는 레지스터이다.
② 인덱스 레지스터 : 주소 변경을 위해 사용되는 레지스터이다.
③ 데이터 레지스터 : 연산중에 발생하는 여러 가지 상태 값을 기억하는 레지스터이다.
④ 누산기 : 뺄셈의 수행을 위해 입력된 값을 보수로 변환하는 회로이다.

해설
- 상태 레지스터 : CPU 상태와 연산 결과(양수, 음수, 자리 올림/넘침 등) 상태를 기억한다.
- 데이터 레지스터 : 연산에 필요한 데이터를 일시적으로 기억한다.
- 누산기 : 산술 및 논리 연산의 결과를 일시적으로 기억한다.

46 다음은 프로그래밍 개발 절차이다. 괄호 안에 들어갈 내용이 올바른 순서대로 나열된 것은?

문제 분석 → ( ) → 순서도 작성 → ( ) → ( ) → 테스트 → 프로그램 실행 → 문서화

① 코딩 – 입출력 설계 – 번역과 오류 수정
② 입출력 설계 – 번역과 오류 수정 – 코딩
③ 입출력 설계 – 코딩 – 번역과 오류 수정
④ 번역과 오류 수정 – 코딩 – 입출력 설계

해설 프로그래밍 개발 절차는 문제 분석 → 입출력 설계 → 순서도 작성 → 코딩 → 번역과 오류 수정 → 테스트 → 프로그램 실행 → 문서화의 순이다.

47 다음 중 보기에서 설명하는 운영 체제의 운영 방식으로 옳은 것은?

- 속도가 빠른 CPU의 처리 시간을 분할하여 여러 개의 작업을 연속으로 처리하는 방식
- 일정 시간 단위로 CPU 사용권을 신속하게 전환하여 각 사용자들이 자신만이 컴퓨터를 사용하고 있는 것처럼 느끼게 하는 방식

① 일괄 처리 시스템
② 듀플렉스 시스템
③ 분산 처리 시스템
④ 시분할 시스템

해설
- ① 데이터를 일정량 또는 일정 기간 모아서 한꺼번에 처리하는 시스템이다.
- ② 시스템의 안정성을 위하여 한쪽의 CPU가 가동중일 때 다른 한쪽의 CPU가 고장나면 즉시 대기중인 CPU가 작동되도록 운영하는 시스템이다.
- ③ 여러 대의 컴퓨터를 통신망으로 연결하여 작업과 자원을 분산시켜 처리함으로써 컴퓨터의 처리 능력과 효율을 향상시키는 시스템이다.

48 다음 중 컴퓨터의 CMOS 설정에 대한 설명으로 옳지 않은 것은?

① CMOS는 바이오스에 내장된 롬의 일종으로 쓰기가 불가능하다.

정답 44 ③ 45 ② 46 ③ 47 ④ 48 ①

② CMOS SETUP은 바이오스의 각 사항을 설정하며, 메인보드의 내장 기능 설정과 주변 장치에 대한 사항을 기록한다.
③ CMOS SETUP의 항목을 잘못 변경하면 부팅이 되지 않거나 사용 중에 에러가 발생하므로 주의한다.
④ 시스템의 날짜/시간, 디스크 드라이브의 종류, 부팅 우선 순위 등을 설정한다.

해설 CMOS는 ROM에 파일 형태로 기억되며, 메모리나 하드 디스크를 바꾸면 CMOS 설정 정보도 변경된다.

49 다음 중 보기에서 설명하는 그래픽 기법으로 옳은 것은?

> 점토, 찰흙 등의 점성이 있는 소재를 이용하여 인형을 만들고, 소재의 점성을 이용하여 조금씩 변형된 형태를 만들어서 촬영하는 형식의 애니메이션 기법이다.

① 로토스코핑(Rotoscoping)
② 클레이메이션(Claymation)
③ 메조틴트(Mezzotint)
④ 인터레이싱(Interlacing)

해설
- ① 실제 장면을 촬영한 후 화면에 등장하는 캐릭터나 물체의 윤곽선을 추적하여 애니메이션의 기본형을 만들고, 여기에 수작업으로 컬러를 입히거나 형태를 변형시키는 기법이다.
- ③ 이미지에 무수히 많은 점을 찍은 듯한 효과를 나타내는 기법이다.
- ④ 이미지의 대략적인 모습을 먼저 보여준 다음 점차 자세한 모습을 보여주는 기법이다.

50 다음 중 인터넷 표준 그래픽 형식으로 8비트 컬러를 사용하여 256가지로 색의 표현이 제한되지만 애니메이션도 표현할 수 있는 그래픽 파일 형식으로 옳은 것은?

① TIF ② PNG
③ GIF ④ JPG

해설
- ① 응용 프로그램간 그래픽 데이터 교환을 위해 개발된 형식으로 트루컬러 표현이 가능하다.
- ② GIF 대신 통신망에서 사용하는 웹 표준 그래픽 형식이다.
- ④ 사진과 같이 선명한 정지 영상 압축 기술에 대한 국제 표준으로 인터넷에서 그림 전송 시 사용된다.

51 다음 중 데이터 통신의 프로토콜을 정의하는 OSI 7계층에 대한 설명으로 옳지 않은 것은?

① 물리 계층 : 네트워크의 물리적 특징 정의
② 네트워크 계층 : 데이터 교환 기능 정의 및 제공
③ 세션 계층 : 데이터 표현 형식 표준화
④ 응용 계층 : 응용 프로그램과의 통신 제어 및 실행

해설 세션 계층 : 프로세서간 대화 설정 및 유지, 종료를 담당한다.

52 다음 중 웹 문서를 만들기 위한 프로그래밍 언어로써 액티브 X를 설치하지 않아도 동일한 기능을 구현할 수 있고, 어도비 플래시와 같은 플러그인 기반의 각종 프로그램을 별도로 설치하지 않아도 되는 프로그래밍 언어로 옳은 것은?

① VRML ② HTML 5
③ XML ④ UML

해설
- ① 3차원 가상 공간을 표현하기 위한 언어로 웹에서 3차원 입체 이미지를 묘사한다.
- ③ 구조화된 문서 제작용 언어로 HTML에 태그의 사용자 정의가 가능하다.
- ④ 요구 분석, 시스템 설계 및 구현 등의 시스템 개발 과정에서 개발자간 의사 소통을 원활하게 하기 위하여 표준화한 통합 모델링 언어이다.

53 다음 중 전자 우편에서 사용하는 프로토콜과 주소에 대한 설명으로 옳지 않은 것은?

① POP3는 2진 파일을 첨부한 전자 우편을 보내기 위하여 사용한다.
② SMTP는 TCP/IP 호스트의 우편함에 ASCII 문자 메시지를 전송해 준다.

정답 49 ② 50 ③ 51 ③ 52 ② 53 ①

③ ks2002@korcham.net에서 @의 앞부분은 E-mail 주소의 ID이고, @의 뒷부분은 메일 서버의 호스트 이름이다.
④ MIME은 웹 브라우저에서 지원하지 않는 멀티미디어 파일을 이용하는데 사용된다.

해설 POP3(Post Office Protocol 3) : 전자 우편 수신을 담당하는 프로토콜이다.

54 다음 중 다른 사람의 컴퓨터에 잠입해 개인 신상 정보 등과 같은 타인의 정보를 사용자 모르게 수집하는 프로그램으로 옳은 것은?

① 백도어(Back Door) ② 드롭퍼(Dropper)
③ 혹스(Hoax) ④ 스파이웨어(Spyware)

해설
- ① 컴퓨터 시스템의 보안 예방책에 침입하여 시스템에 무단 접근하기 위해 사용되는 일종의 비상구이다.
- ② 사용자가 모르는 사이 바이러스나 트로이 목마 프로그램을 사용자의 컴퓨터에 설치하는 프로그램이다.
- ③ 실제로는 악성 코드로 작동하지 않으면서 겉으로는 악성 코드인 것처럼 가장하여 행동하는 소프트웨어이다.

55 다음 중 보기에서 설명하는 최신 정보 기술로 옳은 것은?

- 정보들 사이의 연관성을 컴퓨터가 이해하고, 처리할 수 있는 에이전트 프로그램을 통해 사용자가 원하는 정보를 찾아 제공한다.
- 컴퓨터들끼리 정보를 주고받으면서 자체적으로 필요한 일을 처리할 수 있다.
- 차세대 지능형 웹이다.

① 트랙백(Trackback)
② 와이브로(WiBro)
③ 위키피디아(Wikipedia)
④ 시멘틱 웹(Semantic Web)

해설
- ① 블로그에서 사용하는 기능으로 내 블로그에 해당 의견에 대한 댓글을 작성하면 일부 내용이 다른 사람의 글에 댓글로 보이게 하는 기술이다.
- ② 휴대폰, 노트북, PDA 등을 이용하여 이동하면서 초고속 인터넷에 접속할 수 있는 무선 광대역 서비스이다.
- ③ 누구나 자유롭게 글을 쓸 수 있는 사용자 참여의 온라인 백과사전이다.

56 다음 중 아웃룩(Outlook)에서 정크 메일 폴더에 대한 설명으로 옳지 않은 것은?

① [받은 편지함] 폴더에 배달되는 메일 중 필터로 걸러진 불필요한 메일이 보관된다.
② 특정 주소나 도메인에서 보낸 메일을 무조건 [정크 메일] 폴더로 이동하게 설정할 수 있다.
③ [정크 메일] 폴더를 비우면 보관하고 있던 메일은 [지운 편지함]으로 이동한다.
④ [임시 보관함]에 있는 메일을 [정크 메일] 폴더로 이동시킬 수 있다.

해설 받은 편지함에 있는 메일을 삭제하면 [지운 편지함]으로 이동한다.

57 다음 중 개인정보보호 조직 구성 및 역할에 대한 설명으로 옳지 않은 것은?

① 개인정보보호책임자(CPO)는 개인정보처리자의 개인정보 처리에 관한 업무를 총괄해서 책임을 지거나 업무 처리를 최종적으로 결정하는 자이다.
② 개인정보보호위원회는 개인정보보호에 관한 사항을 심의 및 의결하는 대통령 소속 행정위원회로 국민의 소중한 개인정보를 보호한다.
③ 개인정보처리자는 개인정보관리자의 지휘 감독을 받아 개인정보를 보관하는 자로서 개인정보를 처리함에 있어서 개인정보가 안전하게 관리될 수 있도록 한다.
④ 비즈니스 운영 특성에 따른 중요 개인정보 취급 영역 및 조직 구조 등을 고려하여 개인정보보호 책임자를 지정하여 운영한다.

해설 개인정보취급자는 개인정보처리자의 지휘 감독을 받아 개인정보를 처리하는 자로서 개인정보를 처리함에 있어서 개인정보가 안전하게 관리될 수 있도록 한다.

정답 54 ④ 55 ④ 56 ③ 57 ③

58 다음 중 정보 보안을 위협하는 스니핑(Sniffing)에 관한 설명으로 옳은 것은?

① 문자 메시지에 있는 인터넷 주소를 클릭하면 악성 코드를 설치하여 개인 정보를 절취하는 행위이다.
② 네트워크에서 정상적인 데이터를 보낸 것처럼 데이터를 변조하여 접속을 시도하는 행위이다.
③ 네트워크 주변을 지나가는 패킷을 절취하여 계정과 암호를 알아내는 행위이다.
④ 악성 코드에 감염된 PC를 조작하여 정상적인 사이트에 접속하면 허위 사이트로 유도하여 개인 정보를 절취하는 행위이다.

해설 스니핑은 네트워크 주변의 모든 패킷을 엿보면서 계정(Account)과 암호(Password)를 알아내기 위한 행위이다.

59 다음 중 모바일 기기의 기본 기능에서 증강 현실(AR)에 관한 설명으로 옳은 것은?

① 인터넷에 연결된 기기와 그렇지 않은 기기를 USB나 블루투스로 인터넷을 연결하는 기능이다.
② 무선 랜 기술인 WiFi로 인터넷을 연결하는 기능이다.
③ 기기에 내장된 카메라를 이용하여 실제 사물이나 환경에 부가 정보를 표시하는 기능이다.
④ 10cm 이내의 가까운 거리에서 무선으로 데이터를 전송하는 태그 기능이다.

해설 증강 현실(AR) : 사용자가 눈으로 보는 현실 화면이나 실제 영상에 문자, 그래픽과 같은 가상의 3차원 정보를 실시간으로 겹쳐 보여주는 새로운 기술이다.

60 다음 중 정보 보안을 위한 비밀키 암호화 기법에 대한 설명으로 옳지 않은 것은?

① 대칭 암호화 기법 또는 단일키 암호화 기법이라고도 한다.
② 대표적인 암호화 방식은 DES(Data Encryption Standard)이다.
③ 알고리즘이 단순하고, 파일 크기가 작다.
④ 공개키 암호화 기법에 비해 암호화/복호화 속도가 매우 느리다.

해설 비밀키 암호화는 암호키와 복호키가 동일한 방식으로 처리 과정이 빠르다.

정답 58 ③ 59 ③ 60 ④

2016년 10월 22일 시행 기출문제

점

1과목 | 워드프로세싱 일반

01 다음 중 보기에서 설명하는 워드프로세서의 편집 관련 용어로 옳은 것은?

> 명령이나 기능을 수행하는데 필요한 추가적인 요소나 선택 항목

① 격자(Grid)
② 옵션 상자(Option Box)
③ 문단(Paragraph)
④ 클립아트(Clip Art)

해설
- 격자 : 세밀한 편집 작업을 할 경우 화면에 가로/세로로 나타내는 기준점이다.
- 문단 : Enter와 Enter 사이의 내용으로 문단의 라인 수는 일정하지 않다.
- 클립아트 : 문서를 작성하거나 편집할 때 편리하게 이용할 수 있도록 제작된 이미지나 그래픽의 집합이다.

02 다음 중 워드프로세서의 인쇄 기능에 관한 설명으로 옳지 않은 것은?

① 미리 보기 기능을 이용하여 문서의 전체 윤곽을 확인할 수 있다.
② 문서의 일부분만 인쇄할 수 있고, 문서의 내용을 파일로 인쇄할 수 있다.
③ 인쇄 매수를 지정하여 동일한 문서를 여러 번 인쇄할 수 있다.
④ 인쇄할 때 프린터의 해상도를 높게 설정하면 선명하게 인쇄되고, 출력 속도를 향상시킬 수 있다.

해설 인쇄 시 프린터의 해상도를 높게 설정하면 선명도는 높지만 출력 속도는 낮아진다.

03 다음 중 인쇄 용지에 대한 설명으로 옳지 않은 것은?

① 낱장 용지는 동일한 숫자일 경우 A판보다 B판이 크다.
② 공문서의 표준 규격은 A4(210mm × 297mm)이다.
③ A판과 B판으로 나눈 용지의 가로 : 세로의 비는 1 : 3이다.
④ 낱장 용지는 규격 번호가 클수록 면적이 작다.

해설 용지의 가로와 세로 배율은 1 : $\sqrt{2}$ 이다.

04 다음 중 워드프로세서의 특징으로 옳지 않은 것은?

① 워드프로세서를 이용하면 문서 작성에 드는 시간과 노력을 줄일 수 있다.
② 정보 통신망을 이용하여 문서를 전송할 수 있으므로 보안에 주의할 필요는 없다.
③ 문서의 통일성과 체계를 갖출 수 있다.
④ 문서 작성 및 관리를 전산화함으로써 유지 관리가 쉽다.

해설 워드프로세서는 정보 통신망 기능으로 빠른 전송과 공유가 가능하지만 문서 보안에 주의한다.

05 다음 중 워드프로세서에서 행말 금칙 문자로만 짝지어진 것으로 옳은 것은?

① ℉ ℃ ?　　② ! ☎ 〉
③ # $ ☎　　④ : ℃ #

해설
- 행두 금칙 : 행의 처음에 올 수 없는 기호나 문자로 . , ' " ; : ? !) }] 』 〉 ℃ ℉ % 등이 있다.
- 행말 금칙 : 행의 마지막에 올 수 없는 기호나 문자로 ' " ({ [「 『 〈 # $ № ☎ 등이 있다.

01 ②　02 ④　03 ③　04 ②　05 ③

06 다음 중 워드프로세서에서 찾기 기능에 대한 설명으로 옳은 것은?

① 찾기 기능은 대문자와 소문자를 구분하여 내용을 찾을 수 없다.
② 찾기 기능을 이용하여 찾을 때 언제나 현재 커서의 아래쪽으로만 내용을 찾을 수 있다.
③ 찾기 기능에서 띄어쓰기를 무시하고, 내용을 찾을 수 없다.
④ 찾을 내용과 글꼴을 이용하여 찾기 기능을 수행할 수 있다.

해설 찾기는 문서 내용 중 특정 단어의 위치를 찾는 기능으로 한글, 영문, 특수 문자, 문자열 등의 검색이 가능하며 글꼴(서체)을 이용하여 찾기 기능을 수행할 수 있다.

07 다음 중 보기 예문에서 사용된 글자 속성으로 옳은 것은?

> 우리나라 <u>행정구역</u>은 1개 특별시, 1개의 특별 자치시[1], 6개 *광역시*, 1개의 특별자치도, 8개 도로 이루어져 있다.
>
> 1) 세종특별자치시

① 취소선　② 윗주
③ 외곽선　④ 기울임

해설 행정구역 : 밑줄, 특별자치시 : 각주, 광역시 : 기울임

08 다음 중 워드프로세서의 편집 관련 용어에 관한 설명으로 옳은 것은?

① 홈 베이스(Home Base) : 문서를 편집할 때 특정 위치를 홈(Home)으로 지정하고, 임의의 위치에서 곧바로 홈으로 커서를 이동시킬 수 있는 기능이다.
② 병합(Merge) : 인쇄를 하면서 동시에 다른 문서를 작성하거나 편집하는 기능이다.
③ 정렬(Align) : 작성되어 있는 문서의 내용을 일정한 기준으로 재분류하는 기능이다.
④ 기본값(Default) : 네트워크를 통한 업무의 교환 시스템으로 문서의 표준화를 전제로 운영된다.

해설
- 병합 : 두 개 이상의 문서를 하나로 합치는 것이다.
- 정렬 : 문서의 전체 또는 일부분을 재배치하여 해당 문서를 정렬하는 기능이다.
- 기본값 : 이미 설정되어 있는 기본값으로 사용자가 따로 지정하지 않으면 자동적으로 설정된다.

09 다음 중 전자 출판의 개념과 특징에 대한 설명으로 가장 옳은 것은?

① 아날로그 문자 처리로만 기록되며, 다양한 전자 매체에서 사용할 수 있다.
② 출판 과정의 개인화가 가능하며, 전산망을 통한 출판물 공유로 인하여 업무 능률이 향상된다.
③ 다양한 폰트 사용으로 인해 활자 인쇄보다 고품질의 인쇄는 할 수 없다.
④ 기업의 홍보용 책자나 대규모 출판 등에서 많이 사용된다.

해설
- ① 디지털로 문자를 기록할 수 있는 매체로 다른 전자 매체에서도 사용이 가능하다.
- ③ 다양한 폰트 사용이 가능하므로 고품질의 인쇄 장치를 사용한다.
- ④ 기업의 홍보용 책자나 소규모 출판 등에서 많이 사용된다.

10 다음 중 비즈니스 문서를 작성하는 방법으로 가장 옳지 않은 것은?

① 문장을 짧게 표현하며, 개조식으로 작성한다.
② 의미가 분명한 용어나 표현을 선택하여 내용을 정확하게 작성한다.
③ 동일한 수신인일 경우 여러 사안을 한 문서에 적어 다루기 쉽게 한다.
④ 개인의 감정을 개입하지 않은 객관적 입장에서 문장을 쓰도록 한다.

해설 동일한 수신인일 경우 여러 사안을 한 문서에 적으면 혼동되므로 가급적 한 가지 사안을 한 문서에 적는다.

정답 06 ④　07 ④　08 ①　09 ②　10 ③

11 다음 중 초청장을 작성 및 발송할 때의 유의 사항으로 옳지 않은 것은?

① 행사 제목과 목적을 간단 명료하게 기재한다.
② 일시를 명시하고, 장소를 정확하게 기재한다.
③ 원칙적으로 전화로 참가 유무를 확인한 후 참석 가능자에게만 초청장을 행사 1주전에 발송한다.
④ 외부 행사의 경우 우천 시 행사 개최 여부에 대해서 기재한다.

해설 초청장은 행사나 모임 등에 시간(일시)과 장소를 기재하여 사람들을 초대하는 문서로 참가 유무를 떠나 당사자들에게 모두 발송한다.

12 다음 중 교정 부호의 사용법에 대한 설명으로 옳지 않은 것은?

① 한 번 교정된 부분도 다시 교정할 수 있다.
② 교정 부호를 표시하는 색은 원고의 글자색과 같은 색으로 한다.
③ 교정할 내용은 의미가 명확히 전달 되도록 간단 명료하게 표시한다.
④ 교정할 글자를 명확하게 지적해야 한다.

해설 교정 부호는 쉽게 알아볼 수 있도록 인쇄된 글자의 색깔과는 다른 색을 적용한다.

13 다음 중 줄 단위의 이동이 발생하는 교정 부호로 가장 옳은 것은?

① 
② 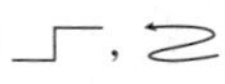
③ 
④ 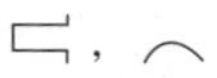

해설 줄 단위 이동이 발생하는 교정 부호 : 줄 바꾸기(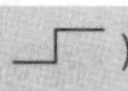), 줄 잇기(), 줄 삽입()

14 다음 중 문서 관리의 표준화에 대한 설명으로 옳지 않은 것은?

① 문서의 양식, 용지 규격, 글자 수의 표준화
② 문서의 발송 및 수신에 관한 수발 사무의 표준화
③ 문서의 보존, 이관, 폐기 등의 표준화
④ 문서의 분류 방법, 분류 번호, 분류 체계, 관리 방법의 표준화

해설
- 문서 양식의 표준화 : 용지 규격, 일반 문서 양식, 장부와 전표 등의 표준화
- 보기 ②번은 문서 취급의 표준화, 보기 ③번은 문서 보존 관리의 표준화, 보기 ④번은 문서 처리의 표준화

15 다음 중 전자문서 관리 시스템에 대한 설명으로 옳지 않은 것은?

① 표준화된 문서 양식으로 신속하게 문서를 조회 및 검색할 수 있다.
② 사무의 생산성이 향상되고, 데이터를 공유할 수 있다.
③ 전자문서로 작성한 모든 문서는 출력하여 따로 편철하여 보관한다.
④ 문서 수발에 따르는 시간과 비용이 절감된다.

해설 전자문서 관리 시스템은 자동화 작업으로 전자문서의 저장, 관리, 조회 등을 지원한다(모든 문서를 출력하여 따로 보관하지는 않음).

16 다음 중 문서 파일링 시스템의 기본 원칙으로 옳지 않은 것은?

① 문서에 대한 개인 점유 및 보관
② 문서에 대한 효율적이고 원활한 검색
③ 문서에 대한 체계적인 분류
④ 문서에 대한 표준화된 파일링

해설 파일링 시스템 : 문서를 체계적으로 관리하기 위해 일정 기준에 따라 파일 형태로 보관/보존하는 시스템으로 회사나 조직 내부에서 효율적인 사무 처리와 체계적 보관이 가능하다.

17 다음 중 우리나라에서 적용되는 공문서 효력의 발생하는 시기로 옳은 것은?

① 공문서가 작성완료 된 시점
② 공문서가 발송된 직후
③ 공문서가 수신자에게 도달한 시점

정답 11 ③ 12 ② 13 ② 14 ① 15 ③ 16 ① 17 ③

④ 공문서가 도달하여 수신자가 내용을 알게 된 시점

해설 공문서는 수신자에게 도달된 때 효력이 발생한다(도달주의).

18 다음 중 공문서에 대한 용어의 설명이 옳지 않은 것은?

① 관인이란 행정 기관이 발신하는 인증이 필요한 문서에 찍는 도장을 의미한다.
② 결재란 기관의 의사를 결정할 권한을 가진 자가 직접 그 의사를 결정하는 행위를 말한다.
③ 간인은 발송된 문서를 수신 기관의 처리과에서 받아 관련 부서로 보내기 위한 작업을 의미한다.
④ 발신이란 시행문을 시행 대상 기관에 보내는 작업을 의미한다.

해설 간인 : 두 장 이상으로 작성된 문서의 변조를 막기 위한 것으로 문서 앞장의 뒷면과 뒷장의 앞면에 도장을 찍는 행위이다.

19 다음 중 한자음을 알고 있을 때 한자 입력 방법으로 옳은 것은?

① 외자 입력 변환
② 부수 입력 변환
③ 2 스트로크(Stroke) 변환
④ 문장 자동 변환

해설
- 한자의 음을 알 경우 : 음절 단위 변환, 단어 단위 변환, 문장 자동 변환
- 한자의 음을 모를 경우 : 부수 입력, 외자 입력, 2 Stroke 입력
- 한자의 음과 훈을 모를 경우 : 부수 입력 변환

20 다음 중 문서의 논리적 구성에서 귀납적 추론에 대한 설명으로 옳지 않은 것은?

① 일반적인 원리를 제시한 다음 구체적인 사실을 이끌어 내는 형식이다.
② 개별적인 사례들에서 공통된 일반적 원리를 이끌어 내는 형식이다.
③ 중심 생각이 담긴 중심 문장의 위치가 해당 문단의 마지막 부분에 위치하여 구성된다.
④ 강조하고자 하는 내용을 마지막에 담아 더욱 강조할 수 있다는 장점이 있다.

해설 보기 ①번은 연역적 추론에 대한 설명이다.

2과목 | PC 운영 체제

21 한글 Windows에서 사용하는 바로 가기 키에 대한 설명으로 옳은 것은?

① Ctrl+Enter : [시작] 메뉴 열기
② Ctrl+X : 작업 다시 실행
③ Ctrl+A : 파일이나 폴더의 전체를 선택
④ Ctrl+ESC : 항목을 열린 순서대로 전환

해설
- Ctrl+X : 잘라내기
- Ctrl+ESC : [시작] 메뉴 호출

22 한글 Windows에서 [Windows 작업 관리자] 창의 각 탭에 대한 설명으로 옳은 것은?

① [성능] 탭은 실행중인 프로그램의 목록이 표시된다.
② [사용자] 탭은 실행중인 이미지 이름과 CPU 사용량 등을 표시한다.
③ [앱 기록] 탭은 설치된 앱별로 CPU 시간, 네트워크, 데이터 통신, 타일 업데이트 등을 표시한다.
④ [프로세스] 탭은 CPU와 메모리 사용량을 수치와 백분율, 그래프로 각각 표시한다.

해설
- [성능] 탭 : CPU와 메모리의 사용 현황 등에 관한 정보를 그래프로 확인할 수 있다.
- [사용자] 탭 : 컴퓨터에 로그인한 사용자의 연결을 끊거나 로그오프 할 수 있다.
- [프로세스] 탭 : 현재 실행 중인 프로세스(앱) 목록을 확인하거나 '작업 끝내기'로 종료할 수 있다.

정답 18 ③ 19 ④ 20 ① 21 ③ 22 ③

23 한글 Windows에서 설치된 기본 프린터에 대한 설명으로 옳은 것은?

① 기본 프린터는 설치된 여러 프린터 중 2대까지 지정할 수 있다.
② 기본 프린터로 지정된 프린터는 삭제시킬 수 없다.
③ 기본 프린터는 컴퓨터에 설치된 여러 프린터 중 가장 먼저 설치한 프린터를 의미한다.
④ 네트워크 프린터나 추가 설치된 프린터도 기본 프린터로 지정할 수 있다.

해설
• ① 기본 프린터로 사용할 프린터는 한 대만 지정할 수 있다.
• ② 기본 프린터로 지정된 프린터도 삭제할 수 있다.
• ③ 기본 프린터는 인쇄 시 특정 프린터를 지정하지 않은 경우 자동으로 인쇄 작업이 수행되는 프린터이다.

24 한글 Windows의 바탕 화면에 새 폴더를 만드는 방법으로 옳지 않은 것은?

① 탐색기의 탐색 창에서 바탕 화면을 선택한 후 빠른 실행 도구 모음에 있는 [새 폴더] 단추를 클릭한다.
② 바탕 화면에서 새 폴더를 만들기 위한 바로 가기 키인 Ctrl+N 키를 누른다.
③ 바탕 화면의 바로 가기 메뉴에서 [새로 만들기]-[폴더]를 선택한다.
④ 바탕 화면에서 Shift+F10 키를 누른 후 메뉴에서 [새로 만들기]-[폴더]를 선택한다.

해설 바탕 화면에서 Ctrl+N 키를 누르면 바탕 화면 아이콘을 표시하는 창이 나타난다.

25 한글 Windows의 작업 표시줄에 있는 [검색] 상자에서 [시스템 구성] 대화 상자를 열 수 있는 명령어로 옳은 것은?

① ipconfig ② tracert
③ nbtstat ④ msconfig

해설 msconfig : [시스템 구성] 대화 상자를 호출하는 파일로 [일반], [부팅], [서비스], [시작프로그램], [도구] 탭으로 구성되어 있다.

26 한글 Windows에서 선택된 파일의 이름 바꾸기를 하는 방법으로 옳은 것은?

① 내 PC나 탐색기 창에서 Ctrl+F, M을 차례로 누르고, 새 이름을 입력한 후 Enter 키를 누른다.
② 내 PC나 탐색기 창에서 [홈] 탭의 [구성] 그룹에 있는 [이름 바꾸기] 단추를 클릭하고, 새 이름을 입력한 후 Enter 키를 누른다.
③ F3 키를 누르고, 새 이름을 입력한 후 Enter 키를 누른다.
④ 내 PC나 탐색기 창에서 [편집] 메뉴의 [이름 바꾸기]를 선택하고, 새 이름을 입력한 후 Enter 키를 누른다.

해설
• ① 파일 또는 폴더를 선택한 후 Alt 키를 누른 상태에서 F와 M 키를 차례로 누른다.
• ③ 파일 또는 폴더를 선택한 후 F2 키를 누른다.
• ④ 파일 또는 폴더를 선택한 후 [홈] 탭의 [구성] 그룹에 있는 [이름 바꾸기] 단추를 클릭한다.

27 한글 Windows에서 폴더 창에 대한 설명으로 옳지 않은 것은?

① 폴더 창에서 하위 폴더를 선택한 후 BackSpace 키를 누르면 상위 폴더로 이동한다.
② 폴더 창에서 키보드의 영문자를 누르면 해당 영문자로 시작하는 폴더 중 마지막 폴더로 이동한다.
③ 폴더는 컴퓨터의 파일과 폴더를 계층(트리) 구조로 구성된다.
④ 폴더 창의 상태 표시줄에는 폴더 내의 총 개체 수 또는 선택된 파일의 크기 등이 표시된다.

해설 보기 ②번에서 폴더명이 'M'으로 시작하는 폴더가 있을 경우 M 키를 누르면 해당 영문자로 시작하는 첫 번째 폴더를 선택한다.

28 한글 Windows의 [휴지통 속성] 대화 상자에서 할 수 있는 작업으로 옳지 않은 것은?

① 휴지통의 크기를 하드 디스크 드라이브마다 MB 단위로 지정할 수 있다.
② 휴지통의 실제 파일이 저장된 폴더 위치를 지정할 수 있다.

정답 23 ④ 24 ② 25 ④ 26 ② 27 ② 28 ②

③ 파일이나 폴더가 삭제될 때 휴지통에 버리지 않고, 바로 제거되도록 설정할 수 있다.
④ 파일이나 폴더가 삭제될 때 마다 [삭제 확인] 대화 상자 표시를 하도록 설정할 수 있다.

해설 [휴지통 속성] 대화 상자의 속성 : 사용자 크기 지정(최대 크기), 파일을 휴지통에 버리지 않고 삭제할 때 바로 제거, 삭제 확인 대화 상자 표시

29 한글 Windows의 보조프로그램에서 [캡처 도구]에 관한 설명으로 옳지 않은 것은?

① 캡처된 화면은 HTML, PNG, GIF, JPG 파일로 저장하거나 인쇄할 수 있다.
② 화면 캡처 유형은 자유형, 사각형, 창, 전체 화면 캡처 등이 있다.
③ 캡처된 화면은 클립보드에 복사하여 다른 문서에서 붙여넣기로 사용할 수 있다.
④ 캡처된 화면에서 형광펜이나 지우개 도구로 수정할 수 있다.

해설 캡처된 화면을 JPEG(JPG), GIF, PNG 파일로 저장할 수 있지만 HTML 파일로는 저장할 수 없다.

30 한글 Windows에서 사용하는 FTP 프로그램에 대한 설명으로 옳지 않은 것은?

① 파일 전송 프로토콜(FTP)은 TCP/IP 프로토콜을 기반으로 한다.
② FTP 유틸리티 프로그램에서 접속 서버의 IP 주소, 계정, 암호를 입력하고 접속하면 파일을 업로드 할 수 있다.
③ 파일 전송 프로토콜(FTP)은 서버와 클라이언트 사이의 파일을 송수신하기 위한 것이다.
④ 익명으로 로그인해도 반드시 아이디와 비밀번호를 입력하여야 한다.

해설 익명 파일 전송(Anonymous FTP)은 계정 없이도 누구든지 Anonymous 또는 FTP라는 로그인명으로 호스트에 대해 FTP를 실행할 수 있다.

31 한글 Windows에서 인터넷 익스플로러의 [인터넷 옵션] 대화 상자에서 검색 기록을 삭제할 때 제공되는 목록으로 옳지 않은 것은?

① 다운로드 기록
② 쿠키 및 웹 사이트 데이터
③ 즐겨찾기 목록
④ 임시 인터넷 파일 및 웹 사이트 파일

해설 검색 기록 : 임시 인터넷 파일 및 웹 사이트 파일, 열어본 페이지 목록, 다운로드 기록, 쿠키 및 웹 사이트 데이터 등을 삭제한다.

32 한글 Windows에서 시스템 복원에 관한 설명으로 옳지 않은 것은?

① 복원 지점은 시스템에 의해 자동으로 설정되지만 사용자가 임의로 복원 지점을 설정할 수 있다.
② 시스템과 응용 프로그램 파일의 변경 사항을 모니터링하고, 복원 지점을 만든다.
③ 시스템 복원은 응용 프로그램 뿐만 아니라 데이터 파일에도 영향을 준다.
④ 시스템 복원 후에도 문제가 해결되지 않으면 복원 이전 시점으로 시스템 복원 취소를 할 수 있다.

해설 시스템 복원은 사용자의 문서나 파일 등에 영향을 주지는 않는다.

33 한글 Windows에서 디스크 포맷 기능에 관한 설명으로 옳지 않은 것은?

① 빠른 포맷은 디스크의 불량 섹터를 검색하지 않고, 디스크에서 파일을 제거한다.
② USB 메모리의 포맷 창에서 MS-DOS 시동 디스크를 만들 수 있다.
③ 디스크 포맷 창에서 용량, 파일 시스템, 할당 단위 크기, 볼륨 레이블 등을 지정할 수 있다.
④ 파일 시스템을 NTFS로 설정하면 폴더와 파일을 압축할 수 있도록 포맷할 수 있다.

해설 디스크 포맷은 하드 디스크의 트랙과 섹터를 초기화하는 작업으로 적은 용량의 USB 메모리는 포맷 창에서 MS-DOS 시동 디스크를 만들 수 없다.

정답 29 ① 30 ④ 31 ③ 32 ③ 33 ②

34 한글 Windows에서 발생할 수 있는 문제의 해결 방법으로 옳은 것은?

① 디스크 공간이 부족할 때는 드라이브 조각 모음을 실행하여 단편화를 제거한다.
② 디스크의 접근 속도가 느려질 경우에는 디스크 정리를 수행한다.
③ 프로그램이 응답하지 않을 경우에는 [Windows 작업 관리자] 창에서 해당 작업을 종료한다.
④ 메인 메모리 용량이 적을 경우에는 이동식 디스크의 불필요한 프로그램을 삭제한다.

해설
- ① 디스크 공간이 부족할 때는 디스크 정리를 수행하여 Windows 구성 요소나 임시 파일, 불필요한 응용 프로그램, 다운로드받은 Active X 컨트롤 등을 삭제한다.
- ② 디스크의 접근 속도가 느려질 경우는 드라이브 조각 모음을 실행하여 단편화를 제거한다.
- ④ 메인 메모리 용량이 적을 경우는 불필요한 프로그램을 모두 종료하고, 필요한 프로그램만 다시 실행한다.

35 한글 Windows의 [제어판]에 있는 [기본 프로그램]을 선택하여 설정할 수 있는 항목으로 옳지 않은 것은?

① 기본 프로그램 설정
② 파일 형식 또는 프로토콜을 프로그램과 연결
③ 자동 재생 설정 변경
④ 파일 형식 및 프로토콜 제거 또는 복구

해설 보기 ④번에서 '파일 형식 및 프로토콜 제거 또는 복구'가 아니라 '컴퓨터의 기본 프로그램 설정'이다.

36 한글 Windows에서 창(Window)에 대한 설명으로 옳지 않은 것은?

① 빠른 실행 도구 모음은 자주 사용하는 기본 명령들을 등록하여 바로 실행할 수 있다.
② 탐색 창은 사용자 시스템에 있는 모든 디스크와 폴더, 파일들을 표시한다.
③ 주소(경로) 표시줄은 현재 선택한 파일이나 폴더에 대해 다양한 항목과 상세 정보를 표시한다.
④ 창 배열의 종류에는 [계단식 창 배열], [창 가로 정렬 보기], [창 세로 정렬 보기]가 있다.

해설
- 주소(경로) 표시줄 : 현재 열려 있는 창의 위치 경로와 경로명을 표시한다.
- 보기 ③번은 상태 표시줄에 대한 설명이다.

37 한글 Windows에서 사용하는 기본 프린터 설정에 관한 설명으로 옳지 않은 것은?

① 기본 프린터로 사용할 프린터를 마우스 오른쪽 단추로 클릭한 다음 [기본 프린터로 설정]을 선택한다.
② 현재 기본 프린터를 해제하려면 다른 프린터를 기본 프린터로 설정하면 된다.
③ 인쇄 시 특정 프린터를 지정하지 않으면 자동으로 인쇄 작업이 기본 프린터로 전달된다.
④ 기본 프린터는 2개 이상 지정이 가능하다.

해설 컴퓨터에 설치 가능한 프린터의 수는 제한이 없지만 기본 프린터로 사용할 프린터는 한 대만 지정할 수 있다.

38 한글 Windows에서 네트워크와 관련하여 [이더넷 속성] 대화 상자에서 할 수 있는 작업으로 옳지 않은 것은?

① 네트워크 연결에 사용하는 장치의 어댑터나 동작 상태, 드라이버 등의 구성을 확인할 수 있다.
② 다른 네트워크 사용자가 현재 사용 중인 컴퓨터의 인터넷을 통해 인터넷 연결 공유를 설정할 수 있다.
③ 클라이언트나 서비스, 프로토콜 등의 네트워크 기능 유형을 선택하고 추가 설치를 할 수 있다.
④ 네트워크에 인터넷 연결 공유된 각 컴퓨터를 직접 연결할 수 있으며, 파일이나 프린터를 사용할 수 있다.

해설 보기 ①, ③번은 [네트워킹] 탭, 보기 ②번은 [공유] 탭에서 설정할 수 있다.

39 한글 Windows에서 [Windows 관리 도구]에 대한 설명으로 옳지 않은 것은?

① [시스템 정보]를 실행하면 하드웨어 리소스, 구성 요소, 설치된 소프트웨어 환경 등의 정보를 알 수 있다.

정답 34 ③ 35 ④ 36 ③ 37 ④ 38 ④ 39 ③

② [리소스 모니터]는 CPU, 네트워크, 디스크, 메모리 사용 현황을 실시간으로 모니터링 할 수 있다.
③ DVD 드라이브에 대하여 [드라이브 조각 모음]을 수행하면 조각난 파일을 모아서 시스템의 성능을 향상시킬 수 있다.
④ [디스크 정리]를 사용하면 임시 파일이나 휴지통에 있는 파일 등을 삭제하여 디스크의 공간을 확보할 수 있다.리 사용 현황을 실시간으로 모니터링 할 수 있다.

해설 CD-ROM/DVD 드라이브, 네트워크 드라이브, Windows가 지원하지 않는 디스크 압축 프로그램에 의해 압축된 드라이브는 조각 모음을 할 수 없다.

40 한글 Windows에서 프로그램이 응답하지 않는 경우에 문제 해결 방법으로 가장 옳은 것은?

① 사용자의 컴퓨터를 보호하기 위해 Windows 방화벽을 설정한다.
② [장치 관리자] 창에서 중복 설치된 경우 해당 장치를 제거한다.
③ [Windows 작업 관리자] 창의 [프로세스] 탭에서 응답하지 않는 프로그램의 작업을 종료한다.
④ [시스템 파일 검사기]를 이용하여 손상된 파일을 찾아 복구한다.

해설 프로그램이 응답하지 않는 경우 [Windows 작업 관리자] 창의 [프로세스] 탭에서 '상태' 부분에 '응답 없음'이라고 표시되면 해당 작업 항목을 선택한 후 [작업 끝내기] 단추를 클릭하여 실행 중인 응용 프로그램을 강제로 종료시킨다.

3과목 | 컴퓨터와 정보 활용

41 다음 중 파일 표준 형식에 대한 설명으로 옳지 않은 것은?

① MOV : 정지 영상을 표현하는 국제 표준 파일 형식으로 JPEG를 기본으로 한다.
② MPEG : 프레임간의 연관성을 고려하여 중복 데이터를 제거하고, 압축률을 높이는 손실 압축 기법을 사용한다.
③ ASF : 인터넷을 통해 오디오, 비디오 및 생방송 수신 등을 지원하는 스트리밍을 위한 표준 기술 규격이다.
④ AVI : Windows의 표준 동영상 파일 형식으로 별도의 하드웨어 장치 없이 재생할 수 있다.

해설 MOV는 AVI보다 압축률과 데이터 손실이 적은 형식으로 QuickTime For Windows 프로그램이 필요하다(JPEG 압축 방식을 사용).

42 다음 중 제어 장치에 있는 레지스터(Register)에 관한 설명으로 옳지 않은 것은?

① 빠른 연산을 위하여 누산기가 사용된다.
② 다음 번 실행할 명령어의 번지를 기억하기 위하여 프로그램 카운터가 사용된다.
③ 현재 실행하는 명령어를 기억하기 위하여 명령 레지스터가 사용된다.
④ 기억 장치에 입출력하기 위하여 메모리 주소 레지스터가 사용된다.

해설 누산기 : 산술 및 논리 연산의 결과를 일시적으로 기억하는 레지스터이다.

43 다음 중 컴퓨터를 이용한 처리 시스템의 설명으로 옳지 않은 것은?

① 시분할 시스템(Time Sharing System) : 컴퓨터의 처리 시간을 짧은 시간 단위로 분할하여 한 대의 컴퓨터를 여러 명이 동시에 사용할 수 있게 하는 방식
② 실시간 처리 시스템(Real Time System) : 자료가 발생하는 즉시 처리하는 방식
③ 멀티 프로그래밍(Multi-Programming) : 한 대의 컴퓨터에 2대 이상의 CPU를 설치하여 대량의 데이터를 신속하게 처리하는 방식

정답 40 ③ 41 ① 42 ① 43 ③

④ 분산 처리 시스템(Distribute Processing System) : 지역적으로 분산된 여러 대의 컴퓨터 시스템을 연결하여 업무를 지역적 또는 기능적으로 분산시켜 처리하는 방식

해설 다중 프로그래밍(Multi Programming) : 하나의 CPU에서 동시에 여러 개의 프로그램을 처리하는 방식으로 각 프로그램이 주어진 시간만큼 CPU를 사용하고 반환한다.

44 다음 중 보기에서 설명하는 시스템 업그레이드로 옳은 것은?

- 특정 하드웨어를 동작시키는 역할을 하는 시스템 소프트웨어로 업그레이드하면 하드웨어를 교체하지 않아도 보다 향상된 기능으로 하드웨어를 사용할 수 있을 뿐만 아니라 하드웨어의 부분적 이상 현상 또는 버그 등도 해결할 수 있다.
- 하드웨어 제조 업체에서 통신망을 통해 배포하므로 다운로드해 설치하면 된다.

① RAM 업그레이드
② ROM BIOS 업그레이드
③ 장치 제어기(드라이버) 업그레이드
④ 펌웨어(Firmware) 업그레이드

해설 드라이버 업그레이드는 해당 하드웨어의 성능을 높이거나 부분적 이상 현상 또는 버그를 해결한다.

45 다음에서 설명하는 컴퓨터는 무엇인가?

특수한 목적에만 사용하기 위해 제작된 컴퓨터로 자동 제어 시스템, 항공 기술 등 산업용 제어 분야 등에 사용되며, 아날로그 컴퓨터가 여기에 해당된다.

① 디지털 컴퓨터 ② 하이브리드 컴퓨터
③ 전용 컴퓨터 ④ 범용 컴퓨터

해설
- ① 문자, 숫자와 같은 이산적인 데이터를 취급하며, 논리 회로를 사용한다.
- ② 디지털 컴퓨터와 아날로그 컴퓨터의 장점만을 결합한다(특수 목적용).
- ④ 문서 작성, 사무/통계 처리, 그래픽 처리, 게임, 멀티미디어 등의 일반 업무에 적합하다.

46 다음 중 복잡한 여러 기종의 컴퓨팅 환경에서 응용 프로그램과 운영 체제의 차이를 보완해 주고, 서버와 클라이언트들을 중간에서 연결해 주는 소프트웨어로 옳은 것은?

① 프리웨어(Freeware)
② 미들웨어(Middleware)
③ 셰어웨어(Shareware)
④ 내그웨어(Nagware)

해설
- ① 사용 기간과 기능에 제한 없이 무료로 사용할 수 있으며, 저작권자의 동의 없이 자유롭게 복사, 배포할 수 있는 소프트웨어이다.
- ③ 일정 기간이나 기능에 제한을 두고 프로그램을 사용한 후 구입 여부를 판단하는 소프트웨어이다.
- ④ 사용자가 소프트웨어의 등록 비용을 지불하도록 상기시키는 셰어웨어의 일종이다.

47 다음 중 멀티미디어 그래픽 데이터의 벡터 방식에 대한 설명으로 옳지 않은 것은?

① 점과 점을 연결하는 직선이나 곡선을 이용하여 이미지를 표현한다.
② 이미지를 확대하여도 테두리가 매끄럽게 표현된다.
③ 좌표 개념을 사용하여 이동 회전 등의 변형이 쉽다.
④ 비트맵 방식과 비교하여 기억 공간을 많이 차지한다.

해설 비트맵 방식과 비교하여 기억 공간을 적게 차지한다.

48 다음 중 공개키 암호화 기법에 대한 설명으로 옳지 않은 것은?

① 이중키 암호화 기법이라고도 한다.
② 암호화키와 복호화키가 서로 다르다.
③ 대표적인 알고리즘으로 RSA가 있다.
④ 비밀키 암호화 기법에 비해 암호화와 복호화의 속도가 빠르다.

해설 공개키 암호화는 암호키와 복호키가 서로 다른 암호 방식으로 처리 과정이 느리다.

정답 44 ③ 45 ③ 46 ② 47 ④ 48 ④

49 다음 중 정보 전송 방식에 대한 설명으로 옳지 않은 것은?

① 통신 회선 이용 방식에 따라 단방향 통신, 양방향 통신, 전이중 통신으로 구분한다.
② 데이터 전송 방식에 따라 직렬 전송, 병렬 전송으로 구분한다.
③ 데이터 동기화 여부에 따라 비동기식 전송, 동기식 전송으로 구분한다.
④ 연결 방식에 따라 점 대 점 방식, 다지점 방식으로 구분한다.

해설 통신 회선의 이용 방식에 따라 단방향(Simplex) 통신, 반이중(Half Duplex) 통신, 전이중(Full Duplex) 통신 방식으로 구분한다.

50 다음 중 인터넷에서 사용하는 프로토콜(Protocol)에 관한 설명으로 옳지 않은 것은?

① 통신망에 흐르는 패킷 수를 조절하는 흐름 제어 기능이 있다.
② 송수신기가 같은 상태를 유지하도록 동기화 기능을 수행한다.
③ 데이터 전송 도중에 발생할 수 있는 오류를 검출하고, 수정할 수 있다.
④ 구문, 의미, 순서의 세 가지 기본 요소로 구성된다.

해설 프로토콜 : 컴퓨터와 컴퓨터, 컴퓨터와 터미널간의 데이터 통신을 위해 규정된 통신 규약으로 통신을 원하는 두 개체간에 무엇을, 어떻게, 언제 통신할 것인가에 대해 약속한다.

51 다음 중 컴퓨터 바이러스에 관한 설명으로 옳지 않은 것은?

① 일반 문서는 바이러스가 감염되지 않고, 실행 파일에만 바이러스가 감염된다.
② 자신을 감염 시키거나 다른 프로그램을 감염 시킬 수 있다.
③ 소프트웨어뿐만 아니라 하드웨어 성능에도 영향을 미칠 수 있다.
④ 백신을 RAM에 상주시켜 바이러스 감염을 예방할 수 있다.

해설 바이러스는 운영 체제나 다른 응용 프로그램에 손상을 입히는 악성 프로그램으로 실행 파일뿐만 아니라 일반 문서도 바이러스에 감염될 수 있다.

52 다음 중 보기에서 설명하는 네트워크 관련 용어로 옳은 것은?

- 호스트 이름으로부터의 IP 주소지에 대한 네트워크의 이름을 규정하는 것이다.
- 네트워크와 호스트를 나누는데 사용된다.
- 32비트의 크기를 갖는다.
- 일반적으로 클래스 C인 경우 '255.255.255.0'을 사용한다.

① DNS(Domain Name System)
② 서브넷 마스크(Subnet Mask)
③ NAT(Network Address Translation)
④ 게이트웨이(Gateway)

해설
- ① 문자로 입력된 도메인 이름을 컴퓨터가 인식하는 IP 주소로 변경하는 시스템이다.
- ③ 라우터나 방화벽 같은 네트워크 장비나 인터넷 보안 제품에 사용되는 네트워크 기술이다.
- ④ 서로 다른 프로토콜을 갖는 네트워크를 상호 연결하는 장치이다.

53 디지털 콘텐츠의 불법 복제와 유포를 막고 저작권 보유자의 이익과 권리를 보호해 주는 기술과 서비스를 무엇이라고 하는가?

① PICS(Platform for Internet Contents Selection)
② DCRP(Digital Contents Rights Protection)
③ DRM(Digital Rights Management)
④ CRM(Customer Relationship Manage ment)

해설 디지털 저작권 관리(DRM) : 다양한 디지털 콘텐츠에 관한 권리와 이익을 보호 및 관리하는 기술과 서비스로 디지털 시네마, 디지털 방송, 교육용 서비스 등의 콘텐츠에 대한 접근과 이용이 허락된 사용자만 쓸 수 있다.

정답 49 ① 50 ③ 51 ① 52 ② 53 ③

54 다음 중 데이터의 표현 방식에 대한 설명으로 옳지 않은 것은?

① 숫자를 표현하는 부동 소수점 표현은 고정 소수점 표현에 비해 큰 수나 작은 수를 표현하기 때문에 컴퓨터 내부에서 처리하는 시간이 많이 걸린다.
② 문자 표현 방법 중 확장된 2진화 10진 코드(EBCDIC)는 8비트로 표현하며, ASCII 코드는 7비트로 표현한다.
③ 그레이(Gray) 코드는 각 자리 수에 고유한 값을 부여한 코드로 가중치 코드에 속하며, 보수를 간단히 얻을 수 있다.
④ 고정 소수점 표현은 정수 표현 형식으로 구조가 단순하고 표현 범위가 좁다.

해설 그레이(Gray) 코드 : 아날로그-디지털 변환 또는 데이터 전송 등에 사용되는 비가중치 코드로 입출력 장치 코드에 유용하며, 연산에는 부적합하다.

55 다음 중 ICT 신기술에서 유비쿼터스(Ubiquitous)에 관한 설명으로 옳지 않은 것은?

① 언제 어디서나 어떤 기기를 통해서도 컴퓨팅이 가능한 환경이다.
② 기존의 관리나 분석 체계로 처리가 어려운 대용량 데이터를 처리하는 기술이다.
③ 모든 사물에 초소형 칩을 내장시켜 네트워크로 연결하여 사물끼리 통신이 가능하다.
④ 대표적인 관련 기술로는 RFID와 USN 등이 있다.

해설 유비쿼터스(Ubiquitous) : 개별 물건에 극소형 전자 태그가 삽입되어 언제 어디서나 자유롭게 네트워크를 통해서 컴퓨터에 접속할 수 있는 환경으로 모든 사물에 초소형 칩을 내장시켜 네트워크로 연결하여 사물끼리 통신이 가능하다.

56 다음 중 전자 우편의 기능에 대한 설명으로 옳지 않은 것은?

① 회신 : 받은 메일에 대하여 답장을 작성하여 발송자에게 다시 보내는 기능이다.
② 전달 : 받은 메일에 대한 답장을 발송자는 물론 참조인들에게도 보내는 기능이다.
③ 첨부 : 문서, 이미지, 동영상 등의 파일을 메일에 첨부하는 기능이다.
④ 참조 : 받는 사람 이외에 추가로 메일을 받을 사람을 지정하는 기능이다.

해설 전달(Forward) : 받은 메일과 첨부 자료를 다른 사람에게 그대로 전송하는 기능이다.

57 다음 중 모바일 기기 관련 기술에 대한 설명으로 옳지 않은 것은?

① 플로팅 앱(Floating App) : 저속 전송 속도를 갖는 홈 오토메이션 및 데이터 전송을 위한 표준 기술이다.
② 증강 현실 : 현실 세계에 3차원 가상 물체를 겹쳐 보여주는 기술이다.
③ 중력 센서 : 스마트 폰이 가로 방향인지 세로 방향 인지를 인식해 화면 방향을 보정해 주는 데 사용되는 기술이다.
④ GPS : 어느 곳에서나 스마트폰의 위치를 알려주는 인공위성을 이용한 항법 시스템이다.

해설 플로팅 앱(Floating App) : 스마트 기기의 애플리케이션 실행 시 영상 화면을 오버레이의 팝업 창 형태로 분리하는 기능으로 멀티태스킹을 지원하여 다른 애플리케이션을 이용할 수 있다(여러 개의 앱을 한꺼번에 사용할 수 있음).

정답 54 ③ 55 ② 56 ② 57 ①

58 다음 중 아웃룩(Outlook) 프로그램의 메일 수신에 대한 설명으로 옳지 않은 것은?

① 아웃룩 창의 [받은 편지함]에서 전송받은 메일을 관리한다.
② 보낸 사람, 제목, 받은 날짜, 크기 범주별로 구별한다.
③ 정렬 기준은 중요도, 미리 알림, 아이콘, 첨부 파일에 따라 정렬한다.
④ 필터로 걸러진 메일은 넷 메일(Net Mail)이라는 특수 폴더로 이동된다.

해설 정크 메일 폴더에는 [받은 편지함] 폴더에 배달되는 메일 중 필터로 걸러진 불필요한 메일이 보관된다.

59 중앙 처리 장치에서의 명령어 형식 중 하나의 연산 부호와 하나의 주소로 구성되어 있어 레지스터와 레지스터 간이나 기억 장치와 연산 레지스터 간의 연산에 사용하는 명령어 형식은?

① 0 주소 명령
② 1 주소 명령
③ 2 주소 명령
④ 3 주소 명령

해설
- ① 스택 구조(Stack) 방식으로 단항 연산에 적합하다.
- ③ 범용 레지스터가 필요하며, 연산 후 이전 값을 기억하지 못한다.
- ④ 범용 레지스터가 필요하며, 연산 후 입력 자료가 보존된다.

60 다음 중 CISC 프로세서에 대한 설명으로 옳지 않은 것은?

① 자주 쓰이지 않는 명령어들은 소프트웨어로 구현하고, 자주 쓰이는 명령어만 간략화 하여 CPU의 성능을 높였다.
② 마이크로 프로그래밍을 통해 고급 언어에 각기 하나씩의 기계어를 대응시켰다.
③ 명령어의 집합이 크고, 구조가 복잡하여 전력 소모가 크다.
④ 주로 쓰이는 명령어는 일부에 불과하다.

해설 CISC : 많은 명령어를 프로그래머에게 제공하므로 프로그래머 작업이 쉽고, 고급 언어에 기계어를 각각 대응시키므로 명령어 집합이 크다.

정답 58 ④ 59 ② 60 ①

2017년 03월 04일 시행 기출문제

점

1과목 | 워드프로세싱 일반

01 다음 중 워드프로세서의 용어에 대한 설명으로 옳지 않은 것은?

① 스타일 : 자주 사용하는 글자 모양, 문단 모양 등의 서식을 미리 만들어 놓고 필요할 때 한꺼번에 적용하는 기능
② 상용구 : 자주 쓰이는 문자열을 따로 등록해 놓았다가 필요할 때 등록한 준말을 입력하면 본말 전체가 입력되도록 하는 기능
③ 입력 모음 : 신문이나 회보, 찾아보기 등을 만들 때 읽기 쉽도록 한 쪽을 여러 개의 단으로 나누는 기능
④ 매크로 : 사용자가 입력하는 일련의 키보드 또는 마우스 동작을 보관했다가 그대로 재생해 내는 기능

해설 보기 ③번은 다단(Newspaper Column)에 대한 설명이다.

02 다음 중 워드프로세서에서 OLE(Object Linking and Embedding)에 관한 설명으로 옳지 않은 것은?

① 다른 여러 응용 프로그램에서 작성된 문자나 그림 등의 개체를 작성중인 현재 문서에 연결하거나 삽입하는 기능을 말한다.
② 그림을 연결하여 넣은 경우 문서에 삽입된 그림의 내용을 변경하면 원본 파일의 그림도 변경된다.
③ 연결하여 문서에 삽입을 하면 그림을 복사하여 붙여넣기를 했을 때 원본 파일을 삭제하여도 문서에 삽입된 그림은 그대로 남는다.
④ 삽입된 개체를 더블 클릭하면 개체에 연결된 기본 프로그램이 실행된다.

해설 연결하여 문서에 삽입을 하면 그림을 복사하여 붙여넣기를 했을 때 원본 파일을 삭제할 경우 문서에 삽입된 그림까지 같이 삭제된다.

03 다음 보기의 내용에 해당되는 워드프로세서 기능으로만 옳게 짝지어진 것은?

- 여러 번 붙이기 수행이 가능하다.
- 클립보드(Clipboard)를 사용한다.

① 영역 지정, 영역 이동
② 영역 삭제, 영역 복사
③ 영역 복사, 영역 지정
④ 영역 이동, 영역 복사

해설
- 영역 이동은 이동할 부분을 영역 지정한 후 원하는 위치에 붙여 넣고, 영역 복사는 복사할 부분을 영역 지정한 후 원하는 위치에 붙여 넣는다.
- 클립보드는 복사하거나 잘라낸 데이터를 임시로 보관하는 장소로 영역 복사, 영역 이동, 붙이기 기능에 사용한다.

04 다음 중 워드프로세서의 출력 기능에 대한 설명으로 옳지 않은 것은?

① 문서 편집 시 설정한 용지 크기는 인쇄 시 크기를 변경하여 출력할 수 없다.
② 특정 페이지를 지정하여 인쇄할 수 있다.
③ 작성한 문서를 팩스로 보낼 수 있다.
④ 작성한 문서를 전자 메일로 보낼 수 있다.

해설 문서 편집 시 설정한 용지 크기는 인쇄 시 크기를 변경하여 출력할 수 있다.

05 다음 중 전자 도서(e-Book)의 개념 및 특징에 관한 설명으로 옳은 것은?

① 대량의 내용을 보다 빠르게 검색할 수 있다.
② 동일한 내용을 여러 가지의 다양한 형태로 표현할 수 없다.
③ 유지 보수가 어렵고, 영구 보존이 가능하다.
④ 신속한 업데이트가 불가능하나 비용을 감축시킬 수 있다.

정답 01 ③ 02 ③ 03 ④ 04 ① 05 ①

해설
- ② 동일한 내용을 여러 가지의 다양한 형태로 표현할 수 있다.
- ③ 유지 보수가 쉽고, 영구 보존이 가능하다.
- ④ 신속한 업데이트가 가능하다.

06 다음 중 문서 관리를 위하여 처리 단계별로 문서를 분류하는 경우에 각 문서에 관한 설명으로 옳지 않은 것은?

① 접수문서 : 외부로부터 접수된 문서
② 공람문서 : 배포문서 중 여러 사람이 돌려보는 문서
③ 보존문서 : 일 처리가 끝난 완결문서로 해당 연도 말까지 보관하는 문서
④ 배포문서 : 접수문서를 문서과가 배포 절차에 의해 처리과로 배포하는 문서

해설 보존문서 : 자주 사용하지 않지만 보존 가치가 있어 처리과 등에서 보존중인 문서로 다음해 1월 1일까지 보관한다.

07 다음 중 워드프로세서의 저장 기능에 대한 설명으로 옳지 않은 것은?

① 저장된 파일 형태에 따라 확장자가 달라진다.
② 저장 기능은 주기억 장치에서 작성중인 문서 내용을 보조 기억 장치에 저장하는 것이다.
③ 서식 있는 문자열(*.rtf)로 저장하면 다른 워드프로세서와 호환이 용이하다.
④ 자동 저장 파일(*.bak)은 모두 텍스트 파일로 저장된다.

해설 자동 저장 파일(*.bak)은 해당 응용 프로그램의 파일 형식으로 저장된다.

08 다음 중 보기 내용이 기재된 거래문서로 옳은 것은?

- 특정 사안에 대하여 상호간 합의를 이끌어 내기 위한 문서이다.
- 상대방을 설득하기 위해 사안에 대해 구체적이고 논리정연한 의견을 제시한다.

① 반박서/해명서 ② 통지서
③ 의뢰서 ④ 교섭/협의문

해설
- ① 어떤 항의나 요구에 대해 반박 또는 해명하는 문서로 객관적인 자료를 토대로 필요에 따라 내용 증명서를 발송한다.
- ② 어떤 사실이나 정보를 육하원칙에 따라 정확하고 일목요연하게 작성하는 문서이다.
- ③ 어떤 일이나 사항에 대해 표제를 붙여 부탁(의뢰)하는 문서이다.

09 다음 중 문서 작성 시 유의 사항으로 옳지 않은 것은?

① 제목은 제목만 보고도 쉽게 문서의 성격과 내용을 알 수 있도록 작성한다.
② 사무 관리 규정에 의해 공문서는 한글 맞춤법에 따라 세로로 작성한다.
③ 목적이 있는 사외문서라 하더라도 인사말부터 시작하는 것이 기본적인 예의이다.
④ 기안문 작성 시 하나의 항목만 있을 경우 항목 구분을 할 필요가 없으므로 번호를 기재하지 않는다.

해설 사무 관리 규정에 의해 공문서는 한글 맞춤법에 따라 가로로 작성한다.

10 다음 중 문서 관리의 원칙에 대한 설명으로 가장 옳지 않은 것은?

① 정확성 : 문서를 옮겨 적거나 다시 기재하는 것을 줄이고, 복사해서 사용한다.
② 용이성 : 문서를 쉽게 작성하고, 판단 사무를 작업 사무화 한다.
③ 신속성 : 반복되고 계속되는 업무는 유사 관련 자료를 참고하여 사무의 절차와 방법을 간소화한다.
④ 경제성 : 문서의 집중 관리 및 처리를 통하여 경비를 절약한다.

해설 신속성 : 문서 처리를 신속히 수행하는 것으로 문장은 짧게 작성하되 내용이 복잡할 경우 결론을 먼저 작성하고, 그에 대한 이유를 설명한다.

11 다음 중 워드프로세서에서 찾기와 바꾸기 기능에 관한 설명으로 옳지 않은 것은?

정답 06 ③ 07 ④ 08 ④ 09 ② 10 ③ 11 ③

① 블록을 지정한 영역에서도 찾기가 가능하며, 커서의 위치를 기준으로 찾을 방향을 지정할 수 있다.
② 사용자가 정의해 놓은 스타일을 적용하여 찾기나 바꾸기를 할 수 있다.
③ 찾기 기능을 수행하면 문서 크기에 영향을 준다.
④ 문서 내에서 특정 문자를 찾기를 하여 크기, 서체, 속성 등을 바꿀 수 있다.

해설 찾기 : 문서 내용 중 특정 단어의 위치를 찾는 기능으로 검색 작업 후 문서 분량에는 아무런 변화가 없다.

12 다음 중 문서 파일링에서 명칭별 파일링을 사용하는 경우에 장점으로 옳지 않은 것은?

① 단순하고 처리가 빠르다.
② 가이드나 폴더 배열 방식이 용이하다.
③ 다양한 서류 처리가 용이하다.
④ 보안이나 기밀 유지에 유용하다.

해설 명칭별 파일링 : 거래처별 사람의 이름이나 회사명에 따라 가나다 또는 ABC 순으로 정리하는 방법으로 가장 전통적이고, 단순하다(첫 머리 글자를 기준으로 분류).

13 다음 중 전자 결재 시스템의 장점으로 옳지 않은 것은?

① 결재에 필요한 시간을 줄여준다.
② 문서 정리 및 관리에 효율성을 증대시킨다.
③ 업무 흐름도에 따라 결재 파일을 결재 경로에 따라 자동으로 넘겨준다.
④ 문서를 재가공해서 사용하는 것이 불가능하다.

해설 전자 결재 시스템은 문서가 네트워크상에서 자유롭게 소통될 수 있도록 하는 시스템으로 문서를 재가공해서 사용하는 것이 가능하다.

14 다음 중 교정 부호를 사용한 후 원래 문장의 글자 수(공백 포함)가 변하지 않는 부호로 옳은 것은?

① 
② 
③ 
④ 

해설
• ① 되살리기(교정 취소), ② 지우기, ③ 글자 바꾸기(수정), ④ 사이 띄우기
• 되살리기 교정 부호는 단어나 글자 변경에 관계가 없다.

15 다음 중 공문서의 구성으로 결문의 내용으로 옳지 않은 것은?

① 시행일자
② 협조자
③ 붙임(첨부)
④ 발신기관 주소

해설 보기 ③번은 본문에 해당한다.

16 다음 중 워드프로세서에서 인쇄 용지로 사용하는 낱장 용지에 대한 설명으로 옳은 것은?

① 낱장 인쇄 용지 중 크기가 가장 큰 용지는 A1이다.
② 낱장 인쇄 용지의 가로 : 세로의 비율은 1 : 2이다.
③ B4는 A4보다 크기가 2배 크다.
④ 낱장 용지의 규격은 전지의 종류와 전지를 분할한 횟수를 사용하여 표시된다.

해설 낱장 용지 : 숫자가 클수록 용지 크기는 작아지며, B판 용지가 A판 용지보다 크다. 또한, 용지의 가로와 세로 배율은 $1 : \sqrt{2}$ 이다.

17 다음 중 교정 부호의 올바른 사용법으로 옳지 않은 것은?

① 교정 부호가 부득이 겹칠 경우에는 겹치는 각도를 최대한 작게 한다.
② 교정 부호나 글자는 명확하고, 간략하게 표기한다.
③ 표기하는 색은 원고의 색과 다르게 눈에 잘 띄도록 한다.
④ 의미가 명확히 전달되도록 가지런히 표기한다.

해설 교정 부호가 부득이 겹칠 경우에는 겹치는 각도를 최대한 크게 한다.

정답 12 ④ 13 ④ 14 ① 15 ③ 16 ④ 17 ①

18 다음 중 공문서의 내용 표기에 대한 설명으로 옳지 않은 것은?

① 날짜를 표기할 때에는 숫자로 표기하되 연월일의 글자는 생략하고, 그 자리에 온점(.)을 찍어 구분한다.
② 시간을 표기할 때에는 24시각제에 따라 숫자로 표기한다.
③ 금액을 표기할 때에는 한글로 숫자를 표기하고, 괄호 안에 아라비아 숫자로 기재한다.
④ 숫자를 표기할 때에는 특별한 사유가 없으면 아라비아 숫자로 표기한다.

해설 금액을 표기할 때에는 아라비아 숫자로 표기하되 변조 방지를 위해 숫자 뒤 괄호 안에 한글로 기재한다.

19 다음 중 전자 출판에서 기관의 로고 등을 문서의 배경으로 희미하게 표시해 내는 기법으로 옳은 것은?

① 오버프린트(Overprint)
② 워터마크(Watermark)
③ 렌더링(Rendering)
④ 리터칭(Retouching)

해설
- ① 문자 위에 겹쳐서 문자를 중복 인쇄하는 작업이나 배경색이 인쇄된 후 다시 인쇄하는 방법이다.
- ③ 3D 그래픽의 마지막 단계에서 채색과 음영을 조절하는 기법이다.
- ④ 이미지 변형 작업으로 기존의 그림을 다른 형태로 새롭게 변형, 수정한다.

20 다음 중 워드프로세서 관련 용어에 대한 설명으로 옳은 것은?

① 캡션(Caption) : 명령이나 기능을 수행하는데 필요한 추가적인 요소나 선택 항목이다.
② 포메터(Formatter) : 메뉴나 서식 설정을 할 때 이미 설정 되어 있는 기본 값이다.
③ 미주(Endnote) : 문서의 내용을 설명하거나 인용한 원문의 제목을 알려주는 보충 구절로 문서의 맨 마지막에 표시하는 기능을 말한다.
④ 소프트 카피(Soft Copy) : 화면에 표시된 문서나 내용을 그대로 프린터에 인쇄하는 기능이다.

해설
- 캡션 : 문서에 포함된 도표나 그림 등에 제목이나 설명을 삽입하는 기능이다.
- 포메터 : 작성한 문서를 특정 형식으로 보여주거나 원하는 형식으로 출력할 수 있도록 지정해 주는 편집 프로그램이다.
- 소프트 카피 : 문서 내용을 화면에 출력하거나 디스크에 저장하는 것이다.

2과목 | PC 운영 체제

21 한글 Windows의 바탕 화면에 있는 폴더 아이콘의 바로 가기 메뉴를 사용하여 할 수 있는 작업으로 옳지 않은 것은?

① 바탕 화면에 해당 폴더의 새로운 바로 가기 아이콘을 만들 수 있다.
② 바로 이전에 삭제한 폴더를 복원할 수 있다.
③ 공유 대상 폴더를 설정할 수 있으며, 동기화할 수 있다.
④ 해당 폴더의 속성을 재설정할 수 있다.

해설 보기 ②번은 휴지통의 복원 기능을 통해 가능하다.

22 한글 Windows의 특징에서 플러그 앤 플레이(Plug & Play) 기능에 관한 설명으로 옳지 않은 것은?

① 컴퓨터에 새로운 하드웨어를 설치할 때 해당 하드웨어를 사용하는데 필요한 시스템 환경을 자동으로 구성해 주는 기능이다.
② 기존 컴퓨터 시스템과 충돌을 방지하는 기능을 수행한다.
③ 하드웨어와 소프트웨어가 PnP 기능을 지원하여야 수행된다.
④ 컴퓨터 시스템이 오류가 발생했을 때 자동으로 복구하는 기능을 수행할 수 있다.

해설 플러그 앤 플레이(PnP ; Plug & Play) : 새로운 하드웨어를 설치할 때 이를 자동으로 감지하여 하드웨어 구성 및 충돌을 방지하는 기능으로 컴퓨터 시스템의 오류 발생 시 자동으로 복구하는 기능은 없다.

정답 18 ③ 19 ② 20 ③ 21 ② 22 ④

23 한글 Windows의 도움말 기능에 관한 설명으로 옳지 않은 것은?

① 관련된 항목의 도움말을 쉽게 찾을 수 있는 하이퍼텍스트 기능이 있다.
② 필요한 도움말을 제목별로 검색할 수 있으며, 프린터로 출력할 수 있다.
③ 온라인에서 원격 지원으로 도움을 받거나 전문가에게 문의할 수 있다.
④ 새로운 기술에 대한 내용을 도움말에 추가하거나 수정할 수 있다.

해설 도움말은 사용자가 임의로 새로운 내용을 추가하거나 수정할 수 없다.

24 한글 Windows에서 여러 개의 창이 열려 있을 때 한 개의 창을 선택하여 제목 표시줄을 마우스로 클릭한 채 좌우로 흔들면 그 창을 제외한 나머지 창들이 최소화되는 기능으로 옳은 것은?

① 에어로 스냅(Aero Snap)
② 에어로 세이크(Aero Shake)
③ 에어로 피크(Aero Peek)
④ 에어로 전환 3D

해설
- ① 창의 제목 표시줄을 화면 맨 위로 드래그하면 바탕 화면 크기에 맞게 최대화되고, 화면 맨 왼쪽/오른쪽으로 드래그하면 바탕 화면의 절반 크기로 커진다.
- ③ 작업 표시줄에서 현재 실행중인 프로그램 아이콘 위에 마우스 포인터를 올려놓으면 해당 프로그램의 축소 창이 나타나고, 이를 클릭하면 활성화된다.
- ④ 현재 열려 있는 모든 창을 3D 화면으로 한번에 미리 볼 수 있으며, ⊞+Ctrl+Tab 키를 누른 후 Tab 키나 방향키(→/←)를 이용하여 창을 선택할 수 있다.

25 한글 Windows에서 [시작] 메뉴에 대한 설명으로 옳지 않은 것은?

① 한글 Windows에 설치된 프로그램(앱)이 있는 곳으로 [시작] 단추를 클릭하거나 Ctrl+ESC 키를 누른다.
② [시작] 메뉴의 항목에는 사용자 이름, 문서, 사진, 설정, 전원이 있다.
③ Windows에서 사용하는 프로그램은 앱 목록에 추가되는데 해당 목록에는 임의의 프로그램을 등록하거나 제거할 수 있다.
④ 컴퓨터에 설치된 모든 앱은 설치된 날짜순으로 정렬되어 나타난다.

해설 컴퓨터에 설치된 모든 앱(프로그램)은 숫자순, 영문순, 한글순으로 정렬되어 나타난다.

26 한글 Windows의 파일 탐색기에서 세부 정보 창을 통해 확인할 수 있는 정보로 옳지 않은 것은?

① 선택된 디스크의 사용 공간
② 선택된 파일이나 폴더의 항목 수
③ 파일이나 폴더를 만든 날짜
④ 파일이나 폴더의 압축 예상 크기

해설 파일이나 폴더의 압축 예상 크기는 파일 탐색기 창에서 확인할 수 없다.

27 한글 Windows에서 파일이나 폴더를 삭제하는 방법으로 옳지 않은 것은?

① 파일이나 폴더를 선택한 후에 휴지통으로 끌어넣기를 한다.
② 파일이나 폴더를 선택한 후에 [편집] 메뉴의 [삭제]를 선택한다.
③ 파일이나 폴더를 선택한 후에 바로 가기 메뉴의 [삭제]를 선택한다.
④ 파일이나 폴더를 선택한 후에 키보드의 Delete 키로 삭제한다.

해설 파일이나 폴더를 선택한 후에 [홈] 탭의 [구성] 그룹에서 [삭제] 단추를 클릭한다.

28 한글 Windows에서 폴더명이나 파일명으로 사용할 수 있는 문자나 단어로 옳은 것은?

① CON 또는 AUX
② NUL 또는 :
③ < 또는 ?

정답 23 ④ 24 ② 25 ④ 26 ④ 27 ② 28 ④

④ start123 또는 상공 abc

해설 • *, ?, /, ₩, :, ", <, >, |, : ₩ 등과 같은 특수 문자는 파일명으로 사용할 수 없다.
• CON, AUX, NUL 등으로 입력하면 '지정된 장치 이름이 올바르지 않습니다.'라는 메시지가 표시된다.

29 한글 Windows에서 압축 프로그램에 대한 설명으로 옳지 않은 것은?

① 압축은 텍스트뿐만 아니라 음악, 사진, 동영상 파일 등도 압축할 수 있다.
② 압축할 때 암호를 지정하거나 분할해서 압축을 할 수 있다.
③ 압축 프로그램의 종류에는 Winzip, WinRAR, PKZIP 등이 있다.
④ 암호화된 압축 파일을 전송할 경우에 시간 및 비용이 증가된다.

해설 암호화된 압축 파일을 전송할 경우에 시간 및 비용이 감소된다.

30 한글 Windows에서 프린터 설치와 사용에 관한 설명으로 옳지 않은 것은?

① 이미 설치된 프린터도 다른 이름으로 다시 설치할 수 있다.
② 한 대의 프린터를 네트워크로 공유하여 여러 대의 컴퓨터에서 사용할 수 있다.
③ 스풀 기능은 저속의 CPU와 고속의 프린터를 병행 사용할 때 효율적이다.
④ 기본 프린터는 한 대만 설정이 가능하며, 변경도 가능하다.

해설 스풀(SPOOL) : 저속의 출력 장치와 고속의 중앙 처리 장치(CPU) 사이의 속도 차이를 해결하여 컴퓨터의 처리 효율을 높이는 기능이다.

31 한글 Windows의 [Windows Defender 방화벽] 창에서 할 수 있는 작업으로 옳지 않은 것은?

① 네트워크 위치를 선택하여 컴퓨터가 항상 적절한 보안 수준으로 설정되도록 할 수 있다.
② 프로그램이 Windows 방화벽을 통해 통신하도록 설정할 수 있다.
③ 전자 메일을 보내거나 받을 때 알림 표시를 하도록 설정할 수 있다.
④ 인바운드 규칙, 아웃바운드 규칙 등과 같은 고급 보안을 설정할 수 있다.

해설 • Windows Defender 방화벽은 다른 컴퓨터에서 사용자 컴퓨터로 들어오는 정보를 제한하여 보안 위험으로부터 컴퓨터를 보호하는 기능으로 보기 ③번은 설정할 수 없다.
• 보기 ③번은 네트워크 위치에 따른 외부 연결의 차단 여부와 알림으로 설정할 수 있다.

32 한글 Windows에서 네트워크에 처음 연결할 때 네트워크 위치 설정에 대한 설명으로 옳지 않은 것은?

① 홈 네트워크와 회사 네트워크는 다른 네트워크 사용자가 사용자의 컴퓨터를 볼 수 있다.
② 공용 네트워크는 사용자 컴퓨터를 주변의 다른 컴퓨터에서 볼 수 없게 한다.
③ 파일이나 프린터를 공유할 필요가 없는 경우 가장 안전한 옵션은 공용 네트워크이다.
④ 공용 네트워크에서는 홈 그룹을 사용할 수 있으며, 네트워크 검색도 가능하다.

해설 공용 네트워크에서는 홈 그룹을 사용할 수 없고, 네트워크 검색도 불가능하다(다른 컴퓨터에서 확인할 수 없기 때문).

33 한글 Windows의 [네트워크 및 공유 센터] 창에서 할 수 있는 작업으로 옳지 않은 것은?

① [이더넷 상태] 대화 상자를 열어 현재 네트워크의 속도 및 보내고 받는 작업 상태를 확인할 수 있다.
② [문제 해결]을 실행하여 네트워크 문제를 진단 및 해결하거나 문제 해결 정보를 얻을 수 있다.
③ [새 연결 또는 네트워크 설정]을 실행하여 무선, 광대역, 전화 접속 또는 VPN 연결을 설정할 수 있다.

정답 29 ④ 30 ③ 31 ③ 32 ④ 33 ④

④ [고급 공유 설정 변경]을 실행하여 사용자 계정을 변경하거나 무선 또는 유선 네트워크에 연결할 수 있다.

해설 고급 공유 설정 변경 : 개인 또는 게스트/공용에 따라 네트워크 검색, 파일 및 프린터 공유, 공용 폴더 공유, 미디어 스트리밍, 파일 공유 연결, 암호로 보호된 공유 등을 설정한다.

34 한글 Windows에서 레지스트리에 대한 설명으로 옳지 않은 것은?

① 레지스트리를 편집하려면 [실행] 대화 상자에서 'regedit'를 입력하여 실행한다.
② 레지스트리란 Windows 사용자의 정보, 응용 프로그램의 정보, 설정 사항 등 Windows 실행 설정에 대한 정보를 담은 데이터베이스이다.
③ 레지스트리가 손상되면 Windows에 치명적인 손상을 줄 수 있으므로 주의하여 사용해야 한다.
④ 레지스트리는 백업을 받을 수 없으므로 함부로 삭제하거나 실수하는 일이 없도록 신중하게 편집하여야 한다.

해설 레지스트리 정보는 사용자가 백업이 필요한 경우 [파일]–[내보내기]를 선택하여 직접 수행한다.

35 한글 Windows에서 [제어판]의 [사용자 계정] 창에서 실행할 수 있는 것으로 옳지 않은 것은?

① 사용자 계정에 대한 암호 설정
② 계정 유형 변경
③ 계정 이름 및 사진 변경
④ 보안 및 유지 관리 설정 변경

해설 보기 ④번은 [제어판]–[보안 및 유지 관리]에서 가능하다.

36 한글 Windows에서 [프로그램 및 기능] 창에 대한 설명으로 옳지 않은 것은?

① [프로그램 및 기능] 창에서 새로운 프로그램을 설치하거나 현재 설치된 프로그램을 제거 또는 변경할 수 있다.
② Windows 기능 켜기/끄기를 설정할 수 있다.
③ 보기 형식을 아주 큰 아이콘, 큰 아이콘, 보통 아이콘, 작은 아이콘, 자세히 등으로 표시할 수 있다.
④ 자세히 보기에서 표시되는 이름, 게시자, 설치 날짜, 크기, 버전을 각각 클릭하여 오름차순이나 내림차순으로 정렬할 수 있다.

해설 [프로그램 및 기능] 창에서 새로운 프로그램을 설치할 수는 없고, 현재 설치된 프로그램의 제거 또는 변경은 가능하다.

37 한글 Windows에서 [드라이브 조각 모음]과 관련된 내용으로 옳지 않은 것은?

① 드라이브 조각 모음이 진행 중인 동안에도 컴퓨터를 사용할 수 있다.
② NTFS, FAT, FAT32 이외의 다른 파일 시스템으로 포맷된 경우와 네트워크 드라이브에 대해서는 드라이브 조각 모음을 실행할 수 없다.
③ 디스크 공간의 최적화를 이루어 사용 가능 공간이 확장된다.
④ 드라이브 조각 모음을 정해진 요일이나 시간에 자동으로 수행할 수 있도록 예약을 설정할 수 있다.

해설
- 드라이브 조각 모음은 디스크 단편화를 제거하여 사용중인 디스크의 입출력 속도와 디스크 공간을 최적화시키는 기능으로 디스크의 공간을 확보하지는 않는다.
- 디스크의 사용 공간을 확보하는 것은 디스크 정리에 대한 설명이다.

38 한글 Windows에서 사용할 수 있는 웹 브라우저의 기능에 관한 설명으로 옳지 않은 것은?

① 웹 서버에 있는 홈 페이지를 HTTP 프로토콜을 사용하여 편집 또는 재구성할 수 있다.
② 플러그인 프로그램을 설치하여 동영상이나 소리 등의 다양한 멀티미디어 데이터를 처리할 수 있다.
③ 자주 방문하는 웹 사이트 주소를 관리할 수 있다.
④ 전자 우편을 보내거나 HTML 문서를 편집할 수 있다.

해설 웹 서버에 있는 홈 페이지를 HTTP 프로토콜을 사용하여 편집 또는 재구성할 수는 없다.

정답 34 ④ 35 ④ 36 ① 37 ③ 38 ①

39 한글 Windows의 유니버설 앱에 있는 [계산기] 프로그램에 관한 설명으로 옳지 않은 것은?

① [표준용] 계산기에서 표시된 숫자를 저장하거나 불러올 수는 없다.
② 계산기 관련 도움말을 통하여 도움을 얻을 수 있다.
③ [표준용]과 [공학용]의 화면 구성이 서로 다르다.
④ 자릿수 구분 단위를 사용할 수 있다.

해설 [표준용] 계산기에서 표시된 숫자를 저장할 때는 [MS] 버튼을, 저장된 숫자를 불러올 때는 [MR] 버튼을 누른다.

40 한글 Windows에서 인쇄가 전혀 되지 않는 경우 취해야 할 조치로 옳지 않은 것은?

① 인쇄할 프린터의 속성에서 [스풀 설정]을 확인한다.
② 프린터 전원이나 프린터 케이블이 제대로 연결되어 있는지 확인한다.
③ 프린터의 이름이 변경되었거나 삭제되지 않았는지 확인한다.
④ 설정된 프린터의 드라이버가 제대로 설치되었는지 확인한다.

해설 스풀(SPOOL)은 저속의 출력 장치와 고속의 CPU 사이에서 속도 차이를 해결하여 컴퓨터의 처리 효율을 높이는 기능으로 인쇄가 되지 않는 경우와는 상관이 없다.

3과목 | 컴퓨터와 정보 활용

41 다음 중 주기억 장치에 대한 설명으로 옳은 것은?

① 현재 가장 많이 사용하는 주기억 장치는 SSD (Solid State Drive)이다.
② EEPROM은 BIOS, 글꼴, POST 등이 저장된 대표적인 펌웨어(Firmware) 장치이다.
③ SDRAM은 전원이 공급되지 않아도 지워지지 않는 비휘발성 메모리이다.
④ RDRAM은 가장 속도가 빠른 기억 장치이다.

해설
- SSD는 HDD와 비슷하게 동작하지만 HDD와는 달리 반도체를 이용하여 정보를 저장하는 차세대 장치이다.
- 전원이 공급되지 않아도 지워지지 않는 비휘발성 메모리는 ROM이다.
- 기억 장치 중에서 가장 속도가 빠른 것은 레지스터이다.

42 다음 중 IT 관련 용어에 대한 설명으로 옳지 않은 것은?

① 매시업(Mashup) : 웹상에서 제공되는 다양한 콘텐츠와 서비스를 혼합하여 새로운 서비스를 개발하는 기술이다.
② ALL-IP : 유선 전화망, 무선망, 패킷 데이터망 등과 같은 기존의 통신망을 하나의 IP 기반 망으로 통합하여 각종 데이터를 전송하는 기술이다.
③ 웨어러블 컴퓨팅 : 의류, 시계, 안경 등 사람이 몸에 착용 하고 다닐 수 있는 컴퓨터 기술이다.
④ 광대역 LTE : 서로 떨어져 있는 2개의 주파수를 주파수 집성(CA) 기술로 묶어서 마치 두 주파수가 붙어있는 것처럼 넓게 사용할 수 있도록 한 3세대 이동 통신 기술이다.

해설 광대역 LTE는 기존 LTE의 주파수 대역을 넓히는 것이고, 보기 ④번은 LTE-A에 대한 설명이다.

43 다음 중 보기에서 설명하는 컴퓨터의 하드 디스크 연결 방식으로 옳은 것은?

- 직렬(Serial) 인터페이스 방식이다.
- 데이터 전송 속도가 빠르다.
- 데이터 선이 얇아 내부의 통풍이 잘된다.
- 핫 플러그인(Hot Plug In)을 지원한다.

① IDE ② EIDE
③ SCSI ④ SATA

해설
- IDE : 하드 디스크 용량을 528MB까지 지원하며, 최대 2개까지 연결한다.
- EIDE : IDE를 확장하여 하드 디스크를 최대 4개(주변 장치 포함)까지 연결한다.
- SCSI : 하드 디스크 및 CD-ROM 등을 체인식으로 연결하며, 버스 폭에 따라 주변 장치를 7개까지 연결한다.

정답 39 ① 40 ① 41 ② 42 ④ 43 ④

44 다음 중 응용 소프트웨어에 대한 설명으로 옳지 않은 것은?

① MS Outlook은 그룹웨어의 일종이다.
② OCR 소프트웨어는 문서 이미지에 포함된 문자를 이미지 형태의 문자로 변경해 준다.
③ PhotoShop, AutoCAD는 그래픽 소프트웨어이다.
④ 데이터베이스 관리 시스템은 데이터의 중복성을 최소화하고 무결성을 보장해 줄 수 있다.

해설 OCR 소프트웨어는 스캐너를 이용하여 받은 이미지 형태의 문서를 이미지 분석 과정을 통해 문자 형태로 바꾸어 주는 소프트웨어이다.

45 다음 중 네트워크 프로토콜과 관련하여 OSI 7계층의 설명으로 옳지 않은 것은?

① 물리 계층은 전송에 필요한 두 장치 간의 실제 접속과 절단등 기계적, 기능적, 절차적 특성을 정의한다.
② 데이터 링크 계층은 사용자의 응용 프로그램이 OSI 환경에 접근할 수 있도록 서비스를 제공한다.
③ 전송 계층은 종단 시스템(End-to-End) 간에 신뢰성 있고 투명한 데이터 전송을 가능하게 한다.
④ 네트워크 계층은 개방 시스템들 간의 네트워크 연결을 관리하며, 데이터를 교환하거나 중계한다.

해설
- 데이터 링크 계층은 물리 계층의 전송 오류를 검출하고 수정, 링크의 확립/유지/단절의 수단을 제공한다.
- 보기 ②번은 응용 계층에 대한 설명이다.

46 다음 중 컴퓨터의 중앙 처리 장치의 설명으로 옳지 않은 것은?

① 컴퓨터 시스템 전체를 제어하는 장치로 다양한 입력 장치로 부터 자료를 받아서 처리한 후 그 결과를 출력 장치로 보내는 일련의 과정을 제어하고 조정하는 일을 수행한다.
② 연산 장치는 각종 덧셈을 수행하고 결과를 저장하는 상태 레지스터와 산술 연산과 논리 연산의 결과를 일시적으로 저장하는 기억 레지스터 등 여러 개의 레지스터로 구성되어 있다.
③ 소프트웨어 명령의 실행이 이루어지는 컴퓨터의 부분, 혹은 그 기능을 내장한 칩을 말하며, 기계어로 쓰인 컴퓨터 프로그램의 명령어를 해석하여 실행한다.
④ 제어 장치는 프로그램의 수행 순서를 제어하는 프로그램 계수기, 현재 수행중인 명령어의 내용을 기억하는 명령 레지스터, 명령 레지스터에 수록된 명령을 해독하고 수행될 장치에 제어 신호를 보내는 명령 해독기와 부호기 등으로 이루어져 있다.

해설 산술 연산과 논리 연산의 결과를 일시적으로 저장하는 것은 누산기(ACC)이다.

47 다음 중 멀티미디어 데이터의 장점에 대한 설명으로 거리가 먼 것은?

① 디지털 방식을 사용하여 한 번 정해진 값은 영구히 보존할 수 있다.
② 컴퓨터의 프로그램 기능을 이용하여 복잡한 처리가 가능하다.
③ 문자, 그림, 소리 등의 데이터는 각기 다른 독특한 방식으로 기록된다.
④ 대화 기능(Interactive)을 프로그램으로 부여할 수 있다.

해설 멀티미디어 데이터는 문자(Text), 그림(Image), 오디오(Audio), 비디오(Video), 애니메이션(Animation) 등의 정보를 디지털 데이터로 통합하여 하나의 정보로 전달된다.

48 다음 중 네트워크에서 데이터 전달의 흐름을 방해하여 가용성에 영향을 미치는 컴퓨터 시스템의 정보 보안 위협 유형으로 옳은 것은?

① 가로막기(Interruption)
② 가로채기(Interception)
③ 수정(Modification)
④ 위조((Fabrication)

정답 44 ② 45 ② 46 ② 47 ③ 48 ①

해설
- 가로채기 : 데이터의 전달 정보를 중간에 가로채는 행위로 기밀성을 위협한다.
- 수정 : 데이터의 전달 정보를 다른 내용으로 바꾸는 행위로 무결성을 위협한다.
- 위조 : 다른 송신자로 정보를 전송한 것처럼 위조하는 행위로 인증성을 위협한다.

49 다음 중 멀티미디어 데이터에 관한 설명으로 옳지 않은 것은?

① 아날로그 데이터를 디지털로 변환하기 위해서는 표본화(Sampling)와 양자화(Quantization) 과정을 거치게 된다.
② 표본화란 연속적인 아날로그 신호를 불연속적인 디지털 신호로 바꾸는 과정을 말한다.
③ 음성이나 영상 등의 아날로그 신호를 일정 시간 간격으로 검출하는 단계를 샘플링이라고 한다.
④ 샘플링할 때 디지털 오디오 데이터 파일의 크기에 영향을 미치는 요소에는 샘플링 비율(헤르츠), 양자화 크기(비트), 저장 매체의 크기(바이트) 등이 있다.

해설 아날로그 오디오 신호를 디지털 오디오 데이터로 변환할 때 디지털 오디오 데이터 파일의 크기에 영향을 미치는 요소에는 샘플링 비율(헤르츠), 양자화 크기(비트), 지속 시간(초) 등이 있다.

50 다음 중 보기에서 설명하는 인터넷 프로그래밍 언어로 옳은 것은?

- HTML의 단점을 보완한 인터넷 언어로 SGML의 복잡한 단점을 개선한 언어
- 사용자가 새로운 태그와 속성을 정의할 수 있는 확장성을 가짐
- 유니 코드를 사용하므로 전 세계의 모든 문자를 처리

① XML ② ASP
③ JSP ④ VRML

해설
- ASP : CGI의 단점을 보완하기 위해 개발된 웹 문서 언어로 Windows 계열에서만 수행이 가능하다.
- JSP : 자바를 이용한 서버 측 스크립트로 다양한 운영 체제에서 사용이 가능하다.
- VRML : 3차원의 가상 공간을 표현하기 위한 언어로 웹에서 3차원 입체 이미지를 묘사한다.

51 다음 중 인터넷 서비스 사용 시 지켜야 할 예절로 가장 적절하지 않은 것은?

① 게시판에 글을 올릴 경우에는 가급적 인터넷 약어를 사용하여 간결하게 작성한다.
② 웹 사이트 운영자는 가능한 많은 정보를 공개하고 웹 접근성을 높인다.
③ 공개 자료실에는 가급적 압축한 자료를 올린다.
④ 전자 우편을 사용할 경우 제목만 보고도 중요도와 내용을 알 수 있도록 작성한다.

해설 게시판에 인터넷 약어를 사용할 수는 있지만 지나친 약어 사용은 자제한다.

52 다음 중 컴퓨터에서 사용하는 하드 디스크의 업그레이드 시에 고려할 사항으로 1분 당 회전수를 나타내는 단위로 옳은 것은?

① RPM(Revolutions Per Minute)
② TPM(Turning Per Minute)
③ CPM(Counts Per Minute)
④ BPM(Bits Per Minute)

해설 하드 디스크에서 RPM의 수치가 클수록 실행 속도가 빠르며, 밀리 초(ms)가 작을수록 좋다.

53 다음 중 정보 기술에 대한 설명으로 옳지 않은 것은?

① GPS는 어느 곳에서나 자신의 위치를 알려주는 인공 위성을 이용한 항법 시스템이다.
② CAD/CAM은 언제 어디서나 교육용 콘텐츠를 실감나게 표현하고 이용할 수 있는 시스템이다.
③ 와이브로(Wibro)는 모바일 기기를 이용하여 언제 어디서나 이동하면서 고속으로 무선 인터넷 접속이 가능한 서비스이다.
④ 스마트 컨버전스는 정보 산업과 다른 전 산업 분야와 융합하여 다른 새로운 분야의 기술 개발과 산업 발전을 이루게 하여 고부가 가치 산업을 창출해 내는 기술이다.

정답 ▶ 49 ④ 50 ① 51 ① 52 ① 53 ②

해설 CAD/CAM은 컴퓨터에서 설계 도면을 작성하는 프로그램으로 Auto CAD 등이 있다.

54 다음 중 컴퓨터 바이러스에 대한 설명으로 옳지 않은 것은?

① 스크립트 바이러스는 대상 스크립트가 포함된 파일을 감염 시키는데, 스크립트로 작성된 바이러스 코드를 스크립트가 포함된 다른 파일에 복제한다.
② 파일의 확장자가 DLL 또는 COM, EXE인 실행 가능한 프로그램 파일에 감염되는 바이러스를 파일 바이러스라고 한다.
③ 하드 디스크의 부트 섹터에 자리 잡는 바이러스를 부트 바이러스라고 한다.
④ 매크로 바이러스는 엑셀과 워드 문서는 감염시키지 않는다.

해설 매크로 바이러스는 MS-Word나 엑셀의 매크로(Macro) 파일을 손상시키는 바이러스이다.

55 다음 중 객체 지향 프로그래밍 언어로만 짝지어진 것은?

① C++, C#, JAVA
② C, COBOL, BASIC
③ FORTRAN, C++, XML
④ JAVA, C, XML

해설 객체 지향 프로그래밍 : 절차적 프로그램 개발에 적합한 기법으로 Smalltalk, C++, Java 언어 등에서 객체 지향의 개념을 표현한다.

56 다음 중 그래픽 파일 형식에서 PNG 파일에 대한 설명으로 옳지 않은 것은?

① 배경을 투명하게 지정할 수 있다.
② 트루 컬러를 지원한다.
③ 애니메이션 기능을 지원한다.
④ 웹에서 최상의 이미지를 표현하기 위해 제정한 그래픽 형식이다.

해설 애니메이션 기능을 지원하는 파일은 GIF이다.

57 인터넷 프로토콜 중 다음과 같은 특징을 가지는 프로토콜은 무엇인가?

> 네트워크상의 각 호스트에서 정기적으로 정보를 수집해 네트워크를 관리하며, 정보를 수정하여 장치의 동작을 변경하는데 사용되는 프로토콜

① UDP ② ICMP
③ SNMP ④ SMTP

해설
- UDP : 네트워크에서 컴퓨터간 메시지 교환 시 제한된 서비스만을 제공하는 프로토콜이다.
- ICMP : 호스트 서버와 게이트웨이 사이에서 메시지를 제어하거나 에러를 알려주는 프로토콜이다.
- SMTP : 가장 광범위하게 사용되고 있는 네트워크 관리 시스템 프로토콜이다.

58 다음 중 운영 체제의 목적에 대한 설명으로 옳지 않은 것은?

① 사용 가능도(Availability) : 컴퓨터 시스템을 사용할 때 실제 시스템 자원을 사용할 수 있는 시간을 말하며 적을수록 좋다.
② 처리 능력(Throughput) : 주어진 시간 동안에 컴퓨터가 할 수 있는 일의 양으로 클수록 좋다.
③ 응답 시간(Turnaround Time) : 사용자가 작업 요청을 입력 하고 나서 응용 프로그램의 결과를 받을 때까지의 시간을 말하며 짧을수록 좋다.
④ 신뢰도(Reliability) : 하드웨어 제품이나 구성 요소의 신뢰도에 대한 척도이며, 무고장 시간이 길수록 좋다.

해설 사용 가능도는 신속하게 시스템 자원을 사용할 수 있도록 지원하는 능력이다(사용 가능도 향상).

정답 54 ④ 55 ① 56 ③ 57 ③ 58 ①

59 다음 중 보기에서 설명하는 통신 기술로 옳은 것은?

> • 13.56MHz의 주파수 대역을 사용하는 비접촉식 통신 기술이다.
> • 통신 거리가 10Cm 이내로 짧고, 상대적으로 보안이 우수하다.
> • 데이터 읽기와 쓰기 기능을 모두 사용할 수 있다.
> • 연결 기기간 설정을 하지 않아도 된다.

① Bluetooth
② WLL(Wireless Local Loop)
③ NFC(Near Field Communication)
④ WIFI(Wireless Fidelity)

해설
• Bluetooth : 근거리에 놓여 있는 컴퓨터와 이동 단말기를 무선으로 연결하여 쌍방향으로 실시간 통신을 가능하게 해주는 규격 또는 장치이다.
• WLL : 전화국과 가입자 단말 사이의 회선을 무선 시스템으로 구성하여 선로 구축이 용이하다.
• WIFI : 무선 접속 장치(AP)가 설치된 일정 거리 안에서 무선 인터넷을 사용할 수 있는 근거리 통신망이다.

60 다음 중 컴퓨터가 가지고 있는 특징으로 가장 옳지 않은 것은?

① 범용성 ② 능동성
③ 호환성 ④ 신속성

해설 컴퓨터의 특징 : 신속성, 정확성, 자동성, 범용성, 호환성, 대용량성 등이 있다.

정답 59 ③ 60 ②

2017년 09월 02일 시행 기출문제

점

1과목 | 워드프로세싱 일반

01 다음 중 워드프로세서의 특징으로 옳지 않은 것은?

① 손쉽게 다양한 문서 형태를 만들 수 있다.
② 작성된 문서의 보존 및 검색이 유리하다.
③ 정보통신망을 이용하여 공유할 수 없기 때문에 보안성이 우수하다.
④ 문서의 통일성과 체계를 갖출 수 있다.

해설 워드프로세서는 정보통신망을 이용하여 빠른 전송과 공유가 가능하다.

02 다음은 워드프로세서의 어느 용어에 대한 설명인가?

- 문서에 포함되는 그림이나 표를 설명하는 제목 또는 내용을 말한다.
- 그림이나 표의 위, 아래, 왼쪽, 오른쪽 등에 위치시킬 수 있다.

① 캡션(Caption) ② 캡처(Capture)
③ 커서(Cursor) ④ 아이콘(Icon)

해설 캡션(Caption) : 문서에 포함된 도표나 그림 등에 제목이나 설명을 삽입하는 기능으로 위치는 사용자가 지정할 수 있다.

03 다음 중 워드프로세서의 차트 기능에 대한 설명으로 옳지 않은 것은?

① 차트는 자료의 변화를 한 눈에 알아보기 쉽게 그래프 형식으로 제공하는 기능이다.
② 데이터 전체를 선택하거나 데이터의 일부분만 셀 블록으로 설정하여 차트를 만들 수 있다.
③ 2차원 차트와 3차원 차트가 있다.
④ 원형 차트는 두 개의 데이터 계열을 나타낼 수 있다.

해설 원형 차트는 한 개의 데이터 계열로만 나타낼 수 있다.

04 다음 중 컴퓨터에서 사용하는 파일의 유형과 확장자(Extension)가 바르게 연결된 것은?

① 실행 파일 – BAK, WBK, BKG
② 그래픽 파일 – ARJ, ZIP, LZH
③ 백업 파일 – COM, EXE, BAT
④ 음악 파일 – WAV, MID, MP3

해설
- 실행 파일 : COM, EXE, BAT
- 그래픽 파일 : BMP, PCX, JPG, GIF, TIF
- 백업 파일 : BAK

05 다음 중 KS X 1005-1(유니 코드)에 대한 설명으로 옳지 않은 것은?

① 외국 소프트웨어의 한글화가 쉽고, 모든 문자를 2바이트로 표현한다.
② 정보통신망을 이용한 정보 교환 시 데이터의 충돌이 발생한다.
③ 전 세계 모든 문자의 표현이 가능하다.
④ 완성형과 조합형을 동시에 사용할 수 있다.

해설 보기 ②번은 KS X 1001 조합형에 대한 설명이다.

06 다음 중 전자 출판과 관련된 용어에서 커닝(Kerning)에 관한 설명으로 옳은 것은?

① 글자와 글자 사이의 간격을 미세하게 조정하는 작업이다.
② 제한된 색상을 조합하여 복잡한 색이나 새로운 색을 만드는 작업이다.
③ 문자 위에 겹쳐서 문자를 중복 인쇄하거나 배경색을 인쇄한 후에 그 위에 대상체를 인쇄하는 기능이다.
④ 이미지 변형 작업, 입출력 파일 포맷, 채도, 조명도, 명암 등을 조절하는 작업이다.

해설 보기 ②번은 디더링(Dithering), 보기 ③번은 오버프린트(Over print), 보기 ④번은 초크(Choke)에 대한 설명이다.

정답 ▶ 01 ③ 02 ① 03 ④ 04 ④ 05 ② 06 ①

07 다음 중 전자 출판의 특징으로 옳지 않은 것은?

① 개인용 컴퓨터를 이용하여 출판의 전 과정이 가능하다.
② 위지윅(WYSIWYG) 방식으로 편집 과정을 편집자가 의도한 대로 구현할 수 있다.
③ 다양한 글꼴(Font)을 지원하며, 아날로그 방식으로 문자를 저장한다.
④ 문자뿐만 아니라 소리, 그림, 영상, 애니메이션 등의 복합적인 표현이 가능하다.

해설 전자 출판은 디지털(Digital) 방식으로 문자를 저장한다.

08 다음 중 공문서를 작성할 때 올바른 문장 작성법에 해당되지 않는 것은?

① 사무관리 규정에 따라 공문서는 한글 맞춤법에 맞게 가로로 작성한다.
② 숫자는 아라비아 숫자로 가로로 표기한다.
③ 시각은 24시간제에 따라 숫자로 표기하되 시, 분의 글자는 생략하고 세미콜론(;)으로 표시한다.
④ 문서는 쉽고 간결하게 되도록 한글로 작성한다.

해설 시각은 24시각제에 따라 시, 분은 생략하고, 그 사이에 쌍점(:)을 찍어 표시한다.

09 다음 중 문서를 작성할 때 한글 맞춤법 중 띄어쓰기에 관한 설명으로 옳지 않은 것은?

① 조사는 그 앞말에 붙여 쓴다.
② 의존 명사는 띄어 쓴다.
③ 수를 한글로 적을 경우에는 천(千) 단위로 띄어 쓴다.
④ 단음절로 된 단어가 연이어 나타날 경우에는 붙여 쓸 수 있다.

해설 수를 한글로 적을 경우는 모두 붙여서 쓴다.

10 다음 보기와 가장 관련이 있는 문서는 무엇인가?

> 조회문서, 회답문서, 통지서

① 지시문서 ② 연락문서
③ 기록문서 ④ 보고문서

해설 연락문서는 부서간 소통을 위해 연락하는 문서로 조회, 회답 문서, 통지서 등이 있다.

11 다음 중 사외문서의 서식 구성에 관한 설명으로 옳지 않은 것은?

① 두문에는 수신자명, 발신자명, 문서번호, 발신연월일을 기재한다.
② 본문은 제목과 말하고자 하는 주된 내용을 나타낸다.
③ 본문의 마지막 부분은 첨부물이 있을 경우 첨부물에 대한 안내와 인사로 마무리한다.
④ 결문에는 추신을 기재할 수 있다.

해설 본문의 마지막 부분에 첨부물이 있을 경우 본문의 문장을 요약하여 마무리한다.

12 다음 중 보기에서 사용하는 논리 전개 방식으로 옳은 것은?

> • 바퀴가 2개인 차는 이륜차이다.
> • 오토바이는 바퀴가 2개인 차이다.
> • 그러므로 오토바이는 이륜차이다.

① 연역법 ② 귀납법
③ 변증법 ④ 유추법

해설 연역법 : 중심 문장의 위치가 해당 문단의 처음 부분에 위치하여 구성되며, 일반적인 원리를 제시한 후 그에 따른 구체적인 사실을 이끌어 낸다.

13 다음 중 워드프로세서를 이용하여 문서를 작성할 때 교정 부호의 사용법에 대한 설명으로 옳지 않은 것은?

① 정해진 교정 부호를 사용해야 한다.
② 의미가 명확히 전달되도록 가지런히 표기한다.
③ 표기하는 색깔은 반드시 원고의 색과 같으면서 눈에 잘 띄는 색으로 한다.

정답 07 ③ 08 ③ 09 ③ 10 ② 11 ③ 12 ① 13 ③

④ 교정 부호나 글자는 명확하고, 간략하게 표기한다.

해설 표기하는 색깔은 반드시 원고의 색과 달라야 한다.

14 <보기 1>의 문장이 <보기 2>의 문장으로 수정되기 위해 필요한 교정 부호들로만 올바르게 짝지어진 것은?

〈보기 1〉

삶은 언제나 스스로 부딪혀 경험하고 도전하는 모든 사람에게 더 영광을 안겨준다.

〈보기 2〉

인생은 언제나 스스로 부딪혀 경험하고 도전하는 사람에게 더 큰 영광을 안겨준다.

① 
② 
③ 
④ 

해설
- 수정 : 삶은 → 인생은
- 지우기(삭제) : 모든 사람에게 → 사람에게
- 끼워넣기(삽입) : 더 영광을 → 더 큰 영광을

15 다음 중 문서의 관리 과정에 대한 각 단계별 설명으로 옳지 않은 것은?

① 문서의 편철 : 문서 처리가 완결되면 차후 활용할 가치가 있는 문서를 묶어서 문서철을 만든다.
② 문서의 보존 : 각 서류 처리과에서 문서 처리 즉시 문서 분류법에 따라 분류하고 보존하며 보존 기간 계산의 기산일은 기록물 생산년도부터이다.
③ 문서의 보관 : 내용 처리가 끝난 날이 속한 연도 말일까지 각 부서의 문서 보관함에 넣고 활용 및 관리한다.
④ 문서의 폐기 : 보존 기간이 완료된 문서를 일괄 폐기한다.

해설 문서의 보존 : 문서의 보존 기간 동안 보존 및 관리하며, 보존 기간 계산의 기산일은 기록물 생산년도 다음 해 1월 1일부터이다.

16 다음 중 문서의 주제별 파일링 방법에 관한 특징으로 옳은 것은?

① 단순하고 빠르며 서구의 전통적인 파일링시스템의 문서 분류 방법으로 사용된다.
② 품목, 물건, 사업 활동이나 기능 등의 명칭을 표제로 사용한다.
③ 여러 나라나 지역에 사업장이 있는 기업에 유용하다.
④ 확장이 수월하고 업무 내용 보다 번호로 참조되는 업무에 유용하다.

해설 주제별 파일링은 문서 내용을 주제별로 정리하는 방법으로 사업 계획이나 활동 등을 명칭으로 한다.

17 다음 중 공문서 항목 구분 시 첫째 항목의 항목 구분으로 사용할 수 있는 기호는?

① 가., 나., 다., …
② 1., 2., 3., …
③ (1), (2), (3), …
④ 가), 나), 다), ..

해설 보기 ①번은 둘째 항목, 보기 ③번은 다섯째 항목, 보기 ④번은 넷째 항목에 해당한다.

18 다음 중 전자 결재 시스템에 관한 설명으로 옳지 않은 것은?

① 문서 양식을 단순화하여 업무 효율성을 높일 수 있다.
② 문서 작성과 유통의 표준화로 업무 생산성을 향상시킬 수 있다.
③ 실명제로 인한 사무 처리의 신중성을 제고시켜 준다.
④ 전자 결재가 끝난 문서는 출력하여 따로 편철한다.

해설 전자 결재는 파일로 처리되므로 결재가 끝난 후에 따로 출력할 필요가 없다.

정답 14 ② 15 ② 16 ② 17 ② 18 ④

19 다음 중 전자문서 관리에 관한 설명으로 옳지 않은 것은?

① 전자문서의 공유를 위하여 모든 구성원의 문서 접근이 허용된다.
② 전자문서는 검토자, 협조자 및 결재권자가 동시에 열람할 수 있다.
③ 전자문서의 결재권자는 전자 문서를 열람한 후에 서명란에 서명한다.
④ 전자문서는 종이 보관의 이관 시기와 동일하게 전자적으로 이관한다.

해설 전자문서는 정보 처리 능력을 가진 장치에 의해 전자적인 형태로 작성되는 문서로 등급에 따라 접근자의 범위가 지정된다.

20 다음 중 공문서의 '끝' 표시에 대한 설명으로 옳지 않은 것은?

① 첨부물 없이 본문이 끝났을 때 : 본문 내용의 마지막 글자에서 한 글자 띄우고 '끝' 표시를 한다.
② 첨부물이 있을 때 : 본문의 내용이 끝난 줄 다음에 '붙임' 표시 및 첨부물의 명칭과 수량을 기재한다.
③ 본문 또는 붙임에 적은 사항이 오른쪽 한계선에서 끝났을 때 : 다음 줄의 왼쪽 한계선에서 한 글자 띄우고 '끝' 표시를 한다.
④ 본문이 표 형식으로 끝났을 때 : 마지막으로 작성된 칸의 다음 칸에 '빈칸' 표시를 한다.

해설 본문이 표 형식으로 끝났을 때 : 표의 마지막 칸까지 작성은 표 아래 왼쪽 한계선에서 한 글자를 띄우고 '끝' 표시를 하고, 표의 중간까지 작성은 마지막으로 작성된 칸의 다음 칸에 '이하 빈칸'을 표시하되 '끝' 표시는 생략한다.

2과목 | PC 운영 체제

21 한글 Windows에서 파일 시스템(File System) 관한 설명으로 옳지 않은 것은?

① FAT, FAT32는 Convert 명령을 이용하여 NTFS로 변환이 가능하다.
② NTFS는 FAT, FAT32로 변환이 어려우므로 파티션을 다시 설정하고, 포맷해야 한다.
③ NTFS는 파일 및 폴더 권한, 암호화, 디스크 할당량, 제한된 계정, 압축 등 고급 기능을 제공한다.
④ NTFS 압축을 사용하면 성능이 향상되며, 개별 파일과 폴더만 압축할 수 있다.

해설 NTFS 압축을 사용하면 성능이 저하되며, 개별 파일과 폴더 외에도 NTFS 드라이브 전체를 압축할 수 있다.

22 한글 Windows에서 [시스템 구성] 대화 상자를 화면에 표시하려고 한다. [검색] 상자에서 입력해야 할 명령어로 옳은 것은?

① ipconfig ② msconfig
③ appconfig ④ editconfig

해설 msconfig : [시스템 구성] 대화 상자를 호출하는 파일로 [일반], [부팅], [서비스], [시작프로그램], [도구] 탭으로 구성되어 있다.

23 다음 중 한글 Windows에서 부팅 시 고급 옵션에서 지원하는 부팅 모드에 대한 설명으로 옳은 것은?

① 안전 모드 사용 : 기본 드라이버 및 DVD 드라이브, 네트워크 서비스만으로 부팅한다.
② 부팅 로깅 사용 : 화면 모드를 저해상도 디스플레이 모드인 '640×480' 해상도로 설정하여 부팅한다.
③ 디버깅 사용 : 잘못된 서명이 포함된 드라이버를 설치할 수 있도록 설정한다.
④ 드라이버 서명 적용 사용 안 함 : 부적절한 서명이 포함된 드라이버를 설치할 수 있도록 허용한다.

해설
- 안전 모드 사용 : Windows를 최소한의 기능으로 부팅하여 시스템의 각종 문제를 진단한다(CD-ROM, 프린터, 네트워크 카드, 사운드 카드 등은 사용할 수 없음).
- 부팅 로깅 사용 : 부팅 과정 중 일어나는 로딩 장치 드라이버에 대한 로그 파일을 작성한다.
- 디버깅 사용 : 직렬 케이블을 통해 다른 컴퓨터에 디버그 정보를 보내면서 컴퓨터를 부팅한다.

24 한글 Windows에서 [시작] 메뉴에 대한 설명으로 옳지 않은 것은?

정답 19 ① 20 ④ 21 ④ 22 ② 23 ④ 24 ④

① 한글 Windows에 설치된 프로그램(앱)이 있는 곳으로 [시작] 단추를 클릭하거나 Ctrl+ESC 이다.
② [시작] 메뉴의 항목에는 사용자 이름, 문서, 사진, 설정, 전원이 있다.
③ Windows에서 사용하는 프로그램은 앱 목록에 추가되는데 해당 목록에는 임의의 프로그램을 등록하거나 제거할 수 있다.
④ 컴퓨터에 설치된 모든 앱은 설치된 날짜순으로 정렬되어 나타난다.

해설 컴퓨터에 설치된 모든 앱(프로그램)은 숫자순, 영문순, 한글순으로 정렬되어 나타난다.

25 한글 Windows에서 [Windows 종료] 대화 상자의 각 메뉴에 대한 설명으로 옳지 않은 것은?

① 사용자 전환 : 현재 로그온 한 사용자 계정 작업 상태를 그대로 두고, 다른 사용자의 계정으로 전환하여 컴퓨터에 손쉽게 로그온 할 수 있다.
② 로그아웃 : 모든 프로그램을 종료하고, 새롭게 로그온할 사용자를 선택한다.
③ 절전 : 모니터와 하드 디스크를 최소 전력으로 두고, 컴퓨터에서 최대 전원 작업을 빠르게 시작할 수 있는 전력 절약 상태이다.
④ 다시 시작 : 변경된 Windows 설정을 저장하고 메모리에 있는 모든 정보를 이동식 디스크에 저장한 후에 시스템을 다시 시작한다.

해설 다시 시작 : 시스템을 종료한 후 자동적으로 다시 부팅한다.

26 한글 Windows의 [폴더 옵션] 대화 상자에서 지정이 가능한 것으로 옳지 않은 것은?

① 폴더를 찾을 때 같은 창에서 폴더 열기를 지정할 수 있다.
② 폴더 창을 열 때 마우스를 한 번 클릭해서 열기를 지정할 수 있다.
③ 탐색 창에서 모든 폴더를 표시하도록 지정할 수 있다.
④ 폴더 창의 모양과 사용된 글꼴을 지정할 수 있다.

해설 보기 ①, ②번은 [일반] 탭, 보기 ③번은 [보기] 탭에서 가능하다.

27 한글 Windows에서 휴지통에 대한 설명으로 옳지 않은 것은?

① USB 드라이브에 있는 파일이나 폴더를 삭제하면 휴지통에 보관되지 않고 영구히 삭제된다.
② 하드 디스크 드라이브 마다 휴지통의 크기를 다르게 설정할 수 있다.
③ 휴지통에 있는 특정 폴더를 더블 클릭하면 해당 폴더의 속성 창이 나타난다.
④ 휴지통에 있는 사진 파일을 더블 클릭하면 원본 사진을 미리 보기로 볼 수 있다.

해설 휴지통에 있는 사진 파일을 더블 클릭하면 사진의 [속성] 창이 나타난다.

28 한글 Windows에서 압축(ZIP) 폴더에 대한 설명으로 옳지 않은 것은?

① 압축 폴더 기능을 사용하면 폴더를 압축하여 디스크 공간을 절약하고, 다른 컴퓨터로 빠르게 전송할 수 있다.
② 압축 폴더와 파일 또는 그 안에 포함된 폴더나 프로그램 파일은 일반 폴더에서 사용하는 것과 똑같이 사용할 수 있다.
③ 압축하려는 파일과 폴더들을 선택한 후 바로 가기 메뉴에서 [보내기]−[압축(ZIP) 폴더]를 선택하여 압축할 수 있다.
④ 압축 해제를 하지 않고 파일을 선택하여 읽기 전용으로 열기 및 편집을 할 수 있다.

해설 압축을 해제하지 않고, 파일을 선택하여 읽기 전용으로 열기는 할 수 있지만 편집은 할 수 없다.

29 한글 Windows에서 스티커 메모에 대한 설명으로 옳지 않은 것은?

① [시작]−[유니버설 앱]−[스티커 메모]를 선택하여 실행할 수 있다.

정답 25 ④ 26 ④ 27 ④ 28 ④ 29 ③

② 입력할 내용이 많아지면 기본적으로 메모지의 길이가 아래로 자동으로 길어지지만 메모의 가장자리나 모서리를 끌어서 더 크거나 작게 직접 조정할 수도 있다.
③ 메모에서 마우스 오른쪽 버튼의 바로 가기 메뉴를 이용하여 스티커 메모의 색을 변경하거나 스티커 메모의 텍스트 서식을 설정할 수 있다.
④ 메모 창의 오른쪽 상단에 있는 메모 삭제 단추를 누르거나 Ctrl+D 키를 눌러 메모를 삭제할 수 있다.

해설 스티커 메모의 색을 변경할 수는 있지만 텍스트 서식을 설정할 수는 없다.

30 한글 Windows에서 유틸리티 프로그램에 관한 설명으로 옳지 않은 것은?

① 대개 파일의 크기가 작고 간단하며, 운영 체제에 일부 포함되어 제공되거나 별도로 제공되는 프로그램이다.
② 유틸리티 프로그램이 없으면 기본적인 컴퓨터 시스템 운영에 심각한 영향을 미친다.
③ 시스템 성능을 향상시키거나 시스템 사용에 편리함을 주기 위하여 사용된다.
④ 파일 압축 및 해제, 이미지 뷰어, FTP 등이 있다.

해설 유틸리티 프로그램은 사용자가 컴퓨터를 보다 쉽게 사용할 수 있도록 도와주는 프로그램이지만 컴퓨터 시스템에 없어도 사용에는 문제가 없다.

31 한글 Windows에서 설치된 프린터의 바로 가기 메뉴에 있는 [프린터 속성]을 선택하여 표시되는 프린터 속성 대화 상자에 대한 설명으로 옳지 않은 것은?

① [일반] 탭 : 프린터 모델명 확인과 인쇄 기본 설정
② [공유] 탭 : 프린터를 네트워크상의 다른 컴퓨터와 공유할 것인지를 결정하고 추가 드라이버를 설치
③ [포트] 탭 : 프린터 포트를 선택하고 새로운 포트를 추가하거나 삭제
④ [고급] 탭 : 프린터 시간을 제어하고 인쇄 해상도를 설정하며, 테스트 페이지 인쇄 등을 지정

해설 [프린터 속성] 대화 상자의 [고급] 탭에서는 원하는 스풀(SPOOL) 기능을 설정할 수 있지만 인쇄 해상도를 설정할 수는 없다.

32 한글 Windows가 설치된 C: 디스크 드라이브의 [로컬 디스크(C:) 속성] 대화 상자에서 작업할 수 있는 내용으로 옳지 않은 것은?

① 드라이브를 압축하여 디스크 공간을 절약할 수 있다.
② 디스크 오류 검사 및 조각 모음을 할 수 있다.
③ 네트워크 파일이나 폴더를 공유할 수 있도록 설정할 수 있다.
④ 디스크 정리 및 디스크 포맷을 할 수 있다.

해설 [로컬 디스크(C:) 속성] 대화 상자에서 디스크 포맷 작업은 할 수 없다.

33 한글 Windows에서 [디스크 오류 검사]에 관한 설명으로 옳지 않은 것은?

① 폴더나 파일의 오류를 검사하여 발견된 오류를 복구한다.
② CD-ROM이나 네트워크 드라이브도 디스크 오류 검사를 수행할 수 있다.
③ 디스크 표면 검사를 하여 물리적 오류가 발생하면 해당 위치를 배드 섹터로 NTFS에 기록하고 이후에 사용하지 않는다.
④ 두 개 이상의 파일이 하나의 클러스터에 저장된 경우와 같이 교차 연결된 파일은 제거하거나 백업할 수 있다.

해설 디스크 오류 검사를 수행할 수 없는 드라이브 : CD-ROM 드라이브, 네트워크 드라이브

34 한글 Windows에서 [시스템 정보] 창에 대한 설명으로 옳지 않은 것은?

① 운영 체제의 버전, 시스템의 이름, OS 제조업체, 모델, 종류, RAM 메모리 용량 등을 표시한다.

정답 30 ② 31 ④ 32 ④ 33 ② 34 ④

② 로컬 및 원격 컴퓨터의 구성 정보를 수집하고 표시한다.
③ 내 시스템의 하드웨어 리소스와 소프트웨어 환경 등을 보여 준다.
④ [Windows 관리 도구]-[접근성 센터]-[시스템 정보]를 선택하면 나타난다.

해설 접근성 센터는 신체에 장애가 있는 사람들이 컴퓨터를 편리하게 사용할 수 있도록 다양한 옵션을 설정하는 기능으로 [제어판]에서 실행한다.

35 한글 Windows의 제어판에 있는 [마우스 속성] 대화 상자의 기능에 대한 설명으로 옳지 않은 것은?

① 포인터 자국을 표시할 수 있게 설정할 수 있다.
② 마우스의 두 번 클릭 속도를 변경할 수 있다.
③ 클릭 잠금을 설정하여 마우스 단추를 누르고 있지 않고도 항목을 선택할 수 있다.
④ 한 번에 스크롤 할 줄의 수는 최대 10줄까지 설정할 수 있다.

해설 한 번에 스크롤 할 줄의 수는 최대 100줄까지 가능하다.

36 한글 Windows에서 프로그램이 응답하지 않는 경우에 문제 해결 방법으로 가장 옳은 것은?

① 사용자의 컴퓨터를 보호하기 위해 Windows 방화벽을 설정한다.
② [장치 관리자] 창에서 중복 설치된 경우 해당 장치를 제거 한다.
③ [Windows 작업 관리자] 대화 상자의 [프로세스] 탭에서 응답하지 않는 프로그램의 작업을 종료한다.
④ [시스템 파일 검사기]를 이용하여 손상된 파일을 찾아 복구 한다.

해설 [Windows 작업 관리자] 대화 상자의 [프로세스] 탭에서 응답하지 않는 프로그램을 강제로 종료한다.

37 다음 중 보기에서 설명하는 한글 Windows의 네트워크 기능 유형으로 옳은 것은?

> 네트워크의 다른 컴퓨터나 서버에 연결하여 파일/프린터 등의 공유 자원을 사용할 수 있게 하는 소프트웨어이다.

① 서비스 ② 프로토콜
③ 클라이언트 ④ 어댑터

해설
• 서비스 : 다른 컴퓨터의 파일이나 하드웨어를 제공하는 공유 기능이다.
• 프로토콜 : 네트워크상에서 다른 컴퓨터간 정보 교환을 가능하게 하는 통신 규약이다.

38 한글 Windows의 인터넷 익스플로러에서 [호환성 보기 설정]에 웹 사이트를 추가할 필요가 없는 경우는?

① 정상적으로 접속할 수 있던 페이지가 접속 불가일 때
② 페이지 전체가 깨져 보이는 현상이 있을 경우
③ 버튼을 눌러도 작동이 안 될 경우
④ 액티브 X의 실행 여부를 계속 묻지 않을 경우

해설
• 호환성 보기 설정은 인터넷 익스플로러의 사용에서 오류가 발생한 경우 실행하는 것이다.
• 액티브 X의 실행 여부는 오류가 아니기 때문에 호환성 보기 설정과는 아무런 관계가 없다.

39 한글 Windows에서 바로 가기 아이콘에 대한 설명으로 옳은 것은?

① 원본 파일을 삭제하더라도 해당 파일의 바로 가기 아이콘은 실행된다.
② 바로 가기 아이콘을 이동하면 원본 파일도 같이 이동된다.
③ 바로 가기 아이콘은 원본 파일이 있는 위치와 관계없이 만들 수 있다.
④ 바로 가기 아이콘의 확장자는 LNK이며, 컴퓨터에 한 개만 존재해야 된다.

정답 ▶ 35 ④ 36 ③ 37 ③ 38 ④ 39 ③

해설 • ① 원본 파일을 삭제하면 해당 바로 가기 아이콘은 실행할 수 없다.
• ② 바로 가기 아이콘을 이동하더라도 원본 파일은 그대로 있다.
• ④ 바로 가기 아이콘은 컴퓨터에 여러 개 만들거나 지울 수 있다.

40 한글 Windows에서 파일이나 폴더의 복사와 이동에 대한 설명으로 옳지 않은 것은?

① 복사(Ctrl+C)나 잘라내기(Ctrl+X)를 사용하면 정보가 클립보드에 기억된다.
② 같은 드라이브에서 파일이나 폴더를 드래그 앤 드롭하면 복사가 된다.
③ 복사(Ctrl+C)나 잘라내기(Ctrl+X)를 선택한 후에는 붙여넣기를 실행해야 한다.
④ 복사는 원본이 그대로 있고, 이동은 원본이 새로운 장소로 옮겨진다.

해설 같은 드라이브에서 파일이나 폴더를 드래그 앤 드롭하면 이동된다.

3과목 | 컴퓨터와 정보 활용

41 다음 중 컴퓨터 시스템에서 사용하는 펌웨어에 관한 설명으로 옳은 것은?

① 치명적인 컴퓨터 바이러스 프로그램이다.
② 주로 RAM에 반영구적으로 저장된다.
③ 하드웨어를 제어하고 관리하는 역할을 수행한다.
④ 서로 다른 응용 프로그램을 보완해서 연결해 주는 역할을 한다.

해설 펌웨어(Firmware) : 하드웨어와 소프트웨어의 중간 형태 프로그램으로 추가나 삭제가 가능하며, 하드웨어 교체 없이 소프트웨어의 업그레이드만으로 시스템 성능을 개선할 수 있다.

42 다음 중 컴퓨터 중앙 처리 장치의 제어 장치에 있는 레지스터의 설명으로 옳은 것은?

① 프로그램 카운터(PC)는 다음번에 실행할 명령어의 번지를 기억하는 레지스터이다.
② 명령 레지스터(IR)는 현재 실행중인 명령어를 해독하는 레지스터이다.
③ 부호기(Encoder)는 연산된 결과의 음수와 양수를 결정하는 회로이다.
④ 메모리 버퍼 레지스터(MBR)는 기억 장치에 입출력되는 데이터의 주소 번지를 기억한다.

해설 • 명령 레지스터 : 현재 실행중인 명령어를 해독하기 위해 임시로 보관한다.
• 부호기 : 명령 해독기에서 받은 명령을 실행 가능한 신호로 변환하여 전송한다.
• 메모리 버퍼 레지스터 : 기억 장치에서 읽거나 저장할 데이터를 일시적으로 기억한다.

43 다음 중 규격상 최대 전송 속도가 가장 빠른 방식은?

① USB 3.0
② IEEE 1394
③ IrDA
④ Bluetooth 3.0

해설 USB 3.0 : 5Gbps, IEEE 1394 : 100Mbps, IrDA : 3.4Mbps, Bluetooth 3.0 : 24Mbps

44 다음 중 캐시 메모리(Cache Memory)에 대한 설명으로 옳지 않은 것은?

① 중앙 처리 장치와 주기억 장치 사이에서 실행 속도를 높이기 위해 사용되는 기억 장치이다.
② 접근 속도가 빠르나 값이 비싼 단점이 있다.
③ 주로 DDR3 SDRAM을 사용한다.
④ 저장된 내용을 읽을 수 있으며 변경할 수 있다.

해설 캐시 메모리는 DRAM의 속도 문제를 해결하며, SRAM을 프로세서와 메인 메모리 사이에서 사용한다.

45 다음 중 보기에서 디지털 컴퓨터의 특징으로만 나열된 것은?

정답 40 ② 41 ③ 42 ① 43 ① 44 ③ 45 ①

ⓐ 논리 회로 사용　ⓑ 수치, 문자 데이터 사용
ⓒ 프로그램의 불필요　ⓓ 특수 목적용
ⓔ 기억이 용이함　ⓕ 정밀도가 제한적임
ⓖ 연속적인 데이터 계산　ⓗ 사칙 연산

① ⓐ, ⓑ, ⓔ, ⓗ　② ⓑ, ⓓ, ⓕ, ⓗ
③ ⓐ, ⓒ, ⓓ, ⓕ　④ ⓑ, ⓒ, ⓔ, ⓕ

해설 아날로그 컴퓨터의 특징 : ⓒ, ⓓ, ⓕ, ⓖ

46 사용 권한에 따라 소프트웨어를 분류하고자 할 때 다음은 무엇에 대한 설명인가?

일정 기간 동안 무료로 사용하다가 마음에 들면 금액을 지불해야 정식으로 사용할 수 있는 제품으로 일부 기능을 제한한 프로그램이다.

① 번들 프로그램　② 셰어웨어
③ 프리웨어　④ 데모 버전

해설
- ① 컴퓨터나 소프트웨어 구입 시 무료로 배포하는 소프트웨어이다.
- ③ 사용 기간과 기능에 제한 없이 무료로 사용할 수 있으며, 저작권자의 동의 없이 자유롭게 복사, 배포할 수 있는 소프트웨어이다.
- ④ 상용 소프트웨어의 기능을 알리기 위해 사용 기간이나 기능에 제한을 두고, 무료로 배포하는 소프트웨어이다.

47 다음 중 언어 번역 프로그램에 해당되지 않는 것은?

① 컴파일러　② 디버거
③ 어셈블러　④ 인터프리터

해설 언어 번역 프로그램 : 어셈블러(Assembler), 인터프리터(Interpreter), 컴파일러(Compiler), 프리프로세서(Preprocessor)

48 다음 중 새로운 하드 디스크를 인식하지 못하는 경우 취해야 할 작업으로 잘못된 것은?

① 시스템 파일을 전송하거나 디스크 오류 검사로 부트 섹터를 복구한다.
② 하드 디스크의 전원 선이 연결되었는지 확인한다.
③ 하드 디스크에 연결되는 데이터 케이블 선이 핀에 맞게 연결 되었는지 확인한다.
④ 메인보드에서 지원하는 규격의 하드 디스크인지 확인한다.

해설 디스크 오류 검사는 폴더나 파일의 오류를 검사하여 발견된 오류를 복구하는 기능으로 하드 디스크의 인식 문제와는 관계가 없다.

49 다음의 보기에서 설명하는 파일 형식에 대한 설명으로 옳은 것은?

- 용량이 작고 음질이 뛰어나 주로 스트리밍 서비스를 하는 인터넷 방송국에서 사용한다.
- DMO 기반의 코덱을 사용한다.

① WMV　② DivX
③ MOV　④ MPEG

해설
- DivX : MPEG-3과 MPEG-4를 재조합한 방식으로 기존 MPEG와는 다르게 비표준 동영상 파일 형식이다.
- MOV : AVI보다 압축률과 데이터 손실이 적은 형식이다.
- MPEG : 동영상 전문가 그룹에서 제정한 동영상 압축 기술에 대한 국제 표준이다.

50 그래픽 파일 형식 중 다음과 같은 특징을 가지는 파일 형식은 무엇인가?

- 인터넷 표준 형식으로 색상은 최대 256가지의 색 표현
- 애니메이션 기능 제공
- 높은 파일 압축률과 빠른 실행 속도

① BMP　② GIF
③ JPG　④ PCX

해설
- BMP : Windows 운영 체제의 표준으로 비트맵 정보를 압축하지 않고 저장한다.
- JPG : 사진과 같이 선명한 정지 영상 압축 기술에 대한 국제 표준으로 인터넷에서 그림 전송 시 사용한다.
- PCX : Paintbrush에서 사용되는 파일로 압축 방식이 간단하다.

정답 46 ② 47 ② 48 ① 49 ① 50 ②

51 다음 중 네트워크 장치에 대한 설명으로 적당하지 않은 것은?

① 라우터는 동일한 전송 프로토콜을 사용하는 다른 네트워크를 연결하는 장치로 여러 경로 중 가장 효율적인 경로를 선택하여 패킷을 보낸다.
② 브리지는 2개 이상의 근거리 통신망을 서로 연결해 주는 장치로 목적지 주소에 따른 선별 및 간단한 경로 결정을 한다.
③ 리피터는 감쇠된 신호를 증폭시켜 재전송함으로써 신호가 더 먼 거리에 다다를 수 있게 도와주는 장치로 전송 계층의 장치이다.
④ 네트워크 카드는 컴퓨터끼리 통신하는 데 쓰이는 하드웨어로 MAC 주소를 사용하여 낮은 수준의 주소 할당 시스템을 제공하고 사용자들이 케이블을 연결하거나 무선으로 연결하여 네트워크에 접속할 수 있게 한다.

해설 리피터(Repeater) : 광학 전송 매체에서 신호를 수신하여 매체의 다음 구간으로 전송시키는 장치로 인터넷 신호를 증폭하여 장거리로 정보를 전달할 때 사용한다.

52 다음 중 인터넷 관련 용어의 설명으로 옳지 않은 것은?

① 데몬(Daemon)은 사용자가 직접적으로 제어하지 않고, 백그라운드에서 돌면서 주기적인 서비스 요청 등 여러 작업을 하는 프로그램을 말한다.
② 푸쉬(Push)는 인터넷에서 사용자의 요청에 의하지 않고 서버의 작용에 의해서 서버 상에 있는 정보를 클라이언트로 자동 배포(전송)하는 것을 말한다.
③ 미러 사이트(Mirror Site)는 인기 있는 웹 사이트의 경우 사이트의 부하를 분산하기 위해 2개 이상의 파일 서버로 똑같은 내용을 분산시켜 보유하고 있는 사이트를 말한다.
④ 핑거(Finger)란 지정한 IP 주소 통신 장비의 통신망 연결을 확인하기 위한 것으로 통신 규약으로는 인터넷 제어 메시지 프로토콜(ICMP)을 사용한다.

해설 핑거(Finger) : 특정 시스템을 사용하고 있는 사용자에 대한 정보를 알아보기 위한 서비스이다.

53 다음 중 인터넷에서 안전한 신용 카드 기반의 전자상거래를 위하여 개발된 지불 프로토콜은 무엇인가?

① SSL ② SEA
③ SET ④ SHTTP

해설 SET : 전자상거래의 보안 허점을 보완하고자 신용 카드 회사와 IBM, MS사가 기술적인 협력으로 개발하였다(RSA 암호화에 기초를 둠).

54 다음 중 바이러스 예방 방법으로 가장 옳지 않은 것은?

① 데이터를 정기적으로 백업하고 복구 디스켓을 작성한다.
② 네트워크의 공유 폴더는 '읽기' 권한으로 공유하며, '쓰기' 권한으로 공유하는 경우 암호 설정은 하지 않아도 된다.
③ 트로이 목마 방지를 위해 PC를 함께 사용하는 곳에서는 주식 거래, 온라인 쇼핑 등을 이용하지 않는다.
④ 출처가 불분명한 전자 우편은 열어 보지 않고 삭제한다.

해설 네트워크의 공유 폴더를 읽기 권한으로 공유하며, 쓰기 권한으로 공유하는 경우 암호 설정을 해야 한다.

55 다음 중 컴퓨터 시스템의 정보 보안 요건에 해당되지 않은 것은?

① 기밀성 ② 무결성
③ 가용성 ④ 공유성

해설 네트워크상에서의 보안 요건 : 기밀성, 무결성, 가용성, 인증, 부인 방지

정답 51 ③ 52 ④ 53 ③ 54 ② 55 ④

56 다음은 무엇에 대한 설명인가?

> • 인터넷을 기반으로 사람과 사물, 사물과 사물 간의 정보를 상호 소통하는 지능형 기술 및 서비스를 말한다.
> • 인터넷에 연결된 기기가 사람의 개입 없이 상호간에 알아서 정보를 주고받아 처리한다.

① RFID(Radio Frequency Identification)
② IoT(Internet of Things)
③ VNC(Virtual Network Computing)
④ WMN(Wireless Mesh Network)

해설 • ① 모든 사물에 전자 태그(IC 칩)를 부착하고, 무선 통신 기술을 이용하여 사물의 정보 및 주변 상황 정보를 감지하는 센서 기술이다.
• ③ 어디에서든 광범위한 컴퓨터로부터 컴퓨터 데스크톱 환경을 보이도록 하는 것이다.
• ④ 메시 라우터들과 메시 클라이언트의 노드들로 이루어진 네트워크이다.

57 다음 중 모바일 기기의 기능에 대한 설명으로 옳지 않은 것은?

① 근접 센서 : 물체가 접근했을 때 위치를 검출하는 센서
② 증강 현실 : 위성에서 보내는 신호를 수신해 사용자의 현재 위치를 알아내는 시스템
③ DMB : 영상이나 음성을 디지털로 변환하는 기술을 이용하여 휴대용 IT 기기에서 방송하는 서비스
④ NFC : 무선 태그 기술로 10cm 이내의 가까운 거리에서 기기 간의 설정 없이 다양한 무선 데이터를 주고받는 통신 기술

해설 증강 현실(AR) : 사용자가 눈으로 보는 현실 화면이나 실제 영상에 문자, 그래픽과 같은 가상의 3차원 정보를 실시간으로 겹쳐 보여주는 새로운 기술이다.

58 다음 중 개인정보보호에 관한 설명으로 옳지 않은 것은?

① 개인정보처리자는 정보 주체의 개인정보가 분실, 도난, 유출, 위조, 변조 또는 훼손되지 않도록 해야 한다.
② 기업은 개인정보보호를 시작하기 위해서 개인정보보호 전담자와 조직을 만들어야 한다.
③ 개인정보보호에 문제가 생겼을 때는 IT 부서 책임자나 최고보안책임자를 제외하고 경영자가 책임을 져야 한다.
④ 개인정보보호는 개인정보 자기 결정권이 철저히 보장될 수 있도록 하는 일련의 행위이다.

해설 개인정보보호에 문제가 생겼을 때는 IT 부서 책임자나 최고보안책임자도 책임자로 분류된다.

59 다음 중 인터넷 서비스에 관한 설명으로 옳지 않은 것은?

① FTP는 인터넷을 이용하여 파일을 주고받을 수 있는 원격 파일 전송 프로토콜이다.
② Telnet은 원격지에 위치한 컴퓨터를 접속하여 자신의 컴퓨터처럼 사용할 수 있는 서비스이다.
③ Ping은 전자 우편을 위하여 메일 내용의 보안성을 보장하는 프로토콜이다.
④ WWW는 HTTP 프로토콜을 사용하는 하이퍼텍스트를 기반으로 한다.

해설 PING : 원격지의 컴퓨터가 현재 인터넷에 연결되어 정상적으로 작동하고 있는지를 확인하는 서비스(명령어)이다.

60 다음 중 OSI 7계층 구조 중에서 세션 계층(Session Layer)의 기능과 거리가 먼 것은?

① 연결 설정, 유지 및 종료
② 메시지 전송과 수신(데이터 동기화 및 관리)
③ 대화(회화) 구성
④ 사용자가 다양한 응용 프로그램을 이용

해설 세션 계층 : 프로세서간 대화 설정 및 유지, 종료를 담당한다(송수신측간 관련성 유지, 동기 제어, 데이터 교환 관리 기능, 대화의 구성 및 동기 제공).

정답 56 ② 57 ② 58 ③ 59 ③ 60 ④

2018년 03월 03일 시행 기출문제

점

1과목 | 워드프로세싱 일반

01 다음 중 워드프로세서 관련 용어에 대한 설명으로 옳지 않은 것은?

① 워드 랩(Word Wrap) : 단어 사이의 간격을 조절하여 공백을 없애고 문장의 양쪽 끝을 맞추는 것을 말한다.
② 보일러 플레이트(Boiler Plate) : 작성 중인 문서 내에 머리말, 꼬리말, 주석 같은 것을 표시하기 위해 따로 설정한 구역이다.
③ 래그드(Ragged) : 문단의 각 행 중에서 오른쪽 끝이 정렬되지 않은 상태이다.
④ 클립보드(Clipboard) : 버퍼와 같은 기능을 수행하는 것으로 임시 기억 장소이다.

해설 워드 랩(Word Wrap) : 행의 끝에서 단어가 잘릴 경우 해당 단어 자체를 다음 행으로 이동시키는 기능으로 주로 영문 입력 시 사용한다(문서의 논리적인 구조에 집중할 수 있음).

02 다음 중 워드프로세서의 특징에 대한 설명으로 옳지 않은 것은?

① 문서의 편집 기능을 가진 소프트웨어로 손쉽게 다양한 형태의 문서를 만들 수 있다.
② 워드프로세서로 작성된 문서는 쉽게 변경할 수 있으므로 문서 보안에 주의하여야 한다.
③ 인터넷을 이용하여 문서를 전송할 수 있어 쉽게 공유할 수 있다.
④ 작성된 문서를 다른 응용 프로그램에서 사용할 수 없다.

해설 작성된 문서를 다른 응용 프로그램에서 사용할 수 있다.

03 다음 중 워드프로세서가 가지고 있는 매크로 기능에 관한 설명으로 옳지 않은 것은?

① 자주 사용하는 어휘나 도형 등을 약어로 등록하여 필요할 때 약어만 호출하여 같은 내용을 반복 사용하는 기능이다.
② 작성한 매크로는 별도의 파일로 저장할 수 있으며 편집이 가능하다.
③ 키보드 입력을 기억하는 '키 매크로'와 마우스 동작을 포함한 사용자의 모든 동작을 기억하는 '스크립트 매크로'가 있다.
④ 동일한 내용의 반복 입력이나 도형, 문단 형식, 서식 등을 여러 곳에 반복 적용할 때 유용하다.

해설 보기 ①번은 상용구(Glossary)에 대한 설명이다.

04 다음 중 한글 코드에 관한 설명으로 옳지 않은 것은?

① 완성형 한글 코드는 정보 교환용으로 사용되며, 코드가 없는 문자는 사용할 수 없다.
② 유니 코드는 각 국에서 사용 중인 코드의 1문자당 값을 16비트로 통일하여 사용한다.
③ 2바이트 조합형 한글 코드는 초성, 중성, 종성을 표시하는 원리로 국제 규격과 완전한 호환이 될 수 있다.
④ KS X 1001 완성형 한글 코드는 16비트로 한글이나 한자를 표현하며, 완성된 글자마다 코드 값을 부여해서 기억 공간을 많이 차지한다.

해설 KS X 1001 조합형 : 정보 처리용 코드로 정보 교환 시 제어 문자와 충돌이 발생하며, 모든 글자를 표현하므로 융통성이 있고, 기억 공간을 적게 차지한다.

05 다음 보기의 기능을 가지고 있는 전자책의 보호 기술은 어느 것인가?

- 인터넷 위의 모든 지적 재산물을 관리함
- 지적 재산 권리 보유자와 이용자를 연결함
- 디지털 정보의 전자상거래 절차에서 필수 요소 및 자동 저작권 관리의 실현이 가능함

정답 ▶ 01 ① 02 ④ 03 ① 04 ③ 05 ①

① DOI(Digital Object Identifier)
② DRM(Digital Rights Management)
③ DW(Digital Watermarking)
④ PKI(Public Key Infrastructure)

해설
• ② 다양한 디지털 콘텐츠에 관한 권리와 이익을 보호하고 관리해 주는 서비스이다.
• ③ 텍스트, 그래픽, 비디오, 오디오 등 멀티미디어 저작물의 불법 복제를 막고 저작권자를 보호하는 디지털 콘텐츠 저작권 보호 기술이다.
• ④ 공개키 기반 구조로 인터넷상의 거래 비밀을 보장하면서 거래 당사자들의 신분을 확인시켜 주는 보안 기술이다.

06 다음 중 전자책에 대한 설명으로 옳지 않은 것은?

① 전자책은 저작물의 내용을 디지털 형태로 가공하여 전자 단말기를 통하여 볼 수 있는 출판물을 말한다.
② 전자책은 일반적으로 메모, 줄긋기, 검색 기능을 지원한다.
③ 전자책은 1차 원고 → 기획/재편집 → 원고 수정 → 콘텐츠 변화 → 최종 원고 → 전자책 완성의 제작 과정으로 제작된다.
④ 전자책 파일의 형태를 유, 무선 통신망을 이용하여 전송할 수 있다.

해설 전자책은 빠른 검색과 함께 정보를 바로 수정하거나 최신 내용으로 바꿀 수 있으며 각종 효과 장치를 설치하여 현실감을 살릴 수 있다.

07 다음 중 올바른 문장 작성법 및 맞춤법에 대한 설명으로 적절하지 않은 것은?

① 한글 자모의 수는 24자이다.
② 문장의 각 단어는 띄어 씀을 원칙으로 한다.
③ 외래어는 특별한 원칙 없이 발음 나는 대로 쓴다.
④ 조사는 그 앞말에 붙여 쓴다.

해설 외래어는 국어의 현용 24자모만으로 적되 1음운은 원칙적으로 1기호로 적는다. 또한, 받침에는 'ㄱ, ㄴ, ㄹ, ㅁ, ㅂ, ㅅ, ㅇ'만을 쓰며, 파열음 표기에는 된소리를 쓰지 않는다.

08 다음 중 공문서의 처리 원칙에 관한 설명으로 가장 옳지 않은 것은?

① 문서는 신중한 업무 처리를 위하여 당일보다는 기한에 여유를 두고 천천히 처리하도록 한다.
② 문서는 권한이 있는 사람에 의해 작성되고 처리되어야 한다.
③ 사무 분장에 따라 각자의 직무 범위 내에서 책임을 가지고 처리해야 한다.
④ 문서는 일정한 요건과 형식을 갖추어야 한다.

해설 공문서는 효율적인 업무 처리를 위하여 즉시 또는 즉일 처리를 원칙으로 한다.

09 다음 중 보고서 작성 시 유의해야 할 사항으로 옳지 않은 것은?

① 읽는 사람의 요청이나 기대에 맞춘 보고서를 작성한다.
② 사실과 의견을 명확하게 구분하여 작성한다.
③ 표와 그림 등으로 시각적인 효과를 나타내어 설득력을 높이게 작성한다.
④ 각 사안별로 문장을 나누어 소항목에서 대항목으로 점진적으로 작성한다.

해설 보고서는 특정 사안에 관한 현황, 연구, 검토 결과 등을 보고하거나 건의하는 문서로 기안문 또는 간이 서식 형식으로 작성하고, 문서번호를 사용한다.

10 다음 사내문서의 구성에 대한 설명 중 옳지 않은 것은?

① 발신 연월일은 문서 상단의 오른쪽에 표시하고 년, 월, 일을 생략할 경우 마침표(.)로 구분한다.
② 수신자명에는 문서를 받아볼 상대방으로 직위와 성명을 표시한다.
③ 본문은 발신자명, 제목, 주문, 추신 등으로 구성된다.
④ 문서 번호는 다른 문서와 구별되는 표시로 문서의 왼쪽 상단에 표시한다.

해설 사내문서는 두문(수신/발신자명, 문서번호, 발신연월일), 본문(제목, 내용), 결문(담당자명, 직위)으로 구성된다.

정답 06 ③ 07 ③ 08 ① 09 ④ 10 ③

11 다음 문장의 논리 구조에 대한 설명으로 가장 적절한 것은?

> • **대전제** : 음식점의 성공 조건은 역세권에 점포의 위치를 선정하는 것이다.
> • **소전제** : OO햄버거는 서울역 앞에 점포를 개점한다.
> • **결론** : OO햄버거는 성공할 수 있다.

① 반증법 ② 귀납법
③ 대조법 ④ 연역법

해설 • 연역법 : 중심 문장의 위치가 해당 문단의 처음 부분에 위치하여 구성되는데 일반적인 원리를 제시한 후 그에 따른 구체적인 사실을 이끌어 낸다.
• 귀납법 : 중심 내용이 담긴 문장의 위치가 해당 문단의 마지막 부분에 위치하여 구성되는데 구체적, 개별적 사실들을 바탕으로 공통된 일반적 원리를 이끌어 낸다.

12 다음 중 교정 기호와 함께 사용할 수 있는 교정 지시어로 옳지 않은 것은?

① 영문을 한글로 ② 순서 바꾸기
③ 대문자로 ④ 자간/행간 넓히기

해설 영문을 한글로 바꾸는 교정 지시어는 교정 기호와 함께 사용하지 않는다.

13 다음의 [수정 전] 문장을 [수정 후] 문서로 변경하였을 때 필요한 교정 부호로만 바르게 짝지은 것은?

〈수정 전〉

> 팀원의 업무를 칭찬하기 위해서는 몇 가지 갖추어야 할 요소가 있습니다.
> 바로 감사와 예의, 배려, 존경입니다.

〈수정 후〉

> 팀원의 업무를 칭찬하기 위해서는 몇 가지 갖추어야 할 요소가 있습니다. 바로 감사와 예의, 감동, 존경입니다.

① 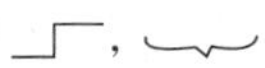 ② 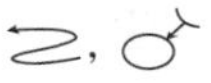
③ 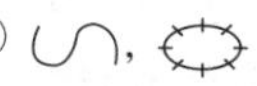 ④ 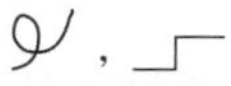

해설 • 줄 잇기 : 있습니다. → 있습니다. 바로 감사와~
• 글자 바꾸기(수정) : 배려 → 감동

14 다음은 문서 관리 원칙 중 무엇에 대한 설명인가?

> 문서를 착오 없이 올바르게 처리하기 위한 것이다. 즉 문서를 옮겨 적거나 다시 기재하는 것을 줄이고, 복사해서 사용한다. 또한 사람이 처리하기에 분량이나 규모가 큰 경우에는 자동화된 사무기기를 이용한다.

① 정확성 ② 신속성
③ 용이성 ④ 경제성

해설 • 신속성 : 문서 처리를 신속히 수행하는 것으로 문장은 짧게 작성하되 내용이 복잡할 경우 결론을 먼저 작성하고, 그에 대한 이유를 설명한다.
• 용이성 : 전문 용어나 한자는 피하고, 알기 쉬운 말을 사용하여 작성하는 것으로 반복된 업무는 유사 관련 자료를 참고한다.
• 경제성 : 문서 처리에 관련된 사무 비용을 절감하기 위한 것으로 용지 양식을 표준화하고, 문서 한 건은 한 개에 한정한다.

15 다음 중 문서 관리의 표준화에 대한 설명으로 옳지 않은 것은?

① 문서의 양식, 용지 규격, 글자 수의 표준화
② 문서의 발송 및 수신에 관한 수발 사무의 표준화
③ 문서의 보존, 이관, 폐기 등의 표준화
④ 문서의 분류 방법, 분류 번호, 분류 체계, 관리 방법의 표준화

해설 • 문서 양식의 표준화 : 용지 규격, 일반 문서 양식, 장부와 전표 등의 표준화
• 문서 처리의 표준화 : 문서 분류 방법, 분류 번호, 분류 체계, 관리 방법 등의 표준화
• 문서 취급의 표준화 : 문서 발송 및 수신, 접수 방법과 절차 등의 표준화
• 문서 보존 관리의 표준화 : 문서 보존, 이관, 폐기 등의 표준화

16 다음 보기의 회사 관련 문서들을 회사명에 따라 명칭별 파일링하여 분류 정리하고자 한다. 순서가 올바르게 나열된 것은?

> ㉠ 신우무역 ㉡ 신우상사
> ㉢ 상진물산 ㉣ 선일기업
> ㉤ 승리테크 ㉥ 상지설비

① ㉠ → ㉡ → ㉣ → ㉤ → ㉢ → ㉥

정답 11 ④ 12 ① 13 ② 14 ① 15 ① 16 ④

② ㉢ → ㉥ → ㉠ → ㉡ → ㉤ → ㉣
③ ㉥ → ㉢ → ㉤ → ㉣ → ㉠ → ㉡
④ ㉥ → ㉢ → ㉣ → ㉤ → ㉠ → ㉡

해설 명칭별 파일링 : 거래처별 사람의 이름이나 회사명에 따라 가나다 또는 ABC 순으로 정리하는 방법으로 가장 전통적이고, 단순하다(첫 머리 글자를 기준으로 분류).

17 다음 중 문서의 파일링 절차에 대한 순서를 가장 적절하게 나열한 것은?

㉠ 문서 이관	㉡ 문서 구분
㉢ 문서 보존	㉣ 문서 보관
㉤ 문서 분류	㉥ 문서 폐기

① ㉠ – ㉡ – ㉤ – ㉢ – ㉥ – ㉣
② ㉤ – ㉡ – ㉠ – ㉢ – ㉥ – ㉣
③ ㉡ – ㉤ – ㉣ – ㉠ – ㉢ – ㉥
④ ㉣ – ㉠ – ㉡ – ㉤ – ㉢ – ㉥

해설 문서 관리의 절차 : 구분 → 분류 → 편철 → 보관 → 이관 → 보존 → 폐기의 순이다.

18 내가 받은 이메일을 다른 동료에게 보내주려고 한다. 이때 사용할 수 있는 이메일의 기능은?

① 전달　　② 반송
③ 회신　　④ 참조

해설
- 반송 : 상대방에게 보낸 메일이 다시 본인에게 돌아오는 기능이다.
- 회신 : 받은 메일에 대한 답장을 작성하여 전송하는 기능이다.
- 참조 : 동일한 이메일을 또 하나 작성하는 기능이다.

19 다음 중 전자문서 관리 시스템을 사용하는 경우의 장점이 아닌 것은?

① 신속한 문서 조회 및 검색이 가능해서 생산성을 향상시킬 수 있다.
② 문서를 보관할 장소가 획기적으로 줄어들어서 사무 환경을 쾌적하게 조성할 수 있다.
③ 조건 검색을 통해서 필요한 문서를 손쉽게 제공받을 수 있어서 노력을 줄일 수 있다.
④ 텍스트 문서를 이미지나 영상과는 별개로 관리하여 문서 고유의 특성에 맞춘 관리가 가능하다.

해설 전자문서 관리 시스템 : 문서의 기안, 검토, 협조, 결재, 등록, 시행, 분류, 편철, 보존, 이관, 접수, 배부, 공람, 검색, 활용 등 문서의 모든 처리 절차가 전자적으로 처리되는 시스템으로 문서 파일의 작성부터 소멸 시기까지의 모든 과정을 관리한다.

20 다음 중 공문서의 기안 및 업무 관리에 대한 설명으로 옳지 않은 것은?

① 문서의 기안은 전자문서로 하는 것을 원칙으로 한다.
② 수신한 종이 문서를 수정하여 기안하는 경우에는 수신한 문서의 글자 색과 다른 색으로 수정한다.
③ 각종 증명 발급, 회의록 및 단순 사실을 기록한 문서인 경우에는 발의자와 보고자 표시를 생략할 수 있다.
④ 행정 편람은 부서별로 작성하며 업무의 처리 절차 및 흐름도, 소관 보존 문서 현황 등을 포함하여야 한다.

해설 행정 편람 : 사무 처리 절차 및 기준, 장비 운용 방법, 업무 지도서, 기타 일상 근무 규칙 등에 관하여 각 업무 담당자에게 필요한 참고철 또는 지침철이다.

2과목 | PC 운영 체제

21 한글 Windows에서 창의 구성 요소에 대한 설명으로 옳지 않은 것은?

① 검색 상자 : 파일명이나 폴더명으로 원하는 항목을 검색할 수 있는 공간이다.
② 메뉴 표시줄 : 창의 기본 기능을 실행할 수 있도록 각종 명령을 모아놓은 공간이다.
③ 내용 표시 창 : 선택한 폴더의 내용이 표시되며 기본적인 작업이 이루어지는 공간이다.
④ 상태 표시줄 : 현재 사용하는 드라이브와 폴더의 위치가 표시되며, 폴더 이름을 선택하면 해당 폴더로 이동하는 공간이다.

정답 17 ③　18 ①　19 ④　20 ④　21 ④

> 해설 상태 표시줄 : 현재 선택한 파일이나 폴더에 대해 다양한 항목과 상세 정보를 표시한다.

22 한글 Windows에서 사용하는 바로 가기 키의 설명으로 옳지 않은 것은?

① ⊞ 키 : [시작] 메뉴를 표시한다.
② ⊞ 키+D : 열려 있는 모든 창을 최소화 하거나 이전 크기로 복원한다.
③ ⊞ 키+E : Windows 탐색기를 실행하여 화면에 표시한다.
④ ⊞ 키+R : [검색 결과] 창을 표시한다.

> 해설 ⊞ 키+R : [실행] 대화 상자를 표시한다.

23 한글 Windows에서 에어로(Aero) 기능에 대한 설명으로 옳은 것은?

① 에어로 전환 3D : 작업 표시줄을 클릭하지 않고도 열려 있는 모든 창의 내용을 미리 볼 수 있다.
② 에어로 스냅 : 창을 흔들어 다른 모든 열려 있는 창을 최소화할 수 있다.
③ 에어로 세이크 : 현재 실행중인 프로그램을 통해 열린 모든 창들의 축소판 미리 보기가 가능하다.
④ 에어로 피크 : 열려 있는 창을 화면 가장자리로 드래그하여 창의 크기를 조절할 수 있다.

> 해설
> • 에어로 스냅(Aero Snap) : 창의 제목 표시줄을 화면 맨 위로 드래그하면 바탕 화면 크기에 맞게 최대화되고, 화면 맨 왼쪽/오른쪽으로 드래그하면 바탕 화면의 절반 크기로 커진다.
> • 에어로 세이크(Aero Shake) : 여러 개의 창이 열려 있을 때 원하는 창의 제목 표시줄을 마우스로 클릭한 상태에서 좌우로 흔들면 현재 창을 제외한 모든 창이 최소화된다(다시 흔들면 창이 복원).
> • 에어로 피크(Aero Peek) : 작업 표시줄에서 현재 실행중인 프로그램 아이콘 위에 마우스 포인터를 올려놓으면 해당 프로그램의 축소 창이 나타나고, 이를 클릭하면 활성화된다.

24 한글 Windows의 [작업 표시줄 설정] 창에서 할 수 있는 작업으로 옳지 않은 것은?

① 작업 표시줄의 잠금과 해제가 가능하다.
② 작업 표시줄의 위치를 위쪽, 아래쪽, 왼쪽, 오른쪽으로 설정할 수 있다.
③ 작업 표시줄 기본 모양이나 색상 변경 등을 설정할 수 있다.
④ 작업 표시줄 자동 숨기기를 설정할 수 있다.

> 해설 작업 표시줄 기본 모양이나 색상 변경 등을 설정할 수는 없다.

25 한글 Windows의 [화면 보호기 설정] 대화 상자에서 바로 실행할 수 없는 것은?

① 화면 보호기 종류 선택
② 다시 시작할 때 로그온 화면 표시 여부 선택
③ 대기 모드 실행 시간 설정
④ 디스플레이 끄기 시간 설정

> 해설 화면 보호기는 컴퓨터를 장시간 사용하지 않을 경우 모니터와 하드 디스크의 전원을 차단하는 기능으로 디스플레이 끄기 시간은 설정할 수 없다.

26 한글 Windows의 특징에서 플러그 앤 플레이(Plug & Play) 기능에 관한 설명으로 옳지 않은 것은?

① 컴퓨터에 새로운 하드웨어를 설치할 때 해당 하드웨어를 사용하는데 필요한 시스템 환경을 자동으로 구성해 주는 기능이다.
② 기존 컴퓨터 시스템과 충돌을 방지하는 기능을 수행한다.
③ 하드웨어와 소프트웨어가 PnP 기능을 지원하여야 수행된다.
④ 컴퓨터 시스템이 오류가 발생했을 때 자동으로 복구하는 기능을 수행할 수 있다.

> 해설 플러그 앤 플레이(PnP ; Plug & Play) : 새로운 하드웨어를 설치할 때 이를 자동으로 감지하여 하드웨어 구성 및 충돌을 방지하는 기능으로 컴퓨터 시스템의 오류 발생 시 자동으로 복구하는 기능은 없다.

정답 22 ④ 23 ① 24 ③ 25 ④ 26 ④

27 한글 Windows에서 휴지통에 관한 설명으로 옳지 않은 것은?

① 휴지통의 파일은 필요할 때 복원하여 사용할 수 있으며, 휴지통에서 파일을 실행할 수도 있다.
② 휴지통에 삭제한 파일이 들어가면 휴지통의 모양이 변경된다.
③ 휴지통이 가득 차면 가장 최근에 삭제된 파일이나 폴더가 들어갈 수 있는 공간을 확보하기 위해 휴지통을 자동으로 정리한다.
④ 휴지통의 크기는 드라이브마다 다르게 설정할 수 있다.

해설 보기 ①번에서 휴지통에 있는 파일을 실행할 수는 없다.

28 한글 Windows의 보조프로그램인 [원격 데스크톱 연결]에 대한 설명으로 옳지 않은 것은?

① 원격 데스크톱 연결이란 현재의 컴퓨터 앞에서 원격 위치의 데스크톱 컴퓨터에 연결하여 응용 프로그램을 해당 콘솔 앞에서 실행하고 파일, 네트워크 리소스를 액세스할 수 있는 것을 말한다.
② 원격에 있는 컴퓨터에서 음악 또는 기타 소리를 사용자의 컴퓨터에서 재생하거나 녹음할 수 있다.
③ 원격 작업을 하려면 네트워크에 연결되어 있는 컴퓨터와 제2의 원격 컴퓨터가 있어야 한다.
④ 원격 지원을 허용하려면 [제어판]–[시스템] 왼쪽 창의 [원격 설정]에서 [하드웨어] 탭을 선택하여 원격으로 제어하도록 허용과 최대 시간 등을 설정한다.

해설 원격 데스크톱 연결은 하나의 컴퓨터(클라이언트)에서 다른 위치의 여러 원격 컴퓨터(호스트)에 연결하는 기능으로 제어판이 아닌 보조프로그램에서 실행한다.

29 한글 Windows의 보조프로그램인 [워드패드]에 대한 설명으로 옳지 않은 것은?

① 워드패드 문서에는 다양한 서식과 사진, 그림판 파일과 같은 그래픽을 포함할 수 있다.
② 마이크로소프트 워드 문서(DOC)나 일반 텍스트는 지원하지만 유니 코드 형식의 텍스트 파일은 지원하지 않는다.
③ 문서 전체나 일정 부분에 대해 글꼴의 크기, 글꼴의 종류, 단락 설정을 지정할 수 있다.
④ 글머리 기호, 들여쓰기, 내어 쓰기, 탭 기능, 찾기, 바꾸기 기능을 설정할 수 있다.바꾸기 기능을 설정할 수 있다.

해설 워드패드 : 서식 있는 텍스트(RTF) 형식의 문서를 작성하는 편집 프로그램으로 제공하는 문서 파일에는 Word for Windows(*.doc), 문서 작성기(*.wri), 서식 있는 문자열(*.rtf), 텍스트 문서(*.txt) 등이 있다.

30 한글 Windows에서 제공하는 파일 압축이나 압축 풀기에 관한 설명으로 옳지 않은 것은?

① 압축된 파일은 저장 공간을 적게 차지한다.
② 압축되지 않은 파일은 압축된 파일 보다 빠르게 다른 컴퓨터로 전송할 수 있다.
③ 여러 파일을 하나의 압축 폴더로 묶을 수 있다.
④ 압축 시 암호를 지정하거나 분할 압축이 가능하다.

해설 압축되지 않은 파일은 압축된 파일 보다 느리게 다른 컴퓨터로 전송할 수 있다.

31 한글 Windows에서 사용할 수 있는 유틸리티로 [Windows 사진 뷰어]에 관한 설명으로 옳지 않은 것은?

① 사용 중인 컴퓨터에 있거나 다른 위치에 저장된 디지털 사진이나 동영상을 볼 수 있다.
② 디지털 사진을 인쇄하거나 온라인 사진 인화 서비스를 사용하여 사진 인화를 주문할 수 있다.
③ 디지털 사진을 CD나 DVD로 보관하기 위하여 디스크 굽기를 할 수 있다.
④ 전자 메일 메시지의 첨부 파일로 다른 사람에게 사진을 보낼 수 있다.

해설 다른 위치에 저장된 디지털 사진이나 동영상을 직접적으로 볼 수는 없다.

정답 27 ① 28 ④ 29 ② 30 ② 31 ①

32 한글 Windows에서 문서 인쇄에 대한 설명으로 옳지 않은 것은?

① 프린터 아이콘을 더블 클릭하면 인쇄중인 문서의 이름, 소유자는 표시되지만 포트, 페이지 수는 표시되지 않는다.
② 대기 중인 문서에 대해 용지 방향, 용지 공급, 인쇄 매수와 같은 설정은 볼 수 있으나 문서 내용을 변경할 수는 없다.
③ 인쇄 관리자 창에서 필요에 따라 인쇄할 문서의 인쇄 순서를 변경할 수 있다.
④ 문서 이름을 선택하여 바로 가기 메뉴에서 인쇄를 취소하거나 일시 중지, 다시 시작을 할 수 있다.

해설 프린터 아이콘을 더블 클릭할 경우 인쇄중인 문서의 이름, 상태, 소유자, 페이지 수, 크기, 제출, 포트 등이 표시된다.

33 한글 Windows의 설치된 기본 프린터의 [인쇄 작업 목록 보기] 창에서 가능한 작업으로 옳지 않은 것은?

① 인쇄 일시 중지
② 설치된 프린터 제거
③ 프린터 속성 지정
④ 인쇄 기본 설정 지정

해설 설치된 프린터를 제거하려면 [장치 및 프린터] 창에서 삭제할 프린터를 선택하고, [장치 제거] 단추를 클릭하거나 바로 가기 메뉴에서 [장치 제거]를 선택한다.

34 한글 Windows의 [제어판]에 있는 [사용자 계정]에 관한 설명으로 옳지 않은 것은?

① 계정의 유형에는 관리자 계정, 표준 사용자 계정, Guest 계정 등이 있다.
② 사용자의 계정 이름이나 유형을 변경할 수 있다.
③ 표준 사용자 계정으로 로그인한 경우 자녀 보호 설정을 할 수 있다.
④ 각 사용자 계정마다 암호를 설정할 수 있다.

해설 표준 사용자 계정 : 일상적인 컴퓨터 작업에 사용하며, 자신의 계정 유형을 관리자로 변경할 수 없고, 시스템 설정을 바꾸거나 컴퓨터에 프로그램을 설치할 수 없다(암호 지정, 계정 이름 및 사진 변경, 계정 삭제 등의 기능을 제공).

35 한글 Windows에서 발생하는 문제의 해결 방법으로 옳지 않은 것은?

① 사용 중인 프로그램이 응답하지 않을 경우 [Windows 작업 관리자] 창을 열어 해당 프로그램에 대해 작업 끝내기를 한다.
② 메모리가 부족하여 프로그램을 실행할 수 없을 경우 가상 메모리의 크기를 적절히 설정한다.
③ 정상적으로 부팅이 안 되는 경우 안전 모드로 부팅하여 문제를 해결한 후 표준 모드로 재부팅한다.
④ 하드 디스크의 공간이 부족할 경우 [드라이브 조각 모음]을 실행하여 디스크 공간을 확보한다.

해설
- 하드 디스크의 공간이 부족할 경우 디스크 정리를 수행하여 Windows 구성 요소나 임시 파일, 불필요한 응용 프로그램, 다운로드받은 Active X 컨트롤 등을 삭제한다.
- 드라이브 조각 모음은 디스크 단편화를 제거하여 사용 중인 디스크의 입출력 속도와 디스크 공간을 최적화한다.

36 한글 Windows에서 [작업 관리자] 창에 대한 설명으로 옳지 않은 것은?

① 바탕 화면의 빈 영역에서 바로 가기 메뉴의 [작업 관리자 시작]을 선택하면 작업 관리자 창을 열 수 있다.
② 현재 컴퓨터에서 실행되고 있는 프로세스의 개수를 알 수 있다.
③ 현재 실행되고 있는 프로그램을 종료시킬 수 있다.
④ 네트워크에 연결되어 있는 경우 네트워크 상태를 보고 작동 상태를 확인할 수 있다.

해설 바탕 화면의 바로 가기 메뉴에는 [작업 관리자 시작] 메뉴가 없다.

37 한글 Windows에서 [프로그램 및 기능] 창을 이용하여 할 수 있는 작업으로 옳지 않은 것은?

① 시스템에 설치되어 있는 응용 프로그램을 제거할 수 있으나 변경할 수는 없다.
② 설치된 업데이트를 보거나 제거할 수 있다.

정답 32 ① 33 ② 34 ③ 35 ④ 36 ① 37 ①

③ Internet Explorer나 인터넷 정보 서비스 등의 Windows 기능을 켜기 하거나 끄기를 설정할 수 있다.

④ 현재 설치된 프로그램의 개수나 각 프로그램의 이름, 게시자, 설치 날짜, 크기, 버전을 확인할 수 있다.

해설 프로그램 및 기능 : 현재 컴퓨터에서 사용하는 프로그램과 각각의 구성 요소를 관리할 수 있는 기능으로 시스템에 설치되어 있는 응용 프로그램을 제거하거나 변경할 수는 있다.

38 다음은 한글 Windows에서 네트워크 장비 중 무엇에 대한 설명인가?

- 인터넷에 접속할 때 반드시 필요한 장비이다.
- 가장 최적의 경로를 설정하여 전송한다.
- 수신된 정보에 의하여 자신의 네트워크나 다른 네트워크의 연결점을 결정한다.
- 각 데이터들이 효율적인 속도로 전송될 수 있도록 데이터의 흐름을 제어한다.

① 허브(Hub)

② 리피터(Repeater)

③ 게이트웨이(Gateway)

④ 라우터(Router)

해설
- ① LAN 상에서 여러 컴퓨터나 기기들을 연결하기 위한 장치이다.
- ② 광학 전송 매체에서 신호를 수신하여 매체의 다음 구간으로 전송시키는 장치이다.
- ③ 서로 다른 프로토콜을 갖는 네트워크를 상호 연결하는 장치이다.

39 한글 Windows에서 인터넷을 연결하기 위한 [TCP/IP 속성] 대화 상자에서 서브넷 마스크에 관한 설명으로 옳은 것은?

① DHCP를 이용한 유동 IP 주소를 설정할 때 사용한다.

② IP 주소와 결합하여 네트워크 주소와 호스트 주소를 구분하기 위하여 사용한다.

③ IPv4 주소 체계에서는 256비트의 주소로 구성된다.

④ 네트워크 사이에 IP 패킷을 라우팅할 때 사용되는 주소이다.

해설 서브넷 마스크(Subnet Mask) : 호스트 이름으로부터 IP 주소지에 대한 네트워크 이름을 규정하는 것으로 32비트의 크기를 가지되 0~255까지의 숫자 4개를 점으로 표기하며, IP 주소와 결합하여 사용자 컴퓨터의 네트워크를 식별한다.

40 한글 Windows의 Internet Explorer를 사용하기 위하여 [인터넷 옵션] 대화 상자의 [일반] 탭에서 설정할 수 있는 내용으로 옳지 않은 것은?

① Internet Explorer를 시작할 때 표시되는 기본 홈 페이지를 설정할 수 있다.

② 임시 파일, 열어본 페이지 목록, 쿠키, 정보를 삭제할 수 있다.

③ Internet Explorer의 설정을 기본 상태로 다시 설정할 수 있다.

④ 웹 페이지의 색 및 글꼴, 언어, 접근성 등을 설정할 수 있다.

해설 [일반] 탭 : 현재 페이지, 시작 옵션, 검색 기록(임시 인터넷 파일, 열어본 페이지 목록, 다운로드 기록, 쿠키 및 웹 사이트 데이터 등), 색, 언어, 글꼴, 접근성 등을 관리한다.

3과목 | 컴퓨터와 정보 활용

41 다음 중 4세대 컴퓨터의 특징으로 볼 수 없는 것은?

① 개인용 컴퓨터(PC)가 등장하였다.

② 다중 프로그램이 처음으로 도입되었다.

③ 가상 기억 장치가 도입되었다.

④ 기억 소자로 고밀도 집적 회로(LSI)가 사용되었다.

해설 보기 ②번은 제2세대 컴퓨터의 특징이다.

42 다음 중 정밀 과학 기술 연구를 위해 속도나 온도와 같은 연속 데이터를 처리하는 용도로 특수 목적 컴퓨터를 사용한다고 했을 때, 이 컴퓨터에 대한 컴퓨터 규모와 데이터 형태, 그리고 하드웨어 용도의 분류로 옳은 것은?

정답 38 ④ 39 ② 40 ③ 41 ② 42 ②

① 미니 컴퓨터 - 아날로그 컴퓨터 - 범용 컴퓨터
② 슈퍼 컴퓨터 - 아날로그 컴퓨터 - 전용 컴퓨터
③ 메인 프레임 컴퓨터 - 디지털 컴퓨터 - 전용 컴퓨터
④ 메인 프레임 컴퓨터 - 하이브리드 컴퓨터 - 범용 컴퓨터

해설
• 슈퍼 컴퓨터 : 일기 예보, 항공 우주, 과학 기술과 같은 높은 정밀도와 정확한 수치 계산에 사용한다.
• 아날로그 컴퓨터 : 전압, 전류와 같은 연속적인 데이터를 취급하며, 증폭 회로를 사용한다.
• 전용 컴퓨터 : 군사용, 의학용, 항공 산업용, 과학 기술용 등의 특수 목적에 적합하다.

43 중앙 처리 장치에서의 명령어 형식 중 하나의 연산 부호와 하나의 주소로 구성되어 있어 레지스터와 레지스터 간이나 기억 장치와 연산 레지스터 간의 연산에 사용하는 명령어 형식은?

① 0주소 명령 ② 1주소 명령
③ 2주소 명령 ④ 3주소 명령

해설
• ① 스택 구조(Stack) 방식으로 단항 연산에 적합하다.
• ③ 가장 일반적인 명령 형식으로 레지스터나 메모리 주소를 지정한다.
• ④ 연산 시 프로그램 길이를 짧게 할 수는 있지만 명령어 길이가 길어진다.

44 다음 중 입출력 장치에 대한 설명으로 옳지 않은 것은?

① 레이저 프린터나 잉크젯 프린터에서 주로 사용하는 인쇄 속도의 단위는 PPM이다.
② 디지타이저는 태블릿 위에 광 펜을 움직여 도형이나 그림의 좌표를 입력하는 장치이다.
③ 플로터는 그래프, CAD 도면, 그림, 사진 등을 정밀하게 입력할 때 사용하는 입력 장치이다.
④ 스캐너, 터치스크린, 디지털 카메라는 입력 장치이다.

해설 플로터는 X축이나 Y축으로 움직이는 펜을 이용하여 그래프, 도형, 설계도면 등을 출력하는 장치이다.

45 다음 중 컴퓨터에서 사용하는 응용 소프트웨어인 데이터베이스 관리 시스템(DBMS)의 특징으로 옳지 않은 것은?

① 데이터의 중복성을 최소화하여 저장 공간을 절약할 수 있다.
② 데이터의 일관성과 무결성을 유지할 수 있다.
③ 데이터의 논리적/물리적 독립성을 방지할 수 있다.
④ 다수 사용자의 동시 실행 제어가 가능하다.

해설 DBMS : 다수 사용자의 동시 실행과 중복 데이터를 제어하고, 프로그램과 데이터의 독립성을 유지한다.

46 다음 중 웹 프로그래밍 언어에 대한 설명으로 알맞은 것은?

① 펄(Perl) : 문자 처리가 강력하고 이식성이 좋으며, 주로 유닉스계의 운영 체계(OS)로 사용되고 있는 프로그램 언어이다.
② SGML : 하이퍼텍스트 생성 언어(HTML) 기능을 확장할 목적으로 월드 와이드 웹 컨소시엄(WWW Consortium)에서 표준화한 페이지 기술 언어이다.
③ ODA : 대화식 단말기에서 교육 및 연구 목적으로 이용하는 연산을 간략하게 표현할 수 있도록 개발한 프로그래밍 언어이다.
④ APL : 문자나 도형, 화상 등이 섞여 있는 멀티미디어 문서를 이종(異種) 시스템 간에 상호 교환하기 위한 문서 구조와 인터페이스 언어이다.

해설
• SGML : 문서의 논리 구조, 의미 구조를 간단한 마크로 기술하며, 유연성이 좋고 독립적인 시스템 운용이 가능하나 기능이 복잡하다.
• ODA : 문자, 도형, 화상 등의 멀티미디어 문서를 이종 시스템 간에 상호 교환하기 위한 문서 구조이다.
• APL : 융통성이 있고 강력한 연산을 간략하게 표현할 수 있도록 확장된 연산자들과 자료 구조를 사용하는 프로그래밍 언어이다.

47 다음 중 보기에서 설명하는 운영 체제의 운영 방식으로 옳은 것은?

정답 43 ② 44 ③ 45 ③ 46 ① 47 ④

- 속도가 빠른 CPU의 처리 시간을 분할하여 여러 개의 작업을 연속으로 처리하는 방식
- 일정 시간 단위로 CPU 사용권을 신속하게 전환하여 각 사용자들이 자신만이 컴퓨터를 사용하고 있는 것처럼 느끼게 하는 방식

① 일괄 처리 시스템　② 듀플렉스 시스템
③ 분산 처리 시스템　④ 시분할 시스템

해설
- ① 데이터를 일정량 또는 일정 기간 모아서 한꺼번에 처리하는 시스템이다.
- ② 시스템의 안정성을 위하여 한쪽의 CPU가 가동중일 때 다른 한쪽의 CPU가 고장나면 즉시 대기중인 CPU가 작동되도록 운영하는 시스템이다.
- ③ 여러 대의 컴퓨터를 통신망으로 연결하여 작업과 자원을 분산시켜 처리함으로써 컴퓨터의 처리 능력과 효율을 향상시키는 시스템이다.

48 다음 중 오디오 파일 포맷에 대한 설명으로 옳지 않은 것은?

① 비압축 포맷으로는 WAV, AIFF, AU 등이 있다.
② MP3은 MPEG-3의 오디오 규격으로 개발된 손실 압축 포맷으로 컴퓨터 디스크 등의 PCM 음성을 일반적으로 들을 만한 음질로 압축하여 크기를 1/20까지 줄일 수 있다.
③ WMA는 마이크로소프트사가 개발한 윈도우 미디어 오디오 포맷으로 디지털 권리 관리(DRM) 기능을 포함하고 있다.
④ 오디오 데이터를 저장하는 방식에는 압축 방식과 비압축 방식이 있으며, 압축하는 방식에 따라서 손실 압축 포맷과 비손실 압축 포맷으로 나뉜다.

해설 MP3 : MPEG-1에서 오디오 압축 기술을 이용하여 만든 오디오 데이터의 디지털 파일 양식으로 RA나 WAV 파일보다 음질이 뛰어나고 최대 12:1의 압축을 할 수 있다.

49 홈 페이지를 제작할 때 어떤 사용자(장애인, 노인 등)나 어떠한 기술 환경에서도 사용자가 전문적인 능력 없이 웹 사이트에서 제공하는 모든 정보를 이용할 수 있도록 보장하는 것을 무엇이라고 하는가?

① 정보 확실성　② 데이터 독립성
③ 웹 접근성　④ 웹 이용성

해설 웹 접근성 : 장애를 가진 사람과 장애를 가지지 않은 사람 모두가 웹 사이트를 이용할 수 있게 하는 방식으로 사이트가 올바르게 설계되어 개발되고, 편집되어 있을 때 모든 사용자들은 정보와 기능에 동등하게 접근할 수 있다.

50 다음 중 정보 통신 기술에 대한 설명으로 적당하지 않은 것은?

① 스마트 그리드는 기존의 전력망에 정보 기술을 접목하여 전력 공급자와 소비자가 쌍방향으로 실시간 정보를 교환함으로써 에너지 효율을 최적화하고 새로운 부가 가치를 창출하는 차세대 전력망을 말한다.
② NFC는 아주 가까운 거리에 있는 두 장치 간에 쌍방향 무선 데이터 통신을 제공하는 근거리 무선 통신의 표준으로 보안성이 뛰어나고 안정적이고 처리 속도가 빨라 각종 카드, 핸드폰 결제, 문열쇠 등에 이용되고 있다.
③ RFID는 모든 사물에 부착된 태그 또는 센서를 통해 탐지된 사물의 인식 정보는 물론 주변의 온도, 습도, 위치 정보, 압력, 오염 및 균열 정도 등과 같은 환경 정보를 실시간으로 네트워크와 연결하여 수집하고 관리하는 네트워크 시스템이다.
④ M2M은 사물에 센서와 통신 기능을 부과하여 지능적으로 정보를 수집하고, 상호 전달하는 네트워크를 말한다.

해설 RFID(Radio Frequency IDentification) : 모든 사물에 전자 태그(IC 칩)를 부착하고, 무선 통신 기술을 이용하여 사물의 정보 및 주변 상황 정보를 감지하는 센서 기술이다.

51 다음 중 정보 통신망에 대한 설명으로 옳지 않은 것은?

① 이더넷은 CSMA/CA 기술을 사용하며 전송 매체로는 BNC 케이블 또는 UTP, STP 케이블을 사용한다.
② 공중 교환 전화망(PSTN)은 세계의 공중 회선 교환 전화망들이 얽혀있는 전화망으로 원래 고정 전화의 아날로그 전화망이었으나 현재는 완전히 디지털화 되었다.

정답 48 ② 49 ③ 50 ③ 51 ①

③ 광대역 통합망(BcN)은 개방형 통신망으로 통신, 방송, 인터넷이 융합된 광대역 멀티미디어 서비스를 언제 어디서나 끊김 없이 안전하게 이용할 수 있는 품질 보장형 통합 네트워크이다.
④ FDDI란 토큰 링 방식에 광섬유를 전송 매체로 사용해서 고속 전송을 가능하게 하는 기술로 듀얼 링에 연결되며 100Mbps의 속도로 데이터 전송이 가능하다.

해설 이더넷(Ethernet) : 동축 케이블을 데이터 전송 매체로 사용한 버스형 CSMA/CD 방식으로 전 세계의 사무실이나 가정에서 사용되는 LAN에서 가장 많이 활용된다.

52 다음 중 컴퓨터 범죄의 예방과 대책에 대한 설명으로 옳지 않은 것은?

① 자신의 ID를 빌려주거나 타인의 ID를 사용할 경우에는 신중을 기하여야 하며, 처음 만든 패스워드는 변경하지 않아야 하고 다른 사용자에게 노출되지 않도록 한다.
② 중요한 자료를 암호화하여 저장하고 정보 손실에 대비하여 백업을 철저히 한다.
③ 전자상거래를 이용하거나 개인의 정보를 제공할 경우 반드시 이용 약관이나 개인 정보 보호 방침을 숙지한다.
④ 백신 프로그램을 설치하고 수시로 업데이트를 실행하여 최신 버전을 유지한다.

해설 가급적 자신의 ID를 빌려주거나 타인의 ID를 사용하지 않도록 하며, 패스워드는 정기적으로 변경한다.

53 다음 중 WPAN 기술의 설명으로 옳지 않은 것은?

① 적외선 통신이란 전파 대신 빛을 매체로 통신을 하는 것으로 'IrDA'라는 통신의 표준 규격을 사용한다.
② 지그비(Zigbee)는 빌딩 자동화나 홈 보안 시스템 등의 자동화에 적절한 통신 기술이다.
③ 블루투스는 근거리 무선 통신 기술의 표준이라 할 수 있다.
④ FTTH는 전파를 이용해 먼 거리에서 정보를 인식하는 기술이다.

해설 FTTH : 광섬유를 이용하여 100Mbps~1Gbps의 속도로 데이터를 전송하며, 인터넷 전화 및 TV, CATV 등의 서비스를 한번에 전송하는 기술이다.

54 다음 보기 중 전자 우편을 위한 프로토콜끼리 올바르게 짝지어진 것은?

㉠ SMTP	㉡ FTP
㉢ POP3	㉣ IMAP
㉤ MIME	㉥ DNS

① ㉡, ㉢, ㉣, ㉤
② ㉠, ㉢, ㉣, ㉤
③ ㉠, ㉡, ㉣, ㉤
④ ㉠, ㉢, ㉣, ㉥

해설
- SMTP : 전자 우편의 송신을 담당한다.
- POP3 : 전자 우편의 수신을 담당한다.
- IMAP : 제목과 송신자를 보고 메일을 다운로드 할 것인지를 결정한다.
- MIME : 웹 브라우저가 지원하지 않는 멀티미디어 메일의 송신을 담당한다.

55 다음 중 정보 사회의 부작용과 가장 관련이 없는 것은?

① 정보의 과다로 인한 혼란과 정보의 편중에 의한 계층 간의 정보 차이가 생긴다.
② 인간 관계에서의 유대감이 강화되고, 인간의 고유 판단 능력이 향상된다.
③ 기술의 인간 지배와 이로 인한 인간의 소외 현상이 생긴다.
④ 정보 이용 기회의 불균등으로 인하여 정보 소외 현상이 생긴다.

해설 보기 ②번은 정보 사회의 부작용으로 볼 수 없다.

56 다음 가)와 나)에 해당하는 사이버 범죄의 용어로 가장 알맞게 짝지어진 것은?

가) 악성 코드에 감염된 PC를 조작해 이용자가 인터넷에서 정상적인 홈 페이지 주소로 접속하여도 해커가 도메인을 중간에서 탈취하여 가짜 사이트로 유도되고 해커가 개인 정보나 금융 정보 등을 몰래 빼가는 수법이다.

정답 52 ① 53 ④ 54 ② 55 ② 56 ④

나) 네트워크상에서 자신이 아닌 다른 상대방들의 패킷 교환을 엿듣는 것을 의미한다. 즉, 네트워크 트래픽을 도청하는 과정을 말하는 것으로 네트워크상에서 전달되는 모든 패킷을 분석하여 사용자의 계정과 암호 등을 알아내는 것을 말한다.

① 가) 스푸핑(Spoofing), 나) 스미싱(Smishing)
② 가) 피싱(Phishing), 나) 스푸핑(Spoofing)
③ 가) 스미싱(Smishing), 나) 서비스 거부 공격(DoS)
④ 가) 파밍(Pharming), 나) 스니핑(Sniffing)

해설
- 스푸핑 : 신뢰성 있는 사람이 네트워크를 통해 데이터를 보낸 것처럼 허가받지 않은 사용자가 네트워크상의 데이터를 변조하여 접속하는 행위이다.
- 스미싱 : 무료 쿠폰, 모바일 초대장 등의 문자 메시지를 보낸 후 메시지에 있는 인터넷 주소를 클릭하면 스마트폰에 악성 코드가 설치되어 개인의 금융 정보를 빼내는 수법이다.
- 피싱 : 불특정 다수에게 메일을 발송해 위장된 홈 페이지로 접속하도록 한 후 인터넷 이용자들의 금융 정보 등을 빼내는 수법이다.

57 다음 중 컴퓨터 바이러스 감염 증상으로 옳지 않은 것은?

① 시스템 파일이 손상되어 부팅이 정상적으로 수행되지 않을 수 있다.
② 감염된 실행 파일은 실행되지 않거나 속도가 빨라질 수 있다.
③ 특정한 날짜가 되면 컴퓨터 화면에 이상한 메시지가 표시될 수 있다.
④ 디스크를 인식 못하거나 감염 파일의 크기가 커질 수 있다.

해설 감염된 실행 파일은 실행되지 않지만 속도가 빨라지는 증상에는 관계가 없다.

58 다음 중 컴퓨터 시스템의 정보 보안 기법에서 공개키 암호화 기법에 관한 설명으로 옳지 않은 것은?

① 암호화나 복호화 속도가 느리며, 알고리즘이 복잡하고 파일의 크기가 크다.
② 전자 서명에 많이 사용된다.
③ 데이터를 암호화할 때 사용하는 키는 비밀로 하고, 복호화 하는 키는 공개한다.
④ 비대칭 암화기법이라고도 하며, 대표적인 암호화 방식으로 RSA가 있다.

해설 공개키 암호화 : 공개키로 암호화한 것은 비밀키로, 비밀키로 암호화한 것은 공개키로 복호화한다.

59 다음 중 정보 통신 기술(ICT)의 기술적인 용어에 관한 설명으로 옳지 않은 것은?

① 유비쿼터스 컴퓨팅(Ubiquitous Computing)은 언제 어디서나 어떤 기기를 통해서도 컴퓨팅이 가능한 환경을 제공한다.
② 사물 인터넷(IoT)은 모든 사물을 네트워크로 연결하여 인간과 사물 간의 서로 소통하기 위한 정보 통신 환경이다.
③ 클라우드 컴퓨팅(Cloud Computing)은 HW/SW 등의 자원을 자신이 필요한 만큼 빌려서 비용을 지불하는 방식의 서비스이다.
④ 텔레매틱스(Telematics)는 지리적으로 분산되어 있는 컴퓨터를 초고속 인터넷으로 연결하여 공유하기 위한 기술이다.

해설 텔레매틱스(Telematics) : 원격 통신(Telecommunication)과 정보과학(Informatics)의 합성어로 통신과 방송망을 이용하여 자동차 안에서 위치 추적, 인터넷 접속, 차량 진단, 사고 감지, 교통 정보 등을 제공하는 서비스이다.

60 다음에서 설명하는 신기술은 무엇인가?

- 현실 세계의 배경에 3D의 가상 이미지를 중첩하여 영상으로 보여 주는 기술이다.
- 스마트 폰 카메라로 주변을 비추면 인근에 있는 상점의 위치, 전화번호 등의 정보가 입체 영상으로 표시된다.

① SSO(Single Sign On)
② 증강 현실(Augmented Reality)
③ RSS(Rich Site Summary)
④ 가상 현실(Virtual Reality)

해설
- ① 각 시스템마다 매번 인증 절차를 밟지 않고 한 번의 로그인 과정으로 기업 내의 각종 업무 시스템이나 인터넷 서비스에 접속할 수 있게 해 주는 보안 응용 솔루션이다.
- ③ 뉴스나 블로그 등과 같이 콘텐츠가 자주 업데이트 되는 사이트들의 정보를 자동적으로 사용자들에게 알려 주기 위한 웹 서비스 기술이다.
- ④ 컴퓨터 그래픽과 시뮬레이션을 이용하여 가상 세계를 현실처럼 체험할 수 있는 기술이다.

정답 57 ② 58 ③ 59 ④ 60 ②

2018년 09월 01일 시행 기출문제

점

1과목 | 워드프로세싱 일반

01 다음 중 컴퓨터의 화면 표시 형식에서 텍스트(Text) 형식에 관한 설명으로 옳지 않은 것은?

① 화면 표시 속도가 빠르다.
② 글자체가 다양하며, 섬세하다.
③ 기억 공간을 적게 차지한다.
④ 인쇄하기 전까지 출력물을 예측할 수 없다.

해설 텍스트(Text) 형식은 편집 시 화면 상태와 인쇄 결과가 다를 수 있고, 글자체가 다양하지는 않다.

02 다음 중 워드프로세서의 차트 기능에 대한 설명으로 옳지 않은 것은?

① 차트는 자료의 변화를 한 눈에 알아보기 쉽게 그래프 형식으로 제공하는 기능이다.
② 데이터 전체를 선택하거나 데이터의 일부분만 셀 블록으로 설정하여 차트를 만들 수 있다.
③ 2차원 차트와 3차원 차트가 있다.
④ 원형 차트는 두 개의 데이터 계열을 나타낼 수 있다.

해설 원형 차트는 한 개의 데이터 계열을 나타낼 수 있다.

03 다음 중 소트(Sort)에 대한 설명으로 옳지 않은 것은?

① 한 번 정렬된 내용은 오름차순 혹은 내림차순으로 재배열할 수 없다.
② 작은 것부터 큰 순서대로 정렬하는 것을 오름차순 정렬이라고 한다.
③ 오름차순은 숫자, 영문자, 한글 순으로 정렬된다.
④ 큰 것부터 작은 순서대로 정렬하는 것을 내림차순 정렬이라고 한다.

해설 한 번 정렬된 내용은 오름차순 혹은 내림차순으로 재배열할 수 있다.

04 다음 중 인쇄 용지에 대한 설명으로 옳지 않은 것은?

① 낱장 용지는 동일한 숫자일 경우 A판보다 B판이 크다.
② 공문서의 표준 규격은 A4(210㎜×297㎜)이다.
③ A판과 B판으로 나눈 용지의 가로 : 세로의 비는 1 : 3이다.
④ 낱장 용지는 규격 번호가 클수록 면적이 작다.

해설 A판과 B판으로 나눈 용지의 가로 : 세로의 비는 $1:\sqrt{2}$ 이다.

05 다음 중 보기에서 설명하는 전자 출판 기술로 옳은 것은?

- 서로 관련 있는 문서와 문서를 연결하는 것으로 직접 접근 방식을 제공
- 다양성으로 인하여 정보 습득 능력이 고조
- 이용자의 의도된 선택에 따라 이동이 가능
- 양방향 네트워크 통신 표준에 따라 이용자에게 제공

① EDI(Electronic Data Interchange)
② 위지윅(WYSIWYG)
③ OLE(Object Linking and Embedding)
④ 하이퍼링크(Hyperlink)

해설
- ① 네트워크를 통한 업무의 전자 데이터 교환 시스템으로 문서의 표준화를 전제로 운영한다.
- ② 그래픽 방식에서 화면으로 확인된 내용을 그대로 출력 결과물로 얻을 수 있는 것이다.
- ③ 응용 프로그램 간 자료 교환 방식에 사용되며, 여러 개의 응용 프로그램들이 데이터를 서로 공유하면서 한쪽의 데이터 변화가 데이터 공유 프로그램 모두에 반영되도록 하는 기능이다.

06 다음 중 문서를 작성할 때 원칙으로 옳지 않은 것은?

① 전문 용어를 사용할 때에는 읽는 사람의 수준을 고려해야 한다.
② 읽는 사람의 수준을 고려하여 같은 어휘나 표현이 반복되게 한다.

정답 01 ② 02 ④ 03 ① 04 ③ 05 ④ 06 ②

③ 문장의 길이는 가능한 짧게 하는 것이 좋다.
④ 품위를 떨어뜨리는 은어와 신조어를 사용하지 않는다.

해설 읽는 사람의 수준을 고려하여 같은 어휘나 표현이 반복되는 것은 좋지 않다.

07 다음 중 거래문서를 작성할 때의 유의사항으로 옳지 않은 것은?

① 모든 거래문서는 인사말을 생략하고, 거래 내용만 명확하게 전달하는 것이 원칙이다.
② 날짜, 금액, 수량, 소재지, 전화번호, 품목번호 등 숫자는 확인을 거쳐서 정확하게 쓴다.
③ 거래문서는 후일 분쟁 발생 시 증빙 자료로 활용되므로 명확하게 작성하고 기명날인한다.
④ 견적서는 향후 가격 변동이 생길 수 있으므로 유효 기간을 기재하면 분쟁의 소지가 줄어든다.

해설 거래문서는 기업 또는 기관에서 업무의 진행 관계(유무)를 위해 주고받는 문서로 인사말은 반드시 포함한다.

08 일반적으로 출장 보고서에 반드시 포함되어야 할 필수 사항이 아닌 것은?

① 출장 기간 ② 출장 장소
③ 출장 목적 ④ 출장 여비

해설 출장 여비는 출장 보고서가 아닌 출장 명세서에 기입한다.

09 다음 중 일반적인 관점에서 영구 보존해야 하는 문서로 옳지 않은 것은?

① 정관
② 주주총회 회의록
③ 회계 장부
④ 특허 관련 서류

해설 회계 장부, 재무제표 등은 10년간 보존하되 전표 같은 유사 서류는 5년간 보존한다.

10 다음 중 번호식 문서 정리 방법에 관한 설명으로 가장 옳지 않은 것은?

① 기밀을 유지할 수 있어 보안 유지가 필요한 경우에 적합하다.
② 잡문서가 별도의 철에 보관된다.
③ 색인이 필요 없이 직접적인 정리와 참조가 가능하다.
④ 무한하게 확장할 수 있다.

해설 번호식 문서 정리 시 색인은 반드시 필요하다.

11 다음 중 전자문서에 관한 설명으로 옳지 않은 것은?

① 전자문서란 컴퓨터 등 정보 처리 능력을 가진 장치에 의하여 전자적인 형태로 작성되어 송수신 또는 저장된 문서를 말한다.
② 전자문서의 수신 시점은 수신자가 전자문서를 수신할 컴퓨터를 지정한 경우에는 지정된 컴퓨터에 입력된 때이다.
③ 전자문서는 검토자, 협조자 및 결재권자가 동시에 열람할 수는 없다.
④ 전자문서는 종이 보관의 이관 시기와 동일하게 전자적으로 이관한다.

해설 전자문서는 문서 등급에 따라 접근자의 범위가 지정되며 검토자, 협조자, 결재권자가 동시에 열람할 수 있다.

12 다음 중 공문서 관리와 관련된 설명으로 옳지 않은 것은?

① 편철은 분류가 끝난 문서를 문서철에 묶는 과정을 말한다.
② 공공 기록물의 보존 기간은 영구, 준영구, 30년, 10년, 5년, 3년, 1년으로 구분한다.
③ 이관은 지정된 보존 기간에 맞춰 보존 중인 문서를 연장하여 보존하기 위해 해당 부서로 옮기는 것이다.
④ 분류는 보존 기간이 끝난 문서를 평가하여 보존/폐기/보류의 작업을 하는 것이다.

정답 07 ① 08 ④ 09 ③ 10 ③ 11 ③ 12 ④

해설 분류 : 구분이 끝난 문서를 문서 분류법(기록관리기준표)에 따라 분류한다.

13 다음 중 파일링 시스템의 기본 원칙으로 옳지 않은 것은?

① 시간과 공간의 극대화
② 문서 검색의 용이성 및 신속한 출납
③ 명확한 분류를 위한 파일링 방법의 표준화
④ 문서의 소재 명시 및 보존의 확실성

해설 파일링 시스템은 문서를 체계적으로 관리하기 위해 일정 기준에 따라 파일 형태로 보관/보존하는 시스템으로 시간과 공간의 절약으로 경제적 관리가 가능하다.

14 다음 중 문서 작성에 대한 설명으로 옳지 않은 것은?

① 문서에서 날짜 표기 시 연, 월, 일 글자를 생략하고 온점(.)을 찍어 표시할 수 있다.
② 시작 인사말은 본문에 간단히 기재한다.
③ 문서의 두문에 제목을 기재하여 문서의 성격을 파악할 수 있게 한다.
④ 발신명의나 홈 페이지 주소 등은 결문에 기재한다.

해설 두문(수신/발신자명, 문서번호, 발신연월일), 본문(제목, 내용), 결문(담당자명, 직위)으로 구성된다.

15 다음 중 워드프로세서에서 찾기 기능에 대한 설명으로 옳은 것은?

① 찾기 기능은 대문자와 소문자를 구분하여 내용을 찾을 수 없다.
② 찾기 기능을 이용하여 찾을 때 언제나 현재 커서의 아래쪽으로만 내용을 찾을 수 있다.
③ 찾기 기능에서 띄어쓰기를 무시하고 내용을 찾을 수는 없다.
④ 찾을 내용과 글꼴을 이용하여 찾기 기능을 수행할 수 있다.

해설
- ① 대문자와 소문자를 구분하여 내용을 찾을 수 있다.
- ② 찾을 때 언제나 현재 커서의 아래쪽, 위쪽, 문서 전체 중에서 내용을 찾을 수 있다.
- ③ 띄어쓰기를 무시하고 내용을 찾을 수 있다.

16 다음의 (가) 문장을 교정 부호를 사용하여 (나) 문장으로 수정하였을 때 사용된 교정 부호의 순서로 옳은 것은?

(가) 우리에게 역사가 보여주는 것은 역사를 움직이는 경제라는 것이다.
(나) 역사가 우리에게 보여주는 사실은 역사를 움직이는 원동력은 경제라는 것이다.

해설
- 자리 바꾸기 : 우리에게 역사가 → 역사가 우리에게
- 수정 : 것은 → 사실은
- 삽입 : 움직이는 경제라는 → 움직이는 원동력은 경제라는

17 다음 중 줄 단위의 이동이 발생하는 교정 부호로 가장 옳은 것은?

해설 줄 단위 이동이 발생하는 교정 부호 : 줄 바꾸기( ), 줄 잇기( ), 줄 삽입(>)

18 다음 중 전자문서 관리 시스템의 장점으로 가장 거리가 먼 것은?

① 표준화된 문서 양식의 사용
② 보안 유지
③ 사무의 생산성 향상
④ 불필요한 서류의 중복을 피함

해설 전자문서 관리 시스템은 문서 파일의 작성부터 소멸 시기까지의 모든 과정을 관리하는 시스템으로 해킹의 위험성이 있어 보안을 유지하는 것은 어렵다.

19 다음 중 문서의 논리적 구성에서 연역적 추론에 대한 설명으로 적당하지 않은 것은?

① 중심 생각이나 주제를 해당 문단의 처음 위치에 구성한다.
② 두괄식, 미괄식, 양괄식으로 구분하여 구성한다.

정답 13 ① 14 ③ 15 ④ 16 ④ 17 ② 18 ② 19 ②

③ 독자가 글을 읽으면서 중심 생각을 쉽게 찾을 수 있다는 장점이 있다.
④ 문단의 뒷부분에는 중심 문장을 뒷받침할 수 있는 세부 내용을 쓴다. 수 있다는 장점이 있다.

해설 연역적 추론은 중심 문장의 위치가 해당 문단의 처음 부분(두괄식)에 위치하여 구성된다.

20 다음 중 워드프로세서의 문서 저장 기능에 대한 설명으로 옳은 것은?

① 현재 작업 중인 보조 기억 장치의 내용을 주기억 장치로 이동시키는 기능이다.
② [다른 이름으로 저장하기] 대화 상자에서 폴더를 새로 만들 수 있지만 파일을 삭제할 수는 없다.
③ 저장 시 암호를 지정하거나 백업 파일이 만들어지도록 설정할 수 있다.
④ 문서의 일부분만을 블록으로 지정한 후에 따로 저장할 수 없다.

해설
- ① 현재 작업 중인 내용을 보조 기억 장치에 저장하는 기능이다.
- ② [다른 이름으로 저장하기] 대화 상자에서 폴더 생성과 파일 삭제가 가능하다.
- ④ 문서의 일부분만을 블록으로 지정한 후에 따로 저장(블록 저장)할 수 있다.

2과목 | PC 운영 체제

21 한글 Windows에서 [파일 탐색기]를 실행하는 방법으로 옳지 않은 것은?

① 작업 표시줄의 빈 공간에서 바로 가기 메뉴의 [파일 탐색기 열기]를 선택한다.
② [시작] 단추의 바로 가기 메뉴에서 [파일 탐색기]를 선택한다.
③ 작업 표시줄에 있는 [파일 탐색기] 아이콘을 클릭한다.
④ [시작] 단추를 클릭한 후 [Windows 시스템]에 있는 [파일 탐색기] 항목을 선택한다.

해설 작업 표시줄의 바로 가기 메뉴에는 [파일 탐색기 열기]가 존재하지 않는다.

22 한글 Windows에서 글꼴에 관한 설명으로 옳지 않은 것은?

① 새로운 글꼴을 추가하려면 해당 글꼴 파일을 열면 나타나는 글꼴 창에서 [설치] 버튼을 클릭하면 된다.
② 글꼴 파일의 확장자는 .TTF, .TTC 등이 있다.
③ [글꼴] 창에서 설치되어 있는 글꼴을 삭제할 수 있다.
④ [글꼴] 창에 나타난 모든 글꼴을 선택한 후 [숨기기]를 하면 다른 응용 프로그램에서 글자를 입력할 수 없다.

해설 모든 글꼴을 선택한 후 [삭제]를 하면 다른 응용 프로그램에서 글자를 입력할 수 없다.

23 한글 Windows에서 사용하는 폴더의 [속성] 대화 상자에서 할 수 있는 작업으로 옳지 않은 것은?

① [일반] 탭에서는 해당 폴더의 위치나 크기, 디스크 할당 크기, 만든 날짜 등을 확인할 수 있다.
② [공유] 탭에서는 네트워크상에서 공유 또는 고급 공유 옵션을 설정할 수 있다.
③ [자세히] 탭에서는 해당 폴더에 대한 사용자별 사용 권한을 설정할 수 있다.
④ [사용자 지정] 탭에서는 해당 폴더에 대한 유형, 폴더 사진, 폴더 아이콘 변경을 설정할 수 있다.

해설
- [보안] 탭에서 해당 폴더에 대한 사용자별 사용 권한을 설정할 수 있다.
- 폴더 속성 대화 상자에는 [자세히] 탭이 없다.

24 한글 Windows의 Windows Media Player에 대한 설명으로 옳지 않은 것은?

① 비디오 목록을 자녀 보호 등급별로 분류하여 표시할 수 있다.
② xlsx, hwp, doc 등과 같은 파일 형식의 문서 파일을 열 수 있다.

정답 20 ③ 21 ① 22 ④ 23 ③ 24 ②

③ mp3 파일을 재생할 수 있다.
④ 재생 목록에 있는 파일을 비어 있는 CD 또는 DVD로 복사할 수 있다.

해설 Windows Media Player에서는 오디오 파일(MID, RM, MP3 등), 동영상 파일(MPEG, MOV, AVI 등)을 재생할 수 있다.

25 다음 중 한글 Windows의 [장치 관리자] 창에서 설치된 하드웨어 드라이버의 바로 가기 메뉴를 이용하여 실행할 수 있는 작업 내용으로 옳지 않은 것은?

① 장치 드라이브 연결
② 드라이버 소프트웨어 업데이트
③ 하드웨어 변경 사항 검색
④ 디바이스 제거

해설 보기 ①번의 장치 드라이브 연결은 실행할 수 없다.

26 한글 Windows에서 인터넷 익스플로러의 [인터넷 옵션] 대화 상자에서 검색 기록을 삭제할 때 제공되는 목록으로 옳지 않은 것은?

① 다운로드 기록
② 쿠키 및 웹 사이트 데이터
③ 즐겨찾기 목록
④ 임시 인터넷 파일 및 웹 사이트 파일

해설 검색 기록 : 임시 인터넷 파일, 열어본 페이지 목록, 다운로드 기록, 쿠키 및 웹 사이트 데이터 등을 삭제한다.

27 한글 Windows에서 비정상적인 부팅 문제 해결 방법으로 가장 옳지 않은 것은?

① RAM 소켓의 올바른 장착 여부를 확인한다.
② 안전 모드로 부팅하여 문제를 해결한 후 표준 모드로 재부팅한다.
③ 부팅 가능한 CD/DVD-ROM으로 부팅한 후 원인을 찾는다.
④ 시스템 복구 디스크를 만들어 둔 경우 시스템 복구 디스크를 이용해 시스템 복구를 수행한다.

해설 보기 ①번은 메모리가 인식되지 않는 경우 문제 해결 방법이다.

28 한글 Windows에서 시스템 백업 및 복원에 대한 설명으로 옳지 않은 것은?

① [디스크 백업]은 디스크의 특정 내용을 하드 디스크 또는 USB, CD, DVD 등에 보관하는 기능으로 복사하여 보관된다.
② [파일 백업]은 Windows 백업을 사용하여 컴퓨터를 사용하는 모든 사용자의 데이터 파일에 대한 복사본을 만들 수 있다.
③ 현재 하드 디스크의 라이브러리, 바탕 화면, 기본 Windows 폴더에 저장된 데이터 파일이 다른 디스크 드라이브로 백업된다.
④ [파일 복원]을 누르면 언제나 C:₩에 백업된 파일을 복원한다.

해설
- 파일을 복원하려면 파일 복원 마법사를 이용하며, 백업에 포함된 개별 파일과 여러 파일(모든 파일)을 복원할 수 있다.
- 백업 파일이 복원될 위치를 임의로 지정할 수 있다.

29 한글 Windows의 [시스템]에 있는 [디스플레이] 창에서 설정할 수 있는 기능으로 옳지 않은 것은?

① 사용하는 모니터를 기반으로 화면 해상도, 방향, 고급 설정 등 최상의 디스플레이 설정을 할 수 있다.
② 텍스트, 앱 및 기타 항목의 크기를 변경할 수 있다.
③ 하나의 시스템에 여러 대의 모니터를 연결할 수 있으며, 이런 경우 각 모니터를 개별적으로 설정할 수 있다.
④ 비디오 카드/드라이버 정보를 확인한 후 드라이버를 다시 설정할 수 있다.

해설 보기 ④번은 장치 관리자 창에서 가능하다.

30 다음 한글 Windows의 보안 기능에 대한 설명 중 옳지 않은 것은?

정답 25 ① 26 ③ 27 ① 28 ④ 29 ④ 30 ④

① 사용자 계정 컨트롤 설정 변경 기능을 사용하면 유해한 프로그램이 사용자 모르게 소프트웨어를 설치하거나 변경하는 것을 방지할 수 있다.
② BitLocker 드라이브 암호화 기능을 사용하면 해당 드라이브에 저장되어 있는 모든 파일에 대한 무단 액세스를 방지할 수 있다.
③ Windows Defender 기능을 사용하면 스파이웨어뿐만 아니라 사용자 동의 없이 설치된 소프트웨어로부터 보호할 수 있다.
④ 컴퓨터 관리의 [디스크 관리] 기능을 사용하면 해당 드라이브에 설치된 악성 소프트웨어를 삭제할 수 있다.

해설 컴퓨터 관리의 [디스크 관리] 기능을 사용하면 파티션 디스크 드라이브를 확인할 수 있다.

31 한글 Windows의 [작업 관리자] 창에서 할 수 있는 작업으로 옳지 않은 것은?

① 현재 실행중인 프로그램의 작업에 대하여 강제로 끝내기를 할 수 있다.
② 모든 사용자의 프로세스를 표시하거나 해당 프로세스의 끝내기를 할 수 있다.
③ 시스템의 서비스 항목을 확인하고, 해당 서비스를 중지하거나 실행할 수 있다.
④ 현재 시스템 사용자를 로그오프 하고 새로운 사용자를 추가할 수 있다.

해설 현재 시스템 사용자를 강제로 로그오프 할 수는 있지만 새로운 사용자를 추가할 수는 없다.

32 한글 Windows의 파일 및 폴더 공유에 대한 설명으로 잘못된 것은?

① 암호 보호 공유가 설정된 경우 공유하려는 사용자가 해당 컴퓨터에 사용자 계정과 암호가 있어야 공유 항목에 접근할 수 있다.
② 공유 대상 중에서 '홈 그룹(읽기)'으로 공유하면 홈 그룹 구성원은 공유 항목을 수정하거나 삭제할 수 없다.
③ Windows의 시스템 폴더(Users 및 Windows 폴더)도 공유가 가능하다.
④ C 드라이브 전체를 공유하고자 할 경우 C 드라이브의 [속성] 대화 상자에서 [공유] 탭의 [네트워크 파일 및 폴더 공유] 항목에서 공유 설정이 가능하다.

해설 C 드라이브 전체를 공유하고자 할 경우 [속성] 대화 상자의 [공유] 탭에서 [고급 공유] 버튼을 이용한다.

33 한글 Windows의 [드라이브 조각 모음]에 관한 설명으로 옳지 않은 것은?

① 디스크의 접근 속도 향상뿐만 아니라 디스크 용량 증가를 위하여 사용한다.
② Windows가 지원하지 않는 형식의 압축 파일이나 네트워크 드라이브는 수행할 수 없다.
③ 드라이브 조각 모음 일정 구성을 통하여 예약 실행을 할 수 있다.
④ 디스크에 조각 모음이 필요한지 확인하려면 먼저 디스크를 분석해야 한다.

해설
- 드라이브 조각 모음 : 단편화를 제거하여 사용 중인 디스크의 입출력 속도와 디스크 공간을 최적화시킨다.
- 디스크 용량을 증가시키는 것은 디스크 정리에 대한 설명이다.

34 한글 Windows에서 선택된 개체의 바로 가기 아이콘을 만드는 방법으로 옳지 않은 것은?

① 선택한 개체를 복사한 후에 바탕 화면의 빈 공간에서 바로 가기 메뉴의 [바로 가기 붙여넣기]를 선택한다.
② 마우스의 오른쪽 버튼을 누른 상태로 원하는 위치로 끌어다 놓으면 표시되는 바로 가기 메뉴에서 [여기에 바로 가기 만들기]를 선택한다.
③ Ctrl+Alt 키를 누른 채 원하는 위치로 끌어다 놓는다.
④ 해당 개체를 선택하고 바로 가기 메뉴의 [보내기]-[바탕 화면에 바로 가기 만들기]를 선택한다.

해설 Ctrl+Shift 키를 누른 채 원하는 위치로 끌어다 놓는다.

정답 31 ④ 32 ④ 33 ① 34 ③

35 한글 Windows의 [폴더 옵션] 대화 상자에서 설정할 수 있는 작업으로 옳지 않은 것은?

① 키보드의 단축키로 폴더를 열기
② 탐색 창에서 모든 폴더를 표시하도록 하기
③ 마우스를 한 번 클릭해서 폴더를 열기
④ 폴더를 찾아볼 때 새 창에서 폴더를 열기

해설 보기 ②, ③, ④번은 [폴더 옵션] 대화 상자의 [일반] 탭에서 설정이 가능하다.

36 한글 Windows의 폴더 창에서 파일이나 폴더를 선택하는 방법으로 옳지 않은 것은?

① 비연속적인 파일이나 폴더를 선택하고자 할 때에는 Ctrl 키와 함께 클릭한다.
② 연속적인 파일이나 폴더를 선택하고자 할 때에는 Shift 키와 함께 클릭한다.
③ 여러 개의 파일을 한꺼번에 선택할 경우 마우스를 사용하여 사각형 모양으로 드래그한다.
④ 모든 파일과 하위 폴더를 한꺼번에 선택하려면 Alt+A 키를 사용한다.

해설 모든 파일과 하위 폴더를 한꺼번에 선택하려면 Ctrl+A 키를 사용한다.

37 한글 Windows에서 프린터 설치 및 제거에 대한 설명으로 옳지 않은 것은?

① LAN 카드가 설치되어 IP 주소가 부여된 프린터는 로컬 프린터로 설치할 수 있다.
② 기본 프린터는 하나의 프린터에 대해서만 설정할 수 있다.
③ 설치되어 있는 특정 프린터를 선택한 후에 Delete 키를 누르면 제거할 수 있다.
④ 설치된 프린터 아이콘의 바로 가기 메뉴에서 [바로 가기 만들기]를 실행하면 바탕 화면에 해당 프린터의 바로 가기 아이콘이 생성된다.

해설 설치되어 있는 특정 프린터를 제거하려면 해당 프린터의 바로 가기 메뉴에서 [장치 제거]를 선택하거나 상단 메뉴에서 [장치 제거] 버튼을 클릭한다.

38 한글 Windows에서 마우스와 키보드 사용에 대한 설명으로 옳지 않은 것은?

① 현재 열려 있는 창에서 제목 표시줄의 빈 곳을 더블 클릭하면 창이 최소화된다.
② 작업을 하다가 화면을 잠그려면 ⊞ 키와 함께 L 키를 누르면 된다.
③ 여러 개의 창이 열려있는 경우 모든 창을 최소화시키고 바탕 화면 보기 상태로 가려면 ⊞ 키와 함께 D 키를 누르면 된다.
④ 창을 전환할 경우 Alt+ESC 키를 누르면서 작업할 창을 선택한다.

해설 현재 열려 있는 창에서 제목 표시줄의 빈 곳을 더블 클릭하면 창이 최대화 되거나 이전 크기로 변경된다.

39 한글 Windows의 [제어판]에 있는 [기본 프로그램]을 선택하여 설정할 수 있는 항목으로 옳지 않은 것은?

① 기본 프로그램 설정
② 파일 형식 또는 프로토콜을 프로그램과 연결
③ 자동 재생 설정 변경
④ 설치된 업데이트 보기

해설 보기 ④번은 [제어판]–[프로그램 및 기능]에서 설정이 가능하다.

40 한글 Windows에서 사용할 수 있는 이미지 뷰어 유틸리티 프로그램으로 옳게 짝지어진 것은?

① V3, ACADSee
② 알약, 바이로봇
③ PKZIP, 알집
④ 포토 뷰어, 알씨

해설 이미지 뷰어 프로그램 : 그래픽 이미지 파일을 보거나 다른 형식의 이미지 파일로 바꿀 수 있는 프로그램으로 종류에는 ACDSee, 포토 뷰어, 다바, Thumbs Plus 등이 있다.

3과목 | 컴퓨터와 정보 활용

정답 35 ① 36 ④ 37 ③ 38 ① 39 ④ 40 ④

41 다음 중 중앙 처리 장치에 대한 설명으로 옳지 않은 것은?

① 중앙 처리 장치는 CPU라고 부른다.
② 중앙 처리 장치는 제어 장치를 포함하고 있다.
③ 중앙 처리 장치는 산술 논리 연산 장치를 포함하고 있다.
④ 중앙 처리 장치는 보조 기억 장치를 포함하고 있다.

해설 중앙 처리 장치는 레지스터, 제어 장치, 연산 장치로 구성되어 있으며 보조 기억 장치는 포함하지 않는다.

42 다음 중 PC의 각 부품을 선정할 때 메인보드와의 호환성을 위해 고려해야 할 사항으로 거리가 먼 것은?

① CPU의 소켓과 메인보드에서 지원하는 CPU의 소켓이 일치하는지 확인한다.
② RAM과 메인보드에서 지원하는 RAM의 종류가 일치하는지 확인한다.
③ 그래픽 카드의 내장 그래픽 칩셋과 메인보드의 그래픽 칩셋이 일치하는지 확인한다.
④ 메인보드가 PC 케이스에 장착이 가능한 크기인지 폼 팩터(Form Factor)를 확인한다.

해설 그래픽 카드의 내장 그래픽 칩셋과 메인보드의 그래픽 칩셋은 서로 일치하지 않아도 사용할 수 있다.

43 다음 중 보조 기억 장치에 대한 설명으로 옳지 않은 것은?

① 저장된 정보는 전원이 차단되어도 반영구적으로 보관할 수 있다.
② 보조 기억 장치에 저장된 정보를 실행시키면 주기억 장치를 거치지 않고 바로 실행된다.
③ 주기억 장치에 비해 읽는 속도는 느리지만 저렴한 가격으로 많은 정보를 저장시킬 수 있다.
④ 현재 사용하지 않는 데이터나 프로그램을 보조 기억 장치에 저장시켜 두었다가 필요할 때 다시 꺼내 사용할 수 있다.

해설 보조 기억 장치에 저장된 정보를 실행시키면 주기억 장치를 거치고 바로 실행된다.

44 다음 중 멀티미디어 활용 분야에 대한 설명으로 옳지 않은 것은?

① VCS : 전화, TV를 컴퓨터와 연결해 각종 정보를 얻는 뉴 미디어
② VOD : 사용자가 원하는 영상 정보를 원하는 시간에 볼 수 있도록 전송
③ VR : 컴퓨터 그래픽과 시뮬레이션 기능을 이용해 가상 세계 체험
④ Kiosk : 백화점, 서점, 터미널 등에서 사용하는 무인 안내 시스템

해설 화상 회의 시스템(VCS) : 초고속 정보 통신망을 이용하여 원거리에 있는 사람들과 비디오와 오디오를 통해 회의할 수 있도록 하는 시스템이다.

45 다음 중 보기에서 설명하는 네트워크 관련 용어로 옳은 것은?

- 호스트 이름으로부터의 IP 주소지에 대한 네트워크의 이름을 규정하는 것이다.
- 네트워크와 호스트를 나누는데 사용된다.
- 32비트의 크기를 갖는다.
- 일반적으로 클래스 C인 경우 '255.255.255.0'을 사용한다.

① DNS(Domain Name System)
② 서브넷 마스크(Subnet Mask)
③ NAT(Network Address Translation)
④ 게이트웨이(Gateway)

해설
- ① 문자로 입력된 도메인 이름을 컴퓨터가 인식하는 IP 주소로 변경하는 시스템이다.
- ③ 라우터나 방화벽 같은 네트워크 장비나 인터넷 보안 제품에 사용되는 네트워크 기술이다.
- ④ 서로 다른 프로토콜을 갖는 네트워크를 상호 연결하는 장치이다.

46 다음 중 인터넷 관련 프로토콜이 아닌 것은?

① TCP/IP ② FTP
③ HTTP ④ BMP

해설 BMP : Windows 운영 체제의 표준으로 비트맵 정보를 압축하지 않고 저장하는 그래픽 데이터 파일이다.

정답 41 ④ 42 ③ 43 ② 44 ① 45 ② 46 ④

47 다음 중 컴퓨터 이용자 모르게 또는 동의 없이 설치되어 컴퓨터 사용에 불편을 끼치거나 정보를 가로채가는 악성 원격 제어 프로그램을 무엇이라 하는가?

① 바이러스(Virus)
② 웜(Worm)
③ 백 도어(Back Door)
④ 악성 봇(Malicious Bot)

해설
- ① 운영 체제나 다른 응용 프로그램에 손상을 입히는 악성 프로그램이다.
- ② 네트워크에서 연속적으로 자신을 복제하여 시스템 부하를 높이는 바이러스의 일종이다.
- ③ 컴퓨터 시스템의 보안 예방책에 침입하여 시스템에 무단 접근하기 위해 사용되는 일종의 비상구이다.

48 다음은 무엇에 대한 설명인가?

- 금융과 기술의 융합을 통한 금융 서비스 및 산업의 변화를 통칭한다.
- 모바일, SNS, 빅 데이터 등 새로운 IT 기술 등을 활용하여 기존 금융 기법과 차별화된 금융 서비스를 제공한다.
- 예로써 삼성 페이, 애플 페이, 알리 페이 등이 있다.

① 오픈 뱅킹(Open Banking)
② 스마트 뱅킹(Smart Banking)
③ 펌 뱅킹(Firm Banking)
④ 핀 테크(Fin Tech)

해설 핀 테크 : 금융(Financial)과 정보 기술(Technology)의 합성어로 인터넷이나 모바일에서 결제, 송금, 이체 등의 금융 서비스를 제공하는 기술이다.

49 다음은 무엇에 대한 설명인가?

인터넷 사용자의 컴퓨터에 잠입해 내부 문서나 스프레드시트, 그림 파일 등을 암호화해 열지 못하도록 만들고 해독용 키 프로그램을 전송해 준다며 돈을 요구하는 악성 프로그램

① 내그웨어(Nagware)
② 스파이웨어(Spyware)
③ 애드웨어(Adware)
④ 랜섬웨어(Ransomware)

해설
- ① 사용자가 소프트웨어의 등록 비용을 지불하도록 요구하는 프로그램으로 셰어웨어의 일종이다.
- ② 다른 사람의 컴퓨터에 잠입해 개인 신상 정보 등과 같은 타인의 정보를 사용자 모르게 수집하는 프로그램이다.
- ③ 특정 소프트웨어를 실행하거나 설치 후 자동적으로 광고가 표시되는 프로그램이다.

50 다음 중 개인정보의 종류와 그에 따른 내용으로 옳지 않은 것은?

① 신체적 정보 : 신체 정보, 의료 정보, 건강 정보
② 재산적 정보 : 개인 금융 정보, 개인 신용 정보
③ 일반적 정보 : 주민등록번호, 이름, 주소
④ 정신적 정보 : 교육 정보, 근로 정보, 자격 정보

해설 개인정보의 종류에는 신체 정보, 재산 정보, 일반 정보, 사회 정보, 취미 정보, 기타 정보 등이 있는데 정신적 정보는 해당되지 않는다.

51 다음 중 멀티미디어 그래픽 데이터의 벡터 방식에 대한 설명으로 옳지 않은 것은?

① 점과 점을 연결하는 직선이나 곡선을 이용하여 이미지를 표현한다.
② 이미지를 확대하여도 테두리가 매끄럽게 표현된다.
③ 좌표 개념을 사용하여 이동 회전 등의 변형이 쉽다.
④ 비트맵 방식과 비교하여 기억 공간을 많이 차지한다.

해설 비트맵 방식과 비교하여 기억 공간을 적게 차지한다.

52 다음 보기에서 (가)와 (나)의 설명에 해당하는 ICT 관련 신기술로 올바른 것은?

(가) 전기 에너지의 생산부터 소비까지의 전 과정을 정보통신 시스템과 연결하여 에너지 효율을 높이는 지능형 전력망 시스템이다.
(나) 무선 주파수 기술과 IC 칩에 있는 전자 태그를 이용해 식품, 상품, 동물 등의 다양한 개체의 정보를 관리할 수 있는 정보 인식 기술이다.

① (가) – NFC, (나) – USN

정답 47 ④ 48 ④ 49 ④ 50 ④ 51 ④ 52 ③

② (가) – RFID, (나) – 스마트 그리드
③ (가) – 스마트 그리드, (나) – RFID
④ (가) – USN, (나) – NFC

해설
- NFC(Near Field Communication) : 13.56MHz 주파수 대역을 사용하는 근거리 무선 통신으로 10cm 정도의 가까운 거리에서 데이터를 전송한다.
- 유비쿼터스 센서 네트워크(USN) : 모든 사물에 부착된 RFID 태그 또는 센서를 통해 탐지된 사물의 인식 정보는 물론 주변의 온도, 습도, 위치 정보, 압력, 오염, 균열 정도 등의 환경 정보를 실시간으로 네트워크와 연결하여 수집하고 관리하는 네트워크 시스템이다.

53 다음 중 인터넷 표준 그래픽 형식으로 8비트 컬러를 사용하여 256가지로 색의 표현이 제한되지만 애니메이션도 표현할 수 있는 그래픽 파일 형식으로 옳은 것은?

① TIF ② PNG
③ GIF ④ JPG

해설
- ① 응용 프로그램간 그래픽 데이터 교환을 위해 개발된 형식으로 트루컬러 표현이 가능하다.
- ② GIF 대신 통신망에서 사용하는 웹 표준 그래픽 형식으로 다양한 특수 효과가 가능하다.
- ④ 사진과 같이 선명한 정지 영상 압축 기술에 대한 국제 표준으로 인터넷에서 그림 전송 시 사용된다.

54 다음 중 PC의 업그레이드에 대한 설명으로 옳지 않은 것은?

① 펌웨어(Firmware)는 ROM에 저장되어 있어 사용자가 직접 업그레이드할 수 없다.
② RAM은 접근 속도의 단위인 ns(나노 초)의 수치가 작을수록 좋다.
③ 하드 디스크(HDD)는 기억 용량, RPM, 전송 속도의 값이 클수록 좋다.
④ CPU는 클럭 속도(MHz 또는 GHz)의 값이 클수록 좋다.

해설 펌웨어(Firmware) : 하드웨어와 소프트웨어의 중간 형태 프로그램으로 추가나 삭제가 가능하다.

55 다음 중 웹 문서를 만들기 위한 프로그래밍 언어로써 액티브 X를 설치하지 않아도 동일한 기능을 구현할 수 있고, 어도비 플래시와 같은 플러그인 기반의 각종 프로그램을 별도로 설치하지 않아도 되는 프로그래밍 언어는 무엇인가?

① VRML ② HTML 5
③ XML ④ UML

해설
- ① 3차원 가상 공간을 표현하기 위한 언어로 웹에서 3차원 입체 이미지를 묘사한다.
- ③ 구조화된 문서 제작용 언어로 HTML에 태그의 사용자 정의가 가능하다.
- ④ 요구 분석, 시스템 설계 및 구현 등의 시스템 개발 과정에서 개발자간 의사소통을 원활하게 하기 위하여 표준화한 통합 모델링 언어이다.

56 다음 중 보기에서 설명하는 모바일 기기 관련 용어로 옳은 것은?

> 여러 개의 앱을 한꺼번에 사용할 수 있도록 앱 실행 시 영상 화면을 오버레이의 팝업창 형태로 분리하여 실행하는 기능이다.

① 스마트 앱(Smart App)
② 플로팅 앱(Floating App)
③ 앱 스토어(App Store)
④ 앱북(App Book)

해설
- ① 휴대폰이나 스마트 폰 등에서 다운받아 사용할 수 있는 응용 프로그램이다.
- ③ 스마트 폰에 설치할 수 있는 다양한 응용 프로그램을 지원 및 판매하는 온라인상의 거래 장터이다.
- ④ 스마트 폰이나 태블릿 PC 등에서 해당 애플리케이션으로 제공되는 전자책이다.

정답 ▶ 53 ③ 54 ① 55 ② 56 ②

57 다음 중 멀티미디어 그래픽 기법의 설명으로 옳지 않은 것은?

① 디더링(Dithering)은 제한된 색상을 조합하여 복잡한 색이나 새로운 색을 만드는 작업이다.
② 메조틴트(Mezzotint)는 무수히 많은 점과 선으로 이미지를 만드는 것을 말한다.
③ 모핑(Morphing)은 기존의 이미지를 필터를 사용하여 다양한 형태의 새로운 이미지로 변환하는 작업이다.
④ 인터레이싱(Interlacing)은 이미지의 대략적인 모습을 먼저 보여주고 다음에 점차 자세한 모습을 보여주는 작업이다.

해설 모핑(Morphing) : 두 이미지를 자연스럽게 연결하고, 어떤 모습을 서서히 다른 형상으로 변화시키는 기법이다.

58 다음은 무엇에 대한 설명인가?

> 통신이나 인터넷을 통해 불특정 다수에게 원하지도, 요청하지도 않은 메일을 대량으로 보내는 광고성 메일

① Opt-in Mail　② Spam Mail
③ Net Mail　④ Green Mail

해설 스팸 메일 : 인터넷상에서 수신자의 동의 없이 불특정 다수의 수신자에게 대량으로 발송되는 광고성 메일로 정크 메일(Junk Mail)이라고도 한다.

59 다음 중 전자 우편에 대한 설명으로 옳지 않은 것은?

① 기본적으로 7Bit의 ASCII 코드를 사용하여 메시지를 전달한다.
② 수신자가 인터넷에 접속되어 있지 않으면 메일을 전송할 수 없다.
③ 전자 우편에 사용하는 주소 형식은 '아이디@도메인 네임'이다.
④ 한 사람이 동시에 여러 사람에게 동일한 전자 우편을 보낼 수 있다.

해설 수신자가 인터넷에 접속되어 있지 않은 오프라인 상태에서도 메일을 전송할 수 있다.

60 다음에서 설명하는 웹 프로그래밍 언어는 무엇인가?

> • 서버 측에서 동적으로 수행되는 페이지를 만들기 위한 언어로 Microsoft 사에서 제작하였다.
> • Windows 계열에서만 수행 가능한 프로그래밍이다.

① ASP　② JSP
③ PHP　④ HTML

해설
• ② 자바를 이용한 서버 측 스크립트로 다양한 운영 체제에서 사용이 가능하다.
• ③ 서버 측 스크립트 언어로 서버에서 해석하여 HTML 문서를 만든다.
• ④ 하이퍼텍스트 문서를 작성하는 언어로 문서의 표현 형식을 지정한다.

정답 57 ③　58 ②　59 ②　60 ①

2019년 03월 02일 시행 기출문제

점

1과목 | 워드프로세싱 일반

01 다음 중 키보드의 특수키에 대한 설명으로 옳은 것은?

① BackSpace : 커서를 왼쪽으로 이동시키면서 한 문자씩 삭제한다.
② Enter : 커서 오른쪽의 문자를 한 문자씩 삭제한다.
③ ESC : 선택된 기능이나 명령을 수행할 때 사용한다.
④ SpaceBar : 수정 모드일 경우에는 커서 왼쪽 문자를 삭제한다.

해설
- Enter : 다음 줄로 이동하거나 새로운 문단을 시작한다.
- ESC : 명령이나 선택 취소, 이전 상태 복귀 등을 수행한다.
- SpaceBar : 삽입 상태에서는 공백을 삽입하고, 수정 상태에서는 오른쪽 글자를 삭제한다.

02 다음 중 워드프로세서의 출력 기능에 대한 설명으로 옳지 않은 것은?

① 문서 편집 시 설정한 용지 크기는 인쇄 시 크기를 변경하여 출력할 수 없다.
② 특정 페이지를 지정하여 인쇄할 수 있다.
③ 작성한 문서를 팩스로 보낼 수 있다.
④ 프린터의 해상도를 높게 설정하면 출력 시간이 길어진다.

해설 문서 편집 시 설정한 용지 크기는 인쇄 시 크기를 변경하여 출력할 수 있다.

03 다음 그림과 같이 문서를 편집할 때 여러 가지 설정 항목들에 주어진 기본 값을 무엇이라 하는가?

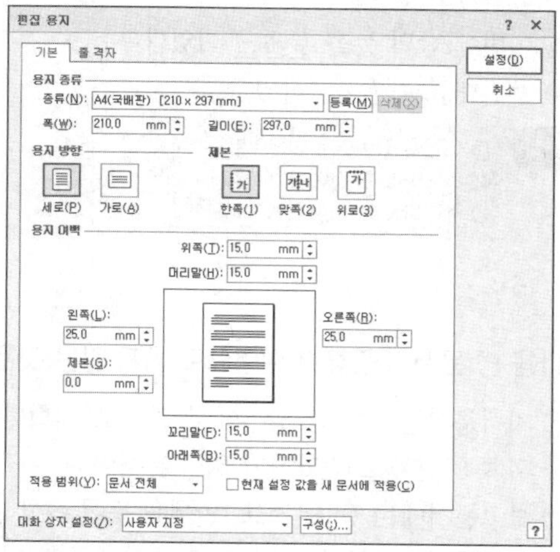

① 디폴트(Default)
② 색인(Index)
③ 옵션(Option)
④ 메뉴(Menu)

해설
- ② 문서의 중요한 내용들을 빠르게 찾기 위하여 문서의 맨 뒤에 용어와 기록된 쪽 번호를 오름차순으로 기록하여 정리한 목록이다.
- ③ 어떤 명령이나 기능에 대한 지시를 부여하거나 지시할 때 선택할 수 있는 항목이다.

04 다음 중 워드프로세서에서 사용하는 특수 문자에 대한 설명으로 옳은 것은?

① 특수 문자 중 전각 문자는 2바이트로 구성되어 있다.
② 특수 문자의 문자 코드 값은 모두 같은 값을 갖는다.
③ 키보드에 없는 특수 문자를 입력하는 방법은 응용 프로그램마다 사용 방법이 같다.
④ 한글 윈도우 운영 체제에서 한글 모음을 입력한 후 한자 키를 누르면 특수 문자가 나타나 입력할 수 있다.

해설
- ② 특수 문자의 문자 코드 값은 모두 다른 값을 갖는다.
- ③ 키보드에 없는 특수 문자를 입력하는 방법은 응용 프로그램마다 사용 방법이 다르다.
- ④ 한글 윈도우 운영 체제에서 한글 자음을 입력한 후 한자 키를 누르면 특수 문자가 나타난다.

정답 01 ① 02 ① 03 ① 04 ①

05 다음 중 밑줄 친 부분의 맞춤법 또는 어법이 옳은 것은?

① 마음을 *조리면서* 합격여부를 기다린다.
② *하느라고* 한 것이 이 모양이다.
③ 이번에 남의 논을 *부치게* 되었다.
④ 주민대표*로써* 참석하였다.

해설
• ① 마음을 졸이면서 합격여부를 기다린다.
• ② 하노라고 한 것이 이 모양이다.
• ④ 주민대표로서 참석하였다.

06 다음 중 문서의 종류별 설명으로 옳지 않은 것은?

① 지시문서는 조직의 상부에서 하부로 계획이나 기획 등의 명령을 전달하기 위한 문서이다.
② 보고문서에는 장표, 전표, 일계표 등이 속한다.
③ 연락문서는 업무를 연락하고 의사소통을 위한 것으로 업무 연락서, 통지서 등이 있다.
④ 기록문서는 기록과 보존을 위한 것으로 인사 기록 카드가 속한다.

해설 보고문서 : 업무에 대한 현황이나 결과 등을 보고하는 문서로 출장 보고서, 조사 보고서, 일계표 등이 있다.

07 다음 중 문서의 구성에서 본문에 들어갈 내용으로 옳지 않은 것은?

① 본문의 내용을 간결하게 추린 제목을 기재한다.
② 문서에서 전달하고자 하는 주요 내용을 명확하게 기재한다.
③ '다음', '아래' 등의 표현으로 내용을 정리하여 기재한다.
④ 생산 및 접수 등록번호를 기재하여 분실의 위험을 방지한다.

해설
• 본문에는 제목, 내용, 붙임을 기재한다.
• 보기 ④번은 결문에 해당한다.

08 다음 중 문서를 작성할 때 문서의 양이 변하는 교정 부호로 옳지 않은 것은?

① 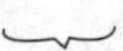
② 
③ 
④ 

해설
• 문서 분량이 증가되는 교정 부호 : 사이 띄우기(√), 삽입(‿), 줄 바꾸기(_┌‾), 들여쓰기(匚), 줄 삽입(>)
• 문서 분량이 감소되는 교정 부호 : 붙이기(⌒), 삭제(ꝺ), 줄 잇기(⊇), 내어쓰기(コ)

09 다음 중 문서 관리의 원칙에 대한 설명으로 가장 옳지 않은 것은?

① 정확성 : 문서를 옮겨 적거나 다시 기재하는 것을 줄이고, 복사해서 사용한다.
② 용이성 : 문서를 쉽게 작성하고, 판단 사무를 작업 사무화한다.
③ 신속성 : 반복되고 계속되는 업무는 유사 관련 자료를 참고하여 사무의 절차와 방법을 간소화한다.
④ 경제성 : 문서의 집중 관리 및 처리를 통하여 경비를 절약한다.

해설 신속성 : 문서 처리를 신속히 수행하는 것으로 문장은 짧게 작성하되 내용이 복잡할 경우 결론을 먼저 작성하고, 그에 대한 이유를 설명한다.

10 다음 중 한글 워드프로세서에서 사용하는 KS X 1005-1(유니 코드)에 대한 설명으로 옳지 않은 것은?

① 완성형 코드에 조합형 코드를 반영하여 개발되었다.
② 전 세계에서 사용할 수 있는 모든 문자를 표현할 수 있는 국제 표준 코드이다.
③ 영문은 1바이트 한글은 2바이트를 사용하는 코드이다.
④ 외국 소프트웨어의 한글화가 쉽고 한글은 가나다 순으로 정렬된 코드이다.

해설 유니 코드 : 한글 자모(240자), 한글(11,172자), 영문/한글 등의 모든 문자를 2Byte로 표현한다.

정답 ▶ 05 ③ 06 ② 07 ④ 08 ③ 09 ③ 10 ③

11 다음 중 EDI(Electronic Data Interchange)에 대한 설명으로 옳지 않은 것은?

① 각종 서류를 표준화된 양식을 통해 전자적 신호로 바꿔 컴퓨터 통신망을 이용, 전송하는 시스템이다.

② 기업 간의 거래 데이터를 교환하기 위한 표준 포맷으로 미국의 데이터교환표준협회에 의해 개발되었다.

③ EDI 메시지들은 암호화되거나 해독될 수 있으며 E-mail, 팩스와 함께 전자상거래의 한 형태이다.

④ EDI의 3대 구성 요소는 EDI 표준(Standards), 문서(Document), 통신 네트워크(VAN)이다.

해설 EDI의 3대 구성 요소는 EDI 표준(Standards), 사용자 시스템(User System), 통신 네트워크(VAN)이다.

12 다음 중 공문서의 관리에 대한 설명으로 옳지 않은 것은?

① 문서의 편철량은 100매 이내로 함을 원칙으로 하며, 양이 많을 경우 2권 이상으로 나눈다.

② 편철 순서는 위로부터 표지, 색인 목록, 발생 일자 순으로 끼워서 편철한다.

③ 전자문서는 컴퓨터 파일로 보존하되 보존 기간이 10년 이상인 문서는 마이크로필름으로 보존하여야 한다.

④ 보존 기간이 20년 이상인 전자문서는 마이크로필름이나 광 디스크에 수록되어 있더라도 보존 기간 중에는 폐기할 수 없다.

해설 전자문서는 보존 기간이 10년 이하인 문서는 마이크로필름으로 보존하여야 한다.

13 다음 중 서로 뜻이 상반되는 교정 부호로 짝지어지지 않은 것은?

① 

② 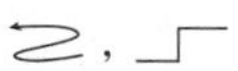

③ 

④ 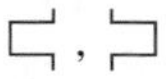

해설 • 보기 ③번은 수정과 붙이기로 서로 상반되지 않는다.
• 붙이기(⌒)와 상반되는 교정 부호는 사이 띄우기(√)이다.

14 다음에서 설명하는 전자 출판 기능은?

> 2차원의 이미지에 광원, 위치, 색상 등을 첨가하고 사실감을 불어넣어 3차원적인 입체감을 갖는 화상을 만드는 작업이다.

① 디더링(Dithering)

② 렌더링(Rendering)

③ 리터칭(Retouching)

④ 필터링(Filtering)

해설 • ① 제한된 색상을 조합 또는 비율을 변화하여 복잡한 색을 구현해 내는 기법이다.
• ③ 이미지 변형 작업으로 기존의 그림을 다른 형태로 새롭게 변형, 수정한다.
• ④ 작성된 그림을 필터 기능을 이용하여 여러 가지 형태의 새로운 이미지로 탈바꿈시켜 주는 작업이다.

15 다음 중 워드프로세서의 메일 머지(Mail Merge) 기능에 대한 설명으로 옳지 않은 것은?

① 동일한 내용의 반복 입력이나 도형, 서식 등을 여러 곳에 반복 적용할 때 사용하는 기능이다.

② 메일 머지 기능은 반드시 본문 파일에서 실행시켜야 한다.

③ 데이터 파일과 본문 파일이 필요하다.

④ 메일 머지 기능을 실행시켜 그 결과를 화면으로 나타나게 할 수 있다.

해설 메일 머지 : 본문 내용은 같고 수신인이 다양할 때 사용하는 기능으로 이름이나 직책, 주소 등만 다르고 나머지 내용이 같은 여러 통의 편지를 쉽게 만들 수 있다.

16 다음 중 한글 워드프로세서의 매크로 기능에 대한 설명으로 옳지 않은 것은?

① 일련의 작업 순서 내용을 특정키로 설정하고 필요할 때 한 번에 재생해 주는 기능이다.

정답 11 ④ 12 ③ 13 ③ 14 ② 15 ① 16 ②

② 키보드 매크로는 마우스 동작을 포함하는 사용자 동작을 기억할 수 있다.
③ 작성된 매크로는 편집이 가능하다.
④ 작성된 매크로는 별도의 파일에 저장이 가능하다.

해설 키보드 매크로는 마우스 동작이 아닌 키보드 동작만 기억할 수 있다.

17 다음과 가장 관련이 있는 용어는 무엇인가?

기안 · 검토/협조/결재권자의 신원과 전자문서의 변경 여부를 확인할 수 있도록 그 전자문서에 첨부되거나 결합된 전자적 형태의 정보로서 인증을 받은 것

① 전자이미지관인 ② 전자이미지서명
③ 전자문자서명 ④ 행정전자서명

해설
- ① 정보 처리 능력을 가진 장치에 의하여 전자적인 이미지 형태로 사용하며, 인영을 전자이미지관인대장에 등록한다.
- ② 기안자, 검토자, 협조자, 결재권자 또는 발신명의인이 전자문서상에 전자적인 이미지 형태로 된 자기 성명을 표시한다.
- ③ 전자문서상에 전자적 결합으로 자동 생성된 자기 성명을 전자적인 문자 형태로 표시한다.

18 다음 중 공문서의 발송에 대한 설명으로 옳지 않은 것은?

① 문서는 정보통신망을 이용하여 발신하는 것을 원칙으로 한다.
② 행정기관이 아닌 자에게는 행정기관의 홈 페이지나 행정기관이 공무원에게 부여한 전자 우편 주소를 이용하여 문서를 발신할 수 있다.
③ 업무의 성격, 기타 특별한 사정이 있는 경우에는 인편이나 우편으로는 발송할 수 있으나 팩스로는 발송할 수 없다.
④ 행정기관의 장은 문서를 수신, 발신하는 경우에 문서의 보안 유지와 위조, 변조, 분실, 훼손 및 도난 방지를 위한 적절한 조치를 마련하여야 한다.

해설 업무의 성격, 기타 특별한 사정이 있는 경우에는 우편, 팩스 등의 방법으로 문서를 발송하되 발신 기록을 증명할 수 있는 관계 서류를 기안문과 함께 보존한다.

19 다음과 가장 관련 있는 기능은 무엇인가?

- 문단의 형태(글꼴, 크기, 문단 모양, 문단 번호)를 쉽게 변경할 수 있다.
- 문서에 대하여 일관성 있는 서식을 유지하면서 편집하는데 가장 유용한 기능이다.

① 수식 편집기 ② 목차 만들기
③ 스타일 ④ 맞춤법 검사

해설 스타일(Style, 유형) : 문서에서 자주 사용하는 표준 서식을 특정 이름으로 저장하여 필요할 때 사용하는 기능으로 긴 글에 대하여 일관성 있는 문단 모양을 유지하는데 유용하다.

20 다음 중 문서 관리를 위한 파일링 시스템(Filing System)의 도입에 따른 효과로 옳지 않은 것은?

① 문서 관리 및 보존의 용이성
② 정보 전달의 원활화
③ 사무 공간의 효율적 사용
④ 기록 활용에 대한 제비용 증가

해설 파일링 시스템 : 문서를 체계적으로 관리하기 위해 일정 기준에 따라 파일 형태로 보관/보존하는 시스템으로 기록 활용에 대한 제비용은 감소한다.

2과목 | PC 운영 체제

21 한글 Windows에서 사용되는 Windows 도움말에 관한 설명으로 옳지 않은 것은?

① 도움말은 하이퍼텍스트 방식으로 제공되어 관련 항목의 도움말로 이동이 용이하다.
② 제목별로 검색할 수 있으며, 도움말의 내용을 사용자가 수정할 수 있다.
③ 도움말을 보다가 표시된 응용 프로그램을 실행하거나 인터넷 페이지로 이동할 수 있다.
④ 도움말은 기존 운영 체제의 메뉴 방식이 아닌 작업 표시줄의 검색 상자에 원하는 항목을 입력하여 질문에 대한 답으로 확인할 수 있다.

정답 17 ④ 18 ③ 19 ③ 20 ④ 21 ②

해설 도움말의 내용을 사용자가 수정할 수는 없다.

22 한글 Windows의 유니버설 앱에 있는 계산기 프로그램에 대한 설명으로 옳지 않은 것은?

① 표준용, 공학용, 프로그램용 등의 형태로 사용할 수 있다.
② 표준용 계산기에서 단위 변환이 가능하다.
③ 계산 결과를 복사하여 다른 프로그램에 붙여넣기 할 수 있다.
④ 공학용 계산기에서 2진수, 8진수, 10진수, 16진수 간에 상호 변환이 가능하다.

해설 보기 ④번은 프로그래머용 계산기에서 가능하다.

23 한글 Windows에서 사용하는 바로 가기 아이콘에 대한 설명으로 옳지 않은 것은?

① 자주 사용하는 문서나 프로그램을 빠르게 실행시키기 위하여 사용하는 원본 파일의 복사본이다.
② 폴더나 파일, 컴퓨터, 프린터, 디스크 드라이버 등의 개체에 대하여 설정할 수 있다.
③ 바로 가기 아이콘은 왼쪽 아래 부분에 화살표 표시가 있으며, 확장자는 LNK이다.
④ 바로 가기 아이콘을 삭제하여도 원본 파일은 삭제되지 않는다.

해설 바로 가기 아이콘 : 자주 사용하는 프로그램이나 문서 등을 빠르게 실행시키기 위한 아이콘으로 원본 파일의 위치 정보만 가지고 있다.

24 한글 Windows의 [작업 표시줄 설정] 창에서 할 수 있는 작업으로 옳지 않은 것은?

① 작업 표시줄 자동 숨기기를 설정할 수 있다.
② 작업 표시줄 단추에 배지 표시를 설정할 수 있다.
③ 알림 영역에 표시할 아이콘과 시스템 아이콘을 사용자가 지정할 수 있다.
④ 컴퓨터에 설치된 모든 앱을 숫자순, 영문순, 한글 순으로 정렬할 수 있다.

해설 보기 ④번은 [시작] 메뉴에서 가능하다.

25 한글 Windows에서 창의 구성 요소에 대한 설명으로 옳지 않은 것은?

① 검색 상자 : 파일명이나 폴더명으로 원하는 항목을 검색할 수 있는 공간이다.
② 메뉴 표시줄 : 창의 기본 기능을 실행할 수 있도록 각종 명령을 모아놓은 공간이다.
③ 내용 표시 창 : 선택한 폴더의 내용이 표시되며 기본적인 작업이 이루어지는 공간이다.
④ 상태 표시줄 : 현재 사용하는 드라이브와 폴더의 위치가 표시되며, 폴더 이름을 선택하면 해당 폴더로 이동하는 공간이다.

해설 상태 표시줄 : 현재 선택한 파일이나 폴더에 대해 다양한 항목과 상세 정보를 표시한다.

26 다음 중 한글 Windows의 파일 탐색기나 폴더 창의 우측 상단에 표시되는 검색 상자의 사용 방법에 관한 설명으로 옳지 않은 것은?

① 검색 필터를 추가하여 수정한 날짜나 크기 등의 속성을 이용하여 검색할 수 있다.
② 검색할 위치를 지정하여 파일이나 폴더를 검색할 수 있다.
③ 검색 결과에는 검색어로 사용된 문자가 노란색으로 표시되어 확인하기 용이하다.
④ 파일이나 폴더 그리고 프로그램, 제어판, 전자 이메일 메시지도 검색이 가능하다.

해설 파일 탐색기의 검색 상자를 사용할 경우는 파일과 폴더만 검색이 가능하다.

27 다음 중 이미지 뷰어를 위한 유틸리티 프로그램으로만 짝지은 것은?

① 알씨(ALSee), Imagine, Thumbs Plus
② 알FTP, 파일질라, Winscp
③ 반디집, 알집, WinZip

정답 22 ④ 23 ① 24 ④ 25 ④ 26 ④ 27 ①

④ 네이버 백신, V3 Lite, 알약

해설 이미지 뷰어 프로그램 : 그래픽 이미지 파일을 보거나 다른 형식의 이미지 파일로 바꿀 수 있는 프로그램으로 종류에는 ACDSee, 알씨, 다바, Imagine, Thumbs Plus 등이 있다.

28 한글 Windows에서 디스크 오류 검사에 대한 설명으로 옳지 않은 것은?

① 디스크 오류 검사는 폴더와 파일의 오류를 검사하여 발견된 오류를 복구한다.
② 디스크 오류 검사는 손상된 부분을 복구할 때 교차 연결된 파일이 발견되면 제거하거나 백업한다.
③ '파일 시스템 오류 자동 수정' 옵션을 선택하면 파일과 폴더의 오류가 발견되었을 때 사용자에게 오류 수정 여부를 물어 본 후 수정한다.
④ '불량 섹터 검사 및 복구 시도' 옵션을 선택하면 파일과 폴더의 오류뿐만 아니라 디스크 표면을 검사하여 디스크에 생긴 물리적인 오류도 찾아준다.

해설 파일 시스템 오류 자동 수정 : 디스크 오류 검사 중 파일 시스템 오류가 발견되면 사용자에게 오류 수정 여부를 묻지 않고 바로 수정한다.

29 한글 Windows가 설치된 C: 디스크 드라이브의 [로컬 디스크(C:) 속성] 대화 상자에서 작업할 수 있는 내용으로 옳지 않은 것은?

① 드라이브를 압축하여 디스크 공간을 절약할 수 있다.
② 디스크 오류 검사 및 조각 모음을 할 수 있다.
③ 네트워크 파일이나 폴더를 공유할 수 있도록 설정할 수 있다.
④ 디스크 정리 및 디스크 포맷을 할 수 있다.

해설 [로컬 디스크(C:) 속성] 대화 상자에서 디스크 정리는 가능하지만 디스크 포맷을 할 수는 없다.

30 한글 Windows에서 [기본 프로그램]에 대한 설명으로 옳지 않은 것은?

① Windows에서 기본적으로 사용할 프로그램을 선택한다.
② 네트워크 연결 및 방화벽을 열 때 사용할 기본 프로그램을 설정한다.
③ 오디오 CD를 넣으면 Windows Media Player가 자동으로 재생되도록 설정할 수 있다.
④ 웹 브라우저나 전자 메일 작업 등에 사용할 기본 프로그램을 선택한다.

해설 기본 프로그램 설정은 파일 형식 및 프로토콜을 열 때 사용할(연결할) 기본 프로그램을 설정한다.

31 한글 Windows에서 인터넷 IP 주소 체계를 위해 사용하는 IPv6에 대한 설명으로 옳지 않은 것은?

① IPv4와의 호환성이 뛰어나며, IPv4와 비교하여 자료 전송 속도가 빠르다.
② 숫자로 8비트씩 4부분으로 구분하며, 총 32비트로 구성된다.
③ 인증성, 기밀성, 데이터 무결성의 지원으로 보안 문제를 해결할 수 있다.
④ 실시간 흐름 제어로 향상된 멀티미디어 기능을 제공한다.

해설 IPv6은 128비트 주소 체계를 사용하며, 16비트씩 8부분의 16진수를 콜론(:)으로 구분하여 사용한다.

32 한글 Windows에서 사용하는 [사용자 계정]에 대한 설명으로 가장 옳은 것은?

① 표준 사용자 계정 사용자는 자녀 보호 설정을 할 수 있다.
② Guest 계정으로 로그인한 경우 암호로 보호된 폴더 및 파일 등을 액세스 할 수 있다.
③ 관리자 계정 사용자는 사용자 계정을 작성, 변경, 삭제 등의 작업을 할 수 있다.
④ 표준 사용자 계정 사용자는 자신이 사용할 소프트웨어를 설치하거나 설치된 파일을 삭제할 수 있다.

정답 28 ③ 29 ④ 30 ② 31 ② 32 ③

해설 • 표준 사용자 계정 : 일상적인 컴퓨터 작업에 사용하며, 자신의 계정 유형을 관리자로 변경할 수 없다.
• Guest 계정 : 주로 컴퓨터를 임시로 사용하는 사용자들만 사용한다(사용자 정보가 저장되지 않음).

33 한글 Windows에서 사용하는 [휴지통]에 대한 설명으로 옳은 것은?

① USB 메모리에 있는 파일을 선택한 후 Delete 키를 눌러 삭제하면 휴지통으로 가지 않고 완전히 지워진다.
② 지정된 휴지통의 용량을 초과하면 가장 최근에 삭제된 파일부터 자동으로 지워진다.
③ 삭제할 파일을 선택하고 Shift+Delete 키를 누르면 해당 파일이 휴지통으로 이동한다.
④ 휴지통의 크기는 사용자가 원하는 크기를 KB 단위로 지정할 수 있다.

해설 • ② 지정된 휴지통의 용량을 초과하면 가장 나중에 삭제된 파일부터 자동으로 지워진다.
• ③ 삭제할 파일을 선택하고 Shift+Delete 키를 누르면 곧바로 삭제된다.
• ④ 휴지통의 크기는 사용자가 원하는 크기를 MB 단위로 지정할 수 있다.

34 한글 Windows에서 사용하는 웹 브라우저의 기능에 대한 설명으로 옳지 않은 것은?

① 플러그인 프로그램을 설치하여 다양한 멀티미디어 데이터를 처리할 수 있다.
② 접속된 웹 페이지를 사용자 컴퓨터에 저장하거나 인쇄할 수 있다.
③ 전자 우편을 보내거나 HTML 문서를 편집할 수 있다.
④ 네트워크 환경 설정을 할 수 있다.

해설 웹 브라우저 : GUI 환경과 그래픽을 기반으로 하이퍼미디어 형태의 웹(WWW) 정보와 서비스를 사용하는 것으로 네트워크 환경을 설정할 수는 없다.

35 한글 Windows에서 [Windows 종료] 대화 상자의 각 메뉴에 대한 설명으로 옳지 않은 것은?

① 사용자 전환 : 현재 로그온 한 사용자 계정 작업 상태를 그대로 두고, 다른 사용자의 계정으로 전환하여 컴퓨터에 손쉽게 로그온 할 수 있다.
② 로그아웃 : 모든 프로그램을 종료하고, 새롭게 로그온할 사용자를 선택한다.
③ 절전 : 모니터와 하드 디스크를 최소 전력으로 두고, 컴퓨터에서 최대 전원 작업을 빠르게 시작할 수 있는 전력 절약 상태이다.
④ 다시 시작 : 변경된 Windows 설정을 저장하고 메모리에 있는 모든 정보를 이동식 디스크에 저장한 후에 시스템을 다시 시작한다.

해설 다시 시작 : 시스템을 종료한 후 자동적으로 다시 부팅한다.

36 한글 Windows에서 사용하는 바로 가기 키에 대한 설명으로 옳은 것은?

① ⊞+L : 컴퓨터 시스템을 잠그거나 사용자를 전환한다.
② F8 : 선택된 항목의 속성 대화 상자를 화면에 표시한다.
③ Alt+Enter : 활성창의 바로 가기 메뉴를 표시한다.
④ Alt+Tab : 작업 표시줄의 프로그램들을 차례대로 선택한다.

해설 • Alt+Enter : 선택 항목의 속성 대화 상자를 표시한다.
• Alt+Tab : 실행중인 프로그램 목록으로 창을 전환한다.

37 한글 Windows에서 프로그램 설치 및 제거에 대한 설명으로 옳지 않은 것은?

① 파일 탐색기에서 설치 파일(Setup.exe)을 찾아 더블 클릭하면 설치할 수 있다.
② 설치된 프로그램을 완전히 제거하려면 설치된 프로그램 파일들이 들어있는 폴더를 모두 삭제하면 된다.

정답 33 ① 34 ④ 35 ④ 36 ① 37 ②

③ 인터넷을 통해 설치하려면 해당 프로그램에 대한 링크를 클릭한 후 [열기] 또는 [실행]을 클릭한다.
④ [프로그램 및 기능] 창에서 해당 프로그램을 선택한 후 [제거]를 클릭하면 설치된 프로그램을 삭제할 수 있다.

해설 설치된 프로그램 파일들이 들어있는 폴더를 모두 삭제하더라도 프로그램이 완전히 제거되지는 않는다.

38 한글 Windows에서 파일과 폴더의 특징으로 옳지 않은 것은?

① 파일의 효율적인 관리를 위해 서로 관련 있는 파일들을 한 폴더에 저장한다.
② CON, PRN, AUX, NUL은 시스템에 예약된 단어이므로 파일 이름과 확장자명으로 사용할 수 없다.
③ 하나의 폴더 내에는 동일한 이름의 파일이나 폴더가 존재할 수 없다.
④ 파일과 폴더의 이름은 255자 이내로 작성하며, 공백을 포함할 수 있다.

해설 CON, PRN, AUX, NUL은 시스템에 예약된 단어이므로 파일 이름으로 사용할 수는 없지만 확장자명으로 사용할 수는 있다.

39 한글 Windows에서 작업 표시줄의 바로 가기 메뉴를 이용하여 작업 표시줄에 추가할 수 있는 도구 모음의 종류로 옳지 않은 것은?

① 주소 ② 링크
③ 바탕 화면 ④ 바로 가기 아이콘

해설 작업 표시줄에 추가할 수 있는 도구 모음 : 주소, 링크, 바탕 화면, 새 도구 모음이 있다.

40 한글 Windows에서 사용 중인 프린터의 공유 설정을 하려고 할 때 해당 프린터의 팝업 메뉴에서 선택해야 하는 메뉴 항목으로 옳은 것은?

① 인쇄 기본 설정 ② 프린터 속성
③ 속성 ④ 기본 프린터로 설정

해설 프린터의 공유를 설정하려면 해당 프린터 아이콘의 바로 가기 메뉴에서 [프린터 속성]을 선택한다.

3과목 | 컴퓨터와 정보 활용

41 다음 중 모니터 관련 용어에 대한 설명으로 옳은 것은?

① 해상도 : 모니터 화면을 구성하는 가장 작은 단위
② 주파수 대역폭 : 모니터 등의 출력 장치가 내용을 얼마나 선명하게 표현할 수 있느냐를 나타내는 단위
③ 픽셀 : 모니터가 처리할 수 있는 주파수의 폭
④ 화면 주사율 : 모니터가 가진 수직 주파수로 1초에 화면이 깜빡이는 정도

해설
- 해상도 : 정밀도를 나타내는 화질 평가의 기준으로 점(Pixel)의 개수가 많을수록 고해상도의 선명한 화면이다.
- 주파수 대역폭 : 많은 주파수로 이루어진 전기 신호를 흐트러지지 않게 전송하기 위하여 필요한 주파수의 폭이다.
- 픽셀 : 화면을 이루는 최소 구성 단위로 그림의 화소를 의미한다.

42 다음 중 컴퓨터의 기능에 대한 설명으로 옳지 않은 것은?

① 입력 기능은 키보드, 마우스, 터치 스크린, 이미지 스캐너 등과 같은 외부 입력 장치로부터 데이터를 읽어 들이는 기능이다.
② 기억 기능은 입력된 데이터나 프로그램, 처리된 결과로 얻어진 데이터를 기억 장치에 저장하는 기능이다.
③ 연산 기능은 중앙 처리 장치로부터 읽어 들인 프로그램의 명령 코드를 해석하여 사칙 연산, 논리 연산, 비교 연산 등을 처리하는 기능이다.
④ 출력 기능은 처리된 결과나 기억 장치에 기억된 내용을 사람이 알아볼 수 있는 형태로 내보내는 기능이다.

해설 연산 기능 : 사칙 연산, 산술 연산, 논리 연산, 관계 연산 등을 수행하는 기능이다.

정답 38 ② 39 ④ 40 ② 41 ④ 42 ③

43 다음 중 컴퓨터의 기본 장치인 주기억 장치에 대한 설명으로 옳지 않은 것은?

① 자료가 있는 주소에 새로운 자료가 들어오면 기존의 자료는 그 다음 주소로 저장된다.
② 주기억 장치에 사용되는 기억 매체는 주로 RAM을 사용한다.
③ 주기억 장치의 각 위치는 주소(Address)에 의해 표시된다.
④ 주기억 장치는 처리 중인 프로그램과 데이터 그리고 중간 처리 결과를 보관한다.

해설 자료가 있는 주소에 새로운 자료가 들어오면 기존의 자료는 삭제되고 새로운 자료가 저장된다.

44 다음은 컴퓨터의 명령어 처리 상태 중 무엇에 대한 설명인가?

> 번지 부분의 주소가 간접 주소일 경우 기억 장치의 주소가 지정하는 곳으로 유효 번지를 읽기 위해 기억 장치에 한 번 더 접근한다.

① 인출 상태 ② 간접 상태
③ 실행 상태 ④ 인터럽트 상태

해설
- ① 기억 장치에서 다음에 실행할 명령을 CPU로 가져오는 단계이다.
- ③ 인출된 명령어를 이용하여 직접 명령을 실행하는 단계이다.
- ④ 인터럽트가 발생했을 때 처리하는 단계이다.

45 다음 중 마더보드(Mother Board)에 대한 설명으로 옳지 않은 것은?

① 컴퓨터의 기본 회로와 부품들을 담고 있는 컴퓨터 내의 가장 기본적인 물리적 장치이다.
② 마더보드와 확장 슬롯 내에 꽂히게 될 확장 카드 간의 전자적 인터페이스를 채널이라고 한다.
③ 마더보드 내에는 마이크로프로세서, 메모리, 바이오스, 확장 슬롯, 접속 회로 등이 포함된다.
④ 마더보드에 따라서 사용자가 성능 향상을 위해 프로세서를 한 개 이상 설치할 수 있다.

해설 마더보드와 확장 슬롯 내에 꽂히게 될 확장 카드 간의 전자적 인터페이스를 버스(Bus)라고 한다.

46 다음 중 컴퓨터의 내부 인터럽트에 해당하는 것은?

① 명령 처리 중 오버플로(Overflow)가 발생한 경우
② 컴퓨터의 전원 공급이 끊어졌을 경우
③ 특정 장치에 할당된 작업 시간이 끝났을 경우
④ 입출력 장치가 데이터 전송을 요구하거나 전송이 끝났음을 알릴 경우

해설
- 내부 인터럽트 : 오버플로우, 언더플로우 등 잘못된 명령이나 데이터를 사용할 때 발생한다.
- 외부 인터럽트 : 전원(정전), 기계 착오, 입출력 장치 등의 외부적인 요인에 의해 발생한다.

47 다음 중 자료 처리의 단위에 대한 설명으로 가장 옳은 것은?

① 바이트는 하나 이상의 워드가 모여서 이루어지는 단위로 의미를 부여할 수 있는 논리적인 단위이다. 파일을 구성하는 최소 단위이며, 데이터베이스 구성의 기본 항목이다.
② 레코드는 관련된 하나 이상의 워드가 모여 구성되며, 프로그램 안에서 자료를 처리하거나 삭제하고 추가하는 기본 단위이다.
③ 파일은 같은 성질을 갖는 여러 개의 레코드를 합한 것으로 자료 표현의 가장 큰 단위이며, 업무 처리를 위한 기본 단위이다.
④ 데이터베이스는 여러 개의 관련 행과 열이 모여 구성되어 특정 체계에 의해 데이터를 분류하여 정해 놓은 것이다.

해설
- 바이트 : 문자 표현의 최소 단위이다(1Byte=8Bit).
- 레코드 : 논리 레코드는 프로그램(자료) 처리의 기본 단위이고, 물리 레코드는 하나 이상의 논리 레코드로 구성된 입출력 단위이다.
- 데이터베이스 : 파일들을 모아놓은 집합체이다.

48 다음 중 TCP/IP 상에서 운용되는 응용 프로토콜이 아닌 것은?

① FTP ② TELNET

정답 43 ① 44 ② 45 ② 46 ① 47 ③ 48 ④

③ HTTP ④ CPP

해설 CPP는 C++ 프로그래밍 언어에서 소스 코드 파일의 확장자이다.

49 다음 중 자기 디스크 관련 용어에 대한 설명으로 옳은 것은?

① 섹터(Sector) : 회전축을 중심으로 데이터가 기록되는 동심원
② 실린더(Cylinder) : 여러 개의 섹터를 모은 것
③ 탐색 시간(Seek Time) : 읽기/쓰기 헤드가 지정된 트랙을 찾은 후 원판이 회전하여 원하는 섹터의 읽기/쓰기가 시작될 때까지의 시간
④ 접근 시간(Access Time) : 데이터를 읽고 쓰는데 걸리는 시간의 합

해설
- 섹터 : 트랙을 일정하게 나눈 영역으로 실제 데이터가 저장된다.
- 실린더 : 디스크 회전축에서 동일 거리에 있는 트랙의 모임이다.
- 탐색 시간 : 읽기/쓰기 헤드를 접근하려는 트랙까지 이동하는 데 걸리는 시간이다.

50 다음 중 정보화 사회의 최신 기술 중에서 사물 인터넷(IoT)에 대한 설명으로 옳지 않은 것은?

① 세상에 존재하는 모든 사물을 네트워크로 연결한다.
② 인간과 사물 간에 언제 어디서나 서로 소통할 수 있다.
③ 인터넷에 연결된 기기가 사람의 개입 없이 서로 정보를 주고받으며 처리할 수 있다.
④ 컴퓨팅 자원을 가상화 기술로 통합하여 서비스를 제공한다.

해설 보기 ④번은 클라우드 컴퓨팅(Cloud Computing)에 대한 설명이다.

51 다음 중 컴퓨터에서 사용하는 멀티미디어의 특징에 대한 설명으로 옳지 않은 것은?

① 디지털 데이터로 통합하여 처리한다.
② 정보 제공자와 사용자간의 쌍방향성으로 데이터가 전달된다.
③ 데이터가 일정한 방향으로 순차적으로 처리된다.
④ 텍스트나 동영상 등의 여러 미디어를 통합하여 처리한다.

해설 멀티미디어의 특징 : 쌍방향성(Interactive), 비선형성(Non-Linear), 통합성(Integration), 디지털화(Digitalization)이다.

52 다음 중 멀티미디어 그래픽 데이터의 벡터 방식에 대한 설명으로 옳지 않은 것은?

① 점과 점을 연결하는 직선이나 곡선을 이용하여 이미지를 표현한다.
② 이미지를 확대하여도 테두리가 매끄럽게 표현된다.
③ 좌표 개념을 사용하여 이동 회전 등의 변형이 쉽다.
④ 비트맵 방식과 비교하여 기억 공간을 많이 차지한다.

해설 비트맵 방식과 비교하여 기억 공간을 적게 차지한다.

53 다음 중 서로 다른 프로토콜을 사용하는 망을 연결하는데 사용되는 것은 무엇인가?

① 리피터(Repeater)
② 게이트웨이(Gateway)
③ 서버(Server)
④ 클라이언트(Client)

해설 게이트웨이 : 서로 다른 프로토콜을 갖는 네트워크를 상호 연결하는 장치로 LAN과 외부 네트워크를 연결하거나 상위(응용) 계층을 연결한다.

54 다음과 관련이 있는 전자 우편의 헤더 부분은 무엇인가?

> 수신된 메일에 참조자가 표시되지 않으나 함께 메일을 받을 참조자의 전자 우편 주소

① 제목(Subject)

정답 49 ④ 50 ④ 51 ③ 52 ④ 53 ② 54 ④

② 첨부(Attach)
③ 받는 사람(To)
④ 숨은 참조(Bcc)

해설
• 머리부(Header) : To(수신자 주소), From(발신자 주소), Subject(제목), Date(전송 날짜), Cc(참조인 주소), Bcc(숨은 참조인 주소) 등이 있다.
• 수신된 메일에 참조자가 표시되지 않으므로 숨은 참조(Bcc)에 해당한다.

55 다음 중 공개키 암호화 기법에 대한 설명으로 옳지 않은 것은?

① 이중키 암호화 기법이라고도 한다.
② 암호화키와 복호화키가 서로 다르다.
③ 대표적인 알고리즘으로 RSA가 있다.
④ 비밀키 암호화 기법에 비해 암호화와 복호화의 속도가 빠르다.

해설 공개키 암호화 기법은 알고리즘이 복잡하여 실행 속도가 느리다.

56 다음 중 썬 마이크로시스템즈에서 개발한 객체 지향적 프로그래밍 언어로 처음에는 가전제품 내에 탑재해 동작하는 프로그램을 위해 개발했지만 현재 웹 애플리케이션 개발에 가장 많이 사용하는 언어 가운데 하나이고, 모바일 기기용 소프트웨어 개발에도 널리 사용하고 있는 언어는 무엇인가?

① JAVA ② Visual C++
③ Delphi ④ Power Builder

해설 자바(JAVA) : 웹상에서 멀티미디어 데이터를 유용하게 처리할 수 있는 객체 지향(Object-oriented) 언어로 분산형 컴퓨팅 및 통신 환경에 알맞은 응용 프로그램을 개발하는데 적합하다.

57 다음에서 설명하는 기억 장치로 옳은 것은?

• 하드 디스크의 일부를 주기억 장치처럼 사용한다.
• 페이징 기법과 세그멘테이션 기법이 있다.

① 연관 메모리(Associative Memory)
② 캐시 메모리(Cache Memory)
③ 가상 메모리(Virtual Memory)
④ 플래시 메모리(Flash Memory)

해설
• ① 내용에 따라 값을 읽거나 변경시키는 메모리로 접근 속도가 빠르다.
• ② CPU와 주기억 장치 사이의 실행 속도를 높이기 위해 사용되는 고속(로컬) 메모리이다.
• ④ EEPROM의 일종으로 전원이 끊어져도 저장된 정보가 지워지지 않는 비휘발성 메모리이다.

58 다음 중 연산 장치를 구성하는 레지스터가 아닌 것은?

① 데이터 레지스터
② 메모리 버퍼 레지스터
③ 상태 레지스터
④ 인덱스 레지스터

해설 연산 장치를 구성하는 레지스터에는 누산기, 가산기, 보수기, 시프터, 데이터 레지스터, 상태 레지스터, 기억 레지스터, 인덱스 레지스터, 주소 레지스터가 있다.

59 다음 중 개인정보에 대한 설명으로 옳은 것은?

① 개인정보는 성명, 주소 등과 같이 살아 있는 개인을 식별할 수 있는 정보이다.
② 개인에 대한 다른 사람의 평가, 견해 등과 같은 간접적인 정보는 개인정보에 포함되지 않는다.
③ 개인정보 자기 결정권은 자신의 개인정보보호를 위하여 정보 주체가 지켜야 할 권리이다.
④ 프라이버시권은 자신에 관한 정보가 언제 누구에게 어느 범위까지 알려지고 이용되도록 할지를 스스로 결정하는 권리이다.

해설
• 개인정보는 성명, 주민등록번호, 주소 등과 같이 특정 개인을 알아볼 수 있는 정보로 다른 사람의 평가, 견해 등의 간접 정보도 개인정보에 포함된다.
• 개인정보 자기 결정권은 자신에 관한 정보를 보호받기 위하여 자신에 대한 정보를 자율적으로 결정하고 관리할 수 있는 권리이다.
• 프라이버시권은 개인의 사생활이나 사적인 일 등이 타인에게 알려지지 않도록 간섭을 받지 않는 권리이다.

정답 55 ④ 56 ① 57 ③ 58 ② 59 ①

60 다음 중 메모리가 정상적으로 인식되지 않은 경우 그 대책으로 옳지 않은 것은?

① CMOS 셋업에서 캐시 항목이 Enable로 설정되어 있는지 확인한다.
② CMOS 셋업에서 RAM의 속도를 임의로 변경하지 않았는지 확인한다.
③ 메인보드에서 지원하는 RAM을 사용했는지 확인한다.
④ RAM 소켓에 RAM이 올바르게 꽂혀있는지 확인한다.

해설 캐시 항목은 캐시 데이터를 이용하여 속도를 향상시키는 것으로 메모리 인식과는 관계가 없다.

정답 60 ①

2019년 08월 31일 시행 기출문제

점

1과목 | 워드프로세싱 일반

01 다음 중 워드프로세서의 특징에 대한 설명으로 옳지 않은 것은?

① 작성한 문서를 다른 응용 프로그램에서 불러와 편집할 수 있다.
② 작성 중인 문서를 포토샵 파일(*.PDS)이나 동영상 파일(*.WMV)로 저장할 수 있다.
③ 작성한 문서에 암호를 부여하여 저장할 수 있어 보안 유지가 가능하다.
④ 작성한 문서를 메일, 팩시밀리, 모바일 등을 이용하여 쉽게 전송할 수 있다.

해설 워드프로세서에서 작성 중인 문서를 포토샵 파일이나 동영상 파일로 저장할 수는 없다.

02 다음 중 워드프로세서에서 문서를 작성할 때 금칙 처리에 관한 설명으로 옳은 것은?

① 특정한 기호가 행의 마지막 또는 행의 처음에 나타나지 않도록 하는 것이다.
② 입력되는 단어가 길어서 동일한 줄에 입력되지 않을 경우 다음 줄로 이동하여 나타나도록 하는 것이다.
③ 문서 인쇄 시 특정한 글자나 기호가 인쇄되지 않도록 하는 것이다.
④ 특정한 서체를 작성 중인 문서에서 사용할 수 없도록 하는 것이다.

해설 금칙 처리 : 행의 맨 앞이나 맨 뒤에 올 수 없는 문자이며, 문서를 작성할 때 기본적으로 사용할 수 없는 규칙 사항이다.

03 다음 중 워드프로세서에서 인쇄 기능에 관한 설명으로 옳지 않은 것은?

① 인쇄 전 미리 보기 기능을 이용하여 여백 보기 등을 통해 문서의 윤곽을 미리 확인할 수 있다.
② 모아 찍기 기능을 이용하여 문서 한 장에 여러 페이지를 인쇄할 수 있다.
③ 그림 워터마크와 글씨 워터마크를 설정하여 인쇄할 수 있다.
④ 파일로 인쇄하면 확장자가 .hwp 또는 .doc인 파일로 저장된다.

해설 파일로 인쇄하면 확장자가 .prn인 파일로 저장된다.

04 다음 중 워드프로세서의 메일 머지(Mail Merge) 기능에 관한 설명으로 옳지 않은 것은?

① 메일 머지를 수행하기 위해서는 데이터 파일과 서식 파일이 필요하다.
② 데이터 파일은 서식 파일에 대입될 개인별 이름이나 주소 등을 담고 있는 파일이다.
③ 서식 파일은 메일 머지 되어 나올 내용에서 공통적으로 들어갈 본문 내용을 기재한 파일이다.
④ 메일 머지에 쓸 수 있는 서식 파일에는 윈도우의 주소록과 Outlook 주소록, 한글 파일, 엑셀 파일 등이 있다.

해설 메일 머지에 쓸 수 있는 데이터(자료) 파일에는 윈도우의 주소록과 Outlook 주소록, 한글 파일, 엑셀 파일 등이 있다.

05 다음 중 맞춤법 검사(Spelling Check)에 대한 설명으로 올바른 것은?

① 수식과 화학식도 맞춤법 검사를 할 수 있다.
② 자주 틀리는 단어는 자동으로 수정되도록 지정할 수 있다.
③ 문서의 특정 부분만 검사할 수는 없다.
④ 맞춤법 외에 문법적인 오류는 고칠 수 없다.

정답 01 ② 02 ① 03 ④ 04 ④ 05 ②

> **해설** 맞춤법 검사 : 문서에서 잘못 입력된 단어를 찾아 수정하는 기능으로 자주 틀리는 단어를 자동으로 수정할 수 있고, 문법적인 오류까지도 지적할 수 있다. 또한, 한글뿐만 아니라 영문도 검사할 수 있지만 수식이나 화학식은 검사할 수 없다.

06 다음 중 워드프로세서의 용어에 대한 설명으로 옳지 않은 것은?

① 옵션(Option) : 어떤 기능에 대한 지시를 부여하거나 지시할 때 선택할 수 있는 항목을 말한다.
② 마진(Margin) : 문서의 균형을 위해 비워두는 페이지의 상하좌우 공백을 말한다.
③ 센터링(Centering) : 문서의 중심을 비우고 문서의 내용을 정렬하는 기능이다.
④ 캡션(Caption) : 문서에 포함된 표나 그림에 붙이는 제목 또는 설명이다.

> **해설** 센터링(Centering) : 문자열을 지정한 범위의 중앙에 정리하여 맞추는 것(가운데 정렬)이다.

07 다음 중 워드프로세서의 정렬(Align) 기능에 대한 설명으로 옳지 않은 것은?

① 문서의 내용을 가, 나, 다… 혹은 1, 2, 3… 형태로 크기 순서에 따라 나열하는 것이다.
② 하나의 문단은 영역 지정이 없어도 정렬이 가능하다.
③ 영역 지정 기능을 사용하면 문서 전체에 대해서 한꺼번에 정렬할 수 있다.
④ 정렬 방식으로는 왼쪽 정렬, 오른쪽 정렬, 가운데 정렬, 양쪽 정렬 등이 있다.

> **해설** 보기 ①번은 소트(Sort)에 대한 설명이다.

08 다음 중 워드프로세서의 화면 표시 기능과 관련된 설명으로 옳지 않은 것은?

① 눈금자를 사용하면 왼쪽과 오른쪽 여백, 들여쓰기, 내어쓰기, 탭 설정 여부 등을 표시할 수 있다.
② 상태 표시줄에는 커서가 있는 쪽 번호, 커서 위치, 삽입 또는 수정 상태, 자판의 종류 등의 정보를 표시한다.
③ 문서를 작성할 때 화면을 상하좌우로 이동하는 기능을 스크롤(Scroll)이라고 한다.
④ 작업 화면의 표준 도구 모음에는 제어 상자, 제목, 창 조절 단추 등이 표시된다.

> **해설** 현재 문서의 파일 이름, 파일 경로, 이름, 창 조절 단추 등은 제목 표시줄에 표시된다.

09 다음 중 전자 출판에 사용되는 용어에 대한 설명으로 옳지 않은 것은?

① 오버프린트(Over Print) : 대상체의 컬러가 배경색의 컬러보다 짙을 때에 겹쳐서 인쇄하는 방법이다.
② 필터링(Filtering) : 그림의 제한된 색상을 조합하여 복잡한 색이나 새로운 색을 만드는 작업이다.
③ 워터마크(Watermark) : 그림을 명암 대비가 작은 그림으로 바꾸는 것으로 기관의 로고 등을 작성하여 배경을 희미하게 나타낼 때 사용한다.
④ 초크(Choke) : 이미지 변형 작업으로 채도, 조명도, 명암 등을 조절해 주는 기능이다.

> **해설** 필터링(Filtering) : 작성된 그림을 필터 기능을 이용하여 여러 가지 형태의 새로운 이미지로 탈바꿈시켜 주는 작업이다.

10 다음 중 문서의 수정을 위한 교정 부호의 표기법으로 옳지 않은 것은?

① 문서의 내용과 혼돈되지 않도록 글자 색과 동일한 색으로 표기하도록 한다.
② 한번 교정된 부분도 다시 교정할 수 있다.
③ 교정하고자 하는 글자를 명확하게 지적해야 한다.
④ 여러 교정 부호를 동일한 행에 사용할 때 교정 부호가 겹치지 않도록 한다.

> **해설** 문서 수정 시 내용과 구분되도록 글자 색과 다른 색으로 표기하도록 한다.

정답 06 ③ 07 ① 08 ④ 09 ② 10 ①

11 다음 중 〈보기1〉 문장을 〈보기2〉 문장으로 수정하기 위하여 필요한 교정 부호들로 옳은 것은?

〈보기 1〉

> 삶은 언제나 스스로 부딪혀 경험하고 도전하는 모든 사람에게 더 영광을 안겨준다.

〈보기 2〉

> 인생은 언제나 스스로 부딪혀 경험하고 도전하는 사람에게 더 큰 영광을 안겨준다.

① 

② 

③ 

④ 

해설
- 수정 : 삶은 언제나 → 인생은 언제나
- 지우기 : 모든 사람에게 → 사람에게
- 삽입(끼워넣기) : 더 영광을 → 더 큰 영광을

12 다음 중 문서의 폐기에 관한 설명으로 가장 옳지 않은 것은?

① 보존 기간이 경과한 문서는 즉시 폐기 처분한다.
② 비밀문서는 반드시 문서 세단기를 이용하거나 폐기 전문 업체를 이용한다.
③ 문서를 폐기할 때는 보존문서 기록 대장에 폐기 사실을 기입하고 폐기인을 날인한다.
④ 폐기할 문서가 다시 필요할 지에 대한 검토를 할 필요는 없다.

해설 폐기문서 : 문서의 보존 가치가 상실되어 폐기 처분하는 문서로 다시 필요할 지에 대한 검토를 할 필요는 있다.

13 다음 중 문서 관리 시 확보해야 할 원칙에 대한 설명으로 옳지 않은 것은?

① 문서 관리를 담당하는 전문 인력을 배치하여 전문성을 높인다.
② 문서 처리 절차나 방법 중에서 반복되는 것이나 불필요한 것은 없애고 간결하게 처리한다.
③ 가능한 한 문서를 옮겨 적거나 세밀하게 기재하고 문서의 경유처는 최대한 모두 경유하게 한다.
④ 문서 관리 시 발생하는 여러 가지 수단이나 방법 중에서 가장 합리적인 것을 선정하여 적용한다.

해설 문서 관리는 정확성, 신속성, 용이성, 경제성을 기본 원칙으로 하므로 문서가 이동되고, 경유되는 경유처는 줄여야 한다.

14 다음에서 설명하는 문서 정리 방법을 나타내는 용어로 가장 적절한 것은?

> - 같은 카테고리의 문서를 한 곳에 모을 수 있다.
> - 문서 내용의 분류가 여러 개인 경우 상호 참조 표시가 필요하다.
> - 문서가 소분류로 구분되어 취급되는 경우에 많이 활용된다.

① 번호식 분류법　② 지역별 분류법
③ 주제별 분류법　④ 수평적 분류법

해설
- ① 번호순으로 정리하는 방법으로 번호를 참조하는 경우 유용하다.
- ② 지역 위치, 지역 범위, 국가 등으로 분류하여 가나다 또는 ABC 순으로 정리하는 방법이다.

15 다음 설명에 해당하는 용어는 무엇인가?

> - 주문서, 납품서, 청구서 등 무역에 필요한 각종 서류를 표준화된 양식을 통해 전자적 신호로 바꿔 컴퓨터 통신망을 이용, 거래처에 전송하는 시스템이다.
> - 기존의 서류를 통한 업무 처리와는 달리 컴퓨터를 이용하여 사무실에서 빠르고 간편하게 업무를 처리할 수 있다. 기업 간의 거래 데이터를 교환하기 위한 표준 포맷이다.

① ERP　② EDI
③ EDMS　④ CALS

해설 EDI(Electronic Data Interchange) : 컴퓨터와 통신망을 이용하여 문서를 컴퓨터가 이해할 수 있는 데이터 형태로 직접 전송하는 전자 데이터 교환이다.

정답 11 ② 12 ④ 13 ③ 14 ③ 15 ②

16 다음 중 공문서의 기안에 대한 설명으로 옳지 않은 것은?

① 기안문서는 전자문서로 하는 것을 원칙으로 한다.
② 각종 증명 발급이나, 회의록 등은 발의자와 보고자의 표시를 생략할 수 있다.
③ 행정기관명을 표시할 때 다른 행정기관명과 동일한 경우 바로 아래 하급 기관명을 함께 표시할 수 있다.
④ 수신자가 없는 내부 결재문서인 경우 수신 란에 '내부 결재'로 표시한다.

해설 행정기관명 : 문서를 기안한 부서의 행정기관명을 위에 기재하고, 아래에 수신자와 제목을 기재한다.

17 다음 중 글자 모양에 대한 설명으로 옳지 않은 것은?

① 아웃라인 글꼴에는 비트맵, 트루타입, 벡터, 포스트스크립트, 오픈타입 등이 있다.
② 일반적인 워드프로세서에서의 글자 크기 단위는 보통 포인트(Point)로 표시한다.
③ 첨자 문자는 전각 문자의 1/4 크기의 문자이다.
④ 장평은 글자의 가로 폭을 늘리거나 줄여서 글자에 변화를 주는 것이다.

해설 윤곽선(외곽선, Outline) 글꼴에 비트맵(Bitmap)은 포함되지 않는다.

18 다음 사외문서의 구성에 대한 설명 중 두문에 해당하지 않은 것은?

① 제목은 문서 내용을 파악할 수 있도록 본문 내용을 간추려 표시한다.
② 수신자명은 직위와 성명을 표시한다.
③ 발신 연월일은 숫자 뒤에 년, 월, 일을 붙여 표시할 수 있다.
④ 발신자명은 문서 발신자의 성명을 표시한다.

해설 사외문서 : 두문(수신/발신자명, 문서번호, 발신 연월일), 본문(제목, 인사말, 내용, 말문), 부기(담당자명, 직위, 추신, 첨부물)로 구성된다.

19 용지 규격 A4의 사이즈는 210×297(㎜)이다. 그렇다면 A3과 A5사이즈의 가로×세로 크기(㎜)로 바르게 나열된 것은?

① A3 : 297×420, A5 : 148×210
② A3 : 148×210, A5 : 105×148
③ A3 : 257×364, A5 : 182×128
④ A3 : 728×515, A5 : 594×420

해설 A1 : 594mm × 841mm, A2 : 420mm × 594mm, A3 : 297mm × 420mm, A5 : 148mm × 210mm

20 다음 중 공문서의 효력 발생 시기에 관한 설명으로 옳지 않은 것은?

① 효력 발생 시기란 문서를 실질적으로 영향을 미치는 시기를 의미한다.
② 우리나라는 문서가 수신된 시기 효력이 발생하는 도달주의를 채택하고 있다.
③ 공고문서의 경우에는 고시나 공고 즉시 효력이 발생한다.
④ 전자문서의 경우에는 수신자의 컴퓨터 파일로 기록된 시기에 효력이 발생한다.

해설 공고문서의 경우에는 고시 또는 공고가 있은 후 5일이 경과한 날부터 효력이 발생한다.

2과목 | PC 운영 체제

21 한글 Windows에서 [Windows 종료] 대화 상자의 각 메뉴에 대한 설명으로 옳지 않은 것은?

① 사용자 전환 : 현재 로그온 한 사용자 계정 작업 상태를 그대로 두고, 다른 사용자의 계정으로 전환하여 컴퓨터에 손쉽게 로그온 할 수 있다.
② 로그아웃 : 모든 프로그램을 종료하고, 새롭게 로그온할 사용자를 선택한다.
③ 절전 : 모니터와 하드 디스크를 최소 전력으로 두고, 컴퓨터에서 최대 전원 작업을 빠르게 시작할 수 있는 전력 절약 상태이다.

정답 16 ③ 17 ① 18 ① 19 ① 20 ③ 21 ④

④ 다시 시작 : 변경된 Windows 설정을 저장하고 메모리에 있는 모든 정보를 이동식 디스크에 저장한 후에 시스템을 다시 시작한다.

해설 다시 시작 : 시스템을 종료한 후 자동적으로 다시 부팅한다.

22 한글 Windows에서 사용되는 Windows 도움말에 관한 설명으로 옳지 않은 것은?

① 도움말은 하이퍼텍스트 방식으로 제공되어 관련 항목의 도움말로 이동이 용이하다.
② 제목별로 검색할 수 있으며, 도움말의 내용을 사용자가 수정할 수 있다.
③ 도움말을 보다가 표시된 응용 프로그램을 실행하거나 인터넷 페이지로 이동할 수 있다.
④ 도움말은 기존 운영 체제의 메뉴 방식이 아닌 작업 표시줄의 검색 상자에 원하는 항목을 입력하여 질문에 대한 답으로 확인할 수 있다.

해설 도움말의 내용을 사용자가 수정하거나 추가할 수는 없다.

23 한글 Windows의 바탕 화면에 있는 폴더 아이콘의 바로 가기 메뉴를 사용하여 할 수 있는 작업으로 옳지 않은 것은?

① 바탕 화면에 해당 폴더의 새로운 바로 가기 아이콘을 만들 수 있다.
② 바로 이전에 삭제한 폴더를 복원할 수 있다.
③ 공유 대상 폴더를 설정할 수 있으며, 동기화할 수 있다.
④ 해당 폴더의 속성을 재설정할 수 있다.

해설 바로 이전에 삭제한 폴더를 복원할 수 있는 것은 휴지통에서 가능하다.

24 한글 Windows에서 바로 가기 아이콘에 대한 설명으로 옳지 않은 것은?

① 바로 가기 아이콘은 하나의 프로그램 아이콘에 대해 한 개만 만들 수 있다.
② 바로 가기 아이콘에는 왼쪽 아래에 꺾인 화살표가 표시된다.
③ 바로 가기 아이콘은 프로그램을 빠르게 실행하기 위해 만들어 사용하는 것이다.
④ 폴더, 프린터, 디스크 드라이브 등에 대해 바로 가기 아이콘을 만들 수 있다.

해설 하나의 원본 파일에 대한 바로 가기 아이콘을 여러 개 만들어 사용할 수 있다.

25 한글 Windows의 화면 보호기에 대한 설명으로 옳지 않은 것은?

① 사용자 계정에 암호가 설정되어 있지 않아도 화면 보호기의 암호를 사용할 수 있다.
② 일정 시간 모니터에 전달되는 정보에 변화가 없을 때 화면 보호기가 작동되게 설정한다.
③ 화면 보호기는 마우스를 움직이거나 키보드에서 임의의 키를 누르면 해제된다.
④ 대기 시간, 다시 시작할 때 로그온 화면 표시를 지정할 수 있다.

해설 화면 보호기는 컴퓨터를 장시간 사용하지 않을 경우 모니터와 하드 디스크의 전원을 차단하는 기능으로 암호를 사용할 수 없다.

26 한글 Windows에서 파일이나 폴더의 복사 또는 이동에 사용되는 클립보드에 관한 설명으로 옳지 않은 것은?

① 클립보드를 사용하면 서로 다른 응용 프로그램 간에 데이터를 쉽게 전달할 수 있다.
② 클립보드에 저장된 내용은 시스템을 다시 시작하더라도 재사용이 가능하다.
③ 클립보드의 내용은 여러 번 사용이 가능하다.
④ 클립보드에는 가장 최근에 저장한 것 하나만 저장된다.

해설 클립보드에 저장된 내용은 시스템을 다시 시작하면 모든 데이터가 삭제된다.

정답 22 ② 23 ② 24 ① 25 ① 26 ②

27 한글 Windows의 보조프로그램에 있는 [그림판]에 대한 설명으로 옳지 않은 것은?

① 스마트 폰으로 촬영한 jpg 파일을 불러와 편집한 후 png 파일 형식으로 저장할 수 있다.
② 편집 중인 이미지의 일부분을 선택한 후 삭제하면 삭제된 빈 공간은 '색 1'(전경색)로 채워진다.
③ 그림판에서 편집한 그림은 Windows 바탕 화면의 배경으로 사용할 수 있다.
④ 오른쪽 버튼으로 그림을 그릴 경우에는 모두 '색 2'(배경색)로 그려진다.

해설 전경색(색 1)은 연필, 브러시, 도형 테두리 및 윤곽선에 사용되고, 배경색(색 2)은 지우개(삭제), 도형 채우기에 사용된다.

28 한글 Windows의 Windows Media Player에 대한 설명으로 옳지 않은 것은?

① 비디오 목록을 자녀 보호 등급별로 분류하여 표시할 수 있다.
② xlsx, hwp, doc 등과 같은 파일 형식의 문서 파일을 열 수 있다.
③ mp3 파일을 재생할 수 있다.
④ 재생 목록에 있는 파일을 비어 있는 CD 또는 DVD로 복사할 수 있다.

해설 Windows Media Player에서는 오디오 파일(MID, RM, MP3 등), 동영상 파일(MPEG, MOV, AVI 등)을 재생할 수 있다.

29 한글 Windows에서 프린터 설치에 대한 설명으로 옳지 않은 것은?

① 10대 이상의 프린터도 설치할 수 있으며, 기본 프린터는 하나의 프린터에 대해서만 설정할 수 있다.
② 공유된 프린터를 네트워크 프린터로 설정하여 설치할 수 있다.
③ LAN 카드가 설치되어 IP 주소가 부여된 프린터를 로컬 프린터로 설치할 수 있다.
④ 공유된 프린터는 기본 프린터로 설정할 수 없다.

해설 기본 프린터는 인쇄 시 특정 프린터를 지정하지 않은 경우 자동으로 인쇄 작업이 수행되는 프린터로 공유된 프린터도 기본 프린터로 설정할 수 있다.

30 한글 Windows에서 하드웨어 추가 또는 제거에 관한 설명으로 옳지 않은 것은?

① 설치된 하드웨어는 [제어판]의 [장치 관리자]에서 확인할 수 있다.
② 플러그 앤 플레이를 지원하는 장치를 설치하고, Windows를 재시작하면 자동으로 인식하여 설치된다.
③ 플러그 앤 플레이를 지원하지 않는 장치를 설치할 때는 [장치 관리자] 창의 [동작]–[레거시 하드웨어 추가] 메뉴를 선택하여 나타나는 [하드웨어 추가] 마법사를 사용한다.
④ 설치된 하드웨어의 제거는 [프로그램 및 기능] 창에서 해당 하드웨어의 드라이버를 제거하면 된다.

해설
- 프로그램 및 기능 : 현재 컴퓨터에서 사용하는 프로그램과 각각의 구성 요소를 관리할 수 있다.
- 해당 하드웨어의 드라이버 제거는 [제어판]–[장치 관리자]에서 실행할 수 있다.

31 한글 Windows의 [Windows 작업 관리자] 창에서 확인할 수 있는 사항으로 옳지 않은 것은?

① 실행 중인 응용 프로그램 목록
② CPU와 메모리의 사용 현황
③ 네트워크 이용률과 연결 속도
④ 프린터 등의 주변 기기 사용 목록

해설 보기 ①번은 [프로세스] 탭, 보기 ②번은 [성능] 탭, 보기 ③번은 [네트워킹] 탭에서 확인할 수 있다.

32 한글 Windows에서 폴더와 프린터의 공유에 대한 설명으로 옳지 않은 것은?

① 다른 사람이 공유 여부를 모르게 하려면 폴더의 공유 이름 뒤에 '#' 기호를 표시한다.

정답 27 ② 28 ② 29 ④ 30 ④ 31 ④ 32 ①

② 공유 자원의 아이콘을 클릭하면 파일 탐색기 하단의 세부 정보 창에 공유 여부가 표시된다.
③ 프린터를 공유할 경우 공유할 프린터의 이름을 변경할 수 있다.
④ 문서, 비디오, 소리, 그림 등의 데이터 파일을 공유하려면 해당 파일을 공용 폴더로 이동시키면 된다.

해설 다른 사람이 공유 여부를 모르게 하려면 폴더나 드라이브의 공유 이름에 '$' 표시를 한다.

33 한글 Windows에서 네트워크 연결을 위한 [이더넷 속성] 대화 상자에 관한 설명으로 옳지 않은 것은?

① 네트워크 연결에 사용할 네트워크 어댑터의 유형과 장치가 장착된 위치 등을 알 수 있다.
② 네트워크 기능의 유형에는 라우터, 게이트웨이, 리피터 등이 있다.
③ 네트워크가 IP 자동 설정 기능을 지원하지 않는 경우에는 해당 IP 주소, 서브넷 마스크, 기본 게이트웨이, DNS 서버 주소를 수동으로 설정하여야 한다.
④ 기본 게이트웨이와 DNS 서버 주소는 2개 이상 여러 개를 설정할 수 있다.

해설 네트워크 기능의 유형에는 클라이언트, 서비스, 프로토콜이 있다.

34 한글 Windows의 Internet Explorer에서 [보기] 메뉴의 하위 항목을 선택하여 할 수 있는 작업으로 옳지 않은 것은?

① 메뉴 모음, 즐겨찾기 모음, 상태 표시줄 등을 표시하도록 도구 모음을 설정할 수 있다.
② 이전이나 앞으로 화면 또는 기본 홈 페이지로 이동을 실행할 수 있다.
③ 표시되는 텍스트의 크기를 설정할 수 있다.
④ 즐겨 찾는 웹 페이지의 목록을 표시하여 볼 수 있다.

해설 보기 ④번은 [즐겨찾기] 메뉴에서 확인할 수 있다.

35 한글 Windows의 시스템 도구 프로그램에 대한 설명으로 옳지 않은 것은?

① [시스템 정보]를 수행하면 DMA, IRQ, I/O 주소 및 메모리 주소를 확인할 수 있다.
② [드라이브 조각 모음]을 수행하면 디스크 공간의 최적화를 이루어 접근 속도가 향상된다.
③ [디스크 오류 검사]를 수행하면 불필요한 파일을 검색하여 삭제한다.
④ [시스템 복원]을 수행하면 복원에 사용할 디스크 공간의 비율을 조절할 수 있다.

해설 디스크 오류 검사 : 디스크에서 폴더와 파일의 논리적/물리적 오류를 점검한 후 손상 영역을 복구한다.

36 한글 Windows의 제어판에 있는 [기본 프로그램]을 이용하여 설정할 수 있는 내용으로 옳지 않은 것은?

① 같은 유형의 파일 형식 또는 프로토콜별로 연결된 프로그램을 설정할 수 있다.
② 파일 형식 또는 프로토콜이 항상 특정 프로그램에서 열리도록 설정할 수 있다.
③ 컴퓨터에 삽입된 CD 또는 미디어 유형에 따라 각각에 맞게 자동으로 수행할 작업을 지정할 수 있다.
④ 컴퓨터에 설치된 특정 프로그램에 대한 추가나 제거를 할 수 있다.

해설 보기 ④번은 [제어판]–[프로그램 및 기능]에서 가능하다.

37 한글 Windows에서 '시스템 이미지 만들기'에 대한 설명으로 옳지 않은 것은?

① 시스템 이미지는 파일 시스템이 NTFS인 경우에만 가능하다.
② 시스템 이미지는 현재 사용 중인 드라이브 전체를 그대로 복사하는 것이다.
③ 시스템 이미지는 개별적인 폴더나 파일을 선택하여 만들 수 없다.
④ [제어판]–[복구]의 왼쪽 창에서 '시스템 이미지 만들기'를 클릭한다.

정답 33 ② 34 ④ 35 ③ 36 ④ 37 ④

해설 [제어판]–[백업 및 복원]의 왼쪽 창에서 '시스템 이미지 만들기'를 클릭한다.

38 한글 Windows의 보조프로그램 중에서 메모장에 관한 설명으로 옳은 것은?

① 그림이나 차트 등의 OLE 개체를 삽입할 수 있다.
② 편집하는 문서의 특정 영역(블록)에 대한 글꼴의 종류나 속성, 크기를 변경할 수 있다.
③ 자동 맞춤법과 같은 고급 기능을 제공한다.
④ 서식이 없는 텍스트 형식의 문서만 열거나 저장할 수 있다.

해설
- ① OLE 기능을 사용할 수 없으므로 그림판에서 작업한 개체 등을 연결할 수 없다.
- ② 전체 문서에 대해서만 글꼴, 글꼴 스타일, 글꼴 크기를 설정할 수 있다.
- ③ 자동 맞춤법과 같은 고급 기능을 제공하지 않는다.

39 한글 Windows의 작업 표시줄에 대한 설명으로 옳지 않은 것은?

① 작업 표시줄은 현재 실행되고 있는 프로그램 단추와 프로그램을 빠르게 실행하기 위해 등록한 고정 프로그램 단추 등이 표시되는 곳이다.
② 작업 표시줄은 위치를 변경하거나 크기를 조절할 수 있으며, 크기는 화면의 1/4까지만 늘릴 수 있다.
③ '작업 표시줄 잠금'이 지정된 상태에서는 작업 표시줄의 크기나 위치 등을 변경할 수 없다.
④ 작업 표시줄은 기본적으로 바탕 화면의 맨 아래쪽에 있다.

해설 작업 표시줄의 크기는 화면의 1/2까지 조절이 가능하다.

40 한글 Windows에서 네트워크에 이상이 있어 발생하는 문제라고 볼 수 없는 것은?

① 네트워크를 통해 다른 컴퓨터와 연결되지 않는 경우
② 네트워크에 로그온 할 수 없는 경우
③ 다른 컴퓨터에 연결된 프린터를 공유할 수 없는 경우
④ 현재 실행 중인 이미지 뷰어 프로그램이 응답하지 않는 경우

해설 이미지 뷰어 프로그램은 그래픽 이미지 파일을 보거나 다른 형식의 이미지 파일로 바꿀 수 있는 프로그램으로 네트워크 이상과는 관계가 없다.

3과목 | 컴퓨터와 정보 활용

41 다음 중 컴퓨터의 발전에 대한 세대별 특징을 연결한 것으로 옳지 않은 것은?

① 1세대 – 일괄 처리 시스템, 분산 처리
② 2세대 – 운영 체제 도입, 고급 언어 개발
③ 3세대 – 시분할 처리, MIS 도입
④ 4세대 – 개인용 컴퓨터 개발, 마이크로프로세서 개발

해설 1세대는 주로 과학 계산용으로 사용하며, 일괄 처리 시스템을 도입하였으나 분산 처리는 4세대에 해당한다.

42 다음 중 데이터의 표현 방식에 대한 설명으로 옳지 않은 것은?

① 숫자를 표현하는 부동 소수점 표현은 고정 소수점 표현에 비해 큰 수나 작은 수를 표현하기 때문에 컴퓨터 내부에서 처리하는 시간이 많이 걸린다.
② 문자 표현 방법 중 확장된 2진화 10진 코드(EBCDIC)는 8비트로 표현하며, ASCII 코드는 7비트로 표현한다.
③ 그레이(Gray) 코드는 각 자리 수에 고유한 값을 부여한 코드로 가중치 코드에 속하며 보수를 간단히 얻을 수 있다.
④ 고정 소수점 표현은 정수 표현 형식으로 구조가 단순하고 표현 범위가 좁다.

정답 38 ④ 39 ② 40 ④ 41 ① 42 ③

해설 그레이(Gray) 코드 : 아날로그-디지털 변환 또는 데이터 전송 등에 사용되는 비가중치 코드로 입출력 장치 코드에 유용하나 연산에는 부적합하다.

43 다음은 무엇에 대한 설명인가?

> 키보드 없이 손가락 또는 전자펜을 이용해 직접 액정 화면에 글씨를 써서 문자를 인식하게 하는 터치 스크린 방식을 주 입력 방식으로 하여 프로그램을 실행할 수 있는 모바일 인터넷 기기

① HMD(Head Mounted Display)
② 태블릿 PC
③ 노트북 컴퓨터
④ 랩톱 컴퓨터

해설 HMD(Head Mounted Display) : 헬멧을 머리에 쓰면 초대형 화면을 보는 듯한 효과를 낼 수 있는 휴대용 디스플레이 장치이다.

44 다음 중 아날로그 컴퓨터와 비교하여 디지털 컴퓨터의 특징으로 옳은 것은?

① 입력 형태로 전류, 전압, 온도, 속도 등이 가능하다.
② 논리 회로를 사용하며, 프로그래밍이 필요하다.
③ 미분이나 적분에 관한 연산 속도가 빠르다.
④ 특수 목적용으로 기억 기능이 적다.

해설
- 디지털 컴퓨터 : 문자, 숫자와 같은 이산적인 데이터를 취급하며, 논리 회로를 사용한다.
- 아날로그 컴퓨터 : 전압, 전류와 같은 연속적인 데이터를 취급하며, 증폭 회로를 사용한다.

45 다음 중 컴퓨터의 CPU에 있는 레지스터(Register)에 관한 설명으로 옳지 않은 것은?

① CPU 내부에서 처리할 명령어나 연산의 중간 값을 일시적으로 기억한다.
② 메모리 중에서 가장 속도가 빠르다.
③ 플립플롭(Flip-Flop)이나 래치(Latch)들을 연결하여 구성된다.
④ 운영 체제의 실행 정보를 기억하고 관리한다.

해설 레지스터(Register) : CPU 내부에서 처리할 명령어나 연산의 결과 값을 일시적으로 기억하는 고속의 기억 장치로 ALU(산술/논리 장치)에서 연산된 자료를 일시적으로 저장한다.

46 다음은 CPU가 프로그램 명령을 실행하는 과정을 나타낸 것이다. 올바른 순서로 나열된 것은 어느 것인가?

> 가. ALU는 논리 또는 산술 명령을 실행한다.
> 나. 프로그램 명령과 데이터는 입력 장치 또는 보조 기억 장치로부터 불러와 메모리에 저장된다.
> 다. 제어 장치가 데이터를 메모리에서 연산 장치 안의 레지스터로 옮긴다.
> 라. 명령 시간을 통해 명령어를 해석하고 필요한 데이터에 대한 메모리상의 위치를 결정한다.
> 마. 제어 장치가 메모리로부터 명령어를 가져와 레지스터에 넣는다.
> 바. 연산의 결과를 메모리 또는 레지스터에 저장한다.

① 가-나-다-라-마-바
② 나-마-라-다-가-바
③ 나-바-가-다-라-마
④ 마-라-나-가-다-바

해설 CPU가 프로그램 명령을 실행할 경우 '나-마-라-다-가-바'의 순서대로 진행한다.

47 다음 중 객체 지향 프로그래밍 언어로만 짝지어진 것은?

① C++, C#, JAVA
② C, COBOL, BASIC
③ FORTRAN, C++, XML
④ JAVA, C, XML

해설 객체 지향 프로그래밍 : Smalltalk, C++, Java 언어 등에서 객체 지향의 개념을 표현한다.

정답 43 ② 44 ② 45 ④ 46 ② 47 ①

48 다음 중 응용 소프트웨어에 대한 설명으로 옳지 않은 것은?

① 스프레드시트 소프트웨어로는 엑셀, 로터스, 훈민시트 등이 있다.
② 셰어웨어(Shareware)는 무료로 사용할 수 있으며, 누구나 자유롭게 사용하고 수정 및 배포할 수 있다.
③ 전자 출판(DTP) 소프트웨어로는 페이지 메이커, Quark Xpress 등이 있다.
④ 데이터베이스 관리 시스템을 사용하면 데이터의 중복성을 최소화 할 수 있다.

해설 셰어웨어(Shareware) : 일정 기간이나 기능에 제한을 두고 프로그램을 사용한 후 구입 여부를 판단하는 소프트웨어이다.

49 다음 중 압축 프로그램에 대한 설명으로 가장 거리가 먼 것은?

① 디스크 저장 공간을 효율적으로 사용할 수 있게 해준다.
② 데이터의 이동과 전송 시에 시간과 비용을 절감할 수 있다.
③ 이미 압축된 파일을 다시 압축하면 압축률을 더욱 증가시킬 수 있다.
④ 한글 Windows에는 Zip 파일로의 압축 기능을 기본으로 제공하고 있다.

해설 이미 압축된 파일을 여러 개 모아서 다시 한꺼번에 압축하면 압축률이 떨어진다.

50 다음에서 설명하는 오디오 데이터 파일 형식으로 가장 적합한 것은?

- 전자 악기 디지털 인터페이스를 의미하며, 컴퓨터 사이에서 음정과 같은 연주 정보를 교환하기 위한 데이터 전송 규격이다.
- 음성이나 효과음 저장이 불가능하고, 연주 정보만 저장 되어 있으므로 크기가 작다.

① WAVE ② RA/RM
③ MP3 ④ MIDI

해설
- ① PCM 방식으로 소리를 그대로 저장하였다가 사운드 카드를 통해 직접 재생(*.WAV)한다.
- ③ MPEG-1에서 오디오 압축 기술을 이용하여 만든 오디오 데이터의 디지털 파일 양식이다.

51 다음 중 웹 브라우저와 검색 엔진 및 검색 방법에 관한 설명으로 옳지 않은 것은?

① 웹 브라우저는 하이퍼미디어 형태의 월드 와이드 웹을 이용하기 위한 프로그램이다.
② 인터넷 정보 검색을 위한 검색 엔진은 동작 방식에 따라 주제별, 키워드, 메타 검색 엔진 등으로 구분된다.
③ 웹 브라우저는 플러그인 프로그램을 이용해 다양한 멀티미디어 데이터를 처리할 수 있다.
④ 검색 연산자(NEAR, AND, OR, NOT)는 우선 순위 없이 검색한다.

해설 검색 연산자의 우선 순위는 NEAR → NOT → AND → OR 순이다.

52 다음 중 OSI 7 계층 구조에서 각 계층에 해당하는 프로토콜로 옳지 않은 것은?

① 데이터 링크 계층 : HDLC, SDLC
② 네트워크 계층 : IP, ICMP
③ 세션 계층 : TCP, UDP
④ 응용 계층 : FTP, HTTP

해설 TCP, UDP는 전송 계층에 해당한다.

53 다음의 보기에서 설명하는 해킹 방법으로 옳은 것은?

트러스트 관계가 맺어져 있는 서버와 클라이언트를 확인한 후 클라이언트에 DoS 공격을 하여 연결을 끊은 다음, 공격자가 클라이언트의 IP 주소를 확보하여 서버에 실제 클라이언트처럼 패스워드 없이 접근하는 방법

정답 48 ② 49 ③ 50 ④ 51 ④ 52 ③ 53 ①

① 스푸핑(Spoofing)
② 스니핑(Sniffing)
③ 세션 하이재킹(Session Hijacking)
④ 크래킹(Cracking)

해설 • ② 네트워크 주변의 모든 패킷을 엿보면서 계정(Account)과 암호(Password)를 알아내기 위한 행위이다.
• ③ 네트워크에서 A와 B간의 주고받는 패킷의 순서(Sequence)를 추측하여 두 통신 사이에서 연결 중인 세션을 가로채는 기법이다.
• ④ 컴퓨터 시스템에 불법적으로 침투하여 시스템과 자료를 파괴하는 행위이다.

54 다음 중 제작자가 의도적으로 사용자에게 피해를 주고자 만든 모든 악의적 목적을 가진 프로그램 및 매크로, 스크립트 등 컴퓨터상에서 작동하는 모든 실행 가능한 형태의 악성 코드가 아닌 것은?

① 웜(Worm)
② 트로이 목마(Trojan House)
③ 혹스(Hoax)
④ V3

해설 바이러스를 치료하는 프로그램을 백신이라고 하며, 가장 많이 사용되는 백신은 V3이다.

55 다음 중 스마트 폰의 보안 위협에 대처하는 방법에 대한 설명으로 옳지 않은 것은?

① 와이파이(Wi-Fi) 망에서 양자 간 통신 내용을 가로채는 중간자 공격을 방지하기 위해 VPN 서비스를 강화한다.
② 악성 코드나 바이러스 감염으로부터 예방하고자 운영 체제와 백신 프로그램을 항상 최신 버전으로 업데이트 한다.
③ 악성 코드 유포를 막기 위해 가급적 멀티미디어 메시지(MMS)를 사용하고 블루투스 기능은 항상 켜 놓는다.
④ 분실한 기기에 저장된 개인 정보를 원격으로 삭제하여 불법 사용을 방지하기 위해 킬 스위치(Kill Switch) 기능을 사용한다.

해설 악성 코드는 악의적인 용도로 사용될 수 있는 유해한 프로그램으로 유포를 막기 위해서 블루투스 기능은 필요할 때를 제외하고는 끄는(Off) 것이 좋다.

56 다음 중 정보 보안 기법으로 사용되는 방화벽(Firewall)에 관한 설명으로 옳지 않은 것은?

① 외부 침입자의 흔적을 찾는 역추적 기능이 있다.
② 외부에서 내부로 들어오는 인증된 패킷만 통과시키는 구조이다.
③ 내부로부터의 불법적인 해킹에 대비한 보안 기법으로도 사용된다.
④ 해킹 등 외부로의 정보 유출을 막기 위하여 사용되는 보안 기법이다.

해설 방화벽 : 외부의 불법적인 침입으로부터 정보를 보호하기 위한 보안 시스템으로 방화벽을 사용하더라도 내부의 불법적인 해킹은 막지 못한다.

57 다음 중 정보 통신 기술(ICT)에 대한 설명으로 옳지 않은 것은?

① 증강 현실(Augmented Reality) : 현실 세계의 배경에 3D의 가상 이미지를 중첩하여 영상으로 보여 주는 기술이다.
② RFID(Radio Frequency IDentification) : 전자 태그가 부착된 IC 칩과 무선 통신 기술을 이용하여 다양한 개체들의 정보를 관리할 수 있는 센서 기술이다.
③ 매시업(Mashup) : 웹상에서 제공되는 다양한 콘텐츠와 서비스를 혼합하여 새로운 서비스를 개발하는 기술이다.
④ 텔레메틱스(Telematics) : 유선 전화망, 무선망, 패킷 데이터 망 등과 같은 기존의 통신망을 하나의 IP 기반 망으로 통합하여 각종 데이터를 전송하는 기술이다.

정답 54 ④ 55 ③ 56 ③ 57 ④

해설 텔레메틱스(Telematics) : 원격 통신(Telecommunication)과 정보 과학(Informatics)의 합성어로 통신과 방송망을 이용하여 자동차 안에서 위치 추적, 인터넷 접속, 차량 진단, 사고 감지, 교통 정보 등을 제공하는 서비스이다.

58 다음 중 모바일 기기의 기능에서 테더링(Tethering)에 관한 설명으로 옳은 것은?

① 기기에 내장된 카메라를 이용해 실제 사물이나 환경에 부가 정보를 표시하는 기술이다.
② 인터넷에 연결된 기기를 활용해 다른 기기에서 인터넷 접속을 가능하도록 하는 기술이다.
③ 인공위성 위치정보 신호를 수신하는 기술이다.
④ 근거리에서 데이터의 무선 통신을 가능하도록 해 주는 기술이다.

해설 테더링(Tethering) : 휴대폰을 모뎀으로 활용할 수 있는 기능으로 노트북과 같은 IT 기기를 휴대폰에 연결하여 무선 인터넷을 사용할 수 있다.

59 다음 중 전자 우편에 대한 설명으로 옳지 않은 것은?

① 전자 우편의 송신을 담당하고 다른 사람의 계정이 있는 곳으로 전송하는 프로토콜은 IMAP이다.
② 메일 서버에 도착한 전자 우편을 사용자 컴퓨터로 가져오는 프로토콜은 POP3이다.
③ 전자 우편 주소 sang123@nara.co.kr에서 도메인 네임은 nara.co.kr이다.
④ 회신은 받은 메일에 대해 답장을 작성하여 발송자에게 보내는 기능이다.

해설 IMAP : 전자 우편의 수신을 담당하고, 제목과 송신자를 보고 메일을 다운로드 할 것인지를 결정한다.

60 다음 중 개인정보보호에 관한 설명으로 옳지 않은 것은?

① 개인정보처리자는 정보 주체의 개인정보가 분실, 도난, 유출, 위조, 변조 또는 훼손되지 않도록 해야 한다.
② 기업은 개인정보보호를 시작하기 위해서 개인정보보호 전담자와 조직을 만들어야 한다.
③ 개인정보보호에 문제가 생겼을 때는 IT 부서 책임자나 최고보안책임자를 제외하고 경영자가 책임을 져야 한다.
④ 개인정보보호는 개인정보 자기 결정권이 철저히 보장될 수 있도록 하는 일련의 행위이다.

해설 개인정보보호에 문제가 생겼을 때는 IT 부서 책임자나 최고보안책임자도 책임자로 분류된다.

정답 58 ② 59 ① 60 ③

2020년 02월 29일 시행 기출문제

점

1과목 | 워드프로세싱 일반

01 다음 중 워드프로세서에서 편집 용지 설정에 관한 설명으로 옳지 않은 것은?

① 편집 용지의 여백에는 위쪽, 아래쪽, 왼쪽, 오른쪽, 머리말, 꼬리말, 제본 등이 있다.
② 편집 용지의 여백에도 글자를 입력할 수 있다.
③ 편집 용지의 방향을 세로나 가로 방향으로 설정할 수 있다.
④ 편집 용지의 제본을 위하여 한쪽, 맞쪽, 위로 등을 설정할 수 있다.

해설 편집 용지의 여백에서는 글자를 입력할 수 없다.

02 다음 중 워드프로세서에서 치환에 대한 내용으로 옳지 않은 것은?

① 치환 후에는 문서의 분량이 변할 수 없다.
② 글자 모양, 문단 모양, 스타일도 지정하여 바꿀 수 있다.
③ 블록을 지정한 특정 영역에 대해서만 치환 기능을 적용할 수 있다.
④ 특정 문자열을 찾아 다른 문자열로 바꾸는 기능이다.

해설 치환 작업 후 바뀌는 문자열의 길이에 따라 문서 분량이 증가하거나 감소한다.

03 다음 보기와 가장 관련이 있는 것은?

- 한 행에 문자가 다 채워지지 않은 상태에서 Enter 키를 눌러 다음 행의 처음으로 커서를 이동하는 기능
- 새로운 문단을 시작할 때 사용하는 기능

① 자동 페이지 넘김　　② 자동 개행
③ 강제 개행　　④ 강제 페이지 넘김

해설
- ① 입력 내용이 한 페이지를 넘으면 자동으로 다음 페이지로 이동하는 기능이다.
- ② 입력 내용이 한 줄을 넘으면 자동으로 다음 줄로 이동하는 기능이다.
- ④ 페이지 구분을 위해 Ctrl+Enter 키를 눌러 강제로 페이지를 나누는 기능이다.

04 다음 중 워드프로세서의 저장 기능에 대한 설명으로 옳지 않은 것은?

① 기존의 문서를 다른 이름으로 저장하면 기존 문서에 새로운 내용이 추가되어 저장된다.
② 문서의 저장 위치와 파일 이름 및 형식을 변경하여 저장할 수 있다.
③ 응용 프로그램간의 데이터 교환을 위하여 다양한 파일 형식으로 저장할 수 있다.
④ 원본 파일의 파손에 대비한 백업 파일 생성 기능을 제공한다.

해설 기존의 문서를 다른 이름으로 저장하면 기존의 문서 내용은 그대로 있고, 새로운 이름으로 문서를 저장한다.

05 다음 중 워드프로세서에서 영역(Block) 지정에 관한 설명으로 옳지 않은 것은?

① 문서의 왼쪽 여백에서 마우스를 한 번 클릭하면 문서 전체를 블록 지정할 수 있다.
② 키보드의 Shift 키를 누른 상태로 방향키를 사용하여 문서의 일부 내용을 블록 지정할 수 있다.
③ 문서의 일부 내용을 마우스로 드래그하여 블록 지정할 수 있다.
④ 임의의 단어에서 마우스를 두 번 연속으로 클릭하면 해당 단어를 블록 지정할 수 있다.

해설 문서의 왼쪽 여백에서 마우스를 한 번 클릭하면 한 줄만 블록 지정할 수 있다.

정답 01 ② 02 ① 03 ③ 04 ① 05 ①

06 다음 중 워드프로세서의 표 기능에 관한 설명으로 옳지 않은 것은?

① 표를 만든 후 표의 서식을 다양하게 변경할 수 있다.
② 표에서 같은 행이나 열에 있는 두 개 이상의 셀을 하나의 셀로 결합할 수 있다.
③ 표 속성 창에서 확대나 축소 비율, 그림자를 설정할 수 있다.
④ 표 안에서 새로운 중첩된 표를 만들고 편집할 수 있다.

해설 표의 속성 대화 상자에서는 확대나 축소 비율, 그림자를 설정할 수 없다.

07 다음 중 워드프로세서의 그리기 기능에 대한 설명으로 옳지 않은 것은?

① Alt 키를 누른 채 원이나 사각형을 그리면 정원이나 정사각형이 그려진다.
② Ctrl 키를 누른 채 도형을 그리면 도형의 중심부터 그려진다.
③ Shift 키를 누른 채 개체들을 마우스로 클릭하면 개체 묶기(그룹화)를 위한 연속적인 선택이 가능하다.
④ Ctrl 키를 누른 채 마우스로 드래그하여 그리기 개체를 복사할 수 있다.

해설 Shift 키를 누른 채 원이나 사각형을 그리면 정원이나 정사각형이 그려진다.

08 다음 중 컴퓨터에서 사용하는 파일의 유형과 확장자(Extension)가 바르게 연결된 것은?

① 실행 파일 – BAK, WBK, BKG
② 그래픽 파일 – ARJ, ZIP, LZH
③ 백업 파일 – COM, EXE, BAT
④ 음악 파일 – WAV, MID, MP3

해설 실행 파일 : COM, EXE, BAT / 그래픽 파일 : BMP, PCX, GIF, JPG / 백업 파일 : BAK, WBK, BKG

09 다음 중 KS X 1005–1(유니 코드)에 대한 설명으로 옳지 않은 것은?

① 외국 소프트웨어의 한글화가 쉽고, 모든 문자를 2바이트로 표현한다.
② 정보통신망을 이용한 정보 교환 시 데이터의 충돌이 발생한다.
③ 전 세계 모든 문자의 표현이 가능하다.
④ 완성형과 조합형을 동시에 사용할 수 있다.

해설 정보통신망을 이용한 정보 교환 시 데이터의 충돌이 발생하는 것은 KS X 1001 조합형이다.

10 다음 중 전자 출판의 특징으로 옳지 않은 것은?

① 저장 매체의 일부가 손상되어도 전체 자료를 볼 수 있다.
② 문자나 소리, 그림, 동영상 등 멀티미디어 요소의 복합적인 표현이 가능하다.
③ CD–ROM 등을 저장 매체로 이용하여 보관 공간을 줄이고 영구적인 보관이 가능하다.
④ 컴퓨터 통신망을 이용하여 다수의 사용자가 동시에 자료의 사용이 가능하다.

해설 저장 매체의 일부가 손상되면 전체 자료를 볼 수 없다.

11 다음 중 워드프로세서에서 맞춤법 검사 기능에 관한 설명으로 옳지 않은 것은?

① 내장된 사전과 비교하여 틀린 단어를 고치는 기능이다.
② 문장 부호 검사, 영문 약자 검사를 지정할 수 있다.
③ 자주 틀리는 단어는 자동으로 수정되도록 지정할 수 있다.
④ 한글과 영문뿐만 아니라 수식도 고칠 수 있다.

해설 한글뿐만 아니라 영문도 검사할 수 있지만 수식이나 화학식은 검사(수정)할 수 없다.

정답 06 ③ 07 ① 08 ④ 09 ② 10 ① 11 ④

12 다음 중 공문서의 처리 원칙에 관한 설명으로 가장 옳지 않은 것은?

① 문서는 신중한 업무 처리를 위해 당일보다는 기한에 여유를 두고 천천히 처리하도록 한다.
② 문서는 권한이 있는 사람에 의해 작성되고 처리되어야 한다.
③ 사무 분장에 따라 각자의 직무 범위 내에서 책임을 가지고 처리해야 한다.
④ 문서는 일정한 요건과 형식을 갖추어야 한다.

해설 공문서는 효율적인 업무 처리를 위하여 즉시 또는 즉일 처리를 원칙으로 한다(즉일 처리의 원칙).

13 다음 중 공문서 작성에 대한 설명으로 옳지 않은 것은?

① 문서에서 날짜 표기 시 연, 월, 일 글자를 생략하고 온점(.)을 찍어 표시할 수 있다.
② 시작 인사말은 본문에 간단히 기재한다.
③ 문서의 두문에 제목을 기재하여 문서의 성격을 파악할 수 있게 한다.
④ 전하고자 하는 내용은 간결하고 명확하게 본문에 작성한다.

해설 두문(수신/발신자명, 문서번호, 발신연월일), 본문(제목, 내용), 결문(담당자명, 직위)으로 구성된다.

14 다음 중 교정 부호를 사용한 후 원래 문장의 글자 수(공백 포함)가 변하지 않는 부호로 옳은 것은?

① 
② 
③ 
④ 

해설
- ① 되살리기(교정 취소), ② 지우기, ③ 글자 바꾸기(수정), ④ 사이 띄우기
- 되살리기 교정 부호는 단어나 글자 변경에 관계가 없다.

15 다음 중 문서를 작성할 때 서로 상반되는 의미를 갖는 교정 부호의 쌍으로 옳지 않은 것은?

① 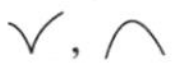
② 
③ 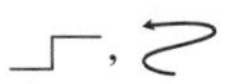
④ 

해설
- 서로 상반되는 교정 부호 : 삽입 ↔ 삭제, 들여쓰기 ↔ 내어쓰기, 사이 띄우기 ↔ 붙이기, 줄 바꾸기 ↔ 줄 잇기, 끌어올리기 ↔ 끌어내리기
- 보기 ④번은 수정과 들여쓰기 교정 부호이다.

16 다음 중 문서 관리에 관한 설명으로 옳지 않은 것은?

① 문서의 생산에서부터 보관, 폐기까지의 과정을 일정한 규칙이나 기준에 따라 처리하는 것을 의미한다.
② 문서 관리 기능에는 의사 구분 기능과 의사 편철 기능이 있다.
③ 문서 관리는 정확성, 신속성, 용이성, 경제성 등을 원칙으로 한다.
④ 구분–분류–편철–보관–이관–보존–폐기 등의 절차가 있다.

해설 문서 관리 기능에는 의사 전달 기능과 의사 보존 기능이 있다.

17 다음 중 문서 파일링 방법에 관한 설명으로 옳지 않은 것은?

① 번호별 분류법은 업무 내용으로 참조되는 경우에 가장 효과적이다.
② 주제별 분류법은 분류하는 것이 어려우나 무한하게 확장할 수 있다.
③ 명칭별 분류법은 직접적인 정리가 가능하며, 배열 방식이 단순하다.
④ 지역별 분류법은 여러 나라나 지역에 사업장을 갖춘 기업에 유용하다.

해설 번호별 분류법은 번호순으로 정리하는 방법으로 번호를 참조하는 경우 유용하다(보안이나 기밀 유지에 유용).

18 다음 중 전자문서의 관리에 대한 설명으로 옳지 않은 것은?

① 전자문서의 결재권자는 전자문서를 열람한 후 전자문서의 서명란에 서명한다.

정답 12 ① 13 ③ 14 ① 15 ④ 16 ② 17 ① 18 ②

② 행정기관의 전자이미지관인은 문서과의 기안자가 찍어야 한다.
③ 전자 결재 시스템을 사용하면 표준 서식으로 정해진 문서만 사용할 수 있다.
④ 전자문서의 효력은 수신자의 컴퓨터에 파일로 등록된 때부터 발생한다.

해설 행정기관의 전자이미지관인은 처리과의 기안자가 찍어야 한다.

19 다음 중 문서의 처리 단계에 따른 분류에서 기안문서에 관한 설명으로 옳은 것은?

① 결재권자의 결재를 받기 위하여 지정된 서식에 따라 작성한 초안 문서이다.
② 특별한 절차 없이 다른 부서나 사람에게 열람시키려할 때 사용되는 문서이다.
③ 자료의 가치로 인해 일정 기간 보관해야 할 필요성이 있는 문서이다.
④ 결재 문서의 시행을 위해 작성된 문서이다.

해설 보기 ②번은 공람문서, 보기 ③번은 보존문서, 보기 ④번은 시행문서이다.

20 다음 중 공문서의 '끝' 표시에 대한 설명으로 옳지 않은 것은?

① 첨부물 없이 본문이 끝났을 때 : 본문 내용의 마지막 글자에서 한 글자(2타) 띄우고 '끝' 표시를 한다.
② 첨부물이 있을 때 : 본문의 내용이 끝난 줄 다음에 '붙임' 표시 및 첨부물의 명칭과 수량을 기재한 후 한 글자(2타) 띄우고 '끝' 표시를 한다.
③ 본문 또는 붙임에 적은 사항이 오른쪽 한계선에서 끝났을 때 : 다음 줄의 왼쪽 한계선에서 한 글자(2타) 띄우고 '끝' 표시를 한다.
④ 본문이 표 형식으로 끝났을 때 : 마지막으로 작성된 칸의 다음 칸에 '빈칸' 표시를 한다.

해설 본문이 표 형식으로 끝났을 때 : 마지막으로 작성된 칸 밖 다음 줄의 왼쪽 기본선에서 한 글자(2타) 띄우고 '끝' 표시를 한다.

2과목 | PC 운영 체제

21 다음에서 설명하는 한글 Windows 운영 체제의 특징으로 옳은 것은?

> 한 대의 컴퓨터 시스템에서 운영 체제가 각 작업의 제어권을 행사하여 작업의 중요도와 자원 소모량 등에 따라 우선 순위가 높은 작업에 기회가 가도록 우선 순위가 낮은 작업에 작동 제한을 걸어 특정 자원 응용 프로그램이 제어권을 독점하는 것을 방지하는 안정적인 체제

① 선점형 멀티태스킹
② 그래픽 사용자 인터페이스
③ 보안이 강화된 방화벽
④ 컴퓨터 시스템과 장치 드라이버의 보호

해설 선점형 멀티태스킹(Preemptive Multitasking) : 응용 프로그램에서 오류가 발생했을 경우 오류가 발생한 응용 프로그램만 강제 종료(Ctrl+Alt+Delete) 할 수 있다.

22 다음 중 한글 Windows에서 바로 가기 아이콘에 대한 설명으로 옳지 않은 것은?

① 하나의 원본 파일에 대해 바로 가기 아이콘은 여러 개만들 수 있으며, 여러 폴더에 저장할 수 있다.
② 특정 폴더의 바로 가기 아이콘을 바탕 화면에 만들면 해당 폴더의 위치가 바탕 화면으로 옮겨진다.
③ 파일의 바로 가기 아이콘을 삭제해도 원본 파일은 삭제되지 않는다.
④ 네트워크상의 다른 컴퓨터에 있는 디스크 드라이브, 프린터에 대해서도 바로 가기 아이콘을 만들 수 있다.

해설 특정 폴더의 바로 가기 아이콘을 바탕 화면에 만들면 해당 폴더의 위치는 바탕 화면으로 옮겨지지 않고 원래 있던 위치에 그대로 있다.

23 다음 중 한글 Windows의 기능에 관한 설명으로 옳지 않은 것은?

정답 19 ① 20 ④ 21 ① 22 ② 23 ③

① 라이브러리 : 컴퓨터의 다양한 곳에 위치한 자료를 한곳에서 보고 정리할 수 있도록 하는 가상 폴더이다.
② 자녀 보호 : 시간, 프로그램, 게임 등급 등에서 특정 사용자를 대상으로 컴퓨터 사용에 제한을 설정할 수 있다.
③ 에어로 셰이크 : 작업 표시줄을 클릭하지 않고도 열려 있는 모든 창의 내용을 미리 볼 수 있는 기능이다.
④ 사용자 계정 컨트롤 : 유해한 프로그램이나 불법 사용자가 컴퓨터 설정을 임의로 변경하지 못하도록 제어 하는 기능이다.

해설 에어로 셰이크(Aero Shake) : 현재 화면에 여러 개의 창이 열려 있을 때 남겨두고 싶은 하나의 창을 클릭한 채 좌우로 흔들면 선택한 창 이외의 모든 창이 최소화되는 기능이다.

24 다음 중 한글 Windows에서 [시작] 메뉴에 대한 설명으로 옳지 않은 것은?

① [시작] 단추를 누르면 왼쪽 위에는 현재 로그온한 사용자의 로고가 표시된다.
② Windows에 설치된 프로그램이 있는 곳으로 Ctrl+ESC 키 또는 ⊞ 키를 누른다.
③ [시작] 메뉴의 프로그램(앱) 목록은 사용자가 원하는 대로 추가하거나 삭제할 수 있다.
④ [시작] 메뉴에 있는 특정 앱들은 시작 화면에 따로 고정시킬 수 없다.

해설 특정 앱을 시작 화면에 고정시키려면 해당 앱 목록에서 마우스 오른쪽 버튼을 클릭하고, [시작 화면에 고정]을 선택한다.

25 다음 중 한글 Windows의 [개인 설정] 창에서 할 수 있는 작업으로 옳지 않은 것은?

① 바탕 화면에 새로운 테마를 지정하여 적용할 수 있다.
② 화면 보호기 설정을 사용하여 화면의 해상도를 변경할 수 있다.
③ Windows 및 프로그램의 이벤트에 적용되는 소리 구성 표를 변경할 수 있다.
④ 창 테두리, 시작 메뉴, 작업 표시줄의 색을 변경할 수 있다.

해설 [시스템]의 [디스플레이] 창에서 디스플레이 해상도와 방향(가로, 세로, 가로/세로 대칭 이동)을 설정할 수 있다.

26 다음 중 한글 Windows의 [휴지통 속성] 대화 상자에서 수행할 수 있는 작업으로 옳지 않은 것은?

① 삭제 확인 대화 상자의 표시 설정
② 휴지통의 바탕 화면 표시 설정
③ 각 드라이브의 휴지통 최대 크기 설정
④ 파일을 휴지통에 버리지 않고 바로 제거하는 기능 설정

해설 [휴지통 속성] 대화 상자에서 바탕 화면 표시 설정은 존재하지 않는다.

27 다음 중 한글 Windows의 [파일 탐색기] 창에 대한 설명으로 옳지 않은 것은?

① 탐색 창에서 특정 폴더를 선택하고 숫자 키패드의 '*'를 누르면 선택된 폴더의 모든 하위 폴더를 표시해 준다.
② 세부 정보 창에는 현재의 위치를 알려주는 경로가 표시된다.
③ 파일 영역(폴더 창)에서 키보드의 영문자 키를 누르면 해당 영문자로 시작하는 폴더나 파일 중 첫 번째 개체가 선택된다.
④ 메뉴 탭은 현재 선택한 개체에서 가장 많이 사용하는 기능을 표시하는 곳이다.

해설
- [세부 정보 창]은 파일의 세부 정보(수정한/만든 날짜, 크기)를 확인할 수 있다.
- 현재의 위치를 알려주는 경로 표시는 주소 표시줄에 나타난다.

28 다음 중 한글 Windows에서 파일이나 폴더의 복사, 이동, 삭제에 대한 설명으로 옳은 것은?

① 임의의 폴더를 다른 드라이브로 이동시키려면 해당 폴더를 드래그 앤 드롭하면 된다.

정답 24 ④ 25 ② 26 ② 27 ② 28 ②

② 폴더 창에서 방금 전 삭제한 파일은 빠른 실행 도구 모음에서 [실행 취소]를 누르면 복원할 수 있다.
③ 삭제할 폴더에 하위 폴더가 여러 개 존재하는 경우 Delete 키를 눌러 삭제할 수 없다.
④ USB 메모리에 있는 파일을 Shift 키를 누른 상태로 하드 디스크 드라이브로 드래그 앤 드롭하면 그대로 복사된다.

해설
- ① 해당 폴더를 Shift 키를 누른 상태에서 드래그 앤 드롭하면 된다.
- ③ 삭제할 수 없다. → 삭제할 수 있다.
- ④ 그대로 복사된다. → 그대로 이동된다.

29 다음 중 한글 Windows의 유니버설 앱에 있는 [계산기]에 대한 설명으로 옳지 않은 것은?

① 자릿수 구분 단위를 넣을 수 있다.
② 계산 결과를 복사할 수 있다.
③ 단위 변환 기능을 사용할 수 있다.
④ 계산기의 종류로는 일반용, 공학용, 프로그래머용, 산업용이 있다.

해설 계산기의 종류로는 표준용, 공학용, 프로그래머용이 있다.

30 다음 중 한글 Windows에서 유틸리티 프로그램에 관한 설명으로 옳지 않은 것은?

① 대개 파일의 크기가 작고 간단하며, 운영 체제에 일부 포함되어 제공되거나 별도로 제공되는 프로그램이다.
② 유틸리티 프로그램이 없으면 기본적인 컴퓨터 시스템 운영에 심각한 영향을 미친다.
③ 시스템 성능을 향상시키거나 시스템 사용에 편리함을 주기 위하여 사용된다.
④ 파일 압축 및 해제, 이미지 뷰어 등이 있다.

해설 유틸리티 프로그램은 사용자가 컴퓨터를 보다 쉽게 사용할 수 있도록 도와주는 프로그램이지만 컴퓨터 시스템에 없어도 사용에는 문제가 없다.

31 다음 중 한글 Windows에서 프린터 설치와 사용에 관한 설명으로 옳지 않은 것은?

① 이미 설치된 프린터도 다른 이름으로 다시 설치할 수 있다.
② 한 대의 프린터를 네트워크로 공유하여 여러 대의 컴퓨터에서 사용할 수 있다.
③ 스풀 기능은 저속의 CPU와 고속의 프린터를 병행 사용할 때 효율적이다.
④ 기본 프린터는 한 대만 설정이 가능하며 변경도 가능하다.

해설 스풀(SPOOL) : 저속의 출력 장치와 고속의 중앙 처리 장치(CPU) 사이의 속도 차이를 해결하여 컴퓨터의 처리 효율을 높이는 기능이다.

32 다음 중 한글 Windows의 [접근성 센터] 창에서 할 수 있는 기능에 대한 설명으로 옳지 않은 것은?

① Windows 로그온 시 자동으로 돋보기 기능을 시작할 수 있게 설정할 수 있다.
② 내레이터 시작 기능을 사용하면 키보드를 사용하여 마우스를 제어할 수 있게 설정할 수 있다.
③ 화상 키보드 시작 기능을 사용하면 키보드 없이도 글자를 입력할 수 있다.
④ 관리 설정 변경 기능을 사용하면 시스템 복원 지점을 만들 수 있다.

해설 '내레이터 켜기'를 하면 내레이터가 화면의 모든 텍스트를 소리 내어 읽어준다.

33 다음 중 한글 Windows의 디스크 포맷에 대한 설명으로 옳지 않은 것은?

① 디스크 포맷은 디스크를 초기화하여 사용 가능한 상태로 만들어 주는 작업을 말한다.
② '빠른 포맷'을 선택하면 디스크의 불량 섹터는 검출하지 않고, 디스크의 모든 파일을 삭제한다.
③ 볼륨 레이블에서 FAT32 볼륨은 최대 11문자, NTFS 볼륨은 최대 32문자까지 사용할 수 있다.

정답 29 ④ 30 ② 31 ③ 32 ② 33 ④

④ 포맷하려는 디스크의 데이터를 사용하는 중이라도 포맷할 수 있다.

해설 포맷하려는 디스크의 데이터를 사용하는 중에는 포맷할 수 없다.

34 다음 중 한글 Windows에서 레지스트리에 대한 설명으로 옳지 않은 것은?

① 레지스트리를 편집하려면 [실행] 대화 상자에서 'regedit'를 입력하여 실행한다.
② 레지스트리란 Windows 사용자의 정보, 응용 프로그램의 정보, 설정 사항 등 Windows 실행 설정에 대한 정보를 담은 데이터베이스이다.
③ 레지스트리가 손상되면 Windows에 치명적인 손상을 줄 수 있으므로 주의하여 사용해야 한다.
④ 레지스트리는 백업을 받을 수 없으므로 함부로 삭제하거나 실수하는 일이 없도록 신중하게 편집하여야 한다.

해설 레지스트리를 잘못 변경하면 시스템을 손상시킬 수 있으므로 중요 정보를 모두 백업한 후 변경한다.

35 다음 중 한글 Windows의 [네트워크 및 공유 센터] 창에서 '네트워크 설정 변경'과 관련이 없는 것은?

① 새 연결 또는 네트워크 설정
② VPN 연결 설정
③ 문제 해결
④ 인터넷 연결 공유

해설 인터넷 연결 공유 : 하나의 연결만으로 홈 네트워크 또는 소규모 네트워크에 속한 컴퓨터를 인터넷에 연결한다.

36 다음 중 한글 Windows에서 Internet Explorer를 효율적으로 사용하기 위한 바로 가기 키에 관한 설명으로 옳지 않은 것은?

① 기본 홈 페이지로 이동 : Alt + Home
② 전체 화면 표시 : F11
③ 새로운 창의 표시 : Shift + N
④ 이전 화면으로 이동 : Alt + ←

해설 새로운 창의 표시 : Ctrl + N

37 다음 중 한글 Windows에서 인터넷이 정상적으로 작동하지 않을 때 취해야 할 조치로 옳지 않은 것은?

① 네트워크 카드나 케이블이 바르게 연결되었는지 점검한다.
② 속도가 느려진 경우 'config' 명령을 사용하여 속도가 느려진 원인을 확인한다.
③ Windows 또는 웹 브라우저가 정상적으로 설치되어 있는지 확인한다.
④ 'Ping' 명령을 사용해 접속하려는 사이트의 서버 상태를 확인한다.

해설 속도가 느려진 경우 'TRACERT' 명령을 사용하여 속도가 느려진 원인을 확인한다.

38 다음 중 한글 Windows에서 프로그램이 응답하지 않는 경우에 문제 해결 방법으로 가장 옳은 것은?

① 사용자의 컴퓨터를 보호하기 위해 Windows 방화벽을 설정한다.
② [장치 관리자] 창에서 중복 설치된 경우 해당 장치를 제거한다.
③ [Windows 작업 관리자] 대화 상자의 [프로세스] 탭에서 응답하지 않는 프로그램의 작업을 종료한다.
④ [시스템 파일 검사기]를 이용하여 손상된 파일을 찾아 복구한다.

해설 [작업 관리자] 대화 상자의 [프로세스] 탭에서 현재 실행 중인 프로세스(앱) 목록을 확인하거나 '작업 끝내기'로 종료한다.

39 다음 중 한글 Windows에서 [프로그램 및 기능] 창에 대한 설명으로 옳지 않은 것은?

① [프로그램 및 기능] 창에서 새로운 프로그램을 설치하거나 현재 설치된 프로그램을 제거 또는 변경할 수 있다.

정답 34 ④ 35 ④ 36 ③ 37 ② 38 ③ 39 ①

② [제어판]–[프로그램 및 기능]을 선택하거나 [내 PC] 창의 [컴퓨터] 탭에서 [프로그램 제거 또는 변경]을 선택한다.
③ 보기 형식을 아주 큰 아이콘, 큰 아이콘, 보통 아이콘, 작은 아이콘, 자세히 등으로 표시할 수 있다.
④ 자세히 보기에서 표시되는 이름, 게시자, 설치 날짜, 크기, 버전을 각각 클릭하여 오름차순이나 내림차순으로 정렬할 수 있다.

해설 [프로그램 및 기능] 창에서 새로운 프로그램을 설치할 수는 없다.

40 한글 Windows의 [이더넷 속성] 대화 상자에서 네트워크 구성 요소에 대한 설명으로 옳지 않은 것은?

① QoS 패킷 스케줄러 : 네트워크 대역폭을 확인하고자 할 때 사용한다.
② Microsoft Networks용 클라이언트 : 사용자 컴퓨터에서 네트워크에 있는 리소스를 액세스할 수 있게 한다.
③ Microsoft 네트워크용 파일 및 프린터 공유 : 다른 컴퓨터에서 네트워크를 사용하여 사용자 컴퓨터의 리소스를 액세스할 수 있게 한다.
④ Internet Protocol Version 6(TCP/IPv6) : 다양하게 연결된 네트워크에서 통신을 제공하는 인터넷 프로토콜의 최신 버전이다.

해설 QoS 패킷 스케줄러 : 흐름 속도나 우선 순위 지정 서비스를 포함한 네트워크의 소통을 제어한다.

3과목 | 컴퓨터와 정보 활용

41 다음은 무엇에 대한 설명인가?

- 7비트의 크기 → 128개의 문자 표현 가능
- 자료 처리나 통신 시스템에 사용

① BCD 코드 ② ASCII 코드
③ EBCDIC 코드 ④ GRAY 코드

해설
- ① 영문 소문자 표현이 불가능한 대표적인 가중치 코드이다(6비트로 구성).
- ③ 범용(대형) 컴퓨터에서 정보 처리 부호용으로 사용한다(8비트로 구성).
- ④ 아날로그–디지털 변환 또는 데이터 전송 등에 사용되는 비가중치 코드이다.

42 다음 중 컴퓨터 분류에서 워크스테이션(Workstation)에 관한 설명으로 옳지 않은 것은?

① 대부분 RISC 프로세서를 사용한다.
② 네트워크에서 클라이언트(Client) 역할을 주로 담당한다.
③ 고성능 그래픽 처리나 공학용 시뮬레이션에 주로 사용한다.
④ 주로 다중 사용자 시스템에서 사용되기도 한다.

해설 네트워크에서 서버(Server) 역할을 주로 담당한다.

43 다음과 가장 관련 있는 것은 무엇인가?

- 영상과 음성을 하나의 케이블로 전송하는 디지털 포트이다.
- 셋톱박스, DVD 플레이어 등의 기기와 리시버, 모니터, HDTV 등의 출력 장치를 연결하는 데 사용된다.

① 디스플레이 포트 ② IEEE 1394
③ HDMI ④ PS/2 포트

해설
- ① 디스플레이 장치에 영상과 음성을 하나로 통합한 규격이다.
- ② 대용량 멀티미디어 콘텐츠의 빠른 전송을 위해 외부 장비를 연결한다.
- ④ 마우스나 키보드를 PC에 접속하기 위해 IBM이 개발하였다.

44 다음 중 컴퓨터 중앙 처리 장치의 제어 장치에 있는 레지스터의 설명으로 옳은 것은?

① 프로그램 카운터(PC)는 다음번에 실행할 명령어의 번지를 기억하는 레지스터이다.
② 명령 레지스터(IR)는 현재 실행중인 명령어를 해독하는 레지스터이다.

정답 40 ① 41 ② 42 ② 43 ③ 44 ①

③ 부호기(Encoder)는 연산된 결과의 음수와 양수를 결정하는 회로이다.
④ 메모리 버퍼 레지스터(MBR)는 기억 장치에 입출력되는 데이터의 주소 번지를 기억한다.

해설
• 명령 레지스터는 현재 실행중인 명령어를 해독하기 위해 임시로 보관한다.
• 부호기는 명령 해독기에서 받은 명령을 실행 가능한 신호로 변환하여 전송한다.
• 메모리 버퍼 레지스터는 기억 장치에서 읽거나 저장할 데이터를 일시적으로 기억한다.

45 다음과 가장 관련 있는 메모리는 무엇인가?

• 주기억 장치에 저장된 정보에 접근할 때 주소 대신 기억된 정보를 이용하여 접근하는 장치이다.
• 주소를 이용할 때보다 속도가 빠르다.
• 주로 속도 증가를 목적으로 사용된다.

① 가상 메모리　② 버퍼 메모리
③ 연상 메모리　④ 플래시 메모리

해설
• ① 보조 기억 장치의 일부를 주기억 장치처럼 사용하는 메모리로 주기억 장치의 부족한 용량을 보완한다.
• ② CPU와 주변 장치 사이의 속도 차이를 줄이기 위한 임시 메모리이다.
• ④ EEPROM의 일종으로 전원이 끊어져도 저장된 정보가 지워지지 않는 비휘발성 메모리이다.

46 다음의 소프트웨어 관련 용어에 대한 설명으로 옳은 것을 모두 고른 것은?

(가) 프리웨어 : 일정 기간 동안 무료로 사용하다가 금액을 지불하고 정식으로 사용할 수 있는 소프트웨어이다.
(나) 알파 버전 : 베타 테스트를 하기 전 제작 회사 내에서 테스트할 목적으로 제작하는 소프트웨어이다.
(다) 상용 소프트웨어 : 정해진 금액을 지불하고 사용 하는 것으로 해당 소프트웨어의 모든 기능을 사용할 수 있다.
(라) 벤치마크 테스트 : 소프트웨어나 하드웨어의 성능을 검사하기 위해 실제로 사용되는 조건에서 처리 능력을 테스트 하는 것이다.

① (가), (다)　② (나), (다)
③ (가), (나), (다)　④ (나), (다), (라)

해설 프리웨어 : 사용 기간과 기능에 제한 없이 무료로 사용할 수 있으며, 저작권자의 동의 없이 자유롭게 복사, 배포할 수 있는 소프트웨어이다.

47 다음 중 언어 번역 프로그램에 해당되지 않는 것은?

① 컴파일러(Compiler)
② 디버거(Debugger)
③ 어셈블러(Assembler)
④ 인터프리터(Interpreter)

해설
• 언어 번역 프로그램에는 어셈블러, 컴파일러, 인터프리터, 프리프로세서가 있다.
• 디버거는 프로그램의 오류를 찾아 수정하는 작업이다.

48 다음 중 프로그래밍 언어에 대한 설명으로 옳지 않은 것은?

① C++와 Java는 객체 지향 프로그래밍 언어로 Java는 특히 기업이나 인터넷의 분산 응용프로그램에 사용되도록 설계되었다.
② XML은 월드 와이드 웹, 인트라넷 등에서 데이터와 포맷 두 가지 모두를 공유하려고 할 때 유용한 프로그래밍 언어로 웹상에서 구조화된 문서를 전송 가능하도록 설계된 표준화된 텍스트 형식이다.
③ LISP는 문자열을 쉽게 다루기 위해 설계된 프로그래밍 언어로 인공지능 분야의 프로그래밍에 사용되는 언어이다.
④ HTML은 웹 페이지와 구성 요소들의 객체 지향 기능을 지원하며, 콘텐츠에 CSS와 레이어를 사용할 수 있으며 전부 또는 대부분의 페이지 요소를 제어할 수 있는 프로그래밍 언어이다.

해설 HTML : 하이퍼텍스트를 작성하는 언어로 이식성이 높고 사용이 용이하나 복잡한 문서 작성이 어렵다.

정답 45 ③　46 ④　47 ②　48 ④

49 다음 중 멀티미디어 데이터에 관한 설명으로 옳지 않은 것은?

① 아날로그 데이터를 디지털로 변환하기 위해서는 표본화(Sampling)와 양자화(Quantization) 과정을 거치게 된다.
② 표본화란 연속적인 아날로그 신호를 불연속적인 디지털 신호로 바꾸는 과정을 말한다.
③ 음성이나 영상 등의 아날로그 신호를 일정 시간 간격으로 검출하는 단계를 샘플링이라고 한다.
④ 샘플링할 때 디지털 오디오 데이터 파일의 크기에 영향을 미치는 요소에는 샘플링 비율(헤르츠), 양자화 크기(비트), 저장 매체의 크기(바이트) 등이 있다.

해설 아날로그 오디오 신호를 디지털 오디오 데이터로 변환할 때 파일 크기에 영향을 주는 요소에는 샘플링 비율(헤르츠), 양자화 크기(비트), 지속 시간(초) 등이 있다.

50 다음 중 웹에서 사용 가능한 웹 그래픽 표준 방식으로 사용되는 그래픽 파일이 아닌 것은?

① JPG ② PNG
③ BMP ④ GIF

해설 BMP : Windows의 표준으로 비트맵 정보를 압축하지 않고 저장한다(고해상도의 이미지를 표현하므로 파일 크기가 큼).

51 다음 중 정보 전송 방식에 대한 설명으로 옳지 않은 것은?

① 통신 회선 이용 방식에 따라 단방향 통신, 양방향 통신, 전이중 통신으로 구분한다.
② 데이터 전송 방식에 따라 직렬 전송, 병렬 전송으로 구분한다.
③ 데이터 동기화 여부에 따라 비동기식 전송, 동기식 전송으로 구분한다.
④ 연결 방식에 따라 점 대 점 방식, 다지점 방식으로 구분한다.

해설 통신 회선 이용 방식에 따라 단방향 통신, 반이중 통신, 전이중 통신으로 구분한다.

52 다음 중 인터넷의 IPv6 주소 체제에 관한 설명으로 옳지 않은 것은?

① IPv4와 호환성이 뛰어나다.
② Class A의 네트워크 부분은 IPv4의 2배인 16비트로 구성되어 있다.
③ 128비트의 주소를 사용하여 주소 부족 문제를 해결할 수 있다.
④ 인증성, 기밀성, 데이터 무결성의 지원으로 보안 문제를 해결할 수 있다.

해설 IPv6은 IPv4의 주소 공간을 4배 확장한 것으로 128비트를 16비트씩 8개로 나누어 표시한다.

53 다음 중 인터넷에서 사용하는 프로토콜(Protocol)에 관한 설명으로 옳지 않은 것은?

① 통신망에 흐르는 패킷 수를 조절하는 흐름 제어 기능이 있다.
② 송수신기가 같은 상태를 유지하도록 동기화 기능을 수행한다.
③ 데이터 전송 도중에 발생할 수 있는 오류를 검출하고 수정할 수 있다.
④ 구문, 의미, 순서의 세 가지 기본 요소로 구성된다.

해설 데이터 전송 도중에 발생할 수 있는 오류를 검출할 수는 있으나 수정할 수는 없다.

54 다음 중 정보 보안 위협에 대한 설명으로 옳지 않은 것은?

① 스미싱(Smishing) : 수신한 메시지에 있는 인터넷 주소를 클릭하면 악성 코드를 설치하여 개인 금융 정보를 빼내는 행위이다.
② 스니핑(Sniffing) : 네트워크상에서 다른 상대방들의 패킷 교환을 엿보면서 계정과 패스워드를 알아내는 행위이다.
③ 파밍(Pharming) : 검증된 사용자가 네트워크를 통해 데이터를 보낸 것처럼 가장하여 해당 컴퓨터 시스템을 완전히 장악해 마음대로 정보를 변조하거나 파괴하는 행위이다.

정답 49 ④ 50 ③ 51 ① 52 ② 53 ③ 54 ③

④ 랜섬웨어(Ransomware) : 인터넷 사용자의 컴퓨터에 잠입해 내부 문서나 스프레드시트, 그림 파일 등을 암호화해 열지 못하도록 만든 후 금품을 요구하는 악성 프로그램이다.

해설 파밍 : 컴퓨터를 악성 코드에 감염시킨 후 접속 시 가짜 사이트로 유도하여 개인정보나 금융 정보 등을 몰래 빼내는 수법이다.

55 다음 중 정보 사회의 컴퓨터 범죄 유형으로 옳지 않은 것은?

① 소프트웨어나 웹 콘텐츠의 무단 복사나 사용
② 음란물 유통 및 사이트 운영
③ 컴퓨터 바이러스 백신의 제작
④ 개인 신용 정보 유출

해설 컴퓨터 바이러스 백신의 제작은 컴퓨터 범죄와 아무런 관계가 없다.

56 다음 중 컴퓨터 바이러스 감염 예방법으로 옳지 않은 것은?

① 공용 폴더의 속성은 읽기 전용으로 한다.
② 불분명한 전자 우편은 반드시 열어서 확인하고 삭제한다.
③ 최신 백신을 사용하여 주기적으로 검사한다.
④ 감염에 대비하여 중요 자료는 주기적으로 백업한다.

해설 바이러스 감염이 의심되는 메일은 열지 말고 바이러스 검사를 먼저 한다.

57 다음에서 설명하는 용어로 옳은 것은?

> 고성능 무선 통신을 가능하게 하는 무선 랜 기술로 유선을 사용하지 않고 전파나 빛 등을 이용하여 네트워크를 구축하는 방식

① WiFi　② Mirroring
③ RFID　④ I-PIN

해설
- ② 인터넷상의 사이트와 동일한 자료를 만들어 가까운 위치에서 전송 받는 것이다.
- ③ 모든 사물에 전자 태그(IC 칩)를 부착하고, 무선 통신 기술을 이용하여 사물의 정보 및 주변 상황 정보를 감지하는 센서 기술이다.
- ④ 인터넷에서 사용하는 개인 식별 번호로 주민등록번호 대신 사용할 수 있다.

58 다음에서 설명하는 모바일 운영 체제는 무엇인가?

> - 구글에서 개발한 리눅스 기반의 개방형 모바일 운영 체제
> - 개방형 소프트웨어이므로 단말기 제조사나 이동 통신사 등이 무료로 사용할 수 있으나 개방된 만큼 보안에 취약함

① 안드로이드　② 윈도우 폰
③ iOs　④ 클라우드 OS

해설
- ② 마이크로소프트사에서 개발한 모바일 운영 체제로 PC의 Windows 계열을 기반으로 호환성이 좋다.
- ③ 애플사에서 개발한 모바일 운영 체제로 유닉스를 기반으로 아이폰과 아이팟 터치 등에 내장된다.

59 다음 중 전자 우편의 기능에 대한 설명으로 옳지 않은 것은?

① 전달 : 다른 사람에게 알려주고 싶은 경우 받은 메일을 그대로 다른 사람에게 보내는 기능이다.
② 회신 : 받은 메일에 대하여 답장을 하되 발송자는 물론 참조인 모두에게 전송하는 기능이다.
③ 첨부 : 문서, 이미지, 동영상 등의 파일을 전자 우편에 첨부하여 보내는 기능이다.
④ 서명 : 메시지를 보낸 사람의 신원을 증명하기 위해 메시지 끝에 붙이는 표식으로 이름, 직위, 회사 이름, 주소 등을 표시한다.

해설
- 회신 : 받은 메일에 답장을 작성한 후 다시 전송하는 것이다.
- 보기 ②번은 전체 회신에 대한 설명이다.

정답 55 ③ 56 ② 57 ① 58 ① 59 ②

60 다음 중 개인정보취급자 및 위탁 관리에 대한 설명으로 옳지 않은 것은?

① 개인정보처리자는 개인정보의 적정한 취급을 보장하기 위하여 개인정보취급자에게 정기적으로 필요한 교육을 실시한다.

② 이용자의 개인정보를 수집, 보관, 처리, 이용, 제공, 관리 또는 파기 등의 업무를 하는 자를 개인정보취급자로 지정한다.

③ 개인정보취급자는 업무 목적상 개인정보 처리가 필요한 최소 인원에게만 처리 권한을 부여한다.

④ 시스템 운영자와 정보보호담당자 등이 업무 수행을 위해 개인정보를 취급할 경우 개인정보취급자에서 제외시켜야 한다.

해설 시스템 운영자와 정보보호담당자 등이 업무 수행을 위해 개인정보를 취급할 경우 개인정보취급자에 포함시켜야 한다.

정답 60 ④

2020년 07월 04일 시행 기출문제

점

1과목 | 워드프로세싱 일반

01 다음 중 워드프로세서에서 사용하는 기본 용어에 관한 설명으로 옳지 않은 것은?

① 영문 균등(Justification) : 단어와 단어 사이의 간격을 균등 배분하여 문장의 왼쪽 끝만 맞추어 균형을 유지하는 기능
② 색인(Index) : 문서의 중요한 내용들을 빠르게 찾기 위하여 문서의 맨 정리한 목록
③ 옵션(Option) : 명령이나 기능을 수행할 때 선택할 수 있는 항목들을 모두 보여주는 것
④ 마진(Margin) : 문서 작성 시 문서의 균형을 위해 남겨 두는 상, 하, 좌, 우의 여백

해설 영문 균등 : 워드 랩으로 인한 공백을 단어와 단어 사이를 균등하게 배분하여 문장 양쪽 끝을 맞추는 기능이다.

02 다음 중 워드프로세서에서 매크로(Macro)에 대한 설명으로 옳지 않은 것은?

① 일련의 작업 순서를 키보드의 특정 키에 기록해 두었다가 필요할 때 한 번에 재실행해 내는 기능이다.
② 동일한 내용의 반복 입력이나 도형, 문단 형식, 서식 등을 여러 곳에 반복 적용할 때 효과적이다.
③ 작성한 매크로는 별도의 파일로 저장할 수 있으며 편집이 가능하다.
④ 마우스 동작을 포함한 사용자의 모든 동작을 기억하는 것을 '키 매크로'라고 한다.

해설 마우스 동작을 포함한 사용자의 모든 동작을 기억하는 것을 '스크립트 매크로'라고 하고, 키보드의 동작을 기억하는 것을 '키 매크로'라고 한다.

03 다음 중 KS X 1005-1(유니 코드)에 대한 설명으로 옳지 않은 것은?

① 용도 : 국제 표준 코드, 정보 처리/정보 교환용
② 장점 : 현대 한글의 대부분을 표현할 수 있음
③ 표현 글자 수 : 완성형 한글 11,172자, 한글 자모 240자
④ 표현 바이트 수 : 모든 문자 2바이트(16비트)

해설 • 유니 코드는 전 세계의 모든 문자 표현이 가능하므로 기억 공간을 많이 차지한다.
• 보기 ②번은 조합형에 대한 설명이다.

04 다음 중 워드프로세서에서 특정 내용을 검색하기 위한 찾기 기능의 설명으로 옳지 않은 것은?

① 교정 부호나 메모의 내용을 지정하여 검색할 수 있다.
② 와일드카드 문자(*, ?)를 사용하여 검색할 수 있다.
③ 블록을 지정하여 특정 영역에 대해서만 검색할 수 있다.
④ 글자 모양이나 문단 모양, 스타일 등을 지정하여 검색할 수 있다.

해설 교정 부호나 메모의 내용을 지정하여 검색할 수는 없다.

05 다음 중 한글 워드프로세서의 문서 파일 저장 기능에 관한 설명으로 옳지 않은 것은?

① 저장할 때 암호를 지정하여 다른 사람의 열람을 제한할 수 있다.
② 저장하기 대화 상자에서 폴더를 새로 만들거나 삭제할 수 있다.
③ 기존 문서를 다른 이름으로 저장하면 기존 파일은 삭제된다.
④ 문서 파일의 저장 위치나 파일 이름 및 형식을 변경하여 저장할 수 있다.

해설 다른 이름으로 저장 : 저장 위치, 파일 이름, 저장 형식 등을 변경하여 기존 문서는 그대로 두고 새로운 이름으로 문서를 하나 더 만드는 기능이다.

정답 01 ① 02 ④ 03 ② 04 ① 05 ③

06 다음 중 머리말과 꼬리말에 대한 설명으로 옳지 않은 것은?

① 한 페이지의 맨 위와 아래에 내용이 쪽마다 고정적으로 반복되는 것을 말한다.
② 머리말과 꼬리말에는 책의 제목, 그 장의 제목, 쪽 번호 등을 넣는다.
③ 머리말과 꼬리말의 내용을 짝수 쪽, 홀수 쪽에 다르게 입력할 수 있다.
④ 머리말에 숫자, 문자, 그림은 입력할 수 있으나 표는 입력할 수 없다.

해설 머리말에 숫자, 문자, 그림, 표 등을 입력할 수 있다.

07 다음과 가장 관련이 있는 글꼴 구성 방식은 무엇인가?

- 그래픽과 텍스트를 종이, 필름, 모니터 등에 인쇄하기 위한 페이지 설명 언어이다.
- 글자의 외곽선 정보를 각종 그래픽 소프트웨어에 제공하며 위지윅을 구현할 수 있다.

① 벡터(Vector)
② 포스트스크립트(Post Script)
③ 오픈타입(Open Type)
④ 트루타입(True Type)

해설
- ① 글자를 선분과 곡선으로 처리한 글꼴로 확대/축소 시 매끄럽게 표현된다.
- ③ 고도의 압축 기법으로 용량을 줄이고, 통신에서 폰트 전송에 사용한다.
- ④ 애플사와 마이크로소프트사에서 공동으로 개발한 Windows의 기본 글꼴로 외곽선 정보를 사용하고, 위지윅(WYSIWYG)을 지원한다.

08 다음 중 워드프로세서의 인쇄 기능에 대한 설명으로 옳지 않은 것은?

① 문서의 내용을 종이에 출력하지 않고 파일로 디스크에 저장할 수 있다.
② 프린터 해상도를 높게 설정하면 출력 시간은 길어지지만 대신 선명하게 인쇄할 수 있다.
③ 문서의 1-3페이지를 여러 장 인쇄할 때 한 부씩 찍기를 선택하지 않으면 1-2-3 페이지 순서로 여러 장이 인쇄된다.
④ 미리 보기 기능을 사용하여 문서의 내용을 편집할 수는 없다.

해설 한부씩 찍기를 선택하면 1-2-3을 반복하여 출력하고, 한부씩 찍기를 선택 하지 않으면 1페이지가 전부 출력된 후 2페이지, 3페이지 순으로 출력된다.

09 다음 중 전자 출판과 관련된 용어에서 커닝(Kerning)에 관한 설명으로 옳은 것은?

① 글자와 글자 사이의 간격을 미세하게 조정하는 작업이다.
② 제한된 색상을 조합하여 복잡한 색이나 새로운 색을 만드는 작업이다.
③ 문자 위에 겹쳐서 문자를 중복 인쇄하거나 배경색을 인쇄한 후에 그 위에 대상체를 인쇄하는 기능이다.
④ 이미지 변형 작업, 입출력 파일 포맷, 채도, 조명도, 명암 등을 조절하는 작업이다.

해설 보기 ②번은 디더링, 보기 ③번은 오버프린트, 보기 ④번은 초크에 대한 설명이다.

10 다음의 보기에서 설명하는 확장자는 무엇인가?

- 컴퓨터 기종이나 소프트웨어의 종류에 관계없이 호환이 가능한 문서 형식이다.
- Adobe Acrobat Reader를 이용하여 읽을 수 있고, 검색 및 인쇄를 할 수 있다.

① TXT ② DOC
③ BAK ④ PDF

해설 보기 ①번은 메모장 파일, 보기 ②번은 MS-Word 파일, 보기 ③번은 백업 파일 형식이다.

11 다음 중 문서의 기능으로 가장 거리가 먼 것은?

① 의사 결정의 기능 ② 의사 보존의 기능
③ 자료 제공의 기능 ④ 의사 전달의 기능

정답 06 ④ 07 ② 08 ③ 09 ① 10 ④ 11 ①

해설 문서 관리 기능에는 의사 전달 기능과 의사 보존 기능이 있다.

12 다음 중 보고서 작성 시 유의해야 할 사항으로 옳지 않은 것은?

① 읽는 사람의 요청이나 기대에 맞춘 보고서를 작성한다.
② 사실과 의견을 명확하게 구분하여 작성한다.
③ 표와 그림 등으로 시각적인 효과를 나타내어 설득력을 높이게 작성한다.
④ 각 사안별로 문장을 나누어 소항목에서 대항목으로 점진적으로 작성한다.

해설 보고서는 특정 사안에 관한 현황, 연구, 검토 결과 등을 보고하거나 건의하는 문서로 기안문 또는 간이 서식 형식으로 작성하고, 문서번호를 사용한다.

13 다음 중 문서 작성 시 유의사항으로 옳지 않은 것은?

① 제목은 제목만 보고도 쉽게 문서의 성격과 내용을 알 수 있도록 작성한다.
② 행정 효율과 협업 촉진에 관한 규정에 의해 공문서는 한글 맞춤법에 따라 세로로 작성한다.
③ 목적이 있는 사외문서라 하더라도 인사말부터 시작하는 것이 기본적인 예의이다.
④ 기안문 작성 시 하나의 항목만 있을 경우 항목 구분을 할 필요가 없으므로 번호를 기재하지 않는다.

해설 행정 효율과 협업 촉진에 관한 규정에 의해 공문서는 한글 맞춤법에 따라 가로로 작성한다.

14 <보기 1>의 문장이 <보기 2>의 문장으로 수정되기 위해 필요한 교정 부호들로만 올바르게 짝지어진 것은?

〈보기 1〉

> 삶은 언제나 스스로 부딪혀 경험하고 도전하는 모든 사람에게 더 영광을 안겨준다.

〈보기 2〉

> 인생은 언제나 스스로 부딪혀 경험하고 도전하는 사람에게 더 큰 영광을 안겨준다.

해설
- 수정 : 삶은 언제나 → 인생은 언제나
- 지우기 : 모든 사람에게 → 사람에게
- 삽입하기 : 더 영광을 → 더 큰 영광을

15 다음 중 문서의 수정을 위한 교정 부호의 표기법으로 옳지 않은 것은?

① 문서의 내용과 혼돈되지 않도록 글자 색과 동일한 색으로 표기하도록 한다.
② 한번 교정된 부분도 다시 교정할 수 있다.
③ 교정하고자 하는 글자를 명확하게 지적해야 한다.
④ 여러 교정 부호를 동일한 행에 사용할 때 교정 부호가 겹치지 않도록 한다.

해설 문서의 내용과 혼돈되지 않도록 글자 색과 다른 색으로 표기하도록 한다.

16 다음 중 문서 관리에 대한 내용으로 가장 거리가 먼 것은?

① 문서 관리는 문서를 산출한 업무와는 독립적으로 이루어지는 것이 바람직하다.
② 문서 관리 시 조직의 업무 활동 분석이 선행되는 것이 좋다.
③ 문서 관리자는 조직의 업무를 분석함으로써 업무와 문서 사이의 연관성을 이해하고 있어야 한다.
④ 업무활동에 기반한 문서 관리는 업무 수행을 돕는 강력한 도구가 된다.

해설 문서 관리는 문서를 산출한 업무를 하는 곳에서 관리하는 것이 바람직하다.

정답 12 ④ 13 ② 14 ② 15 ① 16 ①

17 다음 중 문서 파일링 시스템의 도입 효과와 관련이 없는 것은?

① 문서 관리의 명확화
② 정보 전달의 원활화
③ 사무 공간의 효율적 활용
④ 기록 활용에 대한 제비용 증가

해설 기록 활용에 대한 제비용 증가 → 기록 활용에 대한 제비용 감소

18 다음 중 전자문서에 대한 설명으로 적당하지 않은 것은?

① 컴퓨터 등 정보 처리 능력을 가진 장치에 의하여 전자적인 형태로 작성되거나 송신/수신 또는 저장된 문서를 말한다.
② 전자문서의 효력 발생 시기는 전자문서를 수신자가 관리하거나 지정한 전자적 시스템 등에 입력되었을 때 발생한다.
③ 전자문서는 공람하였다는 기록을 업무관리시스템 또는 전자문서시스템 상에서 수동으로 표시하며, 담당자는 메일로 공람 여부를 언제든지 확인할 수 있어야 한다.
④ 업무의 성질상 전자문서로 기안하기 곤란하거나 그 밖의 특별한 사정이 있지 않은 한 기안은 전자문서로 하는 것을 원칙으로 한다.

해설 전자문서는 공람하였다는 기록을 업무관리시스템 또는 전자문서시스템 상에서 자동으로 표시한다.

19 다음은 문서의 발송에 대한 설명이다. 옳지 않은 것은?

① 문서는 정보통신망을 이용하여 발신함을 원칙으로 한다.
② 전자문서는 행정기관의 홈페이지 또는 공무원의 공식 전자 우편 주소를 이용하여 발송할 수 있다.
③ 종이 문서인 경우에는 이를 복사하여 발송한다.
④ 모든 문서는 비밀 유지를 위해 반드시 암호화하여 발송한다.

해설
- 비밀 사항의 문서만 비밀 유지를 위해 암호화 등 보안 유지가 가능한 방법으로 발송한다.
- 중요한 문서는 등기 우편이나 그 밖에 발신 사실을 증명할 수 있는 특수한 방법으로 발신한다.

20 다음 중 공문서 작성에 관한 설명으로 옳지 않은 것은?

① 공문서의 항목 순서를 필요한 경우에는 ㅁ, ㅇ, -, · 등과 같은 기호로 표시할 수 있다.
② 문서에 금액을 표시할 때에는 금153,530원(금일십오만삼천오백삼십원)과 같이 표시하여야 한다.
③ '업무 실명제'란 주요 정책의 결정 및 집행 과정에 참여하는 관련자의 실명과 의견을 기록 및 관리하는 제도를 말한다.
④ 본문의 내용이 표 형식으로 표의 중간까지만 작성된 경우에는 '끝' 표시를 하지 않고 마지막으로 작성된 칸의 다음 칸에 '이하 빈칸'으로 표시한다.

해설 '정책 실명제'란 주요 정책의 결정 및 집행 과정에 참여하는 관련자의 실명과 의견을 기록 및 관리하는 제도를 말한다.

2과목 | PC 운영 체제

21 다음 중 한글 Windows의 도움말에 관한 설명으로 옳지 않은 것은?

① 관련된 항목의 도움말을 쉽게 찾을 수 있는 하이퍼텍스트 기능이 있다.
② 필요한 도움말을 제목별로 검색할 수 있으며, 프린터로 출력할 수 있다.
③ 온라인에서 원격 지원으로 도움을 받거나 전문가에게 문의할 수 있다.
④ 새로운 기술에 대한 내용을 도움말에 추가하거나 수정할 수 있다.

해설 도움말은 사용자가 임의로 새로운 내용을 추가하거나 수정할 수 없다.

정답 17 ④ 18 ③ 19 ④ 20 ③ 21 ④

22 다음 중 한글 Windows에서 부팅 시 고급 옵션에서 지원하는 부팅 모드에 대한 설명으로 옳은 것은?

① 안전 모드 사용 : 기본 드라이버 및 DVD 드라이브, 네트워크 서비스만으로 부팅한다.
② 부팅 로깅 사용 : 화면 모드를 저해상도 디스플레이 모드인 '640×480' 해상도로 설정하여 부팅한다.
③ 디버깅 사용 : 잘못된 서명이 포함된 드라이버를 설치할 수 있도록 설정한다.
④ 드라이버 서명 적용 사용 안 함 : 부적절한 서명이 포함된 드라이버를 설치할 수 있도록 허용한다.

해설
- 안전 모드 사용 : Windows를 최소한의 기능으로 부팅하여 시스템의 각종 문제를 진단한다(CD-ROM, 프린터, 네트워크 카드, 사운드 카드 등은 사용할 수 없음).
- 부팅 로깅 사용 : 부팅 과정 중 일어나는 로딩 장치 드라이버에 대한 로그 파일을 작성한다.
- 디버깅 사용 : 직렬 케이블을 통해 다른 컴퓨터에 디버그 정보를 보내면서 컴퓨터를 부팅한다.

23 다음 중 한글 Windows에서 제공하는 기능에 대한 설명으로 옳지 않은 것은?

① 에어로 전환 3D : 점프 목록과 프로그램 단추 고정을 통해 빠르게 프로그램을 실행할 수 있다.
② 에어로 스냅(Aero Snap) : 열려있는 창을 드래그하는 위치에 따라 창의 크기를 조절할 수 있다.
③ 에어로 피크(Aero Peek) : 작업 표시줄 아이콘을 통해 축소판 미리 보기가 가능하며, 열려있는 모든 창을 최소화 하지 않고 바탕 화면을 볼 수 있다.
④ 에어로 셰이크(Aero Shake) : 창을 흔들면 다른 열려 있는 모든 창을 최소화하거나 다시 원상태로 나타나게 할 수 있다.

해설 에어로 전환 3D : 작업 표시줄을 누르지 않고도 열려 있는 모든 창을 미리 볼 수 있다.

24 다음 중 한글 Windows의 작업 표시줄에 대한 설명으로 옳지 않은 것은?

① 작업 표시줄은 현재 실행되고 있는 프로그램 단추와 프로그램을 빠르게 실행하기 위해 등록한 고정 프로그램 단추 등이 표시되는 곳이다.
② 작업 표시줄은 위치를 변경하거나 크기를 조절할 수 있으며, 크기는 화면의 1/4까지만 늘릴 수 있다.
③ '작업 표시줄 잠금'이 지정된 상태에서는 작업 표시줄의 크기나 위치 등을 변경할 수 없다.
④ 작업 표시줄은 기본적으로 바탕 화면의 맨 아래쪽에 있다.

해설 작업 표시줄의 크기는 화면의 1/2까지만 늘릴 수 있다.

25 다음 중 한글 Windows에서 바탕 화면의 바로 가기 메뉴를 사용하여 할 수 있는 작업으로 옳지 않은 것은?

① 바탕 화면에 새 폴더를 만들 수 있다.
② 바탕 화면에 있는 아이콘의 표시 유무를 지정할 수 있다.
③ 화면 해상도를 변경할 수 있다.
④ 컴퓨터의 전원을 켜거나 끌 수 있다.

해설 보기 ④번의 내용은 [시작]–[전원]–[시스템 종료]를 통해 가능하다.

26 다음 중 한글 Windows의 [폴더 옵션] 대화 상자의 [보기] 탭에서 할 수 없는 기능은?

① 메뉴 모음의 항상 표시 여부를 지정한다.
② 숨김 파일이나 폴더의 표시 여부를 지정한다.
③ 폴더나 파일을 가리키면 해당 항목의 정보를 표시하는 팝업 설명의 표시 여부를 지정한다.
④ 제목 표시줄에 현재 선택된 위치에 대한 일부분 경로 표시 여부를 지정한다.

해설 제목 표시줄에 전체 경로 표시 여부를 지정한다.

27 다음 중 한글 Windows에서 파일이나 폴더를 삭제할 수 없는 경우에 대한 설명으로 옳은 것은?

① 다운로드한 프로그램 파일을 디스크 정리로 삭제할 경우

정답 22 ④ 23 ① 24 ② 25 ④ 26 ④ 27 ③

② 휴지통에 있는 특정 파일을 선택한 후에 Delete 키를 눌러 삭제할 경우
③ 현재 편집 중인 문서 파일이 포함된 폴더를 선택한 후에 Delete 키를 눌러 삭제할 경우
④ 모든 권한이 설정된 특정 폴더의 바로 가기 메뉴에서 [삭제]를 선택하여 삭제하는 경우

해설 현재 편집 중인 문서 파일이 포함된 폴더는 삭제할 수 없다.

28 다음 중 한글 Windows의 파일 탐색기나 폴더 창의 우측 상단에 표시되는 검색 상자의 사용 방법에 관한 설명으로 옳지 않은 것은?

① 검색 필터를 추가하여 수정한 날짜나 크기 등의 속성을 이용하여 검색할 수 있다.
② 검색할 위치를 지정하여 파일이나 폴더를 검색할 수 있다.
③ 검색 결과에는 검색어로 사용된 문자가 노란색으로 표시되어 확인하기 용이하다.
④ 파일이나 폴더 그리고 프로그램, 제어판, 전자 이메일 메시지도 검색이 가능하다.

해설 파일 탐색기의 검색 상자를 사용할 경우는 파일과 폴더만 검색이 가능하다.

29 다음 중 한글 Windows의 캡처 도구에 대한 설명으로 옳지 않은 것은?

① [시작]→[Windows 보조프로그램]→[캡처 도구]를 선택하여 실행할 수 있다.
② 캡처한 화면은 JPG, PNG, GIF, BMP, HTML 파일 중 하나를 선택하여 저장할 수 있다.
③ 자유형 캡처, 사각형 캡처, 창 캡처, 전체 화면 캡처 중 하나를 선택하여 캡처할 수 있다.
④ 캡처 후 주석을 달 때 사용할 펜은 색, 두께, 모양 변경이 가능하지만 형광펜은 변경 불가능하다.

해설 캡처 도구 : 화면의 특정 부분이나 창, 전체 화면을 캡처하여 HTML, PNG, GIF, JPG 파일로 저장할 수 있다.

30 다음 중 한글 Windows에서 파일이나 폴더의 압축 프로그램을 사용할 때 장점으로 옳지 않은 것은?

① 디스크 공간을 효율적으로 활용할 수 있다.
② 파일을 전송할 때 시간 및 비용 절감 효과가 있다.
③ 파일이나 폴더를 압축하면 보안이 향상된다.
④ 분할 압축이 가능하다.

해설 파일이나 폴더를 압축한다고 해서 보안이 향상되지는 않는다.

31 다음 중 한글 Windows에서 설치된 프린터의 바로 가기 메뉴에 있는 [프린터 속성]을 선택하여 표시되는 프린터 속성 대화 상자에 대한 설명으로 옳지 않은 것은?

① [일반] 탭 : 프린터 모델명 확인과 인쇄 기본 설정
② [공유] 탭 : 프린터를 네트워크상의 다른 컴퓨터와 공유할 것인지를 결정하고 추가 드라이버를 설치
③ [포트] 탭 : 프린터 포트를 선택하고 새로운 포트를 추가하거나 삭제
④ [고급] 탭 : 프린터 시간을 제어하고 인쇄 해상도를 설정하며, 테스트 페이지 인쇄 등을 지정

해설 [고급] 탭 : 프린터 사용 시간, 프린터 드라이버, 스풀 사용 여부 등을 설정한다.

32 다음 중 한글 Windows의 [접근성 센터] 창에서 수행 가능한 작업에 대한 설명으로 옳지 않은 것은?

① 돋보기 기능을 사용하면 화면에서 원하는 영역을 확대할 수 있다.
② 내레이터 시작 기능을 사용하면 화면의 텍스트를 소리 내어 읽어 줄 수 있다.
③ 청각 장애가 있는 사용자를 위해 경고음 등의 시스템 소리를 화면 깜박임과 같은 시각적 신호로 표시되도록 지정할 수 있다.
④ 화상 키보드 기능을 사용하여 마우스 포인터의 모양을 변경하거나 포인터의 이동 속도를 변경할 수 있다.

해설 화상 키보드 기능을 사용하여 마우스나 다른 포인팅 장치로 텍스트를 입력할 수 있다.

정답 28 ④ 29 ② 30 ③ 31 ④ 32 ④

33 다음 중 한글 Windows에서 제공하는 [Windows Defender 방화벽]에 대한 설명으로 옳지 않은 것은?

① 해커나 악성 소프트웨어가 네트워크나 인터넷을 통해 사용자 컴퓨터에 액세스 하지 못하도록 방지하는 기능이다.
② [인바운드 규칙] 사용을 설정하면 방화벽은 사용자의 네트워크에서 외부로 나가는 연결을 제어할 수 있다.
③ Windows 방화벽이 새 프로그램을 차단할 때 알림을 표시할 수 있도록 설정할 수 있다.
④ 연결 보안 규칙의 종류에는 격리, 인증 예외, 서버간 터널, 사용자 지정 등이 있다.

해설 인바운드 규칙은 외부에서 내부로 들어오는 움직임을 설정하는 규칙이고, 아웃바운드 규칙은 내부에서 외부로 나가는 움직임을 설정하는 규칙이다.

34 다음 중 한글 Windows에서 사용할 수 있는 웹 브라우저의 기능에 관한 설명으로 옳지 않은 것은?

① 웹 서버에 있는 홈 페이지를 HTTP 프로토콜을 사용하여 편집 또는 재구성할 수 있다.
② 플러그인 프로그램을 설치하여 동영상이나 소리 등의 다양한 멀티미디어 데이터를 처리할 수 있다.
③ 자주 방문하는 웹 사이트 주소를 관리할 수 있다.
④ 전자 우편을 보내거나 HTML 문서를 편집할 수 있다.

해설 웹 서버에 있는 홈 페이지를 HTTP 프로토콜을 사용하여 편집 또는 재구성할 수는 없다.

35 한글 Windows의 사용자 계정 유형 중 다음과 같은 권한을 갖는 것은?

> 프로그램, 하드웨어 등을 설치하거나 중요한 파일을 삭제할 수 없고, 자신의 계정 이름 및 계정 유형을 변경할 수 없지만, 이미 설치된 프로그램을 실행하거나 테마, 바탕 화면 설정, 자신의 계정에 대한 암호 등을 설정할 수 있다.

① 관리자 계정
② 표준 사용자 계정
③ Guest 계정
④ 임시 사용자 계정

해설
- ① 모든 암호 변경 및 제거, 계정 이름 및 사진 변경, 새로운 계정 등의 기능을 제공한다.
- ③ 컴퓨터를 임시로 사용하는 사용자들만 사용하므로 암호 지정이나 시스템 설치 및 설정 변경이 불가능하다.

36 다음 중 한글 Windows에서 인쇄가 전혀 되지 않는 경우에 취해야 할 조치로 옳지 않은 것은?

① 인쇄할 프린터의 속성에서 [스풀 설정]을 확인한다.
② 프린터 전원이나 프린터 케이블이 제대로 연결되어 있는지 확인한다.
③ 프린터의 이름이 변경되었거나 삭제되지 않았는지 확인한다.
④ 설정된 프린터의 드라이버가 제대로 설치되었는지 확인한다.

해설 스풀(SPOOL)은 저속의 출력 장치와 고속의 CPU 사이에서 속도 차이를 해결하여 컴퓨터의 처리 효율을 높이는 기능으로 인쇄가 되지 않는 경우와는 상관이 없다.

37 다음 중 한글 Windows의 [프로그램 및 기능] 창에서 할 수 있는 작업으로 옳지 않은 것은?

① 새로운 Windows 업데이트를 수행하거나 설치된 업데이트 내용을 제거, 변경할 수 있다.
② 시스템에 설치된 프로그램의 목록을 확인하거나 제거 또는 변경할 수 있다.
③ 설치된 Windows의 기능을 켜기 하거나 끄기를 지정할 수 있다.
④ 새로운 응용 프로그램을 설치할 수 있다.

해설 [프로그램 및 기능] 창에서는 어떠한 프로그램도 설치할 수 없다.

38 다음 중 한글 Windows에서 라이브러리에 대한 설명으로 옳지 않은 것은?

정답 33 ② 34 ① 35 ② 36 ① 37 ④ 38 ④

① 자주 사용하는 폴더들을 하나씩 찾아다니지 않고 라이브러리에 등록하여 한 번에 관리할 수 있다.
② 라이브러리는 컴퓨터 여기 저기 흩어져 있는 자료를 한 곳에서 보고 정리할 수 있게 하는 가상의 폴더이다.
③ 기본적으로 문서, 음악, 사진, 비디오 라이브러리를 제공한다.
④ 하나의 라이브러리에는 최대 30개의 폴더를 포함시킬 수 있다.

해설 하나의 라이브러리에는 최대 50개의 폴더를 포함시킬 수 있다.

39 한글 Windows의 [네트워크 및 공유 센터]에서 '네트워크 설정 변경'과 가장 관련이 없는 항목은?
① 어댑터 설정 변경
② 새 연결 또는 네트워크 설정
③ VPN 연결 설정
④ 문제 해결

해설
- 어댑터 설정 변경 : 네트워크의 연결 상태와 사용 여부, 네트워크 이름 변경 등의 정보를 확인한다.
- 네트워크 설정 변경 : 새 연결 또는 네트워크 설정, 문제 해결 등을 작업한다.

40 다음 중 한글 Windows에서 공유에 대한 설명으로 옳지 않은 것은?
① 프린터, 프로그램, 문서, 비디오, 소리, 그림 등의 데이터를 모두 공유할 수 있다.
② 공유된 폴더는 여러 사람이 사용하므로 바이러스 감염에 주의하여야 한다.
③ 공유된 자원의 아이콘을 클릭하면 파일 탐색기 하단의 세부 정보 창에 공유 여부가 표시된다.
④ 폴더명 뒤에 '$'가 붙어있는 폴더를 공유하거나 공유 이름 뒤에 '$'를 붙이면 네트워크의 다른 사용자가 공유 여부를 알 수 있다.

해설 다른 사람이 공유 여부를 모르게 하려면 폴더나 드라이브의 공유 이름에 '$' 표시를 한다.

3과목 | 컴퓨터와 정보 활용

41 다음 중 데이터의 크기에 대한 설명으로 옳지 않은 것은?
① 니블(Nibble) : 4개의 비트가 모여 1Nibble을 구성한다.
② 바이트(Byte) : 파일 구성의 최소 단위로, 의미 있는 정보를 표현하는 최소 단위이다.
③ 레코드(Record) : 하나 이상의 관련된 필드가 모여서 구성되는 자료 처리 단위이다.
④ 파일(File) : 프로그램 구성의 기본 단위로 여러 레코드가 모여서 구성된다.

해설 바이트 : 문자 표현의 최소 단위이다(1Byte=8Bit).

42 다음 중 아날로그 컴퓨터에 대한 설명으로 옳지 않은 것은?
① 출력 형태 : 숫자, 문자
② 연산 형식 : 미적분 연산
③ 구성 회로 : 증폭 회로
④ 적용성 : 특수 목적용

해설 아날로그 컴퓨터의 출력 형태는 전압, 전류, 곡선과 같은 데이터를 취급한다.

43 다음 중 연산 장치의 구성 요소에 대한 설명으로 옳은 것은?
① 보수기 : 2진수의 덧셈을 수행하는 회로
② 누산기 : 연산된 결과를 일시적으로 저장하는 레지스터
③ 데이터 레지스터 : 연산중에 발생하는 여러 가지 상태 값을 기억하는 레지스터
④ 인덱스 레지스터 : 연산에 사용될 데이터를 기억하는 레지스터

해설 누산기 : 산술 및 논리 연산의 결과를 일시적으로 기억하는 장치이다.

정답 39 ① 40 ④ 41 ② 42 ① 43 ②

44 다음은 무엇에 대한 설명인가?

> • 하드웨어/소프트웨어 등의 컴퓨팅 자원을 자신이 필요한 만큼 빌려 쓰고 사용 요금을 지불하는 방식의 컴퓨팅 서비스이다.
> • 영화, 사진, 음악 등 미디어 파일을 서버에 저장해 두고 스마트폰이나 스마트 TV를 통해 다운로드 후 사용한다.

① 유비쿼터스 컴퓨팅(Ubiquitous Computing)
② 클라우드 컴퓨팅(Cloud Computing)
③ 웨어러블 컴퓨팅(Wearable Computing)
④ 그리드 컴퓨팅(Grid Computing)

해설
• ① 현실 세계의 어디서나 컴퓨터 사용이 가능한 기술로 모든 사물들이 네트워크에 연결되어 있어야 한다.
• ③ 스마트폰이나 태블릿을 무선으로 연결하여 안경, 손목 시계, 밴드형 기기 등에서 사용하는 기술이다.
• ④ 분산되어 있는 컴퓨팅 자원을 초고속 인터넷 망을 통해 격자 구조로 공유함으로써 하나의 고성능 컴퓨터처럼 사용하는 기술이다.

45 다음 중 CISC 마이크로프로세서에 대한 설명으로 옳지 않은 것은?

① 명령어의 종류가 많아 전력 소비가 많다.
② 명령어 설계가 어려워 고가이나 레지스터를 적게 사용 하므로 프로그램은 간단하다.
③ 고급 언어에 각기 하나씩의 기계어를 대응시킴으로써 명령어의 집합이 커진다.
④ 서버, 워크스테이션에 주로 사용된다.

해설 CISC 마이크로프로세서는 Intel 계열의 일반 컴퓨터(PC)에서 주로 사용한다.

46 다음 중 컴퓨터에서 사용하는 캐시 메모리에 관한 설명으로 옳은 것은?

① CPU와 주기억 장치의 처리 속도를 향상시키기 위하여 사용한다.
② 보조 기억 장치를 주기억 장치처럼 사용할 수 있는 기능을 제공한다.
③ 주기억 장치에 접근할 때 주소대신 기억된 내용으로 접근하는 기능을 제공한다.
④ EEROM의 일종으로 중요한 정보를 반영구적으로 저장할 수 있다.

해설 보기 ②번은 가상 메모리, 보기 ③번은 연관 메모리, 보기 ④번은 플래시 메모리에 대한 설명이다.

47 다음 중 복잡한 여러 기종의 컴퓨팅 환경에서 응용 프로그램과 운영 체제의 차이를 보완해 주고, 서버와 클라이언트들을 중간에서 연결해 주는 소프트웨어로 옳은 것은?

① 프리웨어(Freeware)
② 미들웨어(Middleware)
③ 셰어웨어(Shareware)
④ 내그웨어(Nagware)

해설
• ① 사용 기간과 기능에 제한 없이 무료로 사용할 수 있으며, 저작권자의 동의 없이 자유롭게 복사, 배포할 수 있는 소프트웨어이다.
• ③ 일정 기간이나 기능에 제한을 두고 프로그램을 사용한 후 구입 여부를 판단하는 소프트웨어이다.

48 다음 중 컴퓨터의 운영 체제를 구성하는 제어 프로그램의 역할에 관한 설명으로 옳지 않은 것은?

① 자원 할당 및 시스템 전체의 작동 상태를 감시한다.
② 작업이 정상적으로 처리될 수 있도록 작업 순서와 방법을 관리한다.
③ 작업에 사용되는 데이터와 파일의 표준적인 처리 및 전송을 관리한다.
④ 사용자가 고급 언어로 작성한 원시 프로그램을 목적 프로그램으로 번역한다.

해설 보기 ④번은 컴파일러에 대한 설명이다.

49 다음에서 설명하는 모바일 관련 기술은?

> • 휴대폰, 노트북, 이어폰, 태블릿 PC 등의 휴대 기기를 서로 무선으로 연결해 정보를 교환하는 근거리 무선 기술 표준이다.
> • 10m 안팎의 단거리에서 저전력 무선 연결이 필요할 때 사용하며, 양방향 정보 전송이 가능하다.

정답 44 ② 45 ④ 46 ① 47 ② 48 ④ 49 ③

① MHL(Mobile High-definition Link)
② 테더링(Tethering)
③ 블루투스(Bluetooth)
④ 핫스팟(Hot Spot)

해설
- ① 모바일 기기를 TV나 모니터에 연결하여 스마트폰에 저장된 동영상을 볼 수 있는 기술이다.
- ② 휴대폰을 모뎀으로 활용할 수 있는 기능으로 노트북과 같은 IT 기기를 휴대폰에 연결하여 무선 인터넷을 사용할 수 있다.
- ④ 무선으로 초고속 인터넷을 사용할 수 있도록 전파를 중계하는 기지국으로 무선 공유기(AP) 주변의 통신이 가능하다.

50 다음 중 컴퓨터의 시스템 관리에 관한 설명으로 옳지 않은 것은?

① 전원을 끌 경우에는 반드시 사용 중인 응용 프로그램을 먼저 종료한다.
② 컴퓨터를 이동하거나 부품을 교체할 경우에는 반드시 전원을 끄고 작업한다.
③ 시스템에 이상이 발생하면 먼저 HDD를 포맷하고 시스템을 재설치 한다.
④ 최신 바이러스 백신 프로그램을 사용하여 주기적으로 점검한다.

해설 시스템에 이상이 발생하면 상황에 맞게 처리를 하되, 포맷은 디스크를 초기화하면서 모든 데이터를 지우므로 주의를 해야 한다.

51 다음 중 멀티미디어 파일 포맷에 대한 설명으로 옳지 않은 것은?

① MP3은 PCM 기법에 의해 생성된 디지털 데이터를 사용하며, MPEG-3 규격의 압축 기술을 사용한다.
② ASF는 인터넷을 통해 오디오, 비디오 및 생방송 수신 등을 지원하는 통합 멀티미디어 형식이다.
③ WMF는 Windows에서 기본적으로 사용하는 벡터 그래픽 파일 형식이다.
④ DVI는 인텔사에서 개발한 동영상 압축 기술이다.

해설 MP3 : MPEG-1에서 오디오 압축 기술을 이용하여 만든 오디오 데이터의 디지털 파일 양식이다.

52 하이퍼텍스트에 문자 이외의 그래픽, 사운드, 동영상 등의 멀티미디어 정보를 연결해 놓은 형식을 무엇이라고 하는가?

① 하이퍼터미널(Hyperterminal)
② 하이퍼미디어(Hypermedia)
③ 하이퍼콘텐츠(Hypercontents)
④ 하이퍼콘텍스트(Hypercontext)

해설
- 하이퍼미디어(Hypermedia) : 하이퍼텍스트에 소리, 동영상, 애니메이션 등의 정보를 결합한다.
- 하이퍼텍스트(Hypertext) : 하이퍼링크로 연결된 조직화된 정보로 문서와 문서를 연결하여 관련 정보를 쉽게 찾는 비선형 구조를 갖는다.

53 다음 중 정보 통신을 위하여 사용되는 광섬유 케이블에 관한 설명으로 옳지 않은 것은?

① 대역폭이 넓어 데이터의 전송률이 우수하다.
② 리피터의 설치 간격을 좁게 설계하여야 한다.
③ 도청하기 어려워서 보안성이 우수하다.
④ 다른 유선 전송 매체와 비교하여 정보 전달의 안전성이 우수하다.

해설 광섬유 케이블은 신호를 재생하는 리피터의 설치 간격이 넓어 가입자 회선으로 사용한다.

54 인터넷 프로토콜 중 다음과 같은 특징을 가지는 프로토콜은 무엇인가?

네트워크상의 각 호스트에서 정기적으로 정보를 수집해 네트워크를 관리하며, 정보를 수정하여 장치의 동작을 변경하는데 사용되는 프로토콜

① UDP ② ARP
③ SNMP ④ SMTP

해설
- ① 네트워크에서 컴퓨터간 메시지 교환 시 제한된 서비스만을 제공하는 프로토콜이다.
- ② IP 주소를 물리적 네트워크 주소로 대응시키기 위해 사용하는 프로토콜이다.
- ④ 전자 우편의 송신을 담당하는 프로토콜이다.

정답 50 ③ 51 ① 52 ② 53 ② 54 ③

55 다음 중 컴퓨터 바이러스의 감염 증상으로 옳지 않은 것은?

① 프로그램의 실행 속도가 이유 없이 늦어진다.
② 사용 가능한 메모리 공간이 줄어드는 등 시스템 성능이 저하된다.
③ 일정 시간 후에 화면 보호기가 작동된다.
④ 예측이 불가능하게 컴퓨터가 재부팅된다.

해설 지정한 대기 시간(분) 동안 컴퓨터를 작동하지 않으면 화면 보호기가 작동되는 것은 사용자가 직접 설정하는 기능이다.

56 다음 중 네트워크에서 데이터 전달의 흐름을 방해하여 가용성에 영향을 미치는 컴퓨터 시스템의 정보 보안 위협 유형으로 옳은 것은?

① 가로막기(Interruption)
② 가로채기(Interception)
③ 수정(Modification)
④ 위조(Fabrication)

해설
- ② 데이터의 전달 정보를 중간에 가로채는 행위로 기밀성을 위협한다.
- ③ 데이터의 전달 정보를 다른 내용으로 바꾸는 행위로 무결성을 위협한다.
- ④ 다른 송신자로 정보를 전송한 것처럼 위조하는 행위로 인증성을 위협한다.

57 다음 중 인터넷 관련 용어의 설명으로 옳지 않은 것은?

① 데몬(Daemon)은 사용자가 직접적으로 제어하지 않고, 백그라운드에서 돌면서 주기적인 서비스 요청 등 여러 작업을 하는 프로그램을 말한다.
② 푸쉬(Push)는 인터넷에서 사용자의 요청에 의하지 않고 서버의 작용에 의해서 서버 상에 있는 정보를 클라이언트로 자동 배포(전송)하는 것을 말한다.
③ 미러 사이트(Mirror Site)는 인기 있는 웹 사이트의 경우 사이트의 부하를 분산하기 위해 2개 이상의 파일 서버로 똑같은 내용을 분산시켜 보유하고 있는 사이트를 말한다.
④ 핑거(Finger)란 지정한 IP 주소 통신 장비의 통신망 연결을 확인하기 위한 것으로 통신 규약으로는 인터넷 제어 메시지 프로토콜(ICMP)을 사용한다.

해설 핑거(Finger) : 특정 시스템을 사용하고 있는 사용자에 대한 정보를 알아보는 명령어이다.

58 디지털 콘텐츠의 불법 복제와 유포를 막고 저작권 보유자의 이익과 권리를 보호해 주는 기술과 서비스를 무엇이라고 하는가?

① PICS(Platform for Internet Contents Selection)
② DCRP(Digital Contents Rights Protection)
③ DRM(Digital Rights Management)
④ CRM(Customer Relationship Management)

해설 디지털 저작권 관리(DRM)는 디지털 콘텐츠의 불법 복제와 유포를 막고 저작권 보유자의 이익과 권리를 보호해 주는 기술과 서비스로 유료 디지털 콘텐츠의 불법 복제를 막는데 주로 사용된다.

59 다음 중 아웃룩(Outlook)에서 메일 관리에 대한 설명으로 옳지 않은 것은?

① 제목에 특정 단어가 들어 있는 메일에 대해서만 자동으로 회신하게 설정할 수 있다.
② 특정인으로부터 수신된 메일을 원하는 폴더로 바로 이동될 수 있도록 설정할 수 있다.
③ 제목에 특정 단어가 들어간 메일을 [정크 메일] 폴더에 보관될 수 있도록 설정할 수 있다.
④ 특정인으로부터 메일을 받으면 소리가 나게 설정할 수 있다.

해설 보기 ①번에 대한 메일 관리 기능은 없다.

정답 55 ③ 56 ① 57 ④ 58 ③ 59 ①

60 **다음 중 개인정보보호에 관한 설명으로 옳지 않은 것은?**

① 개인정보처리자는 정보 주체의 개인정보가 분실, 도난, 유출, 위조, 변조 또는 훼손되지 않도록 해야 한다.
② 기업은 개인정보보호를 시작하기 위해서 개인정보보호 전담자와 조직을 만들어야 한다.
③ 개인정보보호에 문제가 생겼을 때는 IT 부서 책임자나 최고보안책임자를 제외하고 경영자가 책임을 져야 한다.
④ 개인정보보호는 개인정보 자기 결정권이 철저히 보장될 수 있도록 하는 일련의 행위이다.

해설 개인정보보호에 문제가 생겼을 때는 IT 부서 책임자나 최고보안책임자도 책임자로 분류된다.

정답 ▶ 60 ③

2021년 상시01

점

1과목 | 워드프로세싱 일반

01 다음 중 KS X 1001 완성형 한글 코드에 대한 설명으로 옳지 않은 것은?

① 정보 교환 시 제어 문자와 충돌이 발생하지 않는다.
② 모든 문자에 코드를 부여하므로 기억 공간을 많이 차지한다.
③ 코드가 부여되지 않은 문자는 사용할 수 없다.
④ 전 세계의 모든 문자 표현이 가능하며, 외국 소프트웨어에서 한글을 사용할 수 있다.

해설
- KS X 1001 완성형 : 한글(2,350자), 한자(4,888자), 특수 문자(1,128자), 사용자 정의(188자), 미지정 문자(282자), 한글/한자(2Byte), 영문/숫자/공백(1Byte)을 사용한다.
- 보기 ④번은 KS X 1005-1(유니 코드)에 대한 설명이다.

02 다음 중 워드프로세서의 입력 기능에 대한 설명으로 옳지 않은 것은?

① 금칙 처리는 행의 맨 앞이나 맨 뒤에 올 수 없는 문자로 문서 작성 시 사용할 수 없는 규칙 사항이다.
② 문단은 Enter와 Enter 사이의 내용으로 문단의 라인 수는 일정하지 않다.
③ 상용구는 문서의 전체적인 균형을 위한 페이지 상하좌우의 여백이다.
④ 자동 페이지 분할은 입력 내용이 한 페이지를 넘으면 자동으로 다음 페이지로 이동하는 기능이다.

해설
- 상용구(Glossary) : 자주 사용하는 문자열을 미리 등록하였다가 필요할 때 입력하는 기능으로 정형구 또는 약어 등록이라고도 한다.
- 보기 ③번은 마진(Margin)에 대한 설명이다.

03 다음 중 특정 워드프로세서로 만든 문서를 다른 워드프로세서를 이용하여 읽거나 출력하려고 할 때 원래 문서와 가장 가까운 형태로 변환하려면 어떤 형식으로 저장하는 것이 좋은가?

① 일반 텍스트 파일(*.txt)
② HTML 문서(*.html)
③ 서식 있는 문자열(*.rtf)
④ 문서 서식 파일(*.dot)

해설 서식 있는 문자열(*.rtf)로 저장하면 다른 워드프로세서와 호환이 용이하다.

04 다음 중 워드프로세서의 인쇄 기능에 대한 설명으로 옳지 않은 것은?

① 문서의 일부분만 인쇄할 수 있다.
② 본문의 내용과 머리말, 꼬리말을 분리하여 별도로 인쇄할 수 있다.
③ 문서의 끝 페이지에서부터 첫 페이지 순으로 인쇄할 수 있다.
④ 문서의 내용을 파일로 인쇄할 수 있다.

해설 보기 ②번에서 본문의 내용과 머리말, 꼬리말을 분리하여 별도로 인쇄할 수는 없다.

05 다음의 보기에서 설명하는 워드프로세서의 기능은?

> 문단에서 첫 번째 줄의 입력 위치를 다음 줄의 시작 위치보다 들어가거나 나오도록 설정하여 문단의 시작 위치가 자동으로 지정되어 문자가 입력되도록 하는 기능

① 인덴트(Indent)/아웃덴트(Outdent)
② 옵션(Option)
③ 다단(Newspaper Column)
④ 래그드(Ragged)

정답 ▶ 01 ④ 02 ③ 03 ③ 04 ② 05 ①

해설 • ② 어떤 명령이나 기능에 대한 지시를 부여하거나 선택할 수 있는 항목이다.
• ③ 신문이나 찾아보기처럼 한 쪽(페이지)을 여러 단으로 나누어 편집할 필요가 있을 때 사용하는 기능이다.
• ④ 문서 정렬에서 한쪽이 정렬되어 있지 않은 것이다.

06 자료를 쉽게 검색하기 위해 사용되는 기능으로 소트(Sort)와 색인(Index)이 있다. 다음 중 두 기능의 차이점을 올바르게 설명한 것은?

① 소트(Sort)는 내림차순만 사용할 수 있다.
② 소트(Sort)는 오름차순만 사용할 수 있다.
③ 색인(Index)은 내림차순만 사용할 수 있다.
④ 색인(Index)은 오름차순만 사용할 수 있다.

해설 • 색인(Index) : 문서의 중요 내용(단어)들을 빠르게 찾기 위하여 문서 맨 뒤에 용어와 기록된 쪽 번호를 오름차순으로 정리한 목록이다.
• 소트(Sort) : 일정 기준에 맞게 내용을 순서대로 정렬하는 것으로 오름차순과 내림차순으로 정렬할 수 있다.

07 다음 중 표시 장치에 대한 설명으로 옳지 않은 것은?

① 화면 크기 : 화면의 대각선 길이를 인치(Inch)로 표시한다.
② 해상도(Resolution) : 컴퓨터의 모니터 화면이나 TV 화면의 화상이 얼마나 세밀하게 표시되는가를 나타내는 정도이다.
③ 화소(Pixel) : 화면에 표시되는 화상의 최소 구성 단위로 화소 수가 많을수록 해상도가 높다.
④ 채널(Channel) : 중앙 처리 장치(CPU)와 입출력 장치 사이의 속도 차를 조절하여 모니터의 해상도를 향상시킨다.

해설 채널(Channel) : 주기억 장치와 입출력 장치간 속도 차이를 줄일 목적으로 사용하며, CPU로부터 입출력 장치 제어를 위임받아 한 번에 여러 데이터 블록을 입출력할 수 있다.

08 다음 중 문서 작성에 사용되는 글꼴에 대한 설명으로 옳지 않은 것은?

① 비트맵 글꼴은 매끄럽지 못하고 확대하면 계단 현상이 발생한다.
② Windows에서 사용하는 글꼴들을 대부분의 워드프로세서에서 사용할 수 있다.
③ 벡터 방식의 글꼴은 점과 점을 연결하는 곡선과 선분으로 만들어진 것이다.
④ 트루타입 글꼴은 글자를 점으로 구성하기 때문에 화면에 보이는 것과 다른 형태로 출력된다.

해설 트루타입 : Windows의 기본 글꼴로 위지윅(WYSIWYG)을 지원하므로 확대해도 글자가 매끄럽게 처리된다.

09 다음 중 문서에 나오는 문구에 대한 보충 설명들을 문서의 마지막 뒤에 모아서 표기하는 기능을 무엇이라고 하는가?

① 꼬리말(Footer)
② 워드 랩(Word Warp)
③ 미주(Endnote)
④ 각주(Footnote)

해설 • ① 문서의 매 페이지 아래쪽에 고정적으로 들어가는 글이다.
• ② 행의 끝에서 단어가 잘릴 경우 해당 단어 자체를 다음 행으로 이동시킨다.
• ④ 문서 내용을 설명하거나 인용한 원문의 제목을 알려주는 보충 구절이다.

10 다음 중 맞춤법 검사(Spelling Check) 기능에 대한 설명으로 옳지 않은 것은?

① 문서 작성 중 잘못 입력된 단어를 찾는 기능이다.
② 한글뿐만 아니라 영문에 대해서도 검사할 수 있다.
③ 맞춤법 검사는 검사할 때마다 새로운 오류를 찾아주므로 자주 실행하는 것이 좋다.
④ 흔히 틀리는 단어에 대해서는 맞춤법 검사 없이 자동적으로 이를 수정하도록 지정할 수 있다.

해설 맞춤법 검사(Spelling Check) : 현재 문서를 내장된 사전과 비교하여 맞춤법에 어긋난 곳을 찾아 수정하는 기능으로 자주 틀리는 단어를 자동으로 수정할 수 있고, 문법적인 오류까지도 지적할 수 있으나 한 번의 실행으로 충분하다.

정답 06 ④ 07 ④ 08 ④ 09 ③ 10 ③

11 다음 중 문자 입력 방법에 대한 설명으로 옳지 않은 것은?

① 한글 입력 : 2벌식은 받침에 상관없이 글자를 풀어서 입력하며, 3벌식은 초성, 중성, 종성을 구분하여 입력한다.
② 영문 입력 : 영문 입력 상태에서 영문자를 입력하며, 대/소문자의 입력은 Caps Lock 키나 Shift 키를 눌러 입력한다.
③ 한자 입력 : 한자의 음(音)을 알아야만 입력이 가능하며, 한글/한자 음절 변환, 단어 변환, 문장 자동 변환 등으로 입력한다.
④ 특수 문자 : 특수 문자 배열표(문자표)에서 해당 문자표를 선택한다.

해설 한자의 음을 모르더라도 입력할 한자의 부수를 알고 있으면 부수 입력 기능을 이용해 한자를 입력할 수 있다.

12 다음 중 전자 출판 기술의 하나인 하이퍼링크의 구조적 특징이 아닌 것은?

① 다양성으로 인하여 정보 습득 능력이 고조된다.
② 순차적 접근 방식을 주로 제공함에 따라 이용상의 편리가 증대된다.
③ 이용자의 의도된 선택에 따라 이동이 가능하다.
④ 양방향 네트워크 통신을 이용자에게 제공된다.

해설 하이퍼링크(Hyperlink) : 서로 관련 있는 문서(Node)와 문서를 연결하는 것으로 직접 접근 방식을 제공한다.

13 다음 중 모핑(Morphing)에 대한 설명으로 가장 적절한 것은?

① 3차원 그래픽에서 음영과 채색을 적절히 조절하여 실제감을 극대화하는 작업이다.
② 2개 이상의 이미지를 적절히 연결시켜 변환 및 통합하는 기법이다.
③ 색의 농도나 색조를 바꾸는 이미지 변형 작업이다.
④ 글자와 글자 사이를 적절한 간격으로 띄워주는 작업이다.

해설
- 모핑(Morphing) : 2개의 이미지를 부드럽게 연결해 변환, 통합하는 것으로 컴퓨터 그래픽, 영화 등에서 응용되는 기법이다.
- 보기 ①번은 랜더링(Rendering), 보기 ③번은 리터칭(Retouching), 보기 ④번은 커닝(Kerning)에 대한 설명이다.

14 다음 중 의례문서에서 행사나 모임 등에 필요한 사항을 기재하는 문서는 무엇인가?

① 안내장　② 초대장
③ 소개장　④ 위문장

해설
- ② 행사나 모임 등에 시간과 장소를 기재하여 사람들을 초대하는 문서이다.
- ③ 다른 사람이나 기업(기관)에 특정 상황을 소개 또는 추천하는 문서이다.
- ④ 갑작스런 사고나 재난 등에 대해 위로(위문)의 내용을 작성하는 문서이다.

15 다음 중 문서의 성립 및 효력 발생 시기에 관한 설명으로 옳지 않은 것은?

① 문서는 결재권자가 해당 문서에 서명 방식으로 결재함으로써 성립한다.
② 전자문서의 경우는 수신자가 관리하거나 지정한 전자적 시스템 등에 입력됨으로써 효력이 발생한다.
③ 공고문서는 그 문서에서 효력 발생 시기를 구체적으로 밝혀야 효력이 발생한다.
④ 문서는 수신자에게 도달됨으로써 효력이 발생한다.

해설 공고문서는 고시 또는 공고가 있은 후 5일이 경과한 날부터 효력이 발생한다.

16 다음 중 전자관인에 대한 설명으로 옳지 않은 것은?

① 전자관인은 일반 관인과 동일한 효력을 발생시킨다.
② 전자문서의 작성 기관 및 변경 여부를 확인할 수 있도록 비대칭 암호화 방식을 이용한다.
③ 전자관인 생성키로 생성한 정보로 일반 문서에서 공통적으로 사용할 수 있다.
④ 컴퓨터 등 정보 처리 능력을 가진 장치에 의하여 전자적인 이미지 형태로 사용되는 관인을 '전자이미지관인'이라고 한다.

정답 11 ③　12 ②　13 ②　14 ①　15 ③　16 ③

해설 전자관인 : 전자문서의 작성 기관 및 변경 여부를 확인할 수 있도록 비대칭 암호화 방식을 이용하여 전자관인 생성키로 생성한 정보로서 당해 전자문서에 고유한 것이다.

17 다음 중 서로 상반되는 의미를 갖는 교정 부호로 짝지어지지 않은 것은?

해설 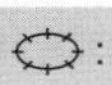 : 되살리기, 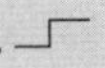 : 줄 바꾸기

18 다음 중 문서의 분량이 증가되는 교정 부호로만 올바르게 묶여진 것은?

해설
- 문서 분량이 증가하는 교정 부호 : 사이 띄우기, 삽입, 줄 바꾸기, 들여쓰기, 줄 삽입
- 문서 분량이 감소하는 교정 부호 : 붙이기, 삭제, 줄 잇기, 내어쓰기

19 다음 중 공문서의 접수 및 처리에 대한 설명으로 옳지 않은 것은?

① 접수한 모든 문서는 행정안전부령으로 정하는 접수인을 찍고 접수 일시와 접수 등록 번호를 적는다.
② 문서과에서 받은 문서는 문서과에서 접수 일시를 전자적으로 표시하거나 적고 지체 없이 처리과에 배부하여야 한다.
③ 문서의 처리 담당자는 행정안전부령으로 정하는 문서인 경우에는 공람할 자의 범위를 정하여 그 문서를 공람하게 할 수 있다.
④ 처리과에서 문서 수신, 발신 업무를 담당하는 사람은 접수한 문서를 처리 담당자에게 인계하여야 한다.

해설 접수한 전자문서에는 접수 일시와 접수 등록 번호를 전자적으로 표시하고, 종이문서에는 행정안전부령으로 정하는 접수인을 찍고 접수 일시와 접수 등록 번호를 적는다.

20 공문서 중 기안문 및 시행문은 두문, 본문, 결문으로 구성된다. 다음 중 기안문 및 시행문의 결문에 해당되는 내용으로만 바르게 짝지어진 것은?

① 기안자, 수신자, 결재권자의 직위/직급
② 우편번호/주소, 시행 및 접수 처리과명-일련번호와 일자, 붙임
③ 행정기관명, 전화번호/전송번호, 검토자/협조자
④ 발신명의, 결재권자의 직위/직급, 전자 우편 주소 및 공개 구분

해설 결문에는 보기 ④번 외에 시행 및 접수 처리과명-일련번호와 일자/우편번호, 주소, 홈페이지 주소/전화번호, 전송번호 등이 있다.

2과목 | PC 운영 체제

21 한글 Windows를 시작하는 과정에 관한 설명으로 옳지 않은 것은?

① 컴퓨터 전원 버튼을 눌러 한글 Windows가 정상적으로 실행하는 과정을 부팅이라 한다.
② 여러 개의 운영 체제가 설치되면 다중 부팅 메뉴가 표시되며, 정보는 부팅 구성 데이터(BCD)에 저장된다.
③ 부팅 과정에서 시스템의 이상 유무를 관리하는 POST가 수행된다.
④ 안전 모드로 부팅하면 시스템에 바이러스의 감염 여부를 체크하면서 부팅한다.

해설 안전 모드는 Windows를 최소 기능으로 부팅하여 시스템의 각종 문제를 진단하지만 바이러스의 감염 여부를 체크하지는 못한다.

정답 17 ④ 18 ① 19 ① 20 ④ 21 ④

22 한글 Windows에서 마우스 끌어놓기(Drag & Drop) 기능을 이용한 파일의 이동 작업에 관한 설명으로 옳은 것은?

① 실행 파일을 다른 드라이브에 있는 폴더에 마우스로 끌어놓기를 하면 파일의 이동이 수행된다.
② 실행 파일을 같은 드라이브에 있는 폴더에 Ctrl 키를 누른 상태로 마우스로 끌어놓기를 하면 파일의 이동이 수행된다.
③ 비실행 파일을 같은 드라이브에 있는 폴더에 Shift 키를 누른 상태로 마우스로 끌어놓기를 하면 파일의 이동이 수행된다.
④ 비실행 파일을 플로피 디스크에 있는 폴더에 마우스로 끌어놓기를 하면 파일의 이동이 수행된다.

해설 보기 ①, ②, ④번에서는 이동이 수행된다. → 복사가 수행된다.

23 한글 Windows에서 바탕 화면에 있는 바로 가기 아이콘에 대한 설명으로 옳지 않은 것은?

① 바로 가기 아이콘의 확장자는 LNK이다.
② 바로 가기 아이콘은 파일이나 폴더뿐만 아니라 네트워크상의 다른 컴퓨터에 대해서도 작성할 수 있다.
③ 해당 바로 가기 아이콘의 등록 정보를 이용하여 원본을 다른 개체로 변경할 수 있다.
④ 동일한 원본 파일이나 폴더에 대한 바로 가기 아이콘은 모두 동일한 이름을 가져야 한다.

해설 보기 ④번에서 동일한 원본 파일이나 폴더의 바로 가기 아이콘은 동일한 이름을 가질 수 없다.

24 한글 Windows에서 연결 프로그램에 관한 설명으로 옳지 않은 것은?

① 임의의 폴더에 있는 문서 파일에 대해 연결 프로그램을 지정하면 시스템이 시작될 때마다 자동으로 해당 연결 프로그램이 실행된다.
② 연결 프로그램이 지정되어 있지 않은 파일은 사용자가 지정할 수 있다.
③ 서로 다른 확장자를 갖는 파일들을 같은 연결 프로그램으로 지정할 수 있다.
④ 연결 프로그램은 사용자가 임의로 변경할 수 있다.

해설 연결 프로그램 : 파일 종류에 따라 해당 프로그램이 자동 실행되도록 설정한 프로그램으로 연결 프로그램이 지정된 파일에 열기를 선택하면 자동으로 해당 프로그램이 실행되지만 보기 ①번과 같이 시스템이 시작될 때마다 자동으로 실행되도록 할 수는 없다.

25 한글 Windows에서 [휴지통]에 있는 내용을 복원하는 방법으로 옳지 않은 것은?

① [휴지통]에서 해당 위치로 드래그하여 복원할 수 있다.
② [휴지통]에 있는 해당 파일의 바로 가기 메뉴에서 [복사]를 선택한 후에 다른 폴더에서 [붙여넣기]를 하면 복원할 수 있다.
③ [휴지통]에 있는 해당 파일의 바로 가기 메뉴에서 [복원]을 선택하면 복원할 수 있다.
④ 바로 이전에 [휴지통]으로 삭제한 파일은 Ctrl + Z 키를 이용하여 복원할 수 있다.

해설 휴지통에 있는 파일은 잘라내기만 수행 가능하며, 복사는 수행할 수 없다.

26 한글 Windows의 문서 편집기인 [메모장] 프로그램에 관한 설명으로 옳은 것은?

① 서식 있는 텍스트 파일을 작성할 수 있으며, 기본 저장 파일은 '.doc'이다.
② OLE 개체 삽입, 그림이나 차트 등의 고급 기능을 사용할 수 있다.
③ 찾기 기능을 사용하여 문장 내에서 원하는 문자열을 찾을 수 있다.
④ 특정 영역을 지정하여 일부 문자열의 글꼴과 전경색을 변경할 수 있다.

해설 보기 ①, ②번은 워드패드에 대한 설명이고, 보기 ④번은 그림판에 대한 설명이다.

정답 22 ③ 23 ④ 24 ① 25 ② 26 ③

27 한글 Windows에서 폴더와 프린터의 공유에 대한 설명으로 옳은 것은?

① 폴더, 파일, 프린터에는 설정할 수 있지만 드라이브, 모뎀, 사운드 카드에는 설정할 수 없다.
② 다른 컴퓨터에 있는 파일이나 폴더를 복사할 때 바이러스에 감염될 위험은 없다.
③ 다른 사람이 공유 여부를 모르게 하려면 폴더나 드라이브의 공유 이름 뒤에 '$'를 표시하면 된다.
④ 공유된 자원의 아이콘에는 오른쪽 하단에 체크 표시가 나타난다.

해설
- ① 공유는 폴더, 프린터, 드라이브에 설정할 수 있지만 파일, 모뎀, 사운드 카드에는 설정할 수 없다.
- ② 다른 컴퓨터에 있는 파일이나 폴더를 복사할 때 바이러스에 감염될 위험이 있다.
- ④ 공유된 자원의 아이콘은 세부 정보 창에 '공유됨'이라고 표시된다.

28 한글 Windows에서 네트워크 드라이브 설정과 사용에 관한 설명으로 옳지 않은 것은?

① 네트워크에서 다른 컴퓨터의 특정 폴더를 사용하기 위한 것이다.
② 하나의 독립된 드라이브인 것처럼 사용할 수 있다.
③ 상대편에서 공유를 해제하면 드라이브를 사용할 수 없다.
④ 네트워크 드라이브에는 폴더를 만들 수 없다.

해설 네트워크 드라이브로 연결한 폴더에 '네트워크 사용자가 내 파일을 변경할 수 있음' 항목이 선택되어 있으면 네트워크 드라이브에 새로운 폴더를 만들거나 파일을 저장할 수 있다.

29 한글 Windows에서 사용하는 클립보드(Clipboard)에 관한 설명으로 옳지 않은 것은?

① 복사나 이동을 위하여 데이터를 일시적으로 기억하는 임시 기억 공간이다.
② 클립보드는 여러 번 사용이 가능하지만 가장 최근에 지정된 데이터만을 기억한다.
③ 클립보드에 저장된 내용은 시스템을 재부팅한 후에도 재사용할 수 있다.
④ 저장된 데이터의 파일 확장자는 *.CLP이다.

해설 클립보드는 복사/잘라내기 한 데이터를 임시로 기억하는 장소로 시스템을 재부팅하면 사용할 수 없다.

30 한글 Windows의 [제어판]–[장치 관리자] 창에서 설치된 하드웨어를 선택한 후 바로 가기 메뉴를 이용하여 할 수 있는 작업으로 옳지 않은 것은?

① 선택한 하드웨어의 드라이버 업데이트를 실행할 수 있다.
② 선택한 하드웨어에 대해 '사용 안 함'을 지정할 수 있다.
③ 선택한 하드웨어를 제거할 수 있다.
④ 선택한 하드웨어의 [이름 바꾸기]를 할 수 있다.

해설 설치된 해당 하드웨어의 이름 바꾸기는 할 수 없다.

31 한글 Windows의 제어판에 있는 [마우스 속성] 대화 상자의 기능에 대한 설명으로 옳지 않은 것은?

① 포인터 자국을 표시할 수 있게 설정할 수 있다.
② 마우스의 두 번 클릭 속도를 변경할 수 있다.
③ 클릭 잠금을 설정하여 마우스 단추를 누르고 있지 않고도 항목을 선택할 수 있다.
④ 한 번에 스크롤 할 줄의 수는 최대 3줄로 설정할 수 있다.

해설 한 번에 스크롤 할 줄의 수는 최대 100줄로 설정할 수 있다.

32 한글 Windows에서 스풀(SPOOL)에 대한 설명으로 옳지 않은 것은?

① 저속의 출력 장치와 고속의 중앙 처리 장치 사이의 속도 차이를 해결한다.
② 인쇄가 끝날 때까지 다른 작업을 처리할 수 있다.
③ 여러 페이지를 인쇄할 경우 마지막 페이지만 스풀에 들어오면 바로 인쇄한다.
④ 프린터 작업을 임시로 하드 디스크에 보내고, 디스크의 출력 파일을 백그라운드 작업으로 보낸다.

정답 27 ③ 28 ④ 29 ③ 30 ④ 31 ④ 32 ③

해설 여러 페이지를 인쇄할 경우 첫 페이지만 스풀에 들어오면 바로 인쇄한다.

33 한글 Windows에서 [드라이브 조각 모음]과 관련된 내용으로 옳지 않은 것은?

① 드라이브 조각 모음이 진행 중인 동안에도 컴퓨터를 사용할 수 있다.
② NTFS, FAT, FAT32 이외의 다른 파일 시스템으로 포맷된 경우와 네트워크 드라이브에 대해서는 드라이브 조각 모음을 실행할 수 없다.
③ 디스크 공간의 최적화를 이루어 사용 가능 공간이 확장된다.
④ 드라이브 조각 모음을 정해진 요일이나 시간에 자동으로 수행할 수 있도록 예약을 설정할 수 있다.

해설
• 드라이브 조각 모음은 디스크 단편화를 제거하여 사용중인 디스크의 입출력 속도와 디스크 공간을 최적화시키는 기능으로 디스크의 공간을 확보하지는 않는다.
• 디스크의 사용 공간을 확보하는 것은 디스크 정리에 대한 설명이다.

34 한글 Windows에서 [파일 탐색기] 창에 대한 설명으로 옳지 않은 것은?

① 네트워크 드라이브를 연결하여 원격 컴퓨터의 파일 목록을 표시할 수 있다.
② 키보드의 영문자를 누르면 해당 영문자로 시작하는 폴더 중 마지막 폴더로 이동한다.
③ 파일 탐색기는 컴퓨터의 파일과 폴더를 계층(트리) 구조로 표시한다.
④ 폴더 옵션을 이용하여 파일 및 폴더의 보기 형식 등을 지정할 수 있다.

해설 키보드의 영문자를 누르면 해당 영문자로 시작하는 폴더 중 첫 번째 폴더로 이동한다.

35 한글 Windows에서 파일 시스템(File System) 관한 설명으로 옳지 않은 것은?

① FAT, FAT32는 Convert 명령을 이용하여 NTFS로 변환이 가능하다.
② NTFS는 FAT, FAT32로 변환이 어려우므로 파티션을 다시 설정하고, 포맷해야 한다.
③ NTFS는 파일 및 폴더 권한, 암호화, 디스크 할당량, 제한된 계정, 압축 등 고급 기능을 제공한다.
④ NTFS 압축을 사용하면 성능이 향상되며, 개별 파일과 폴더만 압축할 수 있다.

해설 NTFS 압축을 사용하면 성능이 저하되며, 개별 파일과 폴더 외에도 NTFS 드라이브 전체를 압축할 수 있다.

36 한글 Windows가 설치된 C: 디스크 드라이브의 [로컬 디스크(C:) 속성] 대화 상자에서 작업할 수 있는 내용으로 옳지 않은 것은?

① 드라이브를 압축하여 디스크 공간을 절약할 수 있다.
② 디스크 오류 검사 및 조각 모음을 할 수 있다.
③ 네트워크 파일이나 폴더를 공유할 수 있도록 설정할 수 있다.
④ 디스크 정리 및 디스크 포맷을 할 수 있다.

해설 [로컬 디스크(C:) 속성] 대화 상자에서 디스크 포맷 작업은 할 수 없다.

37 한글 Windows의 [작업 표시줄 설정] 창에서 할 수 있는 작업으로 옳지 않은 것은?

① 작업 표시줄의 잠금과 해제가 가능하다.
② 작업 표시줄의 위치를 위쪽, 아래쪽, 왼쪽, 오른쪽으로 설정할 수 있다.
③ 작업 표시줄 기본 모양이나 색상 변경 등을 설정할 수 있다.
④ 작업 표시줄 자동 숨기기를 설정할 수 있다.

해설 작업 표시줄 기본 모양이나 색상 변경 등을 설정할 수는 없다.

정답 33 ③ 34 ② 35 ④ 36 ④ 37 ③

38 다음 한글 Windows의 보안 기능에 대한 설명 중 옳지 않은 것은?

① 사용자 계정 컨트롤 설정 변경 기능을 사용하면 유해한 프로그램이 사용자 모르게 소프트웨어를 설치하거나 변경하는 것을 방지할 수 있다.
② BitLocker 드라이브 암호화 기능을 사용하면 해당 드라이브에 저장되어 있는 모든 파일에 대한 무단 액세스를 방지할 수 있다.
③ Windows Defender 기능을 사용하면 스파이웨어뿐만 아니라 사용자 동의 없이 설치된 소프트웨어로부터 보호할 수 있다.
④ 컴퓨터 관리의 [디스크 관리] 기능을 사용하면 해당 드라이브에 설치된 악성 소프트웨어를 삭제할 수 있다.

해설 컴퓨터 관리의 [디스크 관리] 기능을 사용하면 파티션 디스크 드라이브를 확인할 수 있다.

39 한글 Windows에서 프로그램 설치 및 제거에 대한 설명으로 옳지 않은 것은?

① 파일 탐색기에서 설치 파일(Setup.exe)을 찾아 더블 클릭하면 설치할 수 있다.
② 설치된 프로그램을 완전히 제거하려면 설치된 프로그램 파일들이 들어있는 폴더를 모두 삭제하면 된다.
③ 인터넷을 통해 설치하려면 해당 프로그램에 대한 링크를 클릭한 후 [열기] 또는 [실행]을 클릭한다.
④ [프로그램 및 기능] 창에서 해당 프로그램을 선택한 후 [제거]를 클릭하면 설치된 프로그램을 삭제할 수 있다.

해설 설치된 프로그램 파일들이 들어있는 폴더를 모두 삭제하더라도 프로그램이 완전히 제거되지는 않는다.

40 한글 Windows에서 TCP/IP 프로토콜 설정에 대한 설명으로 옳지 않은 것은?

① [이더넷 속성] 대화 상자의 [네트워킹] 탭에서 '인터넷 프로토콜 버전 4(TCP/IPv4)'를 선택하고, [속성] 단추를 클릭한다.
② IP 주소로 전환시켜 주는 역할을 하는 DNS의 IP 주소는 자동으로 입력된다.
③ 수동 IP 설정의 경우 네트워크 관리자에게 문의하여 사용할 IP 주소를 할당받는다.
④ TCP/IPv4는 32비트의 주소 체계를 사용하며, 8비트씩 4개의 10진수를 온점(.)으로 구분한다.

해설 IP 주소로 전환시켜 주는 역할을 하는 DNS의 IP 주소를 수동으로 입력할 수 있다.

3과목 | 컴퓨터와 정보 활용

41 다음 중 폰 노이만이 제시한 프로그램 내장 개념(Stored Program Concept)에 대한 설명으로 옳지 않은 것은?

① 모든 데이터와 명령들은 실행되기에 앞서 주기억 장치에 저장되어야 한다.
② 주기억 장치에 저장된 내용은 데이터의 형식과는 관계없이 주소를 이용해서 접근 또는 참조된다.
③ 명령어 처리는 프로그램 계수기의 지시에 따라 한 번에 하나씩 순차적으로 이루어진다.
④ 각 기계어 명령의 실행 단계마다 사용자의 개입을 필요로 한다.

해설 프로그램 내장 방식은 각 기계어 명령의 실행 단계마다 대부분 자동으로 처리된다.

42 다음 중 다른 사람의 컴퓨터에 잠입해 개인 신상 정보 등과 같은 타인의 정보를 사용자 모르게 수집하는 프로그램을 무엇이라고 하는가?

① 백도어(Back Door)
② 드롭퍼(Dropper)
③ 혹스(Hoax)
④ 스파이웨어(Spyware)

정답 38 ④ 39 ② 40 ② 41 ④ 42 ④

해설 • ① 컴퓨터 시스템의 보안 예방책에 침입하여 시스템에 무단 접근하기 위해 사용되는 일종의 비상구를 말한다.
• ② 컴퓨터 사용자가 모르는 사이 바이러스나 트로이 목마 프로그램을 컴퓨터에 설치하는 프로그램이다.
• ③ 실제로는 악성 코드로 행동하지 않으면서 겉으로는 악성 코드인 것처럼 가장하여 행동하는 소프트웨어이다.

43 다음 중 디지털 회선의 중간에 위치하는 것으로 단순히 신호 증폭뿐만 아니라 네트워크 분할을 통해 트래픽을 감소시키며, 물리적으로 다른 네트워크를 연결할 때 사용하는 장비는 어느 것인가?

① 허브　② 리피터
③ 브리지　④ 라우터

해설 • ① LAN 상에서 여러 컴퓨터나 기기들을 연결하기 위하여 사용하는 장치이다.
• ② 광학 전송 매체에서 신호를 수신하여 매체의 다음 구간으로 전송시키는 장치이다.
• ④ 다른 네트워크에서 최적의 경로를 배정하며, 수신된 패킷에 의해 다른 네트워크나 자신의 네트워크 노드를 결정하는 장치이다.

44 다음 중 정보 보호에 관한 설명으로 옳지 않은 것은?

① 컴퓨터에 수록된 자료가 불법으로 유출되는 것을 보호하기 위한 것이다.
② 컴퓨터가 통신망에 연결되어 있는 경우 자신도 모르는 사이에 정보가 유출되는 사례는 없다.
③ 전자상거래 시 개인의 신원이나 신용 카드 정보가 유출되는 것을 방지한다.
④ 컴퓨터 보안은 정보의 처리, 저장, 전송 등의 각 종 단계에 모두 필요하다.

해설 컴퓨터가 통신망에 연결되어 있는 경우 자신도 모르는 사이에 정보가 유출될 가능성이 크다.

45 다음 중 다중 프로그래밍 시스템 내에서 서로 다른 프로세스가 일어날 수 없는 사건을 무한정 기다리고 있는 상태를 무엇이라 하는가?

① 실행 상태　② 교착 상태
③ 가베지 수집　④ 대기 상태

해설 교착 상태 : 여러 프로세스들이 자원을 공유하여 수행할 때 둘 이상의 프로세스가 서로 다른 프로세스들이 차지하고 있는 자원들을 요구하면서 무한정 기다리는 상태이다.

46 다음의 보기에서 설명하는 장치로 알맞은 것은?

• PC나 각종 AV 기기에서 대량으로 고속 데이터 통신을 실행하기 위한 인터페이스로 파이어와이어(Firewire)라고도 불린다.
• 플러그 앤 플레이(Plug & Play) 기능이 있어 각종 기기 접속과 단절을 자유롭게 할 수 있다.

① USB　② IEEE 802
③ IEEE 1394　④ PCMCIA

해설 • ① 여러 입출력 장치와 컴퓨터 본체의 연결 방법 중 허브 구조로 연결이 가능하며, 최대 127대까지의 외부 장치를 연결할 수 있는 방식이다.
• ② 무선랜, 와이파이(Wi-Fi)라고 부르는 좁은 지역을 위한 컴퓨터 무선 네트워크에 사용되는 기술이다.
• ④ 노트북의 접속 장치로 새로운 주변 기기를 연결하여 사용한다.

47 다음 중 코드 조합을 다양하게 할 수 있는 조합 프로그램을 암호형 바이러스에 덧붙여 감염시켜서 실행될 때마다 바이러스 코드 자체를 변경시켜 식별자로는 구분하기 어렵게 하는 바이러스는 무엇인가?

① 원시형 바이러스　② 은폐형 바이러스
③ 다형성 바이러스　④ 매크로 바이러스

해설 • ② 컴퓨터를 감염시킨 후 메모리 손실이나 파일 크기의 변화가 없는 것처럼 보이게 하는 바이러스이다.
• ④ MS 워드나 엑셀의 매크로(Macro) 파일을 손상시키는 바이러스이다.

48 다음 중 멀티미디어 저작 도구에 대한 설명으로 옳지 않은 것은?

① 사용자의 입력에 따라 요소들의 제어 흐름을 조정할 수 있는 기능이 있다.
② 미디어 파일들 간의 동기화 정보를 통하여 요소들을 결합하여 실행하는 기능이 있다.

정답 43 ③　44 ②　45 ②　46 ③　47 ③　48 ③

③ 저작 도구 사용 시 멀티미디어 요소를 결합하기 위해 대부분 C나 C++ 등의 프로그래밍 언어를 이용한다.
④ 다양한 미디어 파일이나 미디어 장치를 유연하게 연결할 수 있다.

해설 멀티미디어 저작 도구를 이용한 프로그램은 C 언어나 HTML과 같은 언어에 대한 전문적인 지식이 없어도 가능하다.

49 압축은 본래의 자료를 다른 형태의 축소된 코드로 변환하는 것이다. 다음 중 보기의 설명에 해당하는 것으로 옳은 것은?

- 영상, 음성, 음향을 압축하는 표준화 규격이다.
- 프레임과 프레임 사이의 차이에 중점을 준 압축 기법이다.
- 압축 속도는 느리지만 실시간 재생이 가능하다.

① MPEG ② JPEG
③ DVI ④ AVI

해설
- ② 정지 영상의 디지털 압축 기술로 손실 압축과 무손실 압축이 가능하다.
- ③ 재생 속도가 느리고 호환성이 없는 영상 압축 기술이다.
- ④ Windows에서 동영상을 재생하기 위한 파일 형식이다.

50 다음 중 근거리 통신망(LAN)에 대한 설명으로 옳지 않은 것은?

① 수백 개의 서로 다른 유형의 컴퓨터를 포함하기도 한다.
② 상대적으로 먼 거리의 도시에 위치한 컴퓨터 몇 대만 연결하여 자원을 공유한다.
③ 유선 케이블, 적외선 링크, 소형 무선 송수신기 등을 이용하여 통신한다.
④ 컴퓨터와 이동 단말기 등을 무선으로 연결하는 통신용 송수신기로 블루투스(Bluetooth)가 사용된다.

해설 근거리 통신망 : 건물, 기업, 학교 등 비교적 가까운 거리에 있는 컴퓨터들끼리 연결하는 통신망이다.

51 다음 중 공개키 암호화 기법에 대한 설명으로 옳지 않은 것은?

① 이중키 암호화 기법이라고도 한다.
② 암호화키와 복호화키가 서로 다르다.
③ 대표적인 알고리즘으로 RSA가 있다.
④ 비밀키 암호화 기법에 비해 암호화와 복호화의 속도가 빠르다.

해설 공개키 암호화 기법은 알고리즘이 복잡하여 실행 속도가 느리다.

52 다음 중 전자 우편의 기능에 대한 설명으로 옳지 않은 것은?

① 전달 : 다른 사람에게 알려주고 싶은 경우 받은 메일을 그대로 다른 사람에게 보내는 기능이다.
② 회신 : 받은 메일에 대하여 답장을 하되 발송자는 물론 참조인 모두에게 전송하는 기능이다.
③ 첨부 : 문서, 이미지, 동영상 등의 파일을 전자 우편에 첨부하여 보내는 기능이다.
④ 서명 : 메시지를 보낸 사람의 신원을 증명하기 위해 메시지 끝에 붙이는 표식으로 이름, 직위, 회사 이름, 주소 등을 표시한다.

해설
- 회신 : 받은 메일에 답장을 작성한 후 다시 전송하는 것이다.
- 보기 ②번은 전체 회신에 대한 설명이다.

53 다음 중 정보 통신 기술(ICT)에 대한 설명으로 옳지 않은 것은?

① 증강 현실(Augmented Reality) : 현실 세계의 배경에 3D의 가상 이미지를 중첩하여 영상으로 보여주는 기술이다.
② RFID(Radio Frequency IDentification) : 전자 태그가 부착된 IC 칩과 무선 통신 기술을 이용하여 다양한 개체들의 정보를 관리할 수 있는 센서 기술이다.
③ 매시업(Mashup) : 웹상에서 제공되는 다양한 콘텐츠와 서비스를 혼합하여 새로운 서비스를 개발하는 기술이다.

정답 49 ① 50 ② 51 ④ 52 ② 53 ④

④ 텔레메틱스(Telematics) : 유선 전화망, 무선망, 패킷 데이터 망 등과 같은 기존의 통신망을 하나의 IP 기반 망으로 통합하여 각종 데이터를 전송하는 기술이다.

해설 텔레메틱스(Telematics) : 원격 통신(Telecommunication)과 정보 과학(Informatics)의 합성어로 통신과 방송망을 이용하여 자동차 안에서 위치 추적, 인터넷 접속, 차량 진단, 사고 감지, 교통 정보 등을 제공하는 서비스이다.

54 다음 중 웹 문서를 만들기 위한 프로그래밍 언어로써 액티브 X를 설치하지 않아도 동일한 기능을 구현할 수 있고, 어도비 플래시와 같은 플러그인 기반의 각종 프로그램을 별도로 설치하지 않아도 되는 프로그래밍 언어는 무엇인가?

① VRML ② HTML 5

③ XML ④ UML

해설
- ① 3차원 가상 공간을 표현하기 위한 언어로 웹에서 3차원 입체 이미지를 묘사한다.
- ③ 구조화된 문서 제작용 언어로 HTML에 태그의 사용자 정의가 가능하다.
- ④ 요구 분석, 시스템 설계 및 구현 등의 시스템 개발 과정에서 개발자간 의사소통을 원활하게 하기 위하여 표준화한 통합 모델링 언어이다.

55 다음 중 컴퓨터 범죄의 예방과 대책에 대한 설명으로 옳지 않은 것은?

① 자신의 ID를 빌려주거나 타인의 ID를 사용할 경우에는 신중을 기하여야 하며, 처음 만든 패스워드는 변경하지 않아야 하고 다른 사용자에게 노출되지 않도록 한다.

② 중요한 자료를 암호화하여 저장하고 정보 손실에 대비하여 백업을 철저히 한다.

③ 전자상거래를 이용하거나 개인의 정보를 제공할 경우 반드시 이용 약관이나 개인 정보 보호 방침을 숙지한다.

④ 백신 프로그램을 설치하고 수시로 업데이트를 실행하여 최신 버전을 유지한다.

해설 가급적 자신의 ID를 빌려주거나 타인의 ID를 사용하지 않도록 하며, 패스워드는 정기적으로 변경한다.

56 다음 중 OSI 7계층 구조 중에서 세션 계층(Session Layer)의 기능과 거리가 먼 것은?

① 연결 설정, 유지 및 종료

② 메시지 전송과 수신(데이터 동기화 및 관리)

③ 대화(회화) 구성

④ 사용자가 다양한 응용 프로그램을 이용

해설 세션 계층 : 프로세서간 대화 설정 및 유지, 종료를 담당한다(송수신측간 관련성 유지, 동기 제어, 데이터 교환 관리 기능, 대화의 구성 및 동기 제공).

57 다음 중 운영 체제의 목적에 대한 설명으로 옳지 않은 것은?

① 사용 가능도(Availability) : 컴퓨터 시스템을 사용할 때 실제 시스템 자원을 사용할 수 있는 시간을 말하며 적을수록 좋다.

② 처리 능력(Throughput) : 주어진 시간 동안에 컴퓨터가 할 수 있는 일의 양으로 클수록 좋다.

③ 응답 시간(Turnaround Time) : 사용자가 작업 요청을 입력 하고 나서 응용 프로그램의 결과를 받을 때까지의 시간을 말하며 짧을수록 좋다.

④ 신뢰도(Reliability) : 하드웨어 제품이나 구성 요소의 신뢰도에 대한 척도이며, 무고장 시간이 길수록 좋다.

해설 사용 가능도는 신속하게 시스템 자원을 사용할 수 있도록 지원하는 능력이다(사용 가능도 향상).

정답 54 ② 55 ① 56 ④ 57 ①

58 다음 중 CISC 프로세서에 대한 설명으로 옳지 않은 것은?

① 자주 쓰이지 않는 명령어들은 소프트웨어로 구현하고, 자주 쓰이는 명령어만 간략화 하여 CPU의 성능을 높였다.
② 마이크로 프로그래밍을 통해 고급 언어에 각기 하나씩의 기계어를 대응시켰다.
③ 명령어의 집합이 크고, 구조가 복잡하여 전력 소모가 크다.
④ 주로 쓰이는 명령어는 일부에 불과하다.

해설 CISC : 많은 명령어를 프로그래머에게 제공하므로 프로그래머 작업이 쉽고, 고급 언어에 기계어를 각각 대응시키므로 명령어 집합이 크다.

59 다음 중 보기에서 설명하는 그래픽 기법으로 옳은 것은?

점토, 찰흙 등의 점성이 있는 소재를 이용하여 인형을 만들고, 소재의 점성을 이용하여 조금씩 변형된 형태를 만들어서 촬영하는 형식의 애니메이션 기법이다.

① 로토스코핑(Rotoscoping)
② 클레이메이션(Claymation)
③ 메조틴트(Mezzotint)
④ 인터레이싱(Interlacing)

해설
- ① 실제 장면을 촬영한 후 화면에 등장하는 캐릭터나 물체의 윤곽선을 추적하여 애니메이션의 기본형을 만들고, 여기에 수작업으로 컬러를 입히거나 형태를 변형시키는 기법이다.
- ③ 이미지에 무수히 많은 점을 찍은 듯한 효과를 나타내는 기법이다.
- ④ 이미지의 대략적인 모습을 먼저 보여준 다음 점차 자세한 모습을 보여주는 기법이다.

60 다음 중 컴퓨터 바이러스의 감염 증상으로 옳지 않은 것은?

① 프로그램의 실행 속도가 이유 없이 늦어진다.
② 사용 가능한 메모리 공간이 줄어드는 등 시스템 성능이 저하된다.
③ 일정 시간 후에 화면 보호기가 작동된다.
④ 예측이 불가능하게 컴퓨터가 재부팅된다.

해설 화면 보호기는 컴퓨터를 장시간 사용하지 않을 경우 모니터와 하드 디스크의 전원을 차단하는 기능으로 바이러스 감염과는 아무런 상관이 없다.

정답 58 ① 59 ② 60 ③

Word Processor License

실전모의고사 정답 및 해설

제 01 회 실전모의고사

01 ③	02 ①	03 ④	04 ④	05 ①	06 ②	07 ③	08 ④	09 ①	10 ④
11 ④	12 ①	13 ①	14 ①	15 ①	16 ③	17 ②	18 ②	19 ③	20 ①
21 ①	22 ②	23 ③	24 ③	25 ③	26 ③	27 ③	28 ④	29 ③	30 ④
31 ④	32 ②	33 ④	34 ③	35 ③	36 ②	37 ④	38 ④	39 ②	40 ④
41 ④	42 ③	43 ①	44 ④	45 ④	46 ④	47 ①	48 ②	49 ②	50 ④
51 ①	52 ②	53 ①	54 ①	55 ②	56 ④	57 ③	58 ③	59 ①	60 ①

01 뜻을 정확하게 전달하기 위하여 필요한 경우 괄호 안에 한자 및 외국어 등을 넣을 수 있다.

02 접수한 전자문서에는 접수 일시와 접수 등록 번호를 전자적으로 표시하고, 종이문서에는 행정안전부령으로 정하는 접수인을 찍고 접수 일시와 접수 등록 번호를 적는다.

03 초대장 : 행사나 모임 등에 시간과 장소를 기재하여 사람들을 초대하는 문서로 초대장 작성 시 기대 효과를 고려할 필요는 없다.

04 그리기 개체들이 겹쳐 있을 경우 겹쳐 있는 순서를 변경할 수 있다.

05 메일 머지 : 본문 내용은 같고 수신인이 다양할 때 사용하는 기능으로 직접 인쇄하거나 여러 가지 형식의 파일로 만들 수 있다.

06 문단은 한 페이지에 여러 개 존재할 수 있다.

07 문서는 정보통신망으로 발신함을 원칙으로 하며, 특별한 경우는 인편, 우편, 모사전송, 전신, 전신 타자, 전화 등으로 발신한다.

08 전자 출판은 종이 출판물에 비해 가독성은 떨어지지만 대용량의 데이터를 보관할 수 있다.

09 보기 ①번은 KS X 1001 조합형에 대한 설명이다.

10
- ① 글자의 특성에 따라 글자와 글자 사이의 간격을 조정하는 작업이다.
- ② 문자 위에 겹쳐서 문자를 중복 인쇄하는 작업이나 배경색이 인쇄된 후 다시 인쇄하는 방법이다.
- ③ 스캐너 등으로 입력된 사진과 같은 이미지의 농도와 색조를 수정하거나 삭제하는 작업이다.

11
- ① 데이터베이스를 액세스하기 위한 표준 개방형 응용 프로그램 인터페이스이다.
- ② 문서의 전체 또는 일부분을 재배치하여 해당 문서를 정렬하는 기능이다.
- ③ 문서의 전체적인 균형을 위한 페이지 상하좌우의 여백이다.

12 스타일 : 문서에서 자주 사용하는 표준 서식을 특정 이름으로 저장하여 필요할 때 사용하는 기능이다.

13 보기 ②번은 라인 피드(Line Feed), 보기 ③번은 폼 피드(Form Feed)에 대한 설명이다.

14 연역적 추론 : 일반적인 원리를 제시한 후 그에 따른 구체적인 사실을 이끌어 낸다.

15
- ② 문서의 각 페이지 하단(아래쪽)에 고정적으로 들어가는 문구이다.
- ③ 행의 끝에서 단어가 잘릴 경우 해당 단어 자체를 다음 행으로 이동시키는 기능이다.
- ④ 문서 내용을 설명하거나 인용한 원문의 제목을 알려주는 보충 구절이다.

16 밑줄 : 워드프로세스 검정, 아래 첨자 : 워드프로세서, 글자 크기 : 국가기술자격시험

17 저장하기 : 암호(Password) 설정이 가능하며, 작업 중에 사용자가 지정한 시간동안 키의 눌림이 없을 때는 저장을 한다.

18
- 비트맵(Bitmap) 글꼴은 점으로 글꼴을 표현하는 방식으로 확대하면 테두리가 거칠어지는 현상이 일어난다.
- 아웃라인 글꼴 : 트루타입, 벡터, 오픈타입, 포스트스크립트 등이 있다.

19 • 문서 분량이 증가되는 교정 부호 : 사이 띄우기( ), 삽입 ( ), 줄 바꾸기( ), 들여쓰기( ), 줄 삽입( ), 수정( )
• 문서 분량이 감소되는 교정 부호 : 붙이기( ), 삭제( ), 줄 잇기( ), 내어쓰기( ), 수정( )

20 • 사이 띄우기 : 각각자신의 → 각각 자신의
• 자리 바꾸기 : 자유롭게 삶을 → 삶을 자유롭게
• 줄 잇기 : 설계하고, → 설계하고, 그것을

21 비선점형 멀티태스킹 → 선점형 멀티태스킹(Preemptive Multitasking)

22 네트워크 드라이브를 연결하여 원격 컴퓨터의 파일 목록을 표시할 수 있다.

23 보기 ③의 내용은 [마우스 속성] 대화 상자에서 가능하다.

24 바탕 화면에 아이콘이 많으면 컴퓨터 부팅 속도와 프로그램 실행 속도에 영향을 미친다.

25 • 장치 관리자는 시스템에 설치된 하드웨어 정보를 확인하거나 각 장치의 속성을 변경할 수 있다.
• 네트워크 어댑터의 설치는 수동뿐만 아니라 자동으로도 가능하다.

26 Windows 작업 관리자 : 현재 컴퓨터에서 실행되고 있는 프로그램, 프로세스, 서비스 등이 표시되며, 컴퓨터의 성능을 모니터링하거나 응답하지 않는 프로그램을 닫을 수 있다

27 • [키보드 속성] 대화 상자의 [속도] 탭에서는 문자 반복, 키 반복 속도, 커서 깜박임 속도 등을 조절하고, [하드웨어] 탭에서는 키보드의 제조업체, 위치, 장치 상태 등을 확인한다.
• 조이스틱은 플러스 앤 플레이 기능을 이용하여 설치한다.

28 시스템 복원은 컴퓨터 속도가 저하되거나 응답하지 않는 문제를 해결할 수 있는 기능으로 시스템에 문제가 발생할 경우 데이터 파일의 손실 없이 컴퓨터를 이전 상태로 복원하므로 파일 시스템을 선택하는 것과는 아무런 관계가 없다.

29 보기 ③번은 Windows Media Player에 대한 설명이다.

30 • 프로그래머용은 2진수, 8진수, 16진수 같은 특별한 숫자 체계의 계산을 할 수 있다.
• 보기 ④번은 공학용에 대한 설명이다.

31 드라이브 조각 모음을 수행하는 동안 다른 작업을 할 수 있기 때문에 실행 중인 프로그램을 모두 닫을 필요는 없다. 다만, 모든 작업을 중지하면 드라이브 조각 모음을 효율적으로 수행할 수는 있다.

32 ICS 호스트 컴퓨터는 클라이언트 컴퓨터의 게이트웨이(Gateway) 역할을 한다.

33 • 보기 ①, ②는 [단추] 탭, 보기 ③은 [포인터 옵션] 탭에서 가능하다.
• 보기 ④는 [접근성 센터]-[마우스를 사용하기 쉽게 설정]에서 가능하다.

34 출력이 끝날 때까지 컴퓨터를 동시에 사용하지 않도록 하는 기능은 스풀을 사용하지 않고 인쇄하는 방법이다.

35 • 보기 ①, ②, ④에서 해당 파일은 휴지통에 보관된다.
• Shift 키를 누른 상태로 [휴지통]으로 드래그하면 해당 파일은 휴지통에 보관되지 않고 바로 삭제된다.

36 Ping : Windows의 MS-DOS 창에서 네트워크 연결성을 점검하기 위해 주변 컴퓨터나 라우터 등과의 통신 상태를 점검하는데 많이 쓰이는 명령어이다.

37 선점형 멀티태스킹(Preemptive Multitasking) : 응용 프로그램의 오류가 발생했을 경우 오류가 발생한 응용 프로그램만 강제로 종료(Ctrl+Alt+Delete)할 수 있다.

38 네트워크 프린터에서 공유할 프린터 이름을 입력할 경우 'WW컴퓨터 이름WW프린터 이름'의 형태로 지정한다.

39 스풀(SPOOL)은 인쇄를 하면서 동시에 문서 작성이나 편집 등의 처리를 하는 기능으로 설정 유무에 따라 인쇄 속도의 차이가 있을 수 있지만 문서 인쇄가 되지 않는 것과는 아무런 상관이 없다.

40 인터넷 연결 공유는 한 대의 컴퓨터에 연결된 인터넷 선을 이용하여 네트워크의 모든 컴퓨터가 인터넷을 사용할 수 있는 것으로 인터넷 연결 방화벽을 항상 같이 사용할 필요는 없다.

41 UML : 요구 분석, 시스템 설계, 시스템 구현 등의 시스템 개발 과정에서 개발자간의 의사 소통을 원활하게 하기 위하여 표준화한 모델링 언어이다.

42 ③ 동영상과 음성의 실시간 압축이 가능하다.

43 변조 : 송신측에서 디지털 신호를 회선에 적합한 아날로그 신호로 변환하는 것으로 음성, 화상, 데이터를 전송할 때 반송파는 고주파수 정현파나 펄스를 이용한다.

44 C 언어는 절차 지향 언어이고, C++ 언어는 객체 지향 언어이다.

45 바이오스(BIOS) : 컴퓨터의 기본 입출력 장치나 메모리 등 하드웨어를 관리하는 것으로 메인보드의 ROM에 저장되어 있어 ROM-BIOS라고도 한다.

46 원하는 워드가 캐시 메모리에 존재하면 이를 읽어 들이고, 없으면 주기억 장치로 접근하여 워드를 포함한 블록을 주기억 장치로부터 캐시 메모리로 전송한다.

47 물리(Physical) 계층 - 데이터 링크(Data Link) 계층 - 네트워크(Network) 계층 - 전송(Transport) 계층 - 세션(Session) 계층 - 표현(Presentation) 계층 - 응용(Application) 계층

48 • ① 다른 네트워크에서 최적의 경로를 배정하며, 수신된 패킷에 의해 다른 네트워크나 자신의 네트워크 노드를 결정하는 장치이다.
• ③ 서로 같은 프로토콜을 쓰고 있는 다른 랜과 상호 접속시키기 위한 장치이다.
• ④ 응용 계층을 연결하여 데이터 형식이나 프로토콜을 변환함으로써 서로 다른 프로토콜을 갖는 네트워크를 상호 연결하는 장치이다.

49 • 로더(Loader) : 모듈이 실행되도록 기억 공간을 할당하고, 메모리에 적재시켜 주는 프로그램이다.
• 목적 프로그램 : 언어 번역기를 통해 소스 프로그램을 기계어로 번역한 프로그램이다.

50 Quark XPress는 전자 출판에서 사용하는 페이지 레이아웃용 소프트웨어이다.

51 • ② 재충전이 필요 없고, 주로 캐시 메모리에서 사용한다.
• ③ 정보를 한 번만 기록하며, 기록 후에는 변경할 수 없다.
• ④ 자외선을 이용하여 정보를 지우고 여러 번 기록할 수 있다.

52 • ① 현재 실행중인 명령어를 해독하기 위해 임시로 보관하는 레지스터이다.
• ③ CPU에서 다음에 실행될 명령어 주소를 저장하는 레지스터이다.
• ④ 주소를 변경하기 위해 사용되는 레지스터이다.

53 디코딩(Decoding)은 부호화된 정보를 부호화되기 전으로 되돌리는 처리 방식이다.

54 • 텔레텍스 : 워드프로세서에 통신 기능을 첨가시켜 전기 통신망을 이용하는 문서 통신의 국제 표준이다.
• ARS : 음성 자동 응답 장치이다.

55 워크스테이션(Workstation) : RISC 마이크로프로세서를 사용하며, 복잡한 계산 처리가 가능하다.

56 절전 모드의 이용 여부를 확인하는 것은 모니터에 아무런 내용이 표시되지 않는 경우이다.

57 NCSC에서 규정한 보안 등급은 보안 정책, 접근 방식, 인증 정도에 따라 (낮음) D1 → C1 → C2 → B1 → B2 → B3 → A1 (높음)로 구분한다.

58 • ① 인터넷에 있는 정보에 대하여 메뉴 형식으로 정보 검색을 하는 서비스이다.
• ② 멀리 떨어져 있는 컴퓨터에 접속하여 마치 자신의 컴퓨터처럼 사용할 수 있도록 하는 서비스이다.
• ④ 전 세계 인터넷상에서 익명의 FTP 사이트 정보를 검색할 수 있는 서비스이다.

59 (작음) Bit → Nibble(4 Bit) → Byte(8 Bit) → Word → Field → Record → File → Database (큼)

60 공개키 암호화 기법은 RSA가 대표적이며, 이는 Ron Rivest, Adi Shamir, Leonard Adleman의 세 사람이 개발하였다.

제 02 회 실전모의고사

01 ①	02 ②	03 ②	04 ③	05 ③	06 ③	07 ④	08 ③	09 ④	10 ③
11 ③	12 ②	13 ④	14 ②	15 ④	16 ③	17 ②	18 ①	19 ②	20 ③
21 ④	22 ④	23 ④	24 ④	25 ④	26 ②	27 ③	28 ②	29 ④	30 ④
31 ①	32 ④	33 ④	34 ②	35 ④	36 ①	37 ③	38 ④	39 ④	40 ③
41 ①	42 ③	43 ④	44 ③	45 ③	46 ③	47 ①	48 ③	49 ④	50 ①
51 ①	52 ④	53 ①	54 ③	55 ②	56 ④	57 ④	58 ③	59 ④	60 ③

01 탭(Tab) 간격은 사용자가 변경하기 전까지는 기본적으로 8개의 사이 띄우기 단위로 이루어진다.

02 둘 이상의 행정기관이 공동으로 시행하거나 상급기관의 인가, 동의 등을 거쳐 해당 업무를 행하고자 할 때는 당해 업무의 기획, 확정, 공표 또는 시행전의 관계기관의 업무협조를 받아야 한다.

03 ② 들여쓰기, 수정하기, 사이 띄우기

04 보기 ①번은 줄 바꾸기, 보기 ②번은 줄 삽입, 보기 ④번은 들여쓰기에 해당된다.

05 미리 보기(Preview) : 작성한 문서를 인쇄하기 전에 화면을 통하여 미리 보는 것이다.

06 낱장 용지는 규격 번호(숫자)가 클수록 용지 크기는 작아진다.

07 정렬 기능은 문자열이나 문단을 가지런히 맞추는 기능으로 특정 줄을 가운데 정렬을 하고, Enter 키를 누른 후 문자를 입력하면 윗줄에 적용된 형식과 동일하게 정렬된다.

08 데이터 파일은 워드프로세서 문서 파일 외에 텍스트, 엑셀, 액세스 등 다양한 파일을 사용할 수 있다.

09
- 첨자 문자 : 전각 문자의 1/4 크기인 문자(수학식이나 화학식에 사용)이다.
- 반각 문자 : 전각 문자 폭의 1/2 크기인 문자(영문, 숫자, 특수 문자)이다.
- 종배 문자 : 전각 문자를 세로로 2배 확대한 문자이다.

10
- ① 네트워크를 통한 업무의 전자 데이터 교환 시스템으로 문서의 표준화를 전제로 운영된다.
- ② 여러 개의 응용 프로그램들이 데이터를 서로 공유하면서 한쪽의 데이터 변화가 데이터 공유 프로그램 모두에 반영되도록 하는 기능이다.

11 보기 ③번은 컴퓨터와 컴퓨터, 컴퓨터와 터미널간의 데이터 통신을 위해 규정된 통신 규약이다.

12 워드프로세서로 작성된 문서는 쉽게 변경할 수 있으므로 문서 보안에 신경을 써야 된다.

13 보기 ①번 부친다. → 붙인다. / 보기 ②번 주린다. → 줄인다. / 보기 ③번 않하겠다. → 안 하겠다.

14
- ① 문서의 각 페이지 하단(아래쪽)에 고정적으로 들어가는 문구이다.
- ③ 문서 내용을 설명하거나 인용한 원문의 제목을 알려주는 보충 구절이다.
- ④ 문서에서 단어나 어휘를 빠르게 찾기 위해 목차나 그림에 색인을 부여하여 일정 순서를 정하는 기능이다.

15 한자의 음을 모를 경우 : 부수 입력, 외자 입력, 2 Stroke 입력을 이용한다.

16 원 노트(One Note) : 마이크로소프트사에서 개발한 것으로 사용자가 문서를 작성할 수 있는 일종의 메모장 프로그램이다.

17
- ① 연도에 관계없이 처음부터 연속되는 일련번호이다.
- ③ 연도표시와 연도별 일련번호를 붙임표(–)로 이은 번호이다.
- ④ 행정사무의 표준화를 위하여 행정자치부장관이 규정한 행정전산망 공통행정코드 중 기관별 코드번호이다.

18 하이퍼텍스트 : 특정 단어나 문구에 관련된 내용을 계층적으로 연결하여 참조할 수 있도록 만들어진 문서 형식이다.

19 DOC(워드패드 파일), HWP(한글 파일), RTF(응용 프로그램 간 텍스트와 그래픽을 포함한 문서 호환 파일)

20 윤곽선(외곽선, Outline) 형식 : 좌표값을 갖는 선으로 글자를 만들어 외곽선이 매끄럽고 세밀한 형식이다.

21 개체 연결 및 삽입(OLE ; Object Linking And Embedding) : 여러 응용 프로그램에서 작성된 문자나 그림들을 하나의 문서에 자유롭게 삽입하고, 삽입된 이미지를 수정할 수 있다.

22 NTOSKRNL.EXE를 실행하여 필요한 정보를 읽고, WINLOGON.EXE를 실행하여 로그온 화면을 표시한다.

23 • 바탕 화면의 바로 가기 메뉴에는 [그래픽 속성] 항목이 없다.
• 바탕 화면의 바로 가기 메뉴 : 새 폴더, 보기, 정렬 기준, 새로 고침, 붙여넣기, 바로 가기 붙여넣기, 삭제 취소, 새로 만들기, 디스플레이 설정, 개인 설정이 있다.

24 바로 가기 아이콘의 속성에서는 아이콘의 이름, 연결된 대상 파일의 경로 등이 포함되지만 공유를 설정할 수는 없다.

25 흰색 확인란은 설치되지 않음, 흰색 확인란에 체크 표시는 전체 항목이 설치, 검정색이 채워진 확인란은 일부 항목만 설치된 것이다.

26 보기 ①번은 [설정]–[개인 설정], 보기 ③번은 [제어판]–[마우스], 보기 ④번은 [제어판]–[키보드]에서 가능하다.

27 모든 파일과 하위 폴더를 한꺼번에 선택하려면 [홈] 탭의 [선택] 그룹에서 [모두 선택] 단추를 클릭한다.

28 폴더의 속성 대화 상자 : 종류, 위치, 크기, 디스크 할당 크기, 내용, 만든 날짜, 특성 등을 확인할 수 있다.

29 프린터 외에도 파일, 폴더 등의 바로 가기 메뉴에서 [보내기]–[바탕 화면에 바로 가기 만들기]를 선택하면 바탕 화면에 바로 가기 아이콘을 만들 수 있다.

30 레이어 기능은 포토샵(Photoshop) 프로그램에 있는 기능으로 그림판에서는 사용할 수 없다.

31 • F4 : 파일 탐색기에서 주소 표시줄을 표시한다.
• F2 : 해당 항목(파일 및 폴더)의 이름 바꾸기를 한다.

32 내 PC를 실행한 후 [컴퓨터] 탭의 [네트워크] 그룹에서 [네트워크 드라이브 연결] 단추를 클릭하고, [네트워크 드라이브 연결] 대화 상자에서 '드라이브'와 '폴더'를 지정한다.

33 데이터베이스 관리는 데이터베이스 관리 시스템(DBMS)의 기능에 해당한다.

34 보기 ①번은 디스크 공간이 부족한 경우, 보기 ③, ④번은 메모리가 부족한 경우의 해결 방법이다.

35 • 응용 프로그램을 가장 안전하고, 완벽하게 제거하려면 [제어판]–[프로그램 및 기능]을 이용한다.
• 보기 ①, ②, ③번의 경우 원본 프로그램은 그대로 남아 있다.

36 [잘라내기]를 선택하면 클립보드라는 임시 기억 장소에 저장되므로 파일이 삭제되지는 않는다.

37 • Windows Media Player는 디지털 미디어 파일을 재생하거나 정리하며, 음악을 CD로 굽고 CD 음악을 복사할 수 있는 편리한 인터페이스를 제공한다.
• 보기 ③번에서 사용자의 음성을 녹음할 수는 없다.

38 드라이브 조각 모음 : 디스크 단편화를 제거하여 사용중인 디스크의 입출력 속도와 디스크 공간을 최적화시키므로 디스크의 읽고 쓰는 시간을 줄일 수 있다.

39 TCP/IP 지정을 위한 구성 요소 : IP 주소, 서브넷 마스크, 기본 게이트웨이, 기본 설정 DNS 서버, 보조 DNS 서버 등이 있다.

40 PING : 네트워크의 연결을 점검하기 위해 상대방 컴퓨터의 동작 여부를 테스트하는 명령어이다.

41 ENIAC : 최초의 전자 계산기로 외부 프로그래밍 방식을 사용하였다.

42 누산기 : 산술 및 논리 연산의 결과를 일시적으로 기억하는 레지스터이다.

43 • 스풀 메모리 : CPU에서 프린터로 데이터를 전송할 때 하드디스크의 일부 공간에 저장하는 메모리이다.
• 보기 ④번은 플래시 메모리(Flash Memory)에 대한 설명이다.

44 • 직렬 포트 : 한번에 한 비트씩 주변 장치로 전송하는 방식으로 모뎀 및 마우스를 COM1~COM4 등을 이용하여 연결한다.

- 병렬 포트 : 한번에 여러 비트씩 주변 장치로 전송하는 방식으로 프린터 및 스캐너 등을 연결한다.
- PS/2 포트 : PS/2용 마우스와 키보드를 연결하는 방식으로 6핀으로 구성된다.

45 • VOD : 뉴스, 영화, 게임 등의 멀티미디어 데이터베이스를 구축하여 사용자의 요구에 따라 미디어를 전송하는 양방향 서비스이다.

- VCS : 초고속 정보 통신망을 이용하여 원거리에 있는 사람들과 비디오와 오디오를 통해 회의할 수 있도록 하는 시스템이다.
- PACS : 초고속 통신망의 화상을 이용하여 가정에서 환자를 원격으로 진료할 수 있는 의료 시스템이다.

46 • GIF : 256 컬러를 사용하여 Animation을 표현하므로 웹에서 널리 사용(8비트 팔레트 사용)된다.

- JPG : 인터넷 상에서 그림 전송 시 사용되며, 다양한 색상(최대 1,600만 색)을 표현한다.
- PNG : GIF 대신 통신망에서 사용하는 웹 표준 그래픽 형식으로 다양한 특수 효과가 가능하다.

47 햅틱(Haptic) : 입력 장치를 통한 피드백을 이용하여 촉각과 운동감 등을 느끼게 하는 기술이다(휴대폰에서 특정 애플리케이션에 맞춰 진동이 울림).

48 • ① 대용량의 정보를 고속으로 처리해 주는 고성능 컴퓨팅 환경이다.

- ② 네트워크 자체를 컴퓨터로 인식하는 네트워크 컴퓨팅 환경이다.
- ④ 통신 회선 등을 이용해 멀리 떨어진 곳에서 컴퓨터를 사용하는 원격 컴퓨팅 환경이다.

49 정보 사회 : 정치, 경제, 문화 등 다양한 분야에서 통신 기술을 이용한 정보 산업이 중심이 되는 사회이다.

50 • ② TCP 프로토콜의 신뢰성을 역으로 이용하는 공격 기법이다.

- ③ 네트워크 주변의 모든 패킷을 엿보면서 계정(Account)과 암호(Password)를 알아내기 위한 행위이다.
- ④ 신뢰성 있는 사람이 네트워크를 통해 데이터를 보낸 것처럼 허가받지 않은 사용자가 네트워크상의 데이터를 변조하여 접속하는 행위이다.

51 • 디더링 : 색을 표현할 때 제한된 색상에서 색을 섞어서 새로운 색을 만들어 내는 기법이다.

- 인터레이싱 : 이미지를 대략적인 모습에서 점차 자세한 모습으로 보여주는 기법이다.
- 메조틴트 : 무수히 많은 점으로 동판화처럼 나타내는 기법이다.

52 채널(Channel) : 주기억 장치와 입출력 장치간의 속도 차이를 줄일 때 사용한다.

53 광 케이블(Optical Cable) : 다른 유선 전송 매체에 비해 대역폭이 넓고 데이터 전송률이 뛰어나 데이터 손실이 적다.

54 통신 제어 장치(CCU) : 데이터 전송 회선과 단말 장치 사이에서 통신 제어 기능을 담당한다.

55 • 제어 프로그램 : 감시 프로그램, 작업 관리 프로그램, 자료 관리 프로그램이 있다.

- 처리 프로그램 : 처리 프로그램, 언어 번역 프로그램, 서비스 프로그램이 있다.

56 RAID : 여러 대의 하드 디스크가 있을 때 동일한 데이터를 다른 위치에 중복해서 저장하는 방법으로 고장에 대비하는 능력이 향상된다.

57 네트워크 서비스를 중지하는 것은 해킹으로부터 보호하는 것과 거리가 멀다.

58 MPEG-4 : MPEG-2를 개선한 것으로 동영상 데이터의 전송이나 화상 회의 시스템의 양방향 전송을 사용하기 위해 개발되었으며, 대역폭이 적은 통신 매체에서도 전송이 가능하다.

59 • ① CUI(Character User Interface) 방식의 개인용 운영체제이다.

- ② C 언어로 작성된 멀티 유저용 및 다중 작업용 운영 체제이다.

60 멀티미디어 저작 도구 : 문자 이외에 그래픽, 애니메이션, 비디오, 음향 등을 서로 다른 형태로 결합하여 새로운 데이터를 만드는 프로그램이다(예 : 디렉터, 오소웨어, 툴북 등).

제 03 회 실전모의고사

01 ④	02 ②	03 ③	04 ③	05 ④	06 ②	07 ②	08 ①	09 ①	10 ①
11 ④	12 ③	13 ②	14 ①	15 ③	16 ②	17 ①	18 ③	19 ①	20 ④
21 ④	22 ②	23 ③	24 ①	25 ③	26 ④	27 ②	28 ③	29 ②	30 ③
31 ②	32 ③	33 ②	34 ③	35 ②	36 ④	37 ④	38 ④	39 ③	40 ②
41 ④	42 ③	43 ①	44 ①	45 ③	46 ②	47 ④	48 ④	49 ③	50 ①
51 ②	52 ④	53 ④	54 ②	55 ④	56 ③	57 ③	58 ①	59 ②	60 ①

01 비치문서 : 행정기관이 일정 사항을 기록하여 행정기관 내부에 비치하면서 업무에 활용하는 문서로 비치 대장, 비치 카드 등의 문서가 있다.

02 전자 출판 : 전산 시스템을 도입한 출판 시스템의 총체적인 용어로 탁상 출판(DTP)이라고도 한다.

03
- 처리과에서 문서 수신, 발신 업무를 담당하는 사람은 접수한 문서를 처리 담당자에게 인계하여야 한다.
- 보기 ③에서 다른 해당자나 필요한 자에게 공람할 필요는 없다.

04
- 내어쓰기 : 문단의 시작 부분을 지정된 위치만큼 밖으로 내어쓰는 기능으로 문서 분량이 감소한다.
- 개체 : 각각의 그림이나 파일을 개별적인 요소로 구분하여 처리한다.
- 강제 개행 : 문단을 구분하기 위해 [Enter] 키를 눌러 강제로 행을 바꾸는 기능이다.

05
- 자동 저장 파일은 *.bak가 아니라 *.asv이다.
- 보기 ④의 *.bak는 백업 파일이다.

06
- 래그드 : 문단의 한 쪽 끝이 정렬되지 않은 상태로 각 행의 끝에서 [Enter] 키를 누르면 발생한다.
- 포스트스크립트 : 글자의 외곽선 정보를 각종 그래픽 소프트웨어에 제공하며, 위지윅(WYSIWYG)을 지원한다.
- 폼 피드 : 프린터에서 다음 페이지의 맨 처음 위치까지 종이를 밀어 올리는 기능이다.

07
- 대결 : 결재권자가 휴가 · 출장 등으로 부재중이거나 긴급한 경우 그 직무를 대리하는 자가 행하는 결재로 최종 결재권자의 직무를 대행할 수 있는 사람이 대신하여 결재한다.
- 전결 : 자기권한에 속하는 업무의 일부를 일정한 자격자에게 위임하여 그 위임을 받은 자가 일정 범위의 위임 사항에 관하여 최고 책임자를 대신하여 결제한다.

08
- 한자의 음을 알 경우 : 음절 단위 변환, 단어 단위 변환, 문장 자동 변환
- 한자의 음을 모를 경우 : 부수 입력, 외자 입력, 2 Stroke 입력
- 보기 ④번에서 한자를 한글로 바꾸려면 블록 지정이 아닌 해당 한자 뒤에서 [F9] 키를 눌러야 한다.

09
- ② 행사나 모임 등에 시간과 장소를 기재하여 사람들을 초대하는 문서이다.
- ③ 다른 사람이나 기업(기관)에 특정 상황을 소개 또는 추천하는 문서이다.
- ④ 갑작스런 사고나 재난 등에 대해 위로(위문)의 내용을 작성하는 문서이다.

10
- ② 워드프로세서의 산출된 출력 값을 특정 프린터 모델이 요구하는 형태로 번역해 주는 프로그램이다.
- ③ 본문, 그림, 표 등을 페이지의 적당한 위치에 배치하는 것이다.
- ④ 문서 내용을 화면에 출력하거나 디스크에 저장하는 것이다.

11
- ① 네트워크를 통한 업무의 전자 데이터 교환 시스템으로 문서의 표준화를 전제로 운영한다.
- ② 그래픽 방식에서 화면으로 확인된 내용을 그대로 출력 결과물로 얻을 수 있는 것이다.
- ③ 응용 프로그램간 자료 교환 방식에 사용되는 것으로 다른 응용 프로그램에서 작성한 그림, 표, 소리, 동영상 등을 연결하거나 삽입할 수 있다.

12 치환 : 한자, 영문, 특수 문자뿐만 아니라 크기, 글꼴(서체), 속성, 스타일 등 다양한 문자 모양으로 치환이 가능하다(한글 단어를 한자 단어나 영문 단어로 치환 가능).

13 탭(Tab)은 사용자 임의로 재설정하거나 삭제할 수 있다.

14
- ② 문자 위에 겹쳐서 문자를 중복 인쇄하는 작업이나 배경색이 인쇄된 후 다시 인쇄하는 방법이다.
- ③ 한 행의 기준선에서 다음 행 마지막 단계에 채색과 음영을 조절하는 작업이다.
- ④ 특정 개체 주위로 텍스트가 침범하지 못하게 하는 기능이다.

15 보기 ③번은 연역적 구성에 대한 설명이다.

16
- 워드프로세서는 컴퓨터나 워드프로세서 전용기와 같이 문서를 작성하고, 편집할 수 있는 프로그램이다.
- 보기 ②에서 하드웨어가 아닌 소프트웨어이다.

17
- ② 편집 화면의 여러 정보가 표시되는 줄로 커서 위치, 쪽 번호, 삽입/수정 상태 등을 표시한다.
- ③ 작업 화면을 상하좌우로 이동할 때 사용한다.
- ④ 그림 등의 세밀한 편집 작업을 할 경우 화면에 가로, 세로로 나타내는 기준점이다.

18 한 행의 내용이 다 채워지지 않더라도 Enter 키를 누르면 커서는 다음 행으로 이동한다.

19 ◡◠(자리 바꾸기) : 앞에 있는 문자와 뒤에 있는 문자의 위치를 바꾼다.

20 보기 ④번은 삽입하기(끼워넣기), 사이 띄우기, 글자 바꾸기(수정)이다.

21
- IRQ(Interrupt Request) : 주변 장치가 중앙 처리 장치로 보내는 인터럽트 요구 신호(값)이다.
- DMA(Direct Memory Access) : 주변 장치로부터 마더보드상의 주기억 장치로 데이터를 직접 보낼 수 있는 버스의 기능이다.
- I/O 주소 : 입출력 작업을 위해 기억된 주소이다.

22
- ① 현재 창에서 수행할 수 있는 명령들로 창이나 응용 프로그램 상단에 위치한다.
- ③ 마우스 오른쪽 버튼을 클릭하면 나타나는 메뉴로 팝업 메뉴라고도 한다.
- ④ 주 메뉴를 선택한 경우 나타나는 하위 메뉴로 풀 다운(Pull-Down) 형태로 표시된다.

23 NTFS : FAT 32보다 안정성과 보안성이 우수하며 파일 및 폴더 권한, 암호화, 디스크 할당량, 압축 등의 고급 기능을 제공한다(대용량의 디스크에 적합).

24 보기 ②번은 Alt+F4, 보기 ③번은 Shift+F10, 보기 ④번은 Alt+SpaceBar키이다.

25 보기 ③번은 폴더 속성의 [공유] 탭에서 가능하다.

26 확장자가 같은 파일에 대해 다른 연결 프로그램을 지정할 수는 없다.

27 파일 또는 폴더를 선택한 후 Alt 키를 누른 상태에서 F와 M 키를 차례로 누른다.

28 보기 ①, ②, ④번은 메모장에 대한 설명이다.

29
- 같은 드라이브에서 데이터 이동 : 드래그
- 같은 드라이브에서 데이터 복사 : Ctrl+드래그
- 같은 드라이브에서 데이터 복사 : Shift+드래그
- 같은 드라이브에서 데이터 복사 : 드래그

30
- 게스트 계정은 주로 컴퓨터를 임시로 사용하는 사용자들이 사용한다.
- 보기 ③의 내용은 표준 계정에 대한 설명이다.

31 아이콘 보기 : 아주 큰 아이콘, 큰 아이콘, 보통 아이콘, 작은 아이콘, 목록, 자세히, 타일, 내용이 있다.

32 F2 : 선택한 항목의 이름을 변경한다.

33 키보드의 영문자를 누르면 해당 영문자로 시작하는 폴더 중 첫 번째 폴더로 이동한다.

34 인쇄 관리자 창에서 인쇄 취소, 일시 중지, 다시 시작 등의 작업을 할 수 있지만 인쇄 대기 중인 문서를 편집할 수는 없다.

35 현재의 시간과 날짜를 자동으로 입력하기 위하여 해당 위치에서 F5 키를 누르면 '오후 3:59 2020-04-16'과 같은 형식으로 나타난다.

36 Shift 키를 누른 상태로 마우스를 끌면 정사각형, 정원, 수평선, 수직선, 45도 대각선을 그릴 수 있다.

37 보기 ④번은 내 PC를 실행한 후 [컴퓨터] 탭의 [네트워크] 그룹에서 [네트워크 드라이브 연결] 단추를 클릭하면 [네트워크 드라이브 연결] 대화 상자가 나타난다.

38 DHCP(동적 호스트 구성 프로토콜) : 네트워크 관리자가 중앙에서 IP 주소를 할당하고 관리하며, 다른 네트워크에 접속되었을 때 자동으로 새로운 IP 주소를 보내는 역할을 수행한다.

39 • ① 공유는 폴더, 프린터, 드라이브에 설정할 수 있지만 파일, 모뎀, 사운드 카드에는 설정할 수 없다.
• ② 다른 컴퓨터에 있는 파일이나 폴더를 복사할 때 바이러스에 감염될 위험이 있다.
• ④ 공유된 자원의 아이콘은 세부 정보 창에 '공유됨'이라고 표시된다.

40 시작프로그램은 Windows가 부팅한 후 원하는 프로그램이 자동으로 실행되도록 하는 것으로 디스크 공간 부족과는 아무런 상관이 없다.

41 • Pascalline(치차식 계산기) : 1642년에 해당한다.
• Difference Engine(차분 기관) : 1823년에 해당한다.
• Punch Card System(천공 카드 시스템) : 1890년에 해당한다.
• MARK-I : 1944년에 해당한다.

42 • 주문형 비디오(VOD) : 뉴스, 영화, 게임 등의 멀티미디어 데이터베이스를 구축하여 사용자의 요구에 따라 영상 정보를 원하는 시간에 볼 수 있도록 전송하는 양방향 서비스이다.
• 가상 현실(VR) : 컴퓨터 그래픽과 시뮬레이션을 이용하여 가상 세계를 현실처럼 체험할 수 있는 기술이다.
• 컴퓨터 이용 교육(CAI) : 컴퓨터를 매체로 활용하여 학습자에게 필요한 지식, 정보, 기술 등을 학습하는 시스템이다.

43 • 전화 비디오(VDT) : 전화선을 이용하여 홈쇼핑, 교육, 오락 등의 다양한 영상 정보를 이용할 수 있는 서비스이다.
• 의료 영상 정보 시스템(PACS) : 초고속 통신망의 화상을 이용하여 가정에서 환자를 원격으로 진료할 수 있는 의료 시스템이다.
• 인디오(Indio) : 인텔사가 개발한 영상 처리의 DVI를 발전시킨 새로운 동화상 압축, 복원 기술이다.

44 • ② 메모리에 상주하면서 다른 파일의 변형 사실을 숨기고 있어 운영 체제로부터 피해 사실을 숨기는 바이러스이다.
• ③ 부트 섹터(Boot Sector)를 손상시키는 바이러스이다.
• ④ 감염된 디스크에서 프로그램이 실행되면 동시에 바이러스가 실행된다.

45 • TCP는 전송 데이터의 흐름을 제어하고, 데이터의 에러 유무를 검사한다.
• IP는 패킷 주소를 해석하고, 목격지로 전송하는 역할을 한다.

46 • ① 하나의 통신 회선에 여러 대의 단말기가 연결된 형태로 CATV 망에 적합하다.
• ③ 하나의 회선에 여러 대의 단말기가 연결된 형태로 이웃한 노드에는 회선을 연장하여 연결한다.
• ④ 중앙의 컴퓨터와 1:1로 연결되는 중앙 집중식 형태로 온라인 시스템에 적합하다.

47 • UNIVAC : 최초의 상업용 컴퓨터이다.
• 프로그램 내장 방식을 채택한 최초의 컴퓨터는 EDSAC이다.

48 IPv6 : IPv4의 주소 공간을 4배 확장한 것으로 128비트를 16비트씩 8개로 나누어 표시하며, IP는 콜론(:)으로 구분한다.

49 • 비동기식 전송 : 시작 비트(Start Bit)와 정지 비트(Stop Bit)를 삽입하여 비트 블록의 동기화를 이루는 방식으로 한번에 한 글자씩 전송한다.
• 동기식 전송 : 전송 문자를 여러 블록으로 나누어 각 블록 단위로 전송하는 문자열 방식으로 문자 동기 방식과 비트 동기 방식으로 나눈다.

50 • 웜 : 네트워크에서 연속적으로 자신을 복제하여 시스템 부하를 높이는 바이러스의 일종이다.
• 백 도어 : 컴퓨터의 보안 예방책에 침입하여 시스템에 무단 접근하기 위해 사용되는 일종의 비상구이다.
• 드롭퍼 : 컴퓨터 사용자가 모르는 사이 바이러스나 트로이 목마 프로그램을 사용자의 컴퓨터에 설치하는 프로그램이다.

51 DVD 장치에서 기존 CD-ROM의 판독이 가능하다.

52 (나) : 2세대, (라) : 3세대에 대한 설명이다.

53 연산 장치 : 제어 장치의 명령에 따라 산술 연산과 논리 연산을 수행하는 장치로 누산기, 가산기, 보수기, 시프터, 데이터 레지스터, 상태 레지스터, 기억 레지스터, 인덱스 레지스터, 주소 레지스터 등이 있다.

54
- 전자 서명 : 자료나 메시지를 전송한 사람이 추후에 부인할 수 없도록 진짜 신원을 증명하기 위한 서명이다.
- 공인 인증서 : 공인인증 기관에서 발급한 전자 서명 인증서이다.

55 링커(Linker) : 목적 코드(Object Code)를 실행 가능한 모듈로 생성하는 프로그램이다.

56 다중(멀티) 프로그래밍 : 하나의 CPU에서 동시에 여러 개의 프로그램을 처리하는 방식으로 각 프로그램이 주어진 시간만큼 CPU를 사용하고 반환한다.

57 프로그래밍 개발은 문제 분석 → 입출력 설계 → 순서도 작성 → 코딩 → 번역 및 오류 수정 → 테스트 → 프로그램 실행 → 문서화 순으로 진행된다.

58
- ② 속도가 빠르고 데이터의 기록 밀도가 높은 인터페이스로 버스의 폭에 따라 하나의 SCSI 포트에 7~15 개의 주변 장치를 연결한다.
- ③ 휴대용 컴퓨터에서 주변 장치와 연결하는 인터페이스 규격이다.
- ④ PC에서 3차원 그래픽 표현을 빠르게 구현할 수 있게 해주는 버스 규격이다.

59 하드 디스크인 경우 용량과 RPM의 수치가 클수록 실행 속도가 빠르며, 밀리 초(ms)가 작을수록 좋다.

60 자바 : 웹 상에서 멀티미디어 데이터를 유용하게 처리할 수 있는 객체 지향적 언어로 다른 컴퓨터와의 호환성과 이식성이 뛰어나며, 플랫폼에 독립적(Independence)이다.

제 04 회 실전모의고사

01 ③	02 ①	03 ①	04 ②	05 ③	06 ④	07 ②	08 ①	09 ③	10 ①
11 ④	12 ④	13 ②	14 ②	15 ②	16 ①	17 ③	18 ②	19 ②	20 ①
21 ④	22 ④	23 ①	24 ②	25 ④	26 ②	27 ④	28 ④	29 ①	30 ③
31 ③	32 ②	33 ②	34 ②	35 ④	36 ②	37 ①	38 ③	39 ②	40 ④
41 ①	42 ④	43 ②	44 ④	45 ④	46 ①	47 ④	48 ④	49 ③	50 ③
51 ①	52 ②	53 ①	54 ②	55 ③	56 ④	57 ②	58 ④	59 ①	60 ①

01 보기 ③번의 작업은 워드프로세서에서 할 수 없다.

02 사무 처리할 내용이 간단한 경우는 문서가 필요 없다.

03 특수 문자는 종류에 따라 1바이트 또는 2바이트로 구성된다.

04 • ① 자주 사용하는 문자열을 미리 등록하였다가 필요할 때 입력하는 기능이다.
• ③ 반복된 작업을 특정 키에 기억 시켜두고, 필요할 때 빠르게 수행할 수 있는 기능이다.
• ④ 문서에 나오는 문구에 대한 보충 설명들을 각 페이지 하단/문서 마지막 뒤에 모아서 표기한다.

05 보기 ③번은 매크로(Macro)에 대한 설명이다.

06 • ① 문단의 총 여백 : 5 − 4 + 4 = 5
• ② 문단의 총 여백 : 6 + 2 + 0 = 8
• ③ 문단의 총 여백 : 4 − 2 + 6 = 8
• ④ 문단의 총 여백 : 4 + 2 + 4 = 10

07 데이터 파일은 한글, 엑셀, 액세스, MS-Word, 텍스트 등에서 가능하다.

08 • ② 삽입 상태에서 새로운 내용을 입력하면 원래 내용이 오른쪽으로 밀리면서 내용이 입력된다.
• ③ Delete 키를 누르면 커서 위치는 변경되지 않고, 오른쪽 문자가 삭제된다.
• ④ 수정 상태에서 새로운 내용을 입력하면 기존 내용이 지워지면서 내용이 입력된다.

09 보기 ③번은 그래픽 방식에 해당하는 설명이다.

10 문서에 다른 서식 등이 첨부되는 경우에는 본문의 내용이 끝난 줄 다음에 "붙임"이라고 표시한다.

11 보기 ④번은 Access & Directory에 대한 설명이다.

12 • ① 문서를 작성하거나 편집할 때 편리하게 이용할 수 있도록 제작된 이미지나 그래픽 집합이다.
• ② 대상체의 컬러가 배경색의 컬러보다 짙을 때에 겹쳐서 인쇄하는 방법이다.
• ③ CPU가 데이터를 출력하기 위하여 프린터로 데이터를 전송할 때 처리 시간을 단축시키기 위해 하드 디스크와 같은 보조 기억 장치에 데이터를 일시 저장해 두었다가 전송하는 기법이다.

13 • ① 문서 내용을 화면에 출력하거나 디스크에 저장하는 것이다.
• ③ 프린터 용지를 줄(행) 단위로 한 줄씩 밀어 올리는 기능이다.
• ④ 프린터에서 다음 페이지의 맨 처음 위치까지 종이를 밀어 올리는 기능이다.

14 전자문서는 수신자의 컴퓨터 파일에 등록될 때부터 문서로서의 효력을 발생한다.

15 보기 ①번은 둘째 항목, 보기 ③번은 여덟째 항목, 보기 ④번은 여섯째 항목에 해당한다.

16 보기 ②번은 커닝(Kerning), 보기 ③번은 하프톤(Halftone), 보기 ④번은 스프레드(Spread)에 대한 설명이다.

17 베타 테스트(Beta Test) : 독자층(이용자층)과 유사한 외부 인력을 동원하여 실제 활용에 문제가 없는지를 테스트하는 과정이다.

18 전자 출판물은 다른 전자 매체와 연결하여 광범위한 지역의 사용자에게 자료를 신속하게 전할 수 있다.

19 • 문서 분량이 증가하는 교정 부호 : 사이 띄우기, 삽입, 줄 바꾸기, 들여쓰기, 줄 삽입
• 문서 분량이 감소하는 교정 부호 : 붙이기, 삭제, 줄 잇기, 내어쓰기

20 ① 들여쓰기, 붙이기 줄 바꾸기

21 파일 이름은 공백을 포함하여 최대 255자까지 지정할 수 있다(한글 127자, 영문 255자).

22 안전 모드는 Windows를 최소 기능으로 부팅하여 시스템의 각종 문제를 진단하지만 바이러스의 감염 여부를 체크하지는 못한다.

23 Alt+Enter : 선택한 항목의 속성을 표시한다(=Alt+더블 클릭).

24 • ① 바로 가기 아이콘은 삭제해도 원본 파일에는 영향이 없다.
• ③ 바로 가기 아이콘은 바탕 화면뿐만 아니라 폴더에도 만들 수 있다.
• ④ 일반 아이콘과 구분하기 위하여 아이콘 왼쪽 아래에 화살표가 표시된다.

25 보기 ④번은 [보기] 탭에서 가능하다.

26 보기 ②번의 경우는 파일이 이동된다.

27 한 번에 스크롤 할 줄의 수는 최대 100줄로 설정할 수 있다.

28 보기 ④번은 [시스템]-[디스플레이] 창에서 설정할 수 있다.

29 플러그 앤 플레이는 하드웨어와 소프트웨어 모두 지원해야 한다.

30 보기 ③번은 단계 레코더에 대한 설명이다.

31 여러 페이지를 인쇄할 경우 첫 페이지만 스풀에 들어오면 바로 인쇄한다.

32 ② 최대 10명까지만 가능하다. → 최대 20명까지만 가능하다.

33 로컬 프린터와 네트워크 프린터 모두 기본 프린터로 지정할 수 있다.

34 보기 ②번은 메모장에 대한 설명이다.

35 휴지통 크기는 하드 디스크 용량의 10%로 설정되지만 사용자에 따라 최대 100%까지 설정할 수 있다.

36 보기 ②번은 디스크 정리에 대한 설명이다.

37 디스크 공간이 부족할 경우 디스크 정리를 실행하여 불필요한 응용 프로그램, 오래된 압축 파일, 임시 인터넷 파일, Windows 구성 요소 등을 삭제한다.

38 서비스(Service) : 네트워크상에서 파일과 프린터를 다른 사람과 공유하며, 다른 컴퓨터의 파일이나 하드웨어를 제공한다.

39 IP 주소로 전환시켜 주는 역할을 하는 DNS의 IP 주소를 수동으로 입력할 수 있다.

40 보기 ④번은 [제어판]-[네트워크 및 공유 센터]-[어댑터 설정 변경]을 선택한 후 '이더넷'의 바로 가기 메뉴에서 [속성]을 선택하고, [네트워킹] 탭에서 설정할 수 있다.

41 보기 ①번은 제3세대 컴퓨터의 특징이다.

42 아날로그 컴퓨터가 디지털 컴퓨터에 비해 연산 속도는 빠르지만 정밀도가 낮고 기억 기능이 없다.

43 AGP : 3D 그래픽 표현을 빠르게 하는 차세대 방식으로 CPU와 입출력 장치간 속도 차로 인한 충돌을 방지한다.

44 • 듀얼 시스템 : 2개의 CPU가 같은 업무를 동시에 처리하며 결과를 상호 점검하다가 기계 고장으로 인한 작업 중단에 대비하여 미리 두 대의 컴퓨터를 설치한 후 한 대는 항상 대기 상태에 있도록 한 시스템이다.
• 사용 가능도 : 신속하게 시스템 자원을 사용할 수 있도록 지원하는 능력이다.

45 로더(Loader) : 언어 번역기에 의해 생성된 목적 프로그램을 실행 가능한 형태로 주기억 장치에 올려주는 프로그램으로 기능에는 재배치, 할당, 링킹이 있다.

46 • 상태(Status) 레지스터 : CPU 상태와 연산 결과 상태를 기억하는 레지스터이다.
• 보기 ①번은 누산기(ACC)에 대한 설명이다.

47 가상 메모리 : 주기억 장치와 보조 기억 장치로 구성하여 주기억 장치의 부족한 용량을 보완하기 위해 사용한다.

48 커널 : UNIX의 가장 핵심적인 부분으로 운영 체제에서 기본적인 시스템 기능을 제공한다.

49 • 웜(Worm) : 네트워크에서 연속적으로 자신을 복제하여 시스템 부하를 높이는 바이러스의 일종이다.

• ③ 메모리에 상주하지만 백신 프로그램의 진단 과정을 방해하지는 않는다.

50 바이오스는 컴퓨터의 기본 입출력 장치나 메모리 등 하드웨어를 관리하는 프로그램으로 드라이브 조각 모음의 역할을 하지는 않는다.

51 • 유비쿼터스(Ubiquitous) : 개별 물건에 극소형 전자 태그가 삽입되어 언제 어디서나 자유롭게 네트워크를 통해서 컴퓨터에 접속할 수 있는 환경이다.

• RFID : 모든 사물에 전자 태그를 부착하고, 무선 통신을 이용하여 사물의 정보 및 주변 상황 정보를 감지하는 센서 기술이다.

• USN : 제품이나 사물에 전자 태그(RFID Tag)를 부착하고, 이를 통해 제품(사물)에 대한 정보와 주변 환경 정보까지 탐지하여 실시간으로 정보를 통합 관리하는 기술이다.

52 스트리밍(Streaming) : 멀티미디어 데이터 파일의 크기 때문에 생겨난 기술로 웹 브라우저에서 멀티미디어(사운드, 오디오, 비디오) 데이터를 다운받아 재생시키는 기술이다(해당 파일을 다운로드하면서 동시에 재생).

53 게시판에 인터넷 약어를 사용할 수는 있지만 지나친 약어 사용은 자제한다.

54 • 운영 체제의 기능 : 프로세스 관리, 입출력 관리, 메모리 관리, 파일 관리, 하드웨어 장치 관리 등을 한다.

• 디버깅(Debugging) : 작성한 프로그램의 오류를 찾아서 수정하는 작업이다.

55 • 가상 사설망(VPN) : 인터넷과 같은 공중망을 마치 전용선으로 사설망을 구축한 것처럼 사용하는 방식이다.

• 보기 ③번은 와이브로(WiBro)에 대한 설명이다.

56 보기 ④번은 비트맵 방식의 그래픽 파일 형식의 확장자에 해당한다.

57 보안상의 문제가 대두되면서 언제나 안전한 거래를 장담할 수는 없다.

58 주문형 비디오(VOD) : 뉴스, 영화, 게임 등의 멀티미디어 데이터베이스를 구축하여 사용자의 요구에 따라 영상 정보를 원하는 시간에 볼 수 있도록 전송하는 양방향 서비스이다.

59 • ② 이미지 변형 작업으로 기존의 그림을 다른 형태로 새롭게 변형, 수정하는 기법이다.

• ③ 3차원에 표시되는 각 면에 색깔과 음영 효과를 주어 입체감과 사실감을 나타내는 기법이다.

60 파밍(Pharming) : 사용자 컴퓨터를 악성 코드에 감염시킨 후 접속 시 가짜 사이트로 유도하여 개인 정보나 금융 정보 등을 몰래 빼내는 수법이다.

제 05회 실전모의고사

01 ②	02 ③	03 ④	04 ③	05 ④	06 ③	07 ③	08 ③	09 ①	10 ③
11 ③	12 ③	13 ④	14 ④	15 ③	16 ②	17 ①	18 ①	19 ①	20 ①
21 ④	22 ③	23 ③	24 ①	25 ①	26 ①	27 ④	28 ④	29 ③	30 ②
31 ②	32 ④	33 ③	34 ④	35 ②	36 ①	37 ①	38 ④	39 ②	40 ④
41 ③	42 ②	43 ①	44 ③	45 ④	46 ③	47 ②	48 ①	49 ①	50 ④
51 ④	52 ②	53 ②	54 ④	55 ②	56 ①	57 ②	58 ④	59 ③	60 ④

01 • ① 문서는 결재권자가 해당 문서에 서명 방식으로 결재함으로써 성립한다.
• ③ 공고문서는 고시 또는 공고가 있은 후 5일이 경과한 날부터 효력이 발생한다.
• ④ 전자문서는 수신자의 컴퓨터 파일에 등록된 때부터 효력이 발생한다.

02 rtf(Rich Test Format) : 문서 호환을 위한 파일이다.

03 마우스 오른쪽 버튼을 눌러 나타나는 팝업 메뉴에서 지시를 선택하는 것은 바로 가기 메뉴에 대한 설명이다.

04 KS X 1001 완성형 한글 코드는 한글/한자(2Byte), 영문/숫자/공백(1Byte)을 사용한다.

05 눈금자(Ruler) : 탭 위치, 오른쪽/왼쪽 여백, 눈금 단위(포인트, 밀리미터, 인치 등), 행 길이, 들여쓰기, 내어쓰기 등을 설정한다.

06 문서 편집 시 [BackSpace] 키를 누르면 커서 왼쪽에 있는 문자가 지워진다.

07 • 매크로(Macro) : 반복되고 자주 사용되는 기능이나 특정 키에 기억시켰다가 필요시에 간단한 기능키로 호출하여 사용한다.
• 보기 ③번은 메일 머지(Mail Merge) 기능을 적용하기에 적합하다.

08 기본으로 설정된 프린터 외에 다른 프린터로도 인쇄할 수 있다.

09 • 개체 연결 및 삽입(OLE) : 여러 개의 응용 프로그램들이 데이터를 서로 공유하면서 한쪽의 데이터 변화가 데이터 공유 프로그램 모두에 반영되도록 하는 기능이다.
• 보기 ①번은 하이퍼텍스트 기능에 대한 설명이다.

10 • 머지(Merge) : 두 개 이상의 문서를 하나로 합치는 것으로 메일 머지와 관계가 있다.
• 보기 ③번은 다단(Newspaper Column)에 대한 설명이다.

11 공고문서는 고시 또는 공고가 있은 후 5일이 경과한 날부터 효력이 발생한다.

12 보일러 플레이트(Boiler Plate)는 문서 내에서 머리말, 꼬리말, 주석 등을 표시하기 위한 일정 구역으로 편집 기능에 해당된다.

13 결문에는 보기 ④번 외에 시행 및 접수 처리과명-일련번호와 일자/우편번호, 주소, 홈페이지 주소/전화번호, 전송번호 등이 있다.

14 • 벡터 : 글자를 선분과 곡선으로 처리한 글꼴로 확대/축소 시 매끄럽게 표현한다.
• 보기 ④번은 비트맵에 대한 설명이다.

15 보기 ③번은 수식 편집기에 대한 설명이다.

16 관인의 글자는 한글로 하여 가로로 새긴다.

17 • ② 컴퓨터의 저장 매체인 메모리나 디스크에 출판물을 수록하는 형태이다.
• ③ 컴퓨터와 통신 기능을 결합한 새로운 개념의 형태이다.
• ④ 전산 시스템을 도입한 출판 시스템의 총체적인 용어이다.

18 위지윅(WYSIWYG)은 그래픽 방식에서 화면으로 확인된 내용을 그대로 출력 결과물로 얻을 수 있는 것으로 표시 기능에 해당된다.

19  : 자리 바꾸기,  : 줄 삽입, 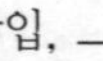 : 줄 바꾸기의 교정 부호이다.

20 보기 ①번은 되살리기(교정 취소)의 교정 부호이다.

21 설치된 해당 하드웨어의 이름 바꾸기는 할 수 없다.

22 파일을 더블 클릭했을 때 [연결 프로그램] 대화 상자가 나타나면 현재 연결된 프로그램이 없음을 의미한다(파일에 연결된 프로그램은 사용자가 바꿀 수 있음).

23 보기 ③번은 Alt+SpaceBar 키에 대한 설명이다.

24 • 표준 사용자 계정은 이미 설치된 프로그램을 실행하거나 바탕 화면, 테마 등 자신의 계정에 대한 암호를 설정할 수 있다.
• 표준 사용자는 프로그램, 하드웨어 등을 설치하거나 중요 파일을 삭제할 수 없다.

25 보기 ①번은 [제어판]-[접근성 센터]를 선택한 후 '마우스 또는 키보드가 없는 컴퓨터 사용' 창의 '화상 키보드 사용'에서 설정할 수 있다.

26 작업 표시줄의 바로 가기 메뉴에는 [파일 탐색기] 메뉴가 없다.

27 파일 정렬 기준 : 이름, 날짜, 유형, 크기, 오름차순, 내림차순이 있다.

28 보기 ④번은 [시작] 메뉴에서 가능하다.

29 해당 개체를 선택하고 마우스 오른쪽 버튼으로 드래그한 후 [여기에 바로 가기 만들기]를 선택한다.

30 휴지통에 있는 폴더를 더블 클릭하면 해당 폴더의 속성 대화 상자가 나타난다.

31 시스템을 재시작하면 클립보드에 저장된 데이터는 삭제된다.

32 보기 ④번은 바탕 화면의 '네트워크' 아이콘에서 가능하다.

33 ③ [편집]-[이름 바꾸기] 메뉴 → [홈] 탭의 [구성] 그룹에서 [이름 바꾸기] 단추

34 인쇄 중인 문서를 일시 중지시킨 후 다시 시작하려면 해당 프린터에서만 가능하다.

35 IPv6 : IPv4의 주소 공간을 4배 확장한 것으로 128비트를 16비트씩 8개로 나누어 표시한다.

36 OLE 기능을 지원하므로 다른 응용 프로그램과 연결이 가능하다.

37 보기 ①번은 드라이브 조각 모음에 대한 설명이다.

38 무선 마우스나 무선 키보드는 공유 대상이 아니므로 보기 ④번은 불가능하다.

39 사용 중인 프로그램이 응답하지 않을 경우에는 [Windows 작업 관리자] 창에서 해당 프로그램만 종료한다.

40 파일 시스템은 FAT, FAT32, NTFS 등에서 선택할 수 있으며, NTFS로 설정하면 폴더와 파일을 압축할 수 있도록 포맷할 수 있다.

41 (작음) Bit → Nibble(4Bit) → Byte(8Bit) → Word → Field → Record → File → Database (큼)

42 (빠름) Register 〉 Cache 〉 주기억 장치(ROM, RAM) 〉 하드 디스크 〉 CD-ROM 〉 플로피 디스크 (느림)

43 • ② 휴대폰 자체를 휘는 디스플레이 모양으로 구현해 손목에 찰 수 있는 휴대폰이다.
• ④ 모바일 기기를 TV나 모니터에 연결하여 스마트폰에 저장된 동영상을 볼 수 있는 기술이다.

44 WMV는 같은 수준의 MPEG보다 용량이 작다.

45 MIPS : Million of Instructions Per Second의 약어로 컴퓨터가 1초 동안에 백만 단위의 명령어를 처리할 수 있다는 CPU의 처리 속도 단위이다.

46 • SCSI : 속도가 빠르고 데이터 기록 밀도가 높은 인터페이스로 터미네이션과 각 장치의 ID 설정이 필요하다.
• ③ SCSI는 서버용 컴퓨터에서 주로 사용된다.

47 ② 인터프리터는 목적 프로그램이 없다.

48 개체-관계(E-R) 모델 : 1976년 피터 첸(P. Chen)에 의해 제안되었으며, 개념적 설계에 가장 많이 사용되는 모델이다.

49 보기 ①번은 비트맵(Bitmap)에 대한 설명이다.

50 ④ 피어 투 피어 방식은 유지 보수와 데이터 보안이 어렵다.

51 ICMP : 호스트 서버와 게이트웨이 사이에서 메시지를 제어하거나 에러를 알려주는 프로토콜로 네트워크 계층을 관리하거나 제어하는 등 다양한 기능을 제공한다.

52 CPU 사용률 : CPU가 사용되고 있는 비율로 현재 실행중인 프로그램을 실행하기 위해 CPU가 얼마나 사용되고 있는가를 의미한다.

53 실행 파일뿐만 아니라 일반 문서도 바이러스에 감염될 수 있다.

54 보기 ①, ②, ③번은 광역 통신망(WAN)에 관한 설명이다.

55 ② 음성, 효과음 등의 실제 소리 정보는 저장할 수 없다.

56
- ② 무료 쿠폰, 모바일 초대장 등의 문자 메시지를 보낸 후 메시지에 있는 인터넷 주소를 클릭하면 스마트폰에 악성 코드가 설치되어 개인의 금융 정보를 빼내는 수법이다.
- ③ 사용자 컴퓨터를 악성 코드에 감염시킨 후 접속 시 가짜 사이트로 유도하여 개인 정보나 금융 정보 등을 몰래 빼내는 수법이다.
- ④ 불특정 다수에게 메일을 발송해 위장된 홈 페이지로 접속하도록 한 후 인터넷 이용자들의 금융 정보 등을 빼내는 신종 사기 수법이다.

57
- ③ 정보를 제공하는 컴퓨터와 자원을 활용하는 다수의 컴퓨터를 연결하여 독자적인 데이터를 처리하는 분산 방식이다.
- ④ 고속 LAN을 기반으로 컴퓨터간 1:1로 연결되며, 워크스테이션이나 개인용 컴퓨터를 단말기로 사용하는 방식이다.

58 SSO(Single Sign-On) : 한 번의 로그인으로 기업의 각종 시스템이나 인터넷의 여러 사이트에 접속할 수 있는 시스템이다.

59
- ① 멀티미디어 정보는 비교적 용량이 큰 하드 디스크, CD-ROM, 광 디스크 등에 저장된다.
- ② 멀티미디어는 그림, 소리, 비디오와 같은 아날로그 데이터를 디지털 방식으로 변환하여 취급한다.
- ④ 멀티미디어 데이터로는 문자, 숫자, 그래픽, 소리, 영상 등 모든 데이터가 해당된다.

60 보기 ①, ②, ③번은 ROM(Read Only Memory)에 대한 설명이다.

교재로 채택하여 강의 중인 컴퓨터학원입니다.

[서울특별시]

한양IT전문학원(서대문구 홍제동 330-54)
유림컴퓨터학원(성동구 성수1가 1동 656-251)
아이콘컴퓨터학원(은평구 갈현동 390-8)
송파컴퓨터회계학원(송파구 송파동 195-6)
강북정보처리학원(은평구 대조동 6-9호)
아이탑컴퓨터학원(구로구 개봉1동 65-5)
신영진컴퓨터학원(구로구 신도림동 437-1)
방학컴퓨터학원(도봉구 방학3동 670)
아람컴퓨터학원(동작구 사당동 우성2차 09상가)
국제컴퓨터학원(서대문구 천연동 4)
백상컴퓨터학원(구로구 구로1동 314-1 극동상가 4층)
엔젤컴퓨터학원(도봉구 창2동 581-28)
독립문컴퓨터학원(종로구 무악동 47-4)
문성컴퓨터학원(동작구 대방동 335-16 대방빌딩 2층)
대건정보처리학원(강동구 명일동 347-3)
제6세대컴퓨터학원(송파구 석촌동 252-5)
명문컴퓨터학원(도봉구 쌍문2동 56)
영우컴퓨터학원(도봉구 방학1동 680-8)
바로컴퓨터학원(강북구 수유2동 245-4)
뚝섬컴퓨터학원(성동구 성수1가2동)
오성컴퓨터학원(광진구 자양3동 553-41)
해인컴퓨터학원(광진구 구의2동 30-15)
푸른솔컴퓨터학원(광진구 자양2동 645-5)
희망컴퓨터학원(광진구 구의동)
경일웹컴퓨터학원(중랑구 신내동 665)
현대정보컴퓨터학원(양천구 신정5동 940-38)
보노컴퓨터학원(관악구 서림동 96-48)
스마트컴퓨터학원(도봉구 창동 9-1)
모드산업디자인학원(노원구 상계동 724)
미주컴퓨터학원(구로구 구로5동 528-7)
미래컴퓨터학원(구로구 개봉2동 403-217)
중앙컴퓨터학원(구로구 구로동 437-1 성보빌딩 3층)
고려아트컴퓨터학원(송파구 거여동 554-3)
노노스창업교육학원(서초구 양재동 16-6)
우신컴퓨터학원(성동구 홍익동 210)
무궁화컴퓨터학원(성동구 행당동 245번지 3층)
영일컴퓨터학원(금천구 시흥1동 838-33호)
셀파컴퓨터회계학원(송파구 송파동 97-43 3층)
지현컴퓨터학원(구로구 구로3동 188-5)

[인천광역시]

이컴IT.회계전문학원(남구 도화2동 87-1)
대성정보처리학원(계양구 효성1동 295-1 3층)
상아컴퓨터학원(계양구 계산3동 18-17 교육센터 4층)
명진컴퓨터학원(계양구 계산동 946-10 덕수빌딩 6층)
한나래컴퓨터디자인학원(계양구 임학동 6-1 4층)
효성한맥컴퓨터학원(계양구 효성1동 77-5 신한뉴프라자 4층)
시대컴퓨터학원(남동구 구월동 1225-36 롯데프라자 301-1)
피엘컴퓨터학원(남동구 구월동 1249)
하이미디어아카데미(부평구 부평동 199-24 2층)
부평IT멀티캠퍼스학원(부평구 부평5동 199-24 4, 5층)
돌고래컴퓨터아트학원(부평구 산곡동 281-53 풍성프라자 402, 502호)
미래컴퓨터학원(부평구 산곡1동 180-390)
가인정보처리학원(부평구 삼산동 391-3)
서부연세컴퓨터학원(서구 가좌1동 140-42 2층)
이컴학원(서구 석남1동 513-3 4층)
연희컴퓨터학원(서구 심곡동 303-1 새터빌딩 4층)
검단컴퓨터회계학원(서구 당하동 5블럭 5롯트 대한빌딩 4층)
진성컴퓨터학원(연수구 선학동 407 대영빌딩 6층)
길정보처리회계학원(중구 인현동 27-7 창대빌딩 4층)
대화컴퓨터학원(남동구 만수5동 925-11)
new중앙컴퓨터학원(계양구 임학동 6-23번지 3층)

[대전광역시]

학사컴퓨터학원(동구 판암동 203번지 리라빌딩 401호)
대승컴퓨터학원(대덕구 법동 287-2)
열린컴퓨터학원(대덕구 오정동 65-10 2층)
국민컴퓨터학원(동구 가양1동 579-11 2층)
용운컴퓨터학원(동구 용운동 304-1번지 3층)
굿아이컴퓨터학원(서구 가수원동 656-47번지 3층)
경성컴퓨터학원(서구 갈마2동 1408번지 2층)
경남컴퓨터학원(서구 도마동 경남(아)상가 301호)
둔산컴퓨터학원(서구 탄방동 734 3층)
로얄컴퓨터학원(유성구 반석동 639-4번지 웰빙타운 602호)
자운컴퓨터학원(유성구 신성동 138-8번지)
오원컴퓨터학원(중구 대흥동 205-2 4층)
계룡컴퓨터학원(중구 문화동 374-5)
제일정보처리학원(중구 은행동 139-5번지 3층)

[광주광역시]

태봉컴퓨터전산학원(북구 운암동 117-13)
광주서강컴퓨터학원(북구 동림동 1310)
다음정보컴퓨터학원(광산구 신창동 1125-3 건도빌딩 4층)
광주중앙컴퓨터학원(북구 문흥동 999-3)
국제정보처리학원(북구 중흥동 279-60)
굿아이컴퓨터학원(북구 용봉동 1425-2)
나라정보처리학원(남구 진월동 438-3 4층)
두암컴퓨터학원(북구 두암동 602-9)
디지털국제컴퓨터학원(동구 서석동 25-7)
매곡컴퓨터학원(북구 매곡동 190-4)
사이버컴퓨터학원(광산구 운남동 387-37)
상일컴퓨터학원(서구 상무1동 147번지 3층)
세종컴퓨터전산학원(남구 봉선동 155-6 5층)
송정중앙컴퓨터학원(광산구 송정2동 793-7 3층)
신한국컴퓨터학원(광산구 월계동 899-10번지)
에디슨컴퓨터학원(동구 계림동 85-169)
엔터컴퓨터학원(광산구 신가동1012번지 우미아파트상가 2층 201호)
염주컴퓨터학원(서구 화정동 1035 2층)
영진정보처리학원(서구 화정2동 신동아아파트 상가 3층 302호)
이지컴퓨터학원(서구 금호동 838번지)
일류정보처리학원(서구 금호동 741-1 시영1차아파트 상가 2층)
조이컴정보처리학원(서구 치평동 1184-2번지 골든타운 304호)
중앙컴퓨터학원(서구 화정2동 834-4번지 3층)
풍암넷피아정보처리학원(서구 풍암 1123 풍암빌딩 6층)
하나정보처리학원(북구 일곡동 830-6)
양산컴퓨터학원(북구 양산동 283-48)
한성컴퓨터학원(광산구 월곡1동 56-2)

[부산광역시]

신흥정보처리학원(사하구 당리동 131번지)
경원전산학원(동래구 사직동 45-37)
동명정보처리학원(남구 용호동 408-1)
메인컴퓨터학원(사하구 괴정4동 1119-3 희망빌딩 7층)
미래컴퓨터학원(사상구 삼락동 418-36)
미래컴퓨터학원(부산진구 가야3동 301-8)
보성정보처리학원(사하구 장림2동 1052번지 삼일빌딩 2층)
영남컴퓨터학원(기장군 기장읍 대라리 97-14)
우성컴퓨터학원(사하구 괴정동 496-5 대원스포츠 2층)
중앙IT컴퓨터학원(북구 만덕2동 282-5번지)
하남컴퓨터학원(사하구 신평동 590-4)
다인컴퓨터학원(사하구 다대1동 933-19)
자유컴퓨터학원(동래구 온천3동 1468-6)
영도컴퓨터전산회계학원(영도구 봉래동3가 24번지 3층)
동아컴퓨터학원(사하구 당리동 303-11 5층)
동원컴퓨터학원(해운대구 재송동)
문현컴퓨터학원(남구 문현동 253-11)
삼성컴퓨터학원(북구 화명동 2316-1)

[대구광역시]

새빛캐드컴퓨터학원(달서구 달구벌대로 1704 삼정빌딩 7층)
해인컴퓨터학원(북구 동천동 878-3 2층)
셈틀컴퓨터학원(북구 동천동 896-3 3층)
대구컴퓨터캐드회계학원(북구 국우동 1099-1 5층)
동화컴퓨터학원(수성구 범물동 1275-1)
동화회계캐드컴퓨터학원(수성구 달구벌대로 3179 3층)
세방컴퓨터학원(수성구 범어1동 371번지 7동 301호)
네트컴퓨터학원(북구 태전동 409-21번지 3층)
배움컴퓨터학원(북구 복현2동 340-42번지 2층)
윤성컴퓨터학원(북구 복현2동 200-1번지)
명성탑컴퓨터학원(북구 침산2동 295-18번지)
911컴퓨터학원(달서구 달구벌대로 1657 4층)
메가컴퓨터학원(수성구 신매동 267-13 3층)
테라컴퓨터학원(수성구 달구벌대로 3090)

[울산광역시]

엘리트정보처리세무회계(중구 성남동 청송빌딩 2층~6층)
경남컴퓨터학원(남구 신정 2동 명성음악사3,4층)
다운컴퓨터학원(중구 다운동 776-4번지 2층)
대송컴퓨터학원(동구 대송동 174-11번지 방어진농협 대송지소 2층)
명정컴퓨터학원(중구 태화동 명정초등 BUS 정류장 옆)
크린컴퓨터학원(남구 울산병원근처-신정푸르지오 모델하우스 앞)
한국컴퓨터학원(남구 옥동 260-6번지)
한림컴퓨터학원(북구 봉화로 58 신화프라자 301호)
현대문화컴퓨터학원(북구 양정동 523번지 현대자동차문화회관 3층)
인텔컴퓨터학원(울주군 범서면 굴화리 49-5 1층)
대림컴퓨터학원(남구 신정4동 949-28 2층)
미래정보컴퓨터학원(울산시 남구 울산대학교앞 바보사거리 GS25 5층)
서진컴퓨터학원(울산시 남구 달동 1331-13 2층)
송샘컴퓨터학원(동구 방어동 281-1 우성현대 아파트상가 2, 3층)
에셋컴퓨터학원(북구 천곡동 410-6 아진복합상가 310호)
연세컴퓨터학원(남구 무거동 1536-11번지 4층)
홍천컴퓨터학원(남구 무거동(삼호동)1203-3번지)
IT컴퓨터학원(동구 화정동 855-2번지)
THC정보처리컴퓨터(울산시 남구 무거동 아이컨셉안경원 3, 4층)
TOPCLASS컴퓨터학원(울산시 동구 전하1동 301-17번지 2층)

[경기도]

샘물컴퓨터학원(여주군 여주읍 상리 331-19)
인서울컴퓨터디자인학원(안양시 동안구 관양2동 1488-35 골드빌딩 1201호)
경인디지털컴퓨터학원(부천시 원미구 춘의동 116-8 광덕프라자 3층)
에이팩스컴퓨터학원(부천시 원미구 상동 533-11 부건프라자 602호)
서울컴퓨터학원(부천시 소사구 송내동 523-3)
천재컴퓨터학원(부천시 원미구 심곡동 344-12)
대신IT컴퓨터학원(부천시 소사구 송내2동 433-25)
상아컴퓨터학원(부천시 소사구 괴안동 125-5 인광빌딩 4층)
우리컴퓨터전산회계디자인학원(부천시 원미구 심곡동 87-11)
좋은컴퓨터학원(부천시 소사구 소사본3동 277-38)
대명컴퓨터학원(부천시 원미구 중1동 1170 포도마을 삼보상가 3층)
한국컴퓨터학원(용인시 기흥구 구갈동 383-3)
삼성컴퓨터학원(안양시 만안구 안양1동 674-249 삼양빌딩 4층)
나래컴퓨터학원(안양시 만안구 안양5동 627-35 5층)
고색정보컴퓨터학원(수원시 권선구 고색동 890-169)
셀파컴퓨터회계학원(성남시 중원구 금광2동 4359 3층)
탑에듀컴퓨터학원(수원시 팔달구 팔달로2가 130-3 2층)
새빛컴퓨터학원(부천시 오정구 삼정동 318-10 3층)
부천컴퓨터학원(부천시 원미구 중1동 1141-5 다운타운빌딩 403호)
경원컴퓨터학원(수원시 영통구 매탄4동 성일아파트상가 3층)
하나탑컴퓨터학원(광명시 광명6동 374-10)
정수천컴퓨터학원(가평군 석봉로 139-1)
평택비트컴퓨터학원(평택시 비전동 756-14 2층)

[전라북도]

전주컴퓨터학원(전주시 완산구 삼천동1가 666-6)
세라컴퓨터학원(전주시 덕진구 우아동)
비트컴퓨터학원(전북 남원시 왕정동 45-15)
문화컴퓨터학원(전주시 덕진구 송천동 1가 480번지 비사벌빌딩 6층)
등용문컴퓨터학원(전주시 완산구 풍남동1가 15-6번지)
미르컴퓨터학원(전주시 덕진구 인후동1가 857-1 새마을금고 3층)
거성컴퓨터학원(군산시 명산동 14-17 반석신협 3층)
동양컴퓨터학원(군산시 나운동 487-9 SK5층)
문화컴퓨터학원(군산시 문화동 917-9)
하나컴퓨터학원(전주시 완산구 효자동1가 518-59번지 3층)
동양인터넷컴퓨터학원(전주시 완산구 삼천동1가 288-9번 203호)
골든벨컴퓨터학원(전주시 완산구 평화2동 893-1)
명성컴퓨터학원(군산시 나운1동792-4)
다울컴퓨터학원(군산시 나운동 667-7번지)
제일컴퓨터학원(남원시 도통동 583-4번지)
뉴월드컴퓨터학원(익산시 부송동 762-1 번지 1001안경원 3층)
젬컴퓨터학원(군산시 문화동 920-11)
문경컴퓨터학원(정읍시 연지동 32-11)
유일컴퓨터학원(전주시 덕진구 인후동 안골사거리 태평양약국 2층)
빌컴퓨터학원(군산시 나운동 809-1번지 라파빌딩 4층)
김상미컴퓨터학원(군산시 조촌동 903-1 시영아파트상가 2층)
아성컴퓨터학원(익산시 어양동 부영1차아파트 상가동 202호)
민컴퓨터학원(전주시 완산구 서신동 797-2번지 청담빌딩 5층)
제일컴퓨터학원(익산시 어양동 643-4번지 2층)
현대컴퓨터학원(익산시 동산동 1045-3번지 2층)
이지컴퓨터학원(군산시 동흥남동 404-8 1층)
비전컴퓨터학원(익산시 동산동 607-4)
청어람컴퓨터학원(전주시 완산구 평화동2가 890-5 5층)
정컴퓨터학원(전주시 완산구 삼천동1가 592-1)
영재컴퓨터학원(전라북도 완주군 삼례읍 삼례리 923-23)
탑스터디컴퓨터학원(군산시 수송로 119 은하빌딩 3층)

[전라남도]

한성컴퓨터학원(여수시 문수동 82-1번지 3층)

[경상북도]

현대컴퓨터학원(경북 칠곡군 북삼읍 인평리 1078-6번지)
조은컴퓨터학원(경북 구미시 형곡동 197-2번지)
옥동컴퓨터학원(경북 안동시 옥동 765-7)
청어람컴퓨터학원(경북 영주시 영주2동 528-1)
21세기정보처리학원(경북 영주시 휴천2동 463-4 2층)
이지컴퓨터학원(경북 경주시 황성동 472-44)
한국컴퓨터학원(경북 상주시 무양동 246-5)
예일컴퓨터학원(경북 의성군 의성읍 중리리 714-2)
김복남컴퓨터학원(경북 울진군 울진읍 읍내4리 520-4)
유성정보처리학원(경북 예천군 예천읍 노하리 72-6)
제일컴퓨터학원(경북 군위군 군위읍 서부리 32-19)
미림-엠아이티컴퓨터학원(경북 포항시 북구 장성동 1355-4)
가나컴퓨터학원(경북 구미시 옥계동 631-10)
엘리트컴퓨터외국어스쿨학원(경북 경주시 동천동 826-11번지)
송현컴퓨터학원(안동시 송현동 295-1)

[경상남도]

송기웅전산학원(창원시 진해구 석동 654-3번지 세븐코아 6층 602호)
빌게이츠컴퓨터학원(창원시 성산구 안민동 163-5번지 풍전상가 302호)
예일학원(창원시 의창구 봉곡동 144-1 401~2호)
정우컴퓨터전산회계학원(창원시 성산구 중앙동 89-3)
우리컴퓨터학원(창원시 의창구 도계동 353-13 3층)
웰컴퓨터학원(김해시 장유면 대청리 대청프라자 8동 412호)
이지컴스쿨학원(밀양시 내이동 북성로 71 3층)
비사벌컴퓨터학원(창녕군 창녕읍 말흘리 287-1 1층)
늘샘컴퓨터학원(함양군 함양읍 용평리 694-5 신협 3층)
도울컴퓨터학원(김해시 삼계동 1416-4 2층)

[제주도]

하나컴퓨터학원(제주시 이도동)
탐라컴퓨터학원(제주시 연동)
클릭컴퓨터학원(제주시 이도동)

[강원도]

엘리트컴퓨터학원(강릉시 교1동 927-15)
권정미컴퓨터교습소(춘천시 춘천로 316 2층)
형제컴퓨터학원(속초시 조양동 부영아파트 3동 주상가 305-2호)
강릉컴퓨터교육학원(강릉시 임명로 180 3층 301호)

워드 프로세서 필기 총정리 문제집

2021. 1. 12. 1판 1쇄 발행
2022. 1. 5. 개정증보 1판 1쇄 발행

저자와의 협의하에 검인생략

지은이 | Vision IT
펴낸이 | 이종춘
펴낸곳 | BM ㈜도서출판 성안당
주소 | 04032 서울시 마포구 양화로 127 첨단빌딩 3층(출판기획 R&D 센터)
10881 경기도 파주시 문발로 112 파주 출판 문화도시(제작 및 물류)
전화 | 02) 3142-0036
031) 950-6300
팩스 | 031) 955-0510
등록 | 1973. 2. 1. 제406-2005-000046호
출판사 홈페이지 | **www.cyber.co.kr**
도서 내용 문의 | leo45@hanmail.net
ISBN | 978-89-315-5714-5 (13000)
정가 | 19,000원

이 책을 만든 사람들
책임 | 최옥현
진행 | 최창동
본문 디자인 | Vision IT
표지 디자인 | 박원석
홍보 | 김계향, 유미나, 서세원
국제부 | 이선민, 조혜란, 권수경
마케팅 | 구본철, 차정욱, 나진호, 이동후, 강호묵
마케팅 지원 | 장상범, 박지연
제작 | 김유석

www.cyber.co.kr 성안당 Web 사이트